中華古籍保護計劃

ZHONG HUA GU JI BAO HU JI HUA CHENG GUO

·成果·

民國時期文獻
保護計劃

成果

臨海市圖書館等八家收藏單位民國時期傳統裝幀書籍普查登記目録

浙江省民國時期傳統裝幀書籍普查登記目録·台州

國家圖書館出版社
National Library of China Publishing House

圖書在版編目(CIP)數據

臨海市圖書館等八家收藏單位民國時期傳統裝幀書籍普查登記目録/《臨海市圖書館等八家收藏單位民國時期傳統裝幀書籍普查登記目録》編委會編. --北京:國家圖書館出版社,2018.12

(浙江省民國時期傳統裝幀書籍普查登記目録)

ISBN 978-7-5013-6519-7

Ⅰ.①臨…　Ⅱ.①臨…　Ⅲ.①公共圖書館—圖書館目録—臨海—民國　Ⅳ.①Z822.1

中國版本圖書館 CIP 數據核字(2018)第 186982 號

書　　名	臨海市圖書館等八家收藏單位民國時期傳統裝幀書籍普查登記目録
著　　者	《臨海市圖書館等八家收藏單位民國時期傳統裝幀書籍普查登記目録》編委會　編
責任編輯	黄　鑫

出　　版	國家圖書館出版社(100034　北京市西城區文津街 7 號) (原書目文獻出版社　北京圖書館出版社)
發　　行	010-66114536　66126153　66151313　66175620 66121706(傳真)　66126156(門市部)
E-mail	nlcpress@nlc.cn(郵購)
Website	www.nlcpress.com→投稿中心
經　　銷	新華書店
印　　裝	河北三河弘翰印務有限公司
版　　次	2018 年 12 月第 1 版　2018 年 12 月第 1 次印刷

開　　本	787×1092(毫米)　1/16
印　　張	33
字　　數	660 千字

書　　號	ISBN 978-7-5013-6519-7
定　　價	330.00 圓

《浙江省民國時期傳統裝幀書籍普查登記目録》

指導委員會

主　任：褚子育

副主任：葉　菁

委　員（按姓氏筆畫排序）：

吕振興　李儉英　金琴龍　倪　巍　徐兼明

徐　潔　陸深海　陳泉標　陳　浩　孫雍容

張純芳　張愛琴　褚樹青　樓　婷　鍾世杰

應　雄

《浙江省民國時期傳統裝幀書籍普查登記目録》

工作委員會

《浙江省民國時期傳統裝幀書籍普查登記目録》

編纂委員會

主　編： 徐曉軍

副主編： 曹海花　童聖江

統校和編纂工作小組組長： 曹海花（浙江圖書館）

統校和編纂工作小組成員（按姓氏筆畫排序）：

干亦鈴（寧波市圖書館）

吕　芳（浙江圖書館）

沈秋燕（嘉興市圖書館）

秦華英（浙江圖書館）

唐　微（紹興圖書館）

陳瑾淵（温州市圖書館）

《浙江省民國時期傳統裝幀書籍普查登記目録》

序　言

近代中國社會由封建王朝向民主政體蛹變的轉型時期，傳統思維與新思潮强烈衝突，書籍也隨之進入了重大變革時期，以綫裝書爲代表的傳統裝幀書籍日漸式微，傳統裝幀與現代裝幀進入了一個并存期。社會革命的發生并不意味着文化馬上就發生根本性的變化，文化的發展是有連續性的，它不會因朝代的突然更替而發生斷層式的變化。1912年辛亥革命勝利後，中國傳統文化的發展依然繁榮，産生了一大批高質量的傳統裝幀書籍，這部分書籍也是中國傳統文化的重要組成部分。百年來，公共圖書館等公藏單位將這部分書籍跟古籍采取一樣的存放、管理、保護方式。浙江是文化大省，文化底藴深厚，書籍刻印歷史悠久，前賢留下的著述浩如烟海，藏書雅閣及私人藏書爲數衆多，民國期間也刻印了大量典籍，民國時期傳統裝幀書籍在各藏書單位（尤其是基層單位）所藏歷史文獻中占據了相當大的比重。這些文獻形成了浙江文獻典藏的重要特色，是浙江傳統文化的重要組成部分。爲更加全面地掌握全省歷史文獻文化遺産現狀，揭示全省各地區文化脉絡，浙江省自古籍普查伊始就將民國時期傳統裝幀書籍納入古籍普查範圍。

按照《全國古籍普查登記手册》要求，登記每部古籍的基本項目，必登項目有索書號、題名卷數、著者、版本、册數、存（缺）卷數，選登項目有分類、批校題跋、版式、裝幀形式、叢書子目、書影、破損狀况等内容。“秉持浙江精神，幹在實處、走在前列、勇立潮頭”，浙江省的古籍普查工作一直高標準、嚴要求，自始至終堅持全國古籍普查登記平臺（以下簡稱古籍普查平臺）項目全著録，堅持文字信息和書影信息雙著録，登記每部書的索書號、分類、題名卷數、著者、卷數統計、版本、版式、裝幀、裝具、序跋、刻工、批校題跋、鈐印、叢書子目、定級及書影、定損及書影等16大項74小項的信息。普查統計顯示，截至2017年4月30日，全省95家單位共藏有中國傳統裝幀書籍337405部2506633册，其中民國時期傳統裝幀書籍117543部751690册，占全部傳統裝幀書籍的三分之一。

普查登記著録工作結束後，省古籍保護中心組織普查業務骨幹統校、編纂全省的普查登記目録。全省的普查登記目録是將古籍和民國數據分開的，由省古籍保護中心統一規劃，分别出版《浙江省古籍普查登記目録》和《浙江省民國時期傳統裝幀書籍普查登記目録》。古籍數據統校完成後，於2017年3月成立由浙江圖書館、寧波市圖書館、温州市圖書館、嘉興市圖書館、紹興圖書館5家單位的7名普查業務骨幹組成的《浙江省民國時期傳統裝幀書籍普查登記目録》統校和編纂工作小組，開展民國時期傳統裝幀書籍普查數據的統校和登記目録的編纂工作。

民國時期傳統裝幀書籍普查數據統校要求和登記目録編纂工作程序與古籍相同，省古籍保護中心制定的《浙江省古籍普查登記目録編纂工作方案》《浙江省古籍普查數據統校細則》，也適用於指導全省民國時期傳統裝幀書籍普查數據的統校和登記目録的編纂。統校和編纂工作程序如下：導出古籍普查平臺上的數據，切分出民國數據，按照設定的普查編號、索書號、分類、題名卷數、著者、版本、批校題跋、册數、存（缺）卷這幾項登記目録的出版款目對表格進行整理，整理後按照題名進行排列分給各統校員進行統校，統校結束後的數據按行政區域進行彙總，交由分區負責人進行覆核，覆核結束後由省古籍保護中心一一寄給各館進行修改確認，經各館確認後由分區負責人進行最後審定。

全省參與普查的共 95 家單位，其中 94 家有民國時期傳統裝幀書籍，進入本登記目録的有 93 家單位，總數達 11 萬餘部。根據分區域出版和達到一定條數可以單獨成書的原則，全省的民國時期傳統裝幀書籍普查登記目録大致分爲以下 15 種：浙江圖書館，浙江省博物館，中國美術學院圖書館等四家收藏單位，杭州圖書館等十一家收藏單位，寧波市天一閣博物館，寧波市圖書館等八家收藏單位，温州市圖書館，瑞安市博物館（玉海樓）等九家收藏單位、湖州市圖書館等七家收藏單位，嘉興市圖書館，嘉善縣圖書館等八家收藏單位，紹興圖書館，紹興市上虞區圖書館等九家收藏單位，金華市博物館等九家收藏單位，衢州市博物館等四家收藏單位、舟山市圖書館等二家收藏單位、麗水市圖書館等八家收藏單位，臨海市圖書館等八家收藏單位。爲保障普查編號的唯一性、終身有效性，各館數據以原普查編號從低到高的順序進行排列。由於浙江省古籍普查範圍包括古籍、民國傳統裝幀書籍、域外漢文古籍，著録時幾種文獻交替進行，而出版時是分開的，加之古籍普查平臺系統出現的跳號情況，所以會出現普查編號不連貫的現象，特此説明。

浙江省古籍普查工作得到了各方的關心和支持。感謝各兄弟省份古籍同行的熱情幫助，感謝李致忠、張志清、吴格、陳先行、陳紅彦、陳荔京、羅琳、王清原、唱春蓮、李德生、石洪運、賈秀麗、范邦瑾等專家學者的悉心指導。

條數多，分布廣，又出於衆手，儘管工作中我們一直争取做到最好，但無論是已經著録的古籍普查平臺數據還是即將付梓的登記目録，都難免存在紕漏，希望業界同仁不吝賜教，俾臻完善。

浙江省古籍保護中心
2018 年 3 月

《浙江省民國時期傳統裝幀書籍普查登記目録》

編纂凡例

一、收録範圍爲浙江省圖書館、博物館等公共收藏機構所藏，産生於1912年到1949年9月，有關傳統學術并以綫裝爲主的具有傳統裝幀形式的漢文書籍。

二、以各收藏機構爲分册依據，篇幅較小者，適當合并出版。

三、一部書籍一條款目，複本亦單獨著録。

四、著録款目包括普查登記編號、索書號、分類、題名卷數、著者、版本、批校題跋、册數、存（缺）卷等。普查登記編號的組成方式是：省級行政區劃代碼—單位代碼—古籍普查登記順序號。

五、以普查登記編號順序排序。

六、編製各館藏目録書名筆畫索引附於書後，以便檢索。

目　　録

台州學院圖書館民國時期傳統裝幀書籍普查登記目録

浙江省民國時期傳統裝幀書籍普查登記目録·台州

國家圖書館出版社
National Library of China Publishing House

#《台州學院圖書館民國時期傳統裝幀書籍普查登記目録》

編委會

主　編： 夏哲堯

編　委： 王秀萍　金劼昉

《台州學院圖書館民國時期傳統裝幀書籍普查登記目録》

前　言

本館在開展古籍普查工作中,對館藏民國時期傳統裝幀書籍進行了全面的編目著録,共計107部799册。每種按照普查編號、索書號、分類、題名卷數、著者、版本、批校題跋、册數、存卷等一一著録。

本館所藏民國傳統裝幀書籍大多爲石印本、鉛印本與影印本,以史部、集部爲主。雖然種數、册數不多,但地方文化特色明顯,如《光緒台州府志》《[民國]台州府志》《[民國]臨海縣志稿》《臨海要覽》《天台山方外志》《四休堂叢書》《一山文存》《浙東三郡紀略》等書籍。同時,21世紀初於許雪樵先生後人處購置的許先生藏書,幾乎每册中皆有許先生的讀書題記,從題記中可以窺見這位民國名師、省督學的購書、讀書、藏書情結及愛國情懷。

本館的古籍普查工作,得到了省古籍保護中心與臨海市圖書館等機構的關心與幫助,在此表示衷心感謝。

囿於編目者的學識,目録中存在的舛誤之處,希冀得到專家與讀者的批評指正。

台州學院圖書館
2018年6月

330000－1754－0000002　0002　史部/地理類/山川之屬/山志

天台山方外志三十卷　（明）釋傳燈撰　民國十一年(1922)上海集雲軒鉛印本　許雪樵題記　八冊

330000－1754－0000003　0003　史部/地理類/山川之屬/山志

南雁蕩山志十三卷首一卷　周喟編　民國七年(1918)瑞安戴氏詠古齋刻本　四冊

330000－1754－0000004　0004　史部/地理類/雜志之屬

臨海要覽一卷　項士元編　民國五年(1916)杭州武林印書館鉛印本　許雪樵題記　一冊

330000－1754－0000011　0011　集部/詩文評類/類編之屬

歷代詩文評註讀本　王文濡編　民國上海文明書局鉛印本　四冊　存一種

330000－1754－0000013　0013　類叢部/叢書類/自著之屬

曾文正公家書四種　（清）曾國藩撰　民國上海著易堂書局石印本　八冊

330000－1754－0000015　0015　史部/目録類/總録之屬/私撰

書目答問五卷別錄一卷國朝箸述諸家姓名略一卷　（清）張之洞撰　民國十五年(1926)上海掃葉山房石印本　二冊

330000－1754－0000017　0017　類叢部/叢書類/郡邑之屬

上海掌故叢書第一集　上海通社輯　民國二十五年(1936)上海中華書局鉛印本　十冊

330000－1754－0000020　0020　集部/總集類/選集之屬/通代

文選六十卷　（南朝梁）蕭統輯　（唐）李善注　**文選考異十卷**　（清）胡克家撰　民國上海鴻文書局石印本　六冊

330000－1754－0000022　0022　子部/儒家類/儒學之屬/性理

王陽明先生傳習錄集評四卷　（清）孫奇逢等參評　（清）陶潯霍　梁啓超續評　孫鏘輯校　民國三年(1914)上海新學會社鉛印本　二冊

330000－1754－0000030　0030　集部/詩文評類/類編之屬

歷代詩文評註讀本　王文濡編　民國上海文明書局鉛印本　四冊　存一種

330000－1754－0000037　0037　集部/別集類/清別集

鄭板橋全集七卷　（清）鄭燮撰　民國十三年(1924)上海會文堂書局影印本　許雪樵題記　四冊

330000－1754－0000046　0046　史部/目録類/總録之屬/私撰

販書偶記二十卷　孫殿起撰　民國二十五年(1936)冀縣孫殿起借閒居鉛印本　八冊

330000－1754－0000050　0050　集部/別集類/唐五代別集

唐柳先生集四十五卷外集二卷龍城錄二卷附錄二卷傳一卷　（唐）柳宗元撰　（宋）蘇軾評論　（宋）童宗說音注　（宋）潘緯音義　（明）孫月峰評點　民國十四年(1925)上海會文堂書局影印本　許雪樵題記　十六冊

330000－1754－0000058　0058　史部/傳記類/科舉録之屬/歷科登科録

詞林輯略十一卷姓氏韻編一卷　朱汝珍輯　民國北京中央刻經院鉛印本　五冊

330000－1754－0000059　0059　史部/傳記類/總傳之屬/技藝

書林紀事四卷　馬宗霍撰　民國二十四年(1935)上海商務印書館鉛印本　一冊

330000－1754－0000060　0060　集部/曲類/散曲之屬

盪氣迴腸曲三卷外集一卷　王悠然輯　民國二十年(1931)上海大江書鋪鉛印本　一冊

330000－1754－0000061　0061　經部/小學類/文字之屬/說文

說文解字十五卷標目一卷　（漢）許慎撰

（宋）徐鉉等校定　民國上海商務印書館據藤花榭刻本影印本　伴琴題記　四冊

330000－1754－0000066　0066　類叢部/叢書類/彙編之屬

楝亭（楝亭藏書）十二種六十九卷　（清）曹寅編　民國十年（1921）上海古書流通處據清康熙四十五年（1706）揚州詩局刻本影印本　二冊　存一種

330000－1754－0000067　0067　類叢部/叢書類/彙編之屬

古書叢刊十六種　陳琰輯　民國十一年（1922）古書流通處影印本　許雪樵題記　四冊　存二種

330000－1754－0000078　0078　子部/雜著類

延壽藥言四編附錄一卷　延壽堂主人纂輯　民國十三年（1924）京華印書局鉛印本　一冊

330000－1754－0000080　0080　子部/藝術類/篆刻之屬/印譜

太上感應篇印譜一卷　蘇潤寬篆　民國十二年（1923）滬上朱墨套色石印本　一冊

330000－1754－0000082　0082　子部/儒家類/儒學之屬/蒙學

校正幼學須知句解四卷　（清）程允升撰　民國八年（1919）鑄記書局石印本　四冊

330000－1754－0000083　0083　經部/四書類/總義之屬/文字音義

注音字母四書白話句解十九卷　周觀光　吳縠民演譯　民國上海求古齋石印本　十三冊　缺一卷（孟子七）

330000－1754－0000094　0094　子部/儒家類/儒學之屬/性理

朱子小學節本二卷　（清）高愈纂註　江畬經節錄　民國二十八年（1939）長沙商務印書館鉛印本　一冊

330000－1754－0000095　0095　子部/法家類

管子校正二十四卷　（清）戴望撰　民國吳興劉氏嘉業堂刻吳興叢書本　仲維跋　四冊

330000－1754－0000096　0096　經部/周禮類/傳說之屬

周禮十二卷　（漢）鄭玄注　（唐）陸德明音義　民國二十三年（1934）北平文祿堂據宋刻本影印本　六冊

330000－1754－0000097　0097　集部/總集類/選集之屬/通代

經史百家雜鈔二十六卷首一卷　（清）曾國藩纂　民國二十年（1931）上海商務印書館鉛印本　十二冊

330000－1754－0000109　0109　子部/宗教類/佛教之屬/諸宗

印光法師文鈔二卷附錄一卷　釋聖量撰　民國十二年（1923）上海商務印書館鉛印本　忍公題記　二冊

330000－1754－0000113　0113　經部/小學類/訓詁之屬/爾雅

爾雅補釋三卷　汪柏年撰　民國二十五年（1936）蘇州文新印書館鉛印本　一冊

330000－1754－0000118　0118　類叢部/叢書類/彙編之屬

金陵大學中國文化研究所叢刊　金陵大學中國文化研究所編　民國金陵大學中國文化研究所刻本、鉛印本暨影印本　一冊　存一種

330000－1754－0000123　0123　集部/別集類

觀山文稿十卷首一卷　章乃羹撰　民國二十四年（1935）鉛印本　二冊

330000－1754－0000131　0131　集部/別集類

一山文存十二卷　章梫撰　民國七年（1918）吳興劉氏嘉業堂刻本　許雪樵題記　四冊

330000－1754－0000146　0146　經部/小學類/文字之屬/說文/傳說

說文解字詁林提要一卷　丁福保編　民國十七年（1928）上海醫學書局石印本　一冊

330000－1754－0000148　0148　史部/目録類/總録之屬/官修

梁氏飲冰室藏書目錄五卷附錄二卷補遺一卷　國立北平圖書館編纂　民國二十二年(1933)國立北平圖書館鉛印本　四冊

330000－1754－0000150　0150　集部/總集類/選集之屬/通代

續文選十四卷著作人姓名錄一卷　(明)胡震亨撰　民國九年(1920)上海進化書局影印本　六冊

330000－1754－0000151　0151　經部/小學類/文字之屬/說文/傳說

說文解字注十五卷附六書音均表五卷　(清)段玉裁撰　**說文部目分韻一卷**　(清)陳煥編　**說文通檢十四卷首一卷末一卷**　(清)黎永椿編　**說文提要一卷**　(清)陳建侯撰　**徐星伯說文段注札記一卷**　(清)徐松撰　(清)劉肇隅編　**龔定菴說文段注札記一卷**　(清)龔自珍撰　(清)劉肇隅編　**桂未谷說文段注鈔一卷補鈔一卷**　(清)桂馥撰　(清)劉肇隅編　民國十二年(1923)上海掃葉山房石印本　許雪樵題記　十三冊

330000－1754－0000152　0152　史部/紀傳類/正史之屬

史記論文不分卷　(清)吴見思評點　民國上海中華書局鉛印本　許雪樵題記　八冊

330000－1754－0000153　0153　集部/别集類/唐五代别集

杜詩鏡銓二十卷附諸家論杜一卷杜工部年譜一卷　(清)楊倫輯　**讀書堂杜工部文集註解二卷**　(清)張溍撰　民國十年(1921)上海雲章書局石印本　許雪樵、葛寶栞、靜栞、靜卿、梅栞題記　八冊

330000－1754－0000154　0154　集部/小說類/長篇之屬

醒世小說九尾龜十二卷一百九十二回　張春帆撰　民國六年(1917)上海書局石印本　十一冊　缺一卷(九)

330000－1754－0000155　0155　子部/醫家類/本草之屬/本草藥性

增補本草備要八卷　(清)汪昂著輯　民國三年(1914)上海共和書局石印本　許雪樵題記　三冊

330000－1754－0000164　0164　子部/藝術類/書畫之屬/法帖

趙孟頫書廬山草堂記一卷　(元)趙孟頫書　民國二十五年(1936)上海商務印書館影印本　一冊

330000－1754－0000171　0171　集部/别集類/唐五代别集

李太白文集三十卷　(唐)李白撰　民國上海中原書局據宋刻本影印本　許雪樵題記　八冊

330000－1754－0000172　0172　集部/總集類/郡邑之屬

剡川詩鈔補編二卷補遺一卷　江五民輯　民國五年(1916)四明孫氏七千卷樓鉛印本　一冊

330000－1754－0000173　0173　集部/總集類/郡邑之屬

剡川詩鈔十二卷　(清)彭祖訓選　(清)舒順方編　(清)董彦琦輯　民國四年至五年(1915－1916)四明孫氏七千卷樓鉛印本　一冊　存六卷(七至十二)

330000－1754－0000174　0174　史部/目録類/專録之屬

參加倫敦中國藝術國際展覽會出品目錄四卷　倫敦中國藝術國際展覽會籌備委員會編　民國二十四年(1935)鉛印本　一冊

330000－1754－0000175　0175　類叢部/叢書類/彙編之屬

今獻彙言三十九種　(明)高鳴鳳輯　民國二十六年(1937)上海商務印書館據明刻本影印本　十冊

330000－1754－0000185　0185　史部/目録類/專録之屬

參加倫敦中國藝術國際展覽會出品目錄四卷

倫敦中國藝術國際展覽會籌備委員會編　民國二十四年(1935)鉛印本　一冊

330000－1754－0000186　0186　類叢部/叢書類/彙編之屬
金陵大學中國文化研究所叢刊　金陵大學中國文化研究所編　民國金陵大學中國文化研究所刻本、鉛印本暨影印本　一冊　存一種

330000－1754－0000187　0187　集部/總集類/尺牘之屬
影印名人手札真蹟大全十二種　劉再蘇搜集　民國十四年(1925)上海世界書局影印本　許雪樵題記　六冊

330000－1754－0000194　0194　經部/四書類/孟子之屬/正文
孟子不分卷　民國鉛印本　許雪樵題記　一冊

330000－1754－0000195　0195　類叢部/叢書類/彙編之屬
四部叢刊　張元濟等編　民國上海商務印書館影印本　一冊　存一種

330000－1754－0000196　0196　類叢部/叢書類/郡邑之屬
湖北先正遺書七十二種七百二十七卷　盧靖編　民國十二年(1923)沔陽盧氏慎始基齋影印本　一冊　存二種

330000－1754－0000197　0197　類叢部/叢書類/家集之屬
樸學齋叢書第二集　胡韞玉編　民國三十二年(1943)安吳胡氏樸學齋鉛印本　一冊　存一種

330000－1754－0000198　0198　類叢部/類書類/通類之屬
古今圖書集成考證二十四卷　(清)蔣廷錫(清)陳夢雷等輯　民國二十三年(1934)中華書局影印本　四冊　存十二卷(一至十二)

330000－1754－0000200　0200　類叢部/叢書類/家集之屬
四休堂叢書十一種　秦枏編　民國三十三年(1944)臨海秦氏四休堂鉛印本　三冊　存八種

330000－1754－0000206　0206　史部/目録類/版本之屬/通論
中國版本略説一卷　中國科學社編　民國二十年(1931)中國科學社鉛印本　一冊

330000－1754－0000207　0207　史部/目録類/版本之屬/通論
中國版本略説一卷　中國科學社編　民國二十年(1931)中國科學社鉛印本　一冊

330000－1754－0000208　0208　類叢部/叢書類/郡邑之屬
關中叢書五十三種　宋聯奎輯　民國二十三年至二十五年(1934－1936)陝西通志館鉛印本　一冊　存一種

330000－1754－0000210　0210　子部/藝術類/書畫之屬/法帖
楊了公先生手跡一卷　楊錫章書　民國石印本　一冊

330000－1754－0000213　0211　集部/別集類
五言樓詩草二卷續一卷翰林香一卷辛未秋中七詩一卷玉虬殘詞一卷春池館文錄一卷唐荆川公[順之]年譜譜餘一卷玉虬醫話一卷　唐鼎元撰　**桐花僊館詩草一卷**　錢靖遠撰　民國三十七年(1948)鉛印本　一冊　缺三卷(一至二、桐花僊館詩草)

330000－1754－0000215　0213　子部/宗教類/佛教之屬/經疏
心經口氣增註一卷　(清)徐慎注　民國鉛印本　一冊

330000－1754－0000216　0214　子部/宗教類/佛教之屬/經
妙法蓮華經七卷　(後秦)釋鳩摩羅什譯　民國上海佛學書局影宋刻本　許雪樵題記　一冊　存二卷(六至七)

330000－1754－0000221　0219　子部/醫家類/喉科口齒之屬/喉痧

喉症痧痘預防醫治法一卷　張景範　張梅森編輯　民國十二年(1923)上海中國實業研究會鉛印本　一冊

330000－1754－0000222　0220　集部/小説類/長篇之屬
新輯繪圖彭公案正集四卷一百回　(清)貪夢道人撰　民國上海天寶書局石印本　一冊　存一卷(三)

330000－1754－0000223　0221　集部/小説類/長篇之屬
新刊再續彭公案四卷八十回　(清)貪夢道人撰　民國上海天寶書局石印本　三冊　存三卷(一至三)

330000－1754－0000224　0222　集部/小説類/長篇之屬
新輯繪圖全續彭公案四集四卷八十一回　(清)貪夢道人撰　民國上海天寶書局石印本　一冊　存一卷(一)

330000－1754－0000225　0223　經部/小學類/文字之屬/説文/傳説
説文解字注十五卷附六書音均表五卷　(清)段玉裁撰　**説文通檢十四卷首一卷末一卷**　(清)黎永椿編　**説文解字注匡謬八卷**　(清)徐承慶撰　民國石印本　四冊　存十卷(六至十五)

330000－1754－0000226　0224　史部/政書類/公牘檔冊之屬
浙江省臨海縣行政會議紀錄不分卷　金殿衡　金士林紀錄　民國二十三年(1934)油印本　一冊

330000－1754－0000227　0225　類叢部/叢書類/彙編之屬
四庫全書珍本初集二百三十種　中央圖書館籌備處輯　民國二十三年至二十四年(1934－1935)上海商務印書館據文淵閣本影印本　八冊　存一種

330000－1754－0000228　0226　史部/目録類/書志之屬/提要
四部叢刊書録一卷　商務印書館編　民國十一年(1922)上海商務印書館鉛印本　一冊

330000－1754－0000229　0227　史部/目録類/書志之屬/提要
四部叢刊續編輯印緣起發行簡章目録附定單一卷　商務印書館編　民國二十三年(1934)上海商務印書館鉛印本　一冊

330000－1754－0000230　0228　史部/目録類/版本之屬/書影
四部叢刊三編預約樣本一卷附初編續編目録　商務印書館編　民國二十四年(1935)商務印書館鉛印本暨影印本　一冊

330000－1754－0000231　0229　類叢部/叢書類/彙編之屬
四部叢刊　張元濟等編　民國上海商務印書館影印本　十二冊　存一種

330000－1754－0000232　0230　史部/目録類/書志之屬/提要
四部備要書目提要四卷　中華書局編　民國二十五年(1936)上海中華書局鉛印本　四冊

330000－1754－0000233　0231　類叢部/叢書類/彙編之屬
四部備要　中華書局編　民國二十五年(1936)上海中華書局鉛印本　許雪樵題記　五十九冊　存十二種

330000－1754－0000234　0232　經部/四書類/總義之屬/傳説
四書白話註解四種四十二卷　許伏民　童官卓編　民國石印本　一冊　存一種

330000－1754－0000235　0233　子部/藝術類/書畫之屬/法帖
宋拓麓山寺碑一卷　(唐)李邕撰並書　民國求古齋影印本　一冊

330000－1754－0000237　0235　集部/楚辭類
楚辭章句十七卷　(漢)王逸撰　民國影印本　一冊　存八卷(六至十三)

330000 - 1754 - 0000239　0237　集部/總集類/選集之屬/通代
國文講義不分卷　陳玉如編　民國油印本　一冊

330000 - 1754 - 0000241　0239　史部/地理類/方志之屬/郡縣志
光緒金華縣志十六卷首一卷　(清)鄧鍾玉等纂　民國二十三年(1934)金震東石印局鉛印本　八冊

330000 - 1754 - 0000243　0241　史部/紀傳類/正史之屬
史記紀年考三卷　劉坦撰　民國二十六年(1937)上海商務印書館石印本　一冊

330000 - 1754 - 0000244　0242　史部/紀傳類/正史之屬
史記紀年考三卷　劉坦撰　民國二十六年(1937)上海商務印書館石印本　一冊

330000 - 1754 - 0000245　0243　史部/雜史類/通代之屬
明清史料乙編不分卷　國立中央研究院歷史語言研究所編　民國二十五年(1936)上海商務印書館鉛印本　十冊

330000 - 1754 - 0000246　0244　史部/雜史類/通代之屬
明清史料乙編不分卷　國立中央研究院歷史語言研究所編　民國二十五年(1936)上海商務印書館鉛印本　十冊

330000 - 1754 - 0000247　0245　史部/雜史類/通代之屬
明清史料丙編不分卷　國立中央研究院歷史語言研究所編　民國二十五年(1936)上海商務印書館鉛印本　十冊

330000 - 1754 - 0000248　0246　史部/雜史類/通代之屬
明清史料丙編不分卷　國立中央研究院歷史語言研究所編　民國二十五年(1936)上海商務印書館鉛印本　十冊

330000 - 1754 - 0000249　0247　史部/目録類/專録之屬
說文索引稿本不分卷　許雪樵編　民國二十一年(1932)稿本　四冊

330000 - 1754 - 0000251　0249　史部/地理類/方志之屬/郡縣志
[民國]臨海縣志稿四十二卷首一卷　孫熙鼎　張寅修　何奏簧纂　民國二十四年(1935)鉛印本　二十二冊

330000 - 1754 - 0000252　0250　史部/地理類/方志之屬/郡縣志
[民國]臨海縣志稿四十二卷首一卷　孫熙鼎　張寅修　何奏簧纂　民國二十四年(1935)鉛印本　十九冊　存三十六卷(首,一至十、十三至十七、十九至二十四、二十九至四十二)

330000 - 1754 - 0000253　0251　史部/地理類/方志之屬/郡縣志
[民國]臨海縣志稿四十二卷首一卷　孫熙鼎　張寅修　何奏簧纂　民國二十四年(1935)鉛印本　二十一冊　存四十卷(首,一至十四、十八至四十二)

330000 - 1754 - 0000254　0252　史部/地理類/方志之屬/郡縣志
光緒台州府志一百卷　(清)趙亮熙　(清)郭式昌修　王舟瑤等纂　民國十五年(1926)台州旅杭同鄉會鉛印本　六十冊

330000 - 1754 - 0000255　0253　史部/地理類/方志之屬/郡縣志
[民國]台州府志一百四十卷首一卷　喻長霖修　柯驊威等纂　民國二十五年(1936)鉛印本　三十六冊

330000 - 1754 - 0000256　0254　新學/雜著/叢編
日用萬事全書二十四編　新華編輯所編　民國十三年(1924)上海新華書局鉛印本　八冊

330000 - 1754 - 0000257　0255　集部/小說類/長篇之屬
增像全圖加批西遊記十二卷一百回　(明)吳

承恩撰 (清)陳士斌詮解 民國上海共和書局石印本 許雪樵題記 十二册

330000－1754－0000258 0256 集部/小説類/長篇之屬
評註圖像水滸傳十二卷七十回首一卷 (元)施耐庵撰 (清)金人瑞評 民國上海共和書局石印本 許雪樵題記 十二册

330000－1754－0000259 0257 集部/小説類/長篇之屬
繪圖岳飛全傳六卷五十二回 通俗小説社編輯 民國十五年(1926)上海世界書局石印本 許雪樵題記 六册

330000－1754－0000260 0258 集部/小説類/長篇之屬
繪圖鏡花緣六卷一百回 (清)李汝珍撰 民國十四年(1925)上海世界書局石印本 六册

330000－1754－0000262 0260 集部/總集類/選集之屬/通代
明清八大家文鈔八卷 進步書局編輯所編輯 民國四年(1915)上海文明書局、中華書局石印本 八册

330000－1754－0000265 0263 類叢部/類書類/通類之屬
欽定古今圖書集成一萬卷目録四十卷 (清)蔣廷錫 (清)陳夢雷等輯 **古今圖書集成考證二十四卷** 民國二十三年(1934)中華書局影印本 一百六十七册 存一千六百五十八卷(學行典一至三百,選舉典一至一百三十六,銓衡典一至一百二十,食貨典一至一百三十六,禮儀典一至三百四十八,戎政典一至一百八十,祥刑典一至一百八十,考工典一至二百五十二,目録三十三、三十五、三十七至四十)

330000－1754－0000266 0264 類叢部/類書類/通類之屬
古今圖書集成考證二十四卷 (清)蔣廷錫 (清)陳夢雷等輯 民國二十三年(1934)中華書局影印本 四册 存十二卷(十三至二十四)

330000－1754－0000267 0265 史部/史抄類
史記菁華錄六卷 (清)姚祖恩輯評 民國上海商務印書館鉛印本 二册 存四卷(三至六)

330000－1754－0000268 0266 集部/總集類/選集之屬/通代
評選古詩源十四卷 (清)沈德潛輯 民國上海文瑞樓石印本 一册 存三卷(一至三)

330000－1754－0000269 0267 史部/地理類/雜志之屬
浙東三郡紀略一卷 齊中嶔編 民國抄本 一册

330000－1754－0000270 0268 史部/傳記類/别傳之屬/事狀
高奇峯先生榮哀錄第一輯不分卷 中國圖書大辭典編輯館編 民國二十三年(1934)中國圖書大辭典編輯館鉛印本 一册

330000－1754－0000271 0269 史部/金石類/石之屬/文字
初拓鄭文公碑一卷 民國四年(1915)上海有正書局影印本 一册

330000－1754－0000272 0270 子部/藝術類/書畫之屬/法帖
趙書洛神賦一卷 (元)趙孟頫書 民國上海大眾書局影印本 一册

330000－1754－0000273 0271 類叢部/叢書類/自著之屬
勵耘書屋叢刻八種 陳垣撰 民國刻本 八册 存五種

台州市黄岩區圖書館
民國時期傳統裝幀書籍普查登記目録

浙江省民國時期傳統裝幀書籍普查登記目録·台州

國家圖書館出版社
National Library of China Publishing House

《台州市黃岩區圖書館民國時期傳統裝幀書籍普查登記目録》

編委會

主　編：盧　勇

編　委：王　芸　金悠悠　樊　迪

《台州市黄岩區圖書館民國時期傳統裝幀書籍普查登记目録》

前　言

台州市黄岩區圖書館館藏歷史文獻主要源自黄岩九峰書院,2007 年 6 月由區博物館移交我館管理,自此圖書館逐步開始資産登記、古籍庫房建設等工作。古籍普查項目於 2011 年底立項,立項後本館即開始購買普查設備,培訓普查人員,爲項目投入人力物力。截至 2015 年 5 月,已完成全部館藏歷史文獻的普查工作。

民國時期政局跌宕,社會動蕩,革命思潮此起彼伏,中西文化集聚碰撞,學術百家争鳴,錯綜複雜的歷史語境,使得民國時期文獻具有鮮明的時代特徵和較高的文獻價值、歷史價值。

古籍普查是一項邊著録邊整理的大工程,本館普查員在普查民國傳統裝幀書籍中,嚴格按照普查手册中的内容,逐條認真填寫每一項信息,從没有過一絲懈怠。本館普查歷史文獻總數爲 5454 部 44803 册,民國傳統裝幀書籍共 1766 部 9122 册,占總册數的 21%;著録完成的民國傳統裝幀古籍已全部通過審校。

所藏民國傳統裝幀書籍中,劉沅撰民國十年(1921)浙江黄岩九峰圖書館刻本《大學古本質言》、繆宏仁撰民國黄岩友成局鉛印本《雁宕普陀天台游草》、楊晨撰民國二十五年(1936)黄岩楊紹翰鉛印本《崇雅堂叢書》等,都是極具黄岩地方特色的珍貴文獻,是研究本地圖書出版的重要資料。另有李鏡渠輯民國二十四年(1935)鉛印本《仙居叢書第一集》,孫熙鼎、張寅修民國二十四年(1935)鉛印本《臨海縣志稿》,喻長霖修、柯驊威等纂民國二十五年(1936)鉛印本《台州府志》,在研究當時社會、文化、經濟、地理、教育等方面具有很高的價值。據統計黄岩區圖書館所藏民國文獻中,稿本 25 部,抄本 33 部,刻本 139 部,鉛印本 820 部,石印本 653 部,其他版本 96 部。

民國時期傳統裝幀書籍普查雖已完成,但由於受普查員水平、時間、參考資料、工具書不足等制約,錯漏之處不少。在後期對數據的整理中,能修改的及時修改,儘量保證數據的準確性和完整性。已通過審校暫時無法修改的,逐項羅列登記,做好整理工作,待以後有條件再修正。

台州市黄岩區圖書館

2018 年 6 月

330000－1720－0000129　普 00009　類叢部/叢書類/自著之屬
崇雅堂叢書十四種　楊晨撰　民國二十五年(1936)黄巖楊紹翰鉛印本　一册　存一種

330000－1720－0000130　普 00010　類叢部/叢書類/自著之屬
崇雅堂叢書十四種　楊晨撰　民國二十五年(1936)黄巖楊紹翰鉛印本　二册　存四種

330000－1720－0000131　普 00011　史部/傳記類/日記之屬
中華民國三十三年日記不分卷(民國三十三年一月一日至十二月卅一日)　朱文劭撰　稿本　一册

330000－1720－0000134　普 00014　集部/别集類
己未游草一卷　王舟瑶撰　民國石印本　一册

330000－1720－0000140　普 00020　集部/别集類/唐五代别集
白香山詩長慶集二十卷後集十七卷别集一卷補遺二卷　(唐)白居易撰　(清)汪立名編訂　**白香山年譜舊本一卷**　(宋)陳振孫撰　**白香山年譜一卷**　(清)汪立名撰　民國十三年(1924)上海光露書局石印本　十二册

330000－1720－0000142　普 00022　集部/總集類/選集之屬/通代
歷代女子詩集八卷　(明)趙世杰選輯　民國十一年(1922)上海掃葉山房石印本　四册

330000－1720－0000143　普 00023　集部/總集類/選集之屬/通代
歷代女子文集十二卷　(明)趙世杰選輯　民國十七年(1928)上海掃葉山房石印本　四册

330000－1720－0000147　普 00027　集部/總集類/酬唱之屬
辛未歲暮感懷唱和集一卷　黄端履等撰　民國二十一年(1932)鉛印本　一册

330000－1720－0000148　普 00028　集部/總集類/題詠之屬
松聲琴韻集不分卷　方濟川輯　民國三十八年(1949)鉛印本　一册

330000－1720－0000149　普 00029　集部/總集類/酬唱之屬
稀齡贈言三卷　錢綏槃輯　民國三年(1914)海上寄廬刻本　一册

330000－1720－0000150　普 00030　集部/總集類/選集之屬/斷代
宗聖學報十年紀念詩録一卷　宗聖學報社編　民國鉛印本　一册

330000－1720－0000151　普 00031　集部/别集類
浣花集四卷　羅華撰　民國二十一年(1932)鉛印本　一册

330000－1720－0000153　普 00033　集部/别集類
浣花集四卷　羅華撰　民國二十一年(1932)鉛印本　羅華題記　一册

330000－1720－0000154　普 00034　集部/别集類
天嬰室集四卷　陳訓正撰　民國八年(1919)石印本　一册

330000－1720－0000155　普 00035　集部/别集類
天嬰室集四卷　陳訓正撰　民國八年(1919)石印本　一册

330000－1720－0000156　普 00036　集部/别集類
天嬰室集四卷　陳訓正撰　民國八年(1919)石印本　一册

330000－1720－0000157　普 00037　集部/别集類
天嬰室集四卷　陳訓正撰　民國八年(1919)石印本　一册

330000－1720－0000159　普 00039　集部/總集類/選集之屬/斷代
近代詩鈔不分卷　陳衍輯　民國十二年

(1923)上海商務印書館鉛印本　二十四册

330000－1720－0000161　普 00041　集部/别集類/唐五代别集

李長吉集四卷外卷一卷　(唐)李賀撰　(清)黄淳耀評　(清)黎簡批點　民國六年(1917)上海會文堂書局石印本　二册

330000－1720－0000163　普 00043　集部/别集類/唐五代别集

杜詩鏡銓二十卷　(清)楊倫輯　**讀書堂杜工部文集註解二卷**　(清)張溍撰　民國二年(1913)廣州登雲閣刻本　一册　存二卷(九至十)

330000－1720－0000166　普 00046　集部/别集類

北江文七卷　吳闓生撰　吳兆璜　贺培新編　民國十三年(1924)文學社刻本　七册

330000－1720－0000167　普 00047　集部/别集類

一山文存十二卷　章梫撰　民國七年(1918)吳興劉氏嘉業堂刻本　四册

330000－1720－0000168　普 00048　集部/别集類

非儒非俠齋文集四卷外集一卷詩集二卷聯語偶存初集一卷　顧爕光撰　**福豔樓遺詩一卷**　陸珊撰　民國二十五年(1936)會稽顧氏杭州金佳石好樓石印本　三册

330000－1720－0000169　普 00049　集部/别集類

安蹇齋叢殘稿四卷　英華撰　張秀林輯　民國六年(1917)鉛印本　一册　存三卷(安蹇齋文鈔、安蹇齋詩鈔、關外旅行小記)

330000－1720－0000170　普 00050　集部/别集類

大荒集不分卷　林語堂撰　民國二十三年(1934)上海生活書店鉛印本　二册

330000－1720－0000172　普 00052　集部/别集類

宋教仁先生文集不分卷　宋教仁撰　民國二年(1913)政新書局石印本　一册

330000－1720－0000173　普 00053　集部/别集類

省齋先生文集六十卷首一卷　(朝鮮)柳重教撰　民國寬甸晉字齋鉛印本　三册　存九卷(四至六、三十四至三十七、四十九至五十)

330000－1720－0000175　普 00055　集部/别集類

劉子遺書十一卷　劉可培撰　**師友贈言錄一卷哀思錄一卷**　民國十二年(1923)鉛印本　三册

330000－1720－0000177　普 00057　集部/别集類

劉子遺書十一卷　劉可培撰　**師友贈言錄一卷哀思錄一卷**　民國十二年(1923)鉛印本　二册　存十一卷(劉子遺書一至十一)

330000－1720－0000178　普 00058　集部/别集類

飲冰室全集四十八卷　梁啓超撰　民國五年(1916)上海中華書局鉛印本　四十八册

330000－1720－0000179　普 00059　集部/别集類

飲冰室全集四十八卷　梁啓超撰　民國五年(1916)上海中華書局鉛印本　四十一册　缺七卷(二十七至三十一、三十八至三十九)

330000－1720－0000182　普 00062　集部/别集類

新編分類飲冰室文集全編二十卷　梁啓超撰　民國上海廣益書局石印本　四册　存十三卷(一至三、十一至二十)

330000－1720－0000183　普 00063　集部/别集類/唐五代别集

杜詩詳註二十五卷首一卷附編二卷　(清)仇兆鰲輯註　民國石印本　一册　存一卷(八)

330000－1720－0000184　普 00064　類叢部/叢書類/彙編之屬

佚存叢書六帙十七種　(日本)林衡編　民國十三年(1924)上海商務印書館據日本寬政至

文化刻本影印本　二十八冊　存十六種

330000－1720－0000185　普00065　類叢部/叢書類/彙編之屬
復性書院叢刊二十七種　馬浮輯　民國二十九年至三十七年(1940－1948)復性書院刻本暨鉛印本　十六冊　存十三種

330000－1720－0000187　普00067　類叢部/叢書類/彙編之屬
珠叢別錄二十八種　(清)錢熙祚編　民國十一年(1922)上海博古齋據清金山錢氏重編增刻墨海金壺本影印本　十冊　存十八種

330000－1720－0000207　普00087　類叢部/叢書類/自著之屬
崔東壁遺書前編十九種附一種　(清)崔述撰　民國十三年(1924)上海古書流通處據清道光陳氏刻本影印本　十五冊　存十一種

330000－1720－0000209　普00089　類叢部/叢書類/自著之屬
煙霞草堂遺書十七種　(清)劉光蕡撰　民國八年至十年(1919－1921)王典章思過齋江蘇刻本　六冊

330000－1720－0000214　普00094　類叢部/叢書類/彙編之屬
涉聞梓舊二十五種　(清)蔣光煦輯　民國十三年(1924)上海涵芬樓據清海昌蔣氏刻本影印本　十九冊　缺三卷(方舟經說四至六)

330000－1720－0000216　普00096　類叢部/叢書類/彙編之屬
清代學術叢書五種　黃賓熙編　民國香山黃氏古愚室據刻本影印本　二十冊　存四種

330000－1720－0000228　普00110　經部/小學類/文字之屬/字書/字體
古籀彙編十四卷檢字一卷　徐文鏡編　民國二十三年(1934)上海商務印書館石印本　十四冊

330000－1720－0000231　普00109　經部/禮記類/傳說之屬
禮記恆解四十九卷　(清)劉沅輯注　民國北京道德學社鉛印本　九冊　缺十卷(三十一至四十)

330000－1720－0000236　普00116　經部/小學類/文字之屬/說文/傳說
說文釋例二十卷　(清)王筠撰　民國石印本　二冊　存六卷(十二至十七)

330000－1720－0000237　普00117　類叢部/叢書類/郡邑之屬
吳興叢書六十六種　劉承幹編　民國吳興劉氏嘉業堂刻本　七十三冊　存二十三種

330000－1720－0000238　普00128　經部/小學類/訓詁之屬/字詁
虛字會通法初編一卷續編一卷　(清)徐超撰　民國四年(1915)、七年(1918)上海羣學社鉛印本　一冊

330000－1720－0000240　普00119　史部/金石類/金之屬
金文續編十四卷附錄一卷采用秦器銘文一卷檢字一卷　容庚撰集　民國二十四年(1935)上海商務印書館石印本　二冊

330000－1720－0000241　普00120　經部/小學類/文字之屬/字書/古文
鐘鼎字源五卷附錄一卷　(清)汪立名撰　民國掃葉山房石印本　三冊

330000－1720－0000245　普00124　經部/禮記類/傳說之屬
禮記集說十卷　(元)陳澔撰　民國七年(1918)上海千頃堂書局石印本　任彝富題記　十冊

330000－1720－0000263　普00143　經部/小學類/文字之屬/字書/古文
古文千字文一卷　袁俊輯　民國十三年(1924)石印本　一冊

330000－1720－0000268　普00148　經部/詩類/傳說之屬
毛詩不分卷　(漢)毛亨傳　民國上海商務印書館鉛印本　一冊

330000－1720－0000276　普00156　經部/詩類/傳說之屬

詩經旁訓辨體合訂四卷　(清)徐立綱輯　民國甯郡汲綆齋鉛印本　二冊

330000－1720－0000279　普00159　經部/詩類/傳說之屬

詩經集傳八卷　(宋)朱熹撰　民國上海廣益書局石印本　三冊　存五卷(一至五)

330000－1720－0000280　普00160　經部/詩類/傳說之屬

詩經集傳八卷　(宋)朱熹撰　民國四年(1915)中華書局鉛印本　三冊　存七卷(一至四、六至八)

330000－1720－0000281　普00161　經部/詩類/傳說之屬

詩經集傳八卷　(宋)朱熹撰　民國商務印書館鉛印本　三冊　存六卷(三至八)

330000－1720－0000293　普00173　經部/易類/傳說之屬

易通十卷釋例一卷　劉次源撰　民國三十八年(1949)劉昌景鉛印屯園叢書本　劉昌景題記　三冊

330000－1720－0000298　普00178　經部/詩類/傳說之屬

黃維章先生詩經嫏嬛體註八卷　(明)黃文煥撰　(清)范翔重訂　民國上海廣益書局刻文華書局影印本　六冊

330000－1720－0000351　普00231　經部/詩類/傳說之屬

詩經恒解六卷　(清)劉沅撰　民國北京道德學社印刷所鉛印本　五冊　存五卷(一至四、六)

330000－1720－0000352　普00232　經部/詩類/傳說之屬

詩經恒解六卷　(清)劉沅撰　民國九年(1920)致福樓刻守經堂印本　六冊

330000－1720－0000358　普00238　經部/書類/傳說之屬

書經恒解六卷書序辨正一卷　(清)劉沅輯註　民國北京道德學社鉛印本　六冊

330000－1720－0000359　普00239　經部/詩類/傳說之屬

詩經恒解六卷　(清)劉沅撰　民國九年(1920)致福樓刻本　四冊　存四卷(二、四至六)

330000－1720－0000363　普00243　經部/詩類/傳說之屬

詩經原始十八卷首二卷　(清)方玉潤撰　民國十三年(1924)上海泰東圖書局石印本　八冊

330000－1720－0000364　普00244　經部/詩類/三家詩之屬

詩攷補訂五卷　(宋)王應麟撰　(清)盧文弨增校　楊晨補訂　民國四年(1915)石印本　二冊

330000－1720－0000372　普00252　經部/禮記類/傳說之屬

禮記約編十卷　(清)汪基撰　民國鑄記書局石印本　一冊

330000－1720－0000373　普00253　經部/孝經類/傳說之屬

御註孝經一卷　(清)世祖福臨撰　民國十八年(1929)上海鴻文書局石印本　與330000－1720－0000372合冊

330000－1720－0000382　普00262　經部/小學類/音韻之屬/韻書

新式詩韻全璧八卷　世界書局編輯所編輯　民國十七年(1928)上海世界書局石印本　十冊

330000－1720－0000392　普00272　經部/小學類/音韻之屬/韻書

廣韻五卷　(宋)陳彭年等修　**宋本廣韻校札一卷**　(清)黎庶昌撰　民國上海涵芬樓影印本　四冊　缺一卷(一)

330000－1720－0000393　普00273　類叢部/類書類/專類之屬

詩韻合璧五卷 （清）湯文潞輯 **虚字韻藪一卷** （清）潘維城輯 民國十三年（1924）上海錦章圖書局石印本 五冊

330000－1720－0000395 普00275 史部/地理類/外紀之屬
西洋史講義四卷 錢家治編 民國油印本 二冊

330000－1720－0000398 普00278 史部/地理類/外紀之屬
亞細亞洲史講義三卷 京師大學堂編 民國油印本 二冊

330000－1720－0000402 普00282 史部/史評類/史論之屬
明史例案九卷 劉承幹撰 民國四年（1915）吳興劉氏嘉業堂刻本 三冊 存七卷（一至二、五至九）

330000－1720－0000403 普00283 史部/史評類/史論之屬
明史例案九卷 劉承幹撰 民國四年（1915）吳興劉氏嘉業堂刻本 四冊

330000－1720－0000408 普00288 集部/詩文評類/詩評之屬
聲調四譜圖説十二卷首一卷末一卷 （清）董文煥編 民國十六年（1927）上海醫學書局影印本 四冊

330000－1720－0000415 普00295 史部/史抄類
史記精華八卷 中華書局編 民國十七年（1928）上海中華書局鉛印本 八冊

330000－1720－0000416 普00296 史部/史評類/史論之屬
國史概論四卷 葛陛綸輯 民國八年（1919）上海會文堂書局石印本 四冊 存三卷（二至四）

330000－1720－0000417 普00297 類叢部/叢書類/彙編之屬
求恕齋叢書三十一種 劉承幹編 民國吳興劉氏嘉業堂刻本 九冊 存二種

330000－1720－0000418 普00298 經部/小學類/音韻之屬/韻書
增廣詩韻全璧五卷 （清）湯祥瑟輯 華鋸重編 **初學檢韻袖珍一卷** （清）錢大昕鑒定（清）姚文登輯 民國九年（1920）上海章福記書局石印本 六冊

330000－1720－0000419 普00299 史部/目録類/總録之屬/彙刻
影印元明善本叢書十種樣本一卷 商務印書館編 民國二十六年（1937）上海商務印書館鉛印本 一冊

330000－1720－0000420 普00300 史部/目録類/版本之屬/書影
百衲本二十四史樣本一卷 商務印書館編 民國十九年（1930）上海商務印書館鉛印本暨影印本 一冊

330000－1720－0000421 普00301 史部/目録類/版本之屬/書影
百衲本二十四史預約樣本一卷 商務印書館編 民國十九年（1930）上海商務印書館鉛印本暨影印本 一冊

330000－1720－0000423 普00303 史部/金石類/金之屬/文字
積古齋鐘鼎彝器款識十卷 （清）阮元撰 民國二十五年（1936）上海掃葉山房石印本 五冊

330000－1720－0000425 普00305 經部/小學類/音韻之屬/韻書
增廣詩韻全璧五卷 （清）湯祥瑟輯 **初學檢韻袖珍一卷** （清）錢大昕鑒定 （清）姚文登輯 **虚字韻藪一卷** （清）潘維城輯 民國十一年（1922）上海廣益書局石印本 七冊

330000－1720－0000430 普00310 史部/目録類/版本之屬/專考
宋元本行格表二卷附錄一卷補遺一卷 （清）江標輯 劉肇隅編並補 民國三年（1914）上海文瑞樓石印本 一冊 存一卷（上）

330000－1720－0000431 普00311 類叢部/

叢書類/彙編之屬
求恕齋叢書三十一種 劉承幹編 民國吳興劉氏嘉業堂刻本 四冊 存一種

330000－1720－0000432 普 00312 類叢部/類書類/專類之屬
詩韻合璧五卷 (清)湯文潞輯 **虚字韻藪一卷** (清)潘維城輯 民國鉛印本 一冊

330000－1720－0000433 普 00313 史部/目録類/總録之屬/官修
黃巖九峰圖書館書目五卷 黃巖九峰圖書館編 民國七年(1918)黃巖九峰圖書館石印本 二冊

330000－1720－0000434 普 00314 史部/目録類/總録之屬/官修
黃巖九峰圖書館書目五卷 黃巖九峰圖書館編 民國七年(1918)黃巖九峰圖書館石印本 二冊

330000－1720－0000435 普 00315 史部/目録類/總録之屬/官修
黃巖九峰圖書館書目五卷 黃巖九峰圖書館編 民國七年(1918)黃巖九峰圖書館石印本 二冊

330000－1720－0000436 普 00316 史部/目録類/總録之屬/官修
黃巖九峰圖書館書目五卷 黃巖九峰圖書館編 民國七年(1918)黃巖九峰圖書館石印本 一冊 存三卷(三至五)

330000－1720－0000439 普 00319 子部/儒家類/儒家之屬
孔氏家語十卷 (三國魏)王肅注 民國上海啟新書局石印本 五冊

330000－1720－0000442 普 00322 類叢部/叢書類/自著之屬
寫禮廎遺箸四種 (清)王頌蔚撰 民國四年(1915)鲟溪王氏刻本 一冊 存二種

330000－1720－0000443 普 00323 史部/目録類/專録之屬
譯書經眼録八卷 顧燮光輯 民國二十四年(1935)會稽顧氏杭州金佳石好樓石印本 二冊

330000－1720－0000444 普 00324 史部/目録類/版本之屬/書影
重印聚珍倣宋版五開大本四部備要様本不分卷 中華書局編 民國上海中華書局鉛印本 一冊

330000－1720－0000445 普 00327 子部/儒家類/儒家之屬
荀子集解二十卷首一卷 (唐)楊倞注 王先謙集解 民國上海商務印書館據清光緒十七年(1891)長沙王氏刻本影印本 六冊

330000－1720－0000448 普 00330 子部/儒家類/儒家之屬
荀子集解二十卷首一卷 (唐)楊倞注 王先謙集解 民國十三年(1924)上海掃葉山房石印本 八冊

330000－1720－0000449 普 00331 史部/目録類/總録之屬/地方
鴻遠樓所藏台州書目四卷附錄一卷 金嗣獻編 民國三年(1914)太平金氏鴻遠樓木活字印本 一冊 存三卷(三至四、附錄)

330000－1720－0000450 普 00332 子部/儒家類/儒家之屬
荀子集解二十卷首一卷 (唐)楊倞注 王先謙集解 民國上海掃葉山房石印本 八冊

330000－1720－0000451 普 00333 史部/目録類/書志之屬/提要
錢遵王讀書敏求記校證四卷 (清)錢曾撰 (清)管庭芬輯 章鈺補輯 **錢遵王讀書敏求記佚文一卷序跋題記一卷附錄一卷校證補遺一卷** 章鈺輯 民國十五年(1926)長洲章氏刻本 六冊

330000－1720－0000456 普 00338 史部/目録類/總録之屬/私撰
蟫隱廬舊本書目第十八期一卷 蟫隱廬書莊編 民國十八年(1929)上海蟫隱廬書莊石印本 一冊

330000－1720－0000457　普00381　子部/儒家類/儒家之屬

教科適用荀子精華一卷　中華書局編　民國二十五年(1936)上海中華書局鉛印本　一册

330000－1720－0000460　普00342　史部/目録類/總録之屬/官修

浙江圖書館觀覽類日文書目一卷　浙江圖書館編　民國四年(1915)浙江圖書館鉛印本　一册

330000－1720－0000461　普00343　史部/目録類/總録之屬/官修

浙江圖書館觀覽類日文書目一卷　浙江圖書館編　民國四年(1915)浙江圖書館鉛印本　一册

330000－1720－0000462　普00344　史部/目録類/總録之屬/官修

浙江圖書館保存類書目四卷末一卷　浙江圖書館編　民國四年(1915)浙江圖書館鉛印本　一册

330000－1720－0000463　普00345　史部/目録類/總録之屬/官修

浙江圖書館保存類書目四卷末一卷　浙江圖書館編　民國四年(1915)浙江圖書館鉛印本　一册

330000－1720－0000464　普00346　史部/目録類/總録之屬/私撰

鄞范氏天一閣書目内編十卷　馮貞羣編　民國二十六年至二十九年(1937－1940)寧波重修天一閣委員會鉛印本　一册　存三卷(八至十)

330000－1720－0000472　普00354　史部/目録類/總録之屬/官修

浙江圖書館觀覽類書目補編二卷　浙江圖書館編　民國四年(1915)浙江圖書館鉛印本　一册

330000－1720－0000473　普00355　史部/目録類/總録之屬/官修

浙江圖書館觀覽類書目補編二卷　浙江圖書館編　民國四年(1915)浙江圖書館鉛印本　一册

330000－1720－0000474　普00356　史部/目録類/總録之屬/官修

浙江圖書館觀覽類書目四卷補遺一卷附錄一卷　浙江圖書館編　民國四年(1915)浙江圖書館鉛印本　五册

330000－1720－0000475　普00357　史部/目録類/總録之屬/官修

浙江圖書館觀覽類書目四卷補遺一卷附錄一卷　浙江圖書館編　民國四年(1915)浙江圖書館鉛印本　五册

330000－1720－0000478　普00360　史部/目録類/總録之屬/官修

黄巖九峯圖書館書目五卷續編四卷三編五卷　黄巖九峯圖書館編　民國十九年(1930)黄巖九峯圖書館鉛印本　三册

330000－1720－0000479　普00361　史部/目録類/總録之屬/官修

黄巖九峯圖書館書目五卷續編四卷三編五卷　黄巖九峯圖書館編　民國十九年(1930)黄巖九峯圖書館鉛印本　三册

330000－1720－0000480　普00362　史部/目録類/總録之屬/官修

黄巖九峯圖書館書目五卷續編四卷三編五卷　黄巖九峯圖書館編　民國十九年(1930)黄巖九峯圖書館鉛印本　三册

330000－1720－0000481　普00363　史部/目録類/總録之屬/官修

黄巖九峯圖書館書目五卷續編四卷三編五卷　黄巖九峯圖書館編　民國十九年(1930)黄巖九峯圖書館鉛印本　二册　缺三卷(黄巖九峯圖書館書目三至五)

330000－1720－0000482　普00364　史部/目録類/總録之屬/官修

黄巖九峯圖書館書目五卷續編四卷三編五卷　黄巖九峯圖書館編　民國十九年(1930)黄巖九峯圖書館鉛印本　一册　存二卷(黄巖

九峯圖書館書目一至二）

330000－1720－0000490　普 00372　子部/儒家類/儒學之屬/性理
王陽明先生傳習錄集評四卷　(清)孫奇逢等參評　(清)陶潯霍　梁啓超續評　孫鏘輯校　民國三年(1914)上海新學會社鉛印本　二冊

330000－1720－0000491　普 00373　子部/儒家類/儒學之屬/性理
王陽明先生傳習錄集評四卷　(清)孫奇逢等參評　(清)陶潯霍　梁啓超續評　孫鏘輯校　民國三年(1914)上海新學會社鉛印本　二冊

330000－1720－0000492　普 00374　子部/儒家類/儒學之屬/性理
王陽明先生傳習錄集評四卷　(清)孫奇逢等參評　(清)陶潯霍　梁啓超續評　孫鏘輯校　民國三年(1914)上海新學會社鉛印本　二冊

330000－1720－0000510　普 00392　子部/儒家類/儒學之屬/性理
近思錄集說十四卷　管贊程撰　民國浙江印刷所鉛印本　四冊

330000－1720－0000511　普 00393　子部/儒家類/儒學之屬/性理
近思錄集說十四卷　管贊程撰　民國浙江印刷所鉛印本　四冊

330000－1720－0000512　普 00394　子部/儒家類/儒學之屬/性理
近思錄集說十四卷　管贊程撰　民國浙江印刷所鉛印本　四冊

330000－1720－0000513　普 00395　子部/儒家類/儒學之屬/性理
近思錄集說十四卷　管贊程撰　民國浙江印刷所鉛印本　四冊

330000－1720－0000514　普 00396　子部/儒家類/儒學之屬/性理
近思錄集說十四卷　管贊程撰　民國浙江印刷所鉛印本　四冊

330000－1720－0000515　普 00397　子部/儒家類/儒學之屬/性理
近思錄集說十四卷　管贊程撰　民國浙江印刷所鉛印本　四冊

330000－1720－0000516　普 00398　子部/儒家類/儒學之屬/性理
近思錄集說十四卷　管贊程撰　民國浙江印刷所鉛印本　四冊

330000－1720－0000517　普 00399　子部/儒家類/儒學之屬/性理
近思錄集說十四卷　管贊程撰　民國浙江印刷所鉛印本　四冊

330000－1720－0000534　普 00417　子部/儒家類/儒學之屬/俗訓
訓俗遺規四卷　(清)陳弘謀編輯　**訓俗遺規補編一卷**　(清)華希閔編輯　民國石印本　一冊　缺二卷(一至二)

330000－1720－0000540　普 00422　類叢部/叢書類/彙編之屬
顏李學三種　徐世昌輯　民國天津徐氏刻本　五冊

330000－1720－0000541　普 00423　類叢部/叢書類/彙編之屬
顏李學三種　徐世昌輯　民國天津徐氏刻本　五冊

330000－1720－0000542　普 00424　子部/儒家類/儒學之屬/性理
近思錄解義十四卷　張紹价撰　民國二十五年(1936)青島同文印書局公記鉛印本　一冊　缺九卷(一至九)

330000－1720－0000554　普 00436　集部/總集類/選集之屬/斷代
靈峰小識不分卷　富陽靈峯精舍編輯　民國浙江富陽靈峯精舍鉛印本　一冊　存第四冊

330000－1720－0000557　普 00439　子部/宗教類/道教之屬/戒律

太上寶筏圖說八卷 （清）黄正元撰 民國石印本 二冊 存二卷（禮、忠）

330000－1720－0000558 普00440 史部/地理類/方志之屬/通志

［民國］浙江新志二卷 姜卿雲編 民國二十五年（1936）杭州正中書局鉛印本 姜卿雲題記 一冊 存一卷（一）

330000－1720－0000560 普00442 經部/小學類/文字之屬/字書/字典

辭源十二卷檢字一卷勘誤一卷附錄五卷 陸爾奎等編 民國四年（1915）上海商務印書館鉛印本 十冊 缺二卷（二至三）

330000－1720－0000561 普00443 史部/政書類/公牘檔冊之屬

民國三十三年稿簿一卷 民國三十三年（1944）稿本 一冊

330000－1720－0000568 普00454 子部/雜家類

質疑錄上編二卷下編二卷附編一卷 劉咸焌撰 民國二十一年（1932）刻本 四冊

330000－1720－0000569 普00455 子部/雜家類

質疑錄上編二卷下編二卷附編一卷 劉咸焌撰 民國二十一年（1932）刻本 三冊 缺一卷（質疑錄上編一）

330000－1720－0000570 普00456 子部/雜家類

質疑錄上編二卷下編二卷附編一卷 劉咸焌撰 民國二十一年（1932）刻本 一冊 存一卷（質疑錄下編一）

330000－1720－0000578 普00465 子部/道家類

莊子十卷 （晉）郭象注 民國十三年（1924）上海會文堂書局石印本 三冊 存八卷（一至八）

330000－1720－0000579 普00466 子部/道家類

老子道德經二卷 （三國魏）王弼注 **音義一卷** （唐）陸德明撰 民國六年（1917）上海會文堂書局石印本 一冊

330000－1720－0000580 普00467 子部/墨家類

墨子十五卷目一卷篇目考一卷 （清）畢沅校注並撰 民國上海會文堂書局石印本 四冊

330000－1720－0000582 普00469 子部/道家類

莊子補注四卷 奚侗撰 民國六年（1917）鉛印本 二冊

330000－1720－0000583 普00470 子部/墨家類

墨子閒詁十五卷目錄一卷附錄一卷後語二卷 （清）孫詒讓撰 民國掃葉山房石印本 八冊

330000－1720－0000584 普00471 子部/道家類

補過齋讀老子日記六卷 楊增新撰 民國十五年（1926）刻本 六冊

330000－1720－0000585 普00472 子部/兵家類/兵法之屬

趙註孫子五卷 （明）趙本學解引類 民國益新書局石印本 三冊 存三卷（三至五）

330000－1720－0000587 普00474 子部/墨家類

墨子十五卷目一卷篇目考一卷 （清）畢沅校注並撰 民國九年（1920）上海掃葉山房石印本 四冊

330000－1720－0000590 普00477 子部/法家類

商君書五卷附攷一卷 （戰國）商鞅撰 民國七年（1918）上海掃葉山房石印本 一冊

330000－1720－0000591 普00478 子部/墨家類

墨子十五卷目一卷篇目考一卷 （清）畢沅校注並撰 民國二年（1913）上海掃葉山房石印本 四冊

330000－1720－0000593　普 00480　子部/法家類

韓非子二十卷　(戰國)韓非撰　**韓非子識誤三卷**　(清)顧廣圻撰　民國二年(1913)上海掃葉山房石印本　六冊

330000－1720－0000595　普 00482　子部/道家類

老子道德經箋注一卷　丁福保撰　**老子道德經書目攷一卷**　周雲青撰　民國十六年(1927)上海醫學書局鉛印本　一冊

330000－1720－0000598　普 00485　子部/儒家類/儒學之屬/禮教/家訓

治家格言繹義二卷　(清)戴翊清撰　**附録一卷**　民國杭州興業印書局鉛印本　一冊

330000－1720－0000599　普 00486　子部/儒家類/儒學之屬/俗訓

格言聯璧不分卷　(清)金纓輯　民國五年(1916)吳縣徐貞元木活字印本　一冊

330000－1720－0000601　普 00488　類叢部/叢書類/彙編之屬

嘉業堂叢書五十七種　劉承幹編　民國吳興劉氏嘉業堂刻本　二冊　存一種

330000－1720－0000602　普 00489　類叢部/叢書類/彙編之屬

嘉業堂叢書五十七種　劉承幹編　民國吳興劉氏嘉業堂刻本　一冊　存一種

330000－1720－0000603　普 00490　子部/儒家類/儒學之屬/禮教/鑑戒

人道大義録不分卷　夏震武撰　民國二年(1913)鉛印本　一冊

330000－1720－0000604　普 00491　子部/儒家類/儒學之屬/禮教/鑑戒

人道大義録不分卷　夏震武撰　民國二年(1913)鉛印本　一冊

330000－1720－0000605　普 00492　子部/儒家類/儒學之屬/禮教/鑑戒

人道實行録十卷首一卷　金潛撰　民國八年(1919)鉛印本　二冊

330000－1720－0000606　普 00493　子部/儒家類/儒學之屬/禮教/鑑戒

人道實行録十卷首一卷　金潛撰　民國八年(1919)鉛印本　二冊

330000－1720－0000607　普 00494　子部/儒家類/儒學之屬/禮教/鑑戒

人道實行録十卷首一卷　金潛撰　民國八年(1919)鉛印本　二冊

330000－1720－0000615　普 00502　子部/儒家類

修道録一卷　朱鎔宙原稿　柯岷增潤　**集思録一卷**　民國鉛印本　一冊

330000－1720－0000617　普 00504　子部/儒家類

修道録一卷　朱鎔宙原稿　柯岷增潤　**集思録一卷**　民國鉛印本　一冊

330000－1720－0000618　普 00505　子部/農家農學類/蠶桑之屬

桑樹栽培法十一章　鄭韞三編　民國十年(1921)山西晉新書社鉛印本　一冊

330000－1720－0000619　普 00506　史部/地理類/水利之屬

黄巖縣興修水利報告書不分卷　章育等編　民國三十五年(1946)黄巖縣水利會鉛印本　一冊

330000－1720－0000620　普 00507　子部/農家農學類/總論之屬

農書二十二卷　(元)王禎撰　民國石印本　葉芸題簽並記　一冊　存二十卷(一至二十)

330000－1720－0000621　普 00508　新學/農政/農務

農藝知新初集□□卷　黄巖教育會選印　民國黄巖教育會石印本　一冊　存一卷(一)

330000－1720－0000627　普 00514　子部/道家類

莊子因六卷　(清)林雲銘評述　民國二年(1913)上海千頃堂書局石印本　四冊

330000－1720－0000630　普 00517　史部/地理類/水利之屬
長江與太湖間水利之研究不分卷　林保元　華毓鵬　龔允文撰　民國鉛印本　一册

330000－1720－0000631　普 00518　新學/工藝/工學/塘工河工路工
森林工學□□章　民國油印本　一册　存二章(四至五)

330000－1720－0000637　普 00524　子部/宗教類/道教之屬/雜著
抱朴子内篇二十卷外篇五十卷　(晋)葛洪撰　**抱朴子附篇十卷**　(清)繼昌等撰　民國十三年(1924)上海掃葉山房石印本　一册　存五十卷(外篇一至五十)

330000－1720－0000643　普 00530　子部/醫家類/醫案之屬
當代全國名醫驗案類編十四卷　何廉臣評選　民國二十五年(1936)上海大東書局鉛印本　八册

330000－1720－0000644　普 00531　子部/醫家類/類編之屬
陳修園醫書七十種　(清)陳念祖等撰　民國石印本　一册　存二種

330000－1720－0000659　普 00546　子部/醫家類/類編之屬
醫史叢書　中華醫史學會編　民國三十二年(1943)中華醫史學會鈞石出版基金委員會鉛印本　四册　存一種

330000－1720－0000668　普 00555　子部/醫家類/醫經之屬/内經
補注黄帝内經素問二十四卷黄帝内經靈樞十二卷　(唐)王冰註　(宋)林億等校正　(宋)孫兆重改誤　**黄帝内經素問遺編一卷**　(宋)劉溫舒原本　民國十年(1921)上海育文書局石印本　六册

330000－1720－0000670　普 00557　子部/醫家類/醫經之屬/内經
靈樞經合纂十卷　(清)張志聰　(清)馬蒔註　民國八年(1919)上海錦章圖書局石印本　九册

330000－1720－0000671　普 00558　子部/醫家類/醫經之屬/内經
黄帝内經素問合纂十卷靈樞經合纂九卷補遺一卷　(明)馬蒔　(清)張志聰注　民國八年(1919)上海錦章圖書局石印本　九册　存十卷(一至十)

330000－1720－0000672　普 00559　子部/農家農學類/園藝之屬/蔬菜
野菜博録三卷　(明)鮑山撰　民國十一年(1922)新學會社石印本　三册

330000－1720－0000675　普 00562　子部/醫家類/本草之屬
增訂僞藥條辨四卷　(清)鄭肖巖著　曹炳章集註　民國十七年(1928)紹興和濟藥局鉛印本　二册

330000－1720－0000677　普 00564　子部/醫家類/外科之屬/癰疽、疔瘡
治疔要書一卷　民國十六年(1927)上海宏大善書局石印本　一册

330000－1720－0000678　普 00565　子部/醫家類/外科之屬
花柳易知不分卷　李公彥撰　中華書局編輯　民國八年(1919)上海中華書局鉛印本　一册

330000－1720－0000679　普 00566　子部/醫家類/類編之屬
南雅堂醫書外集二十七種　(清)陳念祖等撰　民國石印本　一册　存六種

330000－1720－0000681　普 00568　類叢部/叢書類/彙編之屬
四庫全書珍本初集二百三十種　中央圖書館籌備處輯　民國二十三年至二十四年(1934－1935)上海商務印書館據文淵閣本影印本　二册　存二種

330000－1720－0000684　普 00571　子部/醫家類/類編之屬

上海國醫學院醫學叢書　民國上海國醫學院鉛印本　八册　存一種

330000－1720－0000685　普 00572　子部/醫家類/溫病之屬/瘟疫

中西霍亂芻言四章　徐佩華撰述　民國八年(1919)同仁書局、文化書局鉛印本　一册

330000－1720－0000686　普 00573　子部/醫家類/傷寒金匱之屬/傷寒論

傷寒論十卷　(漢)張仲景撰　(晉)王叔和輯　民國十二年(1923)上海惲樹玨據明萬曆趙開美刻本影印本　六册

330000－1720－0000687　普 00574　子部/醫家類/醫案之屬

石室秘籙四卷　(清)陳士鐸撰　民國六年(1917)上海校經山房石印本　四册

330000－1720－0000688　普 00575　子部/醫家類/傷寒金匱之屬/傷寒論

傷寒論研究四卷　惲樹玨撰　民國十三年(1924)上海惲樹玨鉛印本　二册

330000－1720－0000690　普 00577　子部/醫家類/醫經之屬/難經

難經彙注箋正三卷首一卷　張壽頤撰　民國十二年(1923)蘭谿中醫專門學校石印本　四册

330000－1720－0000697　普 00584　子部/醫家類/類編之屬

陳修園醫書五十種　(清)陳念祖撰　民國石印本　一册　存八種

330000－1720－0000701　普 00588　子部/醫家類/方書之屬/歷代方書

孫真人備急千金要方三十卷　(唐)孫思邈撰　(清)張璐衍義　民國上海中原書局石印本　十二册

330000－1720－0000703　普 00590　子部/醫家類/婦科之屬/產科

胎產心法三卷　(清)閻純璽撰　民國九年(1920)上海江東茂記書局石印本　五册

330000－1720－0000704　普 00591　子部/醫家類/婦科之屬/產科

產科心法二卷　(清)汪喆撰　民國七年(1918)溫州雲鮮印書館石印本　一册　存一卷(一)

330000－1720－0000705　普 00592　子部/醫家類/婦科之屬/產科

臨產須知一卷　周憬選　周鎮纂集　民國十年(1921)無錫錫城印刷公司石印本　一册

330000－1720－0000706　普 00593　子部/醫家類/婦科之屬/產科

增補大生要旨五卷　(清)唐千頃纂　(清)馬振蕃續增　民國六年(1917)上海宏大印刷紙號石印本　一册

330000－1720－0000707　普 00594　子部/醫家類/診法之屬/其他診法

舌診學二卷　繆宏仁撰　民國二十六年(1937)浙江蘇園醫事改善社鉛印本　繆宏仁題記　一册

330000－1720－0000708　普 00595　子部/醫家類/診法之屬/其他診法

舌診學二卷　繆宏仁撰　民國二十六年(1937)浙江蘇園醫事改善社鉛印本　一册

330000－1720－0000709　普 00596　子部/醫家類/診法之屬/其他診法

舌診學二卷　繆宏仁撰　民國二十六年(1937)浙江蘇園醫事改善社鉛印本　一册

330000－1720－0000710　普 00597　子部/醫家類/本草之屬/歷代綜合本草

本草述三十二卷　(清)劉若金撰　民國二十二年(1933)上海萬有書局石印本　六册　存二十四卷(九下至三十二)

330000－1720－0000714　普 00601　子部/醫家類/方書之屬/歷代方書

千金翼方三十卷　(唐)孫思邈撰　民國上海鴻寶齋書局石印本　六册

330000－1720－0000717　普 00604　子部/醫家類/診法之屬/其他診法

中國診斷學實用不分卷　時逸人著　民國九年(1920)江左益人醫社鉛印本　一册

330000－1720－0000719　普00606　類叢部/叢書類/彙編之屬
景印元明善本叢書十種　商務印書館編　民國二十六年至二十九年(1937－1940)上海商務印書館影印本　十册　存一種

330000－1720－0000725　普00612　子部/醫家類/兒科之屬/通論
幼科推拿祕書四卷　(清)駱如龍著　(清)駱民新抄訂　民國二十年(1931)上海商務印書館鉛印本　一册

330000－1720－0000731　普00618　子部/醫家類/兒科之屬/痘疹
痳科至寶沈氏痳科合編不分卷　民國十四年(1925)石印本　一册

330000－1720－0000733　普00620　子部/醫家類/綜合之屬/通論
御纂醫宗金鑑九十卷首一卷　(清)吳謙等撰　民國石印本　三册　存十二卷(外科一至六、十一至十六)

330000－1720－0000736　普00623　子部/醫家類/喉科口齒之屬/通論
喉科秘鑰二卷　(清)郑廛輯　(清)許佐廷增訂　民國六年(1917)古杭程莘耕刻本　一册

330000－1720－0000743　普00630　子部/醫家類/類編之屬
陳修園醫書七十二種　(清)陳念祖等撰　民國上海錦章書局石印本　一册　存一種

330000－1720－0000744　普00631　子部/醫家類/類編之屬
陳修園醫書四十八種　(清)陳念祖撰　民國十八年(1929)上海三星書店石印本　一册　存五種

330000－1720－0000750　普00637　子部/醫家類/兒科之屬/痘疹
痳症集成四卷　(清)朱載揚撰　民國十五年(1926)上海宏大善書局石印本　一册

330000－1720－0000751　普00638　子部/醫家類/兒科之屬/痘疹
痳症集成四卷　(清)朱載揚撰　民國十五年(1926)上海宏大善書局石印本　一册

330000－1720－0000752　普00639　子部/醫家類/兒科之屬/痘疹
痳疹專論四卷　李明編箸　民國二十九年(1940)喚民書局鉛印本　一册

330000－1720－0000757　普00644　子部/醫家類/針灸之屬/通論
鍼灸大成十二卷　(明)楊繼洲撰　民國上海鴻寶齋書局石印本　三册　存六卷(三至五、八、十一至十二)

330000－1720－0000759　普00646　子部/醫家類/方書之屬/單方驗方
重訂驗方新編十八卷　(清)鮑相璈等輯　民國元年(1912)上海鴻寶齋書局石印本　一册　存十卷(一至十)

330000－1720－0000760　普00647　子部/醫家類/喉科口齒之屬/白喉
白喉忌表抉微一卷　艮光居士删訂　民國十三年(1924)溫嶺蔣夏生鉛印本　一册

330000－1720－0000761　普00648　子部/醫家類/方書之屬/單方驗方
重訂驗方新編十八卷　(清)鮑相璈等輯　民國石印本　何陋軒主人題簽並記　濟南守愚氏題記　一册　存八卷(十一至十八)

330000－1720－0000763　普00650　子部/醫家類/喉科口齒之屬/白喉
洞主仙師白喉治法忌表抉微不分卷　(清)耐修子録並注　**白喉吹藥方不分卷**　(清)馮金鑑勘定　(清)馮汝璋　(清)馮汝壩分纂　民國十三年(1924)上海申江印務局鉛印本　一册

330000－1720－0000765　普00652　子部/醫家類/内科之屬/虛勞
補虛辨惑論一卷附馬脾風治驗録一卷　鄒仲彝撰　民國二十九年(1940)石印本　一册

330000－1720－0000768　普00655　子部/醫家類/方書之屬/單方驗方

葉天士秘方一卷　(清)葉桂撰　陸士諤編輯　民國十四年(1925)上海世界書局石印本　一册

330000－1720－0000769　普00656　子部/醫家類/綜合類/合刻、合抄

弔脚痧方論一卷　(清)徐子默手定　**仙傳白喉治法忌表抉微一卷**　(清)耐修子録　民國三年(1914)上海國光書局鉛印本　一册

330000－1720－0000773　普00660　子部/醫家類/方書之屬/單方驗方

增補醫方一盤珠全集十卷首一卷　(清)洪金鼎纂　民國石印本　一册

330000－1720－0000782　普00669　子部/醫家類/醫案之屬

醫案選粹一卷　(清)釋心禪選評　民國抄本　一册

330000－1720－0000783　普00670　史部/政書類/律令之屬/法驗

重刊補註洗冤録集證五卷　(宋)宋慈撰　(清)王又槐增輯　(清)李觀瀾補輯　(清)孫光烈參閲　(清)阮其新補註　(清)王又梧校訂　(清)張錫蕃重訂　**續增洗冤録辨正三卷**　(清)瞿種溶撰　(清)李璋煜重訂　民國五年(1916)上海廣益書局石印本　一册

330000－1720－0000797　普00684　子部/醫家類/婦科之屬/産科

産科心法二卷　(清)汪喆撰　民國八年(1919)翰墨林書局鉛印本　一册

330000－1720－0000799　普00686　子部/醫家類/方書之屬/單方驗方

增評醫方集解二十三卷　(清)汪昂著輯　(清)費伯雄加評　民國石印本　一册　存五卷(十至十四)

330000－1720－0000810　普00697　子部/醫家類/醫案之屬

吳鞠通醫案二卷　(清)吳塘撰　民國十年(1921)上海世界書局石印本　陳麗生題記　一册

330000－1720－0000812　普00699　子部/醫家類/醫案之屬

金氏醫案一卷　金有恆撰　陳光熤編　民國十三年(1924)公民印刷局鉛印本　一册

330000－1720－0000814　普00701　子部/醫家類/類編之屬

國醫百家　裘慶元輯　民國六年至十年(1917－1921)紹興醫藥學報社鉛印本　一册　存一種

330000－1720－0000816　普00703　子部/醫家類/針灸之屬/通論

鍼灸甲乙經十二卷　(晉)皇甫謐撰　民國上海江左書林石印本　四册

330000－1720－0000817　普00704　子部/醫家類/類編之屬

藥盦醫學叢書　惲樹玨撰　民國十七年(1928)上海惲鐵樵醫寓鉛印本　一册　存一種

330000－1720－0000821　普00708　子部/醫家類/針灸之屬/針法灸法

鍼灸簡易一卷　溫主卿撰　民國二十年(1931)上海萬有書局石印本　一册

330000－1720－0000823　普00710　子部/醫家類/綜合之屬/通論

中國醫學史十二章　陳邦賢編纂　民國九年(1920)上海醫學書局鉛印本　一册

330000－1720－0000825　普00712　子部/醫家類/本草之屬/本草藥性

草藥新纂一卷　張拯滋輯　民國八年(1919)紹興天元堂藥局鉛印本　一册

330000－1720－0000826　普00713　子部/醫家類/本草之屬/本草藥性

草藥新纂一卷續編一卷　張拯滋輯　民國七年(1918)紹興天元堂藥局鉛印本　一册　存一卷(續編)

330000－1720－0000828　普00715　類叢部/叢書類/郡邑之屬

海陵叢刻二十三種　韓國鈞編　民國八年至十四年(1919－1925)鉛印本、刻本暨石印本　八冊　存二種

330000－1720－0000829　普00716　子部/醫家類/針灸之屬/針法灸法

痧驚合璧四卷　民國六年(1917)上海文益書局石印本　四冊

330000－1720－0000831　普00718　子部/醫家類/醫理之屬/綜合

醫理探源三卷　劉世禎撰　民國二十四年(1935)鉛印本　一冊

330000－1720－0000832　普00719　類叢部/叢書類/彙編之屬

四部叢刊續編七十七種　張元濟等編　民國二十三年(1934)上海商務印書館影印本　周子序題記　三冊　存一種

330000－1720－0000833　普00720　子部/醫家類/綜合之屬/雜著

羣經見智錄三卷　惲樹玨撰　**古醫經論一卷**　韋格六撰　民國十一年(1922)鉛印本　二冊

330000－1720－0000835　普00722　子部/醫家類/傷寒金匱之屬/綜合

軒轅碑記醫學祝由十三科二卷　民國八年(1919)上海文益書局石印本　一冊

330000－1720－0000839　普00726　子部/醫家類/針灸之屬/通論

實用鍼灸學五章　陳光昌撰　民國油印本　一冊

330000－1720－0000841　普00728　子部/醫家類/醫理之屬/綜合

中醫病理學一卷　張恭文編　民國中國鍼灸研究社油印本　一冊

330000－1720－0000856　普00743　子部/宗教類/佛教之屬/諸宗

印光法師文鈔四卷附錄一卷　釋聖量撰　民國十八年(1929)上海大中書局鉛印本　四冊

330000－1720－0000857　普00744　子部/宗教類/佛教之屬/諸宗

印光法師文鈔四卷附錄一卷　釋聖量撰　民國十六年(1927)浙江印刷公司鉛印本　四冊

330000－1720－0000858　普00745　子部/醫家類/醫話醫論之屬

藤氏醫談二卷　(日本)近藤明隆昌撰　民國上海中醫書局據日本享和三年(1803)浪華積玉圃、文金堂刻本影印本　二冊

330000－1720－0000865　普00752　子部/醫家類/類編之屬

紹興醫藥學報彙編　民國鉛印本　一冊　存一種

330000－1720－0000868　普00755　子部/宗教類/佛教之屬

華嚴原人論合解二卷　(唐)釋宗密論　(元)釋圓覺解　(明)楊嘉祚刪合　民國四年(1915)揚州藏經院刻本　一冊

330000－1720－0000872　普00759　子部/宗教類/佛教之屬/論疏

無量壽經優婆提舍願生偈註二卷　(北魏)釋菩提流支譯論　(北魏)釋曇鸞註解　**讚阿彌陀佛偈一卷略論安樂淨土義一卷**　(北魏)釋曇鸞撰　民國十一年(1922)北京刻經處刻本　一冊　存一卷(二)

330000－1720－0000875　普00762　子部/宗教類/佛教之屬/論疏

成唯識論文釋并記十卷　(清)吳樹虛集說　民國上海醫學書局影印本　四冊

330000－1720－0000876　普00763　子部/宗教類/佛教之屬/經疏

摩訶般若波羅蜜多心經一卷　(明)無垢子注　民國溫州明新石印本　一冊

330000－1720－0000878　普00765　子部/宗教類/佛教之屬/諸宗

壇經一卷附六祖大師事略一卷　(唐)釋慧能說　(唐)釋法海錄　民國十八年(1929)金陵

刻經處刻本　一册

330000－1720－0000879　普00766　子部/宗教類/佛教之屬

佛學叢書　丁福保輯　民國上海醫學書局鉛印本暨影印本　一册　存一種

330000－1720－0000880　普00767　子部/宗教類/佛教之屬

金剛般若波羅蜜經一卷　(後秦)釋鳩摩羅什譯　民國二十二年(1933)上海佛學書局鉛印本　一册

330000－1720－0000882　普00769　類叢部/叢書類/彙編之屬

東方文教研究院叢書　民國四川東方文教研究院鉛印本　一册　存一種

330000－1720－0000883　普00770　子部/宗教類/佛教之屬

觀世音菩薩本迹感應頌四卷首一卷　許止淨述　**金剛經功德頌一卷**　許止淨述　劉契淨注　民國十五年(1926)上海中華書局鉛印本　一册　存三卷(三至四、金剛經功德頌)

330000－1720－0000889　普00776　子部/宗教類/佛教之屬

金剛經石註一卷　(清)石成金撰　**持誦金剛經靈感錄一卷**　(清)釋印光撰　民國十七年(1928)鉛印本　一册

330000－1720－0000890　普00777　子部/宗教類/佛教之屬

金剛經誦本　民國二十一年(1932)上海明善書局石印本　一册　存一種

330000－1720－0000891　普00778　子部/宗教類/佛教之屬

金剛般若多羅波羅祕經三卷　民國上海明善書局鉛印本　一册　存一卷(下)

330000－1720－0000892　普00779　子部/宗教類/佛教之屬

金剛經百家集註大成　(後秦)釋鳩摩羅什譯　(明)成祖朱棣纂輯　民國二十四年(1935)上海道德書局鉛印本　一册

330000－1720－0000893　普00780　子部/宗教類/道教之屬/道藏

道藏精華錄一百種　守一子輯　民國無錫丁氏鉛印本　一册　存十種

330000－1720－0000894　普00781　子部/宗教類/佛教之屬/諸宗

修習止觀坐禪法要二卷　(隋)釋智顗撰　民國上海佛學書局影印本　一册

330000－1720－0000898　普00785　子部/宗教類/佛教之屬/經疏

楞嚴說通十卷　(清)劉道開撰　民國十一年(1922)上海中華書局鉛印本　四册

330000－1720－0000899　普00786　集部/小說類/長篇之屬

增評加註全圖紅樓夢十五卷首一卷一百二十回　(清)曹霑　(清)高鶚撰　(清)王希廉　(清)張新之　(清)姚燮評　民國十七年(1928)上海同文書局石印本　十六册

330000－1720－0000900　普00787　類叢部/叢書類/彙編之屬

四部備要　中華書局編　民國二十五年(1936)上海中華書局鉛印本　二册　存一種

330000－1720－0000904　普00791　子部/宗教類/佛教之屬/經疏

大方廣佛華嚴經入不思議解脱境界普賢行願品輯要疏一卷　釋諦閑撰　民國十六年(1927)上海國光印書局鉛印本　一册

330000－1720－0000906　普00793　子部/宗教類/佛教之屬/經疏

大方廣佛華嚴經入不思議解脱境界普賢行願品輯要疏一卷　釋諦閑撰　民國十七年(1928)香港聚珍印務樓鉛印本　一册

330000－1720－0000909　普00795　子部/宗教類/佛教之屬/經

大方廣圓覺修多羅了義經二卷　(唐)釋佛陀多羅譯　民國上海佛學書局鉛印本　一册

330000－1720－0000911　普00797　子部/宗教類/佛教之屬/經疏

大方廣圓覺脩多羅了義經講義四卷 釋諦閑講演 民國八年(1919)長沙刻經處刻本 三冊 存三卷(一至二、四)

330000-1720-0000913 普00799 子部/宗教類/佛教之屬/經

地藏菩薩本願經三卷附地藏菩薩靈感錄一卷 (唐)釋寶叉難陀譯 民國十八年(1929)石印本 一冊

330000-1720-0000914 普00800 子部/宗教類/佛教之屬/經

地藏菩薩本願經三卷 (唐)釋寶叉難陀譯
讃禮地藏菩薩懺願儀一卷 (明)釋智旭述 民國十年(1921)揚州東鄉磚橋刻經局刻本 一冊

330000-1720-0000916 普00802 子部/雜著類/雜說之屬

樗盦筆記一卷 毛宗智撰 民國鉛印本 一冊

330000-1720-0000918 普00804 集部/別集類

則鳴集不分卷 毛濟美撰 稿本 一冊

330000-1720-0000919 普00805 子部/宗教類/佛教之屬/大藏

大日本續藏經一千七百五十六種 (日本)前田慧雲編 (日本)中野達慧增輯 民國十二年至十四年(1923-1925)上海商務印書館影印本 一冊 存一種

330000-1720-0000923 普00809 子部/宗教類/佛教之屬/經疏

大般涅槃經疏三德指歸一百卷 (晉)釋曇無讖譯 (南朝宋)釋慧嚴 (南朝宋)釋慧觀 (南朝宋)謝靈運治 (隋)釋灌頂撰疏 (唐)釋湛然再治 (宋)釋智圓述記 民國十四年(1925)揚州宛虹橋眾香庵刻本 三十一冊 缺九卷(十二至十四、四十八至五十、七十五至七十七)

330000-1720-0000925 普00811 子部/術數類/陰陽五行之屬

欽定協紀辨方書三十六卷 (清)允祿 (清)張照等纂修 民國十年(1921)上海錦章圖書局石印本 一冊 存十一卷(五至十五)

330000-1720-0000926 普00812 子部/宗教類/道教之屬/戒律

文昌帝君陰騭文註證不分卷 (清)潘成雲輯 民國十一年(1922)佛學推行社鉛印本 一冊

330000-1720-0000928 普00814 子部/宗教類/道教之屬

參同契闡幽三卷 (漢)魏伯陽撰 (清)朱元育闡幽 民國四年(1915)守經堂刻本 一冊 存一卷(上)

330000-1720-0000931 普00817 子部/宗教類/道教之屬

經懺集成二十種 民國五年(1916)成都守經堂刻本 四冊 存十七種

330000-1720-0000932 普00818 子部/宗教類/道教之屬

經懺集成二十種 民國五年(1916)成都守經堂刻本 一冊 存七種

330000-1720-0000938 普00824 史部/傳記類/別傳之屬/事狀

愛日堂壽言□□卷 民國鉛印本 一冊 存三卷(二至四)

330000-1720-0000948 普00834 子部/宗教類/道教之屬

呂祖訂正太乙救苦真經一卷 (清)劉沅註 民國影印本 一冊

330000-1720-0000949 普00835 子部/宗教類/道教之屬

先天渾元玄玄祕籙救世眞經四卷 張慧真編 民國十四年(1925)北京救世新教總會鉛印本 一冊 存序、字解、題辭、職員、凡例等

330000-1720-0000951 普00837 子部/宗教類/佛教之屬

佛學大辭典不分卷通檢一卷疇隱居士自訂年譜一卷 丁福保撰 民國十四年(1925)上海

醫學書局鉛印本　十一冊

330000－1720－0000954　普00840　子部/農家農學類/園藝之屬/總志

佩文齋廣羣芳譜一百卷目錄二卷　(清)汪灝等撰　民國上海錦章書局石印本　十冊　存五十卷(二十二至三十三、四十四至八十一)

330000－1720－0000961　普00847　經部/小學類/文字之屬/字書/字典

正草隸篆四體大字典十二卷　陳龢祥等編　**文字源流攷一卷**　王大錯纂述　**正草隸篆名人楹聯大觀不分卷**　民國十五年(1926)上海掃葉山房石印本　二十一冊

330000－1720－0000967　普00853　子部/宗教類/佛教之屬/經疏

金剛般若波羅密經新疏一卷　(後秦)釋鳩摩羅什譯　釋諦閑述　民國十六年(1927)香港國光書局鉛印本　一冊

330000－1720－0000969　普00856　子部/宗教類/佛教之屬

觀音慈林集三卷　(清)釋弘贊編　民國影印本　一冊

330000－1720－0000970　普00857　子部/宗教類/佛教之屬/經

妙法蓮華經觀世音菩薩普門品一卷　(後秦)釋鳩摩羅什譯　民國十七年(1928)上海功德林佛經流通處鉛印本　一冊

330000－1720－0000971　普00858　子部/宗教類/佛教之屬/經

妙法蓮華經觀世音菩薩普門品一卷　(後秦)釋鳩摩羅什譯　民國上海佛學書局鉛印本　一冊

330000－1720－0000972　普00859　子部/宗教類/佛教之屬/經疏

金剛般若波羅密經新疏一卷　(後秦)釋鳩摩羅什譯　釋諦閑述　民國十六年(1927)香港國光書局鉛印本　一冊

330000－1720－0000973　普00860　子部/雜著類/雜說之屬

樗盦筆記一卷　毛宗智撰　民國鉛印本　一冊

330000－1720－0000974　普00861　子部/雜著類/雜說之屬

樗盦筆記一卷　毛宗智撰　民國鉛印本　一冊

330000－1720－0000975　普00862　子部/宗教類/佛教之屬/經

佛說觀無量壽佛經一卷　(南朝宋)釋畺良耶舍譯　民國佛學書局鉛印朱印本　一冊

330000－1720－0000976　普00863　史部/政書類/考工之屬/營造

營造法式三十四卷看詳一卷　(宋)李誡撰　民國九年(1920)紫江朱氏石印本　七冊　缺五卷(六至十)

330000－1720－0000979　普00866　子部/宗教類/佛教之屬/總録

覺世叢書　林旭高撰述　民國鉛印本　一冊　存一種

330000－1720－0000980　普00867　子部/宗教類/佛教之屬/經疏

阿彌陀經白話解釋二卷附修行方法一卷　黃智海演述　**蓮池大師西方發願文簡註一卷**　李圓淨編述　民國十七年(1928)鉛印本　一冊

330000－1720－0000981　普00868　子部/宗教類/佛教之屬

金剛般若波羅蜜經一卷　(後秦)釋鳩摩羅什譯　民國二十二年(1933)上海佛學書局鉛印本　一冊

330000－1720－0000982　普00869　子部/宗教類/道教之屬

太上黃庭外景玉經三卷内景玉經一卷附黃素本口訣原文一卷　(唐)梁丘子注　民國三十年(1941)北京中央刻經院鉛印本　一冊

330000－1720－0000983　普00870　子部/宗教類/佛教之屬/經

妙法蓮華經觀世音菩薩普門品一卷附觀世音

菩薩尋聲救苦普門示現圖一卷　（後秦）釋鳩摩羅什譯　民國十八年（1929）石印本　一册

330000－1720－0000984　普00871　子部/道家類

太上道德經講義四卷　（清）宋常星注　民國二十八年（1939）上海道德書局鉛印本　二册

330000－1720－0000985　普00872　子部/宗教類/佛教之屬/經疏

金剛般若波羅蜜經略解二卷　（後秦）釋鳩摩羅什譯　毛宗智略解　釋印光改定　**般若波羅蜜多心經略解一卷**　（唐）釋玄奘譯　毛宗智略解　釋印光改定　民國十四年（1925）刻本　一册

330000－1720－0000987　普00874　子部/宗教類/佛教之屬

念誦切要一卷　民國上海功德林鉛印本　一册

330000－1720－0000989　普00876　子部/宗教類/佛教之屬

金剛般若波羅蜜經一卷　（後秦）釋鳩摩羅什譯　**般若波羅蜜多心經一卷**　（唐）釋玄奘譯　民國影印本　一册

330000－1720－0000990　普00877　類叢部/叢書類/彙編之屬

東方文教研究院叢書　民國四川東方文教研究院鉛印本　一册　存一種

330000－1720－0000991　普00878　子部/宗教類/佛教之屬/經

妙法蓮華經七卷　（後秦）釋鳩摩羅什譯　民國十三年（1924）三寶經房刻本　懷忠題記　二册　缺二卷（三至四）

330000－1720－0000993　普00880　子部/宗教類/佛教之屬/經疏

佛說阿彌陀經要解一卷　（後秦）釋鳩摩羅什譯　（明）釋智旭撰　民國十五年（1926）影印本　二册

330000－1720－0000995　普00882　子部/農家農學類/園藝之屬/花卉

秘傳花鏡六卷　（清）陳淏子撰　民國三年（1914）上海鴻記書局石印本　一册　存三卷（一至三）

330000－1720－0000996　普00883　子部/墨家類

墨子十五卷目一卷篇目考一卷　（清）畢沅校注並撰　民國上海會文堂書局石印本　四册

330000－1720－0000997　普00884　子部/術數類

新鐫曆法便覽象吉備要通書大全二十九卷　（清）魏鑑撰　民國上海會文堂書局石印本　十二册

330000－1720－0000998　普00885　子部/宗教類/佛教之屬

佛學叢書　丁福保輯　民國上海醫學書局鉛印本暨影印本　四册　存四種

330000－1720－0001002　普00889　類叢部/叢書類/彙編之屬

四部備要　中華書局編　民國二十五年（1936）上海中華書局鉛印本　一册　存一種

330000－1720－0001004　普00891　子部/藝術類/書畫之屬/總論

江邨銷夏錄三卷　（清）高士奇撰　民國上海有正書局影印本　一册　存一卷（二）

330000－1720－0001005　普00892　子部/宗教類/道教之屬/神符

神秘符咒全書四卷　余哲夫撰　民國十一年（1922）上海東方書局影印本　三册　存三卷（一至二、四）

330000－1720－0001010　普00897　子部/宗教類/佛教之屬

因明大疏删注一卷　熊十力撰　民國十五年（1926）上海商務印書館鉛印本　一册

330000－1720－0001012　普00899　子部/宗教類/佛教之屬/論疏

大乘起信論義記講義四卷附錄一卷　（日本）織田得能撰　黄士復譯　民國二十二年（1933）上海商務印書館鉛印本　四册

330000－1720－0001015　普00902　新學/動植物學/植物學
中國普通植物學不分卷　丘震繹纂　民國油印本　一冊

330000－1720－0001021　普00908　新學/動植物學/植物學
植物形體學不分卷　謝循貫編　民國油印本　二冊

330000－1720－0001027　普00914　集部/小說類/長篇之屬
歷代神仙通鑑三集二十二卷附圖一卷　（清）徐衢述　（清）李理　（清）王太素贊　（清）程毓奇續　民國三年（1914）上海江東茂記書局石印本　十一冊　存十卷（一至二、四至十一）

330000－1720－0001030　普00917　子部/宗教類/佛教之屬/經疏
金剛般若波羅蜜經集註一卷　（後秦）釋鳩摩羅什譯　（明）成祖朱棣集註　民國鉛印本　一冊

330000－1720－0001032　普00919　子部/藝術類/書畫之屬/法帖
宋搨淳化閣帖十卷　民國六年（1917）影印本　十冊

330000－1720－0001035　普00922　子部/宗教類/佛教之屬
華嚴集聯三百不分卷　李叔同書　民國影印本　一冊

330000－1720－0001036　普00923　子部/宗教類/道教之屬
白雲仙祖採藥煉丹經註一卷高上玉皇心印妙經註解一卷青風大仙風火妙經一卷　民國抄本　一冊

330000－1720－0001037　普00924　子部/宗教類/佛教之屬/經疏
石本金剛般若波羅密經句註一卷心經句註便語一卷　慵拙癡魔集　民國二十年（1931）海門大同印刷局鉛印本　一冊

330000－1720－0001039　普00926　子部/宗教類/佛教之屬
佛經讀本十一種　民國刻本　一冊

330000－1720－0001040　普00927　子部/雜著類/雜說之屬
樗龕筆記一卷　毛宗智撰　民國鉛印本　一冊

330000－1720－0001041　普00928　子部/宗教類/佛教之屬/諸宗
印光法師文鈔四卷附錄一卷　釋聖量撰　民國十六年（1927）浙江印刷公司鉛印本　四冊

330000－1720－0001042　普00929　子部/宗教類/佛教之屬/諸宗
印光法師文鈔七卷附錄一卷　釋聖量撰　民國十三年（1924）上海商務印書館鉛印本　四冊

330000－1720－0001044　普00931　史部/傳記類/別傳之屬/事狀
大慈恩寺三藏法師傳十卷　（唐）釋慧立本　（唐）釋彥悰箋　民國十二年（1923）支那內學院刻本　二冊　存七卷（四至十）

330000－1720－0001045　普00932　子部/宗教類/佛教之屬/經咒
慈悲三昧水懺申義疏三卷　釋諦閑述　民國十五年（1926）鉛印本　一冊　存二卷（二至三）

330000－1720－0001046　普00933　子部/藝術類/遊藝之屬/雜藝
益智圖二卷燕几圖一卷副本一卷　（清）童叶庚撰　**益智續圖一卷**　（清）童昂　（清）童昶　（清）童晏撰　（清）童叶庚編　**益智字圖一卷附一卷**　（清）祝梅君撰　民國二十二年（1933）上海商務印書館石印本　六冊

330000－1720－0001050　普00937　子部/藝術類/書畫之屬/畫譜
芥子園畫傳初集六卷二集九卷三集六卷　（清）王槩　（清）王蓍　（清）王臬輯　民國三年（1914）上海共和書局石印本　十二冊

330000－1720－0001053　普00940　子部/藝術類/書畫之屬/畫譜

芥子園畫傳初集六卷二集九卷三集六卷　(清)王槩　(清)王蓍　(清)王臬輯　民國三年(1914)上海共和書局石印本　二冊　存四卷(三集一至四)

330000－1720－0001058　普00945　子部/宗教類/佛教之屬

二課合解七卷首一卷　釋興慈撰　民國十八年(1929)鉛印本　二冊

330000－1720－0001059　普00946　子部/宗教類/道教之屬

關帝明聖真經一卷附應驗靈籤一卷　民國十二年(1923)上海宏大善書局石印本　一冊

330000－1720－0001062　普00949　子部/雜著類/雜考之屬

日知錄集釋三十二卷之餘四卷栞誤二卷續栞誤二卷　(清)黃汝成撰　民國十三年(1924)上海掃葉山房石印本　九冊　存二十一卷(一至十九、三十一至三十二)

330000－1720－0001066　普00953　子部/宗教類/道教之屬/道藏

道藏精華錄一百種　守一子輯　民國無錫丁氏鉛印本　一冊　存五種

330000－1720－0001068　普00955　類叢部/叢書類/自著之屬

安士全書四種　(清)周夢顏撰　民國十一年(1922)上海佛學推行社鉛印本　二冊　存二種

330000－1720－0001071　普00958　子部/宗教類/佛教之屬

佛法導論不分卷　李榮祥述　民國三十六年(1947)印光法師永久紀念會鉛印本　一冊

330000－1720－0001073　普00960　子部/雜著類/雜說之屬

欲海回狂集三卷首一卷　(清)周思仁(周夢顏)撰　民國紹興越鐸印刷所鉛印本　一冊

330000－1720－0001074　普00961　子部/宗教類/佛教之屬/諸宗

印光法師嘉言錄不分卷　李圓淨編　民國十七年(1928)上海江蘇第二監獄第三科鉛印本　一冊

330000－1720－0001077　普00964　子部/宗教類/佛教之屬/諸宗

傅大士集四卷　(南朝梁)傅翕撰　**明州定應大師布袋和尚傳一卷**　(元)釋曇噩輯　(明)釋廣如敘　**文殊化身戒闍黎示現錄一卷**　民國十年至十二年(1921－1923)天台山釋興慈刻本　一冊

330000－1720－0001078　普00965　子部/宗教類/佛教之屬/諸宗

傅大士集四卷　(南朝梁)傅翕撰　**明州定應大師布袋和尚傳一卷**　(元)釋曇噩輯　(明)釋廣如敘　**文殊化身戒闍黎示現錄一卷**　民國十年至十二年(1921－1923)天台山釋興慈刻本　一冊

330000－1720－0001080　普00967　史部/地理類/方志之屬/郡縣志

[民國]台州府志一百四十卷首一卷　喻長霖修　柯驊威等纂　民國二十五年(1936)鉛印本　三十六冊

330000－1720－0001082　普00969　史部/地理類/方志之屬/郡縣志

[民國]台州府志一百四十卷首一卷　喻長霖修　柯驊威等纂　民國二十五年(1936)鉛印本　三十六冊

330000－1720－0001084　普00971　史部/地理類/方志之屬/郡縣志

[民國]台州府志一百四十卷首一卷　喻長霖修　柯驊威等纂　民國二十五年(1936)鉛印本　三十四冊　存一百三十二卷(首,一至三十九、四十四至一百三十五)

330000－1720－0001085　普00972　史部/地理類/方志之屬/郡縣志

[民國]台州府志一百四十卷首一卷　喻長霖修　柯驊威等纂　民國二十五年(1936)鉛印本　三十六冊

330000－1720－0001088　普 00975　史部/地理類/方志之屬/郡縣志

[民國]台州府志一百四十卷首一卷　喻長霖修　柯驊威等纂　民國二十五年(1936)鉛印本　二十七册　存一百二卷(一至三十六、六十四至九十六、一百至一百二十八、一百三十二至一百三十五)

330000－1720－0001089　普 00976　子部/宗教類/佛經之屬/經

碧苑壇經三卷首一卷末一卷　(清)王常月演　(清)施守平纂　(清)閔一得訂　民國二十二年(1933)明善書局石印本　一册

330000－1720－0001092　普 00979　子部/宗教類/佛教之屬/諸宗

宗鏡綱要二卷　沈惟賢編輯　民國二十四年(1935)青島佛學會鉛印本　一册

330000－1720－0001101　普 00988　類叢部/叢書類/彙編之屬

嘉業堂叢書五十七種　劉承幹編　民國吳興劉氏嘉業堂刻本　八册　存一種

330000－1720－0001103　普 00990　類叢部/叢書類/彙編之屬

嘉業堂叢書五十七種　劉承幹編　民國吳興劉氏嘉業堂刻本　八册　存一種

330000－1720－0001114　普 01001　類叢部/叢書類/郡邑之屬

仙居叢書第一集十二種　李鏡渠編　民國二十四年(1935)鉛印本　三册　存一種

330000－1720－0001116　普 01003　史部/地理類/方志之屬/郡縣志

[民國]臨海縣志稿四十二卷首一卷　孫熙鼎　張寅修　何奏簧纂　民國二十四年(1935)鉛印本　二十二册

330000－1720－0001117　普 01004　史部/地理類/方志之屬/郡縣志

[民國]臨海縣志稿四十二卷首一卷　孫熙鼎　張寅修　何奏簧纂　民國二十四年(1935)鉛印本　十一册　存二十三卷(三至五、八、十八、二十至三十五、四十一至四十二)

330000－1720－0001119　普 01006　史部/地理類/方志之屬/郡縣志

[民國]臨海縣志稿四十二卷首一卷　孫熙鼎　張寅修　何奏簧纂　民國二十四年(1935)鉛印本　二十一册　存四十卷(三至四十二)

330000－1720－0001120　普 01007　史部/地理類/方志之屬/郡縣志

[民國]台州府志一百四十卷首一卷　喻長霖修　柯驊威等纂　民國二十五年(1936)鉛印本　一册　存三卷(二十五至二十七)

330000－1720－0001121　普 01008　史部/地理類/方志之屬/郡縣志

[民國]台州府志一百四十卷首一卷　喻長霖修　柯驊威等纂　民國二十五年(1936)鉛印本　六册　存二十三卷(十八至二十、二十五至二十七、六十四至六十七、七十二至八十四)

330000－1720－0001122　普 01009　史部/地理類/方志之屬/郡縣志

[民國]台州府志一百四十卷首一卷　喻長霖修　柯驊威等纂　民國二十五年(1936)鉛印本　二十五册　存九十二卷(首,一至十七、二十一至三十九、四十四至四十七、六十四至八十、九十一至一百二十四)

330000－1720－0001123　普 01010　史部/地理類/方志之屬/郡縣志

[民國]台州府志一百四十卷首一卷　喻長霖修　柯驊威等纂　民國二十五年(1936)鉛印本　二十一册　存八十一卷(十一至十五、十八至三十、六十四至九十三、一百至一百二十八、一百三十二至一百三十五)

330000－1720－0001128　普 01015　史部/地理類/方志之屬/郡縣志

[民國]路橋志略二卷　楊晨編　民國四年(1915)石印本　二册

330000－1720－0001129　普 01016　類叢部/叢書類/自著之屬

崇雅堂叢書十四種　楊晨撰　民國二十五年(1936)黄巖楊紹翰鉛印本　二册　存一種

330000－1720－0001130　普01017　類叢部/叢書類/自著之屬
崇雅堂叢書十四種　楊晨撰　民國二十五年(1936)黄巖楊紹翰鉛印本　一册　存一種

330000－1720－0001131　普01018　類叢部/叢書類/自著之屬
崇雅堂叢書十四種　楊晨撰　民國二十五年(1936)黄巖楊紹翰鉛印本　二册　存一種

330000－1720－0001160　普01047　史部/地理類/方志之屬/郡縣志
光緒台州府志一百卷　(清)趙亮熙　(清)郭式昌修　王舟瑶等纂　民國十五年(1926)台州旅杭同鄉會鉛印本　六十册

330000－1720－0001173　普01060　史部/地理類/雜志之屬
臨海要覽一卷　項士元編　民國五年(1916)杭州武林印書館鉛印本　一册

330000－1720－0001175　普01062　史部/地理類/方志之屬/郡縣志
光緒台州府志一百卷　(清)趙亮熙　(清)郭式昌修　王舟瑶等纂　民國十五年(1926)台州旅杭同鄉會鉛印本　四十八册　缺十五卷(一、七至八、十至十三、十六至十八、二十一、二十八至二十九、三十一、五十四)

330000－1720－0001177　普01064　史部/地理類/方志之屬/郡縣志
光緒台州府志一百卷　(清)趙亮熙　(清)郭式昌修　王舟瑶等纂　民國十五年(1926)台州旅杭同鄉會鉛印本　六十册

330000－1720－0001179　普01066　史部/地理類/方志之屬/郡縣志
[民國]定海縣志十六卷首一卷　陳訓正　馬瀛纂修　民國十三年(1924)旅滬同鄉會鉛印本　六册

330000－1720－0001181　普01068　史部/地理類/方志之屬/郡縣志
光緒台州府志一百卷　(清)趙亮熙　(清)郭式昌修　王舟瑶等纂　民國十五年(1926)台州旅杭同鄉會鉛印本　五十九册　缺二卷(五十二至五十三)

330000－1720－0001188　普01075　史部/地理類/方志之屬/郡縣志
光緒台州府志一百卷　(清)趙亮熙　(清)郭式昌修　王舟瑶等纂　民國十五年(1926)台州旅杭同鄉會鉛印本　六十册

330000－1720－0001192　普01079　史部/地理類/方志之屬/郡縣志
光緒台州府志一百卷　(清)趙亮熙　(清)郭式昌修　王舟瑶等纂　民國十五年(1926)台州旅杭同鄉會鉛印本　五十六册　缺十卷(五十五至五十六、七十二至七十三、七十九至八十三、八十八)

330000－1720－0001195　普01082　史部/地理類/方志之屬/郡縣志
光緒台州府志一百卷　(清)趙亮熙　(清)郭式昌修　王舟瑶等纂　民國十五年(1926)台州旅杭同鄉會鉛印本　七册　存十二卷(五至六、五十七至五十八、九十一至九十二、九十四至九十九)

330000－1720－0001202　普01089　史部/地理類/山川之屬/山志
花山志九卷　趙佩茳纂　民國二十九年(1940)鉛印本　一册　存六卷(一至六)

330000－1720－0001204　普01091　史部/地理類/山川之屬/山志
花山志九卷　趙佩茳纂　民國二十九年(1940)鉛印本　一册　存六卷(一至六)

330000－1720－0001206　普01093　史部/地理類/專志之屬/祠墓
定海成仁祠備録重編六卷首一卷　孫鼇卿編　民國二十五年(1936)定海中央印書館鉛印本　一册

330000－1720－0001212　普01099　史部/地理類/山川之屬/山志

天台山方外志三十卷　(明)釋傳燈撰　民國十一年(1922)上海集雲軒鉛印本　七册　存二十八卷(三至三十)

330000－1720－0001218　普01105　史部/地理類/專志之屬/祠墓
吉安螺山宋文丞相祠志二卷　蕭賡韶等編　民國二十五年(1936)吉安縣志局鉛印本　陳廉泉題記　一册

330000－1720－0001221　普01108　史部/地理類/專志之屬/祠墓
建修萬季野先生祠墓紀念刊一卷徵信録一卷　建修萬季野先生祠墓事務所輯　民國二十六年(1937)寧波建修萬季野先生祠墓事務所鉛印本　一册

330000－1720－0001223　普01110　史部/地理類/山川之屬/山志
雲棲志十卷首一卷　項士元纂　民國二十三年(1934)新光印書館鉛印本　二册

330000－1720－0001236　普01123　類叢部/叢書類/彙編之屬
求恕齋叢書三十一種　劉承幹編　民國吳興劉氏嘉業堂刻本　二册　存一種

330000－1720－0001246　普01133　史部/地理類/水利之屬
麻溪改壩為橋始末記四卷首一卷　王念祖纂　民國八年(1919)戢社鉛印本　二册

330000－1720－0001251　普01138　史部/地理類/方志之屬/通志
[宣統]山東通志二百卷首九卷附録一卷補遺一卷　(清)楊士驤等修　(清)孫葆田等纂　民國四年至七年(1915－1918)山東通志刊印局鉛印本　一百二十三册　缺六卷(七十二至七十三、一百五十二、一百八十三至一百八十四、一百八十八)

330000－1720－0001254　普01141　史部/地理類/方志之屬/通志
[宣統]山東通志二百卷首九卷附録一卷補遺一卷　(清)楊士驤等修　(清)孫葆田等纂　民國四年至七年(1915－1918)山東通志刊印局鉛印本　四十二册　存六十七卷(八十八至八十九、九十四至九十八、一百一至一百二十二、一百三十五、一百四十三至一百四十六、一百五十一至一百五十二、一百五十六至一百五十八、一百六十一、一百六十五至一百七十一、一百七十七至一百七十八、一百八十、一百八十二至一百八十五、一百八十八至一百九十、一百九十二、一百九十四至二百,附録,補遺)

330000－1720－0001255　普01142　史部/地理類/方志之屬/郡縣志
[民國]寶山縣續志十七卷首一卷末一卷　張允高等修　錢淦　袁希濤纂　民國十年(1921)鉛印本　二册　存九卷(四至七、十四至十七,末)

330000－1720－0001264　普01151　史部/地理類/輿圖之屬/郡縣
修訂浙江全省輿圖並水陸道里記不分卷　(清)宗源瀚等纂　民國四年(1915)杭州武林印書館石印本　十五册

330000－1720－0001265　普01152　史部/地理類/輿圖之屬/郡縣
修訂浙江全省輿圖並水陸道里記不分卷　(清)宗源瀚等纂　民國四年(1915)杭州武林印書館石印本　八册

330000－1720－0001269　普01156　史部/地理類/方志之屬/郡縣志
[民國]嘉定縣續志十五卷首一卷末一卷附一卷　范鍾湘　陳傳德修　金念祖　黄世祚纂　民國十九年(1930)鉛印本　一册　存二卷(三至四)

330000－1720－0001279　普01166　史部/地理類/山川之屬/山志
廬山記五卷　(宋)陳舜俞撰　吳宗慈校並注　民國二十一年(1932)南昌重修廬山志總辦事處鉛印本　陳廉泉題記　一册

330000－1720－0001281　普01168　史部/地理類/遊記之屬/紀勝

浙東山水經行記　范鑄撰　民國四年(1915)刻本　一冊　存一種

330000－1720－0001284　普01171　類叢部/叢書類/彙編之屬
求恕齋叢書三十一種　劉承幹編　民國吳興劉氏嘉業堂刻本　一冊　存一種

330000－1720－0001292　普01179　史部/史抄類
史記菁華錄六卷　(清)姚祖恩輯評　民國三年(1914)會文堂石印本　鄭舉群題簽並記　四冊　缺二卷(三、五)

330000－1720－0001293　普01180　史部/史抄類
分段詳註評點史記菁華錄六卷　(清)姚祖恩輯　王有宗評註　民國十四年(1925)上海鑫記書社石印本　六冊

330000－1720－0001318　普01205　類叢部/類書類/通類之屬
淵鑑類函四百五十卷目錄四卷　(清)張英　(清)王士禛等輯　民國二十一年(1932)上海掃葉山房石印本　三十二冊

330000－1720－0001319　普01206　類叢部/類書類/通類之屬
淵鑑類函四百五十卷目錄四卷　(清)張英　(清)王士禛等輯　民國二十一年(1932)上海掃葉山房石印本　六冊　存五十九卷(一至五十五、目錄一至四)

330000－1720－0001320　普01207　類叢部/類書類/通類之屬
淵鑑類函四百五十卷目錄四卷　(清)張英　(清)王士禛等輯　民國上海掃葉山房石印本　七冊　存六十三卷(四十九至五十五、二百二十七至二百八十二)

330000－1720－0001325　普01212　類叢部/叢書類/郡邑之屬
赤城遺書彙刊十六種　金嗣獻編　民國四年(1915)太平金氏木活字印本　王舟瑤批校並題記　七冊　存十二種

330000－1720－0001326　普01213　類叢部/叢書類/郡邑之屬
赤城遺書彙刊十六種　金嗣獻編　民國四年(1915)太平金氏木活字印本　一冊　存一種

330000－1720－0001329　普01216　子部/雜著類
醒世金丹二卷　陳乃楫輯錄　民國三年(1914)太平陳氏志澄閣木活字印本　一冊

330000－1720－0001331　普01218　經部/小學類/文字之屬/說文
說文解字十五卷標目一卷　(漢)許慎撰　(宋)徐鉉等校定　民國三年(1914)上海商務印書館影印藤花榭刻本　三冊　存十三卷(一至十二、標目)

330000－1720－0001332　普01219　經部/小學類/文字之屬/說文/專著
許氏說文解字部首不分卷　童斐撰　民國十八年(1929)光華大學石印本　一冊

330000－1720－0001340　普01227　經部/小學類/文字之屬/字書/字典
字典十二集三十六卷檢字一卷辨似一卷等韻一卷備考一卷補遺一卷　(清)張玉書等撰　民國元年(1912)上海鴻文書局石印本　一冊

330000－1720－0001341　普01228　集部/別集類
石芙蓉館集十卷首一卷　趙佩茳撰　民國三十六年(1947)鉛印本　二冊　存八卷(首,一至三、七至十)

330000－1720－0001342　普01229　經部/小學類/文字之屬/字書/字典
康熙字典十二集三十六卷檢字一卷辨似一卷等韻一卷補遺一卷備考一卷　(清)張玉書等纂修　民國九年(1920)上海章福記書局石印本　六冊

330000－1720－0001343　普01230　集部/總集類/題詠之屬
思危樓詩文彙鈔初集一卷　徐慎齋輯　民國二十一年(1932)鉛印本　一冊

330000－1720－0001344　普 01231　經部/小學類/文字之屬/字書/字典

康熙字典十二集三十六卷總目一卷檢字一卷辨似一卷等韻一卷備考一卷補遺一卷　(清)張玉書等纂修　民國六年(1917)上海廣益書局石印本　六冊

330000－1720－0001345　普 01232　經部/小學類/文字之屬/字書/字典

字典十二集三十六卷總目一卷檢字一卷辨似一卷等韻一卷備考一卷補遺一卷　(清)張玉書等撰　民國上海鴻文書局石印本　六冊　缺一卷(總目)

330000－1720－0001347　普 01234　類叢部/叢書類/郡邑之屬

台州叢書後集十七種　楊晨輯　民國四年(1915)黄巖楊氏刻本　十冊　存十二種

330000－1720－0001351　普 01238　史部/史評類/史論之屬

中國通史八卷　馮巽占編　民國京師大學油印本　八冊

330000－1720－0001352　普 01239　類叢部/叢書類/郡邑之屬

台州叢書後集十七種　楊晨輯　民國四年(1915)黄巖楊氏刻本　一冊　存八種

330000－1720－0001356　普 01243　類叢部/叢書類/家集之屬

四休堂叢書十一種　秦枏編　民國三十三年(1944)臨海秦氏四休堂鉛印本　秦枏題記　四冊　存十種

330000－1720－0001358　普 01245　史部/地理類/方志之屬/郡縣志

[民國]臨海縣志稿四十二卷首一卷　孫熙鼎　張寅修　何奏簧纂　民國二十四年(1935)鉛印本　十二冊　存二十卷(五、八、十三至十七、十九至二十四、三十六至四十二)

330000－1720－0001361　普 01248　史部/傳記類/別傳之屬/事狀

愛日堂壽言四卷　屈映光輯　民國六年(1917)上海聚珍倣宋印書局鉛印本　二冊

330000－1720－0001364　普 01251　史部/傳記類/別傳之屬/事狀

三槐雙壽不分卷　王變陽編　民國八年(1919)石印本　一冊

330000－1720－0001366　普 01253　集部/總集類/酬唱之屬

同聲集二卷附錄一卷自集一卷　徐致青輯　民國八年(1919)同安石印本　二冊

330000－1720－0001368　普 01255　集部/總集類/酬唱之屬

同聲集二卷附錄一卷自集一卷　徐致青輯　民國八年(1919)同安石印本　一冊　存二卷(上下)

330000－1720－0001370　普 01257　子部/儒家類/儒學之屬

正學干城一卷　王守愚撰　民國十三年(1924)弘文印書局鉛印本　一冊

330000－1720－0001371　普 01258　子部/醫家類/兒科之屬/痘疹

天花精言六卷　(清)袁句撰　民國十八年(1929)黄巖楊書種樓鉛印本　一冊　存三卷(四至六)

330000－1720－0001373　普 01260　集部/別集類

一山文存十二卷　章梫撰　民國七年(1918)吴興劉氏嘉業堂刻本　四冊

330000－1720－0001386　普 01273　集部/總集類/氏族之屬

某石軒集四卷　林芝蔚編　民國十六年(1927)鉛印本　一冊

330000－1720－0001388　普 01275　史部/目録類/總録之屬/地方

台州經籍志四十卷　項士元編　民國四年(1915)鉛印本　一冊　存一卷(十三)

330000－1720－0001397　普 01284　集部/總集類/酬唱之屬

僧裝小像唱和集二卷首一卷　王純熙輯　民國十五年(1926)上海書局鉛印本　一冊

330000－1720－0001398　普 01285　集部/別集類/清別集
名山藏副本初集二卷贈言集一卷　(清)齊周華撰　民國九年(1920)杭州武林印書館鉛印本　二冊

330000－1720－0001399　普 01286　集部/別集類/清別集
名山藏副本初集二卷贈言集一卷　(清)齊周華撰　民國九年(1920)杭州武林印書館鉛印本　一冊　存一卷(一)

330000－1720－0001400　普 01287　史部/傳記類/總傳之屬/釋道
國清高僧傳一卷附寒山子詩一卷　釋蘊光編　民國二十五年(1936)鉛印本　一冊

330000－1720－0001401　普 01288　史部/傳記類/總傳之屬/釋道
國清高僧傳一卷附寒山子詩一卷　釋蘊光編　民國二十五年(1936)鉛印本　一冊

330000－1720－0001402　普 01289　史部/傳記類/總傳之屬/釋道
國清高僧傳一卷附寒山子詩一卷　釋蘊光編　民國二十五年(1936)鉛印本　一冊

330000－1720－0001403　普 01290　集部/別集類
秋扇集二卷　釋蘊光撰　民國二十五年(1936)一笑廬鉛印本　一冊

330000－1720－0001404　普 01291　集部/別集類
妙山集六卷　陳鍾祺撰　民國二十二年(1933)鉛印本　一冊

330000－1720－0001408　普 01297　類叢部/叢書類/家集之屬
三代殘編三種　袁之球輯　民國六年(1917)鉛印本　一冊

330000－1720－0001409　普 01295　經部/讖緯類/春秋緯之屬
春秋緯史集傳四十卷　(清)陳省欽撰　民國十三年(1924)陳鍾祺鉛印本　四冊

330000－1720－0001415　普 01302　集部/總集類/氏族之屬
袁氏閨鈔不分卷　袁之球輯　民國七年(1918)鉛印本　一冊

330000－1720－0001416　普 01303　史部/政書類/公牘檔冊之屬
文學蜜史八卷　褚傳誥輯著　民國八年(1919)鉛印本　夢非題記　三冊　缺二卷(一至二)

330000－1720－0001417　普 01304　史部/政書類/公牘檔冊之屬
文學蜜史八卷　褚傳誥輯著　民國八年(1919)鉛印本　夢非題記　二冊　存四卷(五至八)

330000－1720－0001419　普 01306　集部/總集類/選集之屬/通代
雁山鴻爪三卷　周起渭輯　民國二十三年(1934)樂清天一書局鉛印本　一冊　存二卷(一至二)

330000－1720－0001423　普 01310　集部/別集類
管潔自遺集七卷　管潔撰　管彭輯　民國七年(1918)石印本　一冊

330000－1720－0001426　普 01313　類叢部/叢書類/自著之屬
崇雅堂叢書十四種　楊晨撰　民國二十五年(1936)黃巖楊紹翰鉛印本　八冊　存九種

330000－1720－0001427　普 01314　集部/總集類/酬唱之屬
息影樓倡和集不分卷　蔡湉編　民國六年(1917)石印本　一冊

330000－1720－0001428　普 01315　類叢部/叢書類/自著之屬
崇雅堂叢書十四種　楊晨撰　民國二十五年(1936)黃巖楊紹翰鉛印本　五冊　存九種

330000－1720－0001430　普01317　類叢部/叢書類/自著之屬
崇雅堂叢書十四種　楊晨撰　民國二十五年(1936)黄巖楊紹翰鉛印本　四冊　存八種

330000－1720－0001432　普01319　類叢部/叢書類/自著之屬
崇雅堂叢書十四種　楊晨撰　民國二十五年(1936)黄巖楊紹翰鉛印本　一冊　存二種

330000－1720－0001433　普01320　經部/詩類/三家詩之屬
詩攷補訂五卷　(宋)王應麟撰　(清)盧文弨增校　楊晨補訂　民國石印本　一冊　存三卷(三至五)

330000－1720－0001435　普01322　史部/傳記類/總傳之屬/家乘
[浙江路橋]河西楊氏家譜不分卷　楊晨編　民國七年(1918)石印本　一冊

330000－1720－0001437　普01324　集部/別集類
崇雅堂詩稿一卷續稿一卷　楊晨撰　**漢皋遺什一卷**　李嘉瑛撰　民國石印本　一冊

330000－1720－0001438　普01325　集部/別集類
崇雅堂詩稿一卷　楊晨撰　**漢皋遺什一卷**　李嘉瑛撰　民國石印本　一冊

330000－1720－0001439　普01326　集部/別集類
崇雅堂稿二卷　楊晨撰　民國石印本　一冊

330000－1720－0001441　普01328　史部/地理類/雜志之屬
臨海要覽一卷　項士元編　民國五年(1916)杭州武林印書館鉛印本　一冊

330000－1720－0001442　普01329　集部/別集類
崇雅堂稿四卷補遺一卷　楊晨撰　民國石印本　一冊

330000－1720－0001446　普01333　集部/總集類/酬唱之屬
浦陽唱和錄初集一卷　喻信厚錄稿　民國十五年(1926)木活字印本　喻信厚題記　一冊

330000－1720－0001447　普01334　集部/總集類/酬唱之屬
芝圃唱和集不分卷　蔡心齋等撰　民國十九年(1930)石印本　一冊

330000－1720－0001448　普01335　集部/總集類/酬唱之屬
浦陽唱酬錄百叠韻一卷　喻信厚撰　民國二十五年(1936)鉛印本　一冊

330000－1720－0001453　普01340　集部/別集類
長勿勿齋詩集五卷　王葆楨撰　民國五年(1916)杭州鉛印本　二冊

330000－1720－0001457　普01344　集部/別集類
默盦集十卷　王舟瑤撰　民國二年(1913)上海國光書局鉛印本　三冊

330000－1720－0001462　普01349　集部/別集類
警梱盦詩集一卷文集一卷　許元穎撰　民國二十六年(1937)黄巖友成局鉛印本　一冊

330000－1720－0001468　普01355　集部/別集類
洋嶼集八卷首一卷附年譜一卷　羅敏之撰　民國八年(1919)木活字印本　二冊

330000－1720－0001478　普01365　集部/別集類
長勿勿齋詩集五卷　王葆楨撰　民國五年(1916)杭州鉛印本　一冊　存三卷(三至五)

330000－1720－0001479　普01366　集部/別集類
長勿勿齋詩集五卷　王葆楨撰　民國五年(1916)杭州鉛印本　一冊　存三卷(三至五)

330000－1720－0001480　普01367　集部/總集類/酬唱之屬

虎林銷夏集一卷 沈鈞輯 民國三年(1914)杭城興業印書局鉛印本 一冊

330000－1720－0001481 普01368 集部/别集類/清别集
補蘿書屋詩鈔四卷 (清)李飛英撰 陳樹鈞輯 民國四年(1915)太平陳氏刻本 二冊

330000－1720－0001482 普01369 類叢部/叢書類/郡邑之屬
台州叢書後集十七種 楊晨輯 民國四年(1915)黄巖楊氏刻本 二冊 存五種

330000－1720－0001493 普01380 子部/儒家類/儒學之屬/性理
近思錄集説十四卷 管贊程撰 民國浙江印刷所鉛印本 四冊

330000－1720－0001494 普01381 集部/别集類
適廬詩集一卷 劉春煦撰 民國二十四年(1935)漢口武漢印書館鉛印本 一冊

330000－1720－0001495 普01382 集部/别集類
適廬詩集一卷 劉春煦撰 民國二十四年(1935)漢口武漢印書館鉛印本 一冊

330000－1720－0001496 普01383 集部/别集類
適廬詩集一卷 劉春煦撰 民國二十四年(1935)漢口武漢印書館鉛印本 一冊

330000－1720－0001501 普01388 集部/别集類/清别集
鎔經室集四卷 (清)張濬撰 民國六年(1917)鉛印本 二冊

330000－1720－0001503 普01390 集部/别集類
鼓山集三卷 張寅撰 民國十四年(1925)鉛印本 一冊

330000－1720－0001505 普01392 集部/别集類
鼓山集三卷 張寅撰 民國十四年(1925)鉛印本 一冊

330000－1720－0001507 普01394 集部/别集類/清别集
鎔經室集四卷 (清)張濬撰 民國六年(1917)鉛印本 二冊

330000－1720－0001509 普01396 集部/别集類/清别集
鎔經室集四卷 (清)張濬撰 民國六年(1917)鉛印本 一冊 存一卷(一)

330000－1720－0001522 普01409 史部/傳記類/别傳之屬/年譜
默盦居士自定年譜一卷 王舟瑶撰 **默盦居士年譜續編一卷** 王敬禮撰 **誌銘家傳附錄一卷** 章梫等撰 民國十五年(1926)黄巖王氏鉛印本 一冊

330000－1720－0001531 普01418 集部/别集類
默盦集十卷 王舟瑶撰 民國二年(1913)上海國光書局鉛印本 三冊

330000－1720－0001532 普01419 集部/别集類
默盦集十卷 王舟瑶撰 民國二年(1913)上海國光書局鉛印本 三冊

330000－1720－0001533 普01420 集部/别集類
默盦集十卷 王舟瑶撰 民國二年(1913)上海國光書局鉛印本 三冊

330000－1720－0001534 普01421 集部/别集類
默盦集十卷 王舟瑶撰 民國二年(1913)上海國光書局鉛印本 三冊

330000－1720－0001535 普01422 集部/别集類
默盦集十卷 王舟瑶撰 民國二年(1913)上海國光書局鉛印本 三冊

330000－1720－0001536 普01423 集部/别集類

默盦集十卷　王舟瑤撰　民國二年(1913)上海國光書局鉛印本　三冊

330000－1720－0001537　普 01424　集部/别集類

默盦集十卷　王舟瑤撰　民國二年(1913)上海國光書局鉛印本　三冊

330000－1720－0001538　普 01425　集部/别集類

默盦集十卷　王舟瑤撰　民國二年(1913)上海國光書局鉛印本　三冊

330000－1720－0001539　普 01426　集部/别集類

默盦集十卷　王舟瑤撰　民國二年(1913)上海國光書局鉛印本　三冊

330000－1720－0001540　普 01427　集部/别集類

默盦集十卷　王舟瑤撰　民國二年(1913)上海國光書局鉛印本　三冊

330000－1720－0001541　普 01428　集部/别集類

默盦集十卷　王舟瑤撰　民國二年(1913)上海國光書局鉛印本　三冊

330000－1720－0001542　普 01429　集部/别集類

默盦集十卷　王舟瑤撰　民國二年(1913)上海國光書局鉛印本　三冊

330000－1720－0001543　普 01430　集部/别集類

默盦集十卷　王舟瑤撰　民國二年(1913)上海國光書局鉛印本　三冊

330000－1720－0001544　普 01431　集部/别集類

默盦集十卷　王舟瑤撰　民國二年(1913)上海國光書局鉛印本　三冊

330000－1720－0001545　普 01432　集部/别集類

默盦集十卷　王舟瑤撰　民國二年(1913)上海國光書局鉛印本　三冊

330000－1720－0001546　普 01433　集部/别集類

默盦集十卷　王舟瑤撰　民國二年(1913)上海國光書局鉛印本　三冊

330000－1720－0001547　普 01434　集部/别集類

默盦集十卷　王舟瑤撰　民國二年(1913)上海國光書局鉛印本　三冊

330000－1720－0001548　普 01435　集部/别集類

默盦集十卷　王舟瑤撰　民國二年(1913)上海國光書局鉛印本　三冊

330000－1720－0001549　普 01436　集部/别集類

默盦集十卷　王舟瑤撰　民國二年(1913)上海國光書局鉛印本　三冊

330000－1720－0001550　普 01437　集部/别集類

默盦集十卷　王舟瑤撰　民國二年(1913)上海國光書局鉛印本　二冊　存六卷(一至六)

330000－1720－0001551　普 01438　集部/别集類

默盦集十卷　王舟瑤撰　民國二年(1913)上海國光書局鉛印本　二冊　存六卷(一至六)

330000－1720－0001562　普 01449　集部/别集類

濂希遺書四卷　柯岷撰　民國十五年(1926)鉛印本　一冊

330000－1720－0001564　普 01451　集部/别集類

濂希遺書四卷　柯岷撰　民國十五年(1926)鉛印本　一冊

330000－1720－0001565　普 01452　集部/别集類

濂希遺書四卷　柯岷撰　民國十五年(1926)鉛印本　一冊

330000－1720－0001566　普 01453　史部/地理類/方志之屬/郡縣志

黃巖南鄉賓興彙刊不分卷　鄭滔編　民國三十二年(1943)鉛印本　一冊

330000－1720－0001569　普 01456　集部/總集類/彙編之屬

賦鈔一卷　袁建犖鈔　稿本　一冊

330000－1720－0001570　普 01457　集部/別集類/清別集

補蘿書屋詩鈔四卷　(清)李飛英撰　陳樹鈞輯　民國四年(1915)太平陳氏刻本　一冊　存二卷(一至二)

330000－1720－0001577　普 01464　史部/地理類/水利之屬

鼓嶼梅山涇清三鄉疏濬三餘閘上下河道報告書不分卷　民國六年(1917)鉛印本　一冊

330000－1720－0001581　普 01468　史部/傳記類/別傳之屬/事狀

黃巖張丹庭哀輓錄一卷　張觀恒等編　民國二十四年(1935)鉛印本　一冊

330000－1720－0001582　普 01469　集部/別集類

鴈宕普陀天台游草三卷　繆宏仁撰　民國黃巖友成局鉛印本　一冊

330000－1720－0001583　普 01470　類叢部/叢書類/郡邑之屬

吳興叢書六十六種　劉承幹編　民國吳興劉氏嘉業堂刻本　八冊　存一種

330000－1720－0001584　普 01471　集部/別集類

鴈宕普陀天台游草三卷　繆宏仁撰　民國黃巖友成局鉛印本　宏道人題記　一冊

330000－1720－0001585　普 01472　經部/易類

易藏叢書六種　杭辛齋撰　民國十一年(1922)上海研幾學社鉛印本　八冊

330000－1720－0001588　普 01475　類叢部/叢書類/郡邑之屬

湖北先正遺書七十二種七百二十七卷　盧靖編　民國十二年(1923)沔陽盧氏慎始基齋影印本　一冊　存一種

330000－1720－0001589　普 01476　集部/總集類/酬唱之屬

避囂廔唱和叢稿四種　蔡炎祚編　民國十四年(1925)蔡炎祚石印本　一冊

330000－1720－0001591　普 01478　類叢部/叢書類/彙編之屬

求恕齋叢書三十一種　劉承幹編　民國吳興劉氏嘉業堂刻本　四冊　存一種

330000－1720－0001598　普 01485　集部/別集類

中華古今百美詠一卷　繆天緯撰　民國七年(1918)石印本　一冊

330000－1720－0001602　普 01489　子部/雜著類/雜說之屬

樗盦筆記一卷　毛宗智撰　民國鉛印本　一冊

330000－1720－0001603　普 01490　集部/總集類/選集之屬/斷代

月河詩鐘社吟草五卷　任重編　民國二十三年至二十六年(1934－1937)石印本　五冊

330000－1720－0001604　普 01491　集部/總集類/選集之屬/斷代

月河詩鐘社吟草五卷　任重編　民國二十三年至二十六年(1934－1937)石印本　五冊　存二卷(一、四)

330000－1720－0001605　普 01492　子部/雜著類/雜說之屬

樗盦筆記一卷　毛宗智撰　民國鉛印本　一冊

330000－1720－0001606　普 01493　子部/雜著類/雜說之屬

樗盦筆記一卷　毛宗智撰　民國鉛印本　一冊

330000－1720－0001607　普 01494　子部/雜著類/雜說之屬
樗盦筆記一卷　毛宗智撰　民國鉛印本　一冊

330000－1720－0001608　普 01495　子部/雜著類/雜說之屬
樗盦筆記一卷　毛宗智撰　民國鉛印本　一冊

330000－1720－0001609　普 01496　經部/易類/傳說之屬
周易禪解十卷　(明)釋智旭撰　民國四年(1915)金陵刻經處刻本　一冊　存三卷(一至三)

330000－1720－0001611　普 01498　子部/雜著類/雜說之屬
樗盦筆記一卷　毛宗智撰　民國鉛印本　一冊

330000－1720－0001612　普 01499　子部/雜著類/雜說之屬
樗盦筆記一卷　毛宗智撰　民國鉛印本　一冊

330000－1720－0001613　普 01500　子部/雜著類/雜說之屬
樗盦筆記一卷　毛宗智撰　民國鉛印本　一冊

330000－1720－0001614　普 01501　子部/雜著類/雜說之屬
樗盦筆記一卷　毛宗智撰　民國鉛印本　一冊

330000－1720－0001615　普 01502　子部/雜著類/雜說之屬
樗盦筆記一卷　毛宗智撰　民國鉛印本　一冊

330000－1720－0001616　普 01503　子部/雜著類/雜說之屬
樗盦筆記一卷　毛宗智撰　民國鉛印本　一冊

330000－1720－0001617　普 01504　子部/雜著類/雜說之屬
樗盦筆記一卷　毛宗智撰　民國鉛印本　一冊

330000－1720－0001618　普 01505　子部/雜著類/雜說之屬
樗盦筆記一卷　毛宗智撰　民國鉛印本　一冊

330000－1720－0001619　普 01506　子部/雜著類/雜說之屬
樗盦筆記一卷　毛宗智撰　民國鉛印本　一冊

330000－1720－0001620　普 01507　子部/雜著類/雜說之屬
樗盦筆記一卷　毛宗智撰　民國鉛印本　一冊

330000－1720－0001621　普 01508　子部/雜著類/雜說之屬
樗盦筆記一卷　毛宗智撰　民國鉛印本　一冊

330000－1720－0001622　普 01509　子部/雜著類/雜說之屬
樗盦筆記一卷　毛宗智撰　民國鉛印本　一冊

330000－1720－0001623　普 01510　子部/雜著類/雜說之屬
樗盦筆記一卷　毛宗智撰　民國鉛印本　一冊

330000－1720－0001624　普 01511　子部/雜著類/雜說之屬
樗盦筆記一卷　毛宗智撰　民國鉛印本　一冊

330000－1720－0001625　普 01512　子部/雜著類/雜說之屬
樗盦筆記一卷　毛宗智撰　民國鉛印本　一冊

330000－1720－0001626　普 01513　子部/雜

著類/雜説之屬

橒盦筆記一卷　毛宗智撰　民國鉛印本
一冊

330000－1720－0001627　普 01514　子部/雜
著類/雜説之屬

橒盦筆記一卷　毛宗智撰　民國鉛印本
一冊

330000－1720－0001628　普 01515　子部/雜
著類/雜説之屬

橒盦筆記一卷　毛宗智撰　民國鉛印本
一冊

330000－1720－0001629　普 01516　子部/雜
著類/雜説之屬

橒盦筆記一卷　毛宗智撰　民國鉛印本
一冊

330000－1720－0001630　普 01517　子部/雜
著類/雜説之屬

橒盦筆記一卷　毛宗智撰　民國鉛印本
一冊

330000－1720－0001631　普 01518　子部/雜
著類/雜説之屬

橒盦筆記一卷　毛宗智撰　民國鉛印本
一冊

330000－1720－0001632　普 01519　子部/雜
著類/雜説之屬

橒盦筆記一卷　毛宗智撰　民國鉛印本
一冊

330000－1720－0001633　普 01520　子部/雜
著類/雜説之屬

橒盦筆記一卷　毛宗智撰　民國鉛印本
一冊

330000－1720－0001634　普 01521　子部/雜
著類/雜説之屬

橒盦筆記一卷　毛宗智撰　民國鉛印本
一冊

330000－1720－0001635　普 01522　子部/雜
著類/雜説之屬

橒盦筆記一卷　毛宗智撰　民國鉛印本
一冊

330000－1720－0001636　普 01523　子部/雜
著類/雜説之屬

橒盦筆記一卷　毛宗智撰　民國鉛印本
一冊

330000－1720－0001637　普 01524　子部/雜
著類/雜説之屬

橒盦筆記一卷　毛宗智撰　民國鉛印本
一冊

330000－1720－0001638　普 01525　子部/雜
著類/雜説之屬

橒盦筆記一卷　毛宗智撰　民國鉛印本
一冊

330000－1720－0001639　普 01526　子部/雜
著類/雜説之屬

橒盦筆記一卷　毛宗智撰　民國鉛印本
一冊

330000－1720－0001640　普 01527　子部/雜
著類/雜説之屬

橒盦筆記一卷　毛宗智撰　民國鉛印本
一冊

330000－1720－0001641　普 01528　子部/雜
著類/雜説之屬

橒盦筆記一卷　毛宗智撰　民國鉛印本
一冊

330000－1720－0001642　普 01529　子部/雜
著類/雜説之屬

橒盦筆記一卷　毛宗智撰　民國鉛印本
一冊

330000－1720－0001643　普 01530　子部/雜
著類/雜説之屬

橒盦筆記一卷　毛宗智撰　民國鉛印本
一冊

330000－1720－0001644　普 01531　子部/雜
著類/雜説之屬

橒盦筆記一卷　毛宗智撰　民國鉛印本

一冊

330000－1720－0001645　普 01532　子部/雜著類/雜說之屬
檮盦筆記一卷　毛宗智撰　民國鉛印本　一冊

330000－1720－0001646　普 01533　子部/雜著類/雜說之屬
檮盦筆記一卷　毛宗智撰　民國鉛印本　一冊

330000－1720－0001647　普 01534　子部/雜著類/雜說之屬
檮盦筆記一卷　毛宗智撰　民國鉛印本　一冊

330000－1720－0001648　普 01536　子部/雜著類/雜說之屬
檮盦筆記一卷　毛宗智撰　民國鉛印本　一冊

330000－1720－0001649　普 01535　子部/雜著類/雜說之屬
檮盦筆記一卷　毛宗智撰　民國鉛印本　一冊

330000－1720－0001650　普 01537　子部/雜著類/雜說之屬
檮盦筆記一卷　毛宗智撰　民國鉛印本　一冊

330000－1720－0001651　普 01538　子部/雜著類/雜說之屬
檮盦筆記一卷　毛宗智撰　民國鉛印本　一冊

330000－1720－0001652　普 01539　子部/雜著類/雜說之屬
檮盦筆記一卷　毛宗智撰　民國鉛印本　一冊

330000－1720－0001653　普 01540　子部/雜著類/雜說之屬
檮盦筆記一卷　毛宗智撰　民國鉛印本　一冊

330000－1720－0001654　普 01541　子部/雜著類/雜說之屬
檮盦筆記一卷　毛宗智撰　民國鉛印本　一冊

330000－1720－0001655　普 01542　子部/雜著類/雜說之屬
檮盦筆記一卷　毛宗智撰　民國鉛印本　一冊

330000－1720－0001656　普 01543　子部/雜著類/雜說之屬
檮盦筆記一卷　毛宗智撰　民國鉛印本　一冊

330000－1720－0001657　普 01544　子部/雜著類/雜說之屬
檮盦筆記一卷　毛宗智撰　民國鉛印本　一冊

330000－1720－0001658　普 01545　子部/雜著類/雜說之屬
檮盦筆記一卷　毛宗智撰　民國鉛印本　一冊

330000－1720－0001679　普 01566　經部/易類/傳說之屬
周易恒解五卷　（清）劉沅撰　民國十一年(1922)北京道德學社印刷所鉛印本　三冊　存三卷(三至五)

330000－1720－0001689　普 01576　類叢部/叢書類/彙編之屬
復性書院叢刊二十七種　馬浮編　民國二十九年至三十七年(1940－1948)復性書院刻本暨鉛印本　一冊　存一種

330000－1720－0001692　普 01579　類叢部/叢書類/自著之屬
蓬萊吳灌先著述三種　（清）吳脈慇撰　民國十二年(1923)山西洗心總社鉛印本　四冊

330000－1720－0001693　普 01580　類叢部/叢書類/自著之屬
蓬萊吳灌先著述三種　（清）吳脈慇撰　民國十二年(1923)山西洗心總社鉛印本　二冊

存一種

330000－1720－0001718　普01605　史部/地理類/方志之屬/郡縣志

黃巖南鄉賓興彙刊不分卷　鄭滔編　民國三十二年(1943)鉛印本　一冊

330000－1720－0001720　普01607　經部/小學類/文字之屬/說文/傳說

說文解字詁林十五卷首一卷前編三卷後編一卷補編一卷附編一卷通檢一卷　丁福保編　民國十七年(1928)上海醫學書局石印本　六十六冊

330000－1720－0001741　普01626　類叢部/叢書類/彙編之屬

國立中央研究院歷史語言研究所單刊乙種　國立中央研究院歷史語言研究所編　民國國立中央研究院歷史語言研究所石印本　一冊　存一種

330000－1720－0001744　普01629　類叢部/叢書類/彙編之屬

嘉業堂叢書五十七種　劉承幹編　民國吳興劉氏嘉業堂刻本　四冊　存一種

330000－1720－0001757　普01642　子部/儒家類/儒學之屬/蒙學

龍文鞭影四卷　(明)蕭良有撰　(明)楊臣諍增訂　(清)李恩綬校補　**二集二卷**　(清)李暉吉　(清)徐灒輯　民國七年(1918)上海鑄記書局石印本　三冊　缺一卷(二集一)

330000－1720－0001759　普01644　子部/儒家類/儒學之屬/蒙學

龍文鞭影四卷　(明)蕭良有撰　(明)楊臣諍增訂　(清)李恩綬校補　**二集二卷**　(清)李暉吉　(清)徐灒輯　民國七年(1918)上海鑄記書局石印本　一冊　缺二卷(二集一至二)

330000－1720－0001763　普01648　經部/小學類/文字之屬/字書/訓蒙

繪圖龍文鞭影初集二卷　(明)蕭良有纂輯　(明)楊臣諍增訂　(明)來集之音註　**繪圖龍文鞭影二集二卷**　(清)李暉吉　(清)徐灒輯　民國上洋普新石印局石印本　四冊

330000－1720－0001771　普01655　經部/小學類/文字之屬/字書/訓蒙

繪圖龍文鞭影初集二卷　(明)蕭良有纂輯　(明)楊臣諍增訂　(明)來集之音註　**繪圖龍文鞭影二集二卷**　(清)李暉吉　(清)徐灒輯　民國上洋普新石印局石印本　二冊　缺二卷(初集一至二)

330000－1720－0001775　普01658　經部/小學類/文字之屬/字書/訓蒙

繪圖龍文鞭影初集二卷　(明)蕭良有纂輯　(明)楊臣諍增訂　(明)來集之音註　**繪圖龍文鞭影二集二卷**　(清)李暉吉　(清)徐灒輯　民國上洋普新石印局石印本　一冊　存一卷(二集一)

330000－1720－0001780　普01662　經部/小學類/文字之屬/字書/字體

六書通十卷首一卷附百體福壽全圖　(清)閔齊伋撰　(清)畢弘述篆訂　民國十一年(1922)上海掃葉山房石印本　五冊

330000－1720－0001782　普01664　子部/藝術類/書畫之屬

行草大字典十二集　書學會編纂　民國三年(1914)上海有正書局石印本　五冊

330000－1720－0001783　普01665　經部/小學類/文字之屬/字書/字體

漢隸字源五卷碑目一卷附字一卷　(宋)婁機撰　民國七年(1918)上海文瑞樓據咫進齋本影印本　六冊

330000－1720－0001790　普01672　經部/小學類/文字之屬/字書/字體

六書通十卷首一卷附百體福壽全圖　(清)閔齊伋撰　(清)畢弘述篆訂　民國三年(1914)上海掃葉山房石印本　五冊

330000－1720－0001794　普01676　經部/小學類/文字之屬/字書/字體

六書通十卷首一卷　(清)閔齊伋撰　(清)畢弘述篆訂　民國七年(1918)上海鴻文書局石

印本　三冊　缺四卷(七至十)

330000－1720－0001807　普01688　經部/小學類/文字之屬/說文/專著
說文古籀補補十四卷附錄一卷　丁佛言撰　民國石印本　四冊

330000－1720－0001818　普01698　經部/小學類/文字之屬/字書/字典
新字典十二卷拾遺一卷檢字一卷附錄一卷勘誤一卷補編一卷　陸爾奎等編纂　民國鉛印本　一冊　存十三卷(一至十二、拾遺)

330000－1720－0001834　普01714　史部/編年類/斷代之屬
清史綱要十四卷　吳曾祺等編　民國十四年(1925)上海商務印書館鉛印本　六冊

330000－1720－0001843　普01723　史部/編年類/斷代之屬
注釋清鑒輯覽二十八卷　文明書局編輯　民國十二年(1923)上海文明書局鉛印本　十二冊

330000－1720－0001862　普01742　史部/編年類/通代之屬
尺木堂綱鑑易知錄九十二卷明鑑易知錄十五卷　(清)吳乘權　(清)周之炯　(清)周之燦輯　民國上海文華山房鉛印本　十六冊

330000－1720－0001863　普01743　史部/編年類/通代之屬
綱鑑易知錄九十二卷明鑑易知錄十五卷　(清)吳乘權　(清)周之炯　(清)周之燦輯　民國五年(1916)上海商務印書館鉛印本　八冊

330000－1720－0001864　普01744　史部/編年類/通代之屬
綱鑑易知錄九十二卷明鑑易知錄十五卷　(清)吳乘權　(清)周之炯　(清)周之燦輯　民國五年(1916)上海商務印書館鉛印本　十五冊　存一百卷(綱鑑易知錄一至十四、二十二至九十二,明鑑易知錄一至十五)

330000－1720－0001875　普01755　史部/編年類/通代之屬
增評加批歷史綱鑑補三十九卷首一卷　(明)王世貞　(明)袁黄纂　**資治明紀綱目二十卷資治明紀綱目三編一卷**　(清)張廷玉等撰　民國上海錦章圖書局石印本　十八冊

330000－1720－0001911　普01791　史部/政書類/律令之屬/刑制
中華民國新刑律集解二卷　葛遵禮編　民國十一年(1922)上海會文堂書局石印本　四冊　存第一至六、十三至三十六章

330000－1720－0001914　普01794　新學/政治法律/律例
民刑案件訴狀筆法百篇六卷　平襟亞編輯　民國上海共和書局鉛印本　三冊　存三卷(一至二、五)

330000－1720－0001915　普01795　新學/政治法律
親屬律講義八章　盧重慶講述　民國江蘇法政大學鉛印本　恭熙題記　一冊

330000－1720－0001917　普01797　新學/政治法律/律例
破產法草案二編　民國江蘇法政大學鉛印本　一冊

330000－1720－0001921　普01801　新學/政治法律/律例
物權法講義七章　朱學曾編　民國京師第一監獄鉛印本　一冊

330000－1720－0001922　普01802　新學/政治法律/律例
江蘇公立法政專門學校法律講義　民國江蘇公立法政專門學校鉛印本　恭熙題記　二冊　存二種

330000－1720－0001928　普01808　史部/政書類/邦計之屬/營田
量沙紀畧六章　張鴻編　民國四年(1915)鉛印本　一冊

330000－1720－0001932　普01812　新學/理學

經濟原論不分卷　吴治編　民國法政學堂鉛印本　二册

330000－1720－0001942　普 01822　史部/地理類/方志之屬/郡縣志

[弘治]上海志八卷　(明)郭經修　(明)唐錦纂　民國二十九年(1940)中華書局據明弘治十七年(1504)刻本影印本　二册

330000－1720－0001946　普 01826　史部/政書類/律令之屬

大總統告令不分卷　民國石印本　一册

330000－1720－0001954　普 01834　新學/工藝/工學

鐵道學不分卷　工業學校輯　民國工業學校油印本　三册

330000－1720－0001956　普 01836　新學/工藝/工學

鐵道學不分卷　工業學校輯　民國工業學校油印本　三册

330000－1720－0001957　普 01837　新學/工藝/工學

鐵道學不分卷　工業學校輯　民國工業學校油印本　二册

330000－1720－0001958　普 01838　新學/工藝/工學

鐵道學不分卷　工業學校輯　民國工業學校油印本　一册

330000－1720－0001959　普 01839　新學/工藝/工學

鐵道學不分卷　工業學校輯　民國工業學校油印本　一册

330000－1720－0001961　普 01841　新學/工藝/工學/塘工河工路工

道路學不分卷　工業學校輯　民國工業學校油印本　二册

330000－1720－0001963　普 01843　新學/工藝/工學

土木材料學不分卷　工業學校輯　民國工業學校油印本　一册

330000－1720－0001964　普 01844　新學/工藝/工學

土木材料學不分卷　工業學校輯　民國工業學校油印本　一册

330000－1720－0001965　普 01845　新學/工藝/工學

機械工學不分卷　民國油印本　一册

330000－1720－0001966　普 01846　新學/工藝/工學

橋樑學不分卷　工業學校輯　民國油印本　二册

330000－1720－0001968　普 01848　新學/工藝/工學

施工法不分卷　民國油印本　一册

330000－1720－0001969　普 01849　新學/工藝

印染學不分卷染色學不分卷　民國油印本　三册

330000－1720－0001973　普 01853　史部/詔令奏議類/奏議之屬

東坡奏議十五卷　(宋)蘇軾撰　民國上海著易堂影印本　八册

330000－1720－0001974　普 01854　史部/政書類/考工之屬

天工開物三卷　(明)宋應星撰　民國十九年(1930)上海華通書局據日本菅生堂刻本影印本　九册

330000－1720－0001977　普 01857　集部/别集類

補過齋文牘初編三十二卷續編十四卷三編六卷　楊增新撰　民國十年至二十三年(1921－1934)新疆駐京公寓刻本　十六册　存十六卷(初編庚集一至三、辛集一至三、壬集一至二、癸集一至八)

330000－1720－0001988　普 01868　類叢部/叢書類/彙編之屬

士禮居黃氏叢書　(清)黃丕烈輯　民國影印本　一冊　存一種

330000－1720－0001998　普01878　集部/別集類/清別集

許文肅公遺稿十二卷　(清)許景澄撰　民國七年(1918)外交部圖書處鉛印許文肅公集四種本　王舟瑤題記　六冊

330000－1720－0002015　普01895　類叢部/叢書類/彙編之屬

求恕齋叢書三十一種　劉承幹編　民國吳興劉氏嘉業堂刻本　二冊　存一種

330000－1720－0002029　普01909　史部/政書類

牧民寶鑑　(清)王文韶輯　民國四年(1915)安徽官紙印刷局石印本　五冊　存五種

330000－1720－0002031　普01911　新學/政治法律/律例

鑛業條例不分卷施行細則不分卷　民國三年(1914)鉛印本　二冊

330000－1720－0002033　普01913　新學/政治法律/律例

鑛業註冊條例施行細則不分卷　民國三年(1914)京師京華印書局鉛印本　一冊

330000－1720－0002034　普01914　新學/政治法律/律例

農商法規彙編七卷　農商部編　民國三年(1914)農商部鉛印本　一冊

330000－1720－0002037　普01917　新學/政治法律/律例

國際私法一卷附錄一卷　孫浩烜講述　民國江蘇法政大學鉛印本　一冊

330000－1720－0002039　普01919　新學/政治法律/律例

國際私法一卷附錄一卷　孫浩烜講述　民國江蘇法政大學鉛印本　一冊

330000－1720－0002040　普01920　新學/政治法律/律例

戰時國際公法四編　民國江蘇省立法政專門學校鉛印本　一冊

330000－1720－0002041　普01921　類叢部/叢書類/自著之屬

崇雅堂叢書十四種　楊晨撰　民國二十五年(1936)黃巖楊紹翰鉛印本　四冊　存一種

330000－1720－0002042　普01922　新學/政治法律/律例

法政學堂講義錄　民國法政學堂鉛印本　一冊　存一種

330000－1720－0002043　普01923　類叢部/叢書類/自著之屬

崇雅堂叢書十四種　楊晨撰　民國二十五年(1936)黃巖楊紹翰鉛印本　三冊　存一種

330000－1720－0002046　普01926　類叢部/叢書類/自著之屬

崇雅堂叢書十四種　楊晨撰　民國二十五年(1936)黃巖楊紹翰鉛印本　四冊　存一種

330000－1720－0002048　普01928　史部/政書類/邦交之屬

協商及參戰各國與德國間之和平條約暨議定書一卷　民國八年(1919)鉛印本　四冊

330000－1720－0002049　普01929　類叢部/叢書類/郡邑之屬

台州叢書後集十七種　楊晨輯　民國四年(1915)黃巖楊氏刻本　五冊　存一種

330000－1720－0002050　普01930　類叢部/叢書類/彙編之屬

德育叢書十種　民國十三年(1924)上海掃葉山房石印本　二冊　存一種

330000－1720－0002052　普01932　類叢部/叢書類/郡邑之屬

台州叢書後集十七種　楊晨輯　民國四年(1915)黃巖楊氏刻本　五冊　存一種

330000－1720－0002078　普01958　史部/紀傳類/正史之屬

史記一百三十卷　(漢)司馬遷撰　(明)歸有

光等評點 **方望溪平點史記四卷** (清)方苞撰 民國四年(1915)上海同文圖書館石印本 二十二冊 缺十四卷(九十一至九十七、一百十七至一百二十三)

330000－1720－0002079 普01959 史部/紀傳類/正史之屬
史記一百三十卷 (漢)司馬遷撰 (南朝宋)裴駰集解 (唐)司馬貞索隱 (唐)張守節正義 **補史記一卷** (唐)司馬貞撰并注 民國中華圖書館影印本 二十冊

330000－1720－0002083 普01963 集部/楚辭類
楚辭集註八卷後語六卷辯證二卷 (宋)朱熹撰 民國掃葉山房石印本 三冊 缺四卷(楚辭集註一至四)

330000－1720－0002084 普01964 史部/紀傳類/正史之屬
史記一百三十卷 (漢)司馬遷撰 (明)歸有光等評點 **方望溪平點史記四卷** (清)方苞撰 民國七年(1918)交通圖書館影印武昌張氏本 十六冊

330000－1720－0002096 普01976 新學/政治法律/律例
法政學堂講義錄 民國法政學堂鉛印本 二冊 存二種

330000－1720－0002097 普01977 新學/政治法律/律例
江蘇公立法政專門學校法律講義 民國江蘇公立法政專門學校鉛印本 一冊 存一種

330000－1720－0002132 普02012 集部/總集類/選集之屬/通代
評註昭明文選十五卷首一卷葉星衛附註一卷 (清)于光華輯 民國八年(1919)上海掃葉山房石印本 十三冊 缺四卷(六、八、十、十二)

330000－1720－0002137 普02017 集部/總集類/選集之屬/通代
評校音注古文辭類纂七十四卷 (清)姚鼐輯 王文濡校注 民國十八年(1929)上海文明書局鉛印本 十五冊 缺五卷(九至十三)

330000－1720－0002138 普02018 集部/總集類/選集之屬/通代
評註昭明文選十五卷首一卷葉星衛附註一卷 (清)于光華輯 民國上海掃葉山房石印本 八冊 存九卷(八至十五、附註)

330000－1720－0002139 普02019 集部/總集類/選集之屬/斷代
註釋唐詩三百首六卷 (清)蘅塘退士(孫洙)編 民國上海鴻寶齋書局石印本 一冊 存一卷(四)

330000－1720－0002150 普02030 史部/紀傳類/正史之屬
二十四史附考證 民國石印本 三冊 存一種

330000－1720－0002151 普02031 集部/總集類/選集之屬/通代
評註昭明文選十五卷首一卷葉星衛附註一卷 (清)于光華輯 民國上海掃葉山房石印本 十六冊

330000－1720－0002164 普02044 集部/總集類/氏族之屬
三蘇文集四十四卷 邵希雍輯 民國元年(1912)上海會文堂書局石印本 八冊

330000－1720－0002167 普02047 集部/總集類/選集之屬/斷代
才調集十卷 (五代)韋縠輯 民國三年(1914)掃葉山房石印本 四冊

330000－1720－0002168 普02048 集部/總集類/選集之屬/通代
重訂古文釋義新編八卷 (清)余誠評註 民國三年(1914)上海鴻寶齋石印本 二冊 存六卷(一至六)

330000－1720－0002173 普02053 集部/總集類/選集之屬/斷代
中華民國名人文鈔八卷 吳芹編 民國三年(1914)廣益書局石印本 三冊

330000－1720－0002174　普02054　集部/總集類/選集之屬/通代

天下才子必讀書十五卷　(清)金人瑞選評　民國四年(1915)國學進化社石印本　四冊

330000－1720－0002180　普02060　集部/總集類/選集之屬/通代

古文觀止十二卷　(清)吳乘權　(清)吳大職輯　民國三年(1914)上海普新書局石印本　一冊　存六卷(一至六)

330000－1720－0002182　普02062　集部/總集類/選集之屬/通代

古文觀止十二卷　(清)吳乘權　(清)吳大職輯　民國三年(1914)上海普新書局石印本　一冊　存六卷(一至六)

330000－1720－0002184　普02064　集部/總集類/選集之屬/通代

涵芬樓古今文鈔簡編四十卷首一卷　吳曾祺輯　民國五年(1916)上海商務印書館鉛印本　四十一冊

330000－1720－0002191　普02071　集部/總集類/選集之屬/通代

古今詩選五十卷　(清)王士禛選　民國上海掃葉山房石印本　六冊　存三十一卷(七言詩歌行鈔一至十五、五言詩七至十七、五言今體詩鈔一至五)

330000－1720－0002206　普02086　集部/總集類/選集之屬/通代

古今文綜不分卷　張相輯　民國上海中華書局鉛印本　九冊

330000－1720－0002222　普02102　子部/叢編

百子全書　(清)崇文書局編　民國十一年(1922)上海掃葉山房石印本　七十三冊　存九十七種

330000－1720－0002223　普02103　子部/叢編

百子全書　(清)崇文書局編　民國上海掃葉山房石印本　五十一冊　存六十六種

330000－1720－0002242　普02122　集部/詩文評類/詩評之屬

歷代詩話二十七種五十七卷考索一卷　(清)何文煥輯　民國十六年(1927)上海醫學書局石印本　十六冊

330000－1720－0002248　普02128　集部/總集類/選集之屬/斷代

唐四名家集　(明)毛晉輯　民國十五年(1926)上海涵芬樓據明海虞毛氏汲古閣刻本影印本　四冊

330000－1720－0002250　普02130　集部/總集類/彙編之屬

五唐人詩集　(明)毛晉編　民國十五年(1926)上海涵芬樓影印本　五冊

330000－1720－0002252　普02132　集部/總集類/選集之屬/斷代

唐人八家詩四十二卷　(明)毛晉輯　民國十五年(1926)上海涵芬樓據明海虞毛氏汲古閣刻本影印本　八冊

330000－1720－0002256　普02136　集部/總集類/選集之屬/斷代

皇朝經世文編一百二十卷姓名總目二卷　(清)賀長齡輯　民國鉛印本　十一冊　存六十四卷(一至三、二十四至四十九、六十二至六十七、七十四至八十三、八十八至九十八、一百五至一百十,姓名總目一至二)

330000－1720－0002257　普02137　集部/總集類/選集之屬/斷代

皇朝經世文編一百二十卷姓名總目二卷　(清)賀長齡輯　民國鉛印本　二十冊　存一百二卷(四至三十九、四十六至九十五、九十九至一百三、一百五至一百十五)

330000－1720－0002263　普02143　集部/總集類/郡邑之屬

徐州二遺民集　馮煦編　民國二年(1913)銅山王嘉詵刻本　三冊　存一種

330000－1720－0002299　普02179　子部/儒家類/儒學之屬/性理

近思錄集説十四卷　管贊程撰　民國浙江印刷所鉛印本　四冊

330000－1720－0002301　普02181　集部/別集類/清別集

柔橋文鈔十六卷　(清)王棻撰　民國三年(1914)上海國光書局鉛印本　八冊

330000－1720－0002304　普02184　集部/別集類

默盦集十卷　王舟瑤撰　民國二年(1913)上海國光書局鉛印本　三冊

330000－1720－0002305　普02185　集部/別集類/清別集

柔橋文鈔十六卷　(清)王棻撰　民國三年(1914)上海國光書局鉛印本　八冊

330000－1720－0002307　普02187　集部/別集類/清別集

柔橋文鈔十六卷　(清)王棻撰　民國三年(1914)上海國光書局鉛印本　八冊

330000－1720－0002308　普02188　集部/別集類/清別集

柔橋文鈔十六卷　(清)王棻撰　民國三年(1914)上海國光書局鉛印本　八冊

330000－1720－0002310　普02190　集部/別集類/清別集

柔橋文鈔十六卷　(清)王棻撰　民國三年(1914)上海國光書局鉛印本　八冊

330000－1720－0002312　普02192　集部/別集類/清別集

柔橋文鈔十六卷　(清)王棻撰　民國三年(1914)上海國光書局鉛印本　八冊

330000－1720－0002313　普02193　集部/別集類/清別集

柔橋文鈔十六卷　(清)王棻撰　民國三年(1914)上海國光書局鉛印本　八冊

330000－1720－0002314　普02194　集部/別集類/清別集

柔橋文鈔十六卷　(清)王棻撰　民國三年(1914)上海國光書局鉛印本　七冊　存十四卷(一至十四)

330000－1720－0002317　普02197　集部/別集類/清別集

柔橋文鈔十六卷　(清)王棻撰　民國三年(1914)上海國光書局鉛印本　八冊

330000－1720－0002318　普02198　集部/別集類/清別集

柔橋文鈔十六卷　(清)王棻撰　民國三年(1914)上海國光書局鉛印本　二冊　存四卷(十一至十四)

330000－1720－0002322　普02202　集部/戲劇類

時調雜戲抄錄不分卷　民國蘇子彬抄本　蘇子彬批　題簽並記　二冊

330000－1720－0002327　普02206　集部/別集類

鈍簃文初草不分卷　陳謇撰　民國抄本　二冊

330000－1720－0002330　普02209　史部/地理類/山川之屬/山志

丹崖山志□□卷　陳謇編　稿本　方通良跋　二冊　存二卷(一、三)

330000－1720－0002331　普02210　集部/別集類

鈍簃吟草不分卷　陳謇撰　稿本　三冊

330000－1720－0002337　普02216　集部/總集類/彙編之屬

隨意錄不分卷　民國解佩銘抄本　一冊

330000－1720－0002339　普02218　史部/政書類/公牘檔冊之屬

黃巖縣坵領戶冊不分卷　民國抄本　一冊

330000－1720－0002365　普02244　類叢部/叢書類/彙編之屬

四部叢刊　張元濟等編　民國上海商務印書館影印本　一冊　存一種

330000－1720－0002384　普02263　史部/紀

傳類/正史之屬
舊五代史一百五十卷目錄二卷附攷證 （宋）薛居正等撰 （清）邵晉涵等輯 民國十四年(1925)吳興劉氏嘉業堂刻本 三十二册

330000－1720－0002401 普02280 經部/四書類/總義之屬/傳說
四書味根錄三十九卷 （清）金澂撰 民國十七年(1928)鴻寶齋書局石印本 三册 存二十四卷(大學一,中庸一至二,論語首、一至二十)

330000－1720－0002420 普02298 經部/群經總義類/文字音義之屬
經詞衍釋十卷補遺一卷 （清）吳昌瑩撰 民國上海古書流通處影印本 二册 存五卷(七至十、補遺)

330000－1720－0002471 普02350 經部/四書類/大學之屬/傳說
大學述義一卷 陳全三撰 民國二十年(1931)鉛印本 一册

330000－1720－0002482 普02361 類叢部/叢書類/家集之屬
高郵王氏遺書七種 羅振玉輯 民國十四年(1925)上虞羅氏鉛印本 一册 存三種

330000－1720－0002484 普02363 經部/春秋左傳類/傳說之屬
春秋左傳五十卷 （晉）杜預 （宋）林堯叟註釋 （唐）陸德明音義 民國九年(1920)上海錦章圖書局石印本 十二册

330000－1720－0002486 普02364 經部/春秋左傳類/傳說之屬
春秋左傳五十卷 （晉）杜預 （宋）林堯叟註釋 （唐）陸德明音義 民國上海廣益書局石印本 十二册

330000－1720－0002518 普02395 經部/春秋左傳類/傳說之屬
評點春秋綱目左傳句解彙雋六卷 （清）韓菼重訂 民國九年(1920)上海天寶書局石印本 二册

330000－1720－0002522 普02399 經部/春秋左傳類/傳說之屬
評點春秋綱目左傳句解彙雋六卷 （清）韓菼重訂 民國上海掃葉山房石印本 一册 存一卷(四)

330000－1720－0002541 普02418 史部/雜史類/斷代之屬
戰國策補註三十三卷 吳曾祺撰 民國二十七年(1938)上海商務印書館鉛印本 四册

330000－1720－0002542 普02419 史部/雜史類/斷代之屬
戰國策補註三十三卷 吳曾祺撰 民國六年(1917)上海商務印書館鉛印本 四册

330000－1720－0002544 普02421 史部/雜史類/斷代之屬
戰國策補註三十三卷 吳曾祺撰 民國三年(1914)上海商務印書館鉛印本 四册

330000－1720－0002570 普02447 經部/春秋總義類/傳說之屬
春秋恒解八卷 （清）劉沅輯注 民國十一年(1922)北京道德學社鉛印本 六册 缺二卷(三、六)

330000－1720－0002571 普02448 史部/雜史類/斷代之屬
明季稗史續編六種六卷 民國元年(1912)上海商務印書館鉛印本 三册

330000－1720－0002575 普02452 類叢部/叢書類/彙編之屬
退菴叢書 王文炳輯 民國二十年(1931)浙江圖書館鉛印本 二册 存一種

330000－1720－0002576 普02453 經部/讖緯類/春秋緯之屬
春秋緯史集傳四十卷 （清）陳省欽撰 民國十三年(1924)陳鍾祺鉛印本 四册

330000－1720－0002577 普02454 經部/讖緯類/春秋緯之屬
春秋緯史集傳四十卷 （清）陳省欽撰 民國十三年(1924)陳鍾祺鉛印本 四册

330000－1720－0002578　普02455　經部/讖緯類/春秋緯之屬

春秋緯史集傳四十卷　(清)陳省欽撰　民國十三年(1924)陳鍾祺鉛印本　四冊

330000－1720－0002579　普02456　經部/讖緯類/春秋緯之屬

春秋緯史集傳四十卷　(清)陳省欽撰　民國十三年(1924)陳鍾祺鉛印本　四冊

330000－1720－0002584　普02461　類叢部/叢書類/彙編之屬

退菴叢書　王文炳輯　民國二十年(1931)浙江圖書館鉛印本　二冊　存一種

330000－1720－0002586　普02463　類叢部/叢書類/彙編之屬

退菴叢書　王文炳輯　民國二十年(1931)浙江圖書館鉛印本　二冊　存一種

330000－1720－0002588　普02465　經部/四書類/大學之屬/傳說

古本大學一卷　(明)王陽明原本　徐廣軒抄集　民國洗心社鉛印本　一冊

330000－1720－0002589　普02466　經部/四書類/總義之屬/傳說

四書合講十九卷　(宋)朱熹集註　民國四明茹古書局鉛印本　六冊

330000－1720－0002591　普02468　經部/四書類/論語之屬/傳說

論語要略一卷　(清)許珏輯　民國十一年(1922)無錫許氏刻本　一冊

330000－1720－0002595　普02472　經部/四書類/總義之屬/傳說

銅版四書集註　(宋)朱熹集註　民國上海天寶書局石印本　一冊

330000－1720－0002598　普02475　類叢部/叢書類/彙編之屬

四部備要　中華書局編　民國二十五年(1936)上海中華書局縮印本　五冊　存一種

330000－1720－0002606　普02483　類叢部/叢書類/彙編之屬

四部備要　中華書局編　民國二十五年(1936)上海中華書局鉛印本　四冊　存一種

330000－1720－0002609　普02486　經部/四書類/總義之屬/傳說

新式標點四書白話註解十九卷　琴石山人注解　民國上海會文堂書局石印本　十四冊

330000－1720－0002610　普02487　經部/四書類/總義之屬/傳說

新註四書白話解說三十六卷　江希張注　民國上海大公書局石印本　十四冊

330000－1720－0002611　普02488　經部/四書類/總義之屬/文字音義

注音字母四書白話句解十九卷　周觀光　吳穀民演譯　民國上海求古齋石印本　十四冊

330000－1720－0002615　普02492　類叢部/叢書類/彙編之屬

蘭雪堂叢書　民國二十二年(1933)浙江印刷公司鉛印本　二冊　存一種

330000－1720－0002616　普02493　經部/四書類/中庸之屬/傳說

中庸話解不分卷　李學聖述　民國二十五年(1936)上海明善書局鉛印本　一冊

330000－1720－0002617　普02494　經部/孝經類/傳說之屬

孝經一卷附二十四孝圖說一卷　(唐)玄宗李隆基注　王震繪　民國據宋刻本影印本　一冊

330000－1720－0002618　普02495　經部/四書類/總義之屬/傳說

四書串釋六卷　李珮精編　民國二十年(1931)上海文明書局鉛印本　六冊

330000－1720－0002621　普02498　類叢部/叢書類/彙編之屬

留餘草堂叢書十一種　劉承幹編　民國吳興劉氏嘉業堂刻本　二冊　存一種

330000－1720－0002640　普02517　經部/四

書類/大學之屬/傳說
大學古本質言一卷　(清)劉沅撰　民國十年(1921)浙江黃巖九峯圖書館刻本　一冊

330000－1720－0002641　普02518　經部/四書類/大學之屬/傳說
大學古本質言一卷　(清)劉沅撰　民國十年(1921)浙江黃巖九峯圖書館刻本　一冊

330000－1720－0002642　普02519　經部/四書類/大學之屬/傳說
大學古本質言一卷　(清)劉沅撰　民國十年(1921)浙江黃巖九峯圖書館刻本　一冊

330000－1720－0002643　普02520　經部/四書類/大學之屬/傳說
大學古本質言一卷　(清)劉沅撰　民國十年(1921)浙江黃巖九峯圖書館刻本　一冊

330000－1720－0002644　普02521　經部/四書類/大學之屬/傳說
大學古本質言一卷　(清)劉沅撰　民國六年(1917)北京道德學社鉛印本　一冊

330000－1720－0002645　普02522　經部/四書類/大學之屬/傳說
大學古本質言一卷　(清)劉沅撰　民國十年(1921)平遙李氏刻本　一冊

330000－1720－0002646　普02523　經部/四書類/總義之屬/傳說
四書恆解十四卷　(清)劉沅輯注　民國鉛印本　六冊

330000－1720－0002647　普02524　經部/四書類/總義之屬/傳說
四書恆解十四卷　(清)劉沅輯注　民國鉛印本　六冊

330000－1720－0002648　普02525　經部/四書類/總義之屬/傳說
四書恆解十四卷　(清)劉沅輯注　民國鉛印本　六冊

330000－1720－0002649　普02526　經部/四書類/總義之屬/傳說
四書恆解十四卷　(清)劉沅輯注　民國鉛印本　六冊

330000－1720－0002650　普02527　經部/四書類/總義之屬/傳說
四書恆解十四卷　(清)劉沅輯注　民國鉛印本　六冊

330000－1720－0002651　普02528　經部/四書類/總義之屬/傳說
四書恆解十四卷　(清)劉沅輯注　民國九年(1920)北京道德學社鉛印本　八冊

330000－1720－0002683　普02556　類叢部/叢書類/彙編之屬
求恕齋叢書三十一種　劉承幹編　民國吳興劉氏嘉業堂刻本　一冊　存一種

330000－1720－0002686　普02559　史部/紀傳類/正史之屬
漢書補注一百卷首一卷　王先謙撰　**姚惜抱先生前漢書評點一卷**　(清)姚鼐撰　(清)吳汝綸輯　民國上海文瑞樓石印本　三十冊　存六十八卷(一至六十八)

330000－1720－0002692　普02565　類叢部/叢書類/彙編之屬
四部備要　中華書局編　民國二十五年(1936)上海中華書局鉛印本　三十冊　存一種

330000－1720－0002703　普02576　類叢部/叢書類/彙編之屬
四部備要　中華書局編　民國二十五年(1936)上海中華書局縮印本　十六冊　存一種

330000－1720－0002728　普02601　類叢部/叢書類/彙編之屬
四部備要　中華書局編　民國二十五年(1936)上海中華書局鉛印本　三十二冊　存一種

330000－1720－0002740　普02613　新學/報章
庸言報彙編十二卷　梁啓超撰　吳貫因編輯

民國二年(1913)石印本　八册

330000－1720－0002771　普02644　類叢部/叢書類/彙編之屬
求恕齋叢書三十一種　劉承幹編　民國吳興劉氏嘉業堂刻本　一册　存一種

330000－1720－0002782　普02655　史部/雜史類/斷代之屬
太平天國叢書第一集　蕭一山輯　民國二十四年(1935)國立編譯館影印本　一册　存一種

330000－1720－0002785　普02658　集部/詩文評類/文法之屬/函牘格式
函牘舉隅十一卷　(清)黄伯祿撰　民國十四年(1925)上海慈母堂鉛印本　十一册

330000－1720－0002787　普02660　新學/兵制/陸軍
日本戰時輜重兵營勤務令不分卷　軍學編輯局編　民國軍學編輯局鉛印本　一册

330000－1720－0002788　普02661　新學/政治法律
日本戰時補充令不分卷　軍學編輯局編　民國軍學編輯局鉛印本　一册

330000－1720－0002790　普02663　史部/政書類/律令之屬
野戰兵器廠勤務令不分卷　軍學編輯局編　民國軍學編輯局鉛印本　一册

330000－1720－0002791　普02664　新學/兵制/陸軍
陸軍工兵教育計劃案不分卷　蔣雁行撰　洪憲元年(1916)鉛印本　一册

330000－1720－0002792　普02665　子部/兵家類/兵法之屬
讀史兵略綴言一卷　蔣廷黻撰　民國京華書局鉛印本　一册

330000－1720－0002800　普02673　史部/政書類/公牘檔册之屬
浙江全省整理土地十年完成計劃書甲部不分卷乙部不分卷丙部不分卷　李仲千擬　民國二十一年至二十二年(1932－1933)石印本　三册

330000－1720－0002810　普02683　史部/政書類/邦計之屬
浙江省民國五年度省地方歲出入預算書二卷　浙江省議會編　民國六年(1917)鉛印本　一册

330000－1720－0002811　普02684　史部/政書類/邦計之屬
浙江省民國七年度省地方歲出入預算書二卷　浙江省議會編　民國七年(1918)鉛印本　一册

330000－1720－0002813　普02686　史部/政書類/邦計之屬
魏頌唐偶存稿三卷　魏頌唐撰　民國十六年(1927)鉛印本　一册

330000－1720－0002815　普02688　史部/政書類/邦計之屬
魏頌唐偶存稿三卷　魏頌唐撰　民國鉛印本　一册　存一卷(浙江財政最近狀況)

330000－1720－0002816　普02689　史部/政書類/公牘檔册之屬
浙江省議會第一屆第三年常年會文牘四卷　浙江省議會編　民國七年(1918)鉛印本　一册

330000－1720－0002819　普02692　史部/政書類/公牘檔册之屬
浙江省議會第二屆第一次臨時會質問書不分卷　浙江省議會編　民國五年(1916)鉛印本　一册

330000－1720－0002821　普02694　史部/政書類/公牘檔册之屬
浙江省臨時議會議決案不分卷　浙江省臨時議會編　民國元年(1912)鉛印本　一册

330000－1720－0002823　普02696　史部/政書類/公牘檔册之屬
浙江省第二次臨時議會議決案三卷　浙江省

第二次臨時議會編　民國元年(1912)鉛印本　一冊　存一卷(中編)

330000－1720－0002824　普02697　史部/政書類/公牘檔冊之屬
浙江省議會第一屆常年會議事録不分卷　浙江省議會編　民國鉛印本　一冊

330000－1720－0002826　普02699　史部/政書類/公牘檔冊之屬
浙江省議會第一屆常年會議決案不分卷　浙江省議會編　民國鉛印本　一冊

330000－1720－0002828　普02701　史部/政書類/公牘檔冊之屬
浙江省議會第一屆第二年第二次臨時會文牘四卷　浙江省議會編　民國鉛印本　一冊

330000－1720－0002829　普02702　史部/地理類/方志之屬/郡縣志
黄巖南鄉賓興彙刊不分卷　鄭滔編　民國三十二年(1943)黄巖萃豐印書局鉛印本　鄭滔題記　一冊

330000－1720－0002830　普02703　史部/政書類/公牘檔冊之屬
黄巖閭西育嬰堂徵信錄不分卷　喻時敏輯　民國十八年(1929)黄巖企成印務局鉛印本　一冊

330000－1720－0002831　普02704　史部/政書類/公牘檔冊之屬
黄巖閭西育嬰堂徵信錄不分卷　喻時敏輯　民國十八年(1929)黄巖企成印務局鉛印本　一冊

330000－1720－0002832　普02705　史部/政書類/公牘檔冊之屬
黄巖閭西育嬰堂徵信錄不分卷　喻時敏輯　民國十八年(1929)黄巖企成印務局鉛印本　一冊

330000－1720－0002833　普02706　史部/政書類/公牘檔冊之屬
黄巖閭西育嬰堂徵信錄不分卷　喻時敏輯　民國十八年(1929)黄巖企成印務局鉛印本　一冊

330000－1720－0002834　普02707　史部/政書類/公牘檔冊之屬
黄巖閭西育嬰堂徵信錄不分卷　喻時敏輯　民國十八年(1929)黄巖企成印務局鉛印本　一冊

330000－1720－0002835　普02708　史部/政書類/公牘檔冊之屬
黄巖閭西育嬰堂徵信錄不分卷　喻時敏輯　民國十八年(1929)黄巖企成印務局鉛印本　一冊

330000－1720－0002836　普02709　史部/政書類/公牘檔冊之屬
黄巖閭西育嬰堂徵信錄不分卷　喻時敏輯　民國十八年(1929)黄巖企成印務局鉛印本　一冊

330000－1720－0002840　普02713　史部/政書類/公牘檔冊之屬
浙江省議會第一屆第二年第二次臨時會議決案不分卷　浙江省議會編　民國六年(1917)鉛印本　一冊

330000－1720－0002841　普02714　史部/政書類/邦計之屬
浙江省中華民國五年度省地方歲出入決算書不分卷　浙江省議會編　民國七年(1918)鉛印本　一冊

330000－1720－0002848　普02721　史部/政書類/律令之屬
浙江現行法規類纂不分卷　浙江省都督府法制處纂輯　民國鉛印本　一冊

330000－1720－0002854　普02727　史部/政書類/律令之屬
浙江省現行法規彙編不分卷　浙江省政府秘書處編輯　民國二十三年(1934)浙江省政府秘書處鉛印本　四冊　存第一至三、五至六類

330000－1720－0002855　普02728　史部/政書類/律令之屬

浙江省現行法規彙編不分卷　浙江省政府秘書處編輯　民國二十三年(1934)浙江省政府秘書處鉛印本　四冊　存第一至三、五至六類

330000－1720－0002861　普02734　史部/政書類/邦交之屬
清季外交史料六種　(清)王彦威輯　王亮編　民國二十一年至二十四年(1932－1935)北平外交史料編纂處鉛印本　一百六十四冊　存五種

330000－1720－0002863　普02736　史部/政書類/邦交之屬
清季外交史料六種　(清)王彦威輯　王亮編　民國二十一年至二十四年(1932－1935)北平外交史料編纂處鉛印本　一百六十冊　存五種

330000－1720－0002864　普02737　史部/政書類/邦交之屬
清季外交史料六種　(清)王彦威輯　王亮編　民國二十一年至二十四年(1932－1935)北平外交史料編纂處鉛印本　一百二十二冊　存二種

330000－1720－0002867　普02740　史部/政書類/邦交之屬
清季外交史料六種　(清)王彦威輯　王亮編　民國二十一年至二十四年(1932－1935)北平外交史料編纂處鉛印本　二十一冊　存一種

330000－1720－0002870　普02743　史部/政書類/邦交之屬
清季外交史料六種　(清)王彦威輯　王亮編　民國二十一年至二十四年(1932－1935)北平外交史料編纂處鉛印本　二十四冊　存一種

330000－1720－0002872　普02745　史部/政書類/邦交之屬
清季外交史料六種　(清)王彦威輯　王亮編　民國二十一年至二十四年(1932－1935)北平外交史料編纂處鉛印本　十九冊　存一種

330000－1720－0002891　普02764　史部/雜史類
掌故叢編十輯　故宫博物院文獻館編　民國鉛印本　六冊　存六輯(三至八)

330000－1720－0002892　普02765　史部/政書類/邦交之屬
中外新舊條約彙刻十三卷首一卷　劉樹屏等輯　民國二年(1913)石印本　四冊　存四卷(首,二、五、八)

330000－1720－0002923　普02796　類叢部/叢書類/家集之屬
聚德堂叢書十二種　陳伯陶輯　民國東莞陳氏刻本　一冊　存一種

330000－1720－0002925　普02798　史部/傳記類/總傳之屬/儒林
明儒學案六十二卷　(清)黄宗羲撰　民國五年(1916)上海文瑞樓石印本　十五冊　存五十九卷(一至五十七、六十一至六十二)

330000－1720－0002927　普02800　類叢部/叢書類/彙編之屬
四部備要　中華書局編　民國二十五年(1936)上海中華書局鉛印本　十五冊　存一種

330000－1720－0002934　普02807　史部/傳記類/總傳之屬/斷代
清史列傳八十卷　中華書局編　民國十七年(1928)上海中華書局鉛印本　四十九冊　存四十九卷(一、三至十一、十三至十六、二十五至三十二、四十一至五十三、六十一至六十八、七十三、七十六至八十)

330000－1720－0002950　普02823　史部/傳記類/別傳之屬/年譜
左忠毅公[光斗]年譜定本二卷　馬其昶編　民國十四年(1925)蓬萊慕氏京師刻本　一冊

330000－1720－0002954　普02827　史部/傳記類/總傳之屬/仕宦
歷代名將事略二卷　陳光憲撰　民國二年(1913)北京武學官書局石印本　一冊

330000－1720－0002975　普 02848　史部/政書類/邦交之屬

清季外交史料六種　(清)王彦威輯　王亮編　民國二十一年至二十四年(1932－1935)北平外交史料編纂處鉛印本　一百十二冊　存一種

330000－1720－0002980　普 02853　史部/史評類/史論之屬

横山史論一卷　(清)裘璉撰　(清)胡二齋評選　民國三年(1914)鉛印本　一冊

330000－1720－0002981　普 02854　史部/史抄類

史記菁華録六卷　(清)姚祖恩輯評　民國上海商務印書館鉛印本　三冊

330000－1720－0002993　普 02866　史部/政書類/軍政之屬

軍箴五卷　唐文治撰　民國十五年(1926)山東瑯琊道尹署鉛印本　一冊

330000－1720－0002995　普 02868　史部/史評類/考訂之屬

校史偶得不分卷　陳寶煐撰　民國八年(1919)鉛印本　二冊

330000－1720－0002996　普 02869　史部/傳記類/總傳之屬/家乘

[浙江黄巖]黄巖臨湖章氏宗譜十八卷首一卷　章育纂　民國二十九年(1940)鉛印本　七冊　存十六卷(首,一至十、十四至十八)

330000－1720－0002998　普 02871　子部/兵家類/兵法之屬

戰術圖解不分卷　民國抄本　□我題簽並記　一冊

330000－1720－0002999　普 02872　史部/傳記類/總傳之屬/家乘

[浙江黄巖]黄巖臨湖章氏宗譜十八卷首一卷　章育纂　民國二十九年(1940)鉛印本　一冊　存四卷(首、一至三)

330000－1720－0003003　普 02876　類叢部/叢書類/彙編之屬

求恕齋叢書三十一種　劉承幹編　民國吴興劉氏嘉業堂刻本　一冊　存一種

330000－1720－0003005　普 02878　史部/傳記類/總傳之屬/家乘

[浙江黄巖]黄巖西橋王氏譜十二卷首一卷末一卷家集十卷　王舟瑶纂　民國六年(1917)木活字印本　八冊　存十七卷(首,一至二、八至十二;家集一至四、六至十)

330000－1720－0003008　普 02881　史部/傳記類/總傳之屬/家乘

[浙江黄巖]黄巖西橋王氏譜十二卷首一卷末一卷家集十卷　王舟瑶纂　民國六年(1917)木活字印本　十冊　存二十一卷(首,一至二、四至十二,末;家集一至四、七至十)

330000－1720－0003009　普 02882　史部/傳記類/總傳之屬/家乘

[浙江黄巖]黄巖西橋王氏譜十二卷首一卷末一卷家集十卷　王舟瑶纂　民國六年(1917)木活字印本　一冊　存二卷(家集九至十)

330000－1720－0003012　普 02885　史部/傳記類/總傳之屬/儒林

台學統一百卷　(清)王棻輯　民國七年(1918)吴興劉氏嘉業堂刻本　四十冊

330000－1720－0003034　普 02907　子部/儒家類/儒學之屬/經濟

孔教十年大事八卷　柯璜編　民國十三年(1924)宗聖會鉛印本　六冊　缺二卷(三、六)

330000－1720－0003036　普 02909　史部/傳記類/總傳之屬/儒林

台學統一百卷　(清)王棻輯　民國七年(1918)吴興劉氏嘉業堂刻本　四十冊

330000－1720－0003038　普 02911　史部/傳記類/總傳之屬/儒林

台學統一百卷　(清)王棻輯　民國七年(1918)吴興劉氏嘉業堂刻本　二十冊　存五十卷(一至五十)

330000－1720－0003039　普 02912　史部/傳

記類/總傳之屬/仕宦

歷代名臣言行錄二十四卷 (清)朱桓輯 民國上海會文堂石印本 七冊 存二十一卷(四至二十四)

330000－1720－0003040 普02913 史部/傳記類/總傳之屬/儒林

台學統一百卷 (清)王棻輯 民國七年(1918)吳興劉氏嘉業堂刻本 三十八冊 缺四卷(七十三至七十六)

330000－1720－0003041 普02914 史部/傳記類/總傳之屬/仕宦

歷代名臣言行錄二十四卷 (清)朱桓輯 民國鉛印本 一冊 存二卷(三至四)

330000－1720－0003042 普02915 史部/傳記類/總傳之屬/儒林

台學統一百卷 (清)王棻輯 民國七年(1918)吳興劉氏嘉業堂刻本 四十冊

330000－1720－0003043 普02916 史部/傳記類/總傳之屬/仕宦

歷代名臣言行錄二十四卷 (清)朱桓輯 民國石印本 七冊 存十七卷(八至二十四)

330000－1720－0003044 普02917 史部/雜史類/斷代之屬

滿夷猾夏始末記八卷首一卷外編三卷 楊敦頤輯 民國元年(1912)上海新中華圖書館鉛印本 八冊 缺二卷(外編二至三)

330000－1720－0003045 普02918 類叢部/叢書類/彙編之屬

嘉業堂叢書五十七種 劉承幹編 民國吳興劉氏嘉業堂刻本 一冊 存一種

330000－1720－0003046 普02919 史部/傳記類/總傳之屬/儒林

台學統一百卷 (清)王棻輯 民國七年(1918)吳興劉氏嘉業堂刻本 三十八冊 存九十四卷(一至四十七、五十一至六十五、六十九至一百)

330000－1720－0003047 普02920 史部/傳記類/總傳之屬/儒林

台學統一百卷 (清)王棻輯 民國七年(1918)吳興劉氏嘉業堂刻本 三十九冊 缺三卷(八十四至八十六)

330000－1720－0003048 普02921 史部/傳記類/總傳之屬/儒林

台學統一百卷 (清)王棻輯 民國七年(1918)吳興劉氏嘉業堂刻本 三十二冊 存七十九卷(一至六十八、九十至一百)

330000－1720－0003050 普02923 史部/傳記類/總傳之屬/儒林

台學統一百卷 (清)王棻輯 民國七年(1918)吳興劉氏嘉業堂刻本 十冊 存二十五卷(六十一至六十五、六十九至八十三、九十至九十二、九十六至九十七)

330000－1720－0003051 普02924 史部/傳記類/總傳之屬/儒林

台學統一百卷 (清)王棻輯 民國七年(1918)吳興劉氏嘉業堂刻本 九冊 存二十三卷(五十一至五十六、六十九至七十六、八十一至八十九)

330000－1720－0003056 普02929 史部/傳記類/總傳之屬/仕宦

歷代名臣言行錄二十四卷 (清)朱桓輯 民國鉛印本 一冊 存二卷(七至八)

330000－1720－0003057 普02930 史部/傳記類/總傳之屬/仕宦

歷代名臣言行錄二十四卷 (清)朱桓輯 民國錦章圖書局石印本 一冊 存三卷(二十二至二十四)

330000－1720－0003058 普02931 史部/傳記類/總傳之屬/仕宦

歷代名臣言行錄二十四卷 (清)朱桓輯 民國石印本 四冊 存十二卷(十三至二十四)

330000－1720－0003064 普02937 史部/傳記類/職官録之屬/總録

江蘇全省職員錄不分卷 民國七年(1918)江蘇省立官紙印刷廠鉛印本 一冊

330000－1720－0003069 普02942 史部/傳

記類/别傳之屬/事狀

岳王史略演詞一卷 袁世凱撰 民國三年(1914)鉛印本 一册

330000－1720－0003082 普02955 集部/别集類/清别集

曾文正公詩集不分卷 (清)曾國藩撰 民國八年(1919)上海掃葉山房石印本 一册

330000－1720－0003097 普02970 集部/别集類/清别集

梅村詩集箋注十八卷 (清)吳偉業撰 (清)吳翌鳳箋注 民國石印本 一册 存二卷(三至四)

330000－1720－0003105 普02977 類叢部/叢書類/彙編之屬

嘉業堂叢書五十七種 劉承幹編 民國吳興劉氏嘉業堂刻本 七十八册 存二十種

330000－1720－0003119 普02991 集部/總集類/選集之屬/斷代

皇朝經世文新增續編一百二十卷 (清)葛士濬輯 民國鉛印本 十三册 存六十六卷(五至三十、六十二至八十九、一百一至一百三、一百七至一百十、一百十六至一百二十)

330000－1720－0003120 普02992 集部/總集類/選集之屬/斷代

皇朝經世文新增續編一百二十卷 (清)葛士濬輯 民國鉛印本 一册 存四卷(六十九至七十二)

330000－1720－0003126 普02998 經部/小學類/文字之屬/字書/字典

分類辭源三十卷 世界書局編輯所編 民國十五年(1926)上海世界書局石印本 一册 存二卷(十八至十九)

330000－1720－0003127 普02999 子部/醫家類/外科之屬/癰疽、疔瘡

疔瘡治療圖説不分卷 胡廣佩傳授 □□編 稿本 一册

330000－1720－0003128 普03000 子部/藝術類/書畫之屬/法帖

草字彙十二卷 (清)石梁輯 民國石印本 一册 存一卷(午)

330000－1720－0003129 普03001 經部/小學類/文字之屬/字書/古文

鐘鼎字源五卷附錄一卷 (清)汪立名撰 民國掃葉山房石印本 一册 存三卷(四至五、附錄)

330000－1720－0003132 普03004 子部/術數類/相宅相墓之屬

撼龍經批注校補六卷疑龍經批注校補三卷 (唐)楊益撰 (清)寇宗集注 (清)高其倬批點 民國十年(1921)上海錦章圖書局石印本 一册

330000－1720－0003134 普03006 子部/術數類/陰陽五行之屬

欽定協紀辨方書三十六卷 (清)允祿 (清)張照等纂修 民國石印本 三册 存十六卷(一至三、二十至三十二)

330000－1720－0003135 普03007 子部/藝術類/書畫之屬/總論

江邨銷夏錄三卷 (清)高士奇撰 民國上海有正書局影印本 二册 缺一卷(二)

330000－1720－0003136 普03008 集部/詩文評類/文評之屬

文心雕龍十卷 (南朝梁)劉勰撰 (清)黄叔琳注 (清)紀昀評 民國上海文瑞樓石印本 四册

330000－1720－0003147 普03019 史部/目録類/總録之屬/官修

黃巖九峯圖書館書目五卷續編四卷三編五卷 黃巖九峯圖書館編 民國十九年(1930)黃巖九峯圖書館鉛印本 一册 存一卷(黃巖九峯圖書館書目三)

330000－1720－0003157 普03028 集部/總集類/選集之屬/斷代

皇朝經世文新增續編一百二十卷 (清)葛士濬輯 民國鉛印本 一册 存四卷(三十一至三十四)

330000－1720－0003158　普03029　集部/總集類/選集之屬/斷代
皇朝經世文新增續編一百二十卷　（清）葛士濬輯　民國鉛印本　一冊　存四卷（一百七至一百十）

330000－1720－0003160　普03033　經部/春秋左傳類/傳說之屬
東萊博議四卷　（宋）呂祖謙撰　**增補虛字註釋一卷**　（清）馮泰松點定　民國上海錦章圖書局石印本　一冊

330000－1720－0003162　普03032　類叢部/叢書類/自著之屬
崇雅堂叢書十四種　楊晨撰　民國二十五年（1936）黃巖楊紹翰鉛印本　二冊　存三種

330000－1720－0003163　普03034　集部/詞類/總集之屬
絕妙近詞二卷　（清）顧貞觀　（清）成德選　民國十五年（1926）上海大東書局石印本　一冊

330000－1720－0003180　普03053　集部/詞類/詞話之屬
詞話叢鈔十種　況周頤輯　民國十四年（1925）上海大東書局石印本　一冊

330000－1720－0003182　普03055　經部/小學類/文字之屬/字書/字典
康熙字典十二集三十六卷總目一卷檢字一卷辨似一卷等韻一卷備考一卷補遺一卷　（清）張玉書等纂修　民國上海商務印書館鉛印本　一冊　存六卷（巳集上中下、午集上中下）

330000－1720－0003185　普03058　集部/曲類/寶卷之屬
新刻洛陽橋寶卷全集一卷　民國五年（1916）上海文益書局石印本　一冊

330000－1720－0003186　普03059　集部/曲類/寶卷之屬
繪圖梅花戒寶卷二卷　民國五年（1916）上海文益書局石印本　一冊

330000－1720－0003187　普03060　集部/曲類/寶卷之屬
新刻正德遊龍寶卷全集一卷　民國五年（1916）上海文益書局石印本　一冊

330000－1720－0003188　普03061　集部/曲類/寶卷之屬
蘭英寶卷二卷　民國文元書局石印本　一冊

330000－1720－0003189　普03062　集部/曲類/寶卷之屬
朱氏取心寶卷一卷　民國溫邑三元橋王天成石印本　一冊

330000－1720－0003190　普03063　子部/醫家類/方書之屬/單方驗方
增評醫方集解二十三卷增補本草備要八卷重校舊本湯頭歌訣一卷　（清）汪昂著輯　民國三年（1914）上海共和書局石印本　何陋軒主人題記　三冊　缺七卷（增補本草備要三至八、重校舊本湯頭歌訣）

330000－1720－0003191　普03064　集部/詩文評類/文法之屬
初學論說文範四卷　邵伯棠撰　民國上海會文堂粹記石印本　一冊　存二卷（一至二）

330000－1720－0003192　普03065　集部/詞類/別集之屬
遺山先生新樂府四卷　（金）元好問撰　民國十五年（1926）上海掃葉山房石印本　一冊　存二卷（一至二）

330000－1720－0003193　普03066　史部/目錄類/總錄之屬/官修
浙江圖書館觀覽類書目四卷補遺一卷附錄一卷　浙江圖書館編　民國四年（1915）浙江圖書館鉛印本　二冊　存一卷（子部）

330000－1720－0003194　普03067　子部/儒家類
修道錄一卷　朱鎔宙原稿　柯岷增潤　**集思錄一卷**　民國鉛印本　一冊

330000－1720－0003195　普03068　集部/小說類/長篇之屬
上下古今談四卷二十回　吳敬恒撰　民國上

海文明書局鉛印本　一冊　存一卷(一)

330000－1720－0003196　普 03069　集部/别集類/漢魏六朝别集
陶淵明文集十卷　(晉)陶潛撰　民國十四年(1925)海左書局石印本　四冊

330000－1720－0003198　普 03071　集部/總集類/選集之屬/通代
陶詩彙評四卷東坡和陶合箋四卷　(清)溫汝能纂訂　民國上海掃葉山房石印本　一冊　存四卷(陶詩彙評一至四)

330000－1720－0003199　普 03072　集部/總集類/選集之屬/通代
陶詩彙評四卷東坡和陶合箋四卷　(清)溫汝能纂訂　民國四年(1915)上海掃葉山房石印本　二冊　存四卷(陶詩彙評一至四)

330000－1720－0003200　普 03073　子部/宗教類/佛教之屬
金剛般若波羅蜜經讀法一卷附般若波羅蜜多心經一卷　民國三十年(1941)溫嶺道善社鉛印本　一冊

330000－1720－0003206　普 03079　類叢部/叢書類/彙編之屬
唐人説薈(唐代叢書)一百六十四種　(清)陳世熙(一題王文誥)輯　民國十一年(1922)上海掃葉山房石印本　十六冊　存一百六十三種

330000－1720－0003208　普 03081　類叢部/叢書類/彙編之屬
唐人説薈(唐代叢書)一百六十四種　(清)陳世熙(一題王文誥)輯　民國上海掃葉山房石印本　三冊　存二十五種

330000－1720－0003211　普 03084　子部/藝術類/音樂之屬
瀛洲古調一卷　沈肇州輯錄　民國五年(1916)江蘇省教育會石印本　一冊

330000－1720－0003212　普 03085　類叢部/叢書類/自著之屬
崇雅堂叢書十四種　楊晨撰　民國二十五年(1936)黄巖楊紹翰鉛印本　一冊　存二種

330000－1720－0003213　普 03086　史部/地理類/山川之屬/水志
西湖新志十四卷　胡祥翰輯　民國十年(1921)鉛印本　一冊　缺三卷(二至四)

330000－1720－0003214　普 03087　類叢部/叢書類/自著之屬
詳註曾文正公全集十六種附四種　(清)曾國藩撰　(清)李瀚章編輯　雷瑨　倪錫恩註　民國二十一年(1932)上海掃葉山房石印本　五十二冊　存十種

330000－1720－0003216　普 03089　類叢部/叢書類/自著之屬
曾文正公四種　(清)曾國藩撰　民國上海著易堂書局石印本　八冊

330000－1720－0003217　普 03090　類叢部/叢書類/自著之屬
曾文正公全集十六種　(清)曾國藩撰　民國六年(1917)鴻寶書局石印本　十二冊　存六種

330000－1720－0003219　普 03092　類叢部/叢書類/郡邑之屬
敬鄉樓叢書三十八種　黄羣編　民國十七年至二十四年(1928－1935)永嘉黄氏鉛印本　一冊　存第四輯一種

330000－1720－0003220　普 03093　集部/别集類/唐五代别集
杜詩詳註二十五卷首一卷附編二卷　(清)仇兆鰲輯註　民國石印本　許能化題簽並記　七冊　存七卷(五至六、十至十二、十五、二十一)

330000－1720－0003223　普 03096　集部/别集類/清别集
柔橋文鈔十六卷　(清)王棻撰　民國三年(1914)上海國光書局鉛印本　八冊

330000－1720－0003224　普 03097　集部/别集類/清别集
柔橋文鈔十六卷　(清)王棻撰　民國三年

(1914)上海國光書局鉛印本　六册　缺四卷(五至六、十五至十六)

330000－1720－0003225　普 03098　集部/別集類/清别集

柔橋文鈔十六卷　(清)王棻撰　民國三年(1914)上海國光書局鉛印本　二册　存四卷(九至十二)

330000－1720－0003230　普 03103　史部/目録類/總録之屬/官修

黄巖九峰圖書館書目五卷　黄巖九峰圖書館編　民國七年(1918)黄巖九峰圖書館石印本　一册　存三卷(三至五)

330000－1720－0003231　普 03104　史部/目録類/總録之屬/官修

黄巖九峰圖書館書目五卷　黄巖九峰圖書館編　民國七年(1918)黄巖九峰圖書館石印本　一册　存三卷(三至五)

330000－1720－0003235　普 03108　子部/宗教類/道教之屬

精印道書十二種　(清)劉一明撰　民國二年(1913)上海江東書局石印本　八册　缺二卷(悟真直指三至四)

330000－1720－0003236　普 03109　集部/別集類/宋别集

象山先生全集三十六卷　(宋)陸九淵撰　民國影印本　三册　存九卷(三至六、二十八至三十一、三十五)

330000－1720－0003239　普 03112　集部/小説類/長篇之屬

歷代神仙通鑑三集二十二卷附圖一卷　(清)徐衜述　(清)李理　(清)王太素贊　(清)程毓奇續　民國上海江東茂記書局石印本　六册　存六卷(十二至十七)

330000－1720－0003240　普 03113　子部/農家農學類/園藝之屬/總志

佩文齋廣羣芳譜一百卷目録二卷　(清)汪灝等撰　民國上海錦章圖書局石印本　一册　存六卷(三十四至三十九)

330000－1720－0003247　普 03120　子部/藝術類/遊藝之屬/聯語

對聯大觀二卷　鄒汝忠輯　民國九年(1920)上海廣益書局石印本　一册　存一卷(一)

330000－1720－0003249　普 03122　集部/別集類/唐五代别集

昌黎先生集四十卷外集十卷遺文一卷　(唐)韓愈撰　(唐)李漢編　**朱子校昌黎先生集傳一卷**　(宋)朱熹撰　民國上海商務印書館鉛印本　一册　存十二卷(外集一至十、遺文、集傳)

330000－1720－0003250　普 03123　子部/藝術類/遊藝之屬/聯語

對聯大觀二卷　鄒汝忠輯　民國十年(1921)上海廣益書局石印本　與 330000－1720－0003247 合册　存一卷(二)

330000－1720－0003251　普 03124　子部/藝術類/遊藝之屬/聯語

分類楹聯大全十四編　廣文書局編輯所編輯　民國十二年(1923)上海世界書局石印本　一册

330000－1720－0003252　普 03125　類叢部/類書類/專類之屬

古今楹聯類纂十二卷附慶弔雜件備覽二卷　雲后編輯　民國上海會文堂書局石印本　一册　存一卷(慶弔雜件備覽上)

330000－1720－0003261　普 03134　子部/宗教類/道教之屬

黄庭經□□卷　(清)李西月註　(清)成韶編次　(清)陸輿彙輯　民國抄本　一册　存一卷(上)

330000－1720－0003269　普 03142　類叢部/叢書類/彙編之屬

四部叢刊　張元濟等編　民國上海商務印書館影印本　二百二十三册　存三十五種

330000－1720－0003274　普 03147　子部/天文曆算類/曆法之屬

新刻增補時憲臺曆袖裏璇璣星命須知一卷附

星命萬年曆一卷　民國天利書局石印本　一冊

330000－1720－0003287　普03160　新學/學校

中教史不分卷歐美教育史不分卷　顧公毅纂譯　民國油印本　一冊

330000－1720－0003303　普03176　經部/小學類/音韻之屬/韻書

廣韻五卷　(宋)陳彭年等修　**宋本廣韻校札一卷**　(清)黎庶昌撰　民國上海涵芬樓影印本　二冊　存二卷(一、四)

330000－1720－0003305　普03178　經部/小學類/音韻之屬/韻書

增廣詩韻全璧五卷　(清)湯祥瑟輯　華鋸重編　**初學檢韻袖珍一卷**　(清)錢大昕鑒定　(清)姚文登輯　民國九年(1920)上海章福記書局石印本　三冊　存三卷(一、三,初學檢韻袖珍)

330000－1720－0003319　普03192　類叢部/類書類/通類之屬

增補事類統編九十三卷首一卷　(清)黃葆真增輯　民國十九年(1930)上海掃葉山房石印本　十二冊

330000－1720－0003327　普03200　類叢部/叢書類/彙編之屬

四部備要　中華書局編　民國二十五年(1936)上海中華書局鉛印本　一百九十三冊　存十二種

330000－1720－0003328　普03201　史部/政書類/公牘檔冊之屬

黎副總統書牘二卷二集二卷三集二卷　黎元洪撰　民國元年(1912)上海廣益書局鉛印本　一冊　存一卷(二集二)

330000－1720－0003329　普03202　集部/總集類/尺牘之屬

廣註普通尺牘大全一卷　世界書局編輯所編輯　民國十七年(1928)上海世界書局石印本　一冊

330000－1720－0003330　普03203　集部/詩文評類/文法之屬/函牘格式

新撰詳註分類尺牘大全不分卷　袁韜壺編　民國十年(1921)上海石印本　四冊

330000－1720－0003331　普03204　集部/詩文評類/文法之屬/函牘格式

最新詳註分類尺牘全書不分卷　袁韜壺編　民國八年(1919)上海羣學書社石印本　十二冊

330000－1720－0003332　普03205　集部/詩文評類/文法之屬/函牘格式

詳註通用尺牘六卷附錄二卷　中華書局編輯　民國六年(1917)上海中華書局鉛印本　四冊

330000－1720－0003333　普03206　集部/詩文評類/文法之屬/函牘格式

新撰句解分類尺牘正軌八卷　賀群上編纂　民國上海錦章圖書局石印本　一冊　存一卷(七)

330000－1720－0003334　普03207　集部/詩文評類/文法之屬/函牘格式

言文對照學生新尺牘二卷附錄一卷　世界書局編輯所編輯　民國十八年(1929)上海世界書局石印本　一冊　缺一卷(上)

330000－1720－0003335　普03208　集部/詩文評類/文法之屬/函牘格式

新撰普通尺牘二卷詳解一卷　商務印書館編譯所編纂　民國五年(1916)上海商務印書館鉛印本　二冊　缺一卷(一)

330000－1720－0003336　普03209　經部/春秋左傳類/傳說之屬

評點春秋綱目左傳句解彙雋六卷　(清)韓菼重訂　民國上海掃葉山房石印本　一冊

330000－1720－0003338　普03211　集部/別集類/清別集

鎔經室集四卷　(清)張濬撰　民國六年(1917)鉛印本　二冊

330000－1720－0003340　普03213　集部/別

集類/清別集
鎔經室集四卷　(清)張濬撰　民國六年(1917)鉛印本　二冊

330000－1720－0003341　普03214　集部/別集類/清別集
鎔經室集四卷　(清)張濬撰　民國六年(1917)鉛印本　二冊

330000－1720－0003343　普03216　子部/醫家類/兒科之屬/通論
鼎鍥幼幼集成六卷　(清)陳復正輯　民國六年(1917)上海錦章圖書局影印本　一冊　存三卷(一至三)

330000－1720－0003344　普03217　集部/別集類/清別集
鎔經室集四卷　(清)張濬撰　民國六年(1917)鉛印本　二冊

330000－1720－0003345　普03218　集部/別集類/清別集
鎔經室集四卷　(清)張濬撰　民國六年(1917)鉛印本　二冊

330000－1720－0003346　普03219　集部/別集類/清別集
鎔經室集四卷　(清)張濬撰　民國六年(1917)鉛印本　二冊

330000－1720－0003347　普03220　集部/別集類/清別集
鎔經室集四卷　(清)張濬撰　民國六年(1917)鉛印本　二冊

330000－1720－0003348　普03221　集部/別集類/清別集
鎔經室集四卷　(清)張濬撰　民國六年(1917)鉛印本　二冊

330000－1720－0003349　普03222　集部/別集類/清別集
鎔經室集四卷　(清)張濬撰　民國六年(1917)鉛印本　二冊

330000－1720－0003350　普03223　集部/別集類/清別集
鎔經室集四卷　(清)張濬撰　民國六年(1917)鉛印本　二冊

330000－1720－0003351　普03224　集部/別集類/清別集
鎔經室集四卷　(清)張濬撰　民國六年(1917)鉛印本　二冊

330000－1720－0003352　普03225　集部/別集類/清別集
鎔經室集四卷　(清)張濬撰　民國六年(1917)鉛印本　二冊

330000－1720－0003353　普03226　集部/別集類/清別集
鎔經室集四卷　(清)張濬撰　民國六年(1917)鉛印本　二冊

330000－1720－0003354　普03227　集部/別集類/清別集
鎔經室集四卷　(清)張濬撰　民國六年(1917)鉛印本　二冊

330000－1720－0003355　普03228　集部/別集類/清別集
鎔經室集四卷　(清)張濬撰　民國六年(1917)鉛印本　二冊

330000－1720－0003356　普03229　集部/別集類/清別集
鎔經室集四卷　(清)張濬撰　民國六年(1917)鉛印本　二冊

330000－1720－0003357　普03230　集部/別集類/清別集
鎔經室集四卷　(清)張濬撰　民國六年(1917)鉛印本　二冊

330000－1720－0003358　普03231　集部/別集類/清別集
鎔經室集四卷　(清)張濬撰　民國六年(1917)鉛印本　二冊

330000－1720－0003359　普03232　集部/別集類/清別集

鎔經室集四卷　（清）張濬撰　民國六年(1917)鉛印本　二册

330000－1720－0003360　普 03233　集部/別集類/清別集

鎔經室集四卷　（清）張濬撰　民國六年(1917)鉛印本　二册

330000－1720－0003361　普 03234　集部/別集類/清別集

鎔經室集四卷　（清）張濬撰　民國六年(1917)鉛印本　二册

330000－1720－0003362　普 03235　集部/別集類/清別集

鎔經室集四卷　（清）張濬撰　民國六年(1917)鉛印本　二册

330000－1720－0003363　普 03236　集部/別集類/清別集

鎔經室集四卷　（清）張濬撰　民國六年(1917)鉛印本　二册

330000－1720－0003364　普 03237　集部/別集類/清別集

鎔經室集四卷　（清）張濬撰　民國六年(1917)鉛印本　二册

330000－1720－0003365　普 03238　集部/別集類/清別集

鎔經室集四卷　（清）張濬撰　民國六年(1917)鉛印本　二册

330000－1720－0003366　普 03239　集部/別集類/清別集

鎔經室集四卷　（清）張濬撰　民國六年(1917)鉛印本　二册

330000－1720－0003367　普 03240　集部/別集類/清別集

鎔經室集四卷　（清）張濬撰　民國六年(1917)鉛印本　二册

330000－1720－0003368　普 03241　集部/別集類/清別集

鎔經室集四卷　（清）張濬撰　民國六年(1917)鉛印本　二册

330000－1720－0003369　普 03242　集部/別集類/清別集

鎔經室集四卷　（清）張濬撰　民國六年(1917)鉛印本　二册

330000－1720－0003370　普 03243　集部/別集類/清別集

鎔經室集四卷　（清）張濬撰　民國六年(1917)鉛印本　二册

330000－1720－0003371　普 03244　集部/別集類/清別集

鎔經室集四卷　（清）張濬撰　民國六年(1917)鉛印本　二册

330000－1720－0003372　普 03245　集部/別集類/清別集

鎔經室集四卷　（清）張濬撰　民國六年(1917)鉛印本　二册

330000－1720－0003373　普 03246　集部/別集類/清別集

鎔經室集四卷　（清）張濬撰　民國六年(1917)鉛印本　一册

330000－1720－0003374　普 03247　集部/別集類/清別集

鎔經室集四卷　（清）張濬撰　民國六年(1917)鉛印本　一册

330000－1720－0003375　普 03248　集部/別集類/清別集

鎔經室集四卷　（清）張濬撰　民國六年(1917)鉛印本　二册

330000－1720－0003376　普 03249　集部/別集類/清別集

鎔經室集四卷　（清）張濬撰　民國六年(1917)鉛印本　二册

330000－1720－0003377　普 03250　集部/別集類/清別集

鎔經室集四卷　（清）張濬撰　民國六年(1917)鉛印本　二册

330000－1720－0003378　普 03251　集部/別集類/清別集
鎔經室集四卷　(清)張濬撰　民國六年(1917)鉛印本　二冊

330000－1720－0003379　普 03252　集部/別集類/清別集
鎔經室集四卷　(清)張濬撰　民國六年(1917)鉛印本　二冊

330000－1720－0003380　普 03253　集部/別集類/清別集
鎔經室集四卷　(清)張濬撰　民國六年(1917)鉛印本　二冊

330000－1720－0003381　普 03254　集部/別集類/清別集
鎔經室集四卷　(清)張濬撰　民國六年(1917)鉛印本　二冊

330000－1720－0003382　普 03255　集部/別集類/清別集
鎔經室集四卷　(清)張濬撰　民國六年(1917)鉛印本　二冊

330000－1720－0003383　普 03256　集部/別集類/清別集
鎔經室集四卷　(清)張濬撰　民國六年(1917)鉛印本　二冊

330000－1720－0003384　普 03257　集部/別集類/清別集
鎔經室集四卷　(清)張濬撰　民國六年(1917)鉛印本　二冊

330000－1720－0003385　普 03258　集部/別集類/清別集
鎔經室集四卷　(清)張濬撰　民國六年(1917)鉛印本　二冊

330000－1720－0003386　普 03259　集部/別集類/清別集
鎔經室集四卷　(清)張濬撰　民國六年(1917)鉛印本　一冊　存一卷(一)

330000－1720－0003387　普 03260　集部/別集類/清別集
鎔經室集四卷　(清)張濬撰　民國六年(1917)鉛印本　一冊　存一卷(一)

330000－1720－0003388　普 03261　子部/醫家類/本草之屬/歷代綜合本草
本草從新十八卷　(清)吳儀洛撰　民國上海蔣春記書莊石印本　一冊

330000－1720－0003389　普 03262　集部/楚辭類
楚辭章句十七卷　(漢)王逸撰　(宋)洪興祖補注　民國上海鴻章書局石印本　四冊

330000－1720－0003390　普 03263　集部/楚辭類
楚辭章句十七卷　(漢)王逸撰　(宋)洪興祖補注　民國二十年(1931)上海掃葉山房石印本　四冊

330000－1720－0003391　普 03264　類叢部/類書類/通類之屬
增補事類統編九十三卷首一卷　(清)黃葆真增輯　民國十九年(1930)上海掃葉山房石印本　六冊　存四十二卷(一至四十二)

330000－1720－0003392　普 03265　史部/傳記類/總傳之屬/斷代
清史列傳八十卷　中華書局編　民國上海中華書局鉛印本　七冊　存七卷(五十四至六十)

330000－1720－0003393　普 03266　子部/醫家類/本草之屬/歷代綜合本草
本草綱目五十二卷圖三卷奇經八脈攷一卷　(明)李時珍撰　**本草萬方鍼線八卷本草藥品總目一卷**　(清)蔡烈先輯　**本草綱目拾遺十卷**　(清)趙學敏輯　民國十八年(1929)上海商務印書館石印本　二十冊

330000－1720－0003403　普 03276　集部/小說類/長篇之屬
清史通俗演義十卷一百回　蔡東藩撰　民國十一年(1922)上海會文堂書局石印本　二冊　存二卷(九至十)

330000－1720－0003404　普03277　子部/道家類

南華真經評註十卷　(明)歸有光輯　(明)文震孟訂　民國六年(1917)中華圖書館石印本　四冊　缺二卷(九至十)

330000－1720－0003405　普03278　子部/雜著類/雜說之屬

浪跡叢談十一卷　(清)梁章鉅撰　民國九年(1920)上海掃葉山房石印本　三冊

330000－1720－0003406　普03279　集部/小說類/短篇之屬

虞初志七卷　(明)袁宏道評　民國十七年(1928)上海掃葉山房石印本　一冊　存一卷(一)

330000－1720－0003407　普03280　子部/雜著類/雜纂之屬

兩般秋雨盦隨筆八卷　(清)梁紹壬撰　民國上海掃葉山房石印本　一冊　存二卷(七至八)

330000－1720－0003408　普03281　集部/小說類/短篇之屬

太湖劍俠傳五集四卷二十四回　陳掃花編　民國十九年(1930)上海九洲書局石印本　一冊

330000－1720－0003409　普03282　子部/醫家類/内科之屬/其他内科病證

傅青主男科二卷女科二卷產後編二卷　(清)傅山撰　民國石印本　一冊　缺二卷(男科一至二)

330000－1720－0003410　普03283　子部/醫家類/兒科之屬

幼科三種六卷　民國上海文元書局石印本　一冊

330000－1720－0003411　普03284　子部/醫家類/婦科之屬/產科

葉氏女科證治四卷　(清)葉桂撰　民國二年(1913)上海文益書局石印本　於達衷題簽並記　一冊

330000－1720－0003413　普03286　集部/別集類

長勿勿齋詩集五卷　王葆楨撰　民國五年(1916)杭州鉛印本　一冊

330000－1720－0003418　普03291　子部/雜著類/雜說之屬

樗盦筆記一卷　毛宗智撰　民國鉛印本　一冊

330000－1720－0003419　普03292　子部/雜著類/雜說之屬

樗盦筆記一卷　毛宗智撰　民國鉛印本　一冊

330000－1720－0003420　普03293　子部/雜著類/雜說之屬

樗盦筆記一卷　毛宗智撰　民國鉛印本　一冊

330000－1720－0003421　普03294　子部/雜著類/雜說之屬

樗盦筆記一卷　毛宗智撰　民國鉛印本　一冊

330000－1720－0003422　普03295　子部/雜著類/雜說之屬

樗盦筆記一卷　毛宗智撰　民國鉛印本　一冊

330000－1720－0003426　普03299　集部/別集類

默盦集十卷　王舟瑤撰　民國二年(1913)上海國光書局鉛印本　三冊

330000－1720－0003427　普03300　集部/別集類

默盦集十卷　王舟瑤撰　民國二年(1913)上海國光書局鉛印本　三冊

330000－1720－0003428　普03301　集部/別集類

默盦集十卷　王舟瑤撰　民國二年(1913)上海國光書局鉛印本　三冊

330000－1720－0003429　普03302　集部/別

集類

默盦集十卷　王舟瑤撰　民國二年(1913)上海國光書局鉛印本　三冊

330000－1720－0003430　普 03303　集部/别集類

默盦集十卷　王舟瑤撰　民國二年(1913)上海國光書局鉛印本　三冊

330000－1720－0003431　普 03304　集部/别集類

默盦集十卷　王舟瑤撰　民國二年(1913)上海國光書局鉛印本　三冊

330000－1720－0003432　普 03305　集部/别集類

默盦集十卷　王舟瑤撰　民國二年(1913)上海國光書局鉛印本　三冊

330000－1720－0003433　普 03306　集部/别集類/清别集

柔橋文鈔十六卷　(清)王棻撰　民國三年(1914)上海國光書局鉛印本　八冊

330000－1720－0003434　普 03307　集部/别集類/清别集

柔橋文鈔十六卷　(清)王棻撰　民國三年(1914)上海國光書局鉛印本　八冊

330000－1720－0003435　普 03308　集部/别集類/清别集

柔橋文鈔十六卷　(清)王棻撰　民國三年(1914)上海國光書局鉛印本　八冊

330000－1720－0003436　普 03309　集部/别集類/清别集

柔橋文鈔十六卷　(清)王棻撰　民國三年(1914)上海國光書局鉛印本　八冊

330000－1720－0003437　普 03310　集部/别集類

默盦集十卷　王舟瑤撰　民國二年(1913)上海國光書局鉛印本　三冊

330000－1720－0003438　普 03311　集部/别集類

默盦集十卷　王舟瑤撰　民國二年(1913)上海國光書局鉛印本　三冊

330000－1720－0003439　普 03312　集部/别集類

默盦集十卷　王舟瑤撰　民國二年(1913)上海國光書局鉛印本　三冊

330000－1720－0003440　普 03313　集部/别集類

默盦集十卷　王舟瑤撰　民國二年(1913)上海國光書局鉛印本　三冊

330000－1720－0003441　普 03314　集部/别集類

默盦集十卷　王舟瑤撰　民國二年(1913)上海國光書局鉛印本　三冊

330000－1720－0003442　普 03315　集部/别集類

默盦集十卷　王舟瑤撰　民國二年(1913)上海國光書局鉛印本　三冊

330000－1720－0003443　普 03318　集部/别集類

默盦集十卷　王舟瑤撰　民國二年(1913)上海國光書局鉛印本　三冊

330000－1720－0003446　普 03319　集部/别集類/清别集

柔橋文鈔十六卷　(清)王棻撰　民國三年(1914)上海國光書局鉛印本　八冊

330000－1720－0003447　普 03320　集部/别集類

默盦集十卷　王舟瑤撰　民國二年(1913)上海國光書局鉛印本　三冊

330000－1720－0003448　普 03321　集部/别集類/清别集

柔橋文鈔十六卷　(清)王棻撰　民國三年(1914)上海國光書局鉛印本　八冊

330000－1720－0003449　普 03322　集部/别集類/清别集

柔橋文鈔十六卷　(清)王棻撰　民國三年

(1914)上海國光書局鉛印本　八册

330000－1720－0003450　普03323　集部/别集類/清别集
柔橋文鈔十六卷　(清)王棻撰　民國三年(1914)上海國光書局鉛印本　八册

330000－1720－0003452　普03325　集部/别集類/清别集
柔橋文鈔十六卷　(清)王棻撰　民國三年(1914)上海國光書局鉛印本　八册

330000－1720－0003454　普03327　集部/别集類/清别集
柔橋文鈔十六卷　(清)王棻撰　民國三年(1914)上海國光書局鉛印本　八册

330000－1720－0003455　普03328　經部/四書類/總義之屬/傳説
新註四書白話解説三十六卷　江希張注　民國刻本　一册　存二卷(新註孟子白話解説十一至十二)

330000－1720－0003456　普03329　集部/别集類
默盦集十卷　王舟瑶撰　民國二年(1913)上海國光書局鉛印本　三册

330000－1720－0003457　普03330　集部/别集類
默盦集十卷　王舟瑶撰　民國二年(1913)上海國光書局鉛印本　二册　存八卷(三至十)

330000－1720－0003459　普03332　集部/别集類
默盦集十卷　王舟瑶撰　民國二年(1913)上海國光書局鉛印本　三册

330000－1720－0003461　普03334　集部/别集類/清别集
柔橋文鈔十六卷　(清)王棻撰　民國三年(1914)上海國光書局鉛印本　八册

330000－1720－0003463　普03336　集部/别集類/清别集
柔橋文鈔十六卷　(清)王棻撰　民國三年(1914)上海國光書局鉛印本　八册

330000－1720－0003465　普03338　經部/小學類/文字之屬/字書/古文
鐘鼎字源五卷　(清)汪立名撰　民國二十年(1931)上海掃葉山房石印本　一册　存一卷(一)

330000－1720－0003466　普03339　集部/别集類/清别集
柔橋文鈔十六卷　(清)王棻撰　民國三年(1914)上海國光書局鉛印本　七册　缺二卷(九至十)

330000－1720－0003468　普03341　集部/别集類/清别集
柔橋文鈔十六卷　(清)王棻撰　民國三年(1914)上海國光書局鉛印本　五册　存十卷(三至八、十一至十四)

330000－1720－0003469　普03342　集部/别集類/清别集
柔橋文鈔十六卷　(清)王棻撰　民國三年(1914)上海國光書局鉛印本　五册　存十卷(三至八、十一至十四)

330000－1720－0003470　普03343　集部/别集類/清别集
柔橋文鈔十六卷　(清)王棻撰　民國三年(1914)上海國光書局鉛印本　四册　存八卷(三至八、十三至十四)

330000－1720－0003471　普03344　集部/别集類/清别集
柔橋文鈔十六卷　(清)王棻撰　民國三年(1914)上海國光書局鉛印本　四册　存八卷(三至八、十三至十四)

330000－1720－0003472　普03345　集部/别集類/清别集
柔橋文鈔十六卷　(清)王棻撰　民國三年(1914)上海國光書局鉛印本　四册　存八卷(三至八、十三至十四)

330000－1720－0003473　普03346　類叢部/叢書類/自著之屬

分類廣註曾文正公五種八卷 (清)曾國藩撰 民國十一年(1922)上海世界書局石印本 六冊 缺二卷(家書二至三)

330000－1720－0003474 普 03347 類叢部/叢書類/自著之屬
分類廣註曾文正公五種八卷 (清)曾國藩撰 民國十七年(1928)上海世界書局石印本 六冊

330000－1720－0003475 普 03348 集部/別集類/清別集
柔橋文鈔十六卷 (清)王棻撰 民國三年(1914)上海國光書局鉛印本 三冊 存六卷(三至八)

330000－1720－0003476 普 03349 類叢部/叢書類/自著之屬
分類廣註曾文正公五種八卷 (清)曾國藩撰 民國十一年(1922)上海世界書局石印本 六冊

330000－1720－0003477 普 03350 集部/別集類/清別集
柔橋文鈔十六卷 (清)王棻撰 民國三年(1914)上海國光書局鉛印本 三冊 存六卷(三至八)

330000－1720－0003479 普 03352 集部/別集類/清別集
柔橋文鈔十六卷 (清)王棻撰 民國三年(1914)上海國光書局鉛印本 二冊 存四卷(三至六)

330000－1720－0003480 普 03353 子部/藝術類/遊藝之屬/聯語
呂廬老人石鼓集聯不分卷 (清)王同撰 民國二十五年(1936)上海墨緣堂石印本 二冊

330000－1720－0003481 普 03354 集部/別集類/清別集
柔橋文鈔十六卷 (清)王棻撰 民國三年(1914)上海國光書局鉛印本 一冊 存二卷(五至六)

330000－1720－0003482 普 03355 集部/總集類/選集之屬/斷代
新體廣註唐詩三百首讀本六卷 世界書局編輯所編輯 民國二十一年(1932)上海世界書局石印本 二冊

330000－1720－0003484 普 03357 集部/總集類/選集之屬/斷代
繪圖唐詩三百首四卷 (清)蘅塘退士(孫洙)手編 **萬字文二卷** 民國上海普新書局石印本 二冊

330000－1720－0003486 普 03359 集部/總集類/選集之屬/斷代
唐詩三百首註疏六卷 (清)孫洙編 (清)章燮註 民國四年(1915)上海章福記書局石印本 王欽友題記 一冊 存一卷(二)

330000－1720－0003487 普 03360 集部/總集類/選集之屬/斷代
白話解釋唐詩三百首六卷 朱鑫柏編釋 民國二十三年(1934)上海沈鶴記書局石印本 一冊 存三卷(四至六)

330000－1720－0003488 普 03361 集部/總集類/選集之屬/斷代
唐詩三百首註疏六卷 (清)孫洙編 (清)章燮註 民國石印本 一冊 存三卷(四至六)

330000－1720－0003489 普 03362 集部/總集類/選集之屬/斷代
註釋唐詩三百首六卷 (清)孫洙編 民國商務印書館鉛印本 二冊

330000－1720－0003490 普 03363 集部/總集類/選集之屬/通代
軍國民古詩必讀一卷 柯進明選 柯進修 邱開駿輯 民國六年(1917)中華書局鉛印本 一冊

330000－1720－0003492 普 03365 子部/藝術類/篆刻之屬/印譜
吳讓之印譜不分卷 (清)吳熙載篆 民國上海有正書局石印本 二冊

330000－1720－0003495 普 03368 集部/詩文評類/文法之屬

言文對照評註高等小學論說文範四卷 邵伯棠撰 民國十四年(1925)上海會文堂書局石印本 一册

330000－1720－0003497 普03370 子部/儒家類/儒學之屬/禮教/鑑戒

八德須知初集八卷二集八卷三集八卷四集八卷 蔡振紳編輯 民國上海明善書局石印本 一册 存二卷(二集五至六)

330000－1720－0003499 普03372 集部/總集類/尺牘之屬

中華新文牘類纂三十五卷 會文堂編者編 民國八年(1919)上海會文堂石印本 一册 存一卷(一)

330000－1720－0003503 普03376 新學/議論/議政

讜言不分卷 錢基厚著 民國十一年(1922)錫成印刷公司鉛印本 一册

330000－1720－0003509 普03382 集部/詞類/别集之屬

遺山先生新樂府四卷 (金)元好問撰 民國十五年(1926)上海掃葉山房石印本 一册 存二卷(三至四)

330000－1720－0003514 普03387 新學/史志/别國史

俄史輯譯四卷 (英國)闞斐迪譯 (清)徐景羅重譯 民國石印本 二册

330000－1720－0003515 普03388 集部/别集類/清别集

鎔經室集四卷 (清)張濬撰 民國六年(1917)鉛印本 二册

330000－1720－0003516 普03389 集部/别集類/清别集

鎔經室集四卷 (清)張濬撰 民國六年(1917)鉛印本 二册

330000－1720－0003517 普03390 集部/别集類/清别集

鎔經室集四卷 (清)張濬撰 民國六年(1917)鉛印本 二册

330000－1720－0003518 普03391 集部/别集類/清别集

鎔經室集四卷 (清)張濬撰 民國六年(1917)鉛印本 二册

330000－1720－0003519 普03392 集部/别集類/清别集

鎔經室集四卷 (清)張濬撰 民國六年(1917)鉛印本 二册

330000－1720－0003520 普03393 集部/别集類/清别集

鎔經室集四卷 (清)張濬撰 民國六年(1917)鉛印本 二册

330000－1720－0003521 普03394 集部/别集類/清别集

鎔經室集四卷 (清)張濬撰 民國六年(1917)鉛印本 二册

330000－1720－0003522 普03395 集部/别集類/清别集

鎔經室集四卷 (清)張濬撰 民國六年(1917)鉛印本 二册

330000－1720－0003523 普03396 集部/别集類/清别集

鎔經室集四卷 (清)張濬撰 民國六年(1917)鉛印本 二册

330000－1720－0003524 普03397 集部/别集類/清别集

鎔經室集四卷 (清)張濬撰 民國六年(1917)鉛印本 二册

330000－1720－0003525 普03398 集部/别集類/清别集

鎔經室集四卷 (清)張濬撰 民國六年(1917)鉛印本 二册

330000－1720－0003526 普03399 集部/别集類/清别集

鎔經室集四卷 (清)張濬撰 民國六年(1917)鉛印本 二册

330000－1720－0003527 普03400 集部/别

集類/清別集

鎔經室集四卷　(清)張濬撰　民國六年(1917)鉛印本　二冊

330000－1720－0003528　普03401　集部/別集類/清別集

鎔經室集四卷　(清)張濬撰　民國六年(1917)鉛印本　一冊　存三卷(二至四)

330000－1720－0003529　普03402　集部/別集類/清別集

鎔經室集四卷　(清)張濬撰　民國六年(1917)鉛印本　一冊　存三卷(二至四)

330000－1720－0003530　普03403　集部/別集類/清別集

鎔經室集四卷　(清)張濬撰　民國六年(1917)鉛印本　一冊　存三卷(二至四)

330000－1720－0003531　普03404　集部/別集類/清別集

鎔經室集四卷　(清)張濬撰　民國六年(1917)鉛印本　一冊　存三卷(二至四)

330000－1720－0003532　普03405　集部/別集類/清別集

鎔經室集四卷　(清)張濬撰　民國六年(1917)鉛印本　一冊　存三卷(二至四)

330000－1720－0003533　普03406　集部/別集類/清別集

鎔經室集四卷　(清)張濬撰　民國六年(1917)鉛印本　一冊　存三卷(二至四)

330000－1720－0003534　普03407　集部/別集類/清別集

鎔經室集四卷　(清)張濬撰　民國六年(1917)鉛印本　一冊　存三卷(二至四)

330000－1720－0003535　普03408　集部/別集類/清別集

鎔經室集四卷　(清)張濬撰　民國六年(1917)鉛印本　一冊　存三卷(二至四)

330000－1720－0003536　普03409　集部/別集類/清別集

鎔經室集四卷　(清)張濬撰　民國六年(1917)鉛印本　一冊　存三卷(二至四)

330000－1720－0003539　普03412　集部/別集類/清別集

睫巢集六卷後集一卷　(清)李鍇撰　民國七年(1918)吳興劉氏嘉業堂刻本　一冊

330000－1720－0003541　普03414　集部/別集類/清別集

鎔經室集四卷　(清)張濬撰　民國六年(1917)鉛印本　二冊

330000－1720－0003542　普03415　集部/別集類/清別集

鎔經室集四卷　(清)張濬撰　民國六年(1917)鉛印本　一冊　存三卷(二至四)

330000－1720－0003543　普03416　集部/別集類/清別集

鎔經室集四卷　(清)張濬撰　民國六年(1917)鉛印本　一冊　存三卷(二至四)

330000－1720－0003545　普03418　史部/政書類/公牘檔冊之屬

浙江省議會第一屆第二年第二次臨時會文牘四卷　浙江省議會編　民國鉛印本　一冊

330000－1720－0003546　普03419　集部/別集類/明別集

王文成公全書三十八卷　(明)王守仁撰　民國二年(1913)上海中華圖書館影印本　六冊　存十八卷(一至十八)

330000－1720－0003550　普03423　子部/醫家類/兒科之屬/痘疹

天花精言六卷　(清)袁句撰　民國十八年(1929)黃巖楊書穡樓鉛印本　一冊　存三卷(四至六)

330000－1720－0003552　普03425　史部/編年類/通代之屬

御批歷代通鑑輯覽一百二十卷　(清)傅恒等撰　民國石印本　二冊　存九卷(十七至二十五)

330000－1720－0003555　普03428　集部/曲類/曲選之屬

繪圖精選崑曲大全四集五十卷　張芬編輯　民國十四年(1925)上海世界書局石印本　六冊　存二集十八種

330000－1720－0003560　普03433　子部/雜著類/雜說之屬

齊東野語二十卷　(宋)周密撰　民國上海掃葉山房石印本　六冊

330000－1720－0003562　普03435　集部/詞類/總集之屬

雍園詞鈔九卷　楊公庶輯　民國三十五年(1946)鉛印本　一冊

330000－1720－0003563　普03436　集部/詞類/別集之屬

天籟軒詞譜五卷詞韻一卷　葉申薌輯　民國三年(1914)掃葉山房石印本　六冊

330000－1720－0003564　普03437　集部/別集類/清別集

香屑集十八卷首一卷末一卷　(清)黃之雋撰　(清)陳邦直注　民國十五年(1926)上海掃葉山房石印本　四冊

330000－1720－0003570　普03443　集部/詞類/總集之屬

絕妙好詞箋七卷　(宋)周密輯　(清)查為仁　(清)厲鶚箋　**續鈔二卷**　(清)余集輯　(清)徐楙補錄　民國十二年(1923)上海掃葉山房石印本　四冊

330000－1720－0003571　普03444　子部/雜著類/雜說之屬

樗盦筆記一卷　毛宗智撰　民國鉛印本　一冊

330000－1720－0003578　普03451　史部/編年類/通代之屬

御批歷代通鑑輯覽一百二十卷　(清)傅恒等撰　民國石印本　一冊　存六卷(二十八至三十三)

330000－1720－0003589　普03462　子部/醫家類/本草之屬/歷代綜合本草

本草綱目五十二卷圖三卷奇經八脈攷一卷脈訣攷證一卷瀕湖脈學一卷　(明)李時珍撰　**本草萬方鍼線八卷本草藥品總目一卷**　(清)蔡烈先輯　**本草綱目拾遺十卷**　(清)趙學敏輯　民國石印本　一冊　存四卷(六至九)

330000－1720－0003591　普03464　類叢部/叢書類/自著之屬

巢經巢全集十八種　(清)鄭珍撰　民國二十九年(1940)貴州省政府鉛印並據清刻板彙印本　一冊　存一種

330000－1720－0003596　普03470　史部/政書類/公牘檔冊之屬

南京市政府民國二十四年度行政計劃不分卷　南京市政府編　民國二十四年(1935)鉛印本　一冊

330000－1720－0003598　普03472　類叢部/叢書類/彙編之屬

四庫全書珍本初集二百三十種　中央圖書館籌備處輯　民國二十三年至二十四年(1934－1935)上海商務印書館據文淵閣本影印本　六百七十七冊　存八十四種

330000－1720－0003599　普03473　子部/雜著類/雜說之屬

淮南子二十一卷　(漢)劉安撰　(漢)高誘注　民國上海中華圖書館石印本　樂天□題簽並記　四冊

330000－1720－0003600　普03474　史部/政書類/公牘檔冊之屬

民國軍政民政文牘合編三卷新民國文粹一卷女革命文粹一卷　新黃氓編　民國鉛印本　一冊　存一卷(一)

330000－1720－0003601　普03475　類叢部/叢書類/彙編之屬

四部備要　中華書局編　民國二十五年(1936)上海中華書局鉛印本　六冊　存一種

330000－1720－0003602　普03476　類叢部/叢書類/彙編之屬

守山閣叢書一百十二種 （清）錢熙祚輯 民國十一年（1922）上海博古齋據清金山錢氏重編增刻墨海金壺本影印本 一百三十五冊 存八十九種

330000－1720－0003605 普03479 史部/政書類/公牘檔冊之屬

吳縣議事會議決案續錄附文牘不分卷 吳縣議事會撰 民國三年（1914）鉛印本 一冊

330000－1720－0003611 普03485 集部/別集類/清別集

鎔經室集四卷 （清）張濬撰 民國六年（1917）鉛印本 一冊 存一卷（一）

330000－1720－0003614 普03488 集部/別集類/清別集

管註合刻雪鴻軒尺牘二卷 （清）龔萼撰 （清）王嵩慶 （清）戴賓林校 （清）管斯駿重訂 民國三年（1914）上海會文堂書局石印本 一冊 存一卷（一）

330000－1720－0003615 普03489 子部/小說家類/雜事之屬

夢厂雜著十卷 （清）俞蛟撰 民國上海古今書室石印本 一冊 存三卷（一至三）

330000－1720－0003616 普03490 經部/四書類/總義之屬/傳說

新式標點四書白話註解十九卷 琴石山人注解 民國上海會文堂書局石印本 一冊 存一卷（大學）

330000－1720－0003618 普03492 子部/宗教類/道教之屬

精印道書十二種 （清）劉一明撰 民國二年（1913）上海江東書局石印本 一冊 存一種

330000－1720－0003621 普03495 子部/藝術類/書畫之屬/法帖

翁松禪墨蹟十集 （清）翁同龢書 民國二十四年（1935）上海商務印書館影印本 一冊 存一集（四）

330000－1720－0003622 普03496 子部/藝術類/書畫之屬/法帖

翁松禪墨蹟十集 （清）翁同龢書 民國二十三年（1934）上海商務印書館影印本 一冊 存一集（六）

330000－1720－0003625 普03499 新學/礦務

鑛業呈文圖表程式不分卷 民國北京正蒙書局鉛印本 一冊

330000－1720－0003626 普03500 子部/小說家類

關東奇俠傳四集 張箇儂撰 民國鉛印本 一冊 存一集（四）

330000－1720－0003627 普03501 子部/藝術類/書畫之屬/畫譜

畫傳□□卷 黄俊繪 民國四年（1915）刻本 一冊 存四卷（□□、園蔬瓜果、蘭蕙竹石、花鳥草蟲）

330000－1720－0003629 普03503 子部/藝術類/書畫之屬/法帖

趙文敏公常樂時一卷 （元）趙孟頫書 民國上海育古山房影印本 一冊

330000－1720－0003631 普03505 子部/藝術類/書畫之屬/畫譜

飛影閣叢畫不分卷 周慕橋等繪 民國十五年（1926）集成書局石印本 一冊

330000－1720－0003636 普03510 類叢部/叢書類/彙編之屬

士禮居黄氏叢書二十種 （清）黄丕烈輯 民國四年（1915）上海石竹山房據清黄氏刻本影印本 十六冊 存十一種

330000－1720－0003643 普03517 集部/總集類/選集之屬/斷代

唐詩三百首註疏六卷 （清）孫洙編 （清）章燮註 民國石印本 六冊

330000－1720－0003645 普03519 集部/總集類/選集之屬/通代

古唐詩合解十二卷古詩四卷 （清）王堯衢注 民國二年（1913）石印本 四冊

330000－1720－0003647　普03521　集部/總集類/彙編之屬

漢魏六朝百三名家集一百十八卷　(明)張溥輯　民國上海掃葉山房石印本　八冊　存十八種

330000－1720－0003656　普03530　類叢部/叢書類/彙編之屬

四部叢刊　張元濟等編　民國上海商務印書館影印本　十一冊　存二種

330000－1720－0003658　普03532　集部/小說類/長篇之屬

洪楊豪俠全集□□卷　黄世仲撰　民國上海春明書店鉛印本　一冊　存二卷(五至六)

330000－1720－0003660　普03534　集部/總集類/選集之屬/通代

三國晉南北朝文選三卷　葉楚傖主編　陸維釗編註　民國三十五年(1946)正中書局鉛印本　一冊

330000－1720－0003663　普03537　史部/金石類/金之屬/文字

歷代鐘鼎彝器欵識法帖二十卷　(宋)薛尚功撰　民國石印本　一冊　存五卷(十一至十五)

330000－1720－0003670　普03544　類叢部/叢書類/郡邑之屬

敬鄉樓叢書三十八種　黄羣編　民國十七年至二十四年(1928－1935)永嘉黄氏鉛印本　四十三冊　存第一輯十種、第二輯七種、第三輯四種

330000－1720－0003671　普03545　類叢部/叢書類/郡邑之屬

敬鄉樓叢書三十八種　黄羣編　民國十七年至二十四年(1928－1935)永嘉黄氏鉛印本　五冊　存第一輯四種

330000－1720－0003675　普03549　史部/編年類/通代之屬

御批歷代通鑑輯覽一百二十卷　(清)傅恒等撰　民國石印本　二冊　存七卷(十五至十八、九十七至九十九)

330000－1720－0003677　普03551　史部/編年類/通代之屬

御批歷代通鑑輯覽一百二十卷　(清)傅恒等撰　民國石印本　二冊　存八卷(五十七至六十四)

330000－1720－0003680　普03554　子部/小說家類/瑣語之屬

舌華錄九卷　(明)曹臣輯　民國十二年(1923)新文化書社鉛印本　一冊

330000－1720－0003684　普03558　子部/藝術類/書畫之屬/法帖

顔魯公書麻姑仙壇記不分卷　(唐)顔真卿書　民國影印本　一冊

330000－1720－0003686　普03560　史部/政書類/公牘檔冊之屬

莆田縣土地編查紀要不分卷　陳齊昌編述　民國二十七年(1938)鉛印本　一冊

330000－1720－0003688　普03562　子部/藝術類/書畫之屬/法帖

黄自元正氣歌一卷　黄自元書　民國上海尚古山房影印本　一冊

330000－1720－0003691　普03565　集部/總集類/尺牘之屬

女子書翰文二卷　包天笑編　民國上海有正書局石印本　一冊

330000－1720－0003692　普03566　類叢部/叢書類/郡邑之屬

豫章叢書六十種附一種　胡思敬編　民國四年至九年(1915－1920)南昌豫章叢書編刻局刻本　一百七十五冊　存三十八種

330000－1720－0003698　普03572　類叢部/叢書類/自著之屬

重刊船山遺書六十六種附一種　(清)王夫之撰　民國二十二年(1933)上海太平洋書店鉛印本　八十冊

330000－1720－0003699　普03573　類叢部/

叢書類/自著之屬

重刊船山遺書六十六種附一種 (清)王夫之撰 民國二十四年(1935)上海太平洋書店鉛印本 八十冊

330000－1720－0003702 普 03576 子部/藝術類/書畫之屬/法帖

唐拓多寶塔碑一卷 (唐)顔真卿書 民國七年(1918)上海有正書局影印本 一冊

330000－1720－0003703 普 03577 子部/藝術類/書畫之屬/法帖

靈飛經小楷一卷 (唐)鍾紹京書 民國影印本 一冊

330000－1720－0003704 普 03578 子部/藝術類/書畫之屬/法帖

翁松禪墨蹟十集 (清)翁同龢書 民國二十二年(1933)上海商務印書館影印本 一冊 存一集(八)

330000－1720－0003705 普 03579 子部/藝術類/書畫之屬/法帖

顔魯公多寶塔碑不分卷 (唐)岑勛撰 (唐)顔真卿書 民國影印本 一冊

330000－1720－0003706 普 03580 子部/藝術類/書畫之屬/法帖

莫友芝篆書三種一卷 (清)莫友芝書 民國十四年(1925)上海文明書局石印本 一冊

330000－1720－0003710 普 03584 子部/儒家類

修道錄一卷 朱鎔宙原稿 柯�增潤 **集思錄一卷** 民國鉛印本 一冊

330000－1720－0003712 普 03586 類叢部/叢書類/郡邑之屬

台州叢書己集十二種 楊晨輯 民國八年(1919)黄巖楊氏石印本 王舟瑤跋 九冊 缺三卷(羽庭集文一至三)

330000－1720－0003715 普 03589 類叢部/叢書類/郡邑之屬

台州叢書後集十七種 楊晨輯 民國四年(1915)黄巖楊氏刻本 王舟瑤批 十三冊 存十六種

330000－1720－0003738 普 03612 類叢部/叢書類/彙編之屬

四部叢刊 張元濟等編 民國上海商務印書館影印本 十冊 存一種

330000－1720－0003742 普 03616 集部/小説類/長篇之屬

繡像西漢演義四卷一百回 (明)甄偉撰 民國石印本 何陋軒主人題簽並記 一冊 存二卷(一至二)

330000－1720－0003743 普 03617 集部/别集類/宋别集

王荆文公詩五十卷目錄三卷 (宋)王安石撰 (宋)李壁箋註 (宋)劉辰翁評點 **王荆文公年譜一卷** (宋)詹大和撰 民國十一年(1922)海鹽張氏據元刻本影印本 十冊

330000－1720－0003744 普 03618 集部/小説類/長篇之屬

新編批評繡像後七國樂田演義四卷十八回 (清)徐震撰 民國石印本 何陋軒主人題簽並記 一冊

330000－1720－0003749 普 03623 集部/别集類/清别集

曾文正公家書十卷 (清)曾國藩撰 民國石印本 一冊 存三卷(四至六)

330000－1720－0003750 普 03624 集部/别集類/宋别集

王荆文公詩五十卷目錄三卷 (宋)王安石撰 (宋)李壁箋註 (宋)劉辰翁評點 **王荆文公年譜一卷** (宋)詹大和撰 民國十一年(1922)海鹽張氏據元刻本影印本 十二冊

330000－1720－0003756 普 03630 集部/别集類/唐五代别集

樊諫議集附錄甲集一卷補遺一卷乙集一卷補遺一卷 (唐)樊宗師撰 樊鎮輯 民國十年(1921)紹興樊氏綿絳書屋鉛印本 二冊

330000－1720－0003758 普 03632 集部/别集類/唐五代别集

樊諫議集附録甲集一卷補遺一卷乙集一卷補遺一卷　（唐）樊宗師撰　樊鎮輯　民國十年（1921）紹興樊氏綿絳書屋鉛印本　二册

330000－1720－0003759　普03633　集部/別集類/唐五代別集
樊紹述集二卷　（唐）樊宗師撰　（清）孫之騄輯　民國五年（1916）樊鎮刻本　二册

330000－1720－0003785　普03659　集部/別集類/唐五代別集
李義山集三卷　（唐）李商隱撰　民國九年（1920）上海掃葉山房石印本　四册

330000－1720－0003793　普03667　集部/別集類/唐五代別集
樊川詩集四卷別集一卷外集一卷詩補遺一卷　（唐）杜牧撰　（清）馮集梧注　民國上海掃葉山房石印本　四册

330000－1720－0003802　普03676　集部/別集類/唐五代別集
昌黎先生集四十卷外集十卷遺文一卷　（唐）韓愈撰　（唐）李漢編　**朱子校昌黎先生集傳一卷**　（宋）朱熹撰　民國九年（1920）上海商務印書館鉛印本　九册　存四十卷（昌黎先生集一至四十）

330000－1720－0003824　普03698　類叢部/叢書類/自著之屬
舜水遺書四種附録一卷　（明）朱之瑜撰　民國二年（1913）山陰湯壽潛鉛印本　十二册

330000－1720－0003825　普03699　類叢部/叢書類/彙編之屬
宋人小説二十八種　涵芬樓編　民國上海商務印書館鉛印本　二册　存二種

330000－1720－0003826　普03700　子部/宗教類/佛教之屬/經疏
般若波羅蜜多心經略疏小鈔二卷　（清）錢謙益輯　民國頻伽精舍鉛印本　一册

330000－1720－0003831　普03705　史部/政書類/邦交之屬
清季外交史料六種　（清）王彦威輯　王亮編　民國二十一年至二十四年（1932－1935）北平外交史料編纂處鉛印本　二十五册　存二種

330000－1720－0003835　普03709　史部/政書類/邦交之屬
祕稿清季外交史料樣本不分卷　王弢夫撰　北平清季外交史料編纂處編　民國北平外交史料編纂處鉛印本　一册

330000－1720－0003836　普03710　史部/政書類/邦交之屬
祕稿清季外交史料樣本不分卷　王弢夫撰　北平清季外交史料編纂處編　民國北平外交史料編纂處鉛印本　一册

330000－1720－0003837　普03711　史部/政書類/邦交之屬
祕稿清季外交史料樣本不分卷　王弢夫撰　北平清季外交史料編纂處編　民國北平外交史料編纂處鉛印本　一册

330000－1720－0003838　普03712　史部/政書類/邦交之屬
祕稿清季外交史料樣本不分卷　王弢夫撰　北平清季外交史料編纂處編　民國北平外交史料編纂處鉛印本　一册

330000－1720－0003840　普03714　集部/別集類/宋別集
石林居士建康集八卷補遺一卷　（宋）葉夢得撰　**石林先生兩鎮建康紀年略一卷**　（清）葉廷琯編　民國九年（1920）石竹山房書局石印本　四册

330000－1720－0003846　普03720　集部/別集類/明別集
王次回疑雨集註四卷　（明）王彦泓撰　（□）句漏後裔釋　民國十九年（1930）上海文明書局石印本　王伯瑜題記　三册　存三卷（一、三至四）

330000－1720－0003847　普03721　史部/政書類/邦交之屬
清季外交史料六種　（清）王彦威輯　王亮編

民國二十一年至二十四年(1932－1935)北平外交史料編纂處鉛印本　三冊　存一種

330000－1720－0003850　普 03724　集部/别集類/唐五代别集

杜詩詳註二十五卷首一卷附編二卷　(清)仇兆鰲輯註　民國石印本　五冊　存五卷(七、九至十一、十七)

330000－1720－0003866　普 03740　類叢部/叢書類/彙編之屬

嘉業堂叢書五十七種　劉承幹編　民國吳興劉氏嘉業堂刻本　王舟瑶批校　三冊　存二種

330000－1720－0003870　普 03744　史部/編年類/通代之屬

御批歷代通鑑輯覽一百二十卷　(清)傅恒等撰　民國石印本　一冊　存五卷(六十八至七十二)

330000－1720－0003872　普 03746　子部/小説家類/雜事之屬

蓼厂雜著十卷　(清)俞蛟撰　民國上海古今書室石印本　三冊　存七卷(四至十)

330000－1720－0003873　普 03747　史部/編年類/通代之屬

御批歷代通鑑輯覽一百二十卷　(清)傅恒等撰　民國石印本　六冊　存二十二卷(二十七至三十、三十五至四十三、七十七至七十九、九十一至九十六)

330000－1720－0003875　普 03749　集部/總集類/題詠之屬

瑞雲閣詠物詩□卷　金永昌撰　民國刻本　一冊　存二卷(五至六)

330000－1720－0003882　普 03756　集部/别集類/明别集

遜志齋集三十卷拾遺十卷續拾遺一卷附録一卷　(明)方孝孺撰　民國十七年(1928)寧海胡氏味善居刻本　十冊　存二十二卷(一、四至二十四)

330000－1720－0003885　普 03759　子部/藝術類/書畫之屬/法帖

淳化閣法帖十卷　民國影印本　一冊　存二卷(歷代名臣法帖二、歷代帝王法帖一)

330000－1720－0003886　普 03760　史部/傳記類/總傳之屬/家乘

[浙江黄巖]赤山陶氏宗譜三卷　民國三十四年(1945)陶習抄本　一冊

330000－1720－0003888　普 03762　史部/傳記類/日記之屬

□□日記不分卷　稿本　一冊

330000－1720－0003902　普 03776　集部/别集類

靈峯先生集十一卷　夏震武撰　民國五年(1916)劉子民、何紹韓鉛印本　二冊

330000－1720－0003903　普 03777　集部/别集類

靈峯先生集十一卷　夏震武撰　民國五年(1916)劉子民、何紹韓鉛印本　二冊

330000－1720－0003904　普 03778　集部/别集類

靈峯先生集十一卷　夏震武撰　民國五年(1916)劉子民、何紹韓鉛印本　二冊

330000－1720－0003918　普 03792　集部/别集類/清别集

亭林詩集五卷文集六卷餘集一卷　(清)顧炎武撰　民國十三年(1924)上海昌明書局石印本　四冊

330000－1720－0003919　普 03793　集部/别集類/清别集

亭林詩集五卷文集六卷餘集一卷　(清)顧炎武撰　民國十七年(1928)上海掃葉山房石印本　四冊

330000－1720－0003921　普 03795　集部/别集類/清别集

箋注提要有正味齋駢體文二十四卷　(清)吳錫麒撰　(清)王廣業箋　(清)葉聯芬注　民國十八年(1929)上海會文堂新記書局石印本　七冊　存二十二卷(三至二十四)

330000－1720－0003923　普 03797　集部/總集類/選集之屬/通代

美人千態詩一卷詞一卷　雷瑨輯　民國九年(1920)上海掃葉山房石印本　二冊

330000－1720－0003927　普 03801　類叢部/叢書類/彙編之屬

四部叢刊　張元濟等編　民國上海商務印書館影印本　孔德題記　五冊　存一種

330000－1720－0003928　普 03802　經部/群經總義類/文字音義之屬

經籍籑詁一百六卷首一卷附新輯經籍籑詁檢韻一卷　(清)阮元撰　民國上海文瑞樓石印本　一冊　存九卷(三十七至四十五)

330000－1720－0003948　普 03822　集部/別集類/清別集

人境廬詩草十一卷　(清)黃遵憲撰　民國二十年(1931)黃能立鉛印本　二冊

330000－1720－0003959　普 03833　集部/別集類/清別集

亭林詩集五卷文集六卷餘集一卷　(清)顧炎武撰　民國八年(1919)上海掃葉山房石印本　四冊

330000－1720－0003960　普 03834　集部/別集類/清別集

如不及齋詩鈔四卷環山樓詞一卷　(清)項炳珩撰　民國三年(1914)鉛印本　良仲題記　二冊

330000－1720－0003961　普 03835　集部/別集類/清別集

如不及齋詩鈔四卷環山樓詞一卷　(清)項炳珩撰　民國三年(1914)鉛印本　二冊

330000－1720－0003976　普 03850　類叢部/叢書類/彙編之屬

四部備要　中華書局編　民國二十五年(1936)上海中華書局鉛印本　十冊　存一種

330000－1720－0003983　普 03857　類叢部/叢書類/自著之屬

惜抱軒全集七種　(清)姚鼐撰　民國三年(1914)上海會文堂書局石印本　八冊　存三種

330000－1720－0003992　普 03866　集部/別集類/清別集

南山集十四卷補遺三卷　(清)戴名世撰　**南山先生年譜一卷**　民國七年(1918)刻本　巍題簽並記　十冊

330000－1720－0003995　普 03869　史部/編年類/通代之屬

增評加批歷史綱鑑補三十九卷首一卷　(明)王世貞　(明)袁黃纂　民國上海錦章圖書局石印本　十一冊　存二十七卷(二至三、七至十四、二十至三十四、三十八至三十九)

330000－1720－0004000　普 03874　史部/政書類/邦交之屬

清季外交史料六種　(清)王彥威輯　王亮編　民國二十一年至二十四年(1932－1935)北平外交史料編纂處鉛印本　二十二冊　存二種

330000－1720－0004007　普 03881　史部/編年類/通代之屬

資治通鑑二百九十四卷　(宋)司馬光撰　(元)胡三省音注　民國鉛印本　二十二冊　存一百六十四卷(十四至三十五、四十三至六十五、八十一至九十六、一百二十至一百八十九、二百五至二百十、二百十八至二百二十四、二百四十六至二百六十五)

330000－1720－0004011　普 03885　子部/叢編

百子全書　(清)崇文書局編　民國上海掃葉山房石印本　一冊　存二種

330000－1720－0004013　普 03887　經部/小學類/文字之屬/字書/字體

隸字彙十卷　(清)項懷述編錄　民國八年(1919)上海掃葉山房石印本　一冊　缺二卷(九至十)

330000－1720－0004014　普 03888　類叢部/叢書類/彙編之屬

新文藝叢書 民國上海中華書局鉛印本 一冊 存一種

330000－1720－0004015 普03889 子部/宗教類/道教之屬
太乙金華宗旨不分卷 (唐)呂嵒撰 民國上海宏大善書局鉛印本 一冊

330000－1720－0004016 普03890 子部/宗教類/道教之屬
太上感應篇□□卷 民國二十三年(1934)黄巖友成印務局鉛印本 一冊 存一卷(上)

330000－1720－0004017 普03891 子部/宗教類/道教之屬
關帝明聖真經一卷附感應靈籤一卷 民國上海明善書局石印本 一冊

330000－1720－0004018 普03892 子部/宗教類/道教之屬/經文
明聖經一卷 民國五年(1916)石印本 一冊

330000－1720－0004019 普03893 子部/宗教類/道教之屬
道書十二種 (清)劉一明撰 民國二年(1913)上海江東書局石印本 七冊 存七種

330000－1720－0004027 普03901 子部/雜著類/雜纂之屬
特別改良萬事不求人不分卷 民國上海文益書局石印本 一冊

330000－1720－0004029 普03903 史部/雜史類/斷代之屬
國語二十一卷 (三國吳)韋昭解 民國抄本 一冊 存二卷(一至二)

330000－1720－0004031 普03905 集部/別集類/清別集
亭林詩集五卷文集六卷餘集一卷 (清)顧炎武撰 民國二十年(1931)上海掃葉山房石印本 三冊 存九卷(亭林詩集一至五、文集一至四)

330000－1720－0004035 普03909 集部/小說類/長篇之屬
增像全圖東周列國志□□卷首一卷一百八回 (清)蔡奡評點 民國元年(1912)上海錦章書局石印本 一冊 存二卷(首、一)

330000－1720－0004039 普03913 集部/小說類/長篇之屬
石頭記八卷八十回 (清)曹霑撰 民國石印本 一冊 存一卷(六)

330000－1720－0004042 普03916 子部/宗教類/道教之屬/戒律
太上寶筏圖說八卷 (清)黄正元撰 民國上海宏大善書局石印本 三冊 存三卷(弟、廉、恥)

330000－1720－0004047 普03921 經部/小學類/文字之屬/字書/字典
康熙字典十二集三十六卷總目一卷檢字一卷辨似一卷等韻一卷備考一卷補遺一卷 (清)張玉書等纂修 民國三年(1914)天寶書局石印本 四冊 缺十五卷(寅集上中下、卯集上中下、辰集上中下、酉集上中下、戌集上中下)

330000－1720－0004050 普03924 集部/別集類/金別集
元遺山詩集箋注十四卷 (金)元好問撰 (元)張德輝類次 (清)施國祁箋 **元遺山詩集箋注年譜一卷** (清)施國祁訂 **元遺山全集附錄一卷** (明)儲瓘輯 (清)華希閔增 **元遺山全集補載一卷** (清)施國祁輯 民國十二年(1923)掃葉山房石印本 七冊

330000－1720－0004052 普03926 史部/編年類/通代之屬
御批歷代通鑑輯覽一百二十卷 (清)傅恒等撰 民國石印本 一冊 存三卷(九十四至九十六)

330000－1720－0004053 普03927 集部/別集類/清別集
瓊臺詩集二卷 (清)齊召南撰 民國九年(1920)廣益書局石印本 四冊

330000－1720－0004057 普03931 集部/別集類/唐五代別集

山曉閣選唐大家柳柳州全集四卷　(唐)柳宗元撰　(清)孫琮評　民國十一年(1922)上海錦章書局石印本　四冊

330000－1720－0004059　普03933　集部/別集類

石芙蓉館集十卷首一卷　趙佩茳撰　民國三十六年(1947)鉛印本　三冊

330000－1720－0004062　普03936　集部/別集類

俟廬文集續編八卷詩艸初集四卷續集四卷　陳錦文撰　陳傑編　民國十八年(1929)上海宏大書局石印本　三冊

330000－1720－0004064　普03938　集部/別集類

雜抄不分卷　民國抄本　一冊

330000－1720－0004068　普03942　類叢部/叢書類/彙編之屬

求恕齋叢書三十一種　劉承幹編　民國吳興劉氏嘉業堂刻本　一冊　存一種

330000－1720－0004074　普03948　集部/詩文評類/文法之屬/函牘格式

酬世尺牘彙新□□卷　(清)王紫紳撰　民國鉛印本　一冊　存二卷(四至五)

330000－1720－0004078　普03952　集部/詩文評類/文法之屬/函牘格式

分類廣註交際尺牘大觀不分卷　劉再蘇編輯　民國上海世界書局石印本　一冊　存一冊(十)

330000－1720－0004080　普03954　子部/雜著類/雜說之屬

正信錄二卷　(清)羅聘撰　民國十九年(1930)影印本　一冊

330000－1720－0004081　普03955　集部/總集類/選集之屬/通代

玉臺新詠十卷　(南朝陳)徐陵編　(清)吳兆宜注　(清)程琰刪補　民國十九年(1930)上海掃葉山房石印本　六冊

330000－1720－0004084　普03958　集部/總集類/選集之屬/通代

唐宋八家文讀本三十卷　(清)沈德潛評點　民國上海著易堂鉛印本　六冊

330000－1720－0004098　普03972　集部/別集類/清別集

曝書亭集二十三卷詞七卷附錄一卷　(清)朱彝尊撰　民國四年(1915)中華圖書館石印本　八冊

330000－1720－0004101　普03975　集部/總集類/氏族之屬

三蘇全集　(清)弓翊清等編　民國上海掃葉山房石印本　十冊　存二種

330000－1720－0004102　普03976　集部/楚辭類

離騷三種　民國上海文瑞樓石印本　三冊

330000－1720－0004103　普03977　類叢部/叢書類/彙編之屬

四部叢刊　張元濟等編　民國上海商務印書館影印本　六冊　存一種

330000－1720－0004107　普03981　類叢部/叢書類/彙編之屬

四部叢刊　張元濟等編　民國上海商務印書館影印本　六冊　存四種

330000－1720－0004108　普03982　集部/詞類/類編之屬

彊村叢書一百七十一種　朱祖謀輯並撰校記　民國六年(1917)歸安朱祖謀刻本　四十冊

330000－1720－0004110　普03984　集部/詩文評類/文評之屬

文心雕龍十卷　(南朝梁)劉勰撰　(清)黃叔琳注　(清)紀昀評　民國上海文瑞樓石印本　李洛遜題記　四冊

330000－1720－0004116　普03990　集部/戲劇類/總集之屬/傳奇

暖紅室彙刻傳奇　劉世珩編　民國八年(1919)貴池劉氏暖紅室刻本　邵陵題簽並記　二冊　存一種

330000－1720－0004118　普03992　類叢部/叢書類/彙編之屬
求恕齋叢書三十一種　劉承幹編　民國吳興劉氏嘉業堂刻本　二十八冊　存一種

330000－1720－0004119　普03993　類叢部/叢書類/彙編之屬
求恕齋叢書三十一種　劉承幹編　民國吳興劉氏嘉業堂刻本　八冊　存一種

330000－1720－0004121　普03995　集部/詞類/總集之屬
女子絕妙好詞十四卷　(清)周銘輯　民國四年(1915)上海中華圖書館石印本　四冊

330000－1720－0004122　普03996　集部/詞類/總集之屬
閨秀百家詞選十卷　吳灝輯　民國十四年(1925)上海掃葉山房石印本　三冊

330000－1720－0004123　普03997　集部/詞類/總集之屬
古今詞選十二卷　(清)沈時棟選　民國十九年(1930)上海掃葉山房石印本　六冊

330000－1720－0004124　普03998　集部/詩文評類/詩評之屬
唐詩紀事八十一卷　(宋)計有功撰　民國六年(1917)上海文明書局鉛印本　五冊　存四十六卷(三十六至八十一)

330000－1720－0004125　普03999　集部/詩文評類/詩評之屬
隨園詩話十六卷補遺十卷　(清)袁枚撰　民國十二年(1923)上海掃葉山房石印本　一冊　存四卷(隨園詩話一至四)

330000－1720－0004126　普04000　集部/詩文評類/詩評之屬
隨園詩話十六卷補遺十卷　(清)袁枚撰　民國三年(1914)上海鴻寶齋書局石印本　一冊　存五卷(隨園詩話一至五)

330000－1720－0004127　普04001　集部/詩文評類/詩評之屬
歷代詩話續編二十九種　丁福保訂　民國五年(1916)無錫丁氏鉛印本　十六冊　存二十三種

330000－1720－0004128　普04002　集部/詩文評類/詩評之屬
歷代詩話續編二十九種　丁福保訂　民國五年(1916)無錫丁氏鉛印本　二冊　存一種

330000－1720－0004129　普04003　集部/曲類/曲選之屬
繪圖精選崑曲大全四集五十卷　張芬編輯　民國十四年(1925)上海世界書局石印本　十二冊　存三至四集二十五種

330000－1720－0004130　普04004　集部/總集類/選集之屬/通代
古文觀止十二卷　(清)吳乘權　(清)吳大職輯　民國石印本　一冊　存六卷(七至十二)

330000－1720－0004133　普04007　集部/別集類/清別集
名山藏副本初集二卷贈言集一卷　(清)齊周華撰　民國九年(1920)杭州武林印書館鉛印本　二冊

330000－1720－0004135　普04009　集部/詩文評類/類編之屬
清詩話四十三種　丁福保訂　民國十六年(1927)上海醫學書局鉛印本　十冊

330000－1720－0004139　普04013　類叢部/叢書類/彙編之屬
求恕齋叢書三十一種　劉承幹編　民國吳興劉氏嘉業堂刻本　八冊　存一種

330000－1720－0004145　普04019　史部/史抄類
史記精華八卷　中華書局編　民國十四年(1925)上海中華書局鉛印本　八冊

330000－1720－0004149　普04023　集部/小說類/長篇之屬
新輯繪圖全續彭公案四集四卷八十一回　(清)貪夢道人撰　民國上海天寶書局石印本　一冊　存一卷(三)

330000－1720－0004150　普 04024　集部/詩文評類/文評之屬

文心雕龍十卷　(南朝梁)劉勰撰　(清)黄叔琳注　(清)紀昀評　民國十三年(1924)上海啟新書局石印本　四冊

330000－1720－0004151　普 04025　集部/小説類/短篇之屬

女聊齋誌異四卷　(清)賈茗輯　民國石印本　林紹李題簽並記　一冊　存一卷(二)

330000－1720－0004154　普 04028　類叢部/叢書類/彙編之屬

求恕齋叢書三十一種　劉承幹編　民國吳興劉氏嘉業堂刻本　二冊　存一種

330000－1720－0004161　普 04035　類叢部/叢書類/彙編之屬

四部叢刊　張元濟等編　民國八年(1919)上海商務印書館影印本　二冊　存一種

330000－1720－0004168　普 04042　類叢部/叢書類/彙編之屬

求恕齋叢書三十一種　劉承幹編　民國吳興劉氏嘉業堂刻本　六冊　存一種

330000－1720－0004176　普 04050　史部/政書類/邦交之屬

清季外交史料六種　(清)王彦威輯　王亮編　民國二十一年至二十四年(1932－1935)北平外交史料編纂處鉛印本　七冊　存三種

330000－1720－0004177　普 04051　集部/曲類/曲韻曲譜曲律之屬

四郎探母曲譜一卷　陳彦衡撰　民國二十年(1931)潛樂社石印本　一冊

330000－1720－0004178　普 04052　子部/藝術類/書畫之屬/書法書品

書法指南二卷　王鼎撰　民國八年(1919)莫釐涵青山房石印本　一冊　存一卷(一)

330000－1720－0004180　普 04054　史部/傳記類/别傳之屬/事狀

輓聯不分卷　民國抄本　一冊

330000－1720－0004181　普 04055　子部/小説家類/雜事之屬

瀟湘館筆記四卷　鄒弢撰　民國元年(1912)上海國民圖書社石印本　一冊　存二卷(一至二)

330000－1720－0004182　普 04056　集部/總集類/選集之屬/通代

美人千態詩一卷詞一卷　雷瑨輯　民國石印本　一冊　存一卷(詞)

330000－1720－0004183　普 04057　集部/詞類/總集之屬

歷朝名人詞選十三卷　(清)夏秉衡輯　民國十七年(1928)上海掃葉山房石印本　二冊

330000－1720－0004186　普 04060　集部/總集類/尺牘之屬

廣注分類四六大尺牘二十卷　(清)王虎榜輯　周覲光　吳稷箋注　**中華民國官稱商榷表一卷官秩尺牘駢體新類腋一卷**　王鼎輯　民國上海碧梧山莊石印本　二十一冊

330000－1720－0004187　普 04061　類叢部/叢書類/彙編之屬

四部備要　中華書局編　民國二十五年(1936)上海中華書局鉛印本　二冊　存一種

330000－1720－0004188　普 04062　史部/傳記類/日記之屬

湘綺樓日記不分卷(清同治八年正月至民國五年七月)　王闓運撰　民國鉛印本　十一冊

330000－1720－0004190　普 04064　集部/楚辭類

楚辭集註八卷後語六卷辯證二卷　(宋)朱熹撰　民國十七年(1928)上海掃葉山房石印本　二冊　存八卷(一至八)

330000－1720－0004191　普 04065　集部/楚辭類

楚辭集註八卷後語六卷辯證二卷　(宋)朱熹撰　民國二十年(1931)上海掃葉山房石印本　一冊　存四卷(一至四)

330000－1720－0004195　普04069　類叢部/叢書類/彙編之屬
四部備要　中華書局編　民國二十五年(1936)上海中華書局縮印本　二册　存一種

330000－1720－0004197　普04071　新學/理學
天演論二卷　(英國)赫胥黎撰　嚴復譯　民國上海商務印書館鉛印本　黄子權題記　一册

330000－1720－0004199　普04073　經部/春秋左傳類/傳説之屬
批評東萊博議四卷增補虚字註釋總目一卷　(宋)呂祖謙撰　民國二年(1913)上海鑄記書局石印本　管紹仲題記　一册

330000－1720－0004202　普04076　史部/政書類/邦交之屬
清季外交史料六種　(清)王彦威輯　王亮編　民國二十一年至二十四年(1932－1935)北平外交史料編纂處鉛印本　十九册　存三種

330000－1720－0004203　普04077　子部/藝術類
美術叢書初集二集三集二百三十種　鄧實輯　民國十七年(1928)上海神州國光社鉛印本　七十九册　存一百六十八種

330000－1720－0004205　普04079　集部/總集類/選集之屬/斷代
月河詩鐘社吟草五卷　任重編　民國二十三年至二十六年(1934－1937)石印本　一册　存一卷(一)

330000－1720－0004206　普04080　經部/四書類/總義之屬/傳説
銅版四書集註　(宋)朱熹集註　民國石印本　一册　存二種

330000－1720－0004207　普04081　經部/四書類/總義之屬/傳説
銅版四書集註　(宋)朱熹集註　民國上海錦章圖書局石印本　二册　存一種

330000－1720－0004212　普04086　經部/四書類/總義之屬/傳説
四書讀本十九卷　(宋)朱熹集註　民國元年(1912)章福記書莊石印本　一册　存二卷(大學、中庸)

330000－1720－0004213　普04087　經部/四書類/總義之屬/傳説
四書正文　民國四年(1915)上海章福記書局石印本　二册　存一種

330000－1720－0004214　普04088　史部/傳記類/别傳之屬/事狀
張丹庭先生六十壽言一卷　民國九年(1920)鉛印本　一册

330000－1720－0004215　普04089　經部/四書類/總義之屬/傳説
四書讀本十九卷　(宋)朱熹集註　民國十三年(1924)上海劉德記書局石印本　一册　存二卷(孟子六至七)

330000－1720－0004221　普04095　子部/醫家類
藥理學不分卷　蔣善鈞編著　民國三十三年(1944)油印本　一册

330000－1720－0004223　普04097　集部/詩文評類/文法之屬/函牘格式
兒童新尺牘不分卷　民國上海世界書局石印本　金士明題記　一册

330000－1720－0004227　普04101　經部/春秋左傳類/傳説之屬
春秋左傳五十卷　(晉)杜預　(宋)林堯叟註釋　(唐)陸德明音義　民國石印本　一册　存十二卷(三十九至五十)

330000－1720－0004229　普04103　史部/目録類/版本之屬/書影
[民國]台州府志樣本不分卷　民國二十五年(1936)鉛印本　一册

330000－1720－0004230　普04104　類叢部/叢書類/郡邑之屬
吴興叢書六十六種　劉承幹編　民國吴興劉氏嘉業堂刻本　一册　存一種

330000－1720－0004232　普 04106　子部/藝術類/遊藝之屬/聯語

國民適用通俗對聯新編二卷　民國上海錦章圖書局石印本　二册

330000－1720－0004234　普 04108　經部/小學類/文字之屬/字書/字典

康熙字典十二集三十六卷總目一卷檢字一卷辨似一卷等韻一卷備考一卷補遺一卷　(清)張玉書等纂修　民國六年(1917)上海鴻寶齋書局石印本　三册　存二十四卷(子集上中下、丑集上中下、巳集上中下、午集上中下、未集上中下、申集上中下,總目,檢字,辨似,等韻,備考,補遺)

330000－1720－0004237　普 04111　集部/詩文評類/文法之屬/函牘格式

分類詳解新軍用公文程式大全六卷　張虛白編輯　民國十六年(1927)尚武編輯社石印本　六册

330000－1720－0004238　普 04112　史部/地理類/方志之屬/郡縣志

[民國]台州府志一百四十卷首一卷　喻長霖修　柯驊威等纂　民國二十五年(1936)鉛印本　四册　存十三卷(三十一至三十六、三十八至四十、四十三、一百二十九至一百三十一)

330000－1720－0004248　普 04122　類叢部/叢書類/彙編之屬

復性書院叢刊二十七種　馬浮輯　民國二十九年至三十七年(1940－1948)復性書院刻本暨鉛印本　二册　存二種

330000－1720－0004251　普 04125　史部/傳記類/總傳之屬/儒林

台學統一百卷　(清)王棻輯　民國七年(1918)吳興劉氏嘉業堂刻本　一册　存二卷(七十五至七十六)

330000－1720－0004267　普 04141　經部/詩類/傳說之屬

詩經集傳八卷　(宋)朱熹撰　民國天寶書局石印本　一册

330000－1720－0004271　普 04145　子部/宗教類/佛教之屬

佛學叢書　丁福保輯　民國上海醫學書局鉛印本暨影印本　一册　存一種

330000－1720－0004273　普 04147　集部/別集類

制義文不分卷　民國抄本　一册

330000－1720－0004281　普 04155　集部/總集類/酬唱之屬

韻接停雲不分卷　(明)沈周等撰　民國影印本　一册

330000－1720－0004285　普 04159　子部/儒家類/儒學之屬/蒙學

繪圖增注歷史三字經不分卷　民國上海天寶書局石印本　一册

330000－1720－0004286　普 04160　史部/傳記類/總傳之屬/家乘

[浙江黄巖]黄巖西橋王氏譜十二卷首一卷末一卷家集十卷　王舟瑶纂　民國六年(1917)木活字印本　一册　存二卷(黄巖西橋王氏譜八至九)

330000－1720－0004288　普 04162　集部/總集類/選集之屬/通代

鍾伯敬先生訂補千家詩圖註二卷　(明)鍾惺訂補　民國石印本　與 330000－1720－0004285 合册

330000－1720－0004290　普 04164　子部/醫家類/婦科之屬/產科

增補大生要旨五卷　(清)唐千頃纂　(清)馬振蕃續增　**經驗各種秘方輯要不分卷**　民國六年(1917)上海宏大印刷紙號石印本　一册

330000－1720－0004291　普 04165　子部/醫家類/婦科之屬/產科

葉氏女科證治四卷　(清)葉桂撰　民國石印本　二册　存二卷(二至三)

330000－1720－0004293　普 04167　子部/醫家類/兒科之屬/痘疹

痲科至寶沈氏痲科合編不分卷　民國十七年

(1928)石印本　一册

330000－1720－0004295　普 04169　集部/總集類/選集之屬/通代

改良鍾伯敬先生訂補千家詩圖注二卷　(明)鍾惺訂補　民國石印本　一册

330000－1720－0004297　普 04171　子部/醫家類/醫理之屬

醫理淺説一卷　劉崇勛撰　民國元年(1912)鉛印本　一册

330000－1720－0004298　普 04172　子部/醫家類/醫理之屬

醫理淺説一卷　劉崇勛撰　民國元年(1912)鉛印本　一册

330000－1720－0004299　普 04173　子部/醫家類/内科之屬/其他内科病證

傅青主男科二卷女科二卷産後編二卷　(清)傅山撰　民國五年(1916)上海鍊石齋書局石印本　一册

330000－1720－0004300　普 04174　子部/醫家類/内科之屬/其他内科病證

傅青主男科二卷女科二卷　(清)傅山撰　民國上海廣益書局石印本　一册　缺二卷(女科一至二)

330000－1720－0004301　普 04175　子部/醫家類/溫病之屬

溫病條辨六卷首一卷　(清)吴瑭撰　民國三年(1914)上海錦章圖書局石印本　一册

330000－1720－0004302　普 04176　子部/醫家類/婦科之屬/産科

達生編三卷補遺一卷附增急救良方一卷　(清)亟齋居士撰　**附錄一卷**　(清)金天基輯　民國十年(1921)杭州光華印局鉛印本　一册

330000－1720－0004305　普 04179　子部/醫家類/婦科之屬/産科

達生編二卷補遺一卷　(清)亟齋居士撰　民國十七年(1928)黄巖郏壽生等刻本　一册

330000－1720－0004319　普 04193　子部/醫家類/綜合之屬/通論

編註醫學入門八卷首一卷　(明)李梴編　民國二年(1913)上海校經山房石印本　何陋軒主人題簽並記　五册　缺二卷(六至七)

330000－1720－0004322　普 04196　史部/目録類/總録之屬/官修

黄巖九峯圖書館書目五卷續編四卷三編五卷　黄巖九峯圖書館編　民國十九年(1930)黄巖九峯圖書館鉛印本　一册　存九卷(續編一至四、三編一至五)

330000－1720－0004324　普 04198　子部/醫家類/傷科之屬

傷科醫書抄白不分卷　民國十九年(1930)王雲九抄本　王雲九題簽並記　一册

330000－1720－0004326　普 04200　史部/編年類/通代之屬

資治通鑑二百九十四卷　(宋)司馬光撰　(元)胡三省音注　民國鉛印本　二十一册　存一百五十四卷(三十六至四十二、九十七至一百三、一百十二至一百二十七、一百三十六至一百八十二、二百十八至二百九十四)

330000－1720－0004327　普 04201　史部/編年類/通代之屬

御批歷代通鑑輯覽一百二十卷　(清)傅恒等撰　民國石印本　二十二册　存八十二卷(一至四十六、五十八至九十三)

330000－1720－0004328　普 04202　經部/讖緯類/春秋緯之屬

春秋緯史集傳四十卷　(清)陳省欽撰　民國十三年(1924)陳鍾祺鉛印本　四册

330000－1720－0004330　普 04204　子部/農家農學類/園藝之屬/總志

佩文齋廣羣芳譜一百卷目錄二卷　(清)汪灝等撰　民國上海錦章圖書局石印本　四册　存十四卷(八十二至九十五)

330000－1720－0004332　普 04206　集部/詩文評類/詩評之屬

隨園詩話十六卷補遺十卷　(清)袁枚撰　民國十年(1921)上海掃葉山房石印本　四冊　存十七卷(一至十二、補遺一至五)

330000－1720－0004338　普04212　集部/別集類

嘯虹生詩鈔四卷續鈔三卷　邱煒萲撰　民國十一年(1922)鉛印本　一冊

330000－1720－0004341　普04215　史部/傳記類/總傳之屬/儒林

台學統一百卷　(清)王棻輯　民國七年(1918)吳興劉氏嘉業堂刻本　三冊　存七卷(一、四十至四十五)

330000－1720－0004353　普04227　類叢部/類書類/通類之屬

增補事類統編九十三卷首一卷　(清)黄葆真增輯　民國石印本　一冊　存八卷(五十一至五十八)

330000－1720－0004358　普04232　集部/詩文評類/詩評之屬

隨園詩話十六卷補遺十卷　(清)袁枚撰　民國上海文明書局石印本　一冊　存五卷(補遺六至十)

330000－1720－0004362　普04236　經部/小學類/文字之屬/字書

攷正玉堂字彙四卷　(清)知足子編　民國上海章福記書局石印本　一冊

330000－1720－0004366　普04240　經部/春秋左傳類/傳說之屬

左傳擷華二卷　林紓評選　民國十三年(1924)上海商務印書館鉛印本　二冊

330000－1720－0004367　普04241　集部/小說類/長篇之屬

三國演義一百二十回　(明)羅本撰　民國鉛印本　一冊　存二十九卷(二至三十)

330000－1720－0004368　普04242　經部/春秋左傳類/傳說之屬

春秋左傳句解六卷　(清)韓菼重訂　民國三年(1914)上海商務印書館鉛印本　二冊　存二卷(一、五)

330000－1720－0004369　普04243　經部/春秋左傳類/傳說之屬

左傳菁華錄二十四卷　吳曾祺評注　民國商務印書館鉛印本　三冊　存十二卷(一至四、九至十六)

330000－1720－0004370　普04244　集部/小說類/長篇之屬

歷代神仙通鑑三集二十二卷附圖一卷　(清)徐衜述　(清)李理　(清)王太素贊　(清)程毓奇續　民國上海江東茂記書局石印本　七冊　存六卷(五、十八至二十二)

330000－1720－0004371　普04245　經部/禮記類/傳說之屬

禮記集說十卷　(元)陳澔撰　民國中華書局鉛印本　九冊　缺一卷(四)

330000－1720－0004372　普04246　子部/宗教類/道教之屬/雜著

暗室燈二卷　(清)深山居士輯　民國石印本　一冊

330000－1720－0004376　普04250　子部/藝術類/書畫之屬/法帖

何紹基書詩帖不分卷　(清)何紹基書　民國影印本　一冊

330000－1720－0004378　普04252　經部/春秋左傳類/傳說之屬

春秋左傳五十卷　(晉)杜預　(宋)林堯叟註釋　(唐)陸德明音義　民國石印本　一冊　存二卷(十七至十八)

330000－1720－0004379　普04253　集部/總集類/選集之屬/通代

增補重訂千家詩註解二卷　(宋)謝枋得選　(清)汪相注　民國鑄記書局石印本　一冊

330000－1720－0004380　普04254　史部/傳記類/日記之屬

梅影庋日記不分卷　梅叔芬撰　民國三十五年(1946)稿本　一冊

330000－1720－0004394　普04268　經部/小學類/文字之屬/字書/字典

康熙字典十二集三十六卷總目一卷檢字一卷辨似一卷等韻一卷備考一卷補遺一卷　(清)張玉書等纂修　民國六年(1917)上海鴻寶齋書局石印本　五冊　缺九卷(寅集上中下、卯集上中下、辰集上中下)

330000－1720－0004395　普04269　集部/別集類

新編分類飲冰室文集全編二十卷　梁啓超撰　民國上海廣益書局石印本　一冊　存三卷(一至三)

330000－1720－0004396　普04270　子部/宗教類/其他宗教之屬/基督教

新約聖書不分卷　民國上海蘇格蘭聖經會鉛印本　一冊

330000－1720－0004397　普04271　類叢部/叢書類/彙編之屬

四部備要　中華書局編　民國二十五年(1936)上海中華書局縮印本　一冊　存一種

330000－1720－0004398　普04272　經部/小學類/文字之屬/字書/字典

康熙字典十二集三十六卷總目一卷檢字一卷辨似一卷等韻一卷備考一卷補遺一卷　(清)張玉書等纂修　民國上海商務印書館石印本　夏從我題記　四冊　存二十六卷(寅集上中下、卯集上中下、辰集上中下、巳集上中下、午集上中下、酉集上中下、戌集上中下、亥集上中下,備考,補遺)

330000－1720－0004400　普04274　經部/小學類/文字之屬/字書/字典

康熙字典十二集三十六卷總目一卷檢字一卷辨似一卷等韻一卷備考一卷補遺一卷　(清)張玉書等纂修　民國上海商務印書館石印本　一冊　存五卷(亥集上中下、備考、補遺)

330000－1720－0004401　普04275　子部/兵家類/兵法之屬

諸葛忠武侯兵法六卷年譜一卷　(清)張澍編　民國上海神州圖書局石印本　一冊　存五卷(三至六、年譜)

330000－1720－0004402　普04276　經部/小學類/文字之屬/字書/字典

康熙字典十二集三十六卷檢字一卷辨似一卷等韻一卷備考一卷補遺一卷　(清)張玉書等纂修　民國三年(1914)上海共和書局石印本　一冊　存八卷(子集上中下、丑集上中下,檢字,等韻)

330000－1720－0004403　普04277　經部/小學類/文字之屬/字書/字典

康熙字典十二集三十六卷總目一卷檢字一卷辨似一卷等韻一卷備考一卷補遺一卷　(清)張玉書等纂修　民國天寶書局石印本　王慶友題記　一冊　存九卷(寅集上中下、卯集上中下、辰集上中下)

330000－1720－0004408　普04282　子部/藝術類/書畫之屬/總論

江邨銷夏錄三卷　(清)高士奇撰　民國上海文瑞樓石印本　一冊　存一卷(三)

330000－1720－0004410　普04284　子部/雜著類/雜說之屬

樗盦筆記一卷　毛宗智撰　民國鉛印本　一冊

330000－1720－0004412　普04286　集部/總集類/選集之屬/通代

古文觀止十二卷　(清)吳乘權　(清)吳大職輯　民國上海商務印書館鉛印本　二冊　存四卷(三至四、十一至十二)

330000－1720－0004413　普04287　集部/總集類/選集之屬/通代

增批古文觀止十二卷　(清)吳乘權　(清)吳大職輯　民國十八年(1929)上海昌文書局石印本　芮鵬題記　一冊　存十卷(一至十)

330000－1720－0004414　普04288　經部/詩類/傳說之屬

詩經集傳八卷　(宋)朱熹撰　民國石印本　一冊　存一卷(五)

330000－1720－0004415　普04289　子部/雜

著類
窔奮記事不分卷　民國二年(1913)窔奮抄本　窔奮題簽並記　一冊

330000－1720－0004417　普04291　史部/傳記類/總傳之屬/家乘
[浙江黃巖]黃巖大路茅氏宗譜五卷　茅昌富等纂修　民國三十四年(1945)木活字印本　一冊　缺一卷(三)

330000－1720－0004418　普04292　子部/藝術類/書畫之屬/法帖
張伯淳重修學記帖不分卷　民國影印本　一冊

330000－1720－0004419　普04293　史部/傳記類/總傳之屬/家乘
[浙江黃巖]黃巖南安林氏支譜三卷首一卷末一卷　林丙修纂　民國六年(1917)一志書局石印本　三冊　缺一卷(二)

330000－1720－0004420　普04294　史部/傳記類/總傳之屬/家乘
[浙江黃巖]黃巖南安林氏支譜三卷首一卷末一卷　林丙修纂　民國六年(1917)一志書局石印本　一冊　存一卷(下)

330000－1720－0004422　普04296　史部/傳記類/總傳之屬/家乘
[浙江黃巖]黃巖南安林氏支譜三卷首一卷末一卷　林丙修纂　民國六年(1917)一志書局石印本　四冊

330000－1720－0004423　普04297　史部/傳記類/總傳之屬/家乘
[浙江路橋]柵橋鄔氏宗譜□□卷　民國二十六年(1937)木活字印本　二冊　存二卷(七、九)

330000－1720－0004425　普04299　史部/傳記類/總傳之屬/家乘
[浙江黃巖]東澗沈氏宗譜□□卷　民國二十六年(1937)木活字印本　沈鴻勤題簽並記　三冊　存二卷(一至二)

330000－1720－0004428　普04302　史部/傳記類/總傳之屬/家乘
[浙江黃巖]黃巖臨湖章氏宗譜十八卷首一卷　章育纂　民國二十九年(1940)鉛印本　八冊

330000－1720－0004429　普04303　史部/傳記類/總傳之屬/家乘
[浙江黃巖]重修黃巖洋嶼羅氏譜三十五卷首一卷　羅藻新等纂　民國六年(1917)木活字印本　六冊　存十一卷(二十五至三十五)

330000－1720－0004431　普04305　史部/傳記類/總傳之屬/家乘
[浙江黃巖]黃邑陡川張氏宗譜□□卷　張永忠修　張芹纂　民國二十四年(1935)木活字印本　五冊　存五卷(首,一、三至五)

330000－1720－0004432　普04306　史部/傳記類/總傳之屬/家乘
[浙江黃巖]黃巖鳳陽徐氏宗譜十六卷　劉勁甫纂修　民國十八年(1929)木活字印本　二冊　存二卷(十五至十六)

330000－1720－0004435　普04309　類叢部/叢書類/自著之屬
崇雅堂叢書十四種　楊晨撰　民國二十五年(1936)黃巖楊紹翰鉛印本　二冊　存一種

330000－1720－0004436　普04310　史部/傳記類/總傳之屬/家乘
[浙江黃巖]黃巖新橋管氏宗譜十六卷首一卷　管衡　管贊程總修　管介侯等纂修　民國二十一年(1932)木活字印本　八冊　存九卷(首,一至二、六至七、九至十、十二、十五)

330000－1720－0004438　普04312　史部/傳記類/總傳之屬/家乘
[浙江黃巖]柔橋王氏家譜八卷首一卷末一卷附編二卷　(清)王維祺纂　(清)王棻增修　王元續修　民國十七年(1928)木活字印本　六冊

330000－1720－0004439　普04313　史部/傳記類/總傳之屬/家乘
[浙江黃巖]柔橋王氏家譜八卷首一卷末一卷

附編二卷　(清)王維祺纂　(清)王棻增修　王元續修　民國十七年(1928)木活字印本　五冊　缺二卷(首、一)

330000－1720－0004440　普 04314　史部/傳記類/總傳之屬/家乘

[浙江黃巖]柔橋王氏家譜八卷首一卷末一卷附編二卷　(清)王維祺纂　(清)王棻增修　王元續修　民國十七年(1928)木活字印本　五冊　缺二卷(首、一)

330000－1720－0004442　普 04316　史部/傳記類/總傳之屬/家乘

[浙江臨海]臨海家子黃氏宗譜九卷　民國二十一年(1932)木活字印本　九冊

330000－1720－0004443　普 04317　史部/傳記類/總傳之屬/家乘

[浙江台州]螺洋鄭氏宗譜六卷　民國三十八年(1949)木活字印本　六冊

330000－1720－0004445　普 04319　史部/傳記類/總傳之屬/家乘

[浙江黃巖]黃邑方氏宗譜二卷　方永瑞等修　陳得龍纂　民國元年(1912)木活字印本　一冊

330000－1720－0004447　普 04321　子部/儒家類

修道錄一卷　朱鎔宙原稿　柯岷增潤　**集思錄一卷**　民國鉛印本　一冊

330000－1720－0004448　普 04322　子部/儒家類

修道錄一卷　朱鎔宙原稿　柯岷增潤　**集思錄一卷**　民國鉛印本　一冊

330000－1720－0004449　普 04323　子部/儒家類

修道錄一卷　朱鎔宙原稿　柯岷增潤　**集思錄一卷**　民國鉛印本　一冊

330000－1720－0004450　普 04324　子部/儒家類

修道錄一卷　朱鎔宙原稿　柯岷增潤　**集思錄一卷**　民國鉛印本　一冊

330000－1720－0004451　普 04325　子部/儒家類

修道錄一卷　朱鎔宙原稿　柯岷增潤　**集思錄一卷**　民國鉛印本　一冊

330000－1720－0004452　普 04326　子部/儒家類

修道錄一卷　朱鎔宙原稿　柯岷增潤　**集思錄一卷**　民國鉛印本　一冊

330000－1720－0004453　普 04327　子部/儒家類

修道錄一卷　朱鎔宙原稿　柯岷增潤　**集思錄一卷**　民國鉛印本　一冊

330000－1720－0004454　普 04328　子部/儒家類

修道錄一卷　朱鎔宙原稿　柯岷增潤　**集思錄一卷**　民國鉛印本　一冊

330000－1720－0004455　普 04329　子部/儒家類

修道錄一卷　朱鎔宙原稿　柯岷增潤　**集思錄一卷**　民國鉛印本　一冊

330000－1720－0004456　普 04330　子部/儒家類

修道錄一卷　朱鎔宙原稿　柯岷增潤　**集思錄一卷**　民國鉛印本　一冊

330000－1720－0004457　普 04331　子部/儒家類

修道錄一卷　朱鎔宙原稿　柯岷增潤　**集思錄一卷**　民國鉛印本　一冊

330000－1720－0004458　普 04332　子部/儒家類

修道錄一卷　朱鎔宙原稿　柯岷增潤　**集思錄一卷**　民國鉛印本　一冊

330000－1720－0004459　普 04333　子部/儒家類

修道錄一卷　朱鎔宙原稿　柯岷增潤　**集思錄一卷**　民國鉛印本　一冊

330000－1720－0004460　普 04334　子部/儒

家類

修道錄一卷 朱鎔宙原稿 柯岷增潤 **集思錄一卷** 民國鉛印本 一冊

330000－1720－0004461 普 04335 子部/儒家類

修道錄一卷 朱鎔宙原稿 柯岷增潤 **集思錄一卷** 民國鉛印本 一冊

330000－1720－0004462 普 04336 子部/儒家類

修道錄一卷 朱鎔宙原稿 柯岷增潤 **集思錄一卷** 民國鉛印本 一冊

330000－1720－0004463 普 04337 子部/儒家類

修道錄一卷 朱鎔宙原稿 柯岷增潤 **集思錄一卷** 民國鉛印本 一冊

330000－1720－0004464 普 04338 子部/儒家類

修道錄一卷 朱鎔宙原稿 柯岷增潤 **集思錄一卷** 民國鉛印本 一冊

330000－1720－0004465 普 04339 子部/儒家類

修道錄一卷 朱鎔宙原稿 柯岷增潤 **集思錄一卷** 民國鉛印本 一冊

330000－1720－0004466 普 04340 子部/儒家類

修道錄一卷 朱鎔宙原稿 柯岷增潤 **集思錄一卷** 民國鉛印本 一冊

330000－1720－0004467 普 04341 子部/儒家類

修道錄一卷 朱鎔宙原稿 柯岷增潤 **集思錄一卷** 民國鉛印本 一冊

330000－1720－0004468 普 04342 子部/儒家類

修道錄一卷 朱鎔宙原稿 柯岷增潤 **集思錄一卷** 民國鉛印本 一冊

330000－1720－0004469 普 04343 子部/儒家類

修道錄一卷 朱鎔宙原稿 柯岷增潤 **集思錄一卷** 民國鉛印本 一冊

330000－1720－0004470 普 04344 子部/儒家類

修道錄一卷 朱鎔宙原稿 柯岷增潤 **集思錄一卷** 民國鉛印本 一冊

330000－1720－0004471 普 04345 子部/儒家類

修道錄一卷 朱鎔宙原稿 柯岷增潤 **集思錄一卷** 民國鉛印本 一冊

330000－1720－0004472 普 04346 子部/儒家類

修道錄一卷 朱鎔宙原稿 柯岷增潤 **集思錄一卷** 民國鉛印本 一冊

330000－1720－0004473 普 04347 子部/儒家類

修道錄一卷 朱鎔宙原稿 柯岷增潤 **集思錄一卷** 民國鉛印本 一冊

330000－1720－0004474 普 04348 子部/儒家類

修道錄一卷 朱鎔宙原稿 柯岷增潤 **集思錄一卷** 民國鉛印本 一冊

330000－1720－0004475 普 04349 子部/儒家類

修道錄一卷 朱鎔宙原稿 柯岷增潤 **集思錄一卷** 民國鉛印本 一冊

330000－1720－0004476 普 04350 子部/儒家類

修道錄一卷 朱鎔宙原稿 柯岷增潤 **集思錄一卷** 民國鉛印本 一冊

330000－1720－0004477 普 04351 子部/儒家類

修道錄一卷 朱鎔宙原稿 柯岷增潤 **集思錄一卷** 民國鉛印本 一冊

330000－1720－0004478 普 04352 子部/儒家類

修道錄一卷 朱鎔宙原稿 柯岷增潤 **集思**

錄一卷　民國鉛印本　一冊

330000－1720－0004479　普04353　子部/儒家類

修道錄一卷　朱鎔宙原稿　柯岷增潤　**集思錄一卷**　民國鉛印本　一冊

330000－1720－0004480　普04354　子部/儒家類

修道錄一卷　朱鎔宙原稿　柯岷增潤　**集思錄一卷**　民國鉛印本　一冊

330000－1720－0004481　普04355　子部/儒家類

修道錄一卷　朱鎔宙原稿　柯岷增潤　**集思錄一卷**　民國鉛印本　一冊

330000－1720－0004482　普04356　子部/儒家類

修道錄一卷　朱鎔宙原稿　柯岷增潤　**集思錄一卷**　民國鉛印本　一冊

330000－1720－0004483　普04357　子部/儒家類

修道錄一卷　朱鎔宙原稿　柯岷增潤　**集思錄一卷**　民國鉛印本　一冊

330000－1720－0004484　普04358　子部/儒家類

修道錄一卷　朱鎔宙原稿　柯岷增潤　**集思錄一卷**　民國鉛印本　一冊

330000－1720－0004485　普04359　子部/儒家類

修道錄一卷　朱鎔宙原稿　柯岷增潤　**集思錄一卷**　民國鉛印本　一冊

330000－1720－0004486　普04360　子部/儒家類

修道錄一卷　朱鎔宙原稿　柯岷增潤　**集思錄一卷**　民國鉛印本　一冊

330000－1720－0004487　普04361　子部/儒家類

修道錄一卷　朱鎔宙原稿　柯岷增潤　**集思錄一卷**　民國鉛印本　一冊

330000－1720－0004488　普04362　子部/儒家類

修道錄一卷　朱鎔宙原稿　柯岷增潤　**集思錄一卷**　民國鉛印本　一冊

330000－1720－0004489　普04363　子部/儒家類

修道錄一卷　朱鎔宙原稿　柯岷增潤　**集思錄一卷**　民國鉛印本　一冊

330000－1720－0004490　普04364　史部/傳記類/總傳之屬/家乘

［浙江黃巖］黃邑解氏宗譜□□卷　民國十七年（1928）木活字印本　二冊　存三卷（四至五、十一）

330000－1720－0004493　普04367　子部/儒家類

修道錄一卷　朱鎔宙原稿　柯岷增潤　**集思錄一卷**　民國鉛印本　一冊

330000－1720－0004494　普04368　子部/儒家類

修道錄一卷　朱鎔宙原稿　柯岷增潤　**集思錄一卷**　民國鉛印本　一冊

330000－1720－0004495　普04369　子部/儒家類

修道錄一卷　朱鎔宙原稿　柯岷增潤　**集思錄一卷**　民國鉛印本　一冊

330000－1720－0004496　普04370　子部/儒家類

修道錄一卷　朱鎔宙原稿　柯岷增潤　**集思錄一卷**　民國鉛印本　一冊

330000－1720－0004497　普04371　子部/儒家類

修道錄一卷　朱鎔宙原稿　柯岷增潤　**集思錄一卷**　民國鉛印本　一冊

330000－1720－0004499　普04372　子部/儒家類

修道錄一卷　朱鎔宙原稿　柯岷增潤　**集思錄一卷**　民國鉛印本　一冊

330000－1720－0004500　普04373　子部/儒家類
修道錄一卷　朱鎔宙原稿　柯岷增潤　**集思錄一卷**　民國鉛印本　一册

330000－1720－0004501　普04374　子部/儒家類
修道錄一卷　朱鎔宙原稿　柯岷增潤　**集思錄一卷**　民國鉛印本　一册

330000－1720－0004502　普04375　子部/儒家類
修道錄一卷　朱鎔宙原稿　柯岷增潤　**集思錄一卷**　民國鉛印本　一册

330000－1720－0004503　普04376　子部/儒家類
修道錄一卷　朱鎔宙原稿　柯岷增潤　**集思錄一卷**　民國鉛印本　一册

330000－1720－0004504　普04377　子部/儒家類
修道錄一卷　朱鎔宙原稿　柯岷增潤　**集思錄一卷**　民國鉛印本　一册

330000－1720－0004505　普04378　子部/儒家類
修道錄一卷　朱鎔宙原稿　柯岷增潤　**集思錄一卷**　民國鉛印本　一册

330000－1720－0004506　普04379　子部/儒家類
修道錄一卷　朱鎔宙原稿　柯岷增潤　**集思錄一卷**　民國鉛印本　一册

330000－1720－0004507　普04380　子部/儒家類
修道錄一卷　朱鎔宙原稿　柯岷增潤　**集思錄一卷**　民國鉛印本　一册

330000－1720－0004508　普04381　子部/儒家類
修道錄一卷　朱鎔宙原稿　柯岷增潤　**集思錄一卷**　民國鉛印本　一册

330000－1720－0004509　普04382　子部/儒家類
修道錄一卷　朱鎔宙原稿　柯岷增潤　**集思錄一卷**　民國鉛印本　一册

330000－1720－0004510　普04383　子部/儒家類
修道錄一卷　朱鎔宙原稿　柯岷增潤　**集思錄一卷**　民國鉛印本　一册

330000－1720－0004511　普04384　子部/儒家類
修道錄一卷　朱鎔宙原稿　柯岷增潤　**集思錄一卷**　民國鉛印本　一册

330000－1720－0004512　普04385　子部/儒家類
修道錄一卷　朱鎔宙原稿　柯岷增潤　**集思錄一卷**　民國鉛印本　一册

330000－1720－0004513　普04386　子部/儒家類
修道錄一卷　朱鎔宙原稿　柯岷增潤　**集思錄一卷**　民國鉛印本　一册

330000－1720－0004514　普04387　子部/儒家類
修道錄一卷　朱鎔宙原稿　柯岷增潤　**集思錄一卷**　民國鉛印本　一册

330000－1720－0004515　普04388　子部/儒家類
修道錄一卷　朱鎔宙原稿　柯岷增潤　**集思錄一卷**　民國鉛印本　一册

330000－1720－0004516　普04390　史部/傳記類/總傳之屬/家乘
[浙江黃巖]台黃西山林氏宗譜二卷首一卷　林文營修　林順富纂　民國十五年(1926)黃巖陳貞元抄本　二册

330000－1720－0004518　普04392　史部/傳記類/總傳之屬/家乘
[浙江台州]家子周氏宗譜二十一卷首一卷末一卷　周載熙　周祖濂纂修　民國二十一年(1932)木活字印本　三册　存五卷(首,一至二、五、十五)

330000－1720－0004520　普 04394　史部/政書類/公牘檔冊之屬

國民政府現行公文程式大全十二卷　上海廣智書局編　民國廣智書店石印本　一冊　存三卷(三至五)

330000－1720－0004530　普 04404　史部/傳記類/總傳之屬/家乘

[浙江黃巖]山東周氏宗譜二卷　民國四年(1915)木活字印本　三冊

330000－1720－0004532　普 04406　類叢部/類書類/專類之屬

古今楹聯類纂十二卷附慶弔雜件備覽二卷　雲后編輯　民國二十一年(1932)上海會文堂新記書局石印本　十冊

330000－1720－0004533　普 04407　史部/傳記類/總傳之屬/家乘

[浙江台州]台臨柵浦蘇氏宗譜三卷　蘇銘森等纂修　民國二十八年(1939)木活字印本　四冊

330000－1720－0004534　普 04408　子部/術數類/相宅相墓之屬

地理秘抄不分卷　陳夢編　稿本　一冊

330000－1720－0004537　普 04411　集部/別集類

橫河拙稿不分卷　陳夢賚撰　民國十四年(1925)稿本　一冊

330000－1720－0004538　普 04412　集部/總集類/選集之屬/通代

零金不分卷　陳夢賚編　稿本　一冊

330000－1720－0004539　普 04413　史部/傳記類/總傳之屬/家乘

[浙江臨海]臨海善溪甘氏宗譜七卷首一卷　葉睿纂修　民國二年(1913)葉氏棲靜山房木活字印本　三冊

330000－1720－0004540　普 04414　類叢部/叢書類/郡邑之屬

湖北先正遺書七十二種七百二十七卷　盧靖編　民國十二年(1923)沔陽盧氏慎始基齋影印本　三冊　存二種

330000－1720－0004541　普 04415　集部/總集類/選集之屬/斷代

唐宋遺風不分卷　民國心備抄本　一冊

330000－1720－0004542　普 04416　集部/總集類/選集之屬/斷代

唐文絜四卷　民國六年(1917)上海掃葉山房石印本　一冊　存二卷(一至二)

330000－1720－0004544　普 04418　子部/儒家類/儒學之屬

古今格言四卷　江畬經編纂　民國上海商務印書館鉛印本　一冊　存一卷(一)

330000－1720－0004545　普 04419　集部/總集類/選集之屬/斷代

詩文類選不分卷　民國徇蓀氏抄本　一冊

330000－1720－0004547　普 04421　集部/別集類/宋別集

東坡和陶合箋四卷　(宋)蘇軾撰　(清)溫汝能輯　民國十七年(1928)上海掃葉山房石印本　一冊

330000－1720－0004548　普 04422　集部/總集類/選集之屬/通代

詳註經史百家雜鈔二十六卷　(清)曾國藩纂　民國二十五年(1936)上海會文堂新記書局石印本　四冊　存六卷(十八至十九、二十二至二十三、二十五至二十六)

330000－1720－0004549　普 04423　子部/醫家類/養生之屬

天隱子養生書一卷　(唐)司馬永禎撰　**保生要錄一卷**　(宋)蒲處貫撰　**保生月錄一卷**　(唐)韋行規撰　**養生月錄一卷**　(宋)姜蛻撰　**攝生要錄一卷**　(明)沈仕撰　民國抄本　一冊

330000－1720－0004551　普 04425　史部/傳記類/總傳之屬/家乘

[浙江黃巖]黃邑楊畧陳氏宗譜□□卷　陳顯揚修　管樂周纂　民國十八年(1929)抄本　二冊　存二卷(上、二)

330000－1720－0004552　普04426　史部/政書類/公牘檔冊之屬

黃巖閩西育嬰堂徵信錄不分卷　喻時敏輯　民國十八年(1929)黃巖企成印務局鉛印本　一冊

330000－1720－0004556　普04430　集部/總集類/課藝之屬

論説範本四卷　杜瀚生撰　民國上海會文學社石印本　一冊　存一卷(四)

330000－1720－0004558　普04432　子部/儒家類/儒學之屬/禮教/家訓

朱柏廬先生治家格言(朱子家訓)一卷　(清)朱用純撰　民國上海育古山房影印本　一冊

330000－1720－0004559　普04433　集部/别集類

黔驢之技不分卷　陳瑞麒　陳夢賚撰　稿本　一冊

330000－1720－0004560　普04434　經部/小學類/文字之屬/字書/訓蒙

新式初等造句範本二卷　曹芝清編輯　民國十三年(1924)上海世界書局石印本　一冊　存一卷(下)

330000－1720－0004561　普04435　經部/小學類/文字之屬/字書/字體

真草隸篆四體千字文不分卷　(晉)王羲之書　民國上海文元書局石印本　□□題記　一冊

330000－1720－0004566　普04440　集部/小説類/長篇之屬

歷代神仙通鑑三集二十二卷附圖一卷　(清)徐衜述　(清)李理　(清)王太素贊　(清)程毓奇續　民國上海江東茂記書局石印本　六冊　存六卷(十二至十七)

330000－1720－0004567　普04441　集部/别集類/唐五代别集

唐陸宣公集二十二卷　(唐)陸贄撰　民國六年(1917)上海會文堂書局石印本　四冊

330000－1720－0004568　普04442　經部/春秋左傳類/傳説之屬

加批輯註東萊博議四卷　(宋)呂祖謙撰　劉鍾英輯註　**增補虚字備考註釋六卷**　(清)張文炳撰　民國二十年(1931)上海掃葉山房石印本　四冊

330000－1720－0004569　普04443　經部/春秋左傳類/傳説之屬

言文對照評註東萊博議四卷　(宋)呂祖謙撰　陳和祥編輯　民國十九年(1930)上海掃葉山房石印本　四冊

330000－1720－0004570　普04444　集部/詩文評類/制藝之屬

策論好詞科不分卷　民國抄本　齏白題記　一冊

330000－1720－0004571　普04445　子部/道家類

關尹子文始經一卷　(宋)陳顯微註　民國抄本　一冊

330000－1720－0004572　普04446　子部/藝術類/書畫之屬/法帖

宋拓太清樓書譜不分卷　(唐)孫過庭書　民國上海有正書局影印本　一冊

330000－1720－0004574　普04447　子部/雜著類/雜考之屬

雜抄不分卷　民國抄本　向莽居士、思省齋主人題記　一冊

330000－1720－0004575　普04448　新學/化學/化學

化學偶筆不分卷　濂希氏撰　民國抄本　一冊

330000－1720－0004577　普04450　子部/醫家類/方書之屬/單方驗方

增評醫方集解二十三卷增補本草備要八卷重校舊本湯頭歌訣一卷　(清)汪昂著輯　民國三年(1914)上海共和書局石印本　一冊　存七卷(增補本草備要三至八、重校舊本湯頭歌訣)

330000－1720－0004578　普04451　經部/小

學類/文字之屬/字書/字典
康熙字典十二集三十六卷總目一卷檢字一卷辨似一卷等韻一卷備考一卷補遺一卷 （清）張玉書等纂修　民國上海天寶書局石印本　一册　存九卷（寅集上中下、卯集上中下、辰集上中下）

330000－1720－0004580　普 04453　經部/小學類/音韻之屬/韻書
廣韻五卷 （宋）陳彭年等修　**宋本廣韻校札一卷** （清）黎庶昌撰　民國上海涵芬樓影印本　一册　存二卷（五、宋本廣韻校札）

330000－1720－0004581　普 04454　經部/春秋左傳類/傳說之屬
評點春秋綱目左傳句解彙雋六卷 （清）韓菼重訂　民國石印本　一册

330000－1720－0004582　普 04455　經部/春秋左傳類/傳說之屬
春秋左傳句解六卷 （清）韓菼重訂　民國上海商務印書館鉛印本　二册　存二卷（四至五）

330000－1720－0004583　普 04456　集部/別集類/清別集
兩當軒集二十二卷 （清）黃景仁撰　**兩當軒集攷異二卷附錄四卷** （清）黃志述輯　民國抄本　一册　存三卷（四至六）

330000－1720－0004584　普 04457　子部/雜著類/雜纂之屬
增智囊補二十八卷 （明）馮夢龍輯　民國石印本　一册　存七卷（八至十四）

330000－1720－0004585　普 04458　經部/四書類/孟子之屬/傳說
言文對照孟子讀本七卷　民國石印本　一册　存一卷（六）

330000－1720－0004586　普 04459　經部/春秋左傳類/傳說之屬
曲江書屋新訂批註左傳快讀十八卷首一卷 （清）李紹崧輯　民國石印本　二册　存二卷（十三至十四）

330000－1720－0004587　普 04460　子部/宗教類/道教之屬
長春祖師語錄不分卷 （元）丘處機撰　民國石印本　一册

330000－1720－0004588　普 04461　子部/醫家類/傷寒金匱之屬/傷寒論
傷寒瘟疫條辯六卷 （清）楊璿撰　（清）楊鼎編　民國石印本　一册　存一卷（六）

330000－1720－0004590　普 04463　子部/醫家類/眼科之屬
中西眼科學講義不分卷　汪洋總纂　顧鳴盛編輯　汪奎東增訂　民國鉛印本　一册

330000－1720－0004601　普 04474　史部/政書類/公牘檔册之屬
國民政府公文程式大觀二編　民國石印本　一册

330000－1720－0004618　普 04491　子部/宗教類/道教之屬
呂祖訂正太乙救苦真經一卷 （清）劉沅註　民國影印本　一册

330000－1720－0004619　普 04492　子部/道家類
忠恕道德大成經三卷　民國十四年（1925）北京天華館鉛印本　一册

330000－1720－0004620　普 04493　子部/儒家類
修道錄一卷　朱鎔宙原稿　柯岷增潤　**集思錄一卷**　民國鉛印本　一册

330000－1720－0004621　普 04494　子部/儒家類
修道錄一卷　朱鎔宙原稿　柯岷增潤　**集思錄一卷**　民國鉛印本　一册

330000－1720－0004622　普 04495　子部/儒家類
修道錄一卷　朱鎔宙原稿　柯岷增潤　**集思錄一卷**　民國鉛印本　一册

330000－1720－0004623　普 04496　子部/儒

家類

修道錄一卷 朱鎔宙原稿 柯岷增潤 **集思錄一卷** 民國鉛印本 一册

330000－1720－0004624 普 04497 集部/總集類/酬唱之屬

僧裝小像唱和集二卷首一卷 王純熙輯 民國十五年(1926)上海書局鉛印本 一册

330000－1720－0004625 普 04498 子部/儒家類/儒學之屬/禮教/鑑戒

人道大義錄不分卷 夏震武撰 民國鉛印本 一册

330000－1720－0004626 普 04499 子部/儒家類/儒學之屬/禮教/鑑戒

人道大義錄不分卷 夏震武撰 民國鉛印本 一册

330000－1720－0004635 普 04508 類叢部/叢書類/彙編之屬

仰視千七百二十九鶴齋叢書四集三十一種 (清)趙之謙編 民國十八年(1929)紹興墨潤堂書苑據清光緒六年(1880)會稽趙氏刻本影印本 四册 存十種

330000－1720－0004637 普 04510 子部/術數類/數學之屬

河洛精蘊九卷 (清)江永撰 **河洛精蘊附編三卷** (明)宋濂 (明)王偉撰 民國十四年(1925)上海千頃堂書局石印本 四册 存八卷(一至三、六至七,附編一至三)

330000－1720－0004638 普 04511 子部/雜著類/雜說之屬

冷廬雜識八卷 (清)陸以湉撰 民國四年(1915)掃葉山房石印本 四册

330000－1720－0004639 普 04512 集部/小說類/長篇之屬

歷代神仙通鑑三集二十二卷附圖一卷 (清)徐衜述 (清)李理 (清)王太素贊 (清)程毓奇續 民國上海江東茂記書局石印本 八册 存七卷(四、十八至二十二,圖)

330000－1720－0004641 普 04514 子部/小說家類/異聞之屬

搜神記二十卷 (晉)干寶撰 **搜神後記十卷** (晉)陶潛撰 民國九年(1920)上海掃葉山房石印本 一册 存十卷(搜神記一至十)

330000－1720－0004659 普 04532 子部/宗教類/道教之屬/戒律

太上寶筏圖說八卷 (清)黄正元撰 民國石印本 一册 存一卷(義)

330000－1720－0004660 普 04533 子部/儒家類/儒學之屬/禮教

明心寶鑑不分卷 (清)李琛輯 民國四年(1915)刻本 李洛遜、積悌題簽並記 王冠玉題記 一册

330000－1720－0004662 普 04535 子部/宗教類/道教之屬

唱道真言五卷 (清)鶴臞子輯 民國六年(1917)上海翼化堂石印本 一册

330000－1720－0004667 普 4540 子部/藝術類/書畫之屬/畫譜

分類畫範自習畫譜大全三集二十四卷 馬駘繪 民國上海世界書局石印本 一册 存一卷(花鳥畫譜上)

330000－1720－0004672 普 04545 子部/儒家類/儒學之屬/禮教/女範

最新繪圖女兒經一卷 民國上海天寶書局石印本 一册

330000－1720－0004673 普 04546 子部/儒家類/儒學之屬/禮教/女範

最新繪圖女兒經一卷 民國上海鍊石書局石印本 一册

330000－1720－0004676 普 04549 新學/學校

初等小學修身教科書不分卷 陳懋功 汪濤編 民國元年(1912)上海中華書局石印本 一册

330000－1720－0004681 普 04554 經部/小學類/文字之屬/字書/字體

六書通十卷 (清)閔齊伋撰 (清)畢弘述篆

訂　民國石印本　四冊　存八卷(三至十)

330000－1720－0004683　普 04556　集部/總集類/選集之屬/斷代
紅梵精舍女弟子集三卷　顧憲融選　民國十七年(1928)鉛印本　一冊

330000－1720－0004687　普 04560　子部/藝術類/書畫之屬/畫譜
芥子園畫傳初集六卷二集九卷三集六卷　(清)王槩　(清)王蓍　(清)王臬輯　民國石印本　四冊　存六卷(初集三、二集六至九、三集五)

330000－1720－0004689　普 04562　子部/宗教類/道教之屬
濟一子證道秘書十七種　(清)傅金銓輯　民國上海江左書林石印本　一冊　存一種

330000－1720－0004690　普 04563　子部/術數類
象吉備要通書二十九卷　(清)魏鑑撰　民國上海廣益書局石印本　五冊　存十二卷(七至九、十一至十三、二十四至二十九)

330000－1720－0004698　普 04571　經部/四書類/總義之屬/傳說
新訂四書補註備旨十卷　(明)鄧林撰　(清)鄧煜編　(清)杜定基增訂　民國天寶書局石印本　一冊　存二卷(論語三至四)

330000－1720－0004701　普 04574　集部/總集類/選集之屬/通代
評註古文讀本六卷　林景亮撰　民國二十一年(1932)上海中華書局鉛印本　王英華題記　一冊　存一卷(五)

330000－1720－0004703　普 04576　經部/四書類/總義之屬/傳說
新訂四書補註備旨十卷　(明)鄧林撰　(清)鄧煜編　(清)杜定基增訂　民國五年(1916)上海鴻文恒記書局石印本　張亭粱題記　四冊　缺四卷(論語三至四,孟子一、四)

330000－1720－0004704　普 04577　集部/總集類/郡邑之屬
瀏陽二傑文二卷　(清)譚嗣同　(清)唐才常撰　民國鉛印本　一冊　存一卷(二)

330000－1720－0004706　普 04579　集部/詩文評類/類編之屬
箋註隨園詩話十六卷補遺十卷　(清)袁枚撰　雷瑨註釋　民國上海掃葉山房石印本　五冊　存十二卷(九至十六、補遺七至十)

330000－1720－0004711　普 04584　經部/四書類/總義之屬/傳說
銅版四書集註　(宋)朱熹集註　民國石印本　一冊　存二種

330000－1720－0004715　普 04588　經部/四書類/總義之屬/傳說
言文對照廣註四書讀本十九卷　世界書局編輯所編輯　民國上海世界書局石印本　二冊　存三卷(論語三至四、中庸一)

330000－1720－0004717　普 04590　集部/別集類
寒莊文編二卷外編一卷　虞輝祖撰　民國十年(1921)、十二年(1923)上海聚珍倣宋印書局鉛印本　一冊　存一卷(外編)

330000－1720－0004720　普 04593　集部/總集類/選集之屬/斷代
靈峯小識不分卷　富陽靈峯精舍編輯　民國十六年(1927)浙江富陽靈峯精舍鉛印本　一冊

330000－1720－0004725　普 04598　子部/醫家類/綜合之屬/通論
御纂醫宗金鑑九十卷首一卷　(清)吳謙等撰　民國鉛印本　金泉題記　三冊　存八卷(外科十一至十六、內科三十四至三十五)

330000－1720－0004726　普 04599　集部/小說類/長篇之屬
增像全圖三國演義十六卷一百二十回　(明)羅本撰　(清)毛宗崗評　民國石印本　一冊　存一卷(十四)

330000－1720－0004727　普 04600　類叢部/叢書類/自著之屬

勴堂遺書八種　顧家相撰　民國八年至十九年(1919－1930)會稽顧氏鉛印本　二冊　存二種

330000－1720－0004731　普 04604　史部/政書類/邦交之屬

清季外交史料六種　(清)王彥威輯　王亮編　民國二十一年至二十四年(1932－1935)北平外交史料編纂處鉛印本　十二冊　存一種

330000－1720－0004732　普 04605　子部/宗教類/道教之屬/戒律

太上寶筏圖說八卷　(清)黄正元撰　民國石印本　一冊　存一卷(廉)

330000－1720－0004736　普 04609　集部/詩文評類/文法之屬

中國文法通論不分卷　劉復撰　民國八年(1919)北京大學出版部鉛印本　吟雪跋　□德題記　一冊

330000－1720－0004738　普 04611　集部/別集類/清別集

秋水軒尺牘二卷　(清)許思湄撰　**雪鴻軒尺牘二卷**　(清)龔萼撰　民國上海鴻寶齋書局石印本　一冊　存一卷(一)

330000－1720－0004740　普 04613　子部/醫家類/醫理之屬/病源病機

重刊巢氏諸病源候總論五十卷　(隋)巢元方等撰　民國石印本　一冊　存八卷(二十三至三十)

330000－1720－0004741　普 04614　經部/春秋左傳類/傳說之屬

春秋左傳句解六卷　(清)韓菼重訂　民國上海商務印書館鉛印本　一冊　存一卷(五)

330000－1720－0004742　普 04615　經部/春秋左傳類/傳說之屬

春秋左傳句解六卷　(清)韓菼重訂　民國上海商務印書館鉛印本　二冊　存二卷(五至六)

330000－1720－0004745　普 04618　經部/春秋左傳類/傳說之屬

春秋左傳五十卷　(晉)杜預　(宋)林堯叟註釋　(唐)陸德明音義　民國上海商務印書館鉛印本　十冊　存四十一卷(一至四十一)

330000－1720－0004746　普 04619　史部/傳記類/總傳之屬

柏堂師友言行記四卷　(清)方宗誠輯　民國十五年(1926)京華印書局鉛印本　一冊

330000－1720－0004747　普 04620　史部/傳記類/總傳之屬

柏堂師友言行記四卷　(清)方宗誠輯　民國十五年(1926)京華印書局鉛印本　一冊

330000－1720－0004753　普 04626　子部/雜著類/雜考之屬

日知錄集釋三十二卷之餘四卷栞誤二卷續栞誤二卷　(清)黄汝成撰　民國上海掃葉山房石印本　五冊　存十四卷(集釋二十三至三十、之餘一至二、栞誤一至二、續栞誤一至二)

330000－1720－0004755　普 04628　集部/小說類/長篇之屬

第一才子書六十卷一百二十回　(明)羅本撰　(清)毛宗崗　(清)金人瑞評　民國鉛印本　七冊　存二十八卷(二十九至三十二、三十七至六十)

330000－1720－0004756　普 04629　子部/雜著類/雜考之屬

困學紀聞注二十卷首一卷　(清)翁元圻撰　民國上海文瑞樓石印本　一冊　存二卷(九至十)

330000－1720－0004758　普 04631　史部/傳記類/總傳之屬/斷代

敏求軒述記十六卷　(清)陳世箴輯　民國上海掃葉山房石印本　二冊　存八卷(五至八、十三至十六)

330000－1720－0004759　普 04632　集部/小說類/長篇之屬

繡像紅樓圓夢四卷三十一回　臨鶴山人作　民國十七年(1928)石印本　一冊　存一卷(一)

330000－1720－0004763　普04636　史部/金石類/金之屬/文字

積古齋鐘鼎彝器款識十卷　（清）阮元撰　民國十三年（1924）上海掃葉山房石印本　五冊

330000－1720－0004764　普04637　經部/小學類/文字之屬/字書/古文

鐘鼎字源五卷附錄一卷　（清）汪立名撰　民國十四年（1925）上海掃葉山房石印本　三冊

330000－1720－0004766　普04639　集部/總集類/郡邑之屬

莆風清籟集六十卷　（清）鄭王臣輯選　民國刻本　十冊　存三十五卷（十三至十五、二十二至五十三）

330000－1720－0004767　普04640　史部/傳記類/別傳之屬/事狀

紹興王臥山先生百齡追紀徵文集不分卷　王福珅　王家襄輯　民國十二年（1923）鉛印本　二冊

330000－1720－0004768　普04641　集部/詩文評類/文法之屬

修辭學發凡不分卷　陳望道編述　民國油印本　二冊

330000－1720－0004779　普04652　史部/目録類

書目和提要不分卷　民國鉛印本　一冊

330000－1720－0004781　普04654　子部/雜著類/雜說之屬

論衡三十卷　（漢）王充撰　民國十四年（1925）上海掃葉山房石印本　六冊

330000－1720－0004782　普04655　子部/雜著類/雜說之屬

論衡三十卷　（漢）王充撰　民國上海掃葉山房石印本　六冊

330000－1720－0004784　普04657　類叢部/叢書類/彙編之屬

四部叢刊　張元濟等編　民國上海商務印書館影印本　八冊　存一種

330000－1720－0004785　普04658　集部/總集類

鍾呂二子詩一卷　（清）李調元輯　民國十一年（1922）守經堂刻本　一冊

330000－1720－0004788　普04661　子部/宗教類/道教之屬

太上感應篇註講證案彙編四卷首一卷　釋印光鑒定　民國十二年（1923）上海中華書局鉛印本　張□題簽並記　一冊　存二卷（三至四）

330000－1720－0004791　普04664　子部/雜著類

歷史感應統紀四卷首一卷　許止淨編纂　民國十八年（1929）鉛印本　四冊

330000－1720－0004795　普04668　子部/宗教類/道教之屬

文昌帝君遏慾文不分卷勸孝文不分卷　民國石印本　一冊

330000－1720－0004797　普04670　子部/宗教類/道教之屬

文昌帝君遏慾文不分卷關聖帝君解冤文不分卷　民國成都廸毅印刷社石印本　一冊

330000－1720－0004798　普04671　史部/傳記類/日記之屬

翁文恭公日記不分卷（清咸豐八年至光緒三十年）　（清）翁同龢撰　民國十四年（1925）上海商務印書館影印本　一冊　存壬戌

330000－1720－0004804　普04677　集部/詩文評類/詩評之屬

雪橋詩話十二卷　楊鍾羲撰　民國二年（1913）南林劉氏求恕齋刻本　崇寔題記　十二冊

330000－1720－0004805　普04678　新學/理學/文學

四年級國文讀本四卷　上海工業專門學校編　民國八年（1919）上海工業專門學校鉛印本　二冊　存二卷（三至四）

330000－1720－0004806　普04679　新學/

學校
專科國文讀本二卷 上海工業專門學校編 民國鉛印本 一冊 存一卷(上編)

330000－1720－0004809 普04682 經部/春秋左傳類/傳說之屬
評點春秋綱目左傳句解彙雋六卷 (清)韓菼重訂 民國上海掃葉山房石印本 吳在朝題簽並記 一冊 存一卷(一)

330000－1720－0004824 普04697 經部/春秋左傳類/傳說之屬
加批輯註東萊博議四卷 (宋)呂祖謙撰 劉鍾英輯註 **增補虛字備考註釋六卷** (清)張文炳撰 民國九年(1920)上海掃葉山房石印本 一冊 存一卷(一)

330000－1720－0004825 普04698 集部/別集類/清別集
春吟回文一卷 (清)李暘撰 民國上海掃葉山房石印本 一冊

330000－1720－0004828 普04701 子部/宗教類/其他宗教之屬/基督教
頌主聖歌不分卷 民國十三年(1924)上海商務印書館鉛印本 一冊

330000－1720－0004830 普04703 集部/曲類/彈詞之屬
繡像全圖再生緣全傳二十卷八十回 (清)陳端生撰 民國鑄記書局石印本 二冊 存十卷(十一至二十)

330000－1720－0004833 普04706 集部/小說類/長篇之屬
繪圖劍俠奇中奇六卷四十八回 民國石印本 一冊 存一卷(三)

330000－1720－0004835 普04708 子部/醫家類/眼科之屬
傅氏眼科審視瑤函六卷首一卷醫案一卷圖說一卷 (明)傅仁宇纂輯 (明)林长生校補 (清)傅維藩編集 民國上海錦章圖書局石印本 一冊 存一卷(二)

330000－1720－0004836 普04709 子部/小說家類/異聞之屬
太平廣記五百卷 (宋)李昉等撰 民國上海掃葉山房石印本 五冊 存六十二卷(二百八十至二百九十二、三百六至三百十八、三百四十四至三百五十六、四百二十八至四百三十九、四百五十一至四百六十一)

330000－1720－0004837 普04710 子部/小說家類/異聞之屬
遯窟讕言十二卷 (清)王韜撰 民國二年(1913)惜陰書屋石印本 樂僧題簽 三冊 存六卷(一至四、九至十)

330000－1720－0004838 普04711 類叢部/類書類/專類之屬
古今楹聯類纂十二卷附慶弔雜件備覽二卷 雲后編輯 民國十一年(1922)上海會文堂書局石印本 三冊 存四卷(七至八、十,慶弔雜件備覽下)

330000－1720－0004839 普04712 集部/小說類/長篇之屬
洞冥記十卷三十八回 (清)呂惟一輯 民國上海宏大善書局石印本 一冊 存二卷(九至十)

330000－1720－0004843 普04716 集部/小說類/長篇之屬
繡像紅樓圓夢四卷三十一回 臨鶴山人作 民國石印本 一冊 存一卷(四)

330000－1720－0004848 普04721 子部/宗教類/佛教之屬/律
三皈五戒正範□□卷 民國瑪瑙經房刻本 一冊 存一卷(一)

330000－1720－0004849 普04722 集部/戲劇類/傳奇之屬
長生殿二卷五十齣 (清)洪昇撰 民國十七年(1928)上海掃葉山房石印本 一冊 存一卷(上)

330000－1720－0004850 普04723 集部/小說類/長篇之屬
繡像評演接續後部濟公傳十二卷一百二十回

郭廣瑞撰　民國上海廣益書局石印本　五冊　存十卷(一至十)

330000－1720－0004851　普04724　集部/曲類/寶卷之屬
張氏三娘賣花寶卷全集一卷　民國上海文益書局、杭州聚元堂書局石印本　任巖舜題簽並記　一冊

330000－1720－0004852　普04725　集部/曲類/寶卷之屬
新刻王小姐烏金記全集一卷　民國上海陶明記書莊石印本　與330000－1720－0004851、330000－1720－0004853合冊

330000－1720－0004853　普04726　集部/曲類/曲藝之屬
新刻說唱擺花張四姐大鬧東京傳一卷　民國上海文益書局石印本　與330000－1720－0004851、330000－1720－0004852合冊

330000－1720－0004855　普04728　集部/小說類/長篇之屬
繪圖清史演義八卷六十四回　陸士諤撰　民國石印本　三冊　存三卷(二至三、五)

330000－1720－0004856　普04729　集部/小說類/長篇之屬
繪圖清朝演義十二卷六十回　陸士諤撰　民國上海江東書局石印本　八冊　存八卷(三至十)

330000－1720－0004858　普04731　集部/小說類/長篇之屬
燕山外史註釋八卷　(清)陳球撰　(清)傅聲谷輯註　民國五年(1916)上海會文堂石印本　二冊

330000－1720－0004859　普04732　集部/小說類/長篇之屬
精訂綱鑑廿四史通俗衍義六卷四十四回首一卷　(清)呂撫撰　民國上海錦章圖書局石印本　二冊

330000－1720－0004860　普04733　集部/小說類/長篇之屬
精訂綱鑑廿四史通俗衍義六卷四十四回首一卷　(清)呂撫撰　民國石印本　一冊　存一卷(三)

330000－1720－0004862　普04735　集部/小說類/長篇之屬
精訂綱鑑廿四史通俗衍義六卷四十四回首一卷　(清)呂撫撰　民國石印本　三冊　存三卷(三至四、六)

330000－1720－0004864　普04737　史部/目録類/總録之屬/彙刻
影印指海樣本一卷　大東書局編　民國二十年(1931)上海大東書局影印本　一冊

330000－1720－0004874　普04747　子部/宗教類/其他宗教之屬/基督教
默想寶鑑六卷　民國鉛印本　一冊　存一卷(四)

330000－1720－0004878　普04751　子部/宗教類/佛教之屬
佛學叢書　丁福保輯　民國上海醫學書局鉛印本暨影印本　一冊　存一種

330000－1720－0004886　普04759　史部/史抄類
史記菁華錄六卷　(清)姚祖恩輯評　民國鉛印本　二冊　存二卷(四、六)

330000－1720－0004887　普04760　子部/宗教類/道教之屬
清規元妙全真參訪內外集二卷　(清)閔一得輯　民國十六年(1927)上海玄妙觀韓至真影印本　一冊

330000－1720－0004900　普04773　集部/小說類/長篇之屬
繪圖封神演義八卷一百回　(明)許仲琳撰　(明)鍾惺評　民國上海進步書局石印本　一冊　存一卷(八)

330000－1720－0004903　普04776　集部/小說類/長篇之屬
增像全圖三國演義十六卷一百二十回　(明)羅本撰　(清)毛宗崗評　民國石印本　一冊

存二卷(十三至十四)

330000－1720－0004904　普04777　集部/小說類/長篇之屬

繡像封神演義八卷一百回　(明)許仲琳撰　(明)鍾惺評　民國石印本　一冊　存一卷(四)

330000－1720－0004906　普04779　集部/小說類/長篇之屬

繡像封神演義八卷一百回　(明)許仲琳撰　(明)鍾惺評　民國石印本　一冊　存一卷(八)

330000－1720－0004907　普04780　集部/小說類/長篇之屬

繪圖封神演義八卷一百回　(明)許仲琳撰　(明)鍾惺評　民國九年(1920)石印本　羅金榮題簽並記　一冊

330000－1720－0004910　普04783　集部/小說類/長篇之屬

繪圖封神演義八卷一百回　(明)許仲琳撰　(明)鍾惺評　民國石印本　一冊　存一卷(四)

330000－1720－0004911　普04784　集部/小說類/長篇之屬

繪圖封神演義□□卷□□回　(明)許仲琳撰　(明)鍾惺評　民國石印本　一冊　存一卷(六)

330000－1720－0004914　普04787　集部/小說類/長篇之屬

繡像全圖封神演義八卷一百回　(明)許仲琳撰　(明)鍾惺評　民國石印本　一冊　存一卷(六)

330000－1720－0004917　普04790　集部/小說類/長篇之屬

繡像全圖封神演義八卷一百回　(明)許仲琳撰　(明)鍾惺評　民國石印本　一冊　存一卷(六)

330000－1720－0004918　普04791　集部/小說類/長篇之屬

繪圖封神演義八卷一百回　(明)許仲琳撰　(明)鍾惺評　民國上海天寶書局石印本　四冊　存六卷(一至二、五至八)

330000－1720－0004921　普04794　子部/小說家類/雜事之屬

履園藂話二十四卷　(清)錢泳輯　民國蘇州振新書社石印本　吟香館主題簽並記　五冊　存十五卷(七至九、十三至二十四)

330000－1720－0004922　普04795　集部/小說類/長篇之屬

增像全圖西遊記二十五卷一百回　(明)吳承恩撰　(清)陳士斌詮解　民國鉛印本　一冊　存五卷(十一至十五)

330000－1720－0004925　普04798　集部/總集類/選集之屬/通代

鍾伯敬先生訂補千家詩圖註二卷　(明)鍾惺訂補　民國石印本　一冊　存一卷(下)

330000－1720－0004927　普04800　集部/別集類/金別集

元遺山詩集箋注十四卷　(金)元好問撰　(元)張德輝類次　(清)施國祁箋　**元遺山詩集箋注年譜一卷**　(清)施國祁訂　**元遺山全集附錄一卷**　(明)儲瓘輯　(清)華希閔增　**元遺山全集補載一卷**　(清)施國祁輯　民國十二年(1923)掃葉山房石印本　八冊

330000－1720－0004929　普04802　子部/宗教類/佛教之屬

方等八經八卷　民國上海佛學推行社鉛印本　一冊

330000－1720－0004930　普04803　類叢部/叢書類/自著之屬

詳註曾文正公全集十六種附四種　(清)曾國藩撰　(清)李瀚章編輯　雷瑨　倪錫恩註　民國上海掃葉山房石印本　九冊　存一種

330000－1720－0004931　普04804　集部/詩文評類/詩評之屬

金詩紀事十六卷　陳衍輯　民國二十五年(1936)上海商務印書館鉛印本　一冊　存二

卷(八至九)

330000－1720－0004932　普 04805　子部/儒家類

修道錄一卷　朱鎔宙原稿　柯岷增潤　**集思錄一卷**　民國鉛印本　一冊

330000－1720－0004933　普 04806　集部/戲劇類/雜劇之屬

隨園戲墨四卷　(清)袁枚編　民國石印本　一冊　存一卷(三)

330000－1720－0004935　普 04808　集部/小說類/短篇之屬

詳註聊齋誌異圖詠十六卷　(清)蒲松齡撰　(清)呂湛恩注　民國石印本　六冊　存六卷(五至七、十三至十五)

330000－1720－0004936　普 04809　子部/儒家類/儒學之屬/俗訓

格言合璧不分卷　(清)金纓輯　民國八年(1919)上海宏大善書總發行所石印本　一冊

330000－1720－0004937　普 04810　集部/別集類/漢魏六朝別集

庾子山集十六卷　(北周)庾信撰　(清)倪璠註釋　**庾集總釋一卷庾子山年譜一卷**　(清)倪璠撰　民國十二年(1923)掃葉山房石印本　十二冊

330000－1720－0004938　普 04811　集部/小說類/短篇之屬

詳註聊齋志異圖詠十六卷　(清)蒲松齡撰　(清)呂湛恩注　民國石印本　一冊　存八卷(九至十六)

330000－1720－0004940　普 04813　集部/小說類/短篇之屬

詳註聊齋志異圖詠十六卷　(清)蒲松齡撰　(清)呂湛恩注　民國石印本　一冊　存二卷(七至八)

330000－1720－0004941　普 04814　集部/小說類/短篇之屬

詳註聊齋志異圖詠十六卷　(清)蒲松齡撰　(清)呂湛恩注　民國上海簡青齋書局石印本　一冊　存二卷(一至二)

330000－1720－0004943　普 04816　集部/小說類/短篇之屬

詳註聊齋志異圖詠十六卷　(清)蒲松齡撰　(清)呂湛恩注　民國上海天寶書局石印本　一冊　存六卷(一至六)

330000－1720－0004944　普 04817　集部/小說類/短篇之屬

詳註聊齋志異圖詠十六卷　(清)蒲松齡撰　(清)呂湛恩注　民國上海天寶書局石印本　一冊　存二卷(一至二)

330000－1720－0004946　普 04819　集部/小說類/短篇之屬

詳註聊齋志異圖詠十六卷　(清)蒲松齡撰　(清)呂湛恩注　民國上海錦章圖書局石印本　一冊　存二卷(一至二)

330000－1720－0004949　普 04822　集部/小說類/短篇之屬

詳註聊齋志異圖詠十六卷　(清)蒲松齡撰　(清)呂湛恩注　民國石印本　二冊　存二卷(七至八)

330000－1720－0004951　普 04824　集部/總集類/選集之屬/通代

古文析義初編六卷二編八卷　(清)林雲銘評註　民國中華書局石印本　郎耀題簽並記　一冊　存二卷(七至八)

330000－1720－0004956　普 04829　集部/小說類/短篇之屬

聊齋志異新評十六卷　(清)蒲松齡撰　(清)王士禛評　(清)呂湛恩注　(清)但明倫新評　民國上海鑄記書局石印本　五冊　存五卷(十一至十三、十五至十六)

330000－1720－0004958　普 04831　集部/小說類/短篇之屬

聊齋志異新評十六卷　(清)蒲松齡撰　(清)王士禛評　(清)呂湛恩注　(清)但明倫新評　民國上海會文堂石印本　八冊　存八卷(九至十六)

330000－1720－0004959　普 04832　子部/宗教類/道教之屬
參同契闡幽三卷　（漢）魏伯陽撰　（清）朱元育闡幽　民國四年（1915）守經堂刻本　二冊　存二卷（上、中）

330000－1720－0004960　普 04833　集部/小說類/短篇之屬
聊齋志異新評十六卷　（清）蒲松齡撰　（清）王士禛評　（清）呂湛恩注　（清）但明倫新評　民國上海中新書局鉛印本　四冊　存四卷（十三至十六）

330000－1720－0004961　普 04834　集部/小說類/長篇之屬
增像全圖東周列國志八卷首一卷一百八回　（清）蔡奡評點　民國石印本　一冊　存二卷（三至四）

330000－1720－0004962　普 04835　集部/別集類/清別集
柔橋文鈔十六卷　（清）王棻撰　民國三年（1914）上海國光書局鉛印本　一冊　存二卷（十五至十六）

330000－1720－0004963　普 04836　集部/小說類/長篇之屬
東周列國全志二十七卷一百八回　（清）蔡奡評點　民國上海元昌書局石印本　一冊　存三卷（三至五）

330000－1720－0004965　普 04838　集部/小說類/長篇之屬
增像全圖東周列國志二十七卷一百八回　（清）蔡奡評點　民國石印本　一冊　存八卷（八至十五）

330000－1720－0004971　普 04844　集部/小說類/長篇之屬
東周列國全志八卷一百八回　（清）蔡奡評點　民國上海天寶書局石印本　一冊　存二卷（七至八）

330000－1720－0004972　普 04845　類叢部/類書類/通類之屬
策學新纂八卷拾遺二卷策式一卷策佐一卷　（清）方懋朝纂　民國石印本　三冊　存九卷（二至八、拾遺一至二）

330000－1720－0004974　普 04847　集部/別集類/漢魏六朝別集
陶淵明文集十卷　（晉）陶潛撰　民國十四年（1925）海左書局石印本　洛逐莊題簽並記　四冊

330000－1720－0004976　普 04849　集部/小說類/長篇之屬
東周列國全志八卷一百八回　（清）蔡奡評點　民國鍊石齋書局石印本　五冊　存五卷（三至七）

330000－1720－0004977　普 04850　集部/小說類/長篇之屬
評註圖像水滸傳三十五卷七十回首一卷　（元）施耐庵撰　（清）金人瑞評　民國石印本　一冊　存二卷（首、一）

330000－1720－0004979　普 04852　集部/戲劇類/傳奇之屬
桃花扇二卷四十齣　（清）孔尚任撰　民國上海掃葉山房石印本　二冊　存一卷（下）

330000－1720－0004980　普 04853　集部/小說類/長篇之屬
繡像繪圖蕩寇志八卷末一卷　（清）俞萬春撰　（清）范辛來　（清）邵祖恩評　民國上海進步書局石印本　四冊

330000－1720－0004982　普 04855　集部/別集類/明別集
疑雨集註四卷　（明）王彥泓撰　丁國鈞注　民國四年（1915）上海掃葉山房石印本　一冊

330000－1720－0004983　普 04856　類叢部/類書類/通類之屬
事類統編九十三卷首一卷　（清）林意誠撰　民國石印本　一冊　存四卷（二十六至二十九）

330000－1720－0004984　普 04857　集部/小說類/長篇之屬

繪像結水滸全傳八卷七十回　(清)俞萬春撰　(清)范辛來　(清)邵祖恩參評　民國上海天寶書局石印本　四冊　存四卷(三至四、六至七)

330000－1720－0004986　普 04859　集部/小說類/長篇之屬

繪像結水滸全傳八卷七十回附結子一回　(清)俞萬春撰　(清)范辛來　(清)邵祖恩參評　民國上海錦章圖書局石印本　八冊

330000－1720－0004987　普 04860　集部/別集類/明別集

青邱高季迪先生詩集十八卷首一卷遺詩一卷扣舷集一卷附錄一卷鳧藻集五卷　(明)高啓撰　(清)金檀輯注　民國三年(1914)東吳浦氏石印本　八冊　存十六卷(青邱高季迪先生詩集首、十至十八,遺詩,鳧藻集一至五)

330000－1720－0004989　普 04862　集部/小說類/長篇之屬

繪圖增像第五才子書水滸全傳八卷七十回首一卷　(元)施耐庵撰　(清)金人瑞評釋　民國十一年(1922)上海昌文書局石印本　一冊　存七卷(首,一至六)

330000－1720－0004991　普 04864　集部/小說類/長篇之屬

繪圖增像第五才子書水滸全傳八卷七十回首一卷　(元)施耐庵撰　(清)金人瑞評釋　民國石印本　一冊　存一卷(二)

330000－1720－0004992　普 04865　集部/小說類/長篇之屬

後水滸蕩平四大寇傳六卷四十九回　(明)陳忱撰　民國石印本　一冊　存一卷(三)

330000－1720－0004994　普 04867　集部/小說類/長篇之屬

繪圖增像第五才子書水滸全傳七十回首一回　(元)施耐庵撰　(清)金人瑞評釋　民國石印本　一冊　存六回(三十五至四十)

330000－1720－0004995　普 04868　集部/小說類/長篇之屬

繪圖增像第五才子書水滸全傳十卷七十回首一卷　(元)施耐庵撰　(清)金人瑞評釋　民國石印本　一冊　存五卷(首、一至四)

330000－1720－0004996　普 04869　集部/小說類/長篇之屬

評註圖像水滸傳十二卷七十回首一卷　(元)施耐庵撰　(清)金人瑞評　民國十三年(1924)上海元昌書局石印本　十一冊　缺一卷(九)

330000－1720－0004997　普 04870　經部/四書類/總義之屬/傳說

四書正文　民國四年(1915)上海章福記書局石印本　一冊　存一種

330000－1720－0005000　普 04873　子部/儒家類/儒學之屬/禮教

明心寶鑑不分卷　(清)李琛輯　民國四年(1915)刻本　一冊

330000－1720－0005002　普 04875　子部/宗教類/佛教之屬

佛學叢書　民國上海商務印書館鉛印本　一冊　存一種

330000－1720－0005010　普 04883　史部/地理類/山川之屬/山志

雁蕩新便覽不分卷　蔣叔南編纂　民國十一年(1922)鉛印本　一冊

330000－1720－0005013　普 04886　集部/別集類/明別集

嶠雅二卷　(明)鄺露撰　民國影印本　一冊

330000－1720－0005020　普 04893　子部/醫家類/綜合之屬/通論

醫學從眾錄八卷　(清)陳念祖撰　民國石印本　一冊　存四卷(五至八)

330000－1720－0005022　普 04895　類叢部/叢書類/彙編之屬

四部備要　中華書局編　民國二十五年(1936)上海中華書局鉛印本　一冊　存一種

330000－1720－0005023　普 04896　集部/詩

文評類/詩評之屬
學詩入門一卷 達文社編 民國二十一年(1932)上海達文社鉛印本 一冊

330000－1720－0005027 普04900 子部/雜家類
精神錄不分卷 陳江山撰 民國臺灣嘉義蘭記圖書部石印本 一冊

330000－1720－0005028 普04901 子部/道家類
南華真經解六卷 (清)宣穎撰 民國十五年(1926)上海中原書局石印本 一冊

330000－1720－0005029 普04902 新學/雜著
交際錦囊不分卷 教育圖書館編輯 民國上海教育圖書館石印本 一冊

330000－1720－0005032 普04905 集部/戲劇類/雜劇之屬
隨園戲墨四卷 (清)袁枚編 民國七年(1918)震華書社石印本 三冊 存三卷(二至四)

330000－1720－0005034 普04907 經部/書類/傳說之屬
書經集註六卷 (宋)蔡沈撰 民國上海廣益書局石印本 一冊 存三卷(一至三)

330000－1720－0005035 普04908 子部/小說家類/異聞之屬
閱微草堂筆記二十四卷 (清)紀昀撰 民國上海中華圖書館石印本 五冊 存十八卷(七至二十四)

330000－1720－0005036 普04909 集部/曲類/寶卷之屬
金鎖寶卷一卷 民國二十四年(1935)浙江黃巖普利堂善書房木活字印本 一冊

330000－1720－0005037 普04910 經部/易類/傳說之屬
周易本義四卷附易圖一卷卦歌一卷筮儀一卷五贊一卷 (宋)朱熹撰 民國七年(1918)鴻文書局石印本 一冊 缺四卷(二至四、五贊)

330000－1720－0005038 普04911 集部/總集類/彙編之屬
詩文雜鈔不分卷 民國抄本 一冊

330000－1720－0005039 普04912 經部/易類/傳說之屬
周易本義四卷圖說一卷 (宋)朱熹撰 民國十三年(1924)上海天寶書局石印本 一冊

330000－1720－0005043 普04916 史部/傳記類/别傳之屬/事狀
黃母蘇太夫人哀思錄不分卷 黃秉義撰 民國九年(1920)影印本 一冊

330000－1720－0005045 普04918 史部/傳記類/别傳之屬/事狀
黃母蘇太夫人哀思錄不分卷 黃秉義撰 民國九年(1920)影印本 一冊

330000－1720－0005046 普04919 史部/傳記類/别傳之屬/事狀
黃母蘇太夫人哀思錄不分卷 黃秉義撰 民國九年(1920)影印本 一冊

330000－1720－0005047 普04920 史部/傳記類/别傳之屬/事狀
黃母蘇太夫人哀思錄不分卷 黃秉義撰 民國九年(1920)影印本 一冊

330000－1720－0005048 普04921 經部/四書類/總義之屬/傳說
新訂四書補註備旨十卷 (明)鄧林撰 (清)鄧煜編 (清)杜定基增訂 民國五年(1916)上海鴻文恒記書局石印本 張亭梁題記 一冊 存一卷(孟子四)

330000－1720－0005049 普04922 子部/宗教類/佛教之屬
破邪論不分卷 (唐)釋法琳撰 民國抄本 一冊

330000－1720－0005052 普04925 經部/小學類/訓詁之屬/字詁
助字辨略五卷 (清)劉淇撰 民國上海古書

流通處據海源閣刻本影印本　五冊

330000－1720－0005053　普04926　子部/宗教類/佛教之屬/論
十門辯惑論一卷附錄一卷　(唐)釋復禮撰　民國北京中央刻經院鉛印本　一冊

330000－1720－0005054　普04927　子部/儒家類/儒學之屬/禮教
明心寶鑑二卷　(清)道癡子輯　民國十二年(1923)溫邑王天成石印書局石印本　一冊

330000－1720－0005056　普04929　集部/詞類/詞韻之屬
詞學初桄八卷　吳莽漢輯　民國九年(1920)上海朝記書莊鉛印本　三冊　存三卷(一至二、七)

330000－1720－0005057　普04930　子部/宗教類/道教之屬/戒律
陰隲果報圖注不分卷　(清)彭啟豐撰　(清)吳友如繪　民國上海宏大善書局石印本　一冊

330000－1720－0005058　普04931　子部/術數類/相宅相墓之屬
秘傳水龍經五卷　(清)蔣平階輯訂　民國三年(1914)上海江左書林石印本　二冊　存三卷(一、三至四)

330000－1720－0005059　普04932　集部/詞類/詞話之屬
無師自通填詞百法二卷　顧憲融編纂　民國十四年(1925)上海崇新書局鉛印本　一冊　存一卷(下)

330000－1720－0005060　普04933　集部/小說類/長篇之屬
第一才子書六十卷一百二十回　(明)羅本撰　(清)毛宗崗　(清)金人瑞評　民國鉛印本　一冊　存四卷(三十三至三十六)

330000－1720－0005061　普04934　子部/宗教類/道教之屬
關聖帝君親解覺世真經一卷　民國上海明善書局石印本　一冊

330000－1720－0005062　普04935　子部/宗教類/其他宗教之屬/基督教
默想寶鑑六卷　民國鉛印本　一冊　存一卷(三)

330000－1720－0005065　普04938　子部/宗教類/佛教之屬
逃禪錄一卷　陳源撰　民國鉛印本　一冊

330000－1720－0005066　普04939　子部/宗教類/佛教之屬
二課合解七卷首一卷　釋興慈撰　民國十年(1921)揚州藏經院刻本　一冊　存三卷(五至七)

330000－1720－0005067　普04940　子部/宗教類/佛教之屬/經疏
心經六家註六卷　民國上海商務印書館鉛印本　一冊

330000－1720－0005071　普04944　經部/春秋左傳類/傳說之屬
評點春秋綱目左傳句解彙雋六卷　(清)韓菼重訂　民國十八年(1929)上海昌文書局石印本　一冊

330000－1720－0005072　普04945　子部/宗教類/佛教之屬/經咒
慈悲水懺法三卷　(唐)釋知玄撰　民國十七年(1928)黃邑釋靈華刻本　一冊

330000－1720－0005076　普04949　集部/別集類
晚綠居詩藁四卷首一卷詩餘一卷　周茂榕撰　方積鈺　江五民編次　民國五年(1916)寧波鈞和公司鉛印本　答雪題記　一冊　存三卷(三至四、詩餘)

330000－1720－0005077　普04950　集部/小說類/長篇之屬
增像全圖西遊記二十五卷一百回　(明)吳承恩撰　(清)陳士斌詮解　民國鉛印本　五冊　存十二卷(四至九、十八至二十、二十三至二十五)

330000－1720－0005079　普04952　集部/詩

文評類/文評之屬

文學研究法四卷　姚永樸撰　民國十五年(1926)上海商務印書館鉛印本　三冊　存三卷(一、三至四)

330000－1720－0005080　普04953　集部/詩文評類/文評之屬

韓文研究法一卷柳文研究法一卷　林紓撰　民國九年(1920)上海商務印書館鉛印本　一冊

330000－1720－0005081　普04954　經部/小學類/文字之屬/字書/字典

正草隸篆四體大字典十二卷　陳龢祥等編

文字源流攷一卷　王大錯纂述　民國上海掃葉山房石印本　二冊　存四卷(子、丑、申、酉)

330000－1720－0005082　普04955　集部/小說類/長篇之屬

繪圖加批西遊記八卷一百回　(明)吳承恩撰　(清)陳士斌詮解　民國八年(1919)上海共和書局石印本　一冊　存一卷(一)

330000－1720－0005083　普04956　集部/別集類/清別集

言文對照分類詳註秋水軒尺牘四卷　(清)許思湄撰　許家恩譯　民國石印本　一冊　存一卷(三)

330000－1720－0005084　普04957　集部/小說類/長篇之屬

繪圖增像西遊記八卷一百回　(明)吳承恩撰　(清)陳士斌詮解　民國上海錦章書局石印本　一冊　存三卷(二至四)

330000－1720－0005085　普04958　集部/總集類/選集之屬/斷代

註釋唐詩三百首四卷　(清)蘅塘退士(孫洙)編　民國四年(1915)上海天寶書局石印本　一冊　存二卷(一至二)

330000－1720－0005087　普04960　集部/小說類/長篇之屬

繪圖增像西遊記八卷一百回　(明)吳承恩撰　(清)陳士斌詮解　民國上海中華書局石印本　一冊　存四卷(一至四)

330000－1720－0005088　普04961　集部/總集類/彙編之屬

當代八家文鈔　胡君復編　民國上海商務印書館鉛印本　一冊　存一種

330000－1720－0005089　普04962　子部/醫家類/針灸之屬/通論

增補繪圖鍼灸大成十二卷　(明)楊繼洲撰　(清)章廷珪重修　民國十九年(1930)上海昌文書局石印本　一冊

330000－1720－0005090　普04963　集部/詞類/詞譜之屬

白香詞譜一卷　(清)舒夢蘭輯　民國上海錦章圖書局石印本　一冊

330000－1720－0005093　普04966　集部/詩文評類/文法之屬/函牘格式

分類尺牘淵海不分卷　民國石印本　志遠題記　五冊　存五冊(七至九、十三至十四)

330000－1720－0005095　普04968　集部/小說類/短篇之屬

聊齋志異新評十六卷　(清)蒲松齡撰　(清)王士禎評　(清)呂湛恩注　(清)但明倫新評　民國上海鑄記書局石印本　一冊　存一卷(九)

330000－1720－0005097　普04970　集部/小說類/長篇之屬

繡像精忠演義說岳全傳八卷八十回　(清)錢彩編次　(清)金豐增訂　民國上海廣益書局石印本　丁成華題簽並記　二冊

330000－1720－0005098　普04971　集部/小說類/長篇之屬

繡像洪秀全演義十集三十二卷一百七十四回　黃世仲撰　民國石印本　一冊　存一卷(初集一)

330000－1720－0005099　普04972　集部/戲劇類/雜劇之屬

增像第六才子書五卷首一卷　(元)王實甫

(元)關漢卿撰 (清)金人瑞評 民國元年(1912)石印本 一冊

330000－1720－0005100 普 04973 集部/小說類/長篇之屬
繪圖紅樓夢十卷一百二十回 (清)曹霑 (清)高鶚撰 民國石印本 一冊 存四卷(四至七)

330000－1720－0005103 普 04976 集部/小說類/長篇之屬
增評加批金玉緣圖說一百二十卷首一卷一百二十回 (清)曹霑 (清)高鶚撰 (清)蝶薌仙史評訂 民國石印本 四冊 存四十一卷(十七至三十三、四十二至四十九、六十四至七十二、一百七至一百十三)

330000－1720－0005107 普 04980 集部/小說類/長篇之屬
增像全圖加批西遊記八卷一百回 (明)吳承恩撰 (清)陳士斌詮解 民國上海天寶書局石印本 張佐廷、張震夫題簽並記 一冊

330000－1720－0005108 普 04981 集部/別集類/清別集
新體廣註雪鴻軒尺牘二卷 (清)龔萼撰 朱詩隱 徐慎幾註 民國上海廣文書局石印本 一冊 存一卷(上)

330000－1720－0005109 普 04982 集部/別集類/清別集
新體廣註秋水軒尺牘二卷 (清)許思湄撰 陸翔註 民國十四年(1925)上海世界書局石印本 二冊

330000－1720－0005110 普 04983 集部/小說類/長篇之屬
增像全圖加批西遊記□□卷一百回 (明)吳承恩撰 (清)陳士斌詮解 民國石印本 一冊 存二卷(五至六)

330000－1720－0005111 普 04984 集部/小說類/長篇之屬
增像全圖加批西遊記八卷一百回 (明)吳承恩撰 (清)陳士斌詮解 民國上海天寶書局石印本 二冊 存四卷(一至二、七至八)

330000－1720－0005112 普 04985 集部/別集類/清別集
曾文正公家書十卷家訓二卷 (清)曾國藩撰 **曾文正公大事記三卷榮哀錄一卷** (清)王定安編 民國上海鑄記書局石印本 一冊 存四卷(大事記一至三、榮哀錄)

330000－1720－0005113 普 04986 集部/小說類/長篇之屬
增像全圖加批西遊記八卷一百回 (明)吳承恩撰 (清)陳士斌詮解 民國上海天寶書局石印本 一冊 存四卷(五至八)

330000－1720－0005115 普 04988 集部/詩文評類/文法之屬
中國最新仕商尺牘教科書二卷 周天鵬撰 民國二年(1913)上海會文學社石印本 哲亭氏題記 一冊

330000－1720－0005116 普 04989 集部/戲劇類/傳奇之屬
蝶歸樓傳奇□□卷三十齣綴一齣補一齣 (清)今樵居士填詞 (清)古樵道人正譜 民國鉛印本 一冊 存一卷(上)

330000－1720－0005117 普 04990 子部/醫家類/方書之屬/單方驗方
便易經驗集一卷 (清)毛世洪輯 (清)汪瑜增訂 民國八年(1919)上海宏大善書局石印本 一冊

330000－1720－0005119 普 04992 子部/天文曆算類/曆法之屬
新攷訂正民國適用增廣時憲臺曆袖裏璇璣星命須知一卷附訂正萬年書一卷 民國十八年(1929)石印本 一冊

330000－1720－0005120 普 04993 集部/詩文評類/文法之屬/函牘格式
言文對照普通新尺牘十八卷附錄一卷 世界書局編輯所編輯 民國上海世界書局石印本 一冊 存三卷(七至九)

330000－1720－0005123 普 04996 集部/曲

類/彈詞之屬
繡像繪圖天雨花二十卷六十回　民國二十一年(1932)上海錦章圖書局石印本　十冊

330000－1720－0005124　普04997　集部/總集類/尺牘之屬
中華新文牘類纂三十五卷　會文堂編者編　民國八年(1919)上海會文堂石印本　一冊　存六卷(二十三至二十八)

330000－1720－0005126　普04999　集部/小說類/長篇之屬
繡像繪圖東晉演義八卷西晉演義四卷　(清)陳氏尺蠖齋評釋　民國上海進步書局石印本　三冊

330000－1720－0005129　普05002　集部/總集類/尺牘之屬
分類音註實用新尺牘八卷　民國七年(1918)石印本　五冊　存五卷(二至五、七)

330000－1720－0005132　普05005　子部/雜著類/雜考之屬
讀書雜志八十二卷餘編二卷　(清)王念孫撰　民國掃葉山房石印本　一冊　存二卷(荀子一至二)

330000－1720－0005134　普05007　子部/宗教類/道教之屬
關帝明聖真經一卷附關帝靈籤一卷　民國上海科學書局石印本　林四房題簽並記　一冊

330000－1720－0005136　普05009　子部/醫家類/眼科之屬
眼科良方一卷研究良方一卷　(清)葉桂撰　民國上海宏大善書局石印本　儒範題簽並記　一冊

330000－1720－0005138　普05011　子部/儒家類/儒學之屬/蒙學
重增繪圖幼學故事瓊林四卷　(清)程登吉撰　(清)鄒聖脈增補　蔡郕續增　民國上海會文堂書局石印本　一冊　存一卷(二)

330000－1720－0005142　普05015　子部/儒家類/儒學之屬/蒙學
繪圖歷史三字經一卷　民國上海萃英書局石印本　一冊

330000－1720－0005144　普05017　子部/儒家類/儒學之屬/蒙學
蒙學千字文一卷　民國上海天寶書局石印本　與330000－1720－0005142合一冊

330000－1720－0005147　普05020　集部/小說類/長篇之屬
新編江浙大戰演義十二回　民國捷成書局石印本　一冊

330000－1720－0005149　普05022　集部/詩文評類/文法之屬/函牘格式
詳註通用尺牘六卷附錄二卷　中華書局編輯　民國上海中華書局鉛印本　二冊　存二卷(詳註通用尺牘一至二)

330000－1720－0005150　普05023　經部/小學類/音韻之屬/韻書
詩韻集成五卷　(清)余照輯　民國石印本　一冊

330000－1720－0005151　普05024　子部/小說家類/異聞之屬
談異八卷　(清)伊園撰　民國三年(1914)上海掃葉山房石印本　一冊　存二卷(一至二)

330000－1720－0005152　普05025　史部/傳記類/別傳之屬/事狀
宋教仁被刺記不分卷　民國石印本　一冊

330000－1720－0005157　普05030　集部/總集類/課藝之屬
全國學生國文成績文庫甲編二十卷乙編二十卷　盧壽籛選輯　民國上海崇文書局鉛印本　一冊　存四卷(甲編八至十一)

330000－1720－0005158　普05031　經部/孝經類/傳說之屬
孝經白話解說一卷　朱領中撰　民國上海明善書局石印本　一冊

330000－1720－0005159　普05032　經部/四書類/總義之屬/傳說

四書集註十九卷　(宋)朱熹撰　民國二十五年(1936)三友實業社石印本　一冊

330000－1720－0005160　普 05033　子部/醫家類/方書之屬/單方驗方
增訂驗方別錄初集不分卷　鄭奮揚輯　徐有成增訂　民國八年(1919)寧波中華衛生公會、餘姚衛生公會書報社鉛印本　一冊

330000－1720－0005163　普 05036　子部/醫家類/方書之屬/單方驗方
增訂驗方別錄二集不分卷　鄭奮揚輯　徐有成增訂　民國八年(1919)寧波中華衛生公會、餘姚衛生公會書報社鉛印本　一冊

330000－1720－0005167　普 05040　子部/雜著類
歷史感應統紀四卷首一卷　許止淨編纂　民國十八年(1929)鉛印本　二冊　存二卷(三至四)

330000－1720－0005169　普 05042　經部/小學類/文字之屬/字書/字典
康熙字典十二集三十六卷總目一卷檢字一卷辨似一卷等韻一卷備考一卷補遺一卷　(清)張玉書等纂修　民國上海商務印書館石印本　二冊　缺十五卷(寅集上中下、卯集上中下、辰集上中下、巳集上中下、午集上中下)

330000－1720－0005171　普 05044　類叢部/類書類/專類之屬
詩學含英十四卷　(清)劉文蔚輯　民國八年(1919)上海鑄記書局石印本　一冊　存四卷(一至四)

330000－1720－0005172　普 05045　集部/總集類/尺牘之屬
分類廣註花月尺牘二卷　民國石印本　一冊　存一卷(一)

330000－1720－0005176　普 05049　類叢部/叢書類/自著之屬
舜水遺書四種附錄一卷　(明)朱之瑜撰　民國二年(1913)山陰湯壽潛鉛印本　十二冊

330000－1720－0005177　普 05050　類叢部/叢書類/彙編之屬
宋人小說二十八種　涵芬樓編　民國上海商務印書館鉛印本　一冊　存一種

330000－1720－0005178　普 05051　子部/宗教類/其他宗教之屬/基督教
理窟九卷　(清)李杕撰　民國九年(1920)上海土山灣印書館鉛印本　一冊　存四卷(一至四)

330000－1720－0005180　普 05053　史部/目錄類/總錄之屬/官修
黃巖九峯圖書館書目五卷　黃巖九峯圖書館編　民國黃巖九峯圖書館鉛印本　一冊　存三卷(三至五)

330000－1720－0005181　普 05054　集部/小說類/長篇之屬
增訂繪圖精忠說岳全傳八卷八十回　(清)錢彩編　(清)金豐增訂　民國石印本　一冊　存三卷(五至七)

330000－1720－0005182　普 05055　史部/目錄類/總錄之屬/官修
黃巖九峯圖書館書目五卷續編四卷三編五卷　黃巖九峯圖書館編　民國黃巖九峯圖書館鉛印本　一冊　存九卷(續編一至四、三編一至五)

330000－1720－0005187　普 05060　集部/小說類/短篇之屬
詳註聊齋志異圖詠十六卷　(清)蒲松齡撰　(清)呂湛恩注　民國上海簡青齋書局石印本　一冊　存二卷(三至四)

330000－1720－0005188　普 05061　子部/醫家類/養生之屬/導引、氣功
因是子靜坐法不分卷附錄不分卷　蔣維喬撰　民國三年(1914)上海商務印書館鉛印本　一冊

330000－1720－0005191　普 05064　史部/政書類/邦計之屬/地政
嘉興求減浮糧書不分卷　金蓉鏡編　民國三年(1914)鉛印本　一冊

330000－1720－0005192　普 05065　子部/小說家類/異聞之屬
詳註閱微草堂筆記二十四卷　(清)紀昀撰　謝璿詳註　民國七年(1918)上海會文堂書局石印本　八册　存十八卷(一至十八)

330000－1720－0005193　普 05066　子部/宗教類/其他宗教之屬/基督教
主制羣徵二卷附贈言一卷　(德國)湯若望撰　民國八年(1919)鉛印本　一册

330000－1720－0005195　普 05068　集部/小說類/短篇之屬
詳註聊齋志異圖詠十六卷　(清)蒲松齡撰　(清)呂湛恩注　民國上海天寶書局石印本　一册　存二卷(九至十)

330000－1720－0005196　普 05069　集部/小說類/短篇之屬
詳註聊齋志異圖詠十六卷　(清)蒲松齡撰　(清)呂湛恩注　民國上海中華書局石印本　一册　存二卷(十一至十二)

330000－1720－0005198　普 05071　集部/小說類/短篇之屬
繪圖詳註聊齋志異十六卷　(清)蒲松齡撰　(清)呂湛恩注　民國上海進步書局石印本　一册　存二卷(三至四)

330000－1720－0005202　普 05075　經部/小學類/文字之屬/說文/傳說
說文解字詁林樣本一卷　丁福保編　民國上海醫學書局鉛印本　一册

330000－1720－0005203　普 05076　史部/傳記類/别傳之屬/事狀
張鑑蓉先生哀思錄不分卷　民國二十五年(1936)影印本　一册

330000－1720－0005209　普 05082　子部/醫家類/針灸之屬/針法灸法
繪圖針灸易學二卷附七十二翻全圖一卷　(清)李守先撰　(清)王庭烜等繪　民國上海萃英書局石印本　一册　存一卷(七十二翻全圖)

330000－1720－0005232　普 05105　子部/農家農學類/獸醫之屬
圖像水黄牛經合併大全二卷　(明)喻仁　(明)喻傑撰　民國七年(1918)陶漢駿抄本　何陋軒主人題簽並記　一册

330000－1720－0005233　普 05106　類叢部/叢書類/彙編之屬
四部備要　中華書局編　民國二十五年(1936)上海中華書局鉛印本　一册　存一種

330000－1720－0005235　普 05108　史部/傳記類/總傳之屬/通代
校正尚友錄統編二十四卷　(清)錢湖釣徒編　(清)張元聲輯　民國石印本　六册　存十二卷(十三至二十四)

330000－1720－0005237　普 05110　子部/醫家類/針灸之屬/針法灸法
繪圖針灸易學二卷附七十二翻全圖一卷　(清)李守先撰　(清)王庭烜等繪　民國上海萃英書局石印本　一册　缺一卷(附七十二翻全圖)

330000－1720－0005239　普 05112　集部/曲類/曲選之屬
繪圖精選崑曲大全四集五十卷　張芬編輯　民國十四年(1925)上海世界書局石印本　六册　存一集十三種

330000－1720－0005240　普 05113　子部/醫家類/方書之屬/歷代方書
孫真人備急千金要方三十卷　(唐)孫思邈撰　(清)張璐衍義　民國四年(1915)江左書林石印本　一册　存二卷(二至三)

330000－1720－0005242　普 05115　子部/醫家類/傷寒金匱之屬/傷寒論
傷寒瘟疫條辯六卷　(清)楊璿撰　(清)楊鼎編　民國石印本　一册　存二卷(二至三)

330000－1720－0005246　普 05119　史部/傳記類/總傳之屬/釋道
敕建天台山國清禪寺戒壇同戒錄一卷　釋安心輯　民國二十二年(1933)天台麗美石印局

石印本　一册

330000－1720－0005248　普05121　集部/別集類/清別集

曝書亭集二十三卷詞七卷附錄一卷　(清)朱彝尊撰　民國四年(1915)中華圖書館石印本　一册　缺二十三卷(一至二十三)

330000－1720－0005250　普05123　集部/別集類/金別集

元遺山詩集箋注十四卷　(金)元好問撰　(元)張德輝類次　(清)施國祁箋　**元遺山詩集箋注年譜一卷**　(清)施國祁訂　**元遺山全集附錄一卷**　(明)儲瓘輯　(清)華希閔增　**元遺山全集補載一卷**　(清)施國祁輯　民國十二年(1923)掃葉山房石印本　一册　存二卷(附錄、補載)

330000－1720－0005251　普05124　子部/醫家類/方書之屬

傷寒金匱彙方不分卷　郭弼撰　民國油印本　一册

330000－1720－0005252　普05125　經部/大戴禮記類/傳說之屬

大戴禮記集注十三卷　戴禮撰　民國四年(1915)溫州務本石印本　四册

330000－1720－0005256　普05129　經部/春秋左傳類/傳說之屬

評點春秋綱目左傳句解彙雋六卷　(清)韓菼重訂　民國石印本　三册　缺一卷(一)

330000－1720－0005257　普05130　集部/曲類/寶卷之屬

重刻闢邪歸正消災延壽立願寶卷一卷　民國十二年(1923)黃巖同善社刻本　一册

330000－1720－0005261　普05134　集部/小說類/短篇之屬

可驚可愕集四卷　(清)杜鄉漁隱撰　民國石印本　一册　存一卷(二)

330000－1720－0005264　普05137　子部/宗教類/佛教之屬/經

佛說觀無量壽佛經一卷　(南朝宋)釋畺良耶舍譯　民國奉化蔣氏鉛印朱印本　一册

330000－1720－0005265　普05138　子部/宗教類/道教之屬/雜著

列真語錄輯要一卷　孫誠德　李誠志編輯　民國上海明善書局石印本　一册

330000－1720－0005267　普05140　子部/宗教類/佛教之屬/經

佛說阿彌陀經一卷　(後秦)釋鳩摩羅什譯　**淨業知津一卷附錄一卷**　(清)釋悟開述　民國石印本　一册

330000－1720－0005273　普05146　子部/宗教類/佛教之屬/經

妙法蓮華經七卷　(後秦)釋鳩摩羅什譯　民國十三年(1924)刻本　一册　存二卷(一至二)

330000－1720－0005281　普05154　子部/宗教類/佛教之屬/經

地藏菩薩本願經三卷　(唐)釋實叉難陀譯　民國二十年(1931)寧波文正齋刻本　一册

330000－1720－0005284　普05157　集部/別集類/清別集

校訂定盦全集十卷　(清)龔自珍撰　**定盦年譜藁本一卷**　(清)黃守恒撰　民國九年(1920)上海掃葉山房石印本　六册

330000－1720－0005285　普05158　子部/藝術類

美術叢書初集二集三集二百三十種　鄧實輯　民國十七年(1928)上海神州國光社鉛印本　四十册　存三集五十九種

330000－1720－0005286　普05159　經部/春秋左傳類/傳說之屬

言文對照左傳句解六卷　廣益書局編輯部編譯　民國上海廣益書局石印本　一册　存一卷(五)

330000－1720－0005288　普05161　史部/金石類/金之屬/文字

歷代鐘鼎彝器欵識二十卷　(宋)薛尚功撰　民國古書流通處影印本　四册

330000－1720－0005289　普05162　史部/地理類/方志之屬/郡縣志

[民國]台州府志一百四十卷首一卷　喻長霖修　柯驊威等纂　民國二十五年(1936)鉛印本　三十五冊　存一百三十六卷(首、一至一百三十五)

330000－1720－0005293　普05166　子部/雜著類/雜考之屬

讀書雜志八十二卷餘編二卷　(清)王念孫撰　民國掃葉山房石印本　一冊　存一種

330000－1720－0005294　普05167　經部/春秋左傳類/傳說之屬

曲江書屋新訂批註左傳快讀十八卷首一卷　(清)李紹崧輯　民國上海章福記書局石印本　一冊　存一卷(六)

330000－1720－0005295　普05168　經部/禮記類/傳說之屬

禮記約編十卷　(清)汪基撰　民國上海文盛書局石印本　一冊　存五卷(一至五)

330000－1720－0005297　普05170　集部/別集類/清別集

張文襄公詩集四卷　(清)張之洞撰　民國上海掃葉山房石印本　一冊　存一卷(二)

330000－1720－0005299　普05172　子部/宗教類/道教之屬

呂祖訂正太乙救苦真經一卷　(清)劉沅註　民國影印本　一冊

330000－1720－0005300　普05173　子部/宗教類/道教之屬

呂祖訂正太乙救苦真經一卷　(清)劉沅註　民國影印本　一冊

330000－1720－0005301　普05174　子部/宗教類/道教之屬

呂祖訂正太乙救苦真經一卷　(清)劉沅註　民國影印本　一冊

330000－1720－0005308　普05181　子部/儒家類/儒學之屬/蒙學

新增繪圖幼學故事瓊林四卷首一卷　(清)程登吉撰　(清)鄒聖脈增補　民國上海鴻寶齋石印本　一冊　存一卷(三)

330000－1720－0005310　普05183　史部/地理類/外紀之屬

西洋史講義不分卷　民國油印本　一冊

330000－1720－0005313　普05186　集部/總集類/題詠之屬

瑞雲閣詠物詩□卷　金永昌撰　民國刻本　一冊　存二卷(三至四)

330000－1720－0005316　普05189　經部/小學類/音韻之屬/韻書

剔弊廣增分韻五方元音三卷首一卷　(清)趙培梓輯　民國石印本　一冊　存一卷(下)

330000－1720－0005324　普05197　集部/總集類/郡邑之屬

濮川詩鈔三十四種四十四卷　(清)陳光裕　(清)沈堯咨輯　民國二十一年(1932)石印本　一冊　存二種

330000－1720－0005330　普05203　集部/別集類

達廬詩錄四卷　馮善徵撰　民國十六年(1927)鉛印本　一冊

330000－1720－0005344　普05217　經部/四書類/論語之屬/傳說

論語話解十卷　(清)陳濬撰　民國五年(1916)上海商務印書館鉛印本　三冊

330000－1720－0005346　普05219　史部/史抄類

史記菁華錄六卷　(清)姚祖恩輯評　民國上海商務印書館鉛印本　洪士俊題記　一冊　存二卷(三至四)

330000－1720－0005350　普05223　史部/傳記類/日記之屬

梅影廔日記不分卷(民國三十五年至三十七年)　梅叔芬撰　稿本　八冊

330000－1720－0005360　普05233　子部/雜著類/雜纂之屬

子書雋語精華錄不分卷　王藝　施崇恩編　民國上海新新書局石印本　一冊

330000－1720－0005361　普 05234　經部/四書類/總義之屬/專著

增注四書人物類典串珠四十卷　天台山農署　（清）臧志仁編輯　民國九年(1920)上海文華山房石印本　一冊　存十三卷(六至十八)

330000－1720－0005362　普 05235　經部/四書類/總義之屬/傳說

四書合講十九卷　（宋）朱熹集註　民國石印本　一冊　存二卷(孟子四至五)

330000－1720－0005367　普 05240　子部/宗教類/其他宗教之屬/基督教

週年瞻禮不分卷　民國鉛印本　一冊　存葉十六至一百十七

330000－1720－0005369　普 05242　子部/醫家類/溫病之屬/痧症

痧症指微一卷附同人圖一卷　民國石印本　一冊

330000－1720－0005376　普 05249　史部/政書類/邦計之屬/貿易

貿易指南一卷　（清）王秉元撰　民國十一年(1922)上海宏大善書局石印本　一冊

330000－1720－0005389　普 05262　經部/三禮總義類/通禮雜禮之屬

喪禮易從四卷　（清）葉裕仁撰　民國二十二年(1933)無錫丁彥章鉛印本　一冊

330000－1720－0005391　普 05264　類叢部/類書類/通類之屬

增補事類統編九十三卷首一卷　（清）黃葆真增輯　民國石印本　一冊　存五卷(二十三至二十七)

330000－1720－0005398　普 05271　子部/藝術類/書畫之屬/畫譜

芥子園畫傳初集六卷　（清）王槩　（清）王蓍　（清）王臬輯　民國石印本　一冊　存一卷(三)

330000－1720－0005402　普 05275　集部/小說類/長篇之屬

增像全圖西遊記二十五卷一百回　（明）吳承恩撰　（清）陳士斌詮解　民國鉛印本　二冊　存十卷(十六至二十五)

330000－1720－0005411　普 05283　集部/總集類/郡邑之屬

台詩四錄二十九卷　王舟瑤輯　民國九年(1920)後凋草堂石印本　四冊　存七卷(一、四至九)

330000－1720－0005412　普 05284　經部/三禮總義類/通禮雜禮之屬

懷堂家禮訂疑十卷　（清）周植撰　民國十七年(1928)赤坎華文印務局鉛印本　二冊　存四卷(一、五至七)

330000－1720－0005415　普 05287　史部/金石類/郡邑之屬

台州玉屑不分卷　民國陳夢抄本　一冊

330000－1720－0005426　普 05298　子部/醫家類/診法之屬/歷代脈學

脈學考證不分卷　民國抄本　一冊

330000－1720－0005427　普 05299　子部/醫家類/外科之屬/癰疽、疔瘡

試驗如神不分卷　□鵠録　稿本　一冊

330000－1720－0005435　普 05307　子部/醫家類/綜合之屬/雜著

毛式疾病治療學不分卷　毛士疇摘錄　民國三十三年(1944)稿本　一冊

330000－1720－0005436　普 05308　集部/別集類

詩鈔不分卷　民國抄本　一冊

330000－1720－0005438　普 05310　子部/儒家類/儒學之屬/禮教/家訓

豫誠堂家訓一卷　（清）劉沅撰　民國石印本　一冊

330000－1720－0005441　普 05313　集部/別集類

前詩不分卷　民國抄本　許景春題簽並記　一冊

330000－1720－0005442　普 05314　子部/儒家類/儒學之屬/性理

子問二卷又問一卷　（清）劉沅撰　民國浙江同善分社鉛印本　一冊

330000－1720－0005459　普 05331　史部/目録類/總録之屬

叢書目錄不分卷　民國抄本　一冊

温嶺市圖書館
民國時期傳統裝幀書籍普查登記目録

浙江省民國時期傳統裝幀書籍普查登記目録·台州

國家圖書館出版社
National Library of China Publishing House

《温嶺市圖書館民國時期傳統裝幀書籍普查登記目録》

編委會

《温嶺市圖書館民國時期傳統裝幀書籍普查登記目録》

前　言

温嶺市圖書館的民國時期傳統裝幀書籍於 2009 年接管自市文管會。當時這批書籍寄存在市檔案局的庫房，分裝在十餘個樟木箱内，未編目，僅有編製於 1979 年的簡單書目清單。圖書館接手這批書籍後，隨即開始資産登記、書籍除塵清點、庫房建設等工作，并於 2011 年底啓動普查工作。截至 2015 年 6 月底，完成民國時期傳統裝幀書籍的摸底，計 252 部 1496 册。館藏特色如家譜、志書等地方文獻，雖數量不大，但對地方文史研究仍有裨益。

民國時期傳統裝幀書籍的普查工作完成後，工作重心轉移到文獻保護和開發上。本館對民國時期傳統裝幀書籍的保護標準跟 1912 年以前的古籍是一致的。一是改善書籍的保護條件，書籍全部放置於備有空調、除濕機、防紫外綫燈管等設備的標準化庫房中，并每日查看、登記温濕度。二是完善和發揮古籍修復站的功能，本館陸續購置酸碱度測試儀、紙張測厚儀、裝訂綫、手工紙等修復設備和材料，并從 2017 年起啓動傳統裝幀書籍的基礎維護工作。三是整合民國文獻資源，以資源建設帶動讀者服務。温嶺市有温嶺市圖書館和温嶺中學圖書館兩家單位開展民國時期傳統裝幀書籍的普查，摸清了各自的館藏情况。計劃建立民國文獻綜合信息數據庫，從而提高文獻的開發利用率，推動文獻資源的共享共建。四是整理挖掘有價值的民國地方文獻，對於有地方特色和研究價值的文獻，通過數字化、出版等手段加以保存及開發。

温嶺市圖書館的民國書籍能從孤寂蒙塵的一隅進入規範的保護程序，從未編目到每種皆可查，離不開各方面的努力和推動。普查項目的開展過程中，由於物力、人力等的短缺，困難不斷，幾經周折。現普查工作順利完成，首先要感謝浙江省古籍保護中心的督促和指導，其次要感謝温嶺市文廣新局領導和圖書館領導的支持和大力推進，最後更要感謝普查人員丁攀華、蔡可爲、蔣晨紅、朱勤勤、林君麗，以及實習生陳奇榮、戴燈耀。雖然在整個普查工作中，這些普查員擔任的角色不同，進入項目組的時間有先後，工作時長亦有差别，但在工作期間，每個人都認真負責，兢兢業業。他們承擔了這個項目中最具體、最繁重的工作任務。没有他們的求真務實和辛勤付出，就没有面前的碩果纍纍。

毋庸諱言，本書目也有不足之處。受普查人員能力、時間、工具書、參考資料等的制約，難免有錯漏，個别也有考證不足的缺憾。雖經幾輪校對覆核，做了不少修正，但深知萬事難以十全十美。錯漏不當之處，懇請方家指正。

温嶺市圖書館

2018 年 6 月

330000－4727－0000007　0201　史部/地理類/方志之屬/郡縣志

光緒台州府志一百卷　(清)趙亮熙　(清)郭式昌修　王舟瑤等纂　民國十五年(1926)台州旅杭同鄉會鉛印本　二十三冊　存三十九卷(五至六、七、九、十二至十五、十九至二十六、三十一至三十七、四十至四十三、四十六至四十九、六十八至七十三、九十四至九十五)

330000－4727－0000009　0208　集部/總集類/酬唱之屬

幼幼集一卷　狄望雲編　民國二十七年(1938)黃巖友成局鉛印本　朱文劭題簽　一冊

330000－4727－0000010　0202　史部/地理類/方志之屬/郡縣志

[民國]台州府志一百四十卷首一卷　喻長霖修　柯驊威等纂　民國二十五年(1936)鉛印本　二十八冊　缺三十八卷(三十一至三十六、四十八至五十三、六十八至九十三)

330000－4727－0000020　0311　集部/別集類/清別集

道古堂文集四十六卷詩集二十六卷　(清)杭世駿撰　民國上海掃葉山房石印本　十二冊

330000－4727－0000021　0309　史部/紀傳類/正史之屬

史記一百三十卷　(漢)司馬遷撰　(明)歸有光等評點　**方望溪平點史記四卷**　(清)方苞撰　民國四年(1915)上海同文圖書館石印本　二十冊　存一百十五卷(一至六十七、七十七至九十一、九十八至一百三十)

330000－4727－0000025　0215:1　集部/別集類/清別集

凝翠樓詩鈔七卷　(清)裴詩藏撰　(清)裴牧齋編訂　民國十五年(1926)石印本　二冊

330000－4727－0000026　0215:2　集部/別集類/清別集

凝翠樓詩鈔七卷　(清)裴詩藏撰　(清)裴牧齋編訂　民國十五年(1926)石印本　一冊　缺三卷(五至七)

330000－4727－0000027　0215:3　集部/別集類/清別集

凝翠樓詩鈔七卷　(清)裴詩藏撰　(清)裴牧齋編訂　民國十五年(1926)石印本　一冊　缺三卷(五至七)

330000－4727－0000034　0312/1　類叢部/叢書類/自著之屬

惜抱軒全集七種　(清)姚鼐撰　民國三年(1914)上海會文堂書局石印本　八冊

330000－4727－0000035　0221　史部/傳記類/總傳之屬/釋道

溫嶺明因講寺同戒錄一卷　民國石印本　一冊

330000－4727－0000039　0218　類叢部/叢書類/郡邑之屬

台州叢書己集十二種　楊晨輯　民國八年(1919)黃巖楊氏石印本　二冊　存一種

330000－4727－0000040　0219　類叢部/叢書類/郡邑之屬

赤城遺書彙刊十六種　金嗣獻編　民國四年(1915)太平金氏木活字印本　韓金事、韓潤蘭題簽　二冊　存二種

330000－4727－0000042　0207　史部/地理類/山川之屬/山志

花山志九卷　趙佩茳纂　民國二十九年(1940)鉛印本　二冊

330000－4727－0000059　0319　集部/別集類/唐五代別集

玉谿生詩詳註六卷首一卷　(唐)李商隱撰　(清)馮浩注　民國四年(1915)中華圖書館石印本　八冊

330000－4727－0000061　1703　經部/禮記類/正文之屬

禮記不分卷　民國商務印書館鉛印本　一冊

330000－4727－0000064　0323　集部/別集類/唐五代別集

李太白文集三十卷　(唐)李白撰　民國十三年(1924)上海掃葉山房石印本　伊□□題簽　八冊

330000－4727－0000075　5704　類叢部/叢書類/彙編之屬
四部備要　中華書局編　民國二十五年(1936)中華書局鉛印本　二十六冊　存六種

330000－4727－0000078　4601/1　子部/醫家類/本草之屬/歷代綜合本草
本草綱目五十二卷瀕湖脉學一卷奇經八脉攷一卷脉訣攷證一卷　(明)李時珍撰　**本草藥品總目一卷**　(清)蔡烈先輯　民國五年(1916)上海鴻寶齋書局石印本　六冊　缺二十五卷(十九至三十七、四十七至五十二)

330000－4727－0000082　0409　集部/別集類/明別集
青邱高季迪先生詩集十八卷首一卷遺詩一卷扣舷集一卷附録一卷梟藻集五卷　(明)高啓撰　(清)金檀輯注　民國三年(1914)東吳浦氏石印本　十二冊

330000－4727－0000085　0412　集部/總集類/選集之屬/斷代
晚唐詩選八卷　王文濡編輯　民國七年(1918)中華書局鉛印本　四冊

330000－4727－0000088　5702/2　史部/編年類/通代之屬
尺木堂綱鑑易知録九十二卷明鑑易知録十五卷　(清)吳乘權　(清)周之炯　(清)周之燦輯　民國六年(1917)上海掃葉山房石印本　二十四冊

330000－4727－0000090　5702/4　史部/編年類/通代之屬
尺木堂綱鑑易知録九十二卷明鑑易知録十五卷　(清)吳乘權　(清)周之炯　(清)周之燦輯　民國鉛印本　十三冊　存七十二卷(綱鑑易知録六至三十二、四十一至七十八、八十一至八十七)

330000－4727－0000091　5702/5　史部/編年類/通代之屬
綱鑑易知録九十二卷明鑑易知録十五卷　(清)吳乘權　(清)周之炯　(清)周之燦輯　民國鉛印本　九冊　存六十一卷(綱鑑易知録七至二十一、三十五至五十八、七十一至九十二)

330000－4727－0000096　0423　集部/別集類/宋別集
蘇文忠公詩集五十卷目録二卷　(宋)蘇軾撰　(清)紀昀評點　民國十四年(1925)上海掃葉山房石印本　十一冊

330000－4727－0000097　5702/6　史部/編年類/通代之屬
尺木堂綱鑑易知録九十二卷明鑑易知録十五卷　(清)吳乘權　(清)周之炯　(清)周之燦輯　民國上海錦章書局石印本　十八冊　存六十九卷(綱鑑易知録四至四十四、五十至五十九、七十至七十八、八十四至九十二)

330000－4727－0000098　0414　集部/總集類/彙編之屬
漢魏六朝百三名家集一百十八卷　(明)張溥輯　民國十四年(1925)上海掃葉山房石印本　四十八冊

330000－4727－0000100　0415　集部/別集類/宋別集
王臨川全集二十四卷　(宋)王安石撰　民國十二年(1923)上海掃葉山房石印本　十二冊

330000－4727－0000101　0223　史部/地理類/雜志之屬
臨海要覽一卷　項士元編　民國五年(1916)杭州武林印書館鉛印本　一冊

330000－4727－0000104　0419　史部/地理類/遊記之屬/紀行
游杭紀略二卷　楊祚昌輯　民國十年(1921)杭州文元堂書莊鉛印本　一冊

330000－4727－0000117　4601/2　子部/醫家類/本草之屬/歷代綜合本草
本草綱目五十二卷圖三卷奇經八脈考一卷

(明)李時珍撰 **本草萬方鍼線八卷本草藥品總目一卷** (清)蔡烈先輯 **本草綱目拾遺十卷** (清)趙學敏輯 民國十八年(1929)上海商務印書館石印本 二十册

330000－4727－0000118 4601/3:1 子部/醫家類/本草之屬/歷代綜合本草
本草綱目五十二卷圖三卷 (明)李時珍撰 民國鉛印本(卷十四至十五、三十四至三十五配另一民國鉛印本) 四册 存十三卷(十四至十五、十八至二十二、三十四至三十五、四十七至五十)

330000－4727－0000119 4601/3:2 子部/醫家類/本草之屬/歷代綜合本草
本草綱目五十二卷圖三卷 (明)李時珍撰 民國鉛印本 一册 存二卷(十四至十五)

330000－4727－0000123 0418 史部/目録類/版本之屬/書影
[民國]衢縣志樣本不分卷 民國浙江衢縣縣志校印處鉛印本 一册

330000－4727－0000126 0502 子部/雜著類/雜説之屬
文苑滑稽談十四卷 雷瑨輯 民國十三年(1924)上海掃葉山房鉛印本 六册

330000－4727－0000129 1002 集部/詩文評類/詩評之屬
甌北詩話十二卷 (清)趙翼撰 民國六年(1917)上海掃葉山房石印本 四册

330000－4727－0000132 0507:1 經部/小學類/文字之屬/字書/字典
康熙字典十二集三十六卷總目一卷檢字一卷辨似一卷等韻一卷備考一卷補遺一卷 (清)張玉書等纂修 民國商務印書館石印本 六册

330000－4727－0000133 0507:2 經部/小學類/文字之屬/字書/字典
康熙字典十二集三十六卷總目一卷檢字一卷辨似一卷等韻一卷備考一卷補遺一卷 (清)張玉書等纂修 民國商務印書館石印本 六册

330000－4727－0000136 0505 集部/戲劇類/傳奇之屬
李笠翁十種曲 (清)李漁編次 民國上海朝記書莊石印本 五册 存五種

330000－4727－0000137 0510 集部/別集類/唐五代別集
温飛卿詩集七卷別集一卷集外詩一卷附錄諸家詩評一卷 (唐)温庭筠撰 (明)曾益注 (清)顧予咸補注 (清)顧嗣立續注 民國十三年(1924)上海掃葉山房石印本 銘勳題記 四册

330000－4727－0000154 0611 集部/總集類/選集之屬/通代
東萊先生古文關鍵四卷 (宋)吕祖謙評 (宋)蔡文子注 (清)徐樹屏考異 民國七年(1918)上海會文堂書局碧梧山莊書局影印本 四册

330000－4727－0000157 0613 集部/別集類/唐五代別集
唐女郎魚玄機詩一卷 (唐)魚玄機撰 民國九年(1920)上海掃葉山房石印本 一册

330000－4727－0000172 0805 集部/總集類/選集之屬/通代
咏物詩選八卷 (清)俞琰輯 民國上海進化書局石印本 一册 存一卷(三)

330000－4727－0000173 0806 集部/總集類/選集之屬/通代
御選唐宋詩醇四十七卷目錄二卷 (清)高宗弘曆輯 民國四年(1915)中華圖書館石印本 十册

330000－4727－0000174 0807 類叢部/類書類/專類之屬
詩韻合璧五卷 (清)湯文潞輯 **虚字韻藪一卷** (清)潘維城輯 民國鉛印本 一册 缺二卷(一至二)

330000－4727－0000182 0814/2 集部/別集類/唐五代別集

杜詩鏡銓二十卷附諸家論杜一卷杜工部年譜一卷 （清）楊倫輯 **讀書堂杜工部文集註解二卷** （清）張溍撰 民國二年（1913）廣州登雲閣刻本 十二冊 缺一卷（諸家論杜）

330000－4727－0000183 0815 集部/别集類/唐五代别集
杜詩鏡銓二十卷附諸家論杜一卷杜工部年譜一卷 （清）楊倫輯 **讀書堂杜工部文集註解二卷** （清）張溍撰 民國十七年（1928）上海文化書局石印本 七冊

330000－4727－0000184 0816 集部/總集類/選集之屬/通代
全漢三國晉南北朝詩五十四卷緒言一卷 丁福保輯 民國五年（1916）無錫丁氏鉛印本 十九冊 缺二卷（全漢詩一至二）

330000－4727－0000186 0902 子部/醫家類/兒科之屬/痘疹
天花精言六卷 （清）袁句撰 民國十八年（1929）黄巖楊書穜樓鉛印本 一冊 存三卷（一至三）

330000－4727－0000187 0903 集部/總集類/選集之屬/通代
評選古詩源四卷 （清）沈德潛輯 民國上海掃葉山房石印本 四冊

330000－4727－0000192 0906 集部/别集類/唐五代别集
白香山詩長慶集二十卷後集十七卷别集一卷補遺二卷 （唐）白居易撰 （清）汪立名編訂 民國四年（1915）上海會文堂書局石印本 十二冊

330000－4727－0000194 0910 集部/别集類/清别集
袁太史詩文遺鈔一卷 （清）袁鵬圖撰 民國鉛印本 一冊

330000－4727－0000197 0913 集部/詩文評類/詩評之屬
唐宋明清四朝詩話六種六卷 民國八年（1919）上海掃葉山房石印本 四冊

330000－4727－0000198 0914 集部/總集類/酬唱之屬
西崑酬唱集二卷 （宋）楊億輯 民國六年（1917）掃葉山房石印本 一冊

330000－4727－0000199 0915 集部/别集類/宋别集
朱淑真斷腸詩集十卷補遺一卷後集七卷斷腸詞一卷 （宋）朱淑真撰 （宋）鄭元佐注 民國四年（1915）中華圖書館石印本 一冊 缺七卷（詩集一至七）

330000－4727－0000201 0917 集部/詩文評類/詩評之屬
詩法入門四卷首一卷 （清）游藝輯 民國九年（1920）上海會文堂書局石印本 一冊 存三卷（首、一至二）

330000－4727－0000203 0918 集部/詩文評類/詩評之屬
作詩百法二卷 劉鐵冷編纂 民國十五年（1926）崇新書局鉛印本 一冊 存一卷（下）

330000－4727－0000204 0919 集部/别集類/宋别集
劍南詩鈔六卷 （宋）陸游撰 （清）楊大鶴選 民國二十五年（1936）上海掃葉山房石印本 二冊 存二卷（一至二）

330000－4727－0000208 1006 集部/别集類/明别集
石田先生集十三卷 （明）沈周撰 （明）陳仁錫編 民國三年（1914）掃葉山房石印本 一冊

330000－4727－0000210 1007 集部/總集類/選集之屬/斷代
中華民國名人詩鈔十卷 吳芹編 民國三年（1914）上海廣益書局石印本 四冊

330000－4727－0000211 1008 集部/别集類/清别集
宋氏綿津詩鈔八卷 （清）宋犖撰 （清）邵長衡選 民國掃葉山房石印本 四冊

330000－4727－0000212 1009 集部/别集

類/清别集

新羅山人集五卷　(清)華嵒撰　民國古今圖書館石印本　一册　存目錄

330000－4727－0000213　1010　集部/總集類/選集之屬/斷代

隨園女弟子詩選六卷　(清)袁枚輯　民國八年(1919)上海掃葉山房石印本　二册

330000－4727－0000216　1013/1　集部/别集類/明别集

疑雨集註四卷　(明)王彦泓撰　丁國鈞注　民國十六年(1927)上海掃葉山房石印本　二册　缺一卷(二)

330000－4727－0000217　1014　集部/别集類/明别集

疑雲集四卷　(明)王彦泓撰　民國十一年(1922)上海大東書局石印本　一册　存二卷(三至四)

330000－4727－0000218　1013/2　集部/别集類/明别集

疑雨集註四卷　(明)王彦泓撰　丁國鈞注　民國四年(1915)上海掃葉山房石印本　阮頌齡題簽　一册

330000－4727－0000219　1016　集部/别集類/清别集

海珊詩鈔十一卷補遺二卷　(清)嚴遂成撰　民國七年(1918)上海文明書局石印本　二册

330000－4727－0000220　1015　集部/别集類/清别集

隨園集外詩四卷　(清)袁枚撰　(清)蔣敦復編　民國十二年(1923)上海大東書局石印本　一册　存二卷(三至四)

330000－4727－0000222　1019　經部/小學類/音韻之屬/韻書

新式詩韻全璧八卷　世界書局編輯所編輯　民國上海世界書局石印本　四册　存三卷(詩料大觀一至二、詩韻匯海二)

330000－4727－0000224　1017　集部/别集類/清别集

梅村詩集箋注十八卷　(清)吳偉業撰　(清)吳翌鳳箋注　民國中華圖書館石印本　八册

330000－4727－0000225　1105　集部/别集類

待焚詩稿十卷　陳柱撰　民國十八年(1929)無錫中國學術討論社鉛印本　二册

330000－4727－0000228　1023　集部/别集類/清别集

漁洋山人精華錄十卷　(清)王士禛撰　(清)林佶編　民國據清林佶寫刻本影印本　一册　存三卷(三至五)

330000－4727－0000230　1112　集部/總集類/選集之屬/斷代

王荆公唐百家詩選二十卷　(宋)王安石輯　民國十七年(1928)上海商務印書館鉛印本　三册

330000－4727－0000232　1113　集部/詞類/别集之屬

稼軒長短句十二卷補遺一卷　(宋)辛棄疾撰　**校記一卷**　林大椿校　民國二十四年(1935)上海商務印書館鉛印本　四册

330000－4727－0000233　1107　子部/藝術類/遊藝之屬/雜藝

七巧八分圖十六卷補遺一卷　(清)錢芸吉撰　(清)王念慈編繪　民國二十二年(1933)上海商務印書館石印本　四册　缺五卷(一至五)

330000－4727－0000235　1108　集部/戲劇類/總集之屬/雜劇

元曲選一百種一百卷　(明)臧懋循編　**論曲一卷**　(元)陶宗儀等撰　**元曲論一卷**　民國七年(1918)上海商務印書館據明博古堂本影印本　四十三册　缺十一種

330000－4727－0000236　1116　集部/詞類/詞譜之屬

白香詞譜箋四卷　(清)舒夢蘭輯　(清)謝朝徵箋　民國六年(1917)上海掃葉山房石印本　四册

330000－4727－0000238　1117　集部/詞類/詞譜之屬
玫正白香詞譜三卷附錄一卷　陳小蝶編　**增訂晚翠軒詞韻一卷**　陳祖耀校正　民國七年(1918)春草軒鉛印本暨石印本　一冊　存一卷(二)

330000－4727－0000239　1114　集部/總集類/選集之屬/通代
圈點詳註十八家詩鈔二十八卷　(清)曾國藩纂　(清)李鴻章審訂　陳存悔等註　民國十五年(1926)上海中原書局鉛印本　盟鷗子題簽並批　四冊

330000－4727－0000241　1201　集部/詞類/別集之屬
天籟軒詞譜五卷詞韻一卷　葉申薌輯　民國三年(1914)掃葉山房石印本　三冊

330000－4727－0000242　1202　集部/詞類/詞話之屬
詞辨二卷　(清)周濟輯　民國二年(1913)掃葉山房石印本　一冊

330000－4727－0000245　1208:1　子部/小說家類/諧謔之屬
遣愁集十四卷　(清)張貴勝纂輯　民國二十年(1931)上海商務印書館鉛印本　七冊　缺二卷(七至八)

330000－4727－0000246　1205　子部/叢編
清代筆記叢刊四十一種　文明書局編　民國上海文明書局石印本　二十五冊　存八種

330000－4727－0000247　1209　集部/總集類/選集之屬/通代
明清六才子文六卷　進步書局編輯所編輯　民國四年(1915)上海文明書局石印本　一冊

330000－4727－0000248　1211　集部/詞類/總集之屬
古今詞選十二卷　(清)沈時棟選　民國十四年(1925)上海掃葉山房石印本　六冊

330000－4727－0000249　1208:2　子部/小說家類/諧謔之屬
遣愁集十四卷　(清)張貴勝纂輯　民國商務印書館鉛印本　三冊　存十一卷(一至三、七至十四)

330000－4727－0000250　1210　集部/總集類/選集之屬/通代
評選古詩源四卷　(清)沈德潛輯　民國十四年(1925)上海掃葉山房石印本　四冊

330000－4727－0000251　1212　集部/詩文評類/類編之屬
歷代詩文評註讀本　王文濡編　民國上海文明書局鉛印本　四冊　存一種

330000－4727－0000252　1213　集部/總集類/尺牘之屬
交際大全八章　廣文書局編輯所編　民國十五年(1926)上海世界書局石印本　四冊

330000－4727－0000253　1214　集部/別集類/唐五代別集
白香山詩長慶集二十卷後集十七卷別集一卷補遺二卷　(唐)白居易撰　**白香山年譜舊本一卷**　(宋)李璜撰　**白香山年譜一卷**　(清)汪立名撰　民國四年(1915)上海會文堂石印本　六冊　存二十二卷(三至二十、後集十三至十六)

330000－4727－0000254　1216　集部/別集類/清別集
小倉山房詩集三十七卷補遺二卷　(清)袁枚撰　民國上海文明書局石印本　十冊

330000－4727－0000255　1217　集部/總集類/選集之屬/斷代
增註隨園女弟子詩選六卷　(清)席佩蘭等撰　(清)谢璿增註　民國十五年(1926)上海會文堂書局石印本　二冊

330000－4727－0000257　1206　子部/小說家類/異聞之屬
閱微草堂筆記二十四卷　(清)紀昀撰　民國上海中華圖書館石印本　六冊

330000－4727－0000258　1207　子部/小說家類/異聞之屬

詳註閱微草堂筆記二十四卷　（清）紀昀撰　謝璿　陸鍾渭詳註　民國十三年（1924）上海會文堂書局石印本　五冊　存十四卷（三至五、八至九、十六至二十四）

330000－4727－0000260　1215　集部/別集類/唐五代別集
杜詩鏡銓二十卷附諸家論杜一卷杜工部年譜一卷　（清）楊倫輯　**讀書堂杜工部文集註解二卷**　（清）張溍撰　民國十年（1921）榮華山房石印本　八冊

330000－4727－0000262　1225　集部/戲劇類/傳奇之屬
繡像繪圖長生殿傳奇四卷　（清）洪昇填詞（清）吳人論文　民國上海進步書局石印本　一冊

330000－4727－0000263　1226　集部/曲類/彈詞之屬
廿十五史彈詞輯註十二卷歷代帝皇真像一卷　（明）楊慎編　（清）孫德威輯註　（清）楊達奇增訂　民國七年（1918）上海碧梧山莊石印本　二冊　缺八卷（一至七、歷代帝皇真像）

330000－4727－0000264　1316　子部/小說家類/異聞之屬
詳註新齊諧正編二十四卷續編十卷　（清）袁枚編　桃源居士詳註　民國十六年（1927）上海會文堂書局石印本　一冊　存八卷（九至十六）

330000－4727－0000266　1224　類叢部/叢書類/彙編之屬
說庫一百七十種　王文濡編　民國石印本　一冊　存二種

330000－4727－0000272　1307　子部/小說家類/雜事之屬
秦淮廣紀三卷　繆荃孫撰　民國十三年（1924）上海商務印書館鉛印本　二冊

330000－4727－0000275　1311　經部/春秋左傳類/傳說之屬
左繡三十卷首一卷　（清）馮李驊　（清）陸浩評輯　民國三年（1914）江左書林石印本　八冊

330000－4727－0000288　1221　集部/別集類/清別集
文木山房集四卷　（清）吳敬梓撰　**春華小草一卷靚粧詞鈔一卷**　（清）吳烺撰　**吳敬梓年譜一卷**　胡適撰　民國二十六年（1937）上海亞東圖書館鉛印本　一冊　缺三卷（一至三）

330000－4727－0000289　5909　史部/地理類/輿圖之屬/郡縣
浙江舊州府總圖　民國杭州武林印書館石印本　二冊　存五種

330000－4727－0000290　1219/1　集部/小說類/長篇之屬
增像全圖三國演義八卷一百二十回　（明）羅本撰　（清）毛宗崗評　民國上海天寶書局石印本　一冊　存二卷（一至二）

330000－4727－0000291　1219/4　集部/小說類/長篇之屬
第一才子書十六卷一百二十回　（明）羅本撰（清）毛宗崗　（清）金人瑞評　民國天寶書局石印本　八冊　存八卷（九至十六）

330000－4727－0000292　1219/2　集部/小說類/長篇之屬
第一才子書十六卷一百二十回　（明）羅本撰（清）毛宗崗　（清）金人瑞評　民國中新書局鉛印本　二冊　存二卷（二、十二）

330000－4727－0000293　1219/3　集部/小說類/長篇之屬
增像全圖三國演義十六卷一百二十回　（明）羅本撰　（清）毛宗崗評　民國石印本　三冊　存三卷（七、九、十三）

330000－4727－0000295　1313/1　經部/小學類/文字之屬/說文/傳說
說文解字注十五卷附六書音均表五卷　（清）段玉裁撰　**說文部目分韻一卷**　（清）陳焕編　**說文通檢十四卷首一卷末一卷**　（清）黎永

椿編　**說文提要一卷**　(清)陳建侯撰　**徐星伯說文段注札記一卷**　(清)徐松撰　(清)劉肇隅編　**龔定菴說文段注札記一卷**　(清)龔自珍撰　(清)劉肇隅編　**桂未谷說文段注鈔一卷補鈔一卷**　(清)桂馥撰　(清)劉肇隅編　民國十二年(1923)上海掃葉山房石印本　九冊　存三十七卷(說文解字注一至十五,六書音均表一至五,說文部目分韻,說文通檢首、一至十四、末)

330000 - 4727 - 0000298　1701　經部/四書類/總義之屬/傳說
四書白話註解四種四十二卷　許伏民　童官卓編　民國二十五年(1936)天成書局石印本　十四冊

330000 - 4727 - 0000299　1318　集部/總集類/選集之屬/斷代
唐絕句選十二卷　邵裴子輯　民國二十五年(1936)上海商務印書館鉛印本　一冊　存八卷(五至十二)

330000 - 4727 - 0000301　1317　集部/總集類/彙編之屬
名家選定詩文讀本　文明書局編　民國十五年(1926)上海文明書局鉛印本　一冊　存一種

330000 - 4727 - 0000303　1314　集部/總集類/選集之屬/斷代
新文精華五卷　陸翔輯　民國上海世界書局石印本　二冊　缺二卷(一、五)

330000 - 4727 - 0000307　1705/3　經部/春秋左傳類/傳說之屬
東萊博議四卷　(宋)呂祖謙撰　民國上海文明書局鉛印本　三冊　存三卷(二至四)

330000 - 4727 - 0000311　1706　經部/春秋左傳類/傳說之屬
增批輯註東萊博議四卷　(宋)呂祖謙撰　(宋)劉鍾英輯注　民國上海文瑞樓石印本　四冊

330000 - 4727 - 0000312　1707　集部/小說類/長篇之屬
增評加批金玉緣圖說一百二十卷　(清)曹霑　(清)高鶚撰　(清)蝶薌仙史評訂　民國上海錦文堂石印本　一冊　存三十二卷(八十九至一百二十)

330000 - 4727 - 0000314　1306　子部/小說家類/異聞之屬
閱微草堂筆記二十四卷　(清)紀昀撰　民國上海中華圖書館石印本　一冊　存六卷(一至六)

330000 - 4727 - 0000318　1115　史部/紀傳類/正史之屬
二十四史附考證　民國上海涵芬樓據清乾隆武英殿刻本影印本　二冊　存一種

330000 - 4727 - 0000319　2001　經部/小學類/文字之屬/字書/字典
辭源續編十二卷　方毅　傅連森編　民國上海商務印書館石印本　二冊　存六卷(四至九)

330000 - 4727 - 0000320　1313/2　經部/小學類/文字之屬/說文/傳說
說文解字注十五卷附六書音均表五卷　(清)段玉裁撰　**說文部目分韻一卷**　(清)陳煥編　**說文通檢十四卷首一卷末一卷**　(清)黎永椿編　**說文提要一卷**　(清)陳建侯撰　**徐星伯說文段注札記一卷**　(清)徐松撰　(清)劉肇隅編　**龔定菴說文段注札記一卷**　(清)龔自珍撰　(清)劉肇隅編　**桂未谷說文段注鈔一卷補鈔一卷**　(清)桂馥撰　(清)劉肇隅編　民國十四年(1925)上海掃葉山房石印本　五冊　存二十五卷(說文解字注一至十五,六書音均表一至五,說文提要,徐星伯說文段注札記,龔定菴說文段注札記,桂未谷說文段注鈔、補鈔)

330000 - 4727 - 0000321　5205　子部/藝術類/書畫之屬/書法書品
行書備要一卷　童式規書　民國二十年(1931)上海商務印書館石印本　一冊

330000 - 4727 - 0000322　4302　史部/紀傳

類/正史之屬

史記一百三十卷　(漢)司馬遷撰　(南朝宋)裴駰集解　(唐)司馬貞索隱　(唐)張守節正義　**補史記一卷**　(唐)司馬貞撰并注　民國中華圖書館影印本　二十册

330000 - 4727 - 0000323　5201　子部/藝術類/書畫之屬/法帖

草字彙十二卷　(清)石梁輯　民國六年(1917)涵芬楼影印本　六册

330000 - 4727 - 0000324　2002　經部/小學類/文字之屬/字書/字典

新字典十二卷拾遺一卷檢字一卷附錄一卷勘誤一卷補編一卷　陸爾奎等編纂　民國元年(1912)上海商務印書館鉛印本　五册　缺三卷(檢字、附錄、勘誤)

330000 - 4727 - 0000330　5203　經部/小學類/文字之屬/字書/字體

真行草大字典十二集　書學會編　民國上海有正書局石印本　六册

330000 - 4727 - 0000336　2901:1　史部/傳記類/總傳之屬/斷代

清史列傳八十卷　中華書局編　民國十七年(1928)上海中華書局鉛印本　八十册

330000 - 4727 - 0000337　2901:2　史部/傳記類/總傳之屬/斷代

清史列傳八十卷　中華書局編　民國十七年(1928)上海中華書局鉛印本　三十一册　存三十一卷(二至八、四十二至四十八、五十五、五十七至六十四、七十三至八十)

330000 - 4727 - 0000338　1026　集部/總集類/選集之屬/斷代

宗聖學報十年紀念詩録一卷　宗聖學報社編　民國鉛印本　一册

330000 - 4727 - 0000340　3708　史部/傳記類/總傳之屬/儒林

台學統一百卷　(清)王棻輯　民國七年(1918)吳興劉氏嘉業堂刻本　四十册

330000 - 4727 - 0000343　5204　經部/小學類/文字之屬/字書/字體

隸字彙十卷　(清)項懷述編錄　民國二年(1913)掃葉山房石印本　四册

330000 - 4727 - 0000347　3702/1　史部/傳記類/總傳之屬/儒林

宋元學案一百卷首一卷攷略一卷　(清)黃宗羲撰　(清)黃百家纂輯　(清)全祖望修定　民國上海文瑞樓石印本　二十四册　缺十八卷(一至十八)

330000 - 4727 - 0000355　3706　子部/雜著類/雜纂之屬

羣書治要五十卷　(唐)魏徵等撰　民國十八年(1929)上海商務印書館影印本(卷四、十三、二十原缺)　二十六册

330000 - 4727 - 0000359　1119　子部/藝術類/書畫之屬/法帖

翁松禪相國尺牘真蹟不分卷　(清)翁同龢書　民國上海中華書局影印本　十二册

330000 - 4727 - 0000362　4401　史部/政書類/律令之屬/刑制

中華民國新刑律集解二卷　葛遵禮編　民國上海會文堂書局石印本　六册

330000 - 4727 - 0000365　1111　子部/藝術類/書畫之屬/法帖

滋蕙堂靈飛經一卷　(唐)鍾紹京書　民國十四年(1925)上海文明書局影印本　一册

330000 - 4727 - 0000367　1120　子部/藝術類/書畫之屬/法帖

三希堂續刻法帖四卷　(清)蔣溥等編　民國影印本　四册

330000 - 4727 - 0000370　1122　子部/藝術類/書畫之屬/法帖

三希堂續刻法帖四卷　(清)蔣溥等編　民國影印本　一册

330000 - 4727 - 0000371　1123　子部/藝術類/書畫之屬/法帖

御刻三希堂石渠寶笈法帖不分卷　(清)梁詩正等輯　民國上海中華圖書館影印本　二十

五冊　缺七冊(一至二、四、十四、十九、三十一至三十二)

330000－4727－0000372　1124　子部/藝術類/書畫之屬/法帖

御刻三希堂石渠寶笈法帖不分卷　(清)梁詩正等輯　民國上海中華圖書館影印本　九冊　存九冊(五、十二至十三、十七、二十、二十三至二十六)

330000－4727－0000373　1125　子部/藝術類/書畫之屬/法帖

御刻三希堂石渠寶笈法帖不分卷　(清)梁詩正等輯　民國上海中華圖書館影印本　三冊　存三冊(十二至十三、二十三)

330000－4727－0000381　0710　史部/地理類/水利之屬

黄巖縣興修水利報告書不分卷　章育等編　民國三十五年(1946)黄巖縣水利會鉛印本　二冊

330000－4727－0000382　1029　集部/總集類/選集之屬/通代

宋元明詩評註讀本六卷　王文濡編　汪勁扶　沈鎔註　民國二十年(1931)上海文明書局鉛印本　一冊　存三卷(四至六)

330000－4727－0000383　1028　集部/詩文評類/類編之屬

歷代詩文評註讀本　王文濡編　民國上海文明書局鉛印本　一冊　存一種

330000－4727－0000385　1032　子部/藝術類/書畫之屬/畫譜

張子祥課徒畫稿四卷　丁寶書臨摹　民國十二年(1923)上海中華書局影印本　四冊

330000－4727－0000386　1033　史部/金石類/石之屬

水前拓本瘞鶴銘不分卷　(南朝梁)華陽真逸撰　(南朝梁)上皇山樵書　民國十三年(1924)上海有正書局影印本　一冊

330000－4727－0000389　1034　子部/藝術類/書畫之屬/法帖

漢史晨後碑一卷　(清)錢泳書　民國上海求古齋書帖局影印本　一冊

330000－4727－0000390　1035　子部/藝術類/書畫之屬/法帖

高書大楷一卷　高雲塍書　民國二十七年(1938)中華書局石印本　一冊

330000－4727－0000391　1037　子部/藝術類/書畫之屬/法帖

草書趙文敏真草千字文一卷　(元)趙孟頫書　民國十二年(1923)上海文明書局石印本　一冊

330000－4727－0000392　1039　子部/藝術類/書畫之屬/法帖

拓本唐代碑帖精華十二種　世界書局編　民國十八年(1929)上海世界書局影印本　一冊　存一種

330000－4727－0000393　1036　子部/藝術類/書畫之屬/法帖

顏真卿遊虎邱寺詩一卷　(唐)顏真卿書　民國三十年(1941)上海文明書局影印本　一冊

330000－4727－0000394　5207　集部/總集類/選集之屬/通代

古文辭類纂七十五卷附錄一卷　(清)姚鼐纂輯　**校勘記一卷**　(清)李承淵撰　民國七年(1918)上海會文堂書局石印本　十一冊　缺七卷(四至十)

330000－4727－0000395　1040　子部/藝術類/書畫之屬/法帖

宋拓顏平原東方畫贊不分卷　(唐)顏真卿書　民國上海有正書局影印本　一冊

330000－4727－0000396　1038　子部/藝術類/書畫之屬/法帖

舊拓龍門二十品二卷　民國上海有正書局影印本　一冊　存一卷(二)

330000－4727－0000398　5208　集部/總集類/選集之屬/通代

續古文辭類纂三十四卷　王先謙輯　民國七年(1918)上海會文堂書局石印本　八冊

330000－4727－0000399　3711　史部/傳記類/雜傳之屬

草莽私乘續編二卷　（清）江涵編　民國抄本　一册　存一卷（二）

330000－4727－0000400　1042　子部/藝術類/書畫之屬/法帖

鄭板橋法書一卷　（清）鄭燮書　民國上海育古山房影印本　一册

330000－4727－0000402　5209　集部/總集類/選集之屬/通代

古文辭類纂評註七十四卷　（清）姚鼐纂輯　沈伯經等評注　民國九年（1920）上海文明書局鉛印本　十三册　缺十一卷（十六至二十六）

330000－4727－0000403　1043　子部/藝術類/書畫之屬/法帖

張裕釗先生法書一卷　（清）張裕釗書　民國上海育古山房石印本　一册

330000－4727－0000404　1041　子部/藝術類/書畫之屬/法帖

劉文清公法書一卷　（清）劉墉書　民國上海尚古山房影印本　一册

330000－4727－0000407　3107　史部/雜史類/斷代之屬

痛史二十一種附九種　樂天居士輯　民國五年（1916）上海商務印書館鉛印本　六册　存一種

330000－4727－0000410　3103　史部/紀傳類/正史之屬

史記論文一百三十卷　（清）吳見思評點　民國八年（1919）上海廣益書局鉛印本　七册　存六十卷（六至六十五）

330000－4727－0000414　3111　史部/編年類/通代之屬

增評加批歷史綱鑑補三十九卷首一卷　（明）王世貞　（明）袁黃纂　**御撰資治通鑑綱目三編六卷**　（清）張廷玉等撰　民國上海廣益書局石印本　十二册

330000－4727－0000430　3106　史部/傳記類/總傳之屬/仕宦

歷代循吏傳八卷　（清）朱軾　（清）蔡世遠輯　民國八年（1919）上海廣益書局石印本　三册

330000－4727－0000436　5216　集部/總集類/選集之屬/通代

古文辭類纂七十四卷　（清）姚鼐纂輯　**續古文辭類纂三十四卷**　王先謙輯　民國石印本　四册　存十四卷（古文辭類纂十至十五、續古文辭類纂三至十）

330000－4727－0000443　4902　子部/儒家類/儒學之屬/性理

近思錄集說十四卷　管贊程撰　民國浙江印刷所鉛印本　四册

330000－4727－0000446　3903　史部/史抄類

史記菁華錄六卷　（清）姚祖恩輯評　民國十二年（1923）天津直隸書局鉛印本　六册

330000－4727－0000450　4910　集部/別集類/清別集

笠翁一家言全集十六卷　（清）李漁撰　民國上海會文堂書局石印本　二册　存四卷（笠翁偶集一至二、五至六）

330000－4727－0000453　4911　類叢部/叢書類/彙編之屬

德育叢書十種　民國十年（1921）上海掃葉山房石印本　一册　存一種

330000－4727－0000454　1806　經部/春秋左傳類/傳說之屬

春秋左傳五十卷　（晉）杜預　（宋）林堯叟註釋　（唐）陸德明音義　民國四年（1915）商務印書館鉛印本　七册　存三十五卷（一至十、十八至二十、二十五至四十六）

330000－4727－0000457　4912　子部/儒家類/儒家之屬

孔教新編一卷　鄭孝胥述　民國三年（1914）商務印書館鉛印本　一册

330000－4727－0000460　1807　經部/春秋左傳類/傳說之屬

春秋左傳五十卷　(晉)杜預　(宋)林堯叟註釋　(唐)陸德明音義　民國上海文瑞樓石印本　十一冊　存十六卷(三至十八)

330000－4727－0000461　4802　經部/小學類/訓詁之屬

新名詞訓纂四卷　周起予編　民國二年(1913)上海掃葉山房石印本　二冊

330000－4727－0000465　4803　子部/雜著類/雜考之屬

日知錄集釋三十二卷首一卷栞誤二卷續栞誤二卷　(清)黃汝成撰　民國大華圖書館石印本　一冊　存五卷(首、一至四)

330000－4727－0000468　4807　子部/農家農學類/園藝之屬/總志

佩文齋廣羣芳譜一百卷目錄二卷　(清)汪灝等撰　民國上海錦章圖書局石印本　二十四冊

330000－4727－0000471　0711　集部/別集類/清別集

松濤吟一卷　(清)釋妙明撰　民國抄本　一冊

330000－4727－0000474　4810　子部/雜著類/雜說之屬

隨園隨筆二十八卷　(清)袁枚撰　民國上海校經山房成記書局石印本　六冊

330000－4727－0000480　4811　子部/儒家類/儒學之屬

古今格言四卷　江畬經編纂　民國十九年(1930)上海商務印書館鉛印本　四冊

330000－4727－0000483　4815　子部/雜著類/雜說之屬

隨園隨筆二十八卷　(清)袁枚撰　民國石印本　一冊　存六卷(十五至二十)

330000－4727－0000490　5911　集部/別集類/清別集

曲園遺言一卷曲園遺詩一卷　(清)俞樾撰　民國石印本　一冊

330000－4727－0000493　5910　集部/別集類/清別集

詩一卷　稿本　一冊

330000－4727－0000495　3909　史部/傳記類/總傳之屬/儒林

歷代名儒傳八卷　(清)朱軾　(清)蔡世遠訂　民國四年(1915)上海廣益書局石印本　二冊

330000－4727－0000497　3910　史部/傳記類/總傳之屬/釋道

國清高僧傳一卷附寒山子詩一卷　釋蘊光編　民國二十五年(1936)鉛印本　一冊

330000－4727－0000498　3912　子部/儒家類/儒學之屬/禮教

五種遺規　(清)陳弘謀輯並撰　民國九年(1920)上海商務印書館鉛印本　三冊　存三種

330000－4727－0000499　2205　經部/小學類/文字之屬/字書/字典

辭源十二卷　陸爾奎等編　民國九年(1920)上海商務印書館鉛印本　十二冊

330000－4727－0000500　3918　史部/傳記類/總傳之屬/家乘

[浙江黃巖]黃嚴新橋管氏宗譜□□卷　民國二十一年(1932)鉛印本　一冊　存一卷(四)

330000－4727－0000503　3911　史部/雜史類/斷代之屬

南渡錄四卷附傳一卷　(宋)辛棄疾撰　民國上海廣益書局石印本　一冊　存二卷(一至二)

330000－4727－0000506　3913　史部/雜史類/斷代之屬

明季稗史初編十六種二十七卷　(清)留雲居士輯　民國元年(1912)上海商務印書館鉛印本　四冊　缺九卷(十三至十七、二十四至二十七)

330000－4727－0000514 3915 類叢部/類書類/專類之屬

年華錄四卷 （清）全祖望撰 民國十八年(1929)上海商務印書館鉛印本 一冊 存二卷(三至四)

330000－4727－0000520 4009 史部/史評類/史論之屬

史通削繁四卷 （清）紀昀撰 民國六年(1917)國學圖書局石印本 四冊

330000－4727－0000529 4603 子部/藝術類/書畫之屬/畫法畫品

畫學心印八卷 （清）秦祖永評輯 民國上海掃葉山房石印本 二冊 存四卷(五至八)

330000－4727－0000531 4604 子部/藝術類/書畫之屬/畫法畫品

桐陰論畫二卷首一卷附錄一卷畫訣一卷續桐陰論畫一卷二編二卷三編二卷 （清）秦祖永撰 民國上海掃葉山房石印本 三冊 缺二卷(桐陰論畫首、上)

330000－4727－0000533 4605 子部/藝術類/書畫之屬/畫譜

可竹軒畫譜不分卷 張熊等繪 可竹軒主人編 民國十二年(1923)上海民智書局石印本 一冊

330000－4727－0000535 4602 子部/雜著類/雜纂之屬

增廣智囊補二十八卷 （明）馮夢龍輯 民國十一年(1922)上海文明書局石印本 七冊 存二十五卷(一至二十一、二十五至二十八)

330000－4727－0000551 4606 子部/醫家類/類編之屬

陳修園醫書全集六十種 （清）陳念祖等撰 民國石印本 二十二冊 存五十種

330000－4727－0000556 4511 子部/叢編

子書四十八種 五鳳樓主人輯 民國四年至九年(1915－1920)上海五鳳樓石印本 五十冊 存四十六種

330000－4727－0000557 4512 子部/叢編

子書四十八種 五鳳樓主人輯 民國四年至九年(1915－1920)上海五鳳樓石印本 二十一冊 存十五種

330000－4727－0000561 4610 子部/術數類

新鐫曆法便覽象吉備要通書二十九卷 （清）魏鑑撰 民國上海廣益書局石印本 六冊 存九卷(五至十三)

330000－4727－0000566 1046 子部/藝術類/書畫之屬/法帖

法帖不分卷 民國上海有正書局影印本 一冊

330000－4727－0000568 4705 子部/醫家類/綜合之屬/通論

增訂醫宗金鑑九十卷首一卷 （清）吳謙等撰 民國六年(1917)上海中華圖書館石印本 十七冊 缺十六卷(内科八至十六、六十四至六十八,外科一至二)

330000－4727－0000569 4708 子部/醫家類/本草之屬/歷代綜合本草

本草備要八卷 （清）汪昂撰 民國商務印書館鉛印本 二冊 存四卷(一至四)

330000－4727－0000570 4706 子部/醫家類/醫經之屬/内經

補注黃帝内經素問二十四卷黃帝内經靈樞十二卷 （唐）王冰注 （宋）林億等校正 （宋）孫兆重改誤 民國三年(1914)上海育文書局石印本 一冊 存十八卷(一至十八)

330000－4727－0000591 4704 子部/醫家類/喉科口齒之屬/通論

重樓玉鑰四卷 （清）鄭宏綱撰 民國六年(1917)奉天章福記石印本 四冊

330000－4727－0000593 4702 子部/醫家類/婦科之屬/通論

濟陰綱目十四卷 （明）武之望 （明）金德生撰 （清）汪淇箋釋 **保生碎事一卷** （清）汪淇輯 民國十年(1921)上海章福記書局石印本 三冊

330000－4727－0000594　4703　子部/醫家類/溫病之屬
溫病條辨六卷首一卷　（清）吳瑭撰　民國二十六年（1937）上海千頃堂書局石印本　一冊

330000－4727－0000595　4714　子部/醫家類/溫病之屬
溫熱經緯五卷　（清）王士雄纂　（清）楊照藜（清）汪曰楨評　民國石印本　一冊

330000－4727－0000596　4715　子部/醫家類/溫病之屬
溫熱經緯五卷　（清）王士雄纂　（清）楊照藜（清）汪曰楨評　民國上海錦章圖書局石印本　一冊

330000－4727－0000597　4716　子部/醫家類/方書之屬/歷代方書
孫真人備急千金要方三十卷　（唐）孫思邈撰（清）張璐衍義　民國四年（1915）江左書林石印本　一冊　存二卷（二十一至二十二）

330000－4727－0000598　4717　子部/醫家類/綜合之屬/通論
編註醫學入門八卷首一卷　（明）李梴編　民國上海校經山房石印本　一冊　存三卷（五至七）

330000－4727－0000601　4720　子部/醫家類/綜合之屬/通論
增補萬病回春原本八卷　（明）龔廷賢編　民國上海錦章圖書局石印本　一冊　存一卷（一）

330000－4727－0000602　4721　子部/醫家類/方書之屬/歷代方書
千金翼方三十卷　（唐）孫思邈撰　民國石印本　一冊　存五卷（二十一至二十五）

330000－4727－0000605　4722　子部/醫家類/兒科之屬/痘疹
種痘新書十二卷　（清）張琰編輯　民國上海校經山房石印本　一冊　存二卷（四至五）

330000－4727－0000607　4724　子部/醫家類/針灸之屬/通論
實用鍼灸學五章　陳光昌撰　民國二十一年（1932）東方針灸學社鉛印本　一冊

330000－4727－0000609　4726　子部/醫家類/醫理之屬/病源病機
重刊巢氏諸病源候總論五十卷　（隋）巢元方等撰　民國七年（1918）上海千頃堂石印本　三冊　存十四卷（一至十四）

330000－4727－0000613　4730　子部/醫家類/針灸之屬/經絡腧穴
經脈圖考四卷　（清）陳惠疇撰　民國十七年（1928）上海民和書局影印本　一冊　存一卷（一）

330000－4727－0000615　4732　子部/醫家類/方書之屬/單方驗方
增評童氏醫方集解二十三卷　（清）汪昂著輯（清）李保常批點　（清）費伯雄加評　民國石印本　一冊

330000－4727－0000618　4735　子部/醫家類/醫案之屬
葉氏醫案存真三卷附馬氏醫案并坿祁案王案一卷　（清）葉桂撰　（清）葉萬青輯　民國四年（1915）上海千頃堂石印本　二冊　存三卷（一至三）

330000－4727－0000620　2901：2　史部/傳記類/總傳之屬/斷代
清史列傳八十卷　中華書局編　民國十七年（1928）上海中華書局鉛印本　一冊　存一卷（四十一）

330000－4727－0000622　4738　子部/醫家類/婦科之屬/產科
大生要旨六卷　（清）唐千頃撰　**續刻驗方一卷**　民國石印本　一冊

330000－4727－0000626　4616　子部/藝術類/書畫之屬/畫譜
芥子園畫傳初集六卷二集九卷三集六卷（清）王槩　（清）王蓍　（清）王臬輯　民國上海文瑞樓石印本　二冊　存十五卷（二集一至九、三集一至六）

330000－4727－0000627　4608　子部/藝術類/篆刻之屬/印譜

文齋印譜一卷　民國影印本　一冊

330000－4727－0000628　4609　子部/藝術類/篆刻之屬/印譜
印香吟堂印不分卷　(清)李汝皋刻　民國鈐印本　一冊

330000－4727－0000630　5801　史部/傳記類/總傳之屬/家乘
[浙江溫嶺]泾川陳氏宗譜十卷　陳燮忠纂修　民國二十九年(1940)木活字印本　十冊　缺一卷(七)

330000－4727－0000631　5802　史部/傳記類/總傳之屬/家乘
[浙江溫嶺]鳳山坊邊張氏宗譜首三卷　張人松纂修　民國三十六年(1947)木活字印本　三冊

330000－4727－0000636　5806　集部/小說類/長篇之屬
東周列國志二十七卷一百八回　(清)蔡奡評點　民國石印本　九冊　存二十六卷(二至二十七)

330000－4727－0000650　6002　子部/醫家類/本草之屬/本草雜著
本草求真九卷主治二卷脉理求真一卷　(清)黃宮繡纂　民國上海廣益書局石印本　六冊

330000－4727－0000651　6003　子部/醫家類/本草之屬/歷代綜合本草
本草綱目五十二卷圖三卷奇經八脈考一卷　(明)李時珍撰　**本草萬方鍼線八卷本草藥品總目一卷**　(清)蔡烈先輯　**本草綱目拾遺十卷**　(清)趙學敏輯　民國十八年(1929)上海商務印書館石印本　二十冊

330000－4727－0000656　6008　子部/醫家類/類編之屬
南雅堂醫書全集(陳修園醫書)四十八種　(清)陳念祖等撰　民國上海錦章書局石印本　十五冊　存三十種

330000－4727－0000658　6010　子部/醫家類/醫經之屬/內經
內經知要二卷　(明)李中梓輯注　(清)薛雪補注　民國上海商務印書館鉛印本　一冊

330000－4727－0000659　6011　子部/醫家類/本草之屬/本草藥性
雷公炮製藥性解六卷　(明)李中梓輯　**珍珠囊指掌補遺藥性賦四卷**　(金)李杲輯　民國共和書局石印本　二冊

330000－4727－0000661　6013　子部/醫家類/本草之屬/歷代綜合本草
本草三家合註三卷首一卷　(清)郭汝驄集註　**神農本草經百種錄一卷**　徐大椿撰　民國三年(1914)上海陶明記書局石印本　二冊

330000－4727－0000664　6016　子部/醫家類/方書之屬/歷代方書
集驗良方拔萃二卷癸卯年續補集驗拔萃良方一卷　(清)恬素氏輯　民國十年(1921)上海宏大善書局石印本　一冊

330000－4727－0000666　6018　子部/醫家類/兒科之屬
幼科三種六卷　民國上海文元書局石印本　三冊

330000－4727－0000670　6022　子部/醫家類/類編之屬
六科準繩六種　(明)王肯堂撰　民國三年(1914)上海鴻寶齋書局石印本　七冊　存一種

330000－4727－0000673　6025　子部/醫家類/婦科之屬
婦科五十二章圖一卷　民國鉛印本　五冊　缺十一章(一至十一)

330000－4727－0000679　6031　子部/醫家類/醫經之屬/難經
校正圖註八十一難經四卷　(明)張世賢註　**校正圖註脈訣四卷**　(晉)王叔和撰　(明)張世賢註　**校正瀕湖脈學一卷奇經八脈考一卷**　(明)李時珍撰輯　民國上海鴻寶齋書局石印本　四冊

330000－4727－0000680　6032　子部/醫家類/醫經之屬/難經

校正圖註八十一難經四卷 （明）張世賢註 **校正圖註脈訣四卷** （晉）王叔和撰 （明）張世賢註 **校正瀕湖脈學一卷奇經八脈考一卷** （明）李時珍撰輯 民國上海鴻寶齋書局石印本 五册

330000－4727－0000683 6035 子部/醫家類/醫經之屬/内經
素問靈樞類纂約註三卷 （清）汪昂輯註 民國上洋公興書局鉛印本 一册

330000－4727－0000684 6036 子部/醫家類/傷寒金匱之屬/傷寒論
傷寒瘟疫條辯六卷 （清）楊璿撰 （清）楊鼎編 民國元年(1912)上海江東書局石印本 四册

330000－4727－0000687 6039 子部/醫家類/溫病之屬/瘟疫
加批時病論八卷 （清）雷豐撰 陳秉鈞批 民國上海廣益書局石印本 一册 存二卷(三至四)

330000－4727－0000690 6042 子部/醫家類/方書之屬/單方驗方
重訂驗方新編十八卷 （清）鮑相璈等輯 民國三年(1914)錦章圖書局石印本 六册

330000－4727－0000694 6046 子部/醫家類/婦科之屬/產科
達生編一卷 （清）亟齋居士撰 民國上海明德書局鉛印本 一册

330000－4727－0000697 6049 子部/醫家類/本草之屬/歷代綜合本草
本草從新十八卷 （清）吳儀洛輯 民國元年(1912)上海鑄記鍊石書局石印本 二册

330000－4727－0000698 6050 子部/醫家類/綜合之屬/通論
醫學心悟六卷 （清）程國彭撰 民國上海鑄記書局石印本 四册

330000－4727－0000700 6052 子部/醫家類/外科之屬/通論
外科大成四卷 （清）祁坤撰 民國上海會文堂石印本 四册

330000－4727－0000701 6053 子部/醫家類/方書之屬/單方驗方
增評醫方集解二十三卷增補本草備要八卷重校舊本湯頭歌訣一卷經絡歌訣一卷 （清）汪昂著輯 民國三年(1914)上海共和書局石印本 一册 存一卷(重校舊本湯頭歌訣)

330000－4727－0000702 5908 子部/醫家類/醫經之屬/内經
素問紀要便讀一卷 稿本 一册

330000－4727－0000703 6054 子部/醫家類/綜合之屬/通論
醫宗説約六卷 （清）蔣示吉撰 民國四年(1915)上海萃英書局石印本 四册

330000－4727－0000704 6055 子部/醫家類/婦科之屬/通論
新編女科指掌五卷 （清）葉其蓁編輯 民國上海海左書局石印本 一册

330000－4727－0000705 6056 子部/醫家類/兒科之屬/痘疹
引痘略一卷 （清）邱熺輯 民國上海錦章圖書局石印本 一册

330000－4727－0000707 6058 子部/醫家類/綜合之屬/合刻、合抄
正集喉科一卷續集外科一卷 民國影印本 一册

330000－4727－0000708 5904 史部/傳記類/别傳之屬
傅川先生哀挽錄一卷 張心柏等編 民國影印本 一册

330000－4727－0000709 5905 集部/戲劇類/雜劇之屬
西廂課一卷 稿本 一册

330000－4727－0000710 5906 子部/醫家類/方書之屬
藥方一卷 民國抄本 一册

330000－4727－0000711 5907 集部/别集類/清别集
詩文集一卷 稿本 一册

浙江省温嶺中學
民國時期傳統裝幀書籍普查登記目録

浙江省民國時期傳統裝幀書籍普查登記目録 · 台州

國家圖書館出版社
National Library of China Publishing House

《浙江省温嶺中學民國時期傳統裝幀書籍普查登記目録》

編委會

主　編：陳才錡

副主編：趙海勇　江正玲　鄭曉萍

編　委：林　慧　李　敏　汪曉紅　葉　勤　鄭　麗

#《浙江省温嶺中學民國時期傳統裝幀書籍普查登記目録》

前　言

浙江省温嶺中學建校已170多年,圖書館館藏歷史文獻從宗文書院保存至今。本次普查於2014年12月開始,至2016年1月完成。館藏歷史文獻共86部,其中民國時期傳統裝幀書籍有26部。本次普查感謝圖書館林慧等老師的辛勤付出,由於受普查員水平、時間、參考資料、工具書不足等諸多因素的制約,錯漏之處難免,敬請專家給予指正,謝謝!

浙江省温嶺中學
2018年6月

330000－1756－0000036　0036　集部/別集類/宋別集

象山先生全集三十六卷　（宋）陸九淵撰　民國十五年（1926）中原書局石印本　八册

330000－1756－0000037　0037　類叢部/叢書類/彙編之屬

四部備要　中華書局編　民國二十五年（1936）中華書局鉛印本　四十六册　存四種

330000－1756－0000039　0039　史部/紀傳類/正史之屬

史記論文不分卷　（清）吳見思評點　民國上海中華書局鉛印本　六册

330000－1756－0000040　0040　集部/別集類/明別集

王文成公全書三十八卷　（明）王守仁撰　民國上海中華圖書館影印本　十册　缺三卷（一、十九至二十）

330000－1756－0000042　0042　集部/小説類/長篇之屬

上下古今談四卷二十回　吳敬恒撰　民國十七年（1928）上海文明書局鉛印本　四册

330000－1756－0000043　0043　集部/別集類/清別集

香屑集十八卷首一卷末一卷　（清）黄之雋撰　（清）陳邦直注　民國石印本　四册

330000－1756－0000045　0045　集部/詩文評類/類編之屬

歷代詩文評註讀本　王文濡編　民國上海文明書局鉛印本　五册　存二種

330000－1756－0000046　0046　集部/別集類/清別集

左文襄公文集五卷詩集一卷聯語一卷　（清）左宗棠撰　民國廣益書局石印本　三册　缺二卷（詩集、聯語）

330000－1756－0000047　0047　集部/總集類/尺牘之屬

明清十大家尺牘　文明書局輯　民國十八年（1929）上海文明書局石印本　二册　存二種

330000－1756－0000048　0048　集部/總集類/尺牘之屬

近代十大家尺牘十種　文明書局編　民國十六年（1927）上海文明書局石印本　七册　存八種

330000－1756－0000049　0049　集部/曲類/曲韻曲譜曲律之屬

曲譜十二卷首一卷末一卷　民國八年（1919）上海掃葉山房石印本　六册　存十卷（四至十二、末）

330000－1756－0000050　0050　經部/小學類/文字之屬/字書/字典

中華新字典初編十二卷續編十二卷檢字一卷　王文濡等編纂　民國三年（1914）廣益書局石印本　五册　缺六卷（續編子集、丑集、寅集、卯集、辰集、巳集）

330000－1756－0000051　0051　經部/小學類/文字之屬/字書/字典

中華大字典十二卷　徐誥等編輯　民國四年（1915）中華書局鉛印本　四册　存四卷（寅集、申集、酉集、亥集）

330000－1756－0000053　0053　類叢部/叢書類/彙編之屬

四部叢刊　張元濟等編　民國上海商務印書館影印本　葉遇□題記　八册　存一種

330000－1756－0000060　0060　史部/傳記類/日記之屬

越縵堂日記補不分卷（清咸豐四年三月十四日至同治二年三月三十日）　（清）李慈銘撰　民國二十五年（1936）上海商務印書館影印本　十三册

330000－1756－0000072　0072　集部/總集類/選集之屬/通代

經史百家雜鈔二十六卷首一卷　（清）曾國藩纂　民國鉛印本　一册　存一卷（二十三）

330000－1756－0000076　0076　經部/小學類/文字之屬/字書/字典

康熙字典十二集三十六卷總目一卷檢字一卷

辨似一卷等韻一卷備考一卷補遺一卷　（清）張玉書等纂修　民國六年(1917)上海廣益書局石印本　一册　存十卷(子集上中下、丑集上中下,總目,檢字,辨似,等韻)

330000－1756－0000078　0078　子部/藝術類/書畫之屬/畫譜
名人書畫三十集　商務印書館輯　民國九年至十七年(1920－1928)上海商務印書館影印本　一册　存一集(一)

330000－1756－0000079　0079　子部/藝術類/書畫之屬/畫譜
石谷臨安山色圖長卷不分卷　（清）王翬繪　民國十年(1921)上海有正書局影印本　一册

330000－1756－0000080　0080　子部/藝術類/書畫之屬/畫譜
吳漁山仿古山水册不分卷　（清）吳歷繪　民國十三年(1924)文明書局影印本　一册

330000－1756－0000081　0081　子部/藝術類/書畫之屬/畫譜
高澹游寫景山水册不分卷　（清）高簡繪　民國十三年(1924)上海文明書局影印本　一册

330000－1756－0000082　0082　子部/藝術類/書畫之屬/畫譜
黄尊古仿古山水册一卷　（清）黄鼎繪　民國十二年(1923)上海文明書局影印本　一册

330000－1756－0000083　0083　子部/藝術類/書畫之屬/畫譜
華新羅寫景山水册不分卷　（清）華喦繪　民國十一年(1922)文明書局影印本　一册

330000－1756－0000084　0084　子部/藝術類/書畫之屬/畫譜
黄小松仿古山水册一卷　（清）黄易繪　民國十三年(1924)上海文明書局影印本　一册

330000－1756－0000085　0085　子部/藝術類/書畫之屬/畫譜
戴文節銷寒小景不分卷　（清）戴熙繪　民國影印本　一册

330000－1756－0000086　0086　子部/藝術類/書畫之屬/畫譜
愙齋尚書臨南田畫册不分卷　（清）吳大澂摹繪　民國有正書局影印本　一册

臨海市圖書館
民國時期傳統裝幀書籍普查登記目録

浙江省民國時期傳統裝幀書籍普查登記目録・台州

國家圖書館出版社
National Library of China Publishing House

《臨海市圖書館民國時期傳統裝幀書籍普查登記目録》

編委會

主　編： 彭春林

副主編： 楊米周　蔡劍周

《臨海市圖書館民國時期傳統裝幀書籍普查登記目録》

前　言

國家歷史文化名城臨海爲原台州府治，有着悠久的歷史和深厚的文化底蘊，人文薈萃，歷代藏書家輩出，如宋有陳耆卿、謝深甫、李庚、林表民，元有陳孚、謝晟孫，明有王宗沐、釋慧佐，清有洪若皋、馮甦、宋世犖、洪頤煊以及近現代的項士元、屈映光等，不勝枚舉。民國七年（1918），項士元先生倡建臨海圖書館，褚傳誥在《募建臨海圖書館啓》中云"就景藜之樓，設藏書之府"，景藜樓，即臨海圖書館的首址。現今臨海收藏的歷史文獻大都歸功於台州文物開拓者項士元，他爲臨海保存了數百種台州歷代鄉邦文獻，并將自己畢生搜集的3萬餘卷寒石草堂藏書，自1918年起連同橱架經四次全部捐獻國家，又往返台州各地，訪求遺帙，先後徵集到王棻知非求是樓、王彦威秋燈課詩書屋、王舟瑶後凋草堂、楊晨崇雅堂、王咏霓函雅堂、王維翰彝經堂及喻長霖、王葆楨、王念劬、褚傳誥的舊藏和黄岩九峰書院的珍藏，以及臨海本地的黄瑞秋籟閣、葉書蔭玉閣、曹愷仁本堂、屈映光精一堂、戴勖屏慎餘書屋、李鏐鍾秀盦、曾士瀛某石軒、葛咏裳憶緑蔭室的私藏……其後徵集和捐贈的還有洪滌懷、王蓴、周萍洄、胡步川、章襄、王任化等個人書籍，這些古籍主要收藏於臨海市博物館和圖書館。

本館歷史文獻多數爲晚清民國時期刻印，經史子集各有收入。由於各種原因，除民國七年項士元編《臨海縣公立圖書館書目》、民國三十三年（1944）盧吉民編《臨海縣立圖書館書目》和1980年編印的《台州地區善本書目彙編》外，未見其他館藏書目。按照"中華古籍保護計劃"的要求，2012年我館與浙江省古籍保護中心簽訂古籍普查協議，開啓普查登記工作。由於館藏豐富而人員資金不足，普查工作進展緩慢，後經館長彭春林的努力和主管及財政部門的支持，到2014年年中招收到四名大專以上學歷的普查員，加班加點，終於在2015年9月按計劃提前三個月完成著録。

經普查，館藏歷史文獻（含民國）共有54140册，著録數據9081條，收入本目録的民國文獻有2203條12933册。館藏中，《大日本續藏經》《四部備要》《四部叢刊》等書籍比較完整，史部政書類中的少數民國文書，都有一定的文獻價值。普查的同時，本館積極籌備申報，成爲浙江省第一批古籍重點保護單位和修復站。普查之後，館藏瞭然，檢索方便，爲今後的歷史文獻修復和數字化工作打下了基礎，也爲歷史文獻的開發利用創造了條件。"遺金滿籯，不如一經"，項士元曾受聘於浙江圖書館，館俸所入，悉購舊書。歷史文獻是文物，更是先賢留下來的寶貴精神財富，我們有責任也有信心繼續做好保護工作，讓這些珍貴遺産焕發出新的光彩。

本目録的編纂,特别感謝王愛萍、章雲丹、姚曉鋒、黄偉瑛、李適焱等同志的悉心著録和蔡劍周的精心校對。由於編者水平有限,錯漏之處在所難免,懇請方家學者不吝指正。

臨海市圖書館
2017年11月12日

330000－4735－0000012　05604　子部/醫家類/兒科之屬/通論

鼎鍥幼幼集成六卷　(清)陳復正輯　民國六年(1917)上海錦章圖書局影印本　六冊

330000－4735－0000019　08002　集部/別集類/唐五代別集

昌黎先生集四十卷外集十卷遺文一卷　(唐)韓愈撰　(唐)李漢編　**朱子校昌黎先生集傳一卷**　(宋)朱熹撰　**韓集點勘四卷**　(清)陳景雲撰　民國九年(1920)毘陵章氏石印本　十冊

330000－4735－0000021　05686　子部/醫家類/綜合之屬/通論

中國醫學史十二章　陳邦賢編纂　民國九年(1920)上海醫學書局鉛印本　一冊

330000－4735－0000034　08010　集部/別集類

畸園第三次手定詩稿不分卷　陳適聲撰　民國十一年(1922)影印本　二十一冊　缺二冊(一、十六)

330000－4735－0000036　08011　集部/別集類/清別集

梅村詩集箋注十八卷　(清)吳偉業撰　(清)吳翌鳳箋注　民國中華圖書館石印本　八冊

330000－4735－0000040　08015　集部/別集類

復庵先生集十卷附錄一卷　許玨撰　陶世鳳纂　民國十五年(1926)無錫許氏鉛印本　二冊

330000－4735－0000044　08019　類叢部/叢書類/自著之屬

曾文正公家書六種彙刊　(清)曾國藩撰　民國十二年(1923)上海掃葉山房石印本　八冊　存一種

330000－4735－0000047　08018　類叢部/叢書類/郡邑之屬

吳興叢書六十六種　劉承幹編　民國吳興劉氏嘉業堂刻本　四冊　存一種

330000－4735－0000048　08020　集部/別集類/唐五代別集

杜詩鏡銓二十卷附諸家論杜一卷杜工部年譜一卷　(清)楊倫輯　**讀書堂杜工部文集註解二卷**　(清)張溍撰　民國十年(1921)榮華山房石印本　見石題記　八冊

330000－4735－0000049　05810　子部/小說家類/瑣語之屬

觚賸八卷續編四卷　(清)鈕琇輯　民國上海進步書局石印本　三冊

330000－4735－0000050　08021　集部/別集類/宋別集

蘇文忠公詩集五十卷目錄二卷　(宋)蘇軾撰　(清)紀昀評點　民國十四年(1925)上海掃葉山房石印本　十一冊

330000－4735－0000054　05831　子部/小說家類/異聞之屬

搜神記二十卷　(晉)干寶撰　**搜神後記十卷**　(晉)陶潛撰　民國九年(1920)上海掃葉山房石印本　三冊

330000－4735－0000058　05833　子部/小說家類/雜事之屬

庸盦筆記六卷　(清)薛福成撰　民國上海廣益書局石印本　一冊　存二卷(一至二)

330000－4735－0000059　05834　子部/小說家類/雜事之屬

世説新語六卷　(南朝宋)劉義慶撰　(南朝梁)劉孝標注　民國上海廣益書局石印本　六冊

330000－4735－0000063　05847　子部/小說家類/異聞之屬

酉陽雜俎二十卷　(唐)段成式撰　(明)毛晉訂　民國上海廣益書局石印本　四冊

330000－4735－0000072　08032　類叢部/叢書類/彙編之屬

嘉業堂叢書五十七種　劉承幹編　民國吳興劉氏嘉業堂刻本　六冊　存二種

330000－4735－0000073　08033　集部/別集

類/清別集

澗于集二十卷　（清）張佩綸撰　民國七年至十五年(1918－1926)張氏澗于草堂刻本　八冊　存十卷(奏議一至六、古今詩體一至四)

330000－4735－0000075　05862　子部/小說家類/異聞之屬

分類廣註閱微草堂筆記五卷　（清）紀昀撰　沈禹鐘編輯　民國二十一年(1932)上海世界書局石印本　五冊

330000－4735－0000076　08034　集部/別集類

慎江草堂詩四卷　黃迂撰　民國十三年(1924)鉛印本　二冊

330000－4735－0000077　05863　子部/小說家類/雜事之屬

漁磯漫鈔十卷　（清）雷琳　（清）汪琇瑩　（清）莫劍光輯　民國二年(1913)掃葉山房石印本　何經訓題簽　四冊

330000－4735－0000078　08035　集部/別集類

慎宜軒詩八卷　姚永概撰　民國八年(1919)鉛印本　一冊

330000－4735－0000080　05864　子部/小說家類/異聞之屬

太平廣記五百卷　（宋）李昉等撰　民國十五年(1926)上海掃葉山房石印本　十冊　存一百三十二卷(一至一百三十二)

330000－4735－0000081　08037　集部/別集類/清別集

汪穰卿遺著八卷　（清）汪康年撰　汪詒年輯　**汪穰卿先生年譜一卷**　汪詒年撰　民國九年(1920)錢塘汪詒年鉛印本　三冊　存六卷(三至八)

330000－4735－0000082　08038　類叢部/叢書類/彙編之屬

求恕齋叢書三十一種　劉承幹編　民國吳興劉氏嘉業堂刻本　六冊　存一種

330000－4735－0000083　08039　類叢部/叢書類/自著之屬

譚瀏陽全集六種附續編一卷　（清）譚嗣同撰　民國十三年(1924)上海文明書局鉛印本　夢仙題記　六冊

330000－4735－0000085　08040　集部/別集類/清別集

左文襄公文集五卷詩集一卷聯語一卷　（清）左宗棠撰　民國廣益書局石印本　四冊

330000－4735－0000087　08041　集部/別集類/清別集

鄭板橋全集六卷　（清）鄭燮撰　民國六年(1917)上海掃葉山房石印本　四冊

330000－4735－0000089　08042　集部/別集類/清別集

張文襄公詩集四卷　（清）張之洞撰　民國十一年(1922)上海掃葉山房石印本　四冊

330000－4735－0000090　08043　集部/別集類/清別集

望溪先生文集十八卷集外文十卷集外文補遺二卷　（清）方苞撰　**方望溪先生年譜一卷附錄一卷**　（清）蘇惇元輯　民國上海中華圖書館石印本　八冊

330000－4735－0000091　08044　類叢部/叢書類/自著之屬

惜抱軒全集七種　（清）姚鼐撰　民國三年(1914)上海會文堂書局石印本　八冊

330000－4735－0000101　05882　子部/儒家類/儒學之屬/禮教/女範

金科輯要閨範篇三卷　都劫司　武昌侯輯　顯祿侯定　民國十四年(1925)北京金科流通處鉛印本　一冊

330000－4735－0000103　05883　子部/儒家類/儒學之屬/俗訓

勸世白話文二卷　黃慶瀾撰　民國上海善書流通處鉛印本　一冊

330000－4735－0000104　05884　子部/儒家類/儒學之屬/俗訓

勸世白話文二卷　黃慶瀾撰　民國上海善書

流通處鉛印本　一冊

330000－4735－0000106　08049　集部/别集類

竹間唫榭集十卷　徐行恭撰　民國十八年(1929)杭州刻本　四冊

330000－4735－0000108　05887　子部/儒家類/儒學之屬/俗訓

人範須知六卷　(清)盛隆編　民國上海道德書局鉛印本　六冊

330000－4735－0000132　05897　子部/儒家類/儒學之屬/禮教/家訓

治家格言繹義一卷　(清)戴翊清撰　民國三年(1914)江都朱寶泉刻本　一冊

330000－4735－0000137　08060　類叢部/叢書類/郡邑之屬

貴池先哲遺書二十三種　劉世珩輯　民國九年(1920)貴池劉氏唐石簃刻本　十二冊　存一種

330000－4735－0000141　08061　集部/别集類/清别集

曝書亭集詩註二十二卷　(清)朱彝尊撰　(清)楊謙注　**朱竹垞先生年譜一卷**　(清)楊謙撰　民國木石居石印本　十冊

330000－4735－0000148　05914　類叢部/叢書類/自著之屬

分類廣註曾文正公五種八卷　(清)曾國藩撰　民國上海世界書局石印本　一冊　存一種

330000－4735－0000150　08063　類叢部/叢書類/自著之屬

章氏叢書十三種　章炳麟撰　民國六年至八年(1917－1919)浙江圖書館刻本　十五冊　存十二種

330000－4735－0000153　05924　子部/儒家類/儒家之屬

孔氏家語十卷　(三國魏)王肅注　民國上海同文書局石印本　胡步川題簽並記　五冊

330000－4735－0000154　05925　子部/儒家類/儒家之屬

孔氏家語十卷　(三國魏)王肅注　民國二年(1913)上海文瑞樓石印本　六冊

330000－4735－0000157　08064、08087　集部/總集類/郡邑之屬

四明清詩略三十二卷首三卷　(清)董沛輯　**續稿八卷**　忻江明輯　**姓氏韻編一卷**　民國十九年(1930)中華書局鉛印本　二十冊

330000－4735－0000165　08067　類叢部/叢書類/自著之屬

隨園四十種　(清)袁枚撰　民國上海校經山房成記書局石印本　三十冊　存十七種

330000－4735－0000166　05933　子部/儒家類/儒家之屬

荀子二十卷　(唐)楊倞注　**荀子校勘補遺一卷**　(清)谢墉撰　民國上海會文堂石印本　四冊

330000－4735－0000169　05934　子部/儒家類/儒家之屬

荀子二十卷　(唐)楊倞注　**荀子校勘補遺一卷**　(清)谢墉撰　民國十三年(1924)上海掃葉山房石印本　四冊

330000－4735－0000170　05935　子部/儒家類/儒家之屬

荀子二十卷首一卷　(唐)楊倞注　王先謙集解　民國掃葉山房石印本　八冊

330000－4735－0000173　05936　子部/儒家類/儒家之屬

荀子二十卷　(唐)楊倞注　王先謙集解　民國掃葉山房石印本　七冊　缺一卷(一)

330000－4735－0000178　05940　子部/儒家類/儒學之屬/俗訓

人道須知八卷　江衡　荊少英輯　民國十九年(1930)無錫榮宗銓鉛印本　一冊

330000－4735－0000180　05941　子部/儒家類/儒學之屬/俗訓

人道須知八卷　江衡　荊少英輯　民國十九年(1930)無錫榮宗銓鉛印本　一冊

330000－4735－0000181　05942　子部/儒家類/儒學之屬/性理

近思錄集説十四卷　管贊程撰　民國浙江印刷所鉛印本　四册

330000－4735－0000182　05943　子部/儒家類/儒學之屬/性理

近思錄集説十四卷　管贊程撰　民國浙江印刷所鉛印本　四册

330000－4735－0000183　05944　子部/儒家類/儒學之屬/性理

近思錄集説十四卷　管贊程撰　民國浙江印刷所鉛印本　四册

330000－4735－0000189　05948　子部/儒家類/儒學之屬/性理

王陽明先生傳習錄集評四卷　（清）孫奇逢等參評　（清）陶潯霍　梁啓超續評　孫鏘輯校　民國三年（1914）上海新學會社鉛印本　二册

330000－4735－0000190　05949　子部/儒家類/儒學之屬/性理

王陽明先生傳習錄集評四卷　（清）孫奇逢等參評　（清）陶潯霍　梁啓超續評　孫鏘輯校　民國三年（1914）上海新學會社鉛印本　一册　存二卷（一至二）

330000－4735－0000197　05953　子部/儒家類/儒學之屬/經濟

大學衍義講授三卷　夏震武撰　民國十年（1921）古陽楊氏刻本　二册

330000－4735－0000204　08080　集部/別集類/清別集

壽愷堂集三十卷補編一卷　（清）周家祿撰　民國十年至十一年（1921－1922）海門周實臣鉛印本　八册

330000－4735－0000208　08084　集部/詞類/類編之屬

彊村叢書一百七十八種　朱祖謀輯並撰校記　民國六年（1917）歸安朱氏刻十一年（1922）校補印本　二十八册　存一百九種

330000－4735－0000209　05917　子部/儒家類/儒學之屬/禮教/家訓

朱子治家格言一卷　（清）朱用純撰　（清）朱炳照註　民國十二年（1923）刻本　一册

330000－4735－0000210　05918　子部/儒家類/儒學之屬/禮教/家訓

朱子治家格言一卷　（清）朱用純撰　（清）朱炳照註　民國十二年（1923）刻十三年（1924）印本　一册

330000－4735－0000211　05919　子部/儒家類/儒學之屬/性理

朱子小學六卷　（宋）朱熹輯　民國二十一年（1932）溫州印務局石印本　一册

330000－4735－0000212　05912　子部/儒家類/儒學之屬/禮教/家訓

治家格言繹義二卷　（清）戴翊清撰　民國上海明德書局鉛印本　一册

330000－4735－0000214　05915　子部/儒家類/儒學之屬/禮教/家訓

白話註解朱子家訓一卷　（清）朱用純撰　朱鳳鳴注　張氏增改　民國二十二年（1933）上海明善書局石印本　一册

330000－4735－0000215　05916　子部/儒家類/儒學之屬/禮教/家訓

白話註解朱子家訓一卷　（清）朱用純撰　朱鳳鳴注　張氏增改　民國二十二年（1933）上海明善書局石印本　一册

330000－4735－0000219　05969　子部/儒家類/儒學之屬/蒙學

新增繪圖幼學故事瓊林四卷　（清）程登吉撰　（清）鄒聖脈增補　民國上海鍊石齋書局石印本　一册

330000－4735－0000220　05970　子部/儒家類/儒學之屬/蒙學

新增繪圖幼學故事瓊林四卷首一卷　（清）程登吉撰　（清）鄒聖脈增補　民國二年（1913）上海天寶書局石印本　一册

330000－4735－0000221　05971　子部/儒家

類/儒學之屬/蒙學
新增繪圖幼學故事瓊林四卷首一卷 (清)程登吉撰 (清)鄒聖脈增補 民國四年(1915)上海鴻文書局石印本 一冊

330000－4735－0000222 05972 子部/儒家類/儒學之屬/蒙學
新增繪圖幼學故事瓊林四卷首一卷 (清)程登吉撰 (清)鄒聖脈增補 民國上海錦章圖書局石印本 一冊

330000－4735－0000228 05978 子部/儒家類/儒學之屬/蒙學
精校新增繪圖幼學故事瓊林四卷首一卷 (清)程登吉撰 (清)鄒聖脈增補 民國石印本 一冊

330000－4735－0000233 05979 子部/儒家類/儒學之屬/禮教/家訓
精本了凡四訓一卷附錄一卷 (明)袁黄撰 歇浦學人集注 民國十一年(1922)上海中華書局鉛印本 一冊

330000－4735－0000238 08089 集部/總集類/郡邑之屬
續甬上耆舊詩一百二十卷首一卷 (清)全祖望輯選 民國七年(1918)四明文獻社鉛印本 十二冊 缺七十四卷(四十七至一百二十)

330000－4735－0000240 05991 子部/儒家類/儒學之屬/經濟
孔教十年大事八卷 柯璜編 民國十三年(1924)宗聖會鉛印本 八冊

330000－4735－0000241 05992 子部/儒家類/儒學之屬/經濟
孔教十年大事八卷 柯璜編 民國十三年(1924)宗聖會鉛印本 八冊

330000－4735－0000243 05994 子部/儒家類/儒學之屬/性理
呂語集粹四卷首一卷 (明)呂坤撰 (清)陳弘謀評 民國二年(1913)上海文瑞樓石印本 二冊

330000－4735－0000244 05995 子部/儒家類/儒學之屬/禮教/鑑戒
八德須知初集八卷二集八卷三集八卷四集八卷 蔡振紳編輯 民國二十四年(1935)上海明善書局石印本 一冊 存一卷(初集一)

330000－4735－0000247 05996 子部/儒家類/儒學之屬/禮教/家訓
白話註解朱子家訓一卷 (宋)朱熹撰 朱鳳鳴注 張氏增改 民國二十二年(1933)明善書局石印本 一冊

330000－4735－0000250 08096 集部/總集類/氏族之屬
某石軒集四卷 林芝蔚編 民國十六年(1927)鉛印本 一冊

330000－4735－0000259 08097 集部/總集類/氏族之屬
某石軒集四卷 林芝蔚編 民國十六年(1927)鉛印本 一冊

330000－4735－0000260 08098 集部/總集類/氏族之屬
某石軒集四卷 林芝蔚編 民國十六年(1927)鉛印本 一冊

330000－4735－0000261 08099 集部/別集類/清別集
遵義鄭徵君遺著二十一卷 (清)鄭珍撰 **坿屈廬詩稿四卷** (清)鄭同知撰 民國三年至四年(1914－1915)陳夔龍花近樓刻本 七冊 缺四卷(屈廬詩稿一至四)

330000－4735－0000265 08103 集部/別集類/唐五代別集
駱臨海集十卷附錄一卷 (唐)駱賓王撰 (清)陳熙晉注 民國二十六年(1937)義烏黄氏鉛印本 四冊

330000－4735－0000266 08104 集部/別集類/唐五代別集
駱臨海集十卷附錄一卷 (唐)駱賓王撰 (清)陳熙晉注 民國二十六年(1937)義烏黄氏鉛印本 許良韶題記 四冊

330000－4735－0000280 08118 集部/總集

類/郡邑之屬

四明清詩略三十二卷首三卷 (清)董沛輯 **續稿八卷** 忻江明輯 **姓氏韻編一卷** 民國十九年(1930)中華書局鉛印本 十九冊 缺二卷(首上、中)

330000－4735－0000281 08119 集部/總集類/郡邑之屬

續甬上耆舊詩一百二十卷首一卷 (清)全祖望輯選 民國七年(1918)四明文獻社鉛印本 十六冊 缺四十六卷(三十九至四十二、四十七至六十、七十六至八十、八十五至一百七)

330000－4735－0000282 08120－08089 集部/總集類/郡邑之屬

續甬上耆舊詩一百二十卷首一卷 (清)全祖望輯選 民國七年(1918)四明文獻社鉛印本 一冊 存八卷(六十一至六十八)

330000－4735－0000284 02582 史部/傳記類/總傳之屬/仕宦

百歲敘譜六卷 (清)丁文策 (清)沈九如 (清)陳師錫輯 民國二十年(1931)上海中華書局鉛印本 六冊

330000－4735－0000290 08125 集部/別集類/宋別集

山谷詩集注內集二十卷外集十七卷別集二卷 (宋)黃庭堅撰 (宋)任淵 (宋)史容 (宋)史季溫注 民國四年(1915)上海著易堂影印本 十六冊

330000－4735－0000383 08126 集部/別集類/宋別集

后山詩十二卷 (宋)陳師道撰 (宋)任淵注 民國十四年(1925)上海文明書局石印本 包仲修批注並題記 六冊

330000－4735－0000384 08127 集部/別集類/宋別集

石林居士建康集八卷補遺一卷 (宋)葉夢得撰 **石林先生兩鎮建康紀年略一卷** (清)葉廷琯編 民國九年(1920)石竹山房書局石印本 四冊

330000－4735－0000399 08130 集部/別集類/唐五代別集

杜詩鏡銓二十卷 (清)楊倫輯 民國十年(1921)榮華山房石印本 六冊 缺四卷(十四至十六、二十)

330000－4735－0000401 08131 集部/總集類/尺牘之屬

近代十大家尺牘十種 文明書局編 民國十六年(1927)上海文明書局石印本 九冊 存八種

330000－4735－0000402 08132 集部/別集類/唐五代別集

昌黎先生集四十卷外集十卷遺文一卷 (唐)韓愈撰 (唐)李漢編 **朱子校昌黎先生集傳一卷** (宋)朱熹撰 **韓集點勘四卷** (清)陳景雲撰 民國九年(1920)昆陵章氏石印本 八冊 缺九卷(六至十四)

330000－4735－0000407 08133 集部/詩文評類/詩評之屬

帶經堂詩話三十卷首一卷 (清)王士禛撰 (清)張宗柟輯 民國上海掃葉山房石印本 十冊

330000－4735－0000412 08138 類叢部/叢書類/自著之屬

審安齋遺稿六種 陳濤撰 民國十三年(1924)鉛印本 胡步川題記 六冊

330000－4735－0000413 08139 集部/別集類

審安齋詩集三卷 陳濤撰 民國十年(1921)上海中華書局鉛印本 胡步川題記 一冊

330000－4735－0000414 08140 集部/別集類

吳白屋先生遺書二十卷 吳芳吉撰 吳宓編訂 **附錄一卷** 周光午編 民國二十三年(1934)長沙周光午刻本 胡步川題記 六冊

330000－4735－0000429 08147 集部/別集類/清別集

明秋館選課一卷古今體詩存一卷詞賸一卷附

曲兩齣 （清）裘凌仙撰　民國三年（1914）鉛印本　二冊

330000－4735－0000434　08148　集部/別集類
節庵先生遺詩六卷　梁鼎芬撰　余紹宋輯　民國十二年（1923）沔陽盧氏慎始基齋武昌刻本　二冊

330000－4735－0000438　08150　集部/別集類/清別集
綮花館詩鈔一卷　（清）樓杏春撰　民國二十二年（1933）黄侗鉛印本　一冊

330000－4735－0000445　08154　集部/別集類/唐五代別集
樊紹述集二卷　（唐）樊宗師撰　（清）孫之騄輯　民國五年（1916）樊鎮刻本　二冊

330000－4735－0000447　08156　集部/別集類/清別集
二曲集正編二十二卷外編六卷　（清）李顒撰　**首一卷**　杜紹祁撰　民國五年（1916）盩厔縣署鉛印本　七冊　缺四卷（外編三至六）

330000－4735－0000449　08157　集部/別集類/清別集
汪穰卿遺著八卷　（清）汪康年撰　汪詒年輯　**汪穰卿先生年譜一卷**　汪詒年撰　民國九年（1920）錢塘汪詒年鉛印本　四冊

330000－4735－0000453　08159　集部/別集類/明別集
黄漳浦集五十卷首一卷　（明）黄道周撰（清）陳壽祺編　**漳浦黄先生年譜二卷**　（明）莊起儔編　民國鉛印本　十三冊　缺十二卷（三十九至五十）

330000－4735－0000456　08162　集部/別集類/宋別集
南豐先生元豐類藁五十卷　（宋）曾鞏撰（清）顧崧齡輯　**續附南豐先生行狀碑誌哀挽一卷外文二卷**　（清）顧崧齡輯　民國江西玉隱刊書處據清康熙五十六年（1717）長洲顧崧齡刻本　十二冊

330000－4735－0000468　06190　子部/術數類/相宅相墓之屬
八宅明鏡二卷　（唐）楊益著撰　民國十一年（1922）鑄記書局石印本　一冊

330000－4735－0000503　00334　類叢部/叢書類/郡邑之屬
吳興叢書六十六種　劉承幹編　民國吳興劉氏嘉業堂刻本　二十六冊　存九種

330000－4735－0000505　08165　集部/總集類/選集之屬/斷代
皇朝經世文編一百二十卷姓名總目二卷（清）賀長齡輯　民國上海江左書林鉛印本　十七冊　缺三十九卷（六十二至七十三、九十四至一百二十）

330000－4735－0000525　06224　子部/術數類/相宅相墓之屬
欽定羅經透解二卷首一卷　（清）王道亨輯錄　民國上海掃葉山房石印本　二冊　缺一卷（下）

330000－4735－0000533　06223　子部/術數類
新鐫曆法便覽象吉備要通書大全二十九卷（清）魏鑑撰　民國上海錦章書局石印本　三冊　存十五卷（一至九、二十四至二十九）

330000－4735－0000534　06222　子部/術數類
新鐫曆法便覽象吉備要通書大全二十九卷（清）魏鑑撰　民國上海校經山房石印本　三冊　存八卷（六至八、十至十一、二十一至二十三）

330000－4735－0000549　06240　子部/術數類/命書相書之屬
音義評註淵海子平五卷　（宋）徐升編　民國上海元寶書局石印本　葉光德題簽並記　一冊　存三卷（三至五）

330000－4735－0000565　06260　子部/術數類/相宅相墓之屬
地理四秘全書十二種　（清）尹有本著　民國

石印本　四册　存十種

330000－4735－0000566　06254　子部/術數類/陰陽五行之屬

欽定協紀辨方書三十六卷　(清)允祿　(清)張照等纂修　民國石印本　鍾伯順題簽並記　三册　存二十一卷(七至十、二十至三十六)

330000－4735－0000567　06255　子部/術數類/陰陽五行之屬

增廣玉匣記通書二卷　(清)朱說霖重校　民國八年(1919)上海文益書局石印本　岳筱園題記　一册　存一卷(上)

330000－4735－0000569　06257　子部/術數類/陰陽五行之屬

欽定協紀辨方書三十六卷　(清)允祿　(清)張照等纂修　民國石印本　一册　存十七卷(二十至三十六)

330000－4735－0000572　06261　子部/術數類/陰陽五行之屬

洪潮和通書不分卷　(清)洪潮和撰　(清)洪彬淮等選　民國二十二年(1933)福建泉州繼成堂石印本　一册

330000－4735－0000573　06262　子部/術數類/陰陽五行之屬

洪潮和長男彬海孫正中曾孫堂麟通書一卷　(清)洪潮和等撰　民國十一年(1922)福建泉州繼成堂刻本　一册

330000－4735－0000574　06263　子部/術數類/陰陽五行之屬

洪潮和長男彬海孫正中曾孫堂麟通書一卷　(清)洪潮和等撰　民國七年(1918)福建泉州繼成堂刻本　一册

330000－4735－0000575　06264　子部/術數類/陰陽五行之屬

洪潮和長男彬海孫正中曾孫堂麟通書一卷　(清)洪潮和等撰　民國十三年(1924)福建泉州繼成堂刻本　一册

330000－4735－0000576　06265　子部/術數類/陰陽五行之屬

洪潮和長男彬海孫正中曾孫堂麟通書一卷　(清)洪潮和等撰　民國十四年(1925)福建泉州繼成堂刻本　一册

330000－4735－0000577　06266　子部/術數類/陰陽五行之屬

洪潮和長男彬海孫正中曾孫堂麟通書一卷　(清)洪潮和等撰　民國八年(1919)福建泉州繼成堂刻本　一册

330000－4735－0000578　06267　子部/術數類/陰陽五行之屬

洪潮和長男彬海孫正中曾孫堂麟通書一卷　(清)洪潮和等撰　民國八年(1919)福建泉州繼成堂刻本　一册

330000－4735－0000581　06269　子部/術數類/相宅相墓之屬

新刻石函平砂玉尺經全書真機六卷　(元)劉秉忠述　(明)劉基解　(明)賴從謙發揮　**新刊地理五經四書解義郭樸葬經一卷**　(明)吴徵刪定　(明)鄭謐注釋　民國十三年(1924)上海錦章圖書局石印本　一册

330000－4735－0000582　06270　子部/術數類/相宅相墓之屬

入地眼全書十卷　(宋)释静道撰　(清)萬樹華編次　民國上海進步書局石印本　一册

330000－4735－0000591　06275　子部/術數類/相宅相墓之屬

許氏地理辨正釋義一卷　許錦灝述　民國元年(1912)無錫致和堂鉛印本　一册

330000－4735－0000595　00037　經部/易類/圖說之屬

增輯易象圖說二卷　(清)吴脈鬯撰　民國十二年(1923)山西洗心總社鉛印本　二册

330000－4735－0000596　00038　類叢部/叢書類/自著之屬

蓬萊吴灌先著述三種　(清)吴脈鬯撰　民國十二年(1923)山西洗心總社鉛印本　一册　存一種

330000－4735－0000623　00055　經部/易類/專著之屬

易義別識二卷　齊洪昌撰　民國十年(1921)臨海縣公立圖書館石印本　一册

330000－4735－0000633　06295　子部/術數類/數學之屬

集注太玄(太玄經集註)十卷　(宋)司馬光撰　民國元年(1912)鄂官書處刻本　二册

330000－4735－0000638　06297　子部/術數類/占卜之屬

六十四卦金錢課一卷　民國石印本　一册

330000－4735－0000641　06298　子部/術數類/占卜之屬

六十四卦金錢課一卷　民國二十八年(1939)抄本　一册

330000－4735－0000653　00073　經部/易類/傳說之屬

周易本義四卷圖說一卷　(宋)朱熹撰　民國十三年(1924)上海天寶書局石印本　二册

330000－4735－0000654　00074　經部/易類/傳說之屬

周易本義四卷圖說一卷　(宋)朱熹撰　民國十三年(1924)上海天寶書局石印本　陳文理題簽並記　一册

330000－4735－0000656　00076　經部/易類/傳說之屬

周易本義四卷圖說一卷　(宋)朱熹撰　民國上海錦章圖書局石印本　一册

330000－4735－0000667　05007　子部/醫家類/綜合之屬/通論

御纂醫宗金鑑九十卷首一卷　(清)吳謙等撰　民國商務印書館鉛印本　八册　存三十三卷(首,一至五、十五至二十二、四十八至五十六、六十五至七十四)

330000－4735－0000674　05009　子部/醫家類/綜合之屬/通論

御纂醫宗金鑑九十卷首一卷　(清)吳謙等撰　民國上海啟新書局石印本　一册　存二卷(六十二至六十三)

330000－4735－0000676　05010　子部/醫家類/綜合之屬/通論

醫宗金鑑九十卷首一卷　(清)吳謙等撰　民國上海錦章書局石印本(卷五十五至七十四補配民國上海廣益書局石印本)　二册　存四十四卷(二十一至四十四、五十五至七十四)

330000－4735－0000710　02006　史部/編年類/通代之屬

歷代通鑑輯覽一百二十卷　(清)傅恆等撰　民國上海錦章圖書局石印本　三十册　存八十二卷(三十九至一百二十)

330000－4735－0000726　05031　子部/醫家類/方書之屬/單方驗方

驗方新編二十四卷　(清)鮑相璈輯　民國十年(1921)刻本　十五册　缺一卷(二十三)

330000－4735－0000743　00116　經部/書類/傳說之屬

尚書大義二卷　吳闓生撰　民國十一年(1922)都門李葆光等刻本　張義端題記　一册

330000－4735－0000745　00117　經部/書類/傳說之屬

尚書大義二卷　吳闓生撰　民國十一年(1922)都門李葆光等刻朱印本　二册

330000－4735－0000787　00133　經部/書類/傳說之屬

書經集傳六卷　(宋)蔡沈撰　民國上海文盛堂石印本　四册

330000－4735－0000789　00134　經部/書類/傳說之屬

書經集傳六卷　(宋)蔡沈撰　民國上海久敬齋石印本　周萍題簽並記　四册

330000－4735－0000792　00135　經部/書類/傳說之屬

書經集註六卷　(宋)蔡沈撰　民國七年(1918)上海共和書局石印本　一册

330000－4735－0000834　05086　子部/醫家類/溫病之屬/瘟疫

加評溫病條辨六卷首一卷　(清)吳瑭撰　陸士諤評　民國十九年(1930)神州醫學編輯社石印本　二冊

330000－4735－0000843　08175　集部/總集類/酬唱之屬

庸庵尚書重賦鹿鳴集錄十卷　陳夔龍輯　民國二十三年(1934)上海中華書局鉛印本　四冊

330000－4735－0000844　08176　類叢部/叢書類/自著之屬

章氏遺書七種外編十種　(清)章學誠撰　民國十一年(1922)吳興劉氏嘉業堂刻本　十四冊　存九種

330000－4735－0000862　08180　類叢部/叢書類/家集之屬

錫山尤氏叢刊甲集六種　尤桐輯　民國二十四年(1935)鉛印本　一冊　存三種

330000－4735－0000863　02048　史部/編年類/通代之屬

資治通鑑二百九十四卷　(宋)司馬光撰　(元)胡三省音注　**通鑑釋文辨誤十二卷**　(元)胡三省撰　民國六年(1917)上海商務印書館鉛印本　十八冊　存九十卷(一百八至一百二十二、一百三十四至一百三十八、一百四十九至二百四、二百二十五至二百二十九、二百四十至二百四十三、二百六十至二百六十四)

330000－4735－0000865　02049　史部/編年類/通代之屬

御批歷代通鑑輯覽一百二十卷　(清)傅恒等撰　民國石印本　二十一冊　缺四十七卷(一至九、十五至十八、二十七至三十五、四十七至五十、八十至八十七、一百至一百三、一百十二至一百二十)

330000－4735－0000870　00157　經部/詩類/專著之屬

讀詩識名證義八卷　金式陶述　民國八年(1919)鉛印本　一冊

330000－4735－0000877　02054　史部/編年類/通代之屬

尺木堂綱鑑易知錄九十二卷　(清)吳乘權(清)周之炯　(清)周之燦輯　民國鉛印本　一冊　存八卷(八十五至九十二)

330000－4735－0000909　05116　子部/醫家類/兒科之屬/痘疹

發疹全書一卷　孫祖烈譯述　民國六年(1917)上海醫學書局鉛印本　一冊

330000－4735－0000910　05117　子部/醫家類/類編之屬

丁氏醫學叢書　丁福保撰　民國六年(1917)上海醫學書局鉛印本　四冊　存一種

330000－4735－0000911　05118　子部/醫家類

脈訣難經合編　(明)張世賢注　民國四年(1915)上海育文書局石印本　六冊

330000－4735－0000912　05119　子部/醫家類/綜合之屬/通論

辨證奇聞十卷　(清)錢松撰　民國二年(1913)上海校經山房石印本　二冊

330000－4735－0000913　05120　子部/醫家類/綜合之屬/通論

辨證奇聞十卷　(清)錢松撰　民國十年(1921)元昌印書館石印本　六冊

330000－4735－0000917　05121　子部/醫家類/兒科之屬/痘疹

痲科至寶沈氏痲科合編不分卷　民國十七年(1928)石印本　一冊

330000－4735－0000918　08185　集部/別集類

花近樓詩存初編三卷　陳夔龍撰　民國三年(1914)上海刻本　一冊

330000－4735－0000919　05121－1　子部/醫家類/兒科之屬/痘疹

痲科至寶沈氏痲科合編不分卷　民國十七年

(1928)石印本　一冊

330000－4735－0000921　05121－2　子部/醫家類/兒科之屬/痘疹
麻科至寶沈氏麻科合編不分卷　民國十七年(1928)石印本　一冊

330000－4735－0000923　05121－3　子部/醫家類/兒科之屬/痘疹
麻科至寶沈氏麻科合編不分卷　民國十七年(1928)石印本　一冊

330000－4735－0000925　05121－4　子部/醫家類/兒科之屬/痘疹
麻科至寶沈氏麻科合編不分卷　民國十七年(1928)石印本　一冊

330000－4735－0000944　05121－5　子部/醫家類/兒科之屬/痘疹
麻科至寶沈氏麻科合編不分卷　民國十七年(1928)石印本　一冊

330000－4735－0000945　05121－6　子部/醫家類/兒科之屬/痘疹
麻科至寶沈氏麻科合編不分卷　民國十七年(1928)石印本　一冊

330000－4735－0000947　05121－8　子部/醫家類/兒科之屬/痘疹
麻科至寶沈氏麻科合編不分卷　民國十七年(1928)石印本　一冊

330000－4735－0000948　05121－9　子部/醫家類/兒科之屬/痘疹
麻科至寶沈氏麻科合編不分卷　民國十七年(1928)石印本　一冊

330000－4735－0000949　05121－7　子部/醫家類/兒科之屬/痘疹
麻科至寶沈氏麻科合編不分卷　民國十七年(1928)石印本　一冊

330000－4735－0000954　05121－10　子部/醫家類/兒科之屬/痘疹
麻科至寶沈氏麻科合編不分卷　民國十七年(1928)石印本　一冊

330000－4735－0000956　05121－11　子部/醫家類/兒科之屬/痘疹
麻科至寶沈氏麻科合編不分卷　民國十七年(1928)石印本　一冊

330000－4735－0000962　05121－12　子部/醫家類/兒科之屬/痘疹
麻科至寶沈氏麻科合編不分卷　民國十七年(1928)石印本　一冊

330000－4735－0000963　05121－13　子部/醫家類/兒科之屬/痘疹
麻科至寶沈氏麻科合編不分卷　民國十七年(1928)石印本　一冊

330000－4735－0000969　05122　子部/醫家類/兒科之屬/痘疹
麻科至寶一卷　(清)王瑞圖編　民國十四年(1925)石印本　一冊

330000－4735－0000977　02081　史部/編年類/通代之屬
歷代通鑑輯覽一百二十卷　(清)傅恆等撰　民國八年(1919)上海錦章圖書局石印本　十二冊　存五十五卷(一至三十三、五十九至六十二、一百三至一百二十)

330000－4735－0000978　05123　子部/醫家類/方書之屬/歷代方書
孫真人備急千金要方三十卷　(唐)孫思邈撰　(清)張璐衍義　民國四年(1915)江左書林石印本　八冊　存十二卷(一至十二)

330000－4735－0000980　05124　子部/醫家類/本草之屬/歷代綜合本草
本草綱目五十二卷圖一卷瀕湖脉學一卷奇經八脉攷一卷脉訣攷證一卷　(明)李時珍撰　**本草萬方鍼線八卷**　(清)蔡烈先輯　**本草綱目拾遺十卷**　(清)趙學敏輯　民國五年(1916)上海鴻寶齋書局石印本　十二冊

330000－4735－0000982　02082－02048　史部/編年類/通代之屬
資治通鑑二百九十四卷　(宋)司馬光撰　(元)胡三省音注　**通鑑釋文辨誤十二卷**　(元)胡三

省撰　民國六年(1917)上海商務印書館鉛印本　一册　存八卷(資治通鑑一至八)

330000－4735－0000988　02085　史部/編年類/通代之屬
資治通鑑二百九十四卷　(宋)司馬光撰　(元)胡三省音注　**通鑑釋文辨誤十二卷**　(元)胡三省撰　民國六年(1917)上海商務印書館鉛印本　六册　存三十卷(七十八至一百七)

330000－4735－0000993　02766　史部/地理類/山川之屬/水志
浙江水陸道里記不分卷　(清)宗源翰等纂　民國四年(1915)石印本　一册　存台州卷

330000－4735－0001017　00202　經部/詩類/傳說之屬
詩經集傳八卷　(宋)朱熹撰　民國七年(1918)上海天寶書局石印本　三册　存五卷(一至五)

330000－4735－0001021　00203　經部/詩類/傳說之屬
詩經集傳八卷　(宋)朱熹撰　民國六年(1917)上海共和書局石印本　一册　存二卷(一至二)

330000－4735－0001022　00204　經部/詩類/傳說之屬
詩經集傳八卷　(宋)朱熹撰　民國二年(1913)上海鑄記書局石印本　三册　存五卷(一至五)

330000－4735－0001082　05158　子部/醫家類/綜合之屬/通論
廣濟醫學校外講義不分卷　民國油印本　四册

330000－4735－0001083　05160　子部/醫家類/婦科之屬/産科
産科手術學十章　民國油印本　一册

330000－4735－0001105　05175　子部/醫家類/方書之屬/歷代方書
醫方集解二十三卷　(清)汪昂撰　民國十一年(1922)江陰寶文堂刻本　二册

330000－4735－0001153　05185　子部/醫家類/方書之屬/單方驗方
驗方新編十八卷　(清)鮑相璈等輯　民國七年(1918)芮棣春堂鉛印本　一册

330000－4735－0001157　00247　經部/周禮類/傳說之屬
周禮政要二卷　(清)孫詒讓撰　民國鉛印本　一册　存一卷(下)

330000－4735－0001161　08194　集部/別集類
函雅廬文稿三卷詩稿一卷　余重耀撰　民國十二年(1923)鉛印本　劼成、三立題記　二册

330000－4735－0001165　05189　子部/醫家類/類編之屬
陳修園醫書七十二種　(清)陳念祖等撰　民國上海鴻文書局石印本　王中淦題簽並記　十九册　存二十七種

330000－4735－0001172　05189－1　子部/醫家類/類編之屬
南雅堂醫書全集(陳修園醫書)四十八種　(清)陳念祖等撰　民國石印本　一册　存一種

330000－4735－0001175　05190　子部/醫家類/醫案之屬
分類王孟英醫案二卷　陸士諤編校　民國十一年(1922)上海世界書局石印本　二册

330000－4735－0001180　05191　子部/醫家類/溫病之屬/瘟疫
增補瘟疫論六卷　(明)吳有性著　(清)熊立品注　(清)洪天錫補注　(清)丁國瑞集註增補　民國天津大公報館鉛印本　一册　存一卷(二)

330000－4735－0001181　00258　類叢部/叢書類/彙編之屬
嘉業堂叢書五十七種　劉承幹編　民國吳興劉氏嘉業堂刻本　十册　存一種

330000－4735－0001182　02115　史部/編年類/通代之屬

增評加批歷史綱鑑補三十九卷首一卷　(明)王世貞　(明)袁黃纂　民國三年(1914)上海鴻寶書局石印本　一冊　存二卷(首、一)

330000－4735－0001210　02793　史部/地理類/方志之屬/郡縣志

[光緒]剡源鄉志二十四卷首一卷　(清)趙霈濤纂　民國五年(1916)丹山赤水洞天剡曲草堂鉛印本　一冊　存三卷(十六至十八)

330000－4735－0001213　05203　新學/全體學

全體通考十八卷　(英國)德貞撰　民國鉛印本　三冊　存五卷(一、四、六至八)

330000－4735－0001218　05204　子部/醫家類/醫理之屬/病源病機

病理學稿裁前編不分卷後編不分卷　姚文藻　徐承楨裁　姚心源撰　民國二十年(1931)鉛印本　二冊

330000－4735－0001270　05216　子部/醫家類/本草之屬/本草藥性

藥用植物圖考六卷　王通聲編　民國十九年(1930)石印本　四冊　缺二卷(二至三)

330000－4735－0001273　05217　子部/醫家類/傷寒金匱之屬/傷寒論

張仲景傷寒論貫珠集八卷　(漢)張機撰　(清)尤怡注　民國上海千頃堂書局石印本　姚編文題簽　四冊

330000－4735－0001290　05226、05378　子部/醫家類/醫案之屬

古今醫案按十卷　(清)俞震輯　民國石印本　六冊　存六卷(四至七、九至十)

330000－4735－0001293　05228　子部/醫家類/綜合之屬/通論

訂補明醫指掌十卷　(明)皇甫中撰註　(明)王肯堂訂補　**附診家樞要一卷**　(明)滑壽編纂　民國四年(1915)上海鍊石齋書局石印本　一冊

330000－4735－0001296　05229　子部/醫家類/綜合之屬/通論

御纂醫宗金鑑九十卷首一卷　(清)吳謙等撰　民國鴻寶齋書局石印本　一冊　存十六卷(編輯外科心法要訣一至十六)

330000－4735－0001297　05230　子部/醫家類/本草之屬/歷代綜合本草

本草從新十八卷　(清)吳儀洛輯　民國姚文海書局石印本　三冊　存十四卷(一至九、十四至十八)

330000－4735－0001304　05233　子部/醫家類/本草之屬/本草藥性

增補本草備要八卷重校舊本湯頭歌訣一卷經絡歌訣一卷　(清)汪昂著輯　民國三年(1914)上海共和書局石印本　一冊

330000－4735－0001305　05234　子部/醫家類/本草之屬/本草藥性

增補本草備要八卷　(清)汪昂著輯　民國石印本　一冊

330000－4735－0001322　02812　史部/地理類/遊記之屬/紀行

峨眉紀游一卷　樓藜然撰　民國元年(1912)成都刻本　一冊

330000－4735－0001351　05243　子部/醫家類/溫病之屬

增批溫熱經緯四卷　(清)王士雄纂　(清)葉霖增批　民國十三年(1924)上海世界書局石印本　二冊

330000－4735－0001391　05265　子部/醫家類/外科之屬/癰疽、疔瘡

重刊刺疔捷法一卷　(清)張鏡撰　民國十八年(1929)石印本　一冊

330000－4735－0001393　09923　集部/總集類/課藝之屬

四書策論不分卷　民國石印本　六冊

330000－4735－0001398　02828　史部/地理類/遊記之屬/紀勝

雙龍紀勝四卷首一卷　黃維時編　民國二十

二年(1933)金華金震東鉛印本　一册　存二卷(首、一)

330000－4735－0001435　02842　史部/地理類/山川之屬/水志

西湖新志十四卷　胡祥翰輯　民國十年(1921)鉛印本　一册　存一卷(一)

330000－4735－0001446　02845　史部/地理類/專志之屬/古跡

海昌勝蹟志八卷補綴一卷　管元耀輯　民國二十一年(1932)海寧管氏静得樓刻本　四册

330000－4735－0001448　02846　史部/地理類/遊記之屬/紀行

峨眉紀游一卷　樓藜然撰　民國元年(1912)成都刻本　一册

330000－4735－0001455　00340　類叢部/叢書類/彙編之屬

嘉業堂叢書五十七種　劉承幹編　民國吳興劉氏嘉業堂刻本　一册　存一種

330000－4735－0001462　05288　子部/醫家類/兒科之屬/痘疹

麻疹闡註四卷　(清)張廉撰　民國五年(1916)成都鉛印本　一册

330000－4735－0001470　05291　子部/醫家類/兒科之屬/痘疹

天花精言六卷　(清)袁句撰　民國十八年(1929)黄巖楊氏書穜樓鉛印本　二册

330000－4735－0001509　05306　子部/醫家類/方書之屬/單方驗方

增評醫方集解二十三卷增補本草備要八卷重校舊本湯頭歌訣一卷　(清)汪昂著輯　民國三年(1914)上海共和書局石印本　一册

330000－4735－0001512　05308　子部/醫家類/溫病之屬

時病論八卷　(清)雷豐撰　民國上海錦章圖書局石印本　一册

330000－4735－0001516　02858　史部/地理類/遊記之屬/紀行

峨眉紀游一卷　樓藜然撰　民國元年(1912)成都刻本　一册

330000－4735－0001522　00362　類叢部/叢書類/彙編之屬

求恕齋叢書三十一種　劉承幹編　民國吳興劉氏嘉業堂刻本　一册　存一種

330000－4735－0001539　05311　子部/醫家類/方書之屬/成方藥目

同仁堂藥目一卷　(清)同仁堂編　民國六年(1917)同仁堂刻本　一册

330000－4735－0001555　05319　子部/醫家類/養生之屬/導引、氣功

陸地仙經一卷　(清)馮溥撰　民國十年(1921)刻本　一册

330000－4735－0001574　05329　子部/醫家類/溫病之屬/瘟疫

霍亂新論一卷　(清)姚訓恭撰　民國抄本　一册

330000－4735－0001576　05330　子部/醫家類/醫理之屬/綜合

藥理學摘錄七章　民國抄本　一册

330000－4735－0001577　05331　子部/醫家類/方書之屬/成方藥目

藥物品性不分卷　民國抄本　一册

330000－4735－0001579　05332　子部/醫家類/綜合之屬/通論

臨床褋錄一卷　葛老夫子口授　民國抄本　一册

330000－4735－0001580　05333　子部/醫家類/溫病之屬

暑病脈證治法一卷　民國抄本　一册

330000－4735－0001581　05334　子部/醫家類/類編之屬

藥盦醫學叢書　惲樹珏撰　民國十七年(1928)上海惲鐵樵醫寓鉛印本　二册　存二種

330000－4735－0001583　05336　子部/醫

家類

謝利恒先生全書(謝氏全書) 謝觀撰 民國二十四年(1935)澄齋醫社鉛印本 一冊 存一種

330000－4735－0001638 05348 子部/醫家類/方書之屬/單方驗方

重訂驗方新編十八卷 (清)鮑相璈等輯 民國七年(1918)上海鴻寶齋書局石印本 二冊 存十五卷(一至十五)

330000－4735－0001642 02884 史部/地理類/方志之屬/郡縣志

新修京山縣志草例一卷 李廉方撰 民國三十六年(1947)湖北通志館鉛印本 一冊

330000－4735－0001663 02196 史部/紀傳類/正史之屬

史記一百三十卷 (漢)司馬遷撰 (清)吳汝綸點勘 **桐城吳先生史記初校本點識一卷** (清)吳汝綸撰 (清)吳闓生輯 **桐城吳先生彙錄各家史記評語一卷** (清)吳汝綸輯 民國四年(1915)都門書局鉛印本 五冊 存六十六卷(一至八、二十三至四十、九十一至一百三十)

330000－4735－0001672 02892 史部/地理類/遊記之屬/紀行

峨眉紀游一卷 樓藜然撰 民國元年(1912)成都刻本 一冊

330000－4735－0001676 02893 史部/地理類/遊記之屬/紀行

游滇紀事一卷 錢文選撰 民國十九年(1930)鉛印本 一冊

330000－4735－0001682 02201、02746 史部/紀傳類/正史之屬

四史四百十五卷 劉承幹輯 民國十九年(1930)上海掃葉山房石印本 十二冊 存一種

330000－4735－0001694 00421 經部/春秋左傳類/傳說之屬

評點春秋綱目左傳句解彙雋六卷 (清)韓菼重訂 民國五年(1916)上海章福記書局石印本 五冊 缺一卷(五)

330000－4735－0001696 02205、03589 史部/史抄類

二十四史輯要六十四卷附二十四史總目一卷二十四史四庫提要一卷 趙華基編 民國十七年(1928)上海中華書局鉛印本 三十四冊 缺一卷(三十一)

330000－4735－0001714 05374 子部/醫家類/眼科之屬

眼科良方一卷 (清)葉桂撰 民國二十年(1931)上海明善書局石印本 一冊

330000－4735－0001715 00428 經部/春秋左傳類/傳說之屬

左傳擷華二卷 林紓評選 民國二十二年(1933)上海商務印書館鉛印本 二冊

330000－4735－0001717 05375 子部/醫家類/喉科口齒之屬/通論

喉科心法摘要一卷 民國鉛印本 一冊

330000－4735－0001720 00429 經部/春秋左傳類/傳說之屬

左傳菁華錄二十四卷 吳曾祺評注 民國十一年(1922)商務印書館鉛印本 胡步川題簽 六冊

330000－4735－0001721 00430 經部/春秋左傳類/傳說之屬

春秋左傳五十卷 (晉)杜預 (宋)林堯叟註釋 (唐)陸德明音義 民國四年(1915)商務印書館石印本 十二冊

330000－4735－0001722 05376 子部/醫家類/針灸之屬/針法灸法

繪圖針灸易學二卷附七十二翻全圖一卷 (清)李守先撰 (清)王庭烜等繪 民國上海萃英書局石印本 一冊

330000－4735－0001724 00431 經部/春秋左傳類/傳說之屬

春秋左傳五十卷 (晉)杜預 (宋)林堯叟註釋 (唐)陸德明音義 民國商務印書館鉛印

本　十二冊

330000－4735－0001725　05377　子部/醫家類/針灸之屬/針法灸法

繪圖針灸易學三卷　（清）李守先撰　（清）王庭烜等繪　民國七年（1918）鑄記書局石印本　三冊

330000－4735－0001727　00432　經部/春秋左傳類/傳說之屬

春秋左傳五十卷　（晉）杜預　（宋）林堯叟註釋　（唐）陸德明音義　民國商務印書館鉛印本　錦鑑題記　二冊　存九卷（三十八至四十六）

330000－4735－0001730　05380　新學/醫學

實用救急法一卷　民國油印本　一冊

330000－4735－0001732　02217－02275　史部/紀傳類/正史之屬

史記一百三十卷　（漢）司馬遷撰　（南朝宋）裴駰集解　（唐）司馬貞索隱　（唐）張守節正義　民國上海商務印書館據涇陽陶氏本影印本　十八冊　存九十二卷（五至七、十三至四十四、六十一至九十八、一百八至一百十六、一百二十一至一百三十）

330000－4735－0001733　05382　子部/醫家類/喉科口齒之屬/白喉

洞主仙師白喉治法忌表抉微一卷　（清）耐修子錄並注　民國十三年（1924）鉛印本　一冊

330000－4735－0001735　02899　史部/地理類/方志之屬/郡縣志

［民國］膠澳志十二卷附一卷　趙琪修　袁榮叜纂　民國十七年（1928）山東膠澳商埠局鉛印本　五冊　存五卷（一至二、四至五、七）

330000－4735－0001739　02220　史部/紀傳類/正史之屬

四史四百十五卷　劉承幹輯　民國吳興劉氏嘉業堂影宋刻本　三十二冊　存一種

330000－4735－0001744　02902　史部/地理類/遊記之屬

石步山人游記三種四卷　許同莘撰　民國十七年（1928）上海簡素堂鉛印本　一冊

330000－4735－0001748　02222　史部/紀傳類/正史之屬

新元史二百五十七卷　柯劭忞撰　民國刻本　三十二冊　存一百三十三卷（二十至二十五、二十九、三十四至四十六、五十至五十二、六十九至九十八、一百四至一百二十一、一百三十五至一百四十二、一百四十七至一百五十二、一百五十七至一百八十八、二百十一至二百十六、二百四十四至二百四十八、二百五十三至二百五十七）

330000－4735－0001749　00434　經部/春秋左傳類/傳說之屬

評點春秋綱目左傳句解彙雋六卷　（清）韓菼重訂　民國九年（1920）上海天寶書局石印本　六冊

330000－4735－0001750　05389　子部/醫家類/養生之屬

延壽新法一卷　伍廷芳撰　民國十三年（1924）上海商務印書館鉛印本　一冊

330000－4735－0001752　00435　經部/春秋左傳類/傳說之屬

春秋左傳句解六卷　（清）韓菼重訂　民國三年（1914）上海商務印書館鉛印本　四冊　存四卷（一至二、四、六）

330000－4735－0001753　05390　子部/醫家類/醫理之屬/綜合

醫理探源三卷　劉世禎撰　民國二十四年（1935）鉛印本　一冊

330000－4735－0001754　00436　經部/春秋左傳類/傳說之屬

評點春秋左傳綱目句解彙雋六卷　（清）韓菼重訂　民國石印本　一冊　存二卷（五至六）

330000－4735－0001756　00437　經部/春秋左傳類/傳說之屬

春秋左傳句解六卷　（清）韓菼重訂　民國三年（1914）上海商務印書館鉛印本　王憲廷題記　二冊　存二卷（一至二）

330000－4735－0001758　00438　經部/春秋左傳類/傳說之屬

評點春秋綱目左傳句解彙雋六卷　（清）韓菼重訂　民國九年（1920）上海天寶書局石印本　一冊　存一卷（一）

330000－4735－0001761　05393　子部/醫家類/兒科之屬/通論

保嬰要言八卷首一卷　王德森編　民國十五年（1926）四明樂善堂刻本　一冊

330000－4735－0001774　02228　史部/紀傳類/正史之屬

四史四百十五卷　劉承幹輯　民國吳興劉氏嘉業堂影宋刻本　三十一冊　存一種

330000－4735－0001789　02232－02275　史部/紀傳類/正史之屬

史記一百三十卷　（漢）司馬遷撰　（南朝宋）裴駰集解　（唐）司馬貞索隱　（唐）張守節正義　民國影印本　三冊　存二十一卷（八至十二、四十五至六十）

330000－4735－0001794　05396　子部/醫家類/溫病之屬

溫病條辨六卷首一卷　（清）吳瑭撰　民國石印本　一冊

330000－4735－0001797　05397　子部/醫家類/類編之屬

影印古本醫學叢書十種　上海中醫書局編　民國十九年至二十年（1930－1931）上海中醫書局影印本　三冊　存一種

330000－4735－0001800　05398、05602　子部/醫家類/兒科之屬/通論

幼科醫學指南四卷　（清）周震撰　民國上海益新書局石印本　羅夢琴題簽　三冊　存三卷（一、三至四）

330000－4735－0001804　05399　子部/醫家類/醫經之屬/難經

校正圖註八十一難經四卷　（明）張世賢註　**校正圖註脈訣四卷**　（晉）王叔和撰　（明）張世賢註　**校正瀕湖脈學一卷奇經八脈考一卷**　（明）李時珍撰輯　民國鴻寶齋書局石印本　石山野人題記　一冊

330000－4735－0001806　05400　子部/醫家類/兒科之屬

幼科秘書推拿廣意三卷　（清）熊應雄纂輯　（清）陳世凱重訂　民國石印本　秋蓉題簽　一冊　缺一卷（上）

330000－4735－0001809　05401　子部/醫家類/兒科之屬/痘疹

增補秘傳玉髓痘疹金鏡錄真本二卷　（明）翁仲仁輯著　（清）陸道元補遺　（明）陸道光參補　民國石印本　吳祖貽題簽　一冊

330000－4735－0001822　00463　類叢部/叢書類/彙編之屬

退菴叢書　王文炳輯　民國二十年（1931）浙江圖書館鉛印本　二冊　存一種

330000－4735－0001847　02245－02196　史部/紀傳類/正史之屬

桐城吳先生史記初校本點識一卷　（清）吳汝綸點勘　吳闓生輯　**桐城吳先生彙錄各家史記評語一卷**　（清）吳汝綸輯　民國四年（1915）都門書局鉛印本　一冊

330000－4735－0001867　05426　子部/醫家類/喉科口齒之屬/通論

喉科心法摘要一卷　民國鉛印本　一冊

330000－4735－0001869　05423　子部/醫家類/眼科之屬

眼科大全不分卷　民國抄本　一冊

330000－4735－0001900　05432、05745　子部/醫家類/外科之屬/通論

瘍醫大全四十卷　（清）顧世澄纂輯　民國上海錦章圖書局石印本　二冊　存五卷（二十四至二十五、三十四至三十六）

330000－4735－0001905　05433　子部/醫家類/方書之屬/單方驗方

重訂驗方新編十八卷　（清）鮑相璈等輯　民國十年（1921）上海天寶書局石印本　一冊　存三卷（一至三）

330000－4735－0001907　02940　史部/地理類/遊記之屬

古今遊記叢鈔十六種　題莫釐涵青氏輯　民國三年(1914)涵青山房石印本　六冊

330000－4735－0001908　05436　子部/醫家類/類編之屬

陳修園醫書七十二種　(清)陳念祖等撰　民國上海鴻文書局石印本　八冊　存十一種

330000－4735－0001915　05444　子部/醫家類/類編之屬

陳修園醫書七十二種　(清)陳念祖等撰　民國上海鴻文書局石印本　二冊　存二種

330000－4735－0001962　02275　史部/紀傳類/正史之屬

史記一百三十卷　(漢)司馬遷撰　(南朝宋)裴駰集解　(唐)司馬貞索隱　(唐)張守節正義　民國上海商務印書館據湮陽陶氏本影印本　一冊　存四卷(一至四)

330000－4735－0001975　02281　史部/紀傳類/正史之屬

史記論文不分卷　(清)吳見思評點　民國二十五年(1936)上海中華書局鉛印本　七冊

330000－4735－0001976　06680　子部/道家類

南華真經解四卷　(清)宣穎撰　民國三年(1914)尚古山房石印本　四冊

330000－4735－0001983　00502　經部/孝經類/傳說之屬

孝經讀本姚氏學一卷　姚明輝撰　民國十三年(1924)上海吳興經讀會石印本　一冊

330000－4735－0001988　00504　經部/孝經類/傳說之屬

孝經白話解說一卷　朱領中撰　民國二十年(1931)上海宏大善書局石印本　一冊

330000－4735－0001994　05466　子部/醫家類/方書之屬/成方藥目

頤齡堂藥目一卷　(清)頤齡堂編　民國八年(1919)京都頤齡堂刻本　一冊

330000－4735－0002002　00507　經部/孝經類/傳說之屬

孝經經解一卷　(清)王古初注　(清)李鍾靈正訛　民國十二年(1923)石印本　一冊

330000－4735－0002004　05470　子部/醫家類/兒科之屬/痘疹

增補秘傳痘疹玉髓金鏡錄真本四卷首一卷　(明)翁仲仁輯著　民國石印本　一冊

330000－4735－0002010　00510　經部/孝經類/傳說之屬

孝經一卷附二十四孝圖說一卷　(唐)玄宗李隆基注　王震繪　民國據宋刻本影印本　立人題記　一冊

330000－4735－0002014　05474　子部/醫家類/傷寒金匱之屬/傷寒論

注解傷寒論十卷論圖一卷　(漢)張機述　(漢)王叔和撰次　(金)成無己注解　**傷寒舌鑑一卷**　(清)張登纂　民國石印本　一冊

330000－4735－0002018　05427　子部/醫家類/方書之屬/單方驗方

重校舊本湯頭歌訣一卷　(清)汪昂編輯　民國上海錦章圖書局石印本　與330000－4735－0001891合冊

330000－4735－0002019　05475　子部/醫家類/類編之屬

張仲景醫學全書五種　(漢)張機等撰　民國十八年(1929)上海受古書店石印本　陳維健題簽　六冊　存四種

330000－4735－0002026　05478　子部/醫家類/醫案之屬

張氏醫案二十卷　(清)張乃修著　吳文涵編輯　邵清儒附註　民國上海萃英書局石印本　一冊　存二卷(八至九)

330000－4735－0002027　05479　子部/醫家類/外科之屬/通論

外科正宗十二卷　(明)陳實功撰　(清)徐大椿評　(清)許楣訂　民國石印本　一冊　存三卷(四至六)

330000－4735－0002030　05481　子部/醫家類/綜合之屬/通論

醫學心悟六卷　(清)程國彭撰　民國上海鑄記書局石印本　包晉楚題簽　二册

330000－4735－0002032　05482　子部/醫家類/針灸之屬/通論

鍼灸大成十二卷　(明)楊繼洲撰　民國石印本　二册

330000－4735－0002038　05483　子部/醫家類/婦科之屬/產科

葉氏女科證治四卷　(清)葉桂撰　民國三年(1914)上海錦文堂書局石印本　包宣甫題簽　一册

330000－4735－0002040　05486　子部/醫家類/方書之屬/成方藥目

同仁堂藥目一卷　(清)同仁堂編　民國六年(1917)同仁堂刻本　一册

330000－4735－0002042　05487　子部/醫家類/婦科之屬/產科

達生編二卷附刊救急神方一卷　(清)亟齋居士撰　民國石印本　一册

330000－4735－0002069　05499　子部/醫家類/溫病之屬

溫病條辨六卷首一卷　(清)吳瑭撰　民國七年(1918)上海鴻寶齋書局石印本　一册

330000－4735－0002070　05501　子部/醫家類/溫病之屬

溫病條辨六卷首一卷　(清)吳瑭撰　民國石印本　李健生題簽　一册　存四卷(三至六)

330000－4735－0002071　05500　子部/醫家類/溫病之屬

溫病條辨六卷首一卷　(清)吳瑭撰　民國石印本　三册　存五卷(二至六)

330000－4735－0002074　05502　子部/醫家類/溫病之屬

溫病條辨六卷首一卷　(清)吳瑭撰　民國上海錦章圖書局石印本　一册　缺五卷(二至六)

330000－4735－0002076　05503　子部/醫家類/溫病之屬

溫病條辨六卷首一卷　(清)吳瑭撰　民國三年(1914)上海錦章圖書局石印本　二册　缺四卷(三至六)

330000－4735－0002077　05504　子部/醫家類/溫病之屬

溫病條辨六卷首一卷　(清)吳瑭撰　民國七年(1918)上海鴻寶齋書局石印本　一册

330000－4735－0002078　05505　子部/醫家類/本草之屬/本草藥性

雷公炮製藥性賦解十卷　民國上海商務印書館鉛印本　一册　存四卷(藥性賦解一至四)

330000－4735－0002081　05506　子部/醫家類/本草之屬/本草藥性

雷公炮製藥性解六卷　(明)李中梓輯　民國石印本　一册

330000－4735－0002082　02971　史部/政書類/邦計之屬/營田

量沙紀畧六章　張鴻編　民國四年(1915)鉛印本　一册

330000－4735－0002083　05507　子部/醫家類/本草之屬/本草藥性

珍珠囊指掌補遺藥性賦四卷　(金)李杲編輯　(清)王子接重訂　**雷公炮製藥性解六卷**　(明)李中梓編輯　(清)王子接重訂　民國鑄記書局石印本　馮德生題記　一册

330000－4735－0002084　02972　史部/地理類/水利之屬

麻溪改壩為橋始末記四卷首一卷　王念祖纂　民國八年(1919)蕺社鉛印本　二册

330000－4735－0002086　05508　子部/醫家類/醫經之屬/內經

補注黃帝內經素問二十四卷黃帝內經靈樞十二卷　(唐)啟玄子(王冰)注　(宋)林億等校正　(宋)孫兆重改誤　民國石印本　二册　存十四卷(五至十二、靈樞七至十二)

330000－4735－0002091　02974　史部/政書

類/公牘檔冊之屬

甌海觀政錄八卷 黃慶瀾編 民國十年(1921)鉛印本 四冊 存四卷(一、三、六至七)

330000－4735－0002093 05511 子部/醫家類/醫經之屬/内經

廣註素問靈樞類纂三卷 (清)汪昂輯註 (清)江忍庵增註 民國世界書局石印本 一冊 存一卷(中)

330000－4735－0002099 05515 子部/醫家類/醫經之屬/内經

補注黃帝内經素問二十四卷黃帝内經靈樞十二卷 (唐)王冰注 (宋)林億等校正 (宋)孫兆重改誤 **黃帝内經素問遺篇一卷** (宋)劉溫舒撰 民國上海錦章圖書局石印本 二冊 缺九卷(一至九)

330000－4735－0002100 05516 子部/醫家類/醫經之屬/内經

補注黃帝内經素問二十四卷 (唐)王冰注 (宋)林億等校正 (宋)孫兆重改誤 民國六年(1917)上海育文書局石印本 一冊 存十二卷(一至十二)

330000－4735－0002113 05520 子部/醫家類/本草之屬/本草藥性

本草品性不分卷 民國抄本 一冊

330000－4735－0002114 05521 子部/醫家類/類編之屬

醫藥錄要不分卷 民國抄本 一冊

330000－4735－0002121 05523 子部/醫家類/方書之屬/單方驗方

醫方湯頭歌括一卷雷公製藥性總目一卷四言藥性歌一卷 (清)汪昂編輯 民國抄本 陳廣泰題簽 一冊

330000－4735－0002125 05524 子部/醫家類/綜合之屬/合刻、合抄

醫師秘笈二卷四診抉微一卷 民國抄本 一冊

330000－4735－0002134 02986 史部/政書類/律令之屬/律例

中華法政問題義解不分卷 民國石印本 八冊

330000－4735－0002149 05525 子部/醫家類/婦科之屬/產科

濟生集六卷 (清)王上達纂輯 民國抄本 一冊 存一卷(六)

330000－4735－0002150 05526 子部/醫家類/方書之屬/單方驗方

良方選鈔不分卷 民國抄本 一冊

330000－4735－0002151 02991 史部/政書類/邦計之屬/荒政

救荒輯要初編十二卷 上海書業正心團輯 民國十一年(1922)上海尚古山房石印本 一冊

330000－4735－0002153 05527 子部/醫家類/本草之屬/歷代綜合本草

雷公藥性解六卷 (明)李中梓輯 民國石印本 一冊

330000－4735－0002158 05529 子部/醫家類/溫病之屬

時病論八卷 (清)雷豐撰 民國石印本 謝敬修題記 一冊

330000－4735－0002160 05530 子部/醫家類/綜合之屬/通論

古吴童氏重校醫宗必讀十卷 (明)李中梓撰 民國石印本 董春庭題記 一冊 存二卷(五至六)

330000－4735－0002162 05531 子部/醫家類/診法之屬/其他診法

舌診學二卷 繆宏仁撰 民國二十六年(1937)浙江蘇園醫事改善社鉛印本 林利生題記 一冊

330000－4735－0002167 05533 子部/醫家類/方書之屬/單方驗方

增廣驗方新編十六卷 (清)鮑相璈編輯 民國石印本 三冊 存十二卷(二至九、十三至十六)

330000－4735－0002169　05535　子部/醫家類/溫病之屬
溫病條辨六卷首一卷　(清)吳瑭撰　民國石印本　蘇瑞卿題簽並記　一冊

330000－4735－0002172　05537　子部/醫家類/兒科之屬/痘疹
痲症集成四卷　(清)朱載揚撰　民國八年(1919)浙江體育學校鉛印本　一冊

330000－4735－0002179　05541　子部/醫家類/方書之屬/成方藥目
同仁堂藥目一卷　(清)同仁堂編　民國六年(1917)同仁堂刻本　一冊

330000－4735－0002189　05543　子部/醫家類/綜合之屬/雜著
筆花醫鏡四卷　(清)江涵暾撰　民國上海大成書局石印本　一冊

330000－4735－0002197　02997　史部/雜史類/斷代之屬
戊戌政變記九卷　梁啓超撰　民國鉛印本　三冊　缺一卷(九)

330000－4735－0002202　00531　經部/叢編
五經合纂大成　(清)同文書局主人輯　民國石印本　五冊　存二種

330000－4735－0002208　03000　史部/雜史類/斷代之屬
評註國策編年讀本四卷　李聯珪撰　鄒登泰校訂　民國二十年(1931)上海蘇新書社鉛印本　一冊

330000－4735－0002218　03001　史部/史表類/通代之屬
中國歷代天災人禍表不分卷附錄一卷　民國二十八年(1939)鉛印國立暨南大學叢書本　陳高傭題記　十冊

330000－4735－0002222　03002　史部/雜史類/斷代之屬
明季實錄二卷　(清)顧炎武輯　民國元年(1912)石印本　二冊

330000－4735－0002244　00537　經部/群經總義類/傳說之屬
增訂五經備旨　(清)鄒聖脈輯　(清)鄒廷猷編次　民國石印本　一冊　存一種

330000－4735－0002278　05574　子部/醫家類/溫病之屬/瘟疫
隨息居重訂霍亂論四卷　(清)王士雄撰　民國鉛印本　一冊　存二卷(三至四)

330000－4735－0002286　02372　史部/雜史類/斷代之屬
戰國策補註三十三卷　吳曾祺撰　民國上海商務印書館鉛印本　一冊　存十卷(八至十七)

330000－4735－0002291　02373　史部/雜史類/斷代之屬
國語韋解補正二十一卷　吳曾祺撰　民國上海商務印書館鉛印本　三冊　存十五卷(一至十五)

330000－4735－0002294　05581　子部/醫家類/兒科之屬/痘疹
天花精言六卷　(清)袁句撰　民國十八年(1929)黃巖楊氏書種樓鉛印本　一冊　存三卷(四至六)

330000－4735－0002296　05582　子部/醫家類/兒科之屬/痘疹
天花精言六卷　(清)袁句撰　民國十八年(1929)黃巖楊氏書種樓鉛印本　一冊　存三卷(四至六)

330000－4735－0002298　02374　史部/雜史類/斷代之屬
戰國策補註三十三卷　吳曾祺撰　民國八年(1919)上海商務印書館鉛印本　四冊

330000－4735－0002299　02375　史部/雜史類/斷代之屬
國語韋解補正二十一卷　吳曾祺撰　民國四年(1915)上海商務印書館鉛印本　尹桂元題記　四冊

330000－4735－0002305　02376　史部/雜史

類/斷代之屬
滿夷猾夏始末記八卷首一卷外編三卷　楊敦頤輯　民國元年(1912)上海新中華圖書館鉛印本　十二冊

330000－4735－0002341　05596　子部/醫家類/婦科之屬/產科
臨產須知一卷　周憬選　周鎮纂集　民國九年(1920)上海中華書局石印本　一冊

330000－4735－0002345　05597　子部/醫家類/類編之屬
張氏醫書七種　(清)張璐　(清)張登　(清)張倬撰　民國上海錦章圖書局石印本　二冊　存一種

330000－4735－0002347　05598　子部/醫家類/喉科口齒之屬/白喉
洞主仙師白喉治法忌表抉微一卷附經驗救急諸方一卷　(清)耐修子錄並注　民國中華圖書館石印本　一冊

330000－4735－0002361　05605　子部/醫家類/婦科之屬/產科
產科心法二卷　(清)汪喆撰　民國七年(1918)溫州雲鮮印書館石印本　一冊

330000－4735－0002370　05607　子部/醫家類/類編之屬
陳修園醫書七十二種　(清)陳念祖等撰　民國上海鴻文書局石印本　二冊　存一種

330000－4735－0002372　02393　類叢部/叢書類/自著之屬
桐鄉勞先生遺稿四種　勞乃宣撰　民國十六年(1927)桐鄉盧氏刻本　一冊　存一種

330000－4735－0002374　05608　子部/醫家類/類編之屬
陳修園醫書四十八種　(清)陳念祖等撰　民國石印本　五冊　存七種

330000－4735－0002375　03034　史部/傳記類/別傳之屬/年譜
丙辛春秋一卷　王抱一撰　民國九年(1920)鉛印本　一冊

330000－4735－0002386　02400　史部/雜史類/斷代之屬
戰國策詳註三十三卷　郭希汾輯註　民國八年(1919)上海文明書局鉛印本　六冊

330000－4735－0002388　02401　史部/雜史類/斷代之屬
國語二十一卷　(三國吳)韋昭解　**校刊明道本韋氏解國語札記一卷重刻剡川姚氏本戰國策札記三卷**　(清)黃丕烈撰　**戰國策三十三卷**　(漢)高誘注　民國三年(1914)上海鴻寶齋書局石印本　胡步川題簽並記　八冊

330000－4735－0002405　02407　類叢部/叢書類/彙編之屬
嘉業堂叢書五十七種　劉承幹編　民國吳興劉氏嘉業堂刻本　一冊　存一種

330000－4735－0002406　00584　經部/四書類/總義之屬/傳說
四書恆解十四卷　(清)劉沅輯注　民國鉛印本　一冊　存三卷(孟子一至三)

330000－4735－0002409　03045　史部/編年類/通代之屬
資治通鑑二百九十四卷　(宋)司馬光撰　(元)胡三省音注　**通鑑釋文辯誤十二卷**　(元)胡三省撰　民國六年(1917)上海商務印書館鉛印本　五十九冊　缺五卷(資治通鑑一至五)

330000－4735－0002413　05624　子部/醫家類/溫病之屬/痧症
痧症全書三卷　(清)王凱輯　民國石印本　一冊

330000－4735－0002414　02411　史部/傳記類/總傳之屬/斷代
清史列傳八十卷　中華書局編　民國十七年(1928)上海中華書局鉛印本　一冊　存一卷(四十九)

330000－4735－0002415　05625　子部/醫家類/綜合之屬/通論
增補百病辨證錄十四卷　(清)陳士鐸著述　(清)陶式玉參訂　民國八年(1919)上海千頃

堂書局石印本　一冊　存三卷(一至三)

330000－4735－0002416　03047　史部/編年類/通代之屬

資治通鑑二百九十四卷　(宋)司馬光撰　(元)胡三省音注　**通鑑釋文辯誤十二卷**　(元)胡三省撰　民國六年(1917)上海商務印書館鉛印本　八冊　存四十二卷(一至三十七、一百四十四至一百四十八)

330000－4735－0002422　05629　子部/醫家類/婦科之屬/產科

產科學講義一卷　梅□口授　民國抄本　一冊

330000－4735－0002425　05631　子部/醫家類/方書之屬/單方驗方

湯頭歌諸症條件一卷　民國抄本　一冊

330000－4735－0002426　05630　新學/醫學

實驗西藥譜一卷　民國抄本　一冊

330000－4735－0002428　05632　子部/醫家類/方書之屬/單方驗方

打傷雜方一卷　金茂蓮抄評　民國抄本　一冊

330000－4735－0002432　05633　子部/醫家類/傷寒金匱之屬/傷寒論

醫門棒喝採錄一卷　(漢)張仲景原文　(清)章楠編注　民國抄本　一冊

330000－4735－0002434　02417　史部/雜史類/斷代之屬

南渡錄四卷附傳一卷　(宋)辛棄疾撰　民國元年(1912)上海廣益書局石印本　二冊

330000－4735－0002437　05635　子部/醫家類/兒科之屬/痘疹

證治痘痲寶鑑一卷　(清)黃典文輯著　民國抄本　一冊

330000－4735－0002439　05636　子部/醫家類/溫病之屬/痧症

治痧要錄一卷　民國抄本　一冊

330000－4735－0002441　05637　子部/醫家類/方書之屬/成方藥目

湯頭歌一卷　民國抄本　潘志炎題簽　一冊

330000－4735－0002443　05638　子部/醫家類/兒科之屬/痘疹

痲科至寶一卷　民國思誠堂抄本　一冊

330000－4735－0002449　00585　經部/四書類/總義之屬/傳說

四書恆解十四卷　(清)劉沅輯注　民國鉛印本　五冊　缺二卷(上論一至二)

330000－4735－0002450　05641　子部/醫家類/綜合之屬/通論

古吳童氏重校醫宗必讀十卷　(明)李中梓撰　民國上海蔣春記書局石印本　一冊

330000－4735－0002451　00586　經部/四書類/總義之屬/傳說

四書恆解十四卷　(清)劉沅輯注　民國九年(1920)北京道德學社鉛印本　七冊　缺三卷(孟子一至三)

330000－4735－0002453　05642　子部/醫家類/綜合之屬/通論

醫門小學快讀二卷　(清)趙亮采編　民國石印本　一冊

330000－4735－0002454　05643　子部/醫家類/診法之屬/其他診法

舌診學二卷　繆宏仁撰　民國二十六年(1937)浙江蘇園醫事改善社鉛印本　一冊

330000－4735－0002457　05645　子部/醫家類/兒科之屬/痘疹

痲科至寶一卷　(清)王瑞圖編　民國抄本　金履中題簽　二冊

330000－4735－0002460　05646　子部/醫家類/婦科之屬/產科

產科述要一卷　民國抄本　一冊

330000－4735－0002465　05649　子部/醫家類/溫病之屬/痧症

王養吾先生痧症良方一卷　王養吾撰　民國抄本　一冊

330000－4735－0002470　05650　子部/醫家類/診法之屬
四診彙抄一卷　秀夫輯　民國二十一年(1932)稿本　一冊

330000－4735－0002476　05654　子部/醫家類/綜合之屬/通論
醫論一卷　民國抄本　一冊

330000－4735－0002477　05655　子部/醫家類/方書之屬/單方驗方
驗方彙鈔二卷　民國抄本　一冊　存一卷(下)

330000－4735－0002478　05656　子部/醫家類/溫病之屬/瘧痢
溫病治療一卷　民國抄本　一冊

330000－4735－0002480　05657　子部/醫家類/綜合之屬/通論
醫書零拾一卷　民國抄本　一冊

330000－4735－0002481　05658　子部/醫家類/外科之屬/通論
外科治療法一卷　民國抄本　一冊

330000－4735－0002483　05659　子部/醫家類/傷寒金匱之屬/金匱要略
張仲景金匱要略二十四卷　(漢)張機撰　民國抄本　一冊　存一卷(一)

330000－4735－0002485　05660　子部/醫家類/綜合之屬/雜著
醫藥彙鈔不分卷　民國抄本　一冊

330000－4735－0002488　02423　史部/雜史類/通代之屬
中史四編首一編　民國油印本　三冊　缺一編(四)

330000－4735－0002490　05661　子部/醫家類/綜合之屬/雜著
選方集成不分卷　民國抄本　心畊居士題簽　一冊

330000－4735－0002492　05662　子部/醫家類/方書之屬/成方藥目
丸散簿不分卷　民國抄本　林正卿題簽　一冊

330000－4735－0002495　05663　子部/醫家類/醫案之屬
全國名醫驗案類編一卷　民國抄本　一冊

330000－4735－0002496　02425　史部/傳記類/別傳之屬/事狀
尊孔史二卷附孔子紀元對照表一卷孔子年譜一卷孔子詩歌一卷　石榮暲輯　民國十七年(1928)長春三笠町北原印刷所鉛印本　一冊

330000－4735－0002499　05664　子部/醫家類/綜合之屬/通論
中西醫療會通不分卷　民國抄本　一冊

330000－4735－0002502　05665　子部/醫家類/方書之屬/成方藥目
藥目一卷　民國抄本　一冊

330000－4735－0002503　05666　子部/醫家類/方書之屬/單方驗方
醫方一卷　民國抄本　一冊

330000－4735－0002506　05667　子部/醫家類/方書之屬/單方驗方
醫方一卷　民國抄本　一冊

330000－4735－0002510　05669　子部/醫家類/方書之屬/成方藥目
丸散一卷　民國抄本　鴻昌題簽　一冊

330000－4735－0002512　05670　子部/醫家類/綜合之屬/通論
醫通一卷　民國抄本　羅靜齋題簽　一冊

330000－4735－0002513　05671　子部/醫家類/外科之屬/外科方
外科驗方彙抄不分卷　民國抄本　一冊

330000－4735－0002523　03064　史部/編年類/通代之屬
尺木堂綱鑑易知錄二十卷明鑑易知錄四卷附明紀福唐桂三王本末一卷　(清)吳乘權　(清)周之炯　(清)周之燦輯　民國十二年(1923)上海點石齋石印本　十六冊

330000－4735－0002528　00617　子部/藝術類/書畫之屬/法帖

篆文四書四種七卷　民國上海求古齋石印本　六冊

330000－4735－0002537　05707　子部/醫家類/婦科之屬/產科

達生編二卷附刊救急神方一卷　(清)亟齋居士撰　民國石印本　一冊

330000－4735－0002538　05709　子部/醫家類/兒科之屬/通論

鼎鍥幼幼集成六卷　(清)陳復正輯　民國石印本　三冊　存三卷(二、五至六)

330000－4735－0002542　05710　子部/醫家類/兒科之屬/通論

幼幼集成六卷　(清)陳復正輯訂　民國石印本　琴襄題簽　一冊　存一卷(二)

330000－4735－0002547　05714　子部/醫家類/眼科之屬

傅氏眼科審視瑤函六卷首一卷　(明)傅仁宇纂輯　(明)林长生校補　(清)傅維藩編集　民國石印本　一冊　存三卷(四至六)

330000－4735－0002552　05716　子部/醫家類/綜合之屬/通論

醫學心悟六卷　(清)程國彭撰　民國石印本　一冊

330000－4735－0002553　05715－1　子部/醫家類/綜合之屬/通論

醫學心悟六卷　(清)程國彭撰　民國石印本　一冊　存三卷(四至六)

330000－4735－0002556　05717　子部/醫家類/醫案之屬

增補重編葉天士醫案四卷　(清)葉桂撰　陸士諤輯　民國十四年(1925)上海世界書局石印本　一冊　存二卷(三至四)

330000－4735－0002560　02438　類叢部/叢書類/彙編之屬

求恕齋叢書三十一種　劉承幹編　民國吳興劉氏嘉業堂刻本　一冊　存一種

330000－4735－0002561　05718　子部/醫家類/綜合之屬/通論

景岳全書六十四卷　(明)張介賓撰　民國鉛印本　一冊　存四卷(五十九至六十二)

330000－4735－0002562　05719　子部/醫家類/婦科之屬/產科

葉氏女科證治四卷　(清)葉桂撰　民國二年(1913)石印本　一冊

330000－4735－0002563　05720　子部/醫家類/婦科之屬/產科

葉氏女科證治四卷　(清)葉桂撰　民國二年(1913)石印本　一冊

330000－4735－0002567　03069　史部/編年類/通代之屬

增評加批歷史綱鑑補三十九卷首一卷　(明)王世貞　(明)袁黃纂　**資治明紀綱目二十卷　資治明紀綱目三編一卷**　(清)張廷玉等撰　民國上海文瑞樓石印本　十二冊　缺二十二卷(增評加批歷史綱鑑補首、一至二十一)

330000－4735－0002575　03071　史部/編年類/通代之屬

兩朝通鑑輯覽一百二十卷　(清)傅恆等總裁　民國二年(1913)上海久敬齋書局石印本　十八冊　存九十卷(一至六、十四至十九、二十五至三十四、四十一至五十四、五十九至六十七、七十二至七十五、八十至一百二十)

330000－4735－0002594　08204　集部/總集類/郡邑之屬

剡川詩鈔十二卷　(清)彭祖訓選　(清)舒順方編　(清)董彥琦輯　**剡川詩鈔補編二卷續編十二卷**　江五民輯　民國四年至五年(1915－1916)四明孫氏七千卷樓鉛印本　三冊

330000－4735－0002605　02455　史部/傳記類/總傳之屬/斷代

清史列傳八十卷　中華書局編　民國十七年(1928)上海中華書局鉛印本　七十二冊　缺八卷(二、二十七、二十九、三十二、三十九、四十一、四十七至四十八)

330000－4735－0002606　02454　史部/傳記類/總傳之屬/斷代

清史列傳八十卷　中華書局編　民國十七年(1928)上海中華書局鉛印本　六十七冊　缺十三卷(五至六、八、十八、三十五、三十八、四十八至四十九、五十五、五十七、七十三、七十七、七十九)

330000－4735－0002608　05712　子部/醫家類/兒科之屬/通論

校正補圖幼科三種　民國上海進步書局石印本　一冊

330000－4735－0002626　02465　史部/傳記類/總傳之屬/仕宦

歷代名臣言行錄二十四卷　(清)朱桓輯　民國十三年(1924)文瑞樓石印本　十三冊　缺四卷(十三、十八至十九、二十三)

330000－4735－0002630　05729　子部/醫家類/綜合之屬/合刻、合抄

瘖疹及傷寒一卷　民國抄本　一冊

330000－4735－0002635　05688　子部/醫家類/類編之屬

鮃溪醫述十五種　(清)陸晉笙編　民國十年(1921)紹興醫藥學報社鉛印本　六冊　存三種

330000－4735－0002642　00634　經部/四書類/總義之屬/傳說

四書奧義八卷　袁峻海撰　民國六年(1917)台郡刻本　一冊

330000－4735－0002649　03092　史部/編年類/通代之屬

綱鑑易知錄九十二卷明鑑易知錄十五卷　(清)吳乘權　(清)周之炯　(清)周之燦輯　民國五年(1916)上海商務印書館鉛印本　十二冊　缺二十八卷(七至二十一、四十一至四十六、七十八至八十四)

330000－4735－0002660　03095　史部/編年類/斷代之屬

二思堂清鑑易知錄前編四卷正編二十八卷　許國英輯　沈文浩重編　民國二思堂鉛印本　二冊　存五卷(正編十八至二十、二十六至二十七)

330000－4735－0002677　05730　子部/醫家類/綜合之屬/合刻、合抄

達生編一卷福幼編一卷附刻諸方一卷　(清)亟齋居士撰　(清)周毓齡述　**遂生編一卷**　(清)莊一夔撰　民國七年(1918)孝豐萬豐印務書局鉛印本　一冊

330000－4735－0002679　05731　子部/醫家類/婦科之屬/產科

達生編一卷　(清)亟齋居士撰　(清)汪家駒增訂　民國上海文華書局石印本　一冊

330000－4735－0002686　05734　子部/醫家類/婦科之屬/產科

達生編一卷　(清)亟齋居士撰　(清)汪家駒增訂　民國上海宏大善書局石印本　一冊

330000－4735－0002687　05735　子部/醫家類/婦科之屬/產科

達生編一卷　(清)亟齋居士撰　(清)汪家駒增訂　民國上海宏大善書局石印本　一冊

330000－4735－0002689　05736　子部/醫家類/本草之屬/本草藥性

雷公炮製藥性解六卷　(明)李中梓輯　**珍珠囊指掌補遺藥性賦四卷**　(金)李杲輯　民國共和書局石印本　一冊　存六卷(藥性解一至六)

330000－4735－0002691　05737　子部/醫家類/本草之屬/本草藥性

珍珠囊指掌補遺藥性賦四卷　(金)李杲編輯　(清)王子接重訂　**雷公炮製藥性解六卷**　(明)李中梓編輯　(清)王子接重訂　民國共和書局石印本　一冊

330000－4735－0002695　05738　子部/醫家類/方書之屬/單方驗方

重校舊本湯頭歌訣一卷　(清)汪昂編輯　民國元年(1912)上海同文書局石印本　一冊

330000－4735－0002696　02471　史部/傳記

類/日記之屬

翁文恭公日記不分卷(清咸豐八年至光緒三十年)　(清)翁同龢撰　民國十四年(1925)上海商務印書館影印本　三十三册　存册一至二、四至六、九至十三、十五至二十三、二十五至二十六、二十八至三十二、三十四至四十

330000－4735－0002701　05740　子部/醫家類/方書之屬/單方驗方

便易經驗集一卷　(清)毛世洪輯　(清)汪瑜增訂　民國十年(1921)上海宏大善書局石印本　一册

330000－4735－0002703　05741　子部/醫家類/方書之屬/單方驗方

便易經驗集一卷　(清)毛世洪輯　(清)汪瑜增訂　民國十年(1921)上海宏大善書局石印本　一册

330000－4735－0002704　03100　史部/史評類/史論之屬

中國通史二編　民國鉛印本　一册

330000－4735－0002710　05743　子部/醫家類/方書之屬/單方驗方

葉天士秘方一卷　(清)葉桂撰　陸士諤編輯　民國十五年(1926)上海世界書局石印本　一册

330000－4735－0002714　05747　子部/醫家類/方書之屬/單方驗方

增評醫方集解二十三卷增補本草備要八卷　(清)汪昂著輯　民國石印本　傅吉人題記　四册　存二十七卷(四至二十三、增補本草備要二至八)

330000－4735－0002719　08211　集部/別集類/清別集

漚寄廬詩藁一卷詞藁一卷　(清)鍾道生撰　民國七年(1918)上海聚珍倣宋印書局鉛印本　一册

330000－4735－0002720　05749　子部/醫家類/綜合之屬/通論

景岳全書六十四卷　(明)張介賓撰　民國石印本　一册　存四卷(十六至十九)

330000－4735－0002724　05755　子部/醫家類/方書之屬/成方藥目

新增醫方湯頭歌訣一卷經絡歌訣一卷　(清)汪昂編輯　錢榮國改增　民國十五年(1926)掃葉山房石印本　婁霞城題簽　一册

330000－4735－0002731　00664　經部/四書類/孟子之屬/傳說

孟子集註七卷　(宋)朱熹撰　民國上海商務印書館鉛印本　二册　存四卷(四至七)

330000－4735－0002735　05756　子部/醫家類/傷寒金匱之屬/傷寒論

傷寒論六卷　(清)張志聰註　高世栻輯　民國石印本　二册　存四卷(三至六)

330000－4735－0002739　02479　史部/傳記類/別傳之屬/事狀

[金元嘉]哀誄錄不分卷　陳澹然等撰　民國八年(1919)鉛印本　一册

330000－4735－0002741　02480　史部/傳記類/別傳之屬/事狀

錫山二母遺範錄三卷首一卷　胡雨人編　民國八年(1919)鉛印本　一册

330000－4735－0002750　02482　史部/傳記類/別傳之屬/事狀

僊桂重芳八秩壽言不分卷附重游頖水唱酬集不分卷　高潤生等編　民國鉛印本　一册

330000－4735－0002751　05764　子部/醫家類/綜合之屬/通論

訂補明醫指掌十卷　(明)皇甫中撰註　(明)王肯堂訂補　民國四年(1915)上海鍊石齋書局石印本　一册　存二卷(一至二)

330000－4735－0002758　05765　子部/醫家類/針灸之屬/通論

鍼灸大成十二卷　(明)楊繼洲撰　民國石印本　三册　存七卷(三至七、十一至十二)

330000－4735－0002760　02483　史部/傳記類/別傳之屬/事狀

德凝堂壽言不分卷　張載揚等撰　民國十年(1921)鉛印本　一册

330000－4735－0002761　02484　史部/傳記類/别傳之屬/事狀

德凝堂壽言不分卷　張載揚等編　民國十年(1921)鉛印本　一册

330000－4735－0002764　02485　史部/傳記類/别傳之屬/事狀

豐玉堂壽言不分卷　何豐林等撰　民國九年(1920)杭州武林印書館鉛印本　一册

330000－4735－0002765　05767　子部/醫家類/兒科之屬/痘疹

痲症集成四卷　(清)朱載揚撰　民國八年(1919)浙江體育學校鉛印本　一册

330000－4735－0002766　02486　史部/傳記類/别傳之屬/事狀

豐玉堂壽言不分卷　何豐林等撰　民國九年(1920)杭州武林印書館鉛印本　一册

330000－4735－0002767　02487　史部/傳記類/别傳之屬/事狀

豐玉堂壽言不分卷　何豐林等撰　民國九年(1920)杭州武林印書館鉛印本　一册

330000－4735－0002769　02488　史部/傳記類/别傳之屬/事狀

豐玉堂壽言不分卷　何豐林等撰　民國九年(1920)杭州武林印書館鉛印本　一册

330000－4735－0002770　05768　子部/醫家類/傷寒金匱之屬/傷寒論

傷寒辯證四卷　(清)陳堯道集疏　民國上海會文堂書局石印本　二册

330000－4735－0002772　05769　子部/醫家類/綜合之屬/通論

編註醫學入門八卷　(明)李梴編　民國上海掃葉山房石印本　一册　存一卷(八)

330000－4735－0002773　05770　子部/醫家類/綜合之屬/通論

醫學源流論二卷　(清)徐大椿撰　民國石印本　一册

330000－4735－0002776　02489　史部/傳記類/别傳之屬/事狀

愛日堂壽言四卷　屈映光輯　民國六年(1917)上海聚珍倣宋印書局鉛印本　二册

330000－4735－0002777　05771　子部/醫家類/類編之屬

薛氏醫按二十四種　(明)吳琯編　民國石印本　一册　存一種

330000－4735－0002779　05772　子部/醫家類/類編之屬

六科準繩六種　(明)王肯堂撰　民國石印本　一册　存一種

330000－4735－0002785　05774　子部/醫家類/綜合之屬/雜著

西藥摘錄一卷　民國抄本　一册

330000－4735－0002789　02491　史部/傳記類/别傳之屬/事狀

郭節母廖太夫人清芬錄不分卷　郭兆霖輯　民國鉛印本　四册

330000－4735－0002793　00683　經部/四書類/大學之屬/傳說

增批大字新體繪圖大學白話註解一卷　(清)朱麟評註　民國二十三年(1934)上海三友實業社石印本　一册

330000－4735－0002800　00685　經部/四書類/大學之屬/傳說

大學古本質言一卷　(清)劉沅撰　民國十三年(1924)上海怡春堂石印本　一册

330000－4735－0002801　00686　經部/四書類/大學之屬/傳說

大學古本質言一卷　(清)劉沅撰　民國六年(1917)北京道德學社鉛印本　一册

330000－4735－0002811　02495　史部/傳記類/别傳之屬/事狀

伍秩庸博士哀思錄不分卷　伍朝樞輯　民國鉛印本　一册

330000－4735－0002843　03131　史部/詔令奏議類/奏議之屬
端忠敏公奏稿十六卷　(清)端方撰　民國七年(1918)鉛印本　十六冊

330000－4735－0002876　05807　類叢部/叢書類/彙編之屬
嘉業堂叢書五十七種　劉承幹編　民國吳興劉氏嘉業堂刻本　一冊　存一種

330000－4735－0002890　00702　經部/四書類/總義之屬/傳說
四書反身錄六卷二孟續補二卷　(清)李顒撰　民國上海明善書局石印本　一冊

330000－4735－0002893　00703　經部/四書類/總義之屬/傳說
新訂四書補註備旨十卷　(明)鄧林撰　(清)鄧煜編　(清)杜定基增訂　民國五年(1916)上海鴻文恒記書局石印本　八冊

330000－4735－0002900　00704　經部/四書類/總義之屬/傳說
四書集註十九卷　(宋)朱熹撰　民國四年(1915)上海廣益書局石印本　四冊　存十二卷(論語六至十、孟子一至七)

330000－4735－0002901　00705　經部/四書類/總義之屬/傳說
四書集註十九卷　(宋)朱熹撰　民國上海錦章書局石印本　一冊　存三卷(孟子一至三)

330000－4735－0002905　00706　經部/四書類/總義之屬/傳說
銅版四書集註十九卷　(宋)朱熹撰　民國石印本　一冊　存二卷(大學、中庸)

330000－4735－0002908　00707　經部/四書類/總義之屬/傳說
四書集註十九卷　(宋)朱熹撰　民國上海會文堂書局石印本　一冊　存一卷(中庸)

330000－4735－0002910　00708　經部/四書類/總義之屬/傳說
四書合講十九卷　(宋)朱熹集註　民國石印本　傅義功題簽　一冊　存五卷(論語六至十)

330000－4735－0002914　00709　經部/四書類/總義之屬/傳說
酌雅齋四書遵註合講十九卷圖說一卷　(清)翁復編　民國上海鑄記書局石印本　六冊

330000－4735－0002919　00710　經部/四書類/總義之屬/傳說
酌雅齋四書遵註合講十九卷圖說一卷　(清)翁復編　民國上海鑄記書局石印本　一冊　存五卷(論語集註一至五)

330000－4735－0002920　00711　經部/四書類/總義之屬/傳說
四書集註十九卷　(宋)朱熹撰　民國二十三年(1934)上海掃葉山房石印本　六冊

330000－4735－0002922　00712　經部/四書類/總義之屬/傳說
增註四書合講十九卷　(清)翁復編次　民國石印本　五冊　存十七卷(論語集註一至十、孟子集註一至七)

330000－4735－0002923　05832　子部/小說家類/瑣語之屬
觚賸八卷續編四卷　(清)鈕琇輯　民國六年(1917)國學扶輪社鉛印本　六冊

330000－4735－0002924　00713　經部/四書類/總義之屬/傳說
增註四書合講十九卷　(清)翁復編次　民國石印本　陳濟才題記　一冊　存五卷(論語集註一至五)

330000－4735－0002932　00717　經部/四書類/總義之屬/傳說
四書正文　民國上海錦章圖書局石印本　一冊　存一種

330000－4735－0002934　00718　經部/四書類/總義之屬/傳說
四書讀本十九卷　(宋)朱熹集註　民國二十七年(1938)上海昌文書局石印本　一冊　存一卷(中庸)

330000－4735－0002935　00719　經部/四書類/總義之屬

繪圖四書正文七卷　民國上海昌文書局石印本　三冊　存四卷(大學、中庸、孟子一至二)

330000－4735－0002937　00720　經部/四書類/總義之屬

繪圖四書正文七卷　民國上海昌文書局石印本　一冊　存一卷(孟子二)

330000－4735－0002938　05844　子部/小說家類/瑣語之屬

西青散記四卷　(清)史震林撰　民國古今書室石印本　孝則題簽　三冊　存三卷(二至四)

330000－4735－0002940　00721　經部/四書類/總義之屬

繪圖速成四書讀本七卷　(宋)朱熹集註　民國上海沈鶴記書局石印本　二冊　存二卷(論語一、孟子一)

330000－4735－0002941　05845　子部/小說家類

古今筆記精華錄二十四卷　古今圖書局編譯部編纂　民國三年(1914)上海古今圖書局石印本　三冊　存三卷(五、十八、二十二)

330000－4735－0002942　02507　史部/傳記類/别傳之屬/事狀

怙德錄一卷　黄任恒編　民國八年(1919)保粹堂刻本　一冊

330000－4735－0002943　00722　經部/四書類/總義之屬

繪圖速成四書讀本七卷　(宋)朱熹集註　民國上海沈鶴記書局石印本　一冊　存一卷(孟子一)

330000－4735－0002944　05846　子部/小說家類/異聞之屬

新齊諧五卷　(清)袁枚撰　民國二年(1913)上海萃英書局石印本　三冊　存三卷(一、四至五)

330000－4735－0002946　02508　史部/傳記類/别傳之屬/事狀

邱振鏞先生輓聯錄一卷　民國鉛印本　一冊

330000－4735－0002951　02509　史部/傳記類/别傳之屬/事狀

康南海傳一卷　梁啓超撰　民國鉛印本　一冊

330000－4735－0002960　02511　類叢部/叢書類/彙編之屬

嘉業堂叢書五十七種　劉承幹編　民國吳興劉氏嘉業堂刻本　一冊　存一種

330000－4735－0002967　02514－02438　類叢部/叢書類/彙編之屬

求恕齋叢書三十一種　劉承幹編　民國吳興劉氏嘉業堂刻本　四冊　存一種

330000－4735－0002968　05865　子部/小說家類/異聞之屬

江湖異聞四卷　謝畯喜編　民國十年(1921)上海會文堂書局石印本　傅郁文題記　一冊　存一卷(二)

330000－4735－0002970　05870　子部/兵家類/兵法之屬

太公兵法逸文一卷武侯八陳兵法輯略一卷　(清)汪宗沂輯　**用陳雜錄一卷**　**陰符經一卷**　(漢)張良注　民國石印本　一冊

330000－4735－0002971　00733　經部/四書類/總義之屬/文字音義

注音字母四書白話句解十九卷　周觀光　吳穀民演譯　民國上海求古齋石印本　十四冊

330000－4735－0002973　02515－02438　類叢部/叢書類/彙編之屬

求恕齋叢書三十一種　劉承幹編　民國吳興劉氏嘉業堂刻本　二冊　存一種

330000－4735－0002975　00734　經部/四書類/大學之屬/傳說

大學姚氏讀本一卷　姚明煇撰　**經典釋文大學音一卷**　民國十四年(1925)吳興讀經會石印本　一冊

330000－4735－0002978　00735　經部/四書類/孟子之屬/傳說

孟子要略五卷　（宋）朱熹撰　（清）劉傳瑩輯　（清）曾國藩按　民國鉛印本　一冊

330000－4735－0002984　00737　經部/四書類/孟子之屬/傳說

言文對照廣註孟子讀本七卷　世界書局編輯所編輯　民國上海世界書局石印言文對照廣註四書讀本本　黃鵬輝題簽　一冊　存五卷（一至五）

330000－4735－0002990　03157　史部/政書類/律令之屬

新編評註刀筆菁華四種　平襟亞纂　秋痕樓主評　民國十四年（1925）上海共和書局鉛印本　二冊　存二種

330000－4735－0002993　00740　經部/四書類/總義之屬/傳說

四書集註十九卷　（宋）朱熹撰　民國三年（1914）中華書局鉛印本　一冊　存二卷（孟子六至七）

330000－4735－0003006　02524－02407　類叢部/叢書類/彙編之屬

嘉業堂叢書五十七種　劉承幹編　民國吳興劉氏嘉業堂刻本　六冊　存六種

330000－4735－0003009　00746　經部/四書類/孟子之屬/傳說

孟子集註七卷　（宋）朱熹撰　民國商務印書館鉛印本　六冊　存六卷（一至五、七）

330000－4735－0003010　02408　類叢部/叢書類/彙編之屬

嘉業堂叢書五十七種　劉承幹編　民國吳興劉氏嘉業堂刻本　一冊　存一種

330000－4735－0003011　00747　經部/四書類/孟子之屬/傳說

孟子集註七卷　（宋）朱熹撰　民國商務印書館鉛印本　四冊　存四卷（三至五、七）

330000－4735－0003012　00748　經部/四書類/孟子之屬/傳說

孟子集註七卷　（宋）朱熹撰　民國鉛印本　一冊　存一卷（四）

330000－4735－0003014　00749　經部/四書類/總義之屬/傳說

四書集註十九卷　（宋）朱熹撰　民國四年（1915）上海廣益書局石印本　一冊　存三卷（孟子一至三）

330000－4735－0003017　00750　經部/四書類/孟子之屬/傳說

增補蘇批孟子二卷　（宋）蘇洵撰　（清）趙大浣增補　**孟子年譜一卷**　民國上海掃葉山房石印本　二冊

330000－4735－0003020　00751　經部/四書類/孟子之屬/傳說

增補蘇批孟子二卷　（宋）蘇洵撰　（清）趙大浣增補　**孟子年譜一卷**　民國上海掃葉山房石印本　二冊

330000－4735－0003021　00752　經部/四書類/孟子之屬/傳說

孟子正義三十卷　（清）焦循撰　民國石印本　一冊　存五卷（十六至二十）

330000－4735－0003025　00753　經部/四書類/總義之屬

四書論四卷　民國石印本　三冊　存三卷（二至四）

330000－4735－0003032　02532　史部/傳記類/別傳之屬/年譜

葉天寥年譜一卷續譜一卷別記一卷甲行日注八卷　（明）葉紹袁撰　民國南林劉氏求恕齋刻朱印本　一冊　缺八卷（甲行日注一至八）

330000－4735－0003036　06000　子部/儒家類/儒學之屬/禮教/家訓

後哲朱子格言一卷　（□）稼學氏注　民國抄本　金正達題記　一冊

330000－4735－0003037　00756　經部/四書類/總義之屬/傳說

張謇批選四書義六卷續六卷　張謇撰　民國石印本　十二冊

330000－4735－0003038　06001　子部/儒家類/儒學之屬/禮教/女範
訓女寶箴三卷　呂咸熙編　民國上海宏大善書局石印本　一冊　存一卷(中)

330000－4735－0003040　00757　經部/四書類/總義之屬/傳説
四書合講十九卷　(宋)朱熹集註　民國四明茹古書局鉛印本　一冊　存二卷(大學、中庸)

330000－4735－0003042　00758　經部/四書類/總義之屬/傳説
四書合講十九卷　(宋)朱熹集註　民國上海著易堂書局鉛印本　四冊　存十四卷(論語一至十,孟子一至二、六至七)

330000－4735－0003043　02534　史部/傳記類/別傳之屬/事狀
周節母邊氏旌額墓圖家傳詩文詞彙編一卷　孫樹禮輯　民國十八年(1929)邊桐鉛印本　一冊

330000－4735－0003066　06018　子部/儒家類/儒家之屬
荀子二十卷　(唐)楊倞注　王先謙集解　民國掃葉山房石印本　二冊　存七卷(五至十一)

330000－4735－0003069　06019　子部/儒家類/儒家之屬
荀子二十卷　(唐)楊倞注　**荀子校勘補遺一卷**　(清)謝墉撰　民國育文書局石印本　一冊　存七卷(十至十六)

330000－4735－0003071　06020　子部/儒家類/儒家之屬
荀子二十卷　(唐)楊倞注　**荀子校勘補遺一卷**　(清)謝墉撰　民國石印本　一冊　存五卷(十一至十五)

330000－4735－0003072　06021　子部/儒家類/儒家之屬
荀子二十卷　(唐)楊倞注　王先謙集解　民國掃葉山房石印本　一冊　存五卷(六至十)

330000－4735－0003074　06022　子部/叢編
評註諸子菁華錄十八種十八卷　張之純編纂　民國五年至七年(1916－1918)上海商務印書館鉛印本　一冊　存一卷(二)

330000－4735－0003077　03179　史部/政書類/公牘檔冊之屬
浙江省議會第二屆第一次臨時會議事錄一卷　浙江省議會編　民國六年(1917)鉛印本　一冊

330000－4735－0003079　03180　史部/政書類/公牘檔冊之屬
浙江省議會第一屆第二年第二次臨時會議事錄不分卷　浙江省議會編　民國六年(1917)鉛印本　一冊

330000－4735－0003084　03182　史部/政書類/公牘檔冊之屬
浙江省議會第二屆第一年常年會議決案不分卷　浙江省議會編　民國七年(1918)鉛印本　一冊

330000－4735－0003093　03185　史部/政書類/公牘檔冊之屬
浙江省議會第一屆第三年常會議決案不分卷　浙江省議會編　民國七年(1918)鉛印本　一冊

330000－4735－0003096　03186　史部/政書類/公牘檔冊之屬
浙江省議會第一屆常年會議事錄不分卷　浙江省議會編　民國鉛印本　二冊

330000－4735－0003110　03190　史部/政書類/公牘檔冊之屬
浙江省議會第二屆常年會質問書不分卷　浙江省議會編　民國五年(1916)鉛印本　一冊

330000－4735－0003112　03191　史部/政書類/公牘檔冊之屬
浙江省議會第二屆常年會文牘四卷附編一卷　浙江省議會編　民國五年(1916)鉛印本　一冊

330000－4735－0003121　03192　史部/政書

類/公牘檔冊之屬

浙江省參議會議決案不分卷　浙江省參議會編　民國鉛印本　一冊

330000－4735－0003123　03193　史部/政書類/公牘檔冊之屬

浙江省議會民國九年常年會議員質問書不分卷　浙江省議會編　民國九年(1920)鉛印本　一冊

330000－4735－0003126　03194　史部/政書類/公牘檔冊之屬

浙江省議會第一屆第一次臨時會議員質問書不分卷　浙江省議會編　民國二年(1913)鉛印本　一冊

330000－4735－0003130　03195　史部/政書類/公牘檔冊之屬

浙江省議會第一屆常年會議員質問書不分卷　浙江省議會編　民國鉛印本　一冊

330000－4735－0003136　03196　史部/政書類/公牘檔冊之屬

浙江省議會第一屆第三年常年會質問書不分卷　浙江省議會編　民國七年(1918)鉛印本　一冊

330000－4735－0003143　02553　史部/傳記類/職官録之屬/總録

職員錄不分卷(民國四年第三期)　印鑄局編纂處編纂　民國九年(1920)印鑄局鉛印本　六冊

330000－4735－0003148　02556　集部/總集類/題詠之屬

存心堂壽言六卷　伍文淵等編　民國鉛印本　一冊

330000－4735－0003149　02557－02407　類叢部/叢書類/彙編之屬

嘉業堂叢書五十七種　劉承幹編　民國吳興劉氏嘉業堂刻本　三冊　存一種

330000－4735－0003151　02558　類叢部/叢書類/彙編之屬

嘉業堂叢書五十七種　劉承幹編　民國吳興劉氏嘉業堂刻本　二冊　存一種

330000－4735－0003155　02560　史部/傳記類/別傳之屬/事狀

哀思錄初編七卷二編四卷三編四卷　孫中山先生葬事籌備處編　民國孫中山先生葬事籌備處鉛印本　二冊　缺四卷(三編一至四)

330000－4735－0003172　08217　集部/別集類

蠲戲齋詩編年集八卷避寇集一卷芳杜詞賸一卷　馬浮撰　**蠲戲齋詩前集二卷**　馬浮撰　張立民　楊蔭林輯錄　民國二十九年(1940)、三十六年(1947)刻本　六冊

330000－4735－0003190　06309　子部/農家農學類/蠶桑之屬

桑樹栽培法十一章　鄭韞三編　民國十年(1921)山西晉新書社鉛印本　一冊

330000－4735－0003192　06310　新學/農政/農務

農話一卷　(清)陳啓謙撰　民國三年(1914)上海商務印書館鉛印本　一冊

330000－4735－0003194　00790　經部/小學類/文字之屬/說文/傳說

說文解字詁林提要一卷　丁福保編　民國十七年(1928)上海醫學書局石印本　一冊

330000－4735－0003196　06312　子部/農家農學類/園藝之屬/花卉

百花栽培秘訣六卷　(清)陳淏子撰　(□)碧香廬主增批　民國上海中華新教育社石印本　一冊　存一卷(四)

330000－4735－0003197　00791　經部/小學類/文字之屬/說文/傳說

說文解字詁林提要一卷　丁福保編　民國十七年(1928)上海醫學書局石印本　一冊

330000－4735－0003199　02594　史部/傳記類/總傳之屬/郡邑

元廣東遺民錄二卷附錄一卷　汪兆鏞撰　民國十一年(1922)刻本　二冊

330000－4735－0003202　02595　史部/傳記類/別傳之屬/事狀

晴川先生[孫之騄]事略一卷　樊鎮輯　民國紹興樊氏鉛印本　一冊

330000－4735－0003204　02596　史部/傳記類/別傳之屬/事狀

張氏旌節錄不分卷　張懷德輯　民國九年(1920)張懷德刻本　一冊

330000－4735－0003207　06314　子部/農家農學類/畜牧之屬

實地養兔法不分卷　民國抄本　金子慶題簽　一冊

330000－4735－0003217　02599　史部/傳記類/總傳之屬/郡邑

勝朝東粵遺民錄四卷　陳伯陶輯　民國東莞陳氏刻聚德堂叢書本　王舟瑤題簽並記　汪兆鏞批　一冊　存一卷(一)

330000－4735－0003223　02601　史部/傳記類/別傳之屬/事狀

李嘉茀女士哀輓錄不分卷　民國蘇州毛上珍鉛印本　一冊

330000－4735－0003226　02602　史部/傳記類/別傳之屬/事狀

周六介先生哀挽錄不分卷　周顯謨輯　民國杭州武林印書館鉛印本　一冊

330000－4735－0003228　00799　經部/小學類/文字之屬/說文

說文解字十五卷標目一卷　(漢)許慎撰　(宋)徐鉉等校定　民國三年(1914)上海商務印書館影印藤花榭刻本　四冊

330000－4735－0003231　00800　經部/小學類/文字之屬/說文

說文解字十五卷標目一卷　(漢)許慎撰　(宋)徐鉉等校定　民國三年(1914)上海商務印書館影印藤花榭刻本　三冊　缺三卷(十三至十五)

330000－4735－0003234　00801　經部/小學類/文字之屬/說文/專著

說文通訓定聲十八卷　(清)朱駿聲撰　民國石印本　三冊　存八卷(六至九、十五至十八)

330000－4735－0003236　00802　經部/小學類/文字之屬/說文/專著

說文通訓定聲十八卷　(清)朱駿聲撰　民國石印本　一冊　存四卷(十五至十八)

330000－4735－0003238　02604　史部/傳記類/總傳之屬/家乘

[浙江永嘉]環川王氏自治譜略三卷　王毓英撰　民國十年(1921)溫州務本石印本　一冊

330000－4735－0003260　02611－02407　類叢部/叢書類/彙編之屬

嘉業堂叢書五十七種　劉承幹編　民國吳興劉氏嘉業堂刻本　一冊　存一種

330000－4735－0003262　08221　類叢部/叢書類/自著之屬

重刊船山遺書六十六種附一種　(清)王夫之撰　民國二十二年(1933)上海太平洋書店鉛印本　七十七冊　存六十五種

330000－4735－0003267　02613　史部/傳記類/別傳之屬/年譜

錢士青先生[文選]編年事略一卷　甘澤沛王永清編　民國二十五年(1936)鉛印本一冊

330000－4735－0003270　03213　史部/政書類/公牘檔冊之屬

浙江省議會第二屆第一年常年會質問書不分卷　浙江省議會編　民國七年(1918)鉛印本　一冊

330000－4735－0003271　02614　史部/傳記類/別傳之屬/事狀

吳興周夢坡先生訃告一卷年譜一卷墓表一卷墓誌銘一卷畫史一卷　周延礽輯　民國二十三年(1934)影印本暨鉛印本　一冊　存一卷(年譜)

330000－4735－0003272　03214　史部/政書類/邦計之屬

浙江省民國六年度省地方歲出入預算書二卷 浙江省議會編 民國六年(1917)鉛印本 一冊

330000－4735－0003274 03215 史部/政書類/公牘檔冊之屬

浙江省議會第一屆第三年常年會文牘四卷附錄一卷 浙江省議會編 民國七年(1918)鉛印本 一冊

330000－4735－0003279 03216 史部/政書類/公牘檔冊之屬

三年來江蘇省政述要不分卷 江蘇省政府祕書處編 民國二十五年(1936)江蘇省政府印刷局鉛印本 二冊

330000－4735－0003280 00335 類叢部/叢書類/郡邑之屬

吳興叢書六十六種 劉承幹編 民國吳興劉氏嘉業堂刻本 六冊 存六種

330000－4735－0003281 03217 史部/政書類/邦交之屬

協商及參戰各國與奧國間之和平條約一卷附件一卷 民國鉛印本 二冊

330000－4735－0003283 03218 史部/政書類/邦交之屬

協商及參戰各國與德國間之和平條約暨議定書一卷 民國鉛印本 一冊

330000－4735－0003285 02619 史部/傳記類/總傳之屬/列女

新刊古列女傳八卷 (漢)劉向撰 (明)仇英繪 民國上海啟新圖書局石印本 四冊

330000－4735－0003286 03219 史部/政書類/邦交之屬

協商及參戰各國與匈牙利國間之和平條約一卷 民國鉛印本 一冊

330000－4735－0003289 03220 史部/政書類/邦計之屬/貿易

調查中國在越商務及僑務報告書一卷 蘇希洵著 民國鉛印本 一冊

330000－4735－0003295 03221 史部/政書類/邦計之屬/貿易

調查中國在越商務及僑務報告書一卷 蘇希洵著 民國鉛印本 一冊

330000－4735－0003296 08222－08010 集部/別集類

畸園第三次手定詩稿不分卷 陳遹聲撰 民國十一年(1922)影印本 六冊 存六冊(十一至十三、十五至十七)

330000－4735－0003300 03222 史部/政書類/邦交之屬

中俄會議參考文件不分卷附蘇維埃社會共和國聯邦憲法一卷 中俄交涉公署會務處編 民國中俄交涉公署會務處鉛印本 六冊

330000－4735－0003303 08223 集部/別集類

瞿文慎公詩選遺墨不分卷 瞿鴻禨撰 瞿宣樸 瞿宣治 瞿宣穎編 民國八年(1919)長沙瞿氏超覽樓石印本 四冊

330000－4735－0003309 03223 史部/政書類/邦交之屬

中法實業銀行復業暨各公使要求庚子賠款用金付給全案不分卷 中法實業銀行輯 民國鉛印本 七冊

330000－4735－0003316 03224 史部/政書類/公牘檔冊之屬

禁止淫刊公約一卷 民國十三年(1924)鉛印本 一冊

330000－4735－0003321 03226 史部/政書類/邦計之屬/賦稅

財政部核定浙江省徵收地丁暫行章程一卷 財政部編 民國鉛印本 一冊

330000－4735－0003323 03227 史部/政書類/邦交之屬

協商及參戰各國與匈牙利國間之和平條約一卷 民國鉛印本 一冊

330000－4735－0003328 03228 史部/政書類/邦交之屬

化簡稅關則例國際公約一卷　民國鉛印本　一册

330000－4735－0003331　03229　史部/政書類/公牘檔册之屬
一九二七年國際經濟會議報告一卷　趙泉編　民國十六年(1927)外交部鉛印本　一册

330000－4735－0003341　03232　史部/政書類/公牘檔册之屬
監察國際軍械貿易公約一卷　民國鉛印本　一册

330000－4735－0003345　03233　史部/政書類/邦計之屬/鹽法
民國八年四川鹽政輯要七卷附法規章程一卷　徐樹畇編輯　民國九年(1920)四川鹽運使署鉛印本　洪滌懷題記　一册

330000－4735－0003352　06347　子部/兵家類/兵法之屬
評註七子兵略七卷　(清)陳玖撰　(清)陳廷傑　(清)陳廷傅訂正　(清)仲忠　(清)嚴廷諫校　民國石印本　一册　存二卷(三至四)

330000－4735－0003353　02627　類叢部/叢書類/自著之屬
分類廣註曾文正公五種八卷　(清)曾國藩撰　民國十四年(1925)上海世界書局石印本　一册　存四種

330000－4735－0003361　02631　史部/傳記類/總傳之屬/郡邑
元廣東遺民錄二卷附錄一卷　清谿漁隱撰　民國十一年(1922)刻本　一册　缺一卷(上)

330000－4735－0003362　07014　子部/雜著類
玉歷因果圖說一卷　民國九年(1920)刻本　一册

330000－4735－0003366　06353　子部/兵家類/兵法之屬
讀史兵略綴言一卷　蔣廷黻撰　民國京華書局鉛印本　一册

330000－4735－0003371　02635　史部/傳記類/別傳之屬/事狀
羅烈女褒揚事實清册一卷　民國鉛印本　一册

330000－4735－0003372　02636　史部/傳記類/別傳之屬/事狀
私諡沖穆睢寧潘傑三太公事略不分卷　姬覺彌輯　民國鉛印本　一册

330000－4735－0003384　02639　史部/傳記類/別傳之屬/事狀
恒園壽言不分卷　民國九年(1920)路橋錦彰社石印本　一册

330000－4735－0003386　03234　史部/政書類/公牘檔册之屬
人民陳請書不分卷　孫鏘等撰　民國七年(1918)油印本　一册

330000－4735－0003388　06360　子部/法家類
韓非子集解二十卷首一卷　(清)王先慎撰　王先謙注　民國掃葉山房石印本　胡步川題簽並記　六册

330000－4735－0003391　06361　子部/法家類
韓非子不分卷　民國鉛印本　一册

330000－4735－0003396　02643　史部/傳記類/別傳之屬/年譜
歐司愛哈同先生年譜一卷羅迦陵夫人年譜一卷　姬覺彌輯　民國愛儷園戩壽堂鉛印本　一册

330000－4735－0003397　06362　史部/傳記類/總傳之屬/技藝
歷代畫史彙傳七十二卷首一卷附錄二卷　(清)彭蘊璨編　民國十一年(1922)上海錦章圖書局石印本　十二册

330000－4735－0003398　00839　類叢部/叢書類/彙編之屬
集古齋叢鈔　民國石印本　五册　存一種

330000－4735－0003399　02644　史部/傳記類/别傳之屬/年譜

左忠毅公[光斗]年譜定本二卷　馬其昶編　民國十四年(1925)蓬萊慕氏京師刻朱印本　一冊

330000－4735－0003401　06363　史部/傳記類/總傳之屬/技藝

歷代畫史彙傳七十二卷首一卷附録二卷　(清)彭藴璨編　民國十一年(1922)上海錦章圖書局石印本　八冊　存四十五卷(一至三、十七至三十五、四十四至五十七、六十六至七十二,附録一至二)

330000－4735－0003402　03237　史部/政書類/律令之屬/刑制

大清新刑律二編　民國石印本　一冊

330000－4735－0003403　06364　史部/傳記類/總傳之屬/技藝

歷代畫史彙傳七十二卷首一卷附録二卷　(清)彭藴璨編　民國十一年(1922)上海錦章圖書局石印本　二冊　存十三卷(二十五至三十、五十一至五十七)

330000－4735－0003405　06365　史部/傳記類/總傳之屬/技藝

歷代畫史彙傳七十二卷首一卷附録二卷　(清)彭藴璨編　民國十一年(1922)上海啟新書局石印本　十二冊

330000－4735－0003406　03238　史部/政書類/公牘檔冊之屬

袁大總統書牘二卷　袁世凱撰　吳硯雲編訂　民國三年(1914)上海廣益書局鉛印本　二冊

330000－4735－0003407　06366　史部/傳記類/總傳之屬/技藝

歷代畫史彙傳七十二卷首一卷附録二卷　(清)彭藴璨編　民國上海掃葉山房石印本　四冊　存八卷(五至六、九至十、十三至十六)

330000－4735－0003408　03239　史部/政書類/公牘檔冊之屬

黎副總統書牘二卷二集二卷三集二卷　黎元洪撰　民國三年(1914)上海廣益書局鉛印本　二冊　存二卷(黎副總統書牘一至二)

330000－4735－0003418　06370　子部/藝術類/書畫之屬/畫譜

芥子園畫傳初集六卷　(清)王槩　(清)王蓍　(清)王臬輯　民國二十六年(1937)上海天寶書局石印本　一冊　存二卷(一至二)

330000－4735－0003419　08611　集部/别集類/清别集

犢鼻山房小藁八卷　(清)劉侃撰　民國十年(1921)裕後堂鉛印本　四冊

330000－4735－0003421　06371　子部/藝術類/書畫之屬/畫譜

芥子園畫傳初集六卷二集九卷三集六卷　(清)王槩　(清)王蓍　(清)王臬輯　民國石印本　臨水軒題記　一冊　存三卷(二集五至七)

330000－4735－0003423　06372　子部/藝術類/書畫之屬/畫譜

芥子園畫傳初集六卷二集九卷三集六卷　(清)王槩　(清)王蓍　(清)王臬輯　民國石印本　二冊　存四卷(二集六至七、三集三至四)

330000－4735－0003425　06373　史部/傳記類/總傳之屬/技藝

清朝書畫家筆録四卷　竇鎮輯　民國十二年(1923)朝記書莊鉛印本　四冊

330000－4735－0003426　00842　經部/小學類/文字之屬/字書/字典

康熙字典十二集三十六卷總目一卷檢字一卷辨似一卷等韻一卷備考一卷補遺一卷　(清)張玉書等纂修　民國十四年(1925)上海章福記書局石印本　十二冊

330000－4735－0003427　03244　新學/政治法律

民法總則不分卷　余棨昌編　民國鉛印本　一冊

330000－4735－0003428　06374　子部/藝術類/書畫之屬/畫法畫品

畫學心印八卷桐陰論畫初編二卷二編二卷三編二卷畫訣二卷附録一卷　（清）秦祖永評輯　民國掃葉山房石印本　三册　存八卷（畫學心印七至八，桐陰論畫初編二、二編一至二，畫訣一至二，附録）

330000－4735－0003430　03245　史部/政書類/律令之屬/律例

比較憲法三卷附録一卷　王世杰講述　民國十三年至十四年（1924－1925）鉛印本　一册

330000－4735－0003431　02650　史部/傳記類/别傳之屬/事狀

慈谿陳玄嬰［訓正］先生六十徵言略一卷（清）陳伯衡等編　民國二十年（1931）鉛印朱印本　一册

330000－4735－0003432　06375　子部/藝術類/書畫之屬/總論

墨緣彙觀四卷　（清）安岐撰　民國九年（1920）上海廣雅書局石印本　三册　缺一卷（名畫上）

330000－4735－0003433　00843　經部/小學類/文字之屬/字書/字典

康熙字典十二集三十六卷檢字一卷辨似一卷等韻一卷備考一卷補遺一卷　（清）張玉書等纂修　民國三年（1914）上海共和書局石印本　六册

330000－4735－0003434　02651　史部/傳記類/别傳之屬/事狀

愛日堂壽言四卷　屈映光輯　民國六年（1917）上海聚珍倣宋印書局鉛印本　二册

330000－4735－0003435　00844　經部/小學類/文字之屬/字書/字典

康熙字典十二集三十六卷檢字一卷辨似一卷等韻一卷備考一卷補遺一卷　（清）張玉書等纂修　民國十八年（1929）上海共和書局石印本　周奕新題記　一册　存九卷（子集上中下、丑集上中下，檢字，辨似，等韻）

330000－4735－0003436　06376　子部/藝術類/書畫之屬/畫法畫品

寉巢人物畫稿三千法二集六卷　王鶴繪　民國十八年（1929）上海求古齋石印本　二册　存二卷（上集一、下集三）

330000－4735－0003438　02652　史部/傳記類/别傳之屬/事狀

蔣炳章哀輓録不分卷　民國鉛印本　一册

330000－4735－0003440　02653　史部/傳記類/别傳之屬/事狀

溫嶺金烈軒先生訃告不分卷　民國鉛印本　一册

330000－4735－0003441　06377　子部/藝術類/書畫之屬/總論

甌鉢羅室書畫過目攷四卷首一卷附卷一卷（清）李玉棻輯　民國上海朝記書莊鉛印本　五册

330000－4735－0003444　02654　史部/傳記類/别傳之屬/事狀

世德堂楊氏六秩雙慶壽言彙編二卷　民國七年（1918）鉛印本　二册

330000－4735－0003446　00847　經部/小學類/文字之屬/字書/字典

康熙字典十二集三十六卷總目一卷檢字一卷辨似一卷等韻一卷備考一卷補遺一卷　（清）張玉書等纂修　民國中華書局據清光緒上海同文書局石印本影印本　六册

330000－4735－0003447　06378　子部/藝術類/書畫之屬/總論

甌鉢羅室書畫過目攷四卷首一卷附卷一卷（清）李玉棻輯　民國上海朝記書莊鉛印本　一册　存二卷（首、一）

330000－4735－0003448　02655　史部/傳記類/别傳之屬/年譜

左忠毅公［光斗］年譜定本二卷　馬其昶編　民國十四年（1925）蓬萊慕氏京師刻本　一册

330000－4735－0003450　02656　史部/傳記類/别傳之屬/事狀

吳佩孚全傳一卷　中外新聞社編輯　民國十一年(1922)上海世界書局石印本　一册

330000－4735－0003460　06379　子部/藝術類/書畫之屬/總論

甌缽羅室書畫過目攷四卷首一卷附卷一卷　(清)李玉棻輯　民國上海朝記書莊鉛印本　三册　存四卷(首、一至三)

330000－4735－0003461　03251　史部/政書類/邦計之屬/鹽法

鹺務誌要四卷　錢文選輯　民國十九年(1930)鉛印本　洪滌懷題記　一册

330000－4735－0003463　00851　經部/小學類/訓詁之屬/字詁

言文一貫虛字使用法不分卷　周善培撰　民國九年(1920)上海商務印書館鉛印本　二册

330000－4735－0003482　03255　新學/政治法律/政治

上海東城師範傳習所法制科地方自治略說一卷　陸炳章編　民國油印本　一册

330000－4735－0003486　02666　史部/傳記類/別傳之屬/事狀

李孝貞女題詠冊不分卷　民國油印本　一册

330000－4735－0003487　08615　集部/別集類

畸園第三次手定詩稿不分卷　陳適聲撰　民國十一年(1922)影印本　朱文劭題記　五册　存五册(一、三、五、九、二十三)

330000－4735－0003491　02668　史部/傳記類/別傳之屬/事狀

周君仲彝紀念略不分卷　民國鉛印本　一册

330000－4735－0003495　00859　經部/小學類/文字之屬/字書/古文

六朝別字記一卷　(清)趙之謙撰　民國十三年(1924)上海商務印書館影印本　一册

330000－4735－0003497　03258　史部/政書類/公牘檔冊之屬

中法陸路通商新約草案大綱一卷　民國十六年(1927)油印本　一册

330000－4735－0003505　06390　子部/藝術類/書畫之屬/畫録

海鹽畫史一卷　朱端纂　民國二十五年(1936)幽芳簃鉛印本　一册

330000－4735－0003506　00861　經部/小學類/文字之屬/字書/字典

康熙字典十二集三十六卷總目一卷檢字一卷辨似一卷等韻一卷備考一卷補遺一卷　(清)張玉書等纂修　民國石印本　二册　存十六卷(子集上中下、丑集上中下、酉集上中下、戌集上中下,總目,檢字,辨似,等韻)

330000－4735－0003507　00862　經部/小學類/文字之屬/字書/字典

康熙字典十二集三十六卷總目一卷檢字一卷辨似一卷等韻一卷備考一卷補遺一卷　(清)張玉書等纂修　民國石印本　二册　存十二卷(巳集上中下、午集上中下、未集上中下、申集上中下)

330000－4735－0003511　00863　經部/小學類/文字之屬/字書/字典

康熙字典十二集三十六卷總目一卷檢字一卷辨似一卷等韻一卷備考一卷補遺一卷　(清)張玉書等纂修　民國石印本　三册　存十七卷(巳集上中下、午集上中下、未集上中下、申集上中下、亥集上中下,補遺,備考)

330000－4735－0003514　00864　經部/小學類/文字之屬/字書/字典

康熙字典十二集三十六卷總目一卷檢字一卷辨似一卷等韻一卷備考一卷補遺一卷　(清)張玉書等纂修　民國文盛堂石印本　三册　存二十一卷(寅集上中下、卯集上中下、辰集上中下、未集上中下、申集上中下、酉集上中下、戌集上中下)

330000－4735－0003515　00865　經部/小學類/文字之屬/字書/字典

中華字典十二集三十六卷檢字一卷辨似一卷等韻一卷總目一卷備考一卷補遺一卷　(清)張玉書　(清)凌紹雯等纂修　民國三年

(1914)上海天寶書局石印本　四冊　缺十二卷(巳集上中下、午集上中下、酉集上中下、戌集上中下)

330000－4735－0003517　00866　經部/小學類/文字之屬/字書/字典

康熙字典十二集三十六卷總目一卷檢字一卷辨似一卷等韻一卷備考一卷補遺一卷　(清)張玉書等纂修　民國石印本　二冊　存八卷(酉集上中下、亥集上中下,補遺,備考)

330000－4735－0003521　00868　經部/小學類/文字之屬/字書/字典

康熙字典十二集三十六卷總目一卷檢字一卷辨似一卷等韻一卷備考一卷補遺一卷　(清)張玉書等纂修　民國中華圖書館石印本　六冊　存二十卷(午集上中下、未集上中下、申集上中下、酉集上中下、戌集上中下、亥集上中下,補遺,備考)

330000－4735－0003525　06399　子部/藝術類/書畫之屬/書法書品

四書手讀不分卷　(清)鄭燮書　民國布米山房影印本　六冊

330000－4735－0003527　03265　史部/政書類/邦交之屬

中日通商行船新約草案大綱一卷　民國油印本　一冊

330000－4735－0003528　03266　史部/政書類/邦交之屬

中日通商行船新約草案大綱一卷　民國油印本　一冊

330000－4735－0003531　03267　史部/政書類/公牘檔冊之屬

英國關於華盛頓附加税之提案一卷坿件一卷　民國油印本　一冊

330000－4735－0003533　03268　史部/政書類/公牘檔冊之屬

英國關於華盛頓附加税之提案一卷坿件一卷　民國油印本　一冊

330000－4735－0003537　06401　集部/總集類/尺牘之屬

交際大全八章　廣文書局編輯所編　民國十四年(1925)上海世界書局石印本　一冊

330000－4735－0003546　08617　集部/別集類

見齋文稿一卷受川公牘一卷見齋詩稿一卷　秦錫圭撰　民國十七年(1928)鉛印本　秦錫田題記　三冊

330000－4735－0003551　06025　子部/儒家類/儒學之屬/禮教/家訓

家庭講話三卷　(清)陸起鯤撰　民國上海明善書局石印本　一冊

330000－4735－0003555　06026　子部/儒家類/儒學之屬/禮教/鑑戒

八德指南一卷　滄洲子註　民國上海明善書局石印本　一冊

330000－4735－0003556　06404　子部/醫家類/養生之屬

養生保命錄一卷　民國上海宏大善書局石印本　一冊

330000－4735－0003559　02680　史部/傳記類/總傳之屬/列女

列女傳八卷　(漢)劉向撰　(清)梁端校注　民國上海廣益書局石印本　二冊

330000－4735－0003560　02681　史部/傳記類/總傳之屬/列女

列女傳八卷　(漢)劉向撰　(清)梁端校注　民國上海廣益書局石印本　三冊　缺二卷(三至四)

330000－4735－0003563　06406　子部/農家農學類/園藝之屬/花卉

秘傳花鏡六卷　(清)陳淏子撰　民國石印本　岳申珍題簽　三冊　存三卷(二至三、六)

330000－4735－0003570　08620　集部/別集類

求我山人雜著六卷首一卷　莊景仲撰　**附錄一卷**　民國十八年(1929)鉛印本　二冊

330000－4735－0003571　00879　經部/小學類/文字之屬/字書/字典
康熙字典十二集三十六卷總目一卷檢字一卷辨似一卷等韻一卷補遺一卷備考一卷　（清）張玉書等纂修　民國石印本　一册　存五卷（亥集上中下、補遺、備考）

330000－4735－0003572　02685　史部/傳記類/總傳之屬/仕宦
歷代循吏傳八卷　（清）朱軾　（清）蔡世遠輯　民國鉛印本　二册

330000－4735－0003595　08623　集部/别集類/清别集
亭林詩集五卷文集六卷餘集一卷　（清）顧炎武撰　民國四年（1915）掃葉山房石印本　四册

330000－4735－0003598　00882　經部/小學類/文字之屬/字書/字典
康熙字典十二集三十六卷檢字一卷辨似一卷等韻一卷備考一卷補遺一卷　（清）張玉書等纂修　民國九年（1920）上海昌文書局石印本　六册

330000－4735－0003602　00883　經部/小學類/文字之屬/字書/字典
新編中華字典十二集十二卷總目一卷檢字一卷辨似一卷補遺一卷　許伏民等編　民國三年（1914）上海羣學社石印本　黄修岳題記　五册　缺三卷（酉集、戌集、亥集）

330000－4735－0003604　00884　經部/小學類/文字之屬/字書/字典
康熙字典十二集三十六卷檢字一卷辨似一卷等韻一卷備考一卷補遺一卷　（清）張玉書等纂修　民國九年（1920）上海昌文書局石印本　六册

330000－4735－0003607　06418　子部/雜著類/雜考之屬
日知録集釋三十二卷首一卷栞誤二卷續栞誤二卷　（清）黄汝成撰　民國上海錦章圖書局石印本　六册

330000－4735－0003614　00885　經部/小學類/文字之屬/字書/字典
康熙字典十二集三十六卷總目一卷檢字一卷辨似一卷等韻一卷備考一卷補遺一卷　（清）張玉書等纂修　民國上海廣益書局石印本　五册　缺九卷（寅集上中下、卯集上中下、辰集上中下）

330000－4735－0003617　00886　經部/小學類/文字之屬/字書/字典
康熙字典十二集三十六卷總目一卷檢字一卷辨似一卷等韻一卷備考一卷補遺一卷　（清）張玉書等纂修　民國鴻寶齋書局石印本　一册　存十卷（子集上中下、丑集上中下，總目，檢字，辨似，等韻）

330000－4735－0003621　08624　集部/别集類/清别集
曾文正公家書十卷家訓二卷　（清）曾國藩撰　**曾文正公大事記三卷榮哀録一卷**　（清）王定安編　民國上海廣益書局石印本　虎林觀款　一册

330000－4735－0003623　00887　經部/小學類/文字之屬/字書/字典
康熙字典十二集三十六卷檢字一卷辨似一卷等韻一卷備考一卷補遺一卷　（清）張玉書等纂修　民國八年（1919）上海錦章圖書局石印本　三册　缺二十一卷（寅集上中下、卯集上中下、辰集上中下、未集上中下、申集上中下、酉集上中下、戌集上中下）

330000－4735－0003625　00888　經部/小學類/文字之屬/字書/字典
中華字典十二集三十六卷備考一卷補遺一卷　（清）張玉書　（清）凌紹雯等纂修　民國文盛堂石印本　三册　存十七卷（巳集上中下、午集上中下、未集上中下、申集上中下、亥集上中下，備考，補遺）

330000－4735－0003626　00889　經部/小學類/文字之屬/字書/字典
康熙字典十二集三十六卷總目一卷檢字一卷辨似一卷等韻一卷備考一卷補遺一卷　（清）

張玉書等纂修　民國石印本　盧氏題簽　五冊　缺十卷(子集上中下、丑集上中下,總目,檢字,辨似,等韻)

330000－4735－0003633　00891　經部/小學類/文字之屬/字書/字典

康熙字典十二集三十六卷總目一卷檢字一卷辨似一卷等韻一卷備考一卷補遺一卷　(清)張玉書等纂修　民國石印本　一冊　存六卷(酉集上中下、戌集上中下)

330000－4735－0003635　03285　史部/政書類/邦計之屬/營田

量沙紀畧六章　張鴻編　民國四年(1915)鉛印本　一冊

330000－4735－0003640　08626　集部/別集類

珠巖齋文初編九卷　王宇高撰　民國二十五年(1936)鉛印本　一冊　存五卷(一至五)

330000－4735－0003646　06426　子部/儒家類/儒學之屬/蒙學

新增繪圖幼學故事瓊林四卷首一卷　(清)程登吉撰　(清)鄒聖脈增補　民國四年(1915)上海鴻文書局石印本　一冊

330000－4735－0003651　06427　子部/儒家類/儒學之屬/蒙學

繪圖幼學故事瓊林四卷首一卷　(清)程允升撰　(清)鄒聖脈增補　(清)謝梅林　(清)鄒可庭參訂　民國四年(1915)鴻文書局石印本　一冊

330000－4735－0003653　06428　子部/儒家類/儒學之屬/蒙學

新增繪圖幼學故事瓊林四卷首一卷　(清)程登吉撰　(清)鄒聖脈增補　民國四年(1915)上海鴻文書局石印本　四冊

330000－4735－0003656　06429　子部/儒家類/儒學之屬/蒙學

新增繪圖幼學故事瓊林四卷首一卷　(清)程登吉撰　(清)鄒聖脈增補　民國四年(1915)上海鴻文書局石印本　一冊

330000－4735－0003659　06430　子部/儒家類/儒學之屬/蒙學

新增繪圖幼學故事瓊林四卷首一卷　(清)程登吉撰　(清)鄒聖脈增補　民國四年(1915)上海鴻文書局石印本　二冊　存三卷(首,一、三)

330000－4735－0003661　06431　子部/儒家類/儒學之屬/蒙學

新增繪圖幼學故事瓊林四卷首一卷　(清)程登吉撰　(清)鄒聖脈增補　民國四年(1915)上海鴻文書局石印本　一冊

330000－4735－0003665　08635　集部/別集類

東遊草一卷　徐道政撰　民國上海新學會社鉛印本　一冊

330000－4735－0003666　08636　集部/別集類

東遊草一卷　徐道政撰　民國上海新學會社鉛印本　一冊

330000－4735－0003676　06432　子部/儒家類/儒學之屬/蒙學

新增繪圖幼學故事瓊林四卷首一卷　(清)程登吉撰　(清)鄒聖脈增補　民國二年(1913)上海天寶書局石印本　周敏齋題簽　一冊

330000－4735－0003682　06433　子部/儒家類/儒學之屬/蒙學

新增繪圖幼學故事瓊林四卷首一卷　(清)程登吉撰　(清)鄒聖脈增補　民國二年(1913)上海天寶書局石印本　一冊

330000－4735－0003684　06434　子部/儒家類/儒學之屬/蒙學

新增繪圖幼學故事瓊林四卷首一卷　(清)程登吉撰　(清)鄒聖脈增補　民國二年(1913)上海天寶書局石印本　一冊

330000－4735－0003686　06435　子部/儒家類/儒學之屬/蒙學

新增繪圖幼學故事瓊林四卷首一卷　(清)程登吉撰　(清)鄒聖脈增補　民國上海錦章圖

書局石印本　一冊

330000－4735－0003689　06436　子部/儒家類/儒學之屬/蒙學

新增繪圖幼學故事瓊林四卷首一卷　(清)程登吉撰　(清)鄒聖脈增補　民國上海錦章圖書局石印本　包沛吉題記　一冊

330000－4735－0003693　06437　子部/儒家類/儒學之屬/蒙學

新增繪圖幼學故事瓊林四卷首一卷　(清)程登吉撰　(清)鄒聖脈增補　民國上海昌文書局石印本　四冊　缺一卷(一)

330000－4735－0003696　08656　集部/總集類/選集之屬/斷代

雁後合鈔五卷　詹勵吾輯　民國三十六年(1947)鉛印本　臞翁題記　一冊

330000－4735－0003697　06438　子部/儒家類/儒學之屬/蒙學

新增繪圖幼學故事瓊林四卷首一卷　(清)程登吉撰　(清)鄒聖脈增補　民國四年(1915)鑄記書局石印本　一冊

330000－4735－0003701　02713　史部/政書類/公牘檔冊之屬

參戰案不分卷　民國六年(1917)抄本　二冊

330000－4735－0003713　06440　子部/雜著類/雜考之屬

日知錄集釋三十二卷栞誤二卷續栞誤二卷　(清)黄汝成撰　民國石印本　古□道人題記　一冊　存七卷(五至十一)

330000－4735－0003716　08651　集部/別集類/清別集

四憶堂詩集六卷遺稿一卷　(清)侯方域撰　(清)賈開宗等選註　民國上海掃葉山房石印本　項士元題簽並記　二冊

330000－4735－0003735　08653　集部/別集類

西菩山房詩詞稿三卷　方遒撰　民國三十年(1941)鉛印本　方遒題記　一冊

330000－4735－0003740　08654　集部/別集類/唐五代別集

韓昌黎先生文集三十卷外集文編十卷遺文一卷　(唐)韓愈撰　(唐)李漢編　民國石印本　二冊　缺二卷(十五至十六)

330000－4735－0003748　06450　子部/雜著類/雜說之屬

菜根譚前集一卷後集一卷　(明)洪應明撰　民國十年(1921)上海新學會社鉛印本　一冊

330000－4735－0003752　06451　子部/雜著類/雜說之屬

菜根譚前集一卷後集一卷　(明)洪應明撰　民國十年(1921)上海新學會社鉛印本　陳道宗題記　一冊

330000－4735－0003753　06452　子部/雜著類/雜說之屬

菜根譚一卷　(明)洪應明撰　民國二十二年(1933)海門大同印刷局鉛印本　一冊

330000－4735－0003760　03301　史部/政書類/儀制之屬/典禮

文廟續通考一卷　孫樹義輯　民國二十三年(1934)上海中華書局鉛印本　一冊

330000－4735－0003764　03302　史部/政書類/軍政之屬/兵制

巡警章程一卷　民國鉛印本　劉廼封題記　一冊

330000－4735－0003779　08647　集部/別集類/清別集

徐烈婦詩鈔二卷附報素聞書并回文一卷　(清)吳宗愛撰　(清)王崇炳編集　**同心梔子圖續編一卷**　(清)應瑩撰　民國石印本　一冊

330000－4735－0003783　08649　集部/別集類/清別集

船山詩草二十卷　(清)張問陶撰　民國十年(1921)掃葉山房石印本　六冊

330000－4735－0003806　03310　史部/政書類/公牘檔冊之屬

全浙典業公會第十七年紀事錄一卷　民國二十一年(1932)鉛印本　一冊

330000－4735－0003807　02733　史部/政書類/邦計之屬/鹽法
兩浙鹽務彙編六卷　邵中等編　民國十二年(1923)兩浙鹽運使署鉛印本　十二冊

330000－4735－0003813　03313　史部/政書類/公牘檔冊之屬
浙江省議會第一屆第一次臨時會議員質問書不分卷　浙江省議會編　民國二年(1913)鉛印本　一冊

330000－4735－0003815　03314　史部/政書類/公牘檔冊之屬
浙江省臨時議會第三屆開會議決案不分卷　浙江省臨時議會編　民國元年(1912)鉛印本　一冊

330000－4735－0003816　06464　子部/雜著類/雜説之屬
六研齋筆記四卷二筆四卷三筆四卷　(明)李日華撰　民國上海有正書局影印本(筆記卷三至四、二筆卷一至二原缺)　六冊

330000－4735－0003817　03315　史部/政書類/公牘檔冊之屬
浙江省議會第一屆議會要覽二卷　浙江省議會編　民國六年(1917)鉛印本　一冊　存一卷(上編)

330000－4735－0003823　06467　子部/雜著類
圖繪經商獻曝録不分卷　丁方鎮撰　李巘評　周湘繪　民國十九年(1930)甬東壽世草堂鉛印本　一冊

330000－4735－0003825　00937　經部/小學類/音韻之屬/韻書
新編詩韻全璧五卷初學檢韻一卷　(清)湯祥瑟原輯　華鋸重編　民國石印本　韻部題記　一冊　存一卷(五)

330000－4735－0003826　06468　子部/雜著類
圖繪經商獻曝録不分卷　丁方鎮撰　李巘評　周湘繪　民國十九年(1930)甬東壽世草堂鉛印本　一冊

330000－4735－0003828　02739　類叢部/叢書類/郡邑之屬
台州叢書後集十七種　楊晨輯　民國四年(1915)黄巖楊氏刻本　五冊　存一種

330000－4735－0003830　00939　類叢部/類書類/專類之屬
詩韻合璧五卷　(清)湯文潞輯　**虚字韻藪一卷**　(清)潘維城輯　民國石印本　二冊　缺三卷(一至三)

330000－4735－0003833　00940　經部/小學類/訓詁之屬/字詁
助字辨略五卷　(清)劉淇撰　民國上海古書流通處據海源閣刻本影印本　二冊　存二卷(一、五)

330000－4735－0003834　00941　經部/小學類/文字之屬/字書/字體
隸篇十五卷續十五卷再續十五卷　(清)翟雲升撰　民國十三年(1924)上海掃葉山房影印本　十二冊　缺七卷(隸篇四、六、八至十、十二至十三)

330000－4735－0003837　06474　子部/小説家類/雜事之屬
庸盦筆記六卷　(清)薛福成撰　民國鉛印本　一冊

330000－4735－0003839　00942　經部/小學類/文字之屬/字書/通論
字例一卷　張相著　民國抄本　一冊

330000－4735－0003840　06475　子部/雜著類/雜説之屬
菜根譚前集一卷後集一卷　(明)洪應明撰　民國十年(1921)上海新學會社鉛印本　一冊

330000－4735－0003843　06476　子部/儒家類/儒學之屬/俗訓
勸世白話文二卷　黄慶瀾撰　民國十五年(1926)宏大善書局石印本　一冊

330000－4735－0003844　00944　經部/小學類/文字之屬/字書/訓蒙

繪圖六千字文不分卷　民國石印本　一冊

330000－4735－0003846　02745　史部/政書類/律令之屬/律例

中華法政問題義解不分卷　民國石印本　十三冊

330000－4735－0003849　06477　子部/小說家類

古今筆記精華錄二十四卷　古今圖書局編譯部編纂　民國三年(1914)上海古今圖書局石印本　二十一冊　存二十一卷(一至二十、二十二)

330000－4735－0003851　08659　集部/總集類/尺牘之屬

歷代名人書札二卷續編二卷　吳曾祺輯　民國上海商務印書館鉛印本　一冊　存二卷(一、續編一)

330000－4735－0003857　08662　集部/總集類/郡邑之屬

梓鄉叢錄四卷　秦錫田輯　民國秦錫田鉛印本　二冊

330000－4735－0003860　08663　集部/詩文評類/詩評之屬

學詩初步三卷　張廷華　吳玉編　民國八年(1919)上海文明書局鉛印本　王槐三題記　一冊

330000－4735－0003864　08664　集部/小說類/短篇之屬

詳註聊齋志異圖詠十六卷　(清)蒲松齡撰　(清)呂湛恩注　民國十八年(1929)上海共和書局石印本　一冊　存二卷(一至二)

330000－4735－0003868　06481　子部/藝術類/遊藝之屬/聯語

西湖楹聯四卷　民國六年(1917)西湖鑫記書社石印本　二冊　存二卷(二至三)

330000－4735－0003870　06482　子部/藝術類/遊藝之屬/聯語

西湖楹聯四卷　民國四年(1915)西湖鑫記書社石印本　一冊　存一卷(二)

330000－4735－0003872　08666　集部/總集類/選集之屬/通代

詳註經史百家雜鈔二十六卷　(清)曾國藩纂　民國十九年(1930)上海掃葉山房石印本　十二冊

330000－4735－0003873　07206、06483　子部/雜著類/雜纂之屬

諸子文粹六十二卷續編十卷　李寶洤纂　民國六年(1917)上海商務印書館鉛印本　十九冊　缺四卷(三十二至三十五)

330000－4735－0003874　03316　史部/政書類/邦計之屬

浙江省民國七年度省地方歲出入預算書二卷　浙江省議會編　民國七年(1918)鉛印本　一冊

330000－4735－0003877　03317　史部/政書類/公牘檔冊之屬

浙江省議會第二屆常年會議事錄不分卷　浙江省議會編　民國五年(1916)鉛印本　一冊

330000－4735－0003879　08668　集部/別集類

東山同人集不分卷　張星槎編　民國十五年(1926)油印本　林鏡平題記　一冊

330000－4735－0003880　03318　史部/政書類/公牘檔冊之屬

浙江省議會第二屆第一次臨時會文牘四卷附編一卷　浙江省議會編　民國六年(1917)鉛印本　一冊

330000－4735－0003883　03319　史部/政書類/公牘檔冊之屬

浙江省議會第二屆第一次臨時會文牘四卷附編一卷　浙江省議會編　民國六年(1917)鉛印本　一冊

330000－4735－0003885　03320　史部/政書類/公牘檔冊之屬

浙江省議會第一屆第三年常年會議事錄不分

卷　浙江省議會編　民國七年(1918)鉛印本　一册

330000－4735－0003890　03321　史部/政書類/公牘檔册之屬

浙江省議會第一屆常年會議員質問書不分卷　浙江省議會編　民國鉛印本　一册

330000－4735－0003894　00955　經部/小學類/音韻之屬/韻書

音義彙要四卷　民國抄本　三册　存三卷(一、三至四)

330000－4735－0003904　06488　子部/藝術類/遊藝之屬/謎語

新編燈謎大觀一卷　(清)俞樾撰　民國三年(1914)上海文元書局石印本　一册

330000－4735－0003906　06489　子部/小說家類/異聞之屬

咫聞錄十二卷　(清)慵訥居士著　民國上海進步書局石印本　四册

330000－4735－0003920　06495　子部/藝術類/遊藝之屬/聯語

西湖楹聯二卷　民國十二年(1923)杭州抱經堂書局鉛印本　一册

330000－4735－0003924　06498　子部/小說家類/雜事之屬

夢厂雜著十卷　(清)俞蛟撰　民國上海中華圖書館石印本　一册　存五卷(一至五)

330000－4735－0003930　06500　子部/雜著類/雜說之屬

齊東野語二十卷　(宋)周密撰　民國上海掃葉山房石印本　慎初題記　一册　存四卷(一至四)

330000－4735－0003934　03331　史部/政書類/邦交之屬

國際條約大全四卷　李定夷撰　民國二年(1913)醒民社石印本　一册

330000－4735－0003935　08678　集部/別集類

釀春閣詩艸二卷　張鋘尗撰　民國十六年(1927)石印本　一册

330000－4735－0003936　06501　子部/雜著類/雜說之屬

容齋隨筆十六卷續筆十六卷三筆十六卷四筆十六卷五筆十卷首一卷　(宋)洪邁撰　民國二年(1913)上海掃葉山房石印本　五册　存三十七卷(容齋隨筆一至十六、三筆九至十六、四筆九至十六、五筆六至十)

330000－4735－0003940　06503　子部/雜著類/雜考之屬

任兆麟述記三卷　(清)任兆麟撰　(清)尤興讓等編　民國石印本　一册　存一卷(中)

330000－4735－0003942　06504　子部/雜著類/雜說之屬

猗覺寮雜記二卷附錄一卷　(宋)朱翌撰　民國上海進步書局石印本　一册

330000－4735－0003946　00961　經部/小學類/音韻之屬/韻書

增廣詩韻全璧五卷　(清)奕詢增補　**虚字韻藪一卷**　(清)潘維城輯　**初學檢韻袖珍十二集十二卷**　(清)錢大昕鑒定　(清)姚文登輯　民國十七年(1928)上海公益圖書局石印本　六册

330000－4735－0003966　08631　集部/別集類

知學軒浪墨二卷　金一衡撰　民國鉛印本　金一衡題記　一册

330000－4735－0003976　00967　經部/群經總義類/傳說之屬

經解萃精二集□□卷　民國石印本　一册　存四卷(四至七)

330000－4735－0003980　05861　子部/小說家類/雜事之屬

退醒廬筆記二卷　孫家振撰　民國十四年(1925)上海圖書館石印本　一册　存一卷(下)

330000－4735－0003985　00969　經部/小學

類/文字之屬/說文/專著

說文通訓定聲十八卷 (清)朱駿聲撰 民國石印本 一冊 存二卷(六至七)

330000－4735－0003987 08681 集部/別集類/清別集

睫巢詩鈔一卷 (清)陳康瑞撰 民國十三年(1924)鉛印本 一冊

330000－4735－0003988 06513 子部/雜著類/雜說之屬

骨董瑣記八卷續記四卷 鄧之誠輯 民國鉛印本 一冊 存二卷(三至四)

330000－4735－0003991 06514－05995 子部/儒家類/儒學之屬/禮教/鑑戒

八德須知初集八卷二集八卷三集八卷四集八卷 蔡振紳編輯 民國二十四年(1935)上海明善書局石印本 七冊 存七卷(初集二至八)

330000－4735－0003993 03343 史部/政書類/公牘檔冊之屬

民國軍政民政文牘合編三卷新民國文粹一卷女革命文粹一卷 新黃氓編 民國二年(1913)上海廣益書局鉛印本 績夫題記 四冊

330000－4735－0003994 00971 經部/群經總義類/文字音義之屬

經籍籑詁一百六卷首一卷附新輯經籍籑詁檢韻一卷 (清)阮元撰 民國上海文瑞樓石印本 二冊 存十七卷(六十七至七十五、九十九至一百六)

330000－4735－0003997 06515 子部/儒家類/儒學之屬/禮教/鑑戒

養正遺規摘鈔一卷 (清)陳弘謀編 民國石印本 一冊

330000－4735－0004001 00974 經部/小學類/文字之屬/說文/傳說

說文解字注十五卷附六書音均表五卷 (清)段玉裁撰 **說文通檢十四卷首一卷末一卷** (清)黎永椿編 **說文解字注匡謬八卷** (清)徐承慶撰 民國石印本 一冊 存二卷(十二至十三)

330000－4735－0004014 03347 史部/政書類/邦交之屬

中墨條約展限協定換文一卷 外交部條約司輯 民國十年(1921)鉛印本 一冊

330000－4735－0004018 03348 史部/政書類/邦交之屬

中華民國日本帝國互換郵政包裹協定一卷 民國十一年(1922)鉛印本 一冊

330000－4735－0004020 03349 史部/政書類/律令之屬/律例

國際法庭規約一卷 民國十年(1921)鉛印本 一冊

330000－4735－0004023 00980 經部/小學類/文字之屬/字書/字體

六書通十卷 (清)閔齊伋撰 (清)畢弘述篆訂 民國三年(1914)上海錦章書局石印本 一冊 存二卷(一至二)

330000－4735－0004026 03350 史部/政書類/邦交之屬

中英交收威海衛專約草案一卷 民國十三年(1924)鉛印本 一冊

330000－4735－0004027 00981 經部/小學類/文字之屬/字書/字體

六書通十卷 (清)閔齊伋撰 (清)畢弘述篆訂 民國石印本 二冊 存四卷(三至六)

330000－4735－0004028 03351 史部/政書類/邦交之屬

山東懸案細目協定一卷 民國十一年(1922)鉛印本 一冊

330000－4735－0004029 00982 經部/小學類/文字之屬/字書/字體

六書通十卷 (清)閔齊伋撰 (清)畢弘述篆訂 民國石印本 一冊 存二卷(九至十)

330000－4735－0004031 03352 史部/政書類/邦交之屬

修改國際聯合會盟約議定書一卷　國際聯合會編　民國十年(1921)鉛印本　一冊

330000－4735－0004033　03353　史部/政書類/邦交之屬
修改國際聯合會盟約議定書一卷　國際聯合會編　民國十年(1921)鉛印本　一冊

330000－4735－0004036　03354　史部/政書類/邦交之屬
國際聯合會盟約一卷　國際聯合會輯　民國十六年(1927)鉛印本　一冊

330000－4735－0004037　03355　史部/政書類/邦交之屬
國際交換公牘科學文藝出版品公約一卷國際快捷交換官報與議院紀錄及文牘公約一卷　民國十四年(1925)鉛印本　一冊

330000－4735－0004042　03356　史部/政書類/邦交之屬
中國希望條件一卷　平和會議中國代表團編　民國八年(1919)鉛印本　一冊

330000－4735－0004047　03357　史部/政書類/邦交之屬
中華民國日本帝國互換保險信函及箱匣之協定一卷　民國十一年(1922)鉛印本　一冊

330000－4735－0004048　06527　子部/儒家類/儒學之屬/禮教/家訓
芝蘭室語一卷　(清)秦鳳翔撰　民國九年(1920)錫成公司鉛印本　一冊

330000－4735－0004050　00984　經部/小學類/音韻之屬/韻書
廣韻五卷　(宋)陳彭年等修　**宋本廣韻校札一卷**　(清)黎庶昌撰　民國上海涵芬樓影印本　一冊　存一卷(四)

330000－4735－0004053　03358　史部/政書類/邦交之屬
中日間關於膠濟鐵路沿線之撤兵協定一卷　民國十一年(1922)鉛印本　一冊

330000－4735－0004056　03359　史部/政書類/邦交之屬
一九一零年禁止販賣白奴公約一卷　民國鉛印本　一冊

330000－4735－0004059　03360　史部/政書類/邦交之屬
一九零四年禁止販賣白奴公約一卷　民國鉛印本　一冊

330000－4735－0004061　03361　史部/政書類/邦交之屬
一九零六年禁止火柴業使用白(黄)燐公約一卷　民國十二年(1923)鉛印本　一冊

330000－4735－0004064　03362　史部/政書類/邦交之屬
解決山東懸案條約一卷　民國十一年(1922)鉛印本　一冊

330000－4735－0004067　03363　史部/政書類/邦交之屬
山東懸案鐵路細目協定一卷　民國十一年(1922)鉛印本　一冊

330000－4735－0004071　00991　類叢部/叢書類/彙編之屬
嘉業堂叢書五十七種　劉承幹編　民國吳興劉氏嘉業堂刻本　五冊　存一種

330000－4735－0004073　03364　史部/政書類/邦交之屬
參與歐洲和平大會分類報告十卷　民國鉛印本　一冊

330000－4735－0004076　00992　經部/小學類/文字之屬/字書/古文
古文千字文一卷　袁俊輯　民國十三年(1924)石印本　周烈亞題記　一冊

330000－4735－0004077　03365　史部/政書類/邦交之屬
美英法義日五國關於戰時禁用潛艇及毒氣條約一卷　民國十一年(1922)鉛印本　一冊

330000－4735－0004079　08690　集部/總集類/課藝之屬

小題十萬選初集不分卷 民國鴻寶齋石印本 一冊

330000－4735－0004081 06532 子部/墨家類

墨子十五卷目一卷篇目考一卷 (清)畢沅校注並撰 民國五年(1916)上海掃葉山房石印本 一冊 存四卷(十三至十五、目)

330000－4735－0004082 03366 史部/政書類/邦交之屬

中德協約及其他文件一卷 民國十年(1921)鉛印本 一冊

330000－4735－0004083 00994 類叢部/叢書類/自著之屬

章氏叢書十三種 章炳麟撰 民國六年至八年(1917－1919)浙江圖書館刻本 一冊 存二種

330000－4735－0004084 08692 集部/總集類/選集之屬/通代

美人千態詩一卷詞一卷 雷瑨輯 民國三年(1914)上海書局石印本 一冊 存一卷(詩)

330000－4735－0004086 03367 史部/政書類/邦交之屬

化簡稅關則例國際公約一卷 民國十二年(1923)鉛印本 一冊

330000－4735－0004090 06534 子部/墨家類

墨子十五卷目一卷篇目考一卷 (清)畢沅校注並撰 民國上海會文堂書局石印本 四冊

330000－4735－0004091 03368 史部/政書類/邦交之屬

一九二〇年二月九日在巴黎簽訂關於斯壁嶇浦條約一卷 民國十四年(1925)鉛印本 一冊

330000－4735－0004093 06535 子部/雜著類/雜說之屬

淮南鴻烈集解二十一卷 (漢)劉安撰 (漢)高誘注 民國上海掃葉山房石印本 一冊 存五卷(十二至十六)

330000－4735－0004096 03370 史部/政書類/邦交之屬

中俄解決懸案大綱協定一卷暫行管理中東鐵路協定一卷 民國十三年(1924)鉛印本 一冊

330000－4735－0004101 03371 史部/政書類/邦交之屬

交收威海衛案報告一卷 外交部撰 民國鉛印本 一冊

330000－4735－0004102 03372 史部/政書類/邦交之屬

交收威海衛案報告一卷 外交部撰 民國鉛印本 一冊

330000－4735－0004103 00999 經部/小學類/文字之屬/字書/通論

文字學形義篇不分卷 朱宗萊撰 民國九年(1920)北京大學出版部鉛印本 一冊

330000－4735－0004107 01000 經部/小學類/文字之屬/字書/字典

康熙字典十二集三十六卷總目一卷檢字一卷辨似一卷等韻一卷備考一卷補遺一卷 (清)張玉書等纂修 民國石印本 一冊 存五卷(亥集上中下、補遺、備考)

330000－4735－0004109 03373 新學/交涉

日本條約改正沿革一卷 (日本)逸見晉原撰 民國鉛印本 一冊

330000－4735－0004110 03374 史部/政書類/公牘檔冊之屬

象山萬無割併之理由一卷附案牘 民國元年(1912)鉛印本 一冊

330000－4735－0004111 01001 經部/小學類/文字之屬/字書/字典

漢文字典十二集三十六卷總目一卷檢字一卷辨似一卷等韻一卷補遺一卷備考一卷 (清)張玉書 (清)淩紹雯等纂修 民國元年(1912)上海鴻文書局石印本 二冊 存十六卷(子集上中下、丑集上中下、未集上中下、申集上中下,總目,檢字,辨似,等韻)

330000－4735－0004113　03375　史部/金石類
非儒非俠齋金石叢著十種　顧燮光撰　民國會稽顧氏金佳石好樓石印本暨鉛印本　三册　存一種

330000－4735－0004116　08695　集部/别集類/清别集
香閨夢六卷　(清)邵颿撰　民國瑞榮抄本　一册　存二卷(三至四)

330000－4735－0004127　06545　子部/小説家類/瑣語之屬
岐海瑣譚集十六卷　(明)姜準輯　民國二十五年(1936)浙江省永嘉區徵輯鄉先哲遺著委員會鉛印本　許幡雲題記　二册　存八卷(一至四、十三至十六)

330000－4735－0004135　08699　集部/詩文評類
南野堂筆記十二卷　(清)吳文溥撰　民國石印本　二册　存六卷(四至九)

330000－4735－0004136　06546　子部/術數類/數學之屬
皇極經世書八卷　(清)王植輯　民國抄本　一册　存三卷(五至七)

330000－4735－0004139　08701　集部/别集類/清别集
春在堂隨筆十卷小浮梅閒話一卷　(清)俞樾撰　民國元年(1912)國華書局石印本　二册　存五卷(一至三、十,小浮梅閒話)

330000－4735－0004140　08702　集部/别集類/清别集
春在堂隨筆十卷小浮梅閒話一卷　(清)俞樾撰　民國元年(1912)國華書局石印本　二册　存五卷(一至三、十,小浮梅閒話)

330000－4735－0004143　08703　集部/總集類/選集之屬/通代
雁山鴻爪三卷　周起渭輯　民國二十三年(1934)樂清天一書局鉛印本　二册

330000－4735－0004154　01012　經部/小學類/音韻之屬/韻書
增廣詩韻全璧五卷　(清)湯祥瑟輯　華鋸重編　民國九年(1920)上海章福記書局石印本　一册

330000－4735－0004171　06557　子部/儒家類/儒學之屬/禮教
明心寶鑑不分卷　(清)李琛輯　民國四年(1915)刻本　一册

330000－4735－0004184　01277　經部/群經總義類/傳説之屬
增訂五經備旨　(清)鄒聖脈輯　(清)鄒廷猷編次　民國石印本　六册　存一種

330000－4735－0004188　06563　子部/天文曆算類/算書之屬
倉田通法續編三卷　(清)張作楠撰　(清)俞俊編　(清)江臨泰補圖　民國抄本　一册

330000－4735－0004211　06570　子部/儒家類/儒學之屬/俗訓
格言聯璧不分卷　(清)金纓輯　民國石印本　一册

330000－4735－0004218　01030　經部/群經總義類/傳説之屬
周易尚書集解不分卷　民國抄本　一册

330000－4735－0004224　03381　史部/政書類/律令之屬/判牘
樊山判牘續編四卷　樊增祥撰　民國元年(1912)大同書局石印本　四册

330000－4735－0004254　10084　類叢部/類書類/專類之屬
潛龍讀書表十二卷　陳電飛編　民國十五年(1926)中華書局石印本　三册　存六卷(一至六)

330000－4735－0004257　10085　類叢部/類書類/專類之屬
潛龍讀書表十二卷　陳電飛編　民國十七年(1928)中華書局石印本　四册

330000－4735－0004258　06583　子部/雜著

類/雜纂之屬

增廣智囊補二十八卷 （明）馮夢龍輯 民國上海進步書局石印本 七冊 存二十四卷（一至十三、十八至二十八）

330000－4735－0004259 06584 子部/雜著類/雜纂之屬

增廣智囊補二十八卷 （明）馮夢龍輯 民國進步書局石印本 五冊 存十九卷（十至二十八）

330000－4735－0004260 06585 子部/雜著類/雜纂之屬

增廣智囊補二十八卷 （明）馮夢龍輯 民國石印本 一冊 存五卷（二十四至二十八）

330000－4735－0004263 06601 子部/叢編

諸子百家精華十卷 （清）錢樹棠 （清）雷琳 （清）錢樹立輯 民國六年（1917）蘇州振新書社鉛印本 十冊

330000－4735－0004266 06587 類叢部/類書類/通類之屬

雲林別墅新輯酬世錦囊二集七卷 （清）鄒景揚輯 民國石印本 一冊 存四卷（一至四）

330000－4735－0004267 03551 史部/地理類/雜志之屬

秣陵集六卷金陵歷代紀年事表一卷圖考一卷 （清）陳文述撰 民國十七年（1928）掃葉山房石印本 德青題記 一冊

330000－4735－0004268 06588 類叢部/類書類/通類之屬

雲林別墅新輯酬世錦囊初集八卷二集七卷三集二卷四集二卷 （清）鄒景揚輯 民國石印本 鏡□孫題簽、題記 二冊 存六卷（二集一至四、三集一至二）

330000－4735－0004269 08228 類叢部/叢書類/自著之屬

分類廣註曾文正公五種八卷 （清）曾國藩撰 民國上海世界書局石印本 三冊 存一種

330000－4735－0004276 08230 集部/別集類

國立中山大學新校雜詩一卷 鄒魯撰 民國二十三年（1934）國立中山大學出版部鉛印本 周欽賢題記 一冊

330000－4735－0004282 08231 集部/別集類/清別集

壯悔堂文集十卷首一卷遺稿一卷四憶堂詩集六卷遺稿一卷 （清）侯方域撰 （清）賈開宗等評點 民國上海彪蒙書室石印本 四冊

330000－4735－0004284 08232 集部/別集類/清別集

壯悔堂文集十卷首一卷遺稿一卷四憶堂詩集六卷遺稿一卷 （清）侯方域撰 （清）賈開宗等評點 民國上海彪蒙書室石印本 四冊

330000－4735－0004287 10088 子部/雜著類/雜編之屬

日用酬世大觀 世界書局編輯所編 民國十五年（1926）上海世界書局石印本 一冊 存五種

330000－4735－0004289 08233 集部/別集類/明別集

王次回疑雨集註四卷 （明）王彥泓撰 （□）句漏後裔釋 民國十九年（1930）上海文明書局石印本 四冊

330000－4735－0004296 08234 集部/別集類/元別集

趙文敏公松雪齋全集十卷外集一卷續集一卷 （元）趙孟頫撰 民國五年（1916）上海同文圖書館石印本 四冊

330000－4735－0004297 08235 集部/別集類/清別集

聊齋全集四種 （清）蒲松齡撰 民國九年（1920）中華圖書館石印本 六冊

330000－4735－0004301 08236 集部/別集類/元別集

趙文敏公松雪齋全集十卷外集一卷續集一卷 （元）趙孟頫撰 民國上海海左書局石印本 六冊

330000－4735－0004307 08237 集部/別集

類/清別集

閒餘偶草二卷 （清）許煜撰 民國六年(1917)斯福求石印本 鎖雲樓主批 一冊

330000－4735－0004310 08238 集部/別集類/宋別集

王臨川文集四卷 （宋）王安石撰 民國四年(1915)上海會文堂石印本 四冊

330000－4735－0004312 08240 集部/別集類/明別集

疑雨集四卷 （明）王彥泓撰 民國九年(1920)上海掃葉山房石印本 二冊

330000－4735－0004315 08241 集部/別集類/明別集

疑雨集四卷 （明）王彥泓撰 民國上海掃葉山房石印本 二冊

330000－4735－0004316 08242 集部/別集類/唐五代別集

元次山集十二卷 （唐）元結撰 （清）黄又訂 民國二年(1913)石竹山房石印本 四冊

330000－4735－0004318 06602 子部/雜著類/雜纂之屬

左孟莊騷精華錄二卷 林紓評註 民國三年(1914)上海商務印書館鉛印本 二冊

330000－4735－0004319 08243 集部/別集類/唐五代別集

樊川詩集四卷別集一卷外集一卷詩補遺一卷 （唐）杜牧撰 （清）馮集梧注 民國上海掃葉山房石印本 四冊

330000－4735－0004325 08244 集部/總集類/選集之屬/通代

明清六才子文六卷 進步書局編輯所編輯 民國五年(1916)上海文明書局石印本 四冊

330000－4735－0004326 05866 子部/小說家類/異聞之屬

太平廣記五百卷 （宋）李昉等撰 民國十五年(1926)上海掃葉山房石印本 一冊 存十六卷(二十五至四十)

330000－4735－0004327 08245 集部/別集類/唐五代別集

樊川詩集四卷別集一卷外集一卷詩補遺一卷 （唐）杜牧撰 （清）馮集梧注 民國上海掃葉山房石印本 四冊

330000－4735－0004332 08246 集部/別集類/清別集

曾文正公文集三卷詩集一卷 （清）曾國藩撰 民國十五年(1926)上海掃葉山房石印本 四冊

330000－4735－0004333 06604 子部/雜著類/雜說之屬

淮南鴻烈集解二十一卷 （漢）劉安撰 （漢）高誘注 劉文典集解 **淮南天文訓補注一卷** （清）錢塘撰 民國十二年(1923)上海商務印書館鉛印本 五冊 缺五卷(十三至十七)

330000－4735－0004340 06607 子部/農家農學類/園藝之屬/總志

佩文齋廣羣芳譜一百卷目錄二卷 （清）汪灝等撰 民國上海錦章書局石印本 十三冊 存五十七卷(二十二至四十三、四十九至五十八、六十八至七十二、七十八至八十九、九十三至一百)

330000－4735－0004345 06606 子部/農家農學類/園藝之屬/總志

佩文齋廣羣芳譜一百卷目錄二卷 （清）汪灝等撰 民國上海錦章書局石印本 六冊 存十九卷(八十二至一百)

330000－4735－0004352 08248 集部/總集類/選集之屬/斷代

新體評註唐詩三百首六卷 （清）孫洙原編 張萼蓀評註 民國十二年(1923)上海大東書局石印本 一冊

330000－4735－0004359 08718 類叢部/叢書類/自著之屬

勴堂遺書八種 顧家相撰 民國八年至十九年(1919－1930)會稽顧氏鉛印本 一冊 存一種

330000－4735－0004360　08249　集部/別集類/明別集

疑雨集四卷　(明)王彦泓撰　民國上海掃葉山房石印本　一册　存二卷(三至四)

330000－4735－0004361　08250　集部/别集類/明别集

疑雨集四卷　(明)王彦泓撰　民國四年(1915)上海掃葉山房石印本　二册

330000－4735－0004370　08253　集部/總集類/選集之屬/通代

十八家詩鈔二十八卷首一卷　(清)曾國藩輯　民國鉛印本　四册　存八卷(五至十二)

330000－4735－0004373　08254　類叢部/叢書類/自著之屬

曾文正公全集十六種　(清)曾國藩撰　民國九年(1920)上海中華書局鉛印本　九册　存一種

330000－4735－0004374　08255　集部/總集類/選集之屬/通代

明清六才子文六卷　進步書局編輯所編輯　民國五年(1916)上海文明書局石印本　一册　存二卷(唐子畏文、祝枝山文)

330000－4735－0004376　08256　集部/總集類/選集之屬/通代

明清六才子文六卷　進步書局編輯所編輯　民國上海文明書局石印本　一册　存三卷(唐子畏文、祝枝山文、徐文長文)

330000－4735－0004378　08257　集部/總集類/選集之屬/通代

明清六才子文六卷　進步書局編輯所編輯　民國上海文明書局石印本　三册　缺一卷(尤悔庵文)

330000－4735－0004380　08258　集部/别集類

靈峯先生集十一卷　夏震武撰　民國五年(1916)劉子民、何紹韓鉛印本　二册

330000－4735－0004393　06624　子部/農家農學類/獸醫之屬

新輯纂圖類方元亨療馬集六卷附駝經一卷　(明)喻本元　(明)喻本亨撰　民國上海校經山房石印本　二册　存五卷(三至六、駝經)

330000－4735－0004396　06625　子部/農家農學類/獸醫之屬

新輯校正纂圖元亨療馬集六卷　(明)喻本元　(明)喻本亨撰　民國石印本　一册　存二卷(五至六)

330000－4735－0004397　06626　子部/農家農學類/獸醫之屬

圖像水黄牛經大全二卷　(明)喻仁　(明)喻傑撰　民國四年(1915)滬江海左書局石印本　一册

330000－4735－0004402　06627　子部/工藝類/日用器物之屬/陶瓷

飲流齋説瓷十卷　許之衡撰　民國十三年(1924)上海朝記書莊鉛印本　四册

330000－4735－0004403　06628　子部/工藝類/日用器物之屬/陶瓷

飲流齋説瓷十卷　許之衡撰　民國十三年(1924)上海朝記書莊鉛印本　四册

330000－4735－0004405　06629　子部/工藝類/日用器物之屬/陶瓷

飲流齋説瓷十卷　許之衡撰　民國中華印刷局鉛印本　二册

330000－4735－0004423　08266　集部/别集類/宋别集

王臨川文集四卷　(宋)王安石撰　民國四年(1915)上海會文堂石印本　金振聲題記　四册

330000－4735－0004430　03410　史部/史抄類

史鑑節要便讀六卷　(清)鮑東里編　民國鉛印本　一册

330000－4735－0004431　08268　集部/别集類/唐五代别集

孟東野集十卷附一卷　(唐)孟郊撰　**追昔遊集三卷**　(唐)李紳撰　民國五年(1916)上海

著易堂書局石印本　四册

330000－4735－0004437　08270　集部/别集類/清别集

濂亭文集八卷　(清)張裕釗撰　(清)查燕緒編次　民國十二年(1923)上海掃葉山房石印本　一册

330000－4735－0004440　08271　集部/别集類/唐五代别集

河東先生文集六卷　(唐)柳宗元撰　民國石印本　六册

330000－4735－0004441　08272　集部/别集類/唐五代别集

香山詩選六卷　(唐)白居易撰　(清)曹文埴選　民國十六年(1927)上海掃葉山房石印本　黄葉布衣題簽並記　一册

330000－4735－0004445　08273　集部/别集類/明别集

張蒼水集二卷附錄一卷　(明)張煌言撰　民國鉛印本　二册

330000－4735－0004446　08274　集部/别集類/明别集

張蒼水集二卷附錄一卷　(明)張煌言撰　民國鉛印本　一册

330000－4735－0004450　06641　子部/農家農學類/園藝之屬/總志

植物名實圖考三十八卷長編二十二卷　(清)吴其濬撰　民國八年(1919)山西官書局刻本　三十七册　存三十六卷(一至五、七至九、十五、二十一至二十三、二十六至二十八、三十二至三十八,長編二、四、六至八、十、十二、十四至十五、十七至十九、二十一至二十二)

330000－4735－0004457　08275　集部/别集類/宋别集

曾南豐文集四卷　(宋)曾鞏撰　民國石印本　二册

330000－4735－0004458　03416　類叢部/叢書類/彙編之屬

嘉業堂叢書五十七種　劉承幹編　民國吳興劉氏嘉業堂刻本　二册　存一種

330000－4735－0004459　08276　集部/别集類/宋别集

曾南豐文集四卷　(宋)曾鞏撰　民國四年(1915)上海會文堂石印本　幽夢題記　二册

330000－4735－0004462　08277　集部/别集類/宋别集

曾南豐文集四卷　(宋)曾鞏撰　民國四年(1915)上海會文堂石印本　二册

330000－4735－0004463　08278　集部/總集類/氏族之屬

飲源集三卷　袁行泰　袁之京　袁可炳撰　民國二十二年(1933)鉛印本　石壽□題記　一册

330000－4735－0004468　06646　子部/儒家類/儒學之屬/經濟

明夷待訪錄一卷　(清)黄宗羲撰　民國石印本　一册

330000－4735－0004470　05819　子部/小説家類/雜事之屬

湖上散記一卷　陳蘧撰　民國漢文書局鉛印本　一册

330000－4735－0004472　06647　子部/儒家類/儒學之屬/性理

求志齋庸言十則一卷　梅契壽撰　民國九年(1920)鉛印本　一册

330000－4735－0004488　06655　子部/雜著類/雜考之屬

資暇集三卷附南窗紀譚一卷　(唐)李匡乂撰　民國三年(1914)南林劉氏求恕齋刻朱印本　一册

330000－4735－0004489　03423　史部/史評類/史論之屬

史事論甲編十卷乙編六卷丙編四卷丁編四卷戊編十卷　雷瑨輯　民國三年(1914)掃葉山房石印本　六册　存十四卷(甲編一至十、乙編一至四)

330000－4735－0004491　03424　史部/史評類/史論之屬

評選船山史論二卷　林紓撰　民國四年(1915)上海商務印書館鉛印本　二冊

330000－4735－0004493　08286　集部/別集類

浣花集四卷　羅華撰　民國二十一年(1932)鉛印本　一冊

330000－4735－0004494　08287　集部/別集類

浣花集四卷　羅華撰　民國二十一年(1932)鉛印本　一冊

330000－4735－0004500　03425　類叢部/叢書類/自著之屬

章氏遺書七種外編十種　(清)章學誠撰　民國掃葉山房石印本　四冊　存一種

330000－4735－0004503　06658　子部/宗教類/道教之屬/戒律

太上寶筏圖說八卷　(清)黃正元撰　民國石印本　一冊　存一卷(禮)

330000－4735－0004504　06659　子部/宗教類/道教之屬/戒律

太上寶筏圖說八卷　(清)黃正元撰　民國石印本　二冊　存二卷(禮、廉)

330000－4735－0004507　06660　子部/宗教類/道教之屬/戒律

太上寶筏圖說八卷　(清)黃正元撰　民國石印本　二冊　存二卷(廉、恥)

330000－4735－0004508　03426　史部/史評類/史論之屬

讀通鑑論十六卷附宋論十五卷　(清)王夫之撰　民國上海商務印書館鉛印本　一冊　存二卷(讀通鑑論一至二)

330000－4735－0004511　08724　集部/總集類/尺牘之屬

雙鯉堂易明尺牘句解初集五卷　民國上海廣益書局石印本　一冊　存三卷(一至三)

330000－4735－0004513　06662　子部/宗教類/道教之屬/戒律

太上寶筏圖說八卷　(清)黃正元撰　民國七年(1918)上海宏大善書局石印本　七冊　缺一卷(義)

330000－4735－0004514　08725　集部/詩文評類/文法之屬

中國最新仕商尺牘教科書二卷　周天鵬撰　民國二年(1913)上海會文學社石印本　一冊

330000－4735－0004515　06663　子部/宗教類/道教之屬/戒律

太上寶筏圖說八卷　(清)黃正元撰　民國石印本　三冊　存三卷(禮、廉、恥)

330000－4735－0004516　08292　集部/別集類/宋別集

曾南豐文集四卷　(宋)曾鞏撰　民國四年(1915)上海會文堂石印本　二冊

330000－4735－0004517　06664　子部/宗教類/道教之屬/戒律

太上寶筏圖說八卷　(清)黃正元撰　民國石印本　一冊　存一卷(恥)

330000－4735－0004520　06665　子部/宗教類/道教之屬/戒律

太上寶筏圖說八卷　(清)黃正元撰　民國石印本　亦悟氏題記　二冊　存二卷(信、恥)

330000－4735－0004521　08293　集部/別集類/清別集

壯悔堂文集十卷遺稿一卷四憶堂詩集六卷遺稿一卷　(清)侯方域撰　(清)賈開宗等評點　民國上海掃葉山房石印本　六冊

330000－4735－0004522　08726　集部/總集類/尺牘之屬

增廣尺牘句解初集二卷二集二卷附增補音義百家姓一卷增補重訂音義千字文一卷　少溪氏選註　民國石印本　趙天德題簽並記　一冊

330000－4735－0004524　06666　子部/宗教類/道教之屬/戒律

太上寶筏圖說八卷 (清)黄正元撰 民國石印本 一冊 存一卷(廉)

330000－4735－0004525 06667 子部/宗教類/道教之屬/戒律
太上寶筏圖說八卷 (清)黄正元撰 民國七年(1918)上海宏大善書局石印本 鶴懋題記 三冊 存三卷(孝、義、廉)

330000－4735－0004526 06668 子部/宗教類/道教之屬/戒律
太上寶筏圖說八卷 (清)黄正元撰 民國七年(1918)上海宏大善書局石印本 七冊 缺一卷(恥)

330000－4735－0004530 10140 子部/宗教類/道教之屬
聖哲嘉言一卷 民國鉛印本 一冊

330000－4735－0004534 08294 集部/別集類
靈峯先生集十一卷 夏震武撰 民國五年(1916)劉子民、何紹韓鉛印本 二冊

330000－4735－0004536 06670 子部/宗教類/道教之屬
太上感應篇圖說一卷附太微仙君善過格一卷 (清)黄正元撰 (清)王龍池纂訂 (清)雷仁育評點 (清)尤桐輯 民國二十二年(1933)無錫萬氏鉛印本 四冊

330000－4735－0004537 08295 集部/別集類
靈峯先生集十一卷 夏震武撰 民國五年(1916)劉子民、何紹韓鉛印本 一冊 存四卷(一至四)

330000－4735－0004539 06671 子部/宗教類/道教之屬
養真集二卷 (清)養真子撰 (清)王士端注 民國上海大豐善書刊行所石印本 一冊

330000－4735－0004542 03432 史部/史評類/史論之屬
洪稚存先生評史十八卷 (清)洪亮吉撰 (清)費有容評點 民國石印本 一冊 存五卷(九至十三)

330000－4735－0004544 06672 子部/宗教類/道教之屬/戒律
身世金丹一卷 (清)讀我書屋輯 民國上海元益善書流通處石印本 一冊

330000－4735－0004546 06673 子部/宗教類/道教之屬/戒律
身世金丹一卷 (清)讀我書屋輯 民國上海大豐紙號石印本 張裕昌題記 一冊

330000－4735－0004548 06674 子部/宗教類/道教之屬/戒律
身世金丹一卷 (清)讀我書屋輯 民國上海宏大善書局石印本 一冊

330000－4735－0004551 06675 子部/宗教類/道教之屬/戒律
身世金丹一卷 (清)讀我書屋輯 民國八年(1919)上海宏大印刷紙號石印本 一冊

330000－4735－0004552 06676 子部/宗教類/道教之屬/戒律
身世金丹一卷 (清)讀我書屋輯 民國上海宏大善書局石印本 一冊

330000－4735－0004553 四部備要 類叢部/叢書類/彙編之屬
四部備要 中華書局編 民國二十五年(1936)上海中華書局鉛印本 一千九百六十一冊 存三百二十五種

330000－4735－0004554 08727 集部/詩文評類/文法之屬/函牘格式
分類箋註文學尺牘大全集二十卷 (明)鍾惺纂輯 (明)馮夢龍訂釋 民國十年(1921)上海求古齋鉛印本 八冊 存十卷(二、四、九至十、十二至十六、二十)

330000－4735－0004556 06677 子部/道家類
莊子雪三卷 (清)陸樹芝輯註 民國四年(1915)上海千頃堂石印本 六冊

330000－4735－0004557 08301 集部/別集

類/清别集

兩當軒集二十二卷　(清)黄景仁撰　**兩當軒集攷異二卷附錄四卷**　(清)黄志述輯　民國十四年(1925)上海掃葉山房石印本　五册　缺四卷(九至十二)

330000－4735－0004560　08728　集部/詩文評類/文法之屬/函牘格式

最新詳註分類尺牘快覽十九卷酬世文件備覽全編一卷　袁韜壺編　民國十年(1921)上海廣雅書局石印本　許仲志題記　六册　缺九卷(探詢類、問候類、請託類、薦舉類、籌辦類、催商類、聘請類、辭却類、借貸類)

330000－4735－0004561　06679　子部/道家類

南華真經評註十卷　(明)歸有光輯　(明)文震孟訂　民國六年(1917)中華圖書館石印本　五册

330000－4735－0004565　03436　類叢部/叢書類/自著之屬

船山遺書六十六種附一種　(清)王夫之撰　民國石印本　一册　存一種

330000－4735－0004566　08302　集部/總集類/選集之屬/通代

清華集二卷　汪詩儂編　民國鉛印本　二册

330000－4735－0004567　08729　集部/詩文評類/文法之屬/函牘格式

新撰詳註分類尺牘大成不分卷　周蓮第編　民國上海鴻寶齋書局石印本　二册

330000－4735－0004568　06681　子部/道家類

南華真經解六卷　(清)宣穎撰　民國上海江左書林石印本　五册　存五卷(二至六)

330000－4735－0004569　03437　類叢部/叢書類/自著之屬

船山遺書六十六種附一種　(清)王夫之撰　民國石印本　一册　存一種

330000－4735－0004570　08303　類叢部/叢書類/自著之屬

惜抱軒全集七種　(清)姚鼐撰　民國三年(1914)上海會文堂書局石印本　八册

330000－4735－0004572　06682　子部/道家類

莊子十卷　(晉)郭象注　(唐)陸德明音義　民國十五年(1926)上海掃葉山房石印本　胡步川題簽並記　三册　存七卷(一至三、七至十)

330000－4735－0004573　08730　集部/别集類/宋别集

蘇東坡尺牘四卷　(宋)蘇軾撰　民國十五年(1926)上海商務印書館鉛印本　三册　存三卷(一至二、四)

330000－4735－0004574　06683　子部/道家類

莊子十卷　(晉)郭象注　(唐)陸德明音義　民國鉛印本　一册　存二卷(七至八)

330000－4735－0004575　06684　子部/道家類

莊子十卷　(晉)郭象注　(唐)陸德明音義　民國上海廣益書局石印本　一册

330000－4735－0004576　08731　集部/詩文評類/文法之屬

普通分類尺牘大全四卷最新社會應用指南二卷　周退盦撰　畢公天鑒定　嘯傲校訂　民國七年(1918)上海文瑞樓書莊石印本　二册　存二卷(普通分類尺牘大全二、最新社會應用指南一)

330000－4735－0004578　06685　子部/宗教類/道教之屬

太乙金華宗旨不分卷　(唐)吕嵒撰　民國鉛印本　一册

330000－4735－0004580　08732　集部/總集類/尺牘之屬

古今尺牘大觀上編不分卷　姚漢章　張相纂輯　民國八年(1919)上海中華書局鉛印本　十二册

330000－4735－0004583　08733　集部/總集

類/尺牘之屬

古今尺牘大觀上編不分卷　姚漢章　張相纂輯　民國八年(1919)上海中華書局鉛印本　三冊　存三冊(六、十、十二)

330000－4735－0004584　08306　集部/別集類

南歸集一卷　張騫撰　民國十三年(1924)鉛印本　一冊

330000－4735－0004585　08307　集部/別集類/清別集

薌荑詩鈔二卷附詞一卷　(清)閭邱德堅撰　朱惟公輯　民國十七年(1928)朱氏上海鉛印本　一冊

330000－4735－0004590　08734　集部/別集類/清別集

徐烈婦詩鈔二卷附報素聞書并回文一卷　(清)吳宗愛撰　(清)王崇炳編集　**同心梔子圖續編一卷**　(清)應瑩撰　民國石印本　施鎮藩題記　一冊

330000－4735－0004593　08735　集部/總集類/課藝之屬

論說範本四卷　杜瀚生撰　民國元年(1912)上海會文堂書局石印本　金志掌題記　三冊　缺一卷(二)

330000－4735－0004594　08736　集部/總集類/氏族之屬

三蘇策論十二卷　(宋)蘇洵　(宋)蘇軾　(宋)蘇轍撰　民國三年(1914)上海會文堂書局石印本　柏友題簽　二冊

330000－4735－0004602　06693　子部/宗教類/道教之屬/雜著

張三丰先生全集八卷　(明)張三丰撰　(清)李西月重編　**張三丰祖師無根樹詞註解一卷**　(明)劉悟元註　(明)李西月增解　**靈寶畢法三卷**　題(唐)鍾離權撰　(唐)呂嵒傳　民國八年(1919)上海江左書林石印本　周萍洄題簽　六冊

330000－4735－0004604　08737　集部/詩文評類/文法之屬/函牘格式

註釋尺牘入門二卷　商務印書館編譯所編纂　民國十年(1921)商務印書館石印本　一冊　存一卷(下)

330000－4735－0004609　08738　集部/總集類/尺牘之屬

歷代名人小簡二卷　吳曾祺輯　民國十一年(1922)上海商務印書館鉛印本　二冊

330000－4735－0004610　08311　集部/別集類

補學齋文鈔二卷　胡調元撰　民國二年(1913)鉛印本　一冊

330000－4735－0004613　08739　集部/總集類/尺牘之屬

歷代名人小簡續編二卷　吳曾祺輯　民國三年(1914)上海商務印書館鉛印本　一冊　存一卷(下)

330000－4735－0004615　08740　集部/總集類/尺牘之屬

歷代名人小簡續編二卷　吳曾祺輯　民國十二年(1923)上海商務印書館鉛印本　一冊　存一卷(下)

330000－4735－0004617　08312　集部/詞類/別集之屬

聊齋詞一卷　(清)蒲松齡撰　民國三年(1914)中國圖書公司和記鉛印本　一冊

330000－4735－0004618　08741　集部/總集類/尺牘之屬

歷代名人書札續編二卷　吳曾祺輯　民國四年(1915)上海商務印書館鉛印本　二冊

330000－4735－0004622　08742　集部/總集類/尺牘之屬

歷代名人書札續編二卷　吳曾祺輯　民國二十二年(1933)上海商務印書館鉛印本　四冊

330000－4735－0004626　08743　集部/總集類/尺牘之屬

歷代名人小簡二卷　吳曾祺輯　民國商務印書館鉛印本　徐錫藩題記　一冊　存一卷

（上）

330000－4735－0004629　08314　集部/别集類/清别集

黝曜室詩存一卷　（清）陳鼎撰　民國十七年（1928）鉛印本　一冊

330000－4735－0004632　08317　集部/别集類

潮音草舍詩存一卷　釋太虛撰　釋了空編　民國二十七年（1938）鉛印本　一冊

330000－4735－0004634　08745　集部/總集類/尺牘之屬

歷代名人書札二卷　吴曾祺輯　民國上海商務印書館鉛印本　一冊　存一卷（一）

330000－4735－0004635　08318　集部/别集類

夢石未定稿二卷　談文灯撰　民國二十五年（1936）鉛印本　一冊

330000－4735－0004643　08748　集部/總集類/尺牘之屬

歷代名人書札二卷　吴曾祺輯　民國上海商務印書館鉛印本　若芹題記　一冊　存一卷（一）

330000－4735－0004646　08319　集部/别集類/宋别集

陸渭南書牘一卷　（宋）陸游撰　民國三年（1914）上海商務印書館鉛印本　二冊

330000－4735－0004648　06704　子部/宗教類/道教之屬

三聖經靈驗圖註不分卷　民國二十年（1931）海門大同印書局石印本　一冊

330000－4735－0004651　08749　集部/總集類/尺牘之屬

歷代名人書札續編二卷　吴曾祺輯　民國上海商務印書館鉛印本　一冊　存一卷（一）

330000－4735－0004652　06705　子部/宗教類/道教之屬

三聖經靈驗圖註不分卷　民國二十年（1931）海門大同印書局石印本　一冊

330000－4735－0004654　08321　集部/别集類

張季子詩錄十卷　張謇撰　民國五年（1916）文藝雜志社石印本　二冊

330000－4735－0004656　08322　集部/别集類/清别集

飴山詩集二十卷　（清）趙執信撰　民國五年（1916）掃葉山房石印本　四冊

330000－4735－0004658　06706　子部/宗教類/道教之屬

三聖經感應靈驗圖註不分卷　民國八年（1919）上海科學書局石印本　一冊

330000－4735－0004659　06707　子部/宗教類/道教之屬

三聖經靈驗圖說一卷　民國九年（1920）上海科學編譯書局石印本　一冊

330000－4735－0004660　08323　集部/别集類

薌江小草一卷　王敬身撰　民國二十四年（1935）鉛印本　一冊

330000－4735－0004661　03439　史部/史評類/史論之屬

讀通鑑論十六卷附宋論十五卷　（清）王夫之撰　民國上海商務印書館鉛印本　一冊　存七卷（宋論一至七）

330000－4735－0004662　08750　集部/别集類/清别集

新體廣註小倉山房尺牘八卷　（清）袁枚撰　（清）胡光斗箋釋　（清）徐楨增註　民國十四年（1925）上海世界書局石印本　一冊

330000－4735－0004663　08751　集部/别集類/清别集

音註小倉山房尺牘八卷　（清）袁枚撰　（清）胡光斗箋釋　民國上海醉經堂石印本　一冊

330000－4735－0004664　08752　集部/别集類/清别集

張文襄公詩集四卷　(清)張之洞撰　民國十一年(1922)上海掃葉山房石印本　一冊

330000－4735－0004665　08753　集部/別集類

栩園叢稿初編五卷二編五卷　陳栩撰　周之盛輯　民國家庭工業社香雪樓鉛印本　十冊

330000－4735－0004666　06708　子部/宗教類/道教之屬

孚佑帝君純陽祖師演說三生石一卷　民國十二年(1923)上海宏大善書局石印本　一冊

330000－4735－0004668　08324　集部/別集類/明別集

方正學先生遜志齋全集二十四卷首一卷　(明)方孝孺撰　(明)張紹謙纂　民國二年(1913)上海共和圖書館石印本　六冊　存十三卷(首、一至十二)

330000－4735－0004672　08325　集部/別集類/清別集

曝書亭集詩註二十二卷　(清)朱彝尊撰　(清)楊謙注　**朱竹垞先生年譜一卷**　(清)楊謙撰　民國木石居石印本　十冊

330000－4735－0004674　03441　史部/史評類/史論之屬

讀通鑑論十六卷附宋論十五卷　(清)王夫之撰　民國上海商務印書館鉛印本　三冊　存六卷(讀通鑑論三至四、七至十)

330000－4735－0004678　06710　子部/宗教類/道教之屬

關帝明聖真經一卷　民國十三年(1924)上海宏大紙號石印本　一冊

330000－4735－0004679　06711　子部/道家類

老子道德經二卷　(三國魏)王弼注　**音義一卷**　(唐)陸德明撰　民國掃葉山房石印本　一冊

330000－4735－0004683　03442、03470　史部/史評類/史論之屬

讀通鑑論十六卷附宋論十五卷　(清)王夫之撰　民國上海商務印書館鉛印本　六冊　存二十三卷(讀通鑑論一至二、十一至十六,宋論一至十五)

330000－4735－0004686　06712　子部/宗教類/道教之屬

道書十二種　(清)劉一明撰　民國二年(1913)上海江東書局石印本　張月波題簽並記　八冊　存九種

330000－4735－0004688　03443、03469　史部/史評類/史論之屬

讀通鑑論十六卷附宋論十五卷　(清)王夫之撰　民國上海商務印書館鉛印本　九冊　缺二卷(讀通鑑論一至二)

330000－4735－0004693　08328　類叢部/叢書類/彙編之屬

郎園先生全書一百二十九種　葉啟倬編　民國二十四年(1935)長沙中國古書刻印社彙印本　一冊　存一種

330000－4735－0004707　03449　史部/史評類/史論之屬

歷代史論十二卷　(明)張溥撰　民國鉛印本　一冊　存三卷(十至十二)

330000－4735－0004709　06717　子部/宗教類/道教之屬

太上無極總真文昌大洞仙經三卷附懺文一卷　(清)劉沅註　民國十七年(1928)北京天華館鉛印本　一冊

330000－4735－0004720　06719　子部/宗教類/道教之屬

唱道真言五卷　(清)鶴臞子輯　民國京華印書局鉛印本　一冊

330000－4735－0004723　06720　子部/宗教類/道教之屬

太上感應篇集註八卷　(清)陶寧祚輯　民國鉛印本　一冊　存一卷(二)

330000－4735－0004736　08332　集部/別集類

春暉草堂遺稿一卷　陸龍撰　民國九年

(1920)鉛印本　一冊

330000－4735－0004738　03453　史部/史評類/史論之屬
史論二卷　民國重慶廣益書局鉛印本　二冊

330000－4735－0004741　08334　集部/別集類
山青雲白軒詩草二卷　傅宛撰　民國十一年(1922)鉛印本　二冊

330000－4735－0004743　06726　子部/宗教類/其他宗教之屬/基督教
新約聖書不分卷　民國漢鎮英漢書舘鉛印本　一冊

330000－4735－0004744　08335　類叢部/叢書類/家集之屬
震澤先生別集四種七卷　(明)王永熙編　民國十年(1921)鮮溪王氏刻本　二冊

330000－4735－0004747　06727　子部/宗教類/其他宗教之屬/基督教
新約聖書不分卷　民國漢鎮英漢書舘鉛印本　一冊

330000－4735－0004749　08336　集部/別集類
翰林風月樓詩鈔一卷　萬宗乾撰　民國二十二年(1933)銅仁江村草堂鉛印本　一冊

330000－4735－0004750　06728　子部/宗教類/佛教之屬
醒人鐘六卷　(清)盧勸生　(清)鄧修善編輯　(清)余蘭善鈔錄　民國上海善書流通處石印本　一冊

330000－4735－0004754　06729　子部/宗教類/佛教之屬
醒人鐘六卷　(清)盧勸生　(清)鄧修善編輯　(清)余蘭善鈔錄　民國上海善書流通處石印本　一冊

330000－4735－0004762　06730　子部/雜著類
玉曆至寶鈔勸世一卷　王子達編　民國九年(1920)上海宏大善書局石印本　一冊

330000－4735－0004763　06731　子部/雜著類
玉曆至寶鈔勸世一卷　王子達編　民國九年(1920)上海宏大善書局石印本　一冊

330000－4735－0004766　06732　子部/宗教類/道教之屬/方法
救時金丹四卷　唐光先纂修　梁志賢編輯　民國五年(1916)上海宏大善書局石印本　一冊

330000－4735－0004769　06733　子部/宗教類/道教之屬/方法
救時金丹四卷　唐光先纂修　梁志賢編輯　民國五年(1916)上海宏大善書局石印本　一冊

330000－4735－0004770　06734　子部/宗教類/道教之屬
重訂暗室燈二卷　(清)深山居士輯　民國十年(1921)上海宏大善書局石印本　一冊

330000－4735－0004774　06735　子部/宗教類/道教之屬
關帝明聖經全集一卷附闢開混沌一卷　民國鉛印本　一冊

330000－4735－0004776　08341　集部/別集類
抱潤軒文集二十二卷　馬其昶撰　民國十二年(1923)京師刻本　四冊

330000－4735－0004778　06748　子部/宗教類/道教之屬
濟一子證道秘書十七種　(清)傅金銓輯　民國十年(1921)上海中原書局石印本　六冊　存九種

330000－4735－0004780　08342　集部/詩文評類/詩評之屬
閨秀詩話十六卷　雷瑨　雷瑊輯　民國五年(1916)上海掃葉山房石印本　八冊

330000－4735－0004783　06737　子部/宗教

類/道教之屬
關帝明聖經全集一卷附闢開混沌一卷 民國鉛印本 一册

330000－4735－0004784 06738 子部/宗教類/道教之屬
關帝明聖經全集一卷附闢開混沌一卷 民國鉛印本 一册

330000－4735－0004785 06736 子部/宗教類/道教之屬
關帝明聖經全集一卷附闢開混沌一卷 民國鉛印本 一册

330000－4735－0004786 06739 子部/宗教類/道教之屬
三聖經靈驗圖註不分卷 民國上海錦章圖書局石印本 一册

330000－4735－0004788 06740 子部/宗教類/道教之屬
關帝明聖真經一卷 民國元年(1912)石印本 一册

330000－4735－0004790 08343 集部/總集類/選集之屬/通代
東萊先生古文關鍵四卷 (宋)呂祖謙評 (宋)蔡文子註 (清)徐樹屏考異 民國七年(1918)上海會文堂書局、碧梧山莊書局影印本 四册

330000－4735－0004791 06741 子部/宗教類/道教之屬
三聖經感應靈驗圖註不分卷 民國八年(1919)上海科學書局石印本 一册

330000－4735－0004792 06742 子部/雜著類
玉曆至寶鈔勸世一卷 民國六年(1917)上海宏大善書局石印本 一册

330000－4735－0004797 06743 子部/宗教類/道教之屬
三聖經讀本一卷 民國上海明善書局鉛印本 一册

330000－4735－0004798 06744 子部/宗教類/道教之屬
三聖經讀本一卷 民國上海明善書局鉛印本 一册

330000－4735－0004799 06745 子部/宗教類/道教之屬
三聖經讀本一卷 民國上海明善書局鉛印本 一册

330000－4735－0004802 06746 子部/宗教類/道教之屬
醒曉鐘不分卷 民國二十五年(1936)明善書局石印本 一册

330000－4735－0004804 06747 子部/宗教類/道教之屬
醒曉鐘不分卷 民國二十五年(1936)明善書局石印本 一册

330000－4735－0004806 08346 集部/別集類
寒柯堂詩四卷 余紹宋撰 民國三十六年(1947)鉛印本 項士元題記 一册

330000－4735－0004807 03464 史部/史評類/史論之屬
最新史事論十二卷 雷瑨輯 民國六年(1917)上海掃葉山房石印本 桂元題記 一册 存二卷(十一至十二)

330000－4735－0004808 06749 子部/宗教類/道教之屬/戒律
闢開混沌一卷 民國明善書局石印本 一册

330000－4735－0004809 08347 集部/別集類
寒柯堂詩四卷 余紹宋撰 民國三十六年(1947)鉛印本 一册

330000－4735－0004811 03465 史部/史評類/考訂之屬
校史偶得不分卷 陳寶煐撰 民國鉛印本 克成題記 一册

330000－4735－0004814 03466 史部/史評

類/考訂之屬

校史偶得不分卷 陳寶熯撰 民國鉛印本 一册

330000－4735－0004815 06750 子部/宗教類/道教之屬/雜著

悟性窮原一卷 (清)涵谷子撰 民國十二年(1923)上海宏大善書局石印本 一册

330000－4735－0004816 03467 史部/史評類/考訂之屬

校史偶得不分卷 陳寶熯撰 民國八年(1919)鉛印本 一册

330000－4735－0004818 06751 子部/宗教類/道教之屬

太上感應篇一卷 太上感應篇靈異紀一卷 鈞叔豪編 民國北平中央刻經院鉛印本 一册

330000－4735－0004820 08349 集部/詞類/别集之屬

慮尊詞一卷然脂詞一卷 陳夔撰 民國十一年(1922)鉛印本 一册

330000－4735－0004822 06752 子部/宗教類/道教之屬

太上感應篇一卷 太上感應篇靈異紀一卷 鈞叔豪編 民國北平中央刻經院鉛印本 一册

330000－4735－0004824 06753 子部/宗教類/道教之屬

三聖經淺註一卷 民國北平中央刻經院鉛印本 一册

330000－4735－0004826 06754 子部/宗教類/道教之屬

三聖經三卷 民國中央刻經院鉛印本 一册

330000－4735－0004827 03468 史部/史評類/史論之屬

讀通鑑論十六卷附宋論十五卷 (清)王夫之撰 民國上海商務印書館鉛印本 一册 存二卷(讀通鑑論五至六)

330000－4735－0004829 08351 集部/總集類/郡邑之屬

閔行詩存四卷 黄蘊深輯 民國二十四年(1935)鉛印本 二册

330000－4735－0004833 08352 集部/别集類

删亭文集二卷續集二卷 周同愈撰 民國二十四年(1935)無錫周氏鉛印本 一册

330000－4735－0004834 06755 子部/宗教類/道教之屬

聖帝救劫十全會書一卷 民國二十三年(1934)上海明善書局石印本 一册

330000－4735－0004835 08353 集部/别集類

删亭文集二卷續集二卷 周同愈撰 民國二十四年(1935)無錫周氏鉛印本 一册

330000－4735－0004836 06756 子部/宗教類/道教之屬

聖帝救劫十全會書一卷 民國二十三年(1934)上海明善書局石印本 一册

330000－4735－0004838 06781 子部/宗教類/道教之屬

三大聖經不分卷 民國浙江杭州迦音社鉛印本 金英祥題記 一册

330000－4735－0004841 06782 子部/小説家類/異聞之屬

勸戒録類編二十四章 (清)梁恭辰撰 丁福保編 梅光羲删訂 民國十五年(1926)醫學書局鉛印本 一册

330000－4735－0004845 06759 子部/小説家類/異聞之屬

勸戒録類編二十四章 (清)梁恭辰撰 丁福保編 梅光羲删訂 民國十五年(1926)醫學書局鉛印本 一册

330000－4735－0004847 08356 集部/詩文評類/類編之屬

歷代詩文評註讀本 王文濡編 民國上海文明書局鉛印本 二册 存一種

330000－4735－0004849　06760　子部/宗教類/道教之屬
關聖帝君靈寶心印真經一卷　民國上海明善書局石印本　一册

330000－4735－0004851　03472　類叢部/叢書類/郡邑之屬
敬鄉樓叢書三十八種　黄羣編　民國十七年至二十四年(1928－1935)永嘉黄氏鉛印本　十四册　存第二輯一種

330000－4735－0004852　08357　集部/詩文評類/類編之屬
歷代詩文評註讀本　王文濡編　民國上海文明書局鉛印本　一册　存一種

330000－4735－0004853　06761　子部/宗教類/道教之屬
長生正道清規法單一卷　民國二十四年(1935)浙江台州黄巖晉利堂小經房木活字印本　一册

330000－4735－0004855　06762　子部/宗教類/道教之屬
長生正道清規法單一卷　民國二十四年(1935)浙江台州黄巖晉利堂小經房木活字印本　一册

330000－4735－0004856　08358　集部/詩文評類/文評之屬
文心雕龍十卷　(南朝梁)劉勰撰　(清)黄叔琳注　(清)紀昀評　民國四年(1915)掃葉山房石印本　四册

330000－4735－0004857　03473　類叢部/叢書類/郡邑之屬
敬鄉樓叢書三十八種　黄羣編　民國十七年至二十四年(1928－1935)永嘉黄氏鉛印本　十四册　存第二輯一種

330000－4735－0004858　06763　子部/宗教類/道教之屬
三聖經寶訓一卷　民國石印本　一册

330000－4735－0004859　06764　子部/宗教類/道教之屬
三聖經寶訓一卷　民國石印本　一册

330000－4735－0004860　08359　集部/詩文評類/文評之屬
文心雕龍十卷　(南朝梁)劉勰撰　(清)黄叔琳注　(清)紀昀評　民國十四年(1925)海左書局石印本　四册

330000－4735－0004861　06765　子部/術數類/雜術之屬
五公菩薩救劫經符一卷　民國十五年(1926)木活字印本　一册

330000－4735－0004862　06766　子部/術數類/雜術之屬
五公菩薩救劫經符一卷　民國十五年(1926)木活字印本　滙川居士題簽　一册

330000－4735－0004864　06767　子部/宗教類/道教之屬
太上玄靈北斗本命延生尊經一卷　民國上海明善書局鉛印本　一册

330000－4735－0004865　06768　子部/宗教類/道教之屬
太上玄靈北斗本命延生尊經一卷　民國上海明善書局鉛印本　一册

330000－4735－0004866　06769　子部/宗教類/道教之屬
太上玄靈北斗本命延生妙經一卷　民國二十八年(1939)麗水啟明印刷局石印本　一册

330000－4735－0004868　06770　子部/宗教類/道教之屬
太上玄靈北斗本命延生妙經一卷　民國二十八年(1939)麗水啟明印刷局石印本　一册

330000－4735－0004869　06771　子部/宗教類/佛教之屬
孽海慈航一卷　民國鉛印本　一册

330000－4735－0004871　06773　子部/宗教類/道教之屬/雜著
大學註解一卷　昊天梓潼帝君注　民國上海宏大善書局石印本　一册

330000－4735－0004872　06774　子部/宗教類/道教之屬/雜著

大學註解一卷　昊天梓潼帝君注　民國上海宏大善書局石印本　一冊

330000－4735－0004873　06775　子部/宗教類/道教之屬/經文

仙佛真言不分卷　（明）玄谷帝君注　（明）高時明參閱　民國上海宏大善書局石印本　一冊

330000－4735－0004875　08361　集部/詩文評類/詩評之屬

詩學不分卷　黃節編　民國十年（1921）北京大學出版部鉛印本　一冊

330000－4735－0004876　06776　子部/術數類/雜術之屬

五公菩薩救劫經符一卷　民國三十八年（1949）臨海雷恒源石印局石印本　一冊

330000－4735－0004877　08362　集部/別集類/清別集

稻花香舘詩草二卷　（清）周思鑑撰　**聽鸝集詩稿一卷**　（清）周希商撰　民國六年（1917）鉛印本　一冊

330000－4735－0004878　06777　子部/術數類/雜術之屬

五公菩薩救劫經符一卷　民國三十八年（1949）臨海雷恒源石印局石印本　一冊

330000－4735－0004879　06778　子部/術數類/雜術之屬

五公菩薩救劫經符一卷　民國十五年（1926）木活字印本　林于秋題簽　一冊

330000－4735－0004880　08363　集部/別集類

度帆樓詩稿二卷　孔祥百撰　民國二十九年（1940）鶴和堂鉛印本　二冊

330000－4735－0004881　06779　子部/宗教類/道教之屬

關帝三字孝經一卷　民國二十二年（1933）上海明善書局石印本　一冊

330000－4735－0004883　06780　子部/醫家類/養生之屬

養生保命錄一卷　民國上海宏大善書局石印本　一冊

330000－4735－0004885　08366　集部/詞類/總集之屬

絕妙好詞箋七卷　（宋）周密輯　（清）查為仁　（清）厲鶚箋　**續鈔二卷**　（清）余集輯　（清）徐楙補錄　民國上海掃葉山房石印本　四冊

330000－4735－0004887　08367　集部/總集類/選集之屬/斷代

唐文評註讀本二卷　王文濡評選　張廷華　沈鎔　郭希汾註釋　民國十五年（1926）上海文明書局鉛印本　二冊

330000－4735－0004889　08368　集部/詩文評類/類編之屬

歷代詩文評註讀本　王文濡編　民國上海文明書局鉛印本　四冊　存一種

330000－4735－0004890　08369　集部/詩文評類/類編之屬

歷代詩文評註讀本　王文濡編　民國上海文明書局鉛印本　四冊　存一種

330000－4735－0004891　08370　集部/詩文評類/類編之屬

歷代詩文評註讀本　王文濡編　民國上海文明書局鉛印本　三冊　存一種

330000－4735－0004892　09487　集部/曲類/寶卷之屬

大乘出谷歸源還鄉寶卷一卷　民國上海宏大善書局石印本　素雲廬題記　一冊

330000－4735－0004893　08371　集部/詩文評類/類編之屬

歷代詩文評註讀本　王文濡編　民國上海文明書局鉛印本　二冊　存一種

330000－4735－0004894　08372　集部/詩文評類/類編之屬

歷代詩文評註讀本　王文濡編　民國上海文

明書局鉛印本　三册　存一種

330000－4735－0004895　08373　集部/總集類/選集之屬/通代

玉臺新詠十卷　（南朝陳）徐陵編　（清）吳兆宜注　（清）程琰刪補　民國七年（1918）上海掃葉山房石印本　六册

330000－4735－0004896　06784　子部/雜著類

宣講拾遺六卷首一卷　（清）莊跛仙輯　民國上海宏大善書局石印本　一册　存四卷（首、一至三）

330000－4735－0004897　08374　集部/總集類/選集之屬/斷代

現代十大家詩鈔　進步書局編　民國四年（1915）文明書局、中華書局石印本　四册

330000－4735－0004898　06785　子部/雜著類/雜纂之屬

不可録一卷　（清）陳海曙輯　民國八年（1919）中國濟生會石印本　一册

330000－4735－0004901　08377　集部/總集類/選集之屬/斷代

中華民國名人詩鈔十卷　吳芹編　民國三年（1914）上海廣益書局石印本　四册

330000－4735－0004903　03477　類叢部/叢書類/彙編之屬

嘉業堂叢書五十七種　劉承幹編　民國吳興劉氏嘉業堂刻本　五册　存一種

330000－4735－0004904　06786　子部/儒家類/儒學之屬/俗訓

戒淫格言一卷　民國上海明善書局石印本　一册

330000－4735－0004905　06787　子部/宗教類/佛教之屬/經

佛説定劫經一卷　李景元抄傳　民國二十一年（1932）上海明善書局石印本　一册

330000－4735－0004906　06788　子部/宗教類/道教之屬

太上黃庭内景玉經一卷外景經三卷　（唐）梁丘子注　民國上海明善書局石印本　一册

330000－4735－0004907　06789　子部/宗教類/佛教之屬

看破世界一卷　（清）周祖道輯　民國上海宏大善書局石印本　一册

330000－4735－0004908　06790　子部/宗教類/道教之屬

寶誥便誦一卷三尼醫世陀羅尼一卷　民國石印本　一册

330000－4735－0004910　08378　集部/别集類

復翁吟草四卷　朱鵬撰　民國三十六年（1947）樂清宋文鉛石印刷所鉛印本　朱□題記　一册

330000－4735－0004911　06791　子部/儒家類/儒學之屬/禮教/鑑戒

八德指南一卷　滄洲子註　民國上海明善書局石印本　一册

330000－4735－0004912　08379　集部/别集類/清别集

六大家箋註袁文大成六卷　（清）袁枚撰　（清）石蘊玉等箋　周緝熙彙訂增輯　民國十一年（1922）碧梧山莊石印本　六册

330000－4735－0004913　06792　子部/宗教類/佛教之屬

觀音多心經一卷　民國上海明善書局鉛印本　一册

330000－4735－0004914　06793　子部/宗教類/道教之屬/經文

三官經一卷　民國溫嶺縣修竹山房刻本　金三昧題記　一册

330000－4735－0004917　08380　集部/别集類

寒柯堂詩四卷　余紹宋撰　民國三十六年（1947）鉛印本　余紹宋題記　一册

330000－4735－0004919　06794　子部/宗教

類/其他宗教之屬

三教正宗摘錄一卷 (明)林兆恩撰 民國二十一年(1932)上海明善書局石印本 一册

330000－4735－0004922 06795 子部/宗教類/佛教之屬

靈祖真經一卷雷聲普化天尊真經一卷靈祖破膽真經一卷 民國上海明善書局鉛印本 一册

330000－4735－0004923 08382 集部/别集類/元别集

不繫舟漁集十六卷 (元)陳高撰 民國十五年(1926)鉛印本 陳世鎔題記 三册

330000－4735－0004924 06796 子部/雜著類/雜説之屬

勸世格言一卷附靈驗救濟仙方一卷 民國五年(1916)上海宏大善書局石印本 一册

330000－4735－0004931 06797 子部/術數類/相宅相墓之屬

雪心賦正解四卷 (唐)卜應天撰 (清)孟浩註 **辯論三十篇一卷** (唐)孟浩然撰 民國石印本 滙川居士題簽 一册 缺三卷(二至四)

330000－4735－0004933 06798 子部/宗教類/道教之屬/經文

最上一乘慧命經一卷 (清)柳華陽撰并註 民國上海千頃堂書局石印本 一册

330000－4735－0004936 05485 子部/醫家類/兒科之屬

福幼編一卷遂生編一卷廣生編一卷 (清)莊一夔撰 民國二十三年(1934)鉛印本 一册

330000－4735－0004940 06799 子部/術數類/雜術之屬

新刻萬法歸宗五卷 (唐)李淳風撰 (唐)袁天罡補 民國石印本 一册 存一卷(五)

330000－4735－0004942 06800 子部/儒家類/儒學之屬/性理

慎獨圖説一卷復卦圖説一卷 (清)倪元坦撰 民國十年(1921)鉛印本 一册

330000－4735－0004946 06801 子部/小説家類/瑣語之屬

懺因醒囈一卷 程善之編纂 民國六年(1917)上海有正書局石印本 又性老人題記 一册

330000－4735－0004947 06802 子部/宗教類/道教之屬

回天金鑑三卷 善濟星君纂修 楊繼洙編輯 民國十二年(1923)石印本 一册

330000－4735－0004953 06803 子部/宗教類/道教之屬

覺世經白話句講一卷 洗心居士宣演 **感應篇章句便蒙一卷** 項炳珩注釋 民國海門文化久記印刷公司鉛印本 一册

330000－4735－0004956 06804 子部/宗教類/道教之屬

竈王經一卷附錄敬竈要規一卷 民國寧波振華印刷所鉛印本 一册

330000－4735－0004957 06805 子部/宗教類/佛教之屬

華嚴原人論合解二卷 (唐)釋宗密論 (元)釋圓覺解 (明)楊嘉祚刪合 民國九年(1920)上海有正書局鉛印本 一册

330000－4735－0004961 06806 子部/宗教類/道教之屬

關聖帝君覺世真經一卷 民國明善書局石印本 一册

330000－4735－0004966 08388 集部/别集類/清别集

萬八山房詩鈔八卷 (清)孫春澤撰 民國二十五年(1936)鉛印本 一册

330000－4735－0004968 06808 子部/宗教類

拘拏生魂警世寶鑑一卷 民國二十年(1931)宏大善書局石印本 一册

330000－4735－0004969 08389 集部/别集類/清别集

萬八山房詩鈔八卷 (清)孫春澤撰 民國二

十五年(1936)鉛印本　一冊

330000－4735－0004971　06809　子部/宗教類/佛教之屬

佛學撮要一卷　丁福保編纂　梅光羲節錄　民國鉛印本　一冊

330000－4735－0004972　08390　集部/總集類/選集之屬/通代

增批古文觀止十二卷　(清)吳乘權　(清)吳大職輯　民國七年(1918)上海鑄記書局石印本　六冊

330000－4735－0004973　06810　子部/宗教類/佛教之屬

初機淨業指南一卷　黃慶瀾撰　民國鉛印本　一冊

330000－4735－0004975　06811　子部/宗教類/道教之屬

修道真言一卷　(宋)玉蟾子輯　民國上海新學會社鉛印本　一冊

330000－4735－0004978　06812　子部/雜著類/雜說之屬

傳宗敢言一卷　民國上海宏大善書局石印本　一冊

330000－4735－0004984　06813　子部/宗教類/道教之屬

上天梯一卷　冀山山人編　民國十五年(1926)上海宏大善書局石印本　一冊

330000－4735－0004985　06814　子部/術數類/雜術之屬

九曲明珠一卷　張碩彥編綴　民國二十年(1931)上海宏大善書局石印本　一冊

330000－4735－0004994　08396　集部/總集類/選集之屬/通代

古文觀止十二卷　(清)吳乘權　(清)吳大職輯　民國上海天寶書局石印本　黃鵬輝題簽　一冊

330000－4735－0004997　06816　史部/金石類/石之屬/文字

孔明碑文解一卷　民國明善書局石印本　一冊

330000－4735－0004998　08397　集部/總集類/選集之屬/通代

古文觀止十二卷　(清)吳乘權　(清)吳大職輯　民國石印本　一冊

330000－4735－0005002　08398　集部/總集類/選集之屬/通代

增批古文觀止十二卷　(清)吳乘權　(清)吳大職評註　民國十二年(1923)上海江東茂記書局石印本　周再光題記　六冊

330000－4735－0005005　08399　集部/總集類/選集之屬/通代

古文觀止十二卷　(清)吳乘權　(清)吳大職輯　民國四年(1915)上海中華書局石印本　何熙亭題記　六冊

330000－4735－0005007　06817　子部/宗教類/佛教之屬

金剛般若波羅蜜經一卷　(後秦)釋鳩摩羅什譯　**摩訶般若波羅蜜多心經一卷**　(唐)釋玄奘釋　(清)玉山老人秘解　民國石印本　一冊

330000－4735－0005008　08400　集部/詩文評類/類編之屬

歷代詩文評註讀本　王文濡編　民國上海文明書局鉛印本　四冊　存一種

330000－4735－0005010　03497　史部/史表類/通代之屬

中國歷代紀元表一卷　民國四年(1915)抄本　金政□題簽並題記　一冊

330000－4735－0005011　06818　子部/宗教類/佛教之屬

普勸印造經像文一卷　民國中央刻經院鉛印本　一冊

330000－4735－0005012　08401　集部/總集類/選集之屬/通代

文選六十卷　(南朝梁)蕭統輯　(唐)李善注　**文選考異十卷**　(清)胡克家撰　民國上海

鴻文書局石印本　十册

330000－4735－0005014　06819　子部/宗教類/道教之屬/雜著

救金世箴七種合刊十卷　民國中央刻經院鉛印本　一册

330000－4735－0005019　06820　子部/宗教類/佛教之屬

赦罪寶懺一卷　民國上海明善書局鉛印本　林用潭題記　一册

330000－4735－0005022　08403　集部/詞類/總集之屬

花菴絶妙詞選十卷　（宋）黄昇輯　民國十四年（1925）上海掃葉山房石印本　四册

330000－4735－0005023　06821　子部/宗教類/道教之屬

文武二帝救劫真經不分卷　民國上海宏大善書局石印本　一册

330000－4735－0005024　03499、04065　史部/傳記類/日記之屬

湘綺樓日記不分卷（清同治八年正月至民國五年七月）　王闓運撰　民國十六年（1927）上海商務印書館鉛印本　三十二册

330000－4735－0005025　08404　集部/總集類/選集之屬/通代

古文觀止十二卷　（清）吴乘權　（清）吴大職輯　民國上海商務印書館鉛印本　胡步川題跋　六册

330000－4735－0005026　03500、04066　史部/傳記類/日記之屬

湘綺樓日記不分卷（清同治八年正月至民國五年七月）　王闓運撰　民國十六年（1927）上海商務印書館鉛印本　十四册

330000－4735－0005027　06822　子部/宗教類/道教之屬

末劫真經二卷　民國八年（1919）上海宏大紙號石印本　一册

330000－4735－0005028　08405　集部/總集類/選集之屬/斷代

新體廣註唐詩三百首讀本六卷　世界書局編輯所編輯　民國十九年（1930）上海世界書局石印本　一册

330000－4735－0005029　06823　子部/宗教類/其他宗教之屬/基督教

身後秦鏡一卷　民國五年（1916）中華聖公會書籍委辦鉛印本　一册

330000－4735－0005033　06824　子部/宗教類/佛教之屬

觀世音菩薩靈異紀二卷　萬鈞編　民國二十二年（1933）鉛印本　一册

330000－4735－0005038　03502　史部/傳記類/日記之屬

祁忠敏公日記十五卷（明崇禎四年至弘光元年）　（明）祁彪佳撰　**祁忠敏公年譜一卷**　（明）王思任撰　（清）梁廷枏　（清）龔沅補編　民國二十六年（1937）紹興縣修志委員會鉛印本　六册

330000－4735－0005048　06829　子部/宗教類/其他宗教之屬/基督教

新約聖書不分卷　民國上海蘇格蘭聖經會鉛印本　一册

330000－4735－0005050　08757　集部/别集類

觀復堂詩集八卷　蔡寶善撰　民國鉛印本　二册

330000－4735－0005052　06830　子部/宗教類/其他宗教之屬/基督教

聖教理證一卷　民國十四年（1925）鉛印本　一册

330000－4735－0005057　06832　子部/宗教類/道教之屬

明圓寶筏摘要一卷　民國木活字印本　一册

330000－4735－0005059　06833　子部/小説家類/異聞之屬

勸戒録節鈔一卷　（清）梁恭辰撰　周祖琛選録　民國二十四年（1935）中央刻經院鉛印本

一冊

330000－4735－0005061　06834　子部/宗教類/道教之屬/雜著

種梅心法二卷　(清)楊臥雲注　民國九年(1920)上海貫通藥廠石印本　黃次賢題記　一冊

330000－4735－0005065　06835　子部/藝術類/遊藝之屬/聯語

最新楹聯新譜二卷　民國石印本　尹緝安題簽　一冊

330000－4735－0005066　08406　集部/總集類/選集之屬/斷代

遺民詩十六卷　(清)卓爾堪輯　**近青堂詩一卷**　(清)卓爾堪撰　民國有正書局據清康熙刻本影印本　八冊

330000－4735－0005067　08758　集部/別集類

觀復堂詩集八卷　蔡寶善撰　民國鉛印本　松渠題記　二冊

330000－4735－0005071　06836　子部/藝術類/遊藝之屬/聯語

新選楹聯全編二卷　張殿撰　民國四年(1915)文元書局石印本　一冊

330000－4735－0005075　08408　集部/總集類/選集之屬/通代

古文觀止十二卷　(清)吳乘權　(清)吳大職輯　民國石印本　三冊　存六卷(一至六)

330000－4735－0005076　08760　類叢部/叢書類/郡邑之屬

吳興叢書六十六種　劉承幹編　民國吳興劉氏嘉業堂刻本　五冊　存一種

330000－4735－0005078　06838　子部/儒家類/儒學之屬/禮教/家訓

傳家寶二卷　(清)石成金撰　民國上海宏大善書局石印本　一冊　存一卷(上)

330000－4735－0005080　08409　集部/總集類/選集之屬/通代

古文觀止十二卷　(清)吳乘權　(清)吳大職輯　民國五年(1916)上海中華書局石印本　三冊　存六卷(一至四、十一至十二)

330000－4735－0005082　06839　子部/宗教類/佛教之屬

善惡報一卷　民國十三年(1924)黃巖普利堂石印本　一冊

330000－4735－0005083　08410　集部/總集類/選集之屬/通代

古文觀止十二卷　(清)吳乘權　(清)吳大職輯　民國中華書局石印本　徐端甫題記　三冊　存六卷(七至十二)

330000－4735－0005087　08411　集部/總集類/選集之屬/通代

古文觀止十二卷　(清)吳乘權　(清)吳大職輯　民國中華書局石印本　包興鳳題記　一冊　存二卷(七至八)

330000－4735－0005088　08412　集部/總集類/選集之屬/通代

古文觀止十二卷　(清)吳乘權　(清)吳大職輯　民國中華書局石印本　公望題記　二冊　存八卷(五至十二)

330000－4735－0005092　08413　集部/總集類/選集之屬/通代

古文觀止十二卷　(清)吳乘權　(清)吳大職輯　民國上海商務印書館鉛印本　三冊　存六卷(一至二、五至六、九至十)

330000－4735－0005096　03510　史部/雜史類/斷代之屬

本朝史一卷　民國油印本　一冊

330000－4735－0005097　08414　集部/總集類/選集之屬/通代

古文觀止十二卷　(清)吳乘權　(清)吳大職輯　民國上海商務印書館鉛印本　達人題記　三冊　存六卷(三至四、九至十二)

330000－4735－0005100　08415　集部/總集類/選集之屬/通代

古文觀止十二卷　(清)吳乘權　(清)吳大職

輯　民國上海商務印書館鉛印本　二冊　存四卷(五至八)

330000－4735－0005102　06844　子部/宗教類/佛教之屬

觀音夢授真經一卷　民國石印本　一冊

330000－4735－0005104　08416　集部/總集類/選集之屬/通代

新體廣註古文觀止十二卷　(清)吳乘權　(清)吳大職輯　黄築巖　劉再蘇註釋　民國石印本　孫人房題記　二冊　存六卷(三至八)

330000－4735－0005107　08417　集部/總集類/選集之屬/通代

言文對照古文觀止十二卷　(清)吳乘權　(清)吳大職輯　董堅志譯白　民國二十二年(1933)上海錦章圖書局石印本　周啟堂題記　五冊　存五卷(二、四、十至十二)

330000－4735－0005108　08418　集部/總集類/選集之屬/通代

古文觀止十二卷　(清)吳乘權　(清)吳大職輯　民國上海商務印書館鉛印本　五冊　存十卷(一至十)

330000－4735－0005113　08420　集部/總集類/選集之屬/通代

古文觀止十二卷　(清)吳乘權　(清)吳大職輯　民國三年(1914)上海鴻寶齋石印本　謝朝輔題記　一冊　存二卷(一至二)

330000－4735－0005114　08421　集部/總集類/選集之屬/通代

古文觀止十二卷　(清)吳乘權　(清)吳大職輯　民國上海鴻寶齋石印本　謝佐廷題簽　二冊　存四卷(五至六、十一至十二)

330000－4735－0005117　08422　集部/總集類/選集之屬/通代

古文觀止十二卷　(清)吳乘權　(清)吳大職輯　民國上海鴻寶齋石印本　一冊　存四卷(五至八)

330000－4735－0005120　08423　集部/總集類/選集之屬/通代

古文觀止十二卷　(清)吳乘權　(清)吳大職輯　民國三年(1914)上海鴻寶齋石印本　三冊　存六卷(一至二、七至十)

330000－4735－0005124　08424　集部/總集類/選集之屬/通代

古文觀止十二卷　(清)吳乘權　(清)吳大職輯　民國上海鴻寶齋石印本　一冊　存六卷(七至十二)

330000－4735－0005125　06849　子部/宗教類/其他宗教之屬/基督教

天道溯原三卷　(美國)丁韙良撰　民國鉛印本　一冊

330000－4735－0005126　08425　集部/總集類/選集之屬/通代

古文觀止十二卷　(清)吳乘權　(清)吳大職輯　民國石印本　李子雲題記　一冊　存二卷(五至六)

330000－4735－0005129　06851　子部/宗教類/道教之屬/雜著

毅一子三卷外篇一卷　楊觀東撰　民國十年(1921)滇垣高地巷可園刻本　二冊

330000－4735－0005140　03518　史部/雜史類/外紀之屬

中古歐洲史六卷　何炳松撰　民國鉛印本　二冊

330000－4735－0005151　06857　子部/宗教類/其他宗教之屬/基督教

啟示錄附註一卷　(英國)鍾秀芝註　民國中國基督聖教書會鉛印本　一冊

330000－4735－0005153　03520　史部/雜史類/外紀之屬

新譯大日本近世史四卷　(日本)松井廣吉編　(清)范枕石譯　民國上海會文政記鉛印本　曾士瀛題簽　四冊

330000－4735－0005159　06859　子部/宗教類/佛教之屬

觀音夢授真經一卷　民國石印本　一冊

330000－4735－0005160　06860　子部/宗教類/佛教之屬/經
新頒中外普度皇經全部一卷附録一卷　民國十九年(1930)上海明善書局石印本　一冊

330000－4735－0005164　06861　子部/宗教類/佛教之屬
戒殺放生文一卷　(明)釋袾宏撰　民國七年(1918)鹽城仁濟堂刻本　一冊

330000－4735－0005172　06864　子部/宗教類/佛教之屬
慧命經一卷　(清)柳華陽撰並註　(清)一陽參訂　民國十六年(1927)北京天華館鉛印本　馮蘭題記　一冊

330000－4735－0005174　08764　集部/曲類/曲韻曲譜曲律之屬
集成曲譜金集八卷聲集八卷玉集八卷振集八卷　王季烈　劉富樑輯　民國上海商務印書館石印本　八冊　存八卷(聲集一至八)

330000－4735－0005176　08435　集部/詞類/別集之屬
聽潮音館詞集三卷　蔡寶善撰　民國十九年(1930)鉛印本　松渠題記　一冊

330000－4735－0005178　06866　子部/宗教類/道教之屬
太上說三元三官寶經一卷　民國十一年(1922)台州臨海城東印刷局木活字印本　一冊

330000－4735－0005182　06868　子部/宗教類/佛教之屬/經
佛說阿彌陀經一卷　(後秦)釋鳩摩羅什譯　民國十七年(1928)上海宏大善書局石印本　一冊

330000－4735－0005186　06869　子部/宗教類/佛教之屬
皇極正道浣心功課一卷　民國九年(1920)刻本　一冊

330000－4735－0005187　06870　子部/宗教類/道教之屬
長生大道訓規法單一卷　民國十八年(1929)刻本　石倉堂題簽並題記　一冊

330000－4735－0005188　08765　類叢部/叢書類/自著之屬
舜水遺書四種附録一卷　(明)朱之瑜撰　民國二年(1913)山陰湯壽潛鉛印本　十一冊　存三種

330000－4735－0005190　06871　子部/宗教類/道教之屬
重鐫清靜經圖註一卷　太上老君著　水精子註解　混然子付圖　民國杭城弼教坊瑪瑙經房刻本　一冊

330000－4735－0005191　06872　子部/宗教類/佛教之屬/經疏
心經六家註六卷　民國九年(1920)上海商務印書館鉛印本　一冊

330000－4735－0005194　06873　子部/宗教類/佛教之屬/經疏
心經六家註六卷　民國九年(1920)上海商務印書館鉛印本　一冊

330000－4735－0005196　08441　集部/詩文評類/文評之屬
文學研究法四卷　姚永樸撰　民國三年(1914)京師京華印書局鉛印本　一冊

330000－4735－0005197　06874　子部/宗教類/佛教之屬
八識規矩頌淺說一卷觀所緣緣論淺說一卷　張炳楨撰　民國鉛印本　一冊

330000－4735－0005198　03526　新學/史志/諸國史
泰西新史攬要二十四卷　(英國)馬懇西撰　(英國)李提摩太譯　蔡爾康述稿　民國鉛印本　一冊　存四卷(十至十三)

330000－4735－0005199　08442　集部/別集類
景雲瓦室叢稿四卷　鄧燿撰　民國二十四年(1935)鉛印本　一冊

330000－4735－0005200　06875　子部/宗教類/佛教之屬/經咒

大悲懺一卷　民國十五年(1926)王天成石印本　一冊

330000－4735－0005201　06876　子部/宗教類/佛教之屬/經咒

大悲懺一卷　民國十五年(1926)王天成石印本　一冊

330000－4735－0005202　08768　集部/別集類

栩園叢稿初編五卷二編四卷　陳栩撰　周之盛輯　民國上海著易堂印書局鉛印本　十冊

330000－4735－0005203　08443　集部/別集類

景雲瓦室叢稿四卷　鄧燿撰　民國二十四年(1935)鉛印本　一冊

330000－4735－0005204　06877　子部/雜著類/雜編之屬

性道文章一卷　孫賦金撰　民國十九年(1930)木活字印本　石倉堂題簽並記　一冊

330000－4735－0005206　03527　史部/雜史類/外紀之屬

西洋歷史二編　民國石印本　一冊

330000－4735－0005207　06878　子部/雜著類/雜編之屬

性道文章一卷　孫賦金撰　民國十九年(1930)木活字印本　一冊

330000－4735－0005208　08445　集部/總集類/選集之屬/斷代

唐詩三百首註疏二卷　(清)孫洙編　(清)章燮註　民國古香書屋鉛印本　一冊

330000－4735－0005211　06879　子部/宗教類/佛教之屬

佛說消災解厄延壽寶懺二卷　民國十五年(1926)木活字印本　一冊

330000－4735－0005212　06880　子部/宗教類/佛教之屬/經

地藏菩薩本願經三卷　(唐)釋實叉難陀譯　民國二十二年(1933)刻本　洪益茂題記　一冊

330000－4735－0005213　06881　子部/宗教類/佛教之屬

佛說消災解厄延壽寶懺二卷　民國十五年(1926)木活字印本　一冊

330000－4735－0005214　06882　子部/宗教類/道教之屬

聖帝大解寃經一卷　民國明善書局石印本　一冊

330000－4735－0005215　06883　子部/宗教類/佛教之屬/經咒

千手眼大悲心呪懺法一卷　民國二十年(1931)鉛印本　一冊

330000－4735－0005216　06884　子部/宗教類/佛教之屬/經

千手千眼觀世音菩薩廣大圓滿無礙大悲心陀羅尼經一卷　(唐)釋伽梵達摩譯　**附大悲印訣一卷千手千眼法寶真言圖一卷般若波羅蜜多心經三卷**　民國二十一年(1932)上海明善書局石印本　一冊

330000－4735－0005221　08448　集部/別集類

陳仲權先生遺著一卷　陳以義撰　**倚雲樓唱和集一卷**　程雲修稿　**陳仲權烈士紀念集一卷**　陳乃和　陳乃斌輯　民國二十五年(1936)鉛印本　一冊

330000－4735－0005223　08449　集部/別集類

嚴幾道文鈔五卷詩鈔一卷　嚴復撰　蔣貞金輯　貢少芹編　**吳摯甫先生致嚴幾道書一卷**　(清)吳汝綸撰　民國十一年(1922)上海國華書局鉛印本　三冊　缺三卷(一、三、五)

330000－4735－0005224　08450　集部/別集類

嚴幾道文鈔五卷詩鈔一卷　嚴復撰　蔣貞金輯　貢少芹編　**吳摯甫先生致嚴幾道書一卷**

(清)吳汝綸撰　民國上海國華書局鉛印本　二冊　存二卷(二、四)

330000－4735－0005228　06885　子部/宗教類/佛教之屬/經

佛説彌勒大成經一卷　民國三十二年(1943)浙台黄巖南鄉稠山普利堂木活字印本　一冊

330000－4735－0005230　06886　子部/雜著類/雜説之屬

齊物論釋一卷　章炳麟撰　民國元年(1912)上海頻伽精舍鉛印本　項沛題記　一冊

330000－4735－0005233　06887　子部/宗教類/道教之屬

敬信録一卷附孚佑帝君功過格一卷　民國刻本　一冊

330000－4735－0005234　08453　集部/總集類/選集之屬/通代

廣註紀事文自修讀本四卷首一卷　陸翔評選　鄒志鶴註釋　民國十五年(1926)上海世界書局石印本　一冊

330000－4735－0005237　06888　子部/儒家類/儒學之屬/俗訓

格言聯璧不分卷　(清)金纓輯　民國五年(1916)吳縣徐貞元木活字印本　與330000－4735－0005236合冊

330000－4735－0005242　08455　集部/詞類/詞話之屬

詞源二卷　(宋)張炎編　民國七年(1918)國立北京大學出版部鉛印本　一冊

330000－4735－0005244　08456　集部/總集類/氏族之屬

晚香集五卷　周瑞玉　胡卓録　民國十七年(1928)鉛印本　一冊

330000－4735－0005245　06891　子部/宗教類/其他宗教之屬/基督教

舊題生新録一卷　朱葆元撰　民國二十二年(1933)上海救主堂鉛印本　一冊

330000－4735－0005252　06895　子部/宗教類/佛教之屬

皇極正道浣心功課一卷　民國刻本　一冊

330000－4735－0005253　08458　集部/別集類

君子館文鈔四卷詩鈔二卷日記八卷　毛昌傑撰　吳廷錫編　民國二十七年(1938)鉛印本　趙守鈺題記　胡步川題簽　六冊

330000－4735－0005255　06896　子部/宗教類/佛教之屬/諸宗

往生極樂録一卷　丑先難編輯　民國長沙坡子街善書流通處刻本　一冊

330000－4735－0005257　06897　子部/宗教類/道教之屬/戒律

朱子刪定玉泉真本桃園明聖經一卷附經驗藥方一卷　蔡飛輯　民國上海明善書局鉛印本　一冊

330000－4735－0005260　08460　集部/別集類/清別集

汪穰卿遺著八卷　(清)汪康年撰　汪詒年輯　**汪穰卿先生年譜一卷**　汪詒年撰　民國九年(1920)錢塘汪詒年鉛印本　四冊

330000－4735－0005262　06898－07248　子部/宗教類/道教之屬/道藏

道藏精華録一百種　守一子輯　民國無錫丁氏鉛印本　一冊　存四種

330000－4735－0005266　08462　集部/別集類/明別集

半洲詩集七卷　(明)張經撰　民國二十三年(1934)鉛印本　二冊

330000－4735－0005267　06899　子部/醫家類/養生之屬/導引、氣功

因是子静坐法不分卷附録不分卷　蔣維喬撰　民國十九年(1930)上海商務印書館鉛印本　周萍洄題記　一冊

330000－4735－0005269　06900　子部/醫家類/養生之屬/導引、氣功

因是子静坐法不分卷附録不分卷　蔣維喬撰　民國十九年(1930)上海商務印書館鉛印本

一冊

330000－4735－0005270　06901　子部/醫家類/養生之屬/導引、氣功

因是子靜坐法續編不分卷　蔣維喬撰　民國十八年(1929)上海商務印書館鉛印本　一冊

330000－4735－0005272　06902　子部/醫家類/養生之屬/導引、氣功

因是子靜坐法續編不分卷　蔣維喬撰　民國十二年(1923)上海商務印書館鉛印本　一冊

330000－4735－0005273　06903　子部/醫家類/養生之屬/導引、氣功

因是子靜坐法續編不分卷　蔣維喬撰　民國十八年(1929)上海商務印書館鉛印本　周萍泗題記　一冊

330000－4735－0005274　06904　子部/雜著類/雜說之屬

讀莊窮年錄二卷　秦毓鎏撰　民國六年(1917)鉛印本　一冊

330000－4735－0005275　06905　子部/宗教類/道教之屬

金仙證論一卷　(清)柳華陽撰並註　(清)高雙景參訂　民國十六年(1927)北京天華館鉛印本　馮蘭題記　一冊

330000－4735－0005280　08464　集部/別集類

晚綠居詩藁四卷首一卷詩餘一卷　周茂榕撰　方積鈺　江五民編次　民國五年(1916)寧波鈞和公司鉛印本　二冊

330000－4735－0005281　06906　子部/雜著類

醒世詞一卷　道德說一卷　熊廣慧述　民國十三年(1924)浙江台州同善社刻本　一冊

330000－4735－0005284　03535　集部/別集類

疊葹閣闡幽集四卷　劉錫麟輯　民國溫州務本石印局石印本　有□題記　一冊

330000－4735－0005285　06907　子部/宗教類/佛教之屬/經咒

慈悲至德十大深恩寶懺三卷　民國十七年(1928)黃邑稠山普利堂木活字印本　趙玉樹題記　二冊　存二卷(中、下)

330000－4735－0005288　03534　史部/雜史類/外紀之屬

西洋近百年史三編　李泰棻撰　民國鉛印本　二冊

330000－4735－0005290　06909　子部/宗教類/佛教之屬/經

新頒中外普度皇經全部一卷　民國十八年(1929)黃巖小稠箌利堂木活字印本　一冊

330000－4735－0005291　08466　集部/別集類

景雲瓦室叢稿四卷　鄧燿撰　民國二十四年(1935)鉛印本　一冊

330000－4735－0005293　08467　集部/別集類

景雲瓦室叢稿四卷　鄧燿撰　民國二十四年(1935)鉛印本　一冊

330000－4735－0005296　08769　類叢部/叢書類/自著之屬

隨園四十種　(清)袁枚撰　民國上海校經山房成記書局石印本　二十冊　存七種

330000－4735－0005302　06913　子部/宗教類/佛教之屬

初機淨業指南一卷　黃慶瀾撰　民國上海中華書局鉛印本　一冊

330000－4735－0005303　06914　子部/宗教類/佛教之屬

初機淨業指南一卷　黃慶瀾撰　民國上海中華書局鉛印本　一冊

330000－4735－0005307　08770　集部/別集類/清別集

漁洋山人精華錄十卷　(清)王士禛撰　(清)林佶編　民國十一年(1922)上海錦文堂石印本　壽珍題記　六冊

330000－4735－0005312　06919　子部/宗教類/佛教之屬/諸宗

真大英雄言行錄二卷　丑先難編輯　民國二十年(1931)刻本　一册

330000－4735－0005316　06920　子部/宗教類/佛教之屬

禪門日誦一卷　民國十七年(1928)大中華印刷局石印本　一册

330000－4735－0005317　06921　子部/宗教類/佛教之屬

禪門日誦一卷　民國十七年(1928)大中華印刷局石印本　一册

330000－4735－0005319　08473　集部/別集類

畏廬文集一卷　林紓撰　民國五年(1916)上海商務印書館鉛印本　一册

330000－4735－0005320　06922　子部/宗教類/佛教之屬/經

庚申經一卷甲子經一卷燈籠經一卷　民國二十九年(1940)石印本　一册

330000－4735－0005322　08474　集部/別集類

畏廬文集一卷　林紓撰　民國五年(1916)上海商務印書館鉛印本　一册

330000－4735－0005325　06923　子部/宗教類/佛教之屬/經

佛説地母眞經二卷　民國二十二年(1933)黄邑小稠旮利堂木活字印本　一册

330000－4735－0005326　08475　集部/別集類

畏廬續集一卷　林紓撰　民國五年(1916)上海商務印書館鉛印本　一册

330000－4735－0005327　06924　子部/宗教類/佛教之屬

佛説消災解厄延壽寶懺二卷　民國十五年(1926)木活字印本　一册

330000－4735－0005328　08476　集部/別集類

畏廬續集一卷　林紓撰　民國五年(1916)上海商務印書館鉛印本　一册

330000－4735－0005330　06925　子部/宗教類/佛教之屬/經

佛説救苦救難未來焰口寶懺一卷　民國十七年(1928)黄邑小稠旮利堂木活字印本　一册

330000－4735－0005336　08478　集部/總集類/酬唱之屬

辛未重游唱和集不分卷　朱家駒等撰　民國二十三年(1934)鉛印本　一册

330000－4735－0005337　06926　子部/宗教類/佛教之屬/經咒

慈悲血湖寶懺法三卷　民國路橋王天成石印局石印本　一册

330000－4735－0005340　06927　子部/宗教類/佛教之屬/經

佛説救苦救難未來焰口寶懺一卷　民國十七年(1928)黄邑小稠旮利堂木活字印本　一册

330000－4735－0005341　06928　子部/宗教類/佛教之屬

佛説慈悲觀音百佛水懺一卷　民國九年(1920)石印本　一册

330000－4735－0005346　03545　史部/史評類/詠史之屬

清宫詞一卷　吳士鑑撰　民國二十六年(1937)吳秉澂鉛印本　一册

330000－4735－0005352　03547－02393　類叢部/叢書類/自著之屬

桐鄉勞先生遺稿四種　勞乃宣撰　民國十六年(1927)桐鄉盧氏刻本　一册　存一種

330000－4735－0005354　08481　集部/曲類/散曲之屬

醜齋樂府一卷　(元)鍾嗣成撰　任訥　盧前輯　**小隱餘音一卷**　(元)汪元亨撰　民國商務印書館鉛印本　一册

330000－4735－0005357　03548　史部/史評

類/史論之屬

明史例案九卷 劉承幹撰 民國四年(1915)吴興劉氏嘉業堂刻本 四冊

330000－4735－0005375 08490 集部/别集類

漪香山館文集不分卷 吳曾褀撰 民國二年(1913)上海商務印書館鉛印本 一冊

330000－4735－0005376 06936 子部/宗教類/佛教之屬

科儀二卷 民國二十二年(1933)黄邑稠山晉利堂木活字印本 一冊

330000－4735－0005377 06937 子部/宗教類/佛教之屬/經咒

慈悲水懺法三卷 民國石印本 一冊

330000－4735－0005378 08491 集部/詞類/别集之屬

蘭錡詞一卷 程文楷撰 民國十六年(1927)石印本 一冊

330000－4735－0005382 06938 子部/宗教類/佛教之屬/經

妙法蓮華經七卷 (後秦)釋鳩摩羅什譯 民國佛學書局影宋刻本 三冊

330000－4735－0005386 06940 子部/宗教類/佛教之屬/經

法華三經九卷附論及懺儀二卷 民國十年(1921)上海商務印書館鉛印本 四冊

330000－4735－0005391 06941 子部/宗教類/佛教之屬/經

法華三經九卷附論及懺儀二卷 民國十年(1921)上海商務印書館鉛印本 四冊

330000－4735－0005392 08492 集部/總集類/題詠之屬

南通孫氏念蘐堂題詠集四卷 孫雄編 民國二十一年(1932)孫氏鉛印本 一冊

330000－4735－0005393 06942 子部/宗教類/佛教之屬/經

佛説大乘通玄法華眞經十卷 民國十八年(1929)黄邑稠山晉利堂木活字印本 三冊

330000－4735－0005396 08494 集部/别集類

寂齋文存一卷 查猛濟撰 民國十九年(1930)鉛印本 一冊

330000－4735－0005406 06946 子部/宗教類/佛教之屬/經

妙法蓮華經觀世音菩薩普門品一卷附觀世音菩薩尋聲救苦普門示現圖一卷 (後秦)釋鳩摩羅什譯 民國十九年(1930)佛教淨業社流通部石印本 一冊

330000－4735－0005408 06947 子部/宗教類/佛教之屬/經

妙法蓮華經觀世音菩薩普門品一卷附觀世音菩薩尋聲救苦普門示現圖一卷 (後秦)釋鳩摩羅什譯 民國十七年(1928)上海功德林佛經流通處石印本 陸熊題記 一冊

330000－4735－0005416 06948 子部/宗教類/佛教之屬/經

妙法蓮華經七卷 (後秦)釋鳩摩羅什譯 民國石印本 一冊 存一卷(三)

330000－4735－0005421 09732 類叢部/叢書類/自著之屬

樊諫議集七家注六種 (唐)樊宗師撰 樊鎮輯 民國紹興樊氏刻本 一冊 存一種

330000－4735－0005424 08227 集部/總集類/選集之屬/斷代

現代十大家詩鈔 進步書局編 民國十三年(1924)文明書局、中華書局石印本 三冊 存九種

330000－4735－0005429 09731 類叢部/叢書類/自著之屬

樊諫議集七家注六種 (唐)樊宗師撰 樊鎮輯 民國紹興樊氏刻本 一冊 存一種

330000－4735－0005435 08501 集部/總集類/酬唱之屬

甌江驪唱集三卷 汪瑩編 民國十年(1921)鉛印本 一冊

330000－4735－0005446　06959　子部/雜著類
歷史感應統紀四卷首一卷　許止淨編纂　民國十八年(1929)鉛印本　四冊

330000－4735－0005449　06960　子部/雜著類
歷史感應統紀四卷首一卷　許止淨編纂　民國十八年(1929)鉛印本　四冊

330000－4735－0005451　06961　子部/宗教類/佛教之屬
觀世音菩薩本迹感應頌四卷首一卷　許止淨述　**金剛經功德頌一卷**　許止淨述　劉契淨注　民國十六年(1927)上海中華書局鉛印本　一冊　存三卷(三至四、金剛經功德頌)

330000－4735－0005452　08507　集部/別集類
陶廬百篇四卷　王樹枏撰　民國十四年(1925)吉林成氏十三古槐館刻本　四冊

330000－4735－0005453　06962　子部/宗教類/佛教之屬
觀世音菩薩本迹感應頌四卷首一卷　許止淨述　**金剛經功德頌一卷**　許止淨述　劉契淨注　民國十六年(1927)上海中華書局鉛印本　二冊

330000－4735－0005454　08508　集部/詩文評類/文評之屬
韓文研究法一卷柳文研究法一卷　林紓撰　民國四年(1915)上海商務印書館鉛印本　一冊

330000－4735－0005456　06963　子部/宗教類/佛教之屬
觀世音菩薩本迹感應頌四卷首一卷　許止淨述　**金剛經功德頌一卷**　許止淨述　劉契淨注　民國十六年(1927)上海中華書局鉛印本　二冊

330000－4735－0005457　06964　子部/宗教類/佛教之屬
觀世音菩薩本迹感應頌四卷首一卷　許止淨述　**金剛經功德頌一卷**　許止淨述　劉契淨注　民國十五年(1926)上海中華書局鉛印本　一冊　存三卷(三至四、金剛經功德頌)

330000－4735－0005458　08509　集部/總集類/選集之屬/斷代
宋代五十六家詩集六卷　(清)坐春書塾編　民國石印本　五冊　缺一卷(三)

330000－4735－0005460　06965　類叢部/叢書類/自著之屬
安士全書四種　(清)周夢顏撰　民國十六年(1927)佛學推行社鉛印本　四冊

330000－4735－0005461　08510　集部/別集類
香奩集發微一卷附韓承旨[偓]年譜一卷　震鈞撰　民國三年(1914)上海掃葉山房石印本　一冊

330000－4735－0005462　03568　史部/政書類/律令之屬/法驗
重刊補註洗冤錄集證五卷　(清)李觀瀾補輯　(清)李烈　(清)李煃校訂　(清)張錫蕃重訂　民國石印本　一冊　存一卷(五)

330000－4735－0005464　08511　集部/總集類/彙編之屬
名家選定詩文讀本　文明書局編　民國十九年(1930)上海文明書局鉛印本　一冊　存一種

330000－4735－0005467　08512　集部/別集類/清別集
精選紀曉嵐詩文集八卷首一卷　(清)紀昀撰　湯壽潛選輯　民國上海華普書局鉛印本　二冊　存五卷(首,一、四至六)

330000－4735－0005470　08513　集部/總集類/選集之屬/通代
宋元明詩評註讀本六卷　王文濡編　汪勁扶　沈鎔註　民國十二年(1923)上海文明書局鉛印本　一冊　存三卷(四至六)

330000－4735－0005471　06966　類叢部/叢書類/自著之屬

安士全書四種　(清)周夢顏撰　民國十六年(1927)佛學推行社鉛印本　三冊　存二種

330000-4735-0005472　03569　史部/政書類/律令之屬/法驗
續增洗冤錄辨正三卷　(清)瞿中溶原撰　(清)李璋煜重訂　民國石印本　一冊

330000-4735-0005473　08514　集部/總集類/選集之屬/斷代
唐文評註讀本二卷　王文濡評選　張廷華　沈鎔　郭希汾註釋　民國上海文明書局鉛印本　一冊　存一卷(上)

330000-4735-0005475　06967　類叢部/叢書類/自著之屬
安士全書四種　(清)周夢顏撰　民國十一年(1922)佛學推行社鉛印本　四冊

330000-4735-0005476　06968　類叢部/叢書類/自著之屬
安士全書四種　(清)周夢顏撰　民國十一年(1922)佛學推行社鉛印本　章芹泉題記　二冊

330000-4735-0005477　08515　集部/總集類/選集之屬/通代
評註昭明文選十五卷首一卷葉星衛附註一卷　(清)于光華輯　民國十二年(1923)上海掃葉山房石印本　十一冊　缺五卷(九至十三)

330000-4735-0005478　06969　類叢部/叢書類/自著之屬
安士全書四種　(清)周夢顏撰　民國十一年(1922)佛學推行社鉛印本　三冊　缺一卷(文昌帝君陰騭文廣義節錄上)

330000-4735-0005481　06970　類叢部/叢書類/自著之屬
安士全書四種　(清)周夢顏撰　民國十一年(1922)佛學推行社鉛印本　二冊　存二種

330000-4735-0005482　08516　集部/總集類/選集之屬/通代
評註昭明文選十五卷首一卷葉星衛附註一卷　(清)于光華輯　民國上海掃葉山房石印本　游德美題記　一冊　存一卷(十三)

330000-4735-0005483　08517　集部/總集類/選集之屬/通代
評註昭明文選十五卷首一卷葉星衛附註一卷　(清)于光華輯　民國上海掃葉山房石印本　三冊　存三卷(五至七)

330000-4735-0005486　08518　集部/總集類/選集之屬/通代
評註昭明文選十五卷首一卷葉星衛附註一卷　(清)于光華輯　民國上海掃葉山房石印本　六冊　存六卷(五、七至九、十二、十四)

330000-4735-0005487　08519　集部/總集類/選集之屬/通代
評註昭明文選十五卷首一卷葉星衛附註一卷　(清)于光華輯　民國八年(1919)上海掃葉山房石印本　七冊　存八卷(四至六、八、十一至十二、十五,附註)

330000-4735-0005490　06971　子部/宗教類/佛教之屬
彌勒佛傳道指南四卷　民國二十七年(1938)寧波宣化書局鉛印本　二冊　存二卷(一至二)

330000-4735-0005498　06974　子部/宗教類/佛教之屬/諸宗
寶王三昧念佛直指二卷　(明)釋妙叶集　民國杭州佛經流通處鉛印本　一冊

330000-4735-0005499　03573　類叢部/叢書類/自著之屬
繼述堂全集四種　王毓英撰　民國十一年(1922)溫州石印本　一冊　存三種

330000-4735-0005500　06975　子部/宗教類/佛教之屬
二課合解七卷首一卷　釋興慈撰　民國十年(1921)揚州藏經院刻本　三冊

330000-4735-0005501　08522　集部/總集類/酬唱之屬
信江雅集酬唱卅一卷　張鐵赤輯　民國石印本　一冊

330000－4735－0005503　06976　子部/宗教類/佛教之屬/經

地藏菩薩本願經三卷　(唐)釋實叉難陀譯　民國刻本　一册

330000－4735－0005506　06977　子部/宗教類/佛教之屬/經

地藏菩薩本願經三卷　(唐)釋實叉難陀譯　**淨土切要一卷**　(宋)王龍舒纂述　民國十九年(1930)石印本　崇賢題記　一册

330000－4735－0005511　06978　子部/宗教類/其他宗教之屬/基督教

理窟九卷　(清)李杕撰　民國九年(1920)上海土山灣印書館鉛印本　包秀山題記　二册

330000－4735－0005512　08525　集部/總集類/題詠之屬

石門題詠錄四卷　劉燿東輯　民國二十三年(1934)啓後亭鉛印本　一册

330000－4735－0005513　06979　子部/宗教類/其他宗教之屬/基督教

理窟九卷　(清)李杕撰　民國九年(1920)上海土山灣印書館鉛印本　二册

330000－4735－0005515　06980　子部/宗教類/其他宗教之屬/基督教

續理窟不分卷　(清)李杕撰　民國四年(1915)上海土山灣印書館鉛印本　二册

330000－4735－0005520　06982　子部/宗教類/佛教之屬/經

地藏菩薩本願經三卷　(唐)釋實叉難陀譯　民國黄邑大西山房刻本　一册

330000－4735－0005521　08527　集部/總集類/酬唱之屬

龜山遯叟唱和集一卷　蔣魯材輯　民國鉛印本　一册

330000－4735－0005523　06983　子部/宗教類/佛教之屬

放生殺生現報錄一卷　(清)江永撰　**江慎齋先生年譜一卷**　(清)汪錦波輯　民國十二年(1923)中華書局鉛印本　一册

330000－4735－0005525　08528　集部/别集類

梁巨川先生遺筆一卷　梁濟撰　民國九年(1920)山西洗心總社鉛印本　一册

330000－4735－0005527　06984　子部/宗教類/佛教之屬/經疏

佛遺教經解一卷附卍齋隨筆一卷　陳文鼎撰　民國十二年(1923)鉛印本　一册

330000－4735－0005532　06985　子部/宗教類/佛教之屬/律

三皈五戒正範一卷　民國三十年(1941)四寶堂佛經出版部鉛印本　一册

330000－4735－0005535　06986　子部/宗教類/佛教之屬

觀音經呪靈感彙編不分卷　聶其杰編　民國十八年(1929)上海江蘇第二監獄鉛印本　一册

330000－4735－0005538　08532　集部/别集類

見齋文稿一卷受川公牘一卷見齋詩稿一卷　秦錫圭撰　民國十七年(1928)鉛印本　三册

330000－4735－0005541　06988　子部/宗教類/其他宗教之屬/基督教

經題直講三卷　(清)朱實森著　民國三年(1914)上海中國聖教書會鉛印本　一册

330000－4735－0005549　08533　類叢部/叢書類/自著之屬

隅樓叢書四種　古直撰　民國十五年至十七年(1926－1928)上海聚珍倣宋印書局鉛印本　一册　存一種

330000－4735－0005550　06993　子部/宗教類/佛教之屬

科儀二卷　民國木活字印本　一册

330000－4735－0005551　08534　集部/别集類

享帚錄八卷前後漢書儒林傳搜遺一卷　秦錫田撰　民國二十年(1931)鉛印本　三册　缺二卷(一至二)

330000－4735－0005555　06995　子部/宗教類/佛教之屬/經咒

日誦經呪選錄一卷附錄一卷　釋印光輯　民國鉛印本　一册

330000－4735－0005557　06996　子部/宗教類/佛教之屬/諸宗

教乘法數十二卷　（明）釋圓瀞撰　（明）釋妙燈校刻　民國中央刻經院影印本　一册　存四卷（四至七）

330000－4735－0005565　06998　子部/宗教類/佛教之屬

觀音大士得道壬申寶懺法二卷　民國黄巖路橋金師古齋石印本　一册

330000－4735－0005570　07000　子部/雜著類

醒迷錄一卷附刻一卷　（清）醒迷子撰　民國五年（1916）守經堂刻本　一册

330000－4735－0005580　08544　集部/總集類/酬唱之屬

甌江驪唱集三卷　汪瑩編　民國十年（1921）鉛印本　一册

330000－4735－0005581　07003　子部/宗教類/佛教之屬/經

藥師瑠璃光如來本願功德經一卷　（唐）釋玄奘譯　民國三十一年（1942）石印本　一册

330000－4735－0005584　07006　子部/宗教類/佛教之屬/經

維摩詰所説不可思議解脱經講義二卷系統表一卷　釋太虛講　民國鉛印本　二册

330000－4735－0005589　07009　子部/宗教類/佛教之屬/論疏

御製揀魔辨異錄八卷　（清）世宗胤禛撰　民國四年（1915）上海有正書局石印本　一册　存二卷（一至二）

330000－4735－0005591　07010　子部/宗教類/佛教之屬/經疏

大方廣佛華嚴經入不思議解脱境界普賢行願品輯要疏一卷　釋諦閑撰　民國十七年（1928）香港聚珍印務樓鉛印本　一册

330000－4735－0005592　07011　子部/宗教類/佛教之屬/諸宗

禮佛懺悔文一卷　（隋）釋信行撰　民國上海法藏講寺鉛印本　釋定玉題記　一册

330000－4735－0005594　08545　集部/總集類/酬唱之屬

甌江驪唱集三卷　汪瑩編　民國十年（1921）鉛印本　一册

330000－4735－0005598　07012　子部/宗教類/道教之屬

純陽傳道錄二卷諸真説道篇一卷　葉道善陳靈璧撰　民國鉛印本　一册

330000－4735－0005600　07013　子部/宗教類/道教之屬/經文

玉樞經籥二十四卷首一卷末一卷　（清）姚夑撰　民國十一年（1922）上海新學會社鉛印本　一册　存七卷（十三至十九）

330000－4735－0005612　03587　史部/史抄類

史記菁華錄六卷　（清）姚祖恩輯評　民國二十四年（1935）上海商務印書館鉛印本　二册　缺二卷（一至二）

330000－4735－0005613　07016　子部/宗教類/佛教之屬

遠什大乘要義問答三卷　（晉）釋慧遠問（後秦）釋鳩摩羅什答　民國十九年（1930）中國佛教厤史博物館刻本　一册

330000－4735－0005616　03588　史部/史抄類

史記精華八卷　中華書局編　民國四年（1915）上海中華書局鉛印本　八册

330000－4735－0005621　07019　子部/宗教類/佛教之屬/經咒

慈悲道場懺法十卷　（南朝梁）武帝蕭衍撰　民國抄本　二册　存七卷（四至十）

330000－4735－0005624　08777　集部/別集

類/明別集

遜志齋集三十卷拾遺十卷續拾遺一卷附錄一卷　(明)方孝孺撰　民國十七年(1928)寧海胡氏味善居刻本　十八冊

330000－4735－0005632　07022　子部/宗教類/道教之屬/經文

道祖眞傳輯要四卷　(清)陸輿輯　(清)成韶編　(清)李西月註　民國二十八年(1939)常州樂善堂刻本　武诚德題簽　三冊　缺一卷(二)

330000－4735－0005639　07023　子部/宗教類/佛教之屬

佛學叢書　丁福保輯　民國上海醫學書局鉛印本暨影印本　□塵題記　五冊　存五種

330000－4735－0005640　08562　集部/總集類/選集之屬/斷代

註釋唐詩三百首六卷　(清)蘅塘退士(孫洙)編　民國中華書局鉛印本　一冊

330000－4735－0005642　08563　集部/總集類/選集之屬/斷代

唐詩三百首註釋六卷　(清)蘅塘退士(孫洙)編　民國上海天寶書局石印本　一冊　存二卷(三至四)

330000－4735－0005643　07024　子部/宗教類/佛教之屬

佛學叢書　丁福保輯　民國上海醫學書局鉛印本暨影印本　一冊　存一種

330000－4735－0005644　08564　集部/總集類/選集之屬/斷代

註釋唐詩三百首四卷　(清)蘅塘退士(孫洙)編　民國上海鴻寶齋書局石印本　尹學堯題記　一冊　存二卷(三至四)

330000－4735－0005650　07026　子部/宗教類/佛教之屬/總録

佛教畧史八卷　釋惟靜輯　民國刻本　八冊

330000－4735－0005653　08566　集部/別集類

寒柯堂避寇詩草三卷　余紹宋撰　民國三十三年(1944)鉛印本　二冊　存二卷(一至二)

330000－4735－0005661　08568　集部/別集類/清別集

九曲山房詩鈔十六卷續集一卷　(清)宗聖垣撰　**偶然吟一卷**　(清)宗聖堂撰　民國三年(1914)吳下鉛印本　一冊　存五卷(詩鈔一至五)

330000－4735－0005662　07029　子部/宗教類/佛教之屬/論疏

大乘起信論講義一卷　(唐)釋三藏譯　(清)釋太虛講　民國鉛印本　陶望淳題簽並記　一冊

330000－4735－0005669　07032　子部/宗教類/佛教之屬/論疏

大乘起信論講義二卷　釋圓瑛述　民國十年(1921)上海商務印書館鉛印本　一冊　存一卷(下)

330000－4735－0005673　07033　子部/宗教類/佛教之屬/論疏

大乘起信論義記講義四卷　(日本)織田得能撰　黃士復譯　民國上海商務印書館鉛印本　二冊　存二卷(一至二)

330000－4735－0005675　08572　集部/別集類/明別集

陶元暉中丞遺集二卷首一卷附錄一卷跋一卷　(明)陶朗先撰　民國九年(1920)上海聚珍倣宋印書局鉛印本　一冊　存二卷(首、上)

330000－4735－0005678　08573　類叢部/叢書類/家集之屬

顧氏家集十種　顧燮光編　民國十八年(1929)會稽顧氏金佳石好樓鉛印本暨石印本　六冊

330000－4735－0005694　08576　集部/別集類

燕知草一卷附重過西園碼頭殘稿一卷　俞平伯撰　民國十九年(1930)上海開明書店鉛印本　一冊　缺一卷(重過西園碼頭殘稿)

330000－4735－0005697　08577　集部/詞

類/别集之屬
吳梅村詞一卷　(清)吳偉業撰　民國五年(1916)上海掃葉山房石印本　向堅題簽　一冊

330000－4735－0005711　07045　子部/宗教類/佛教之屬
金剛般若波羅蜜經一卷　(後秦)釋鳩摩羅什譯　民國九年(1920)台郡大街雷恒源仁記石印本　一冊

330000－4735－0005712　07046　子部/宗教類/佛教之屬/諸宗
龍舒淨土文十一卷附龍舒直音一卷　(宋)王日休撰　**佛説阿彌陀經一卷**　(後秦)釋鳩摩羅什譯　民國十五年(1926)鉛印本　一冊

330000－4735－0005714　07047　子部/宗教類/佛教之屬/諸宗
淨土四經五卷　民國九年(1920)上海商務印書館鉛印本　二冊

330000－4735－0005715　08578　類叢部/叢書類/彙編之屬
復性書院叢刊二十七種　馬浮編　民國二十九年至三十七年(1940－1948)復性書院刻本暨鉛印本　一冊　存一種

330000－4735－0005716　07048　子部/宗教類/佛教之屬/經疏
淨名經集解關中疏二卷　(唐)釋道液撰　民國十八年(1929)上海商務印書館鉛印本　二冊

330000－4735－0005717　08579　集部/詞類/别集之屬
艮廬詞一卷續集一卷外集一卷自述詩一卷　張茂炯撰　民國二十年(1931)石印本　一冊　存一卷(艮廬詞)

330000－4735－0005720　08580　集部/總集類/彙編之屬
書畫名人小集　民國上海聚珍倣宋印書局鉛印本　一冊　存一種

330000－4735－0005722　08581　集部/别集類/清别集
天然如意齋詩存一卷　(清)皂保撰　民國十三年(1924)鉛印本　一冊

330000－4735－0005727　08582　集部/總集類/酬唱之屬
弋石泳游集一卷　唐鑑編　民國七年(1918)鉛印本　一冊

330000－4735－0005738　03610　史部/目録類/總録之屬/官修
欽定四庫全書總目二百卷首一卷　(清)紀昀等撰　**四庫未收書目提要五卷**　(清)阮元撰　**四庫全書總目未收書目索引四卷**　陳乃乾編纂　民國十五年(1926)上海大東書局石印本暨鉛印本　二十一冊　缺一百三卷(十六至二十八、四十五至九十、九十七至一百八、一百十四至一百十八、一百二十五至一百三十七、一百四十三至一百四十七、一百九十六至二百,四庫全書總目未收書目索引一至四)

330000－4735－0005740　07056　史部/傳記類/總傳之屬/釋道
高僧傳初集節要二卷二集節要二卷三集節要二卷　梅光羲編　民國二十三年(1934)上海商務印書館鉛印本　一冊　存二卷(二集節要一至二)

330000－4735－0005741　07057　史部/傳記類/總傳之屬/釋道
高僧傳初集節要二卷二集節要二卷三集節要二卷　梅光羲編　民國二十三年(1934)上海商務印書館鉛印本　松筠題記　三冊

330000－4735－0005743　08591　集部/總集類/選集之屬/斷代
彤美集二卷補遺一卷　許國鳳編　民國十年(1921)鉛印本　一冊

330000－4735－0005745　03611　史部/目録類/書志之屬/提要
錢遵王讀書敏求記校證四卷　(清)錢曾撰　(清)管庭芬輯　章鈺補輯　**錢遵王讀書敏求記佚文一卷序跋題記一卷附録一卷校證補遺一卷**　章鈺輯　民國十五年(1926)長洲章氏

刻本　六册

330000－4735－0005750　08595　集部/别集類

噫餘室詩鈔一卷　劉韻芳撰　民國十年(1921)南昌百花洲銘記石印所石印本　一册

330000－4735－0005752　03614　史部/目録類/總録之屬/官修

浙江圖書館保存類書目四卷附錄一卷　浙江圖書館編　民國四年(1915)浙江圖書館鉛印本　一册

330000－4735－0005754　03615　史部/目録類/總録之屬/官修

浙江圖書館觀覽類書目四卷補遺一卷附錄一卷補編二卷　浙江圖書館編　民國四年(1915)浙江圖書館鉛印本　五册　缺二卷(經部、史部)

330000－4735－0005757　03616　史部/目録類/總録之屬/官修

浙江公立圖書館保存類目錄續編四卷通常類目錄續編四卷補遺附錄一卷勘誤表一卷　浙江公立圖書館編　民國七年(1918)浙江公立圖書館鉛印本　二册

330000－4735－0005760　03617　史部/目録類/總録之屬/官修

浙江公立圖書館保存類目錄四卷補遺一卷通常類目錄五卷附雜誌目一卷碑帖一卷通常類補遺一卷　浙江公立圖書館編　民國八年(1919)浙江公立圖書館油印本　十二册

330000－4735－0005762　03618　史部/目録類/總録之屬/官修

浙江圖書館觀覽類日文書目一卷　浙江圖書館編　民國四年(1915)浙江圖書館鉛印本　一册

330000－4735－0005764　03619　史部/目録類/總録之屬/官修

浙江公立圖書館通常類圖書目錄五卷附保存類圖書目錄補遺一卷　浙江公立圖書館編　民國十四年(1925)浙江公立圖書館鉛印本　七册　缺一卷(經部)

330000－4735－0005769　07063　子部/宗教類/佛教之屬/經

大方廣佛華嚴經八十卷　(唐)釋實叉難陀譯　民國抄本　一册　存五卷(三十六至四十)

330000－4735－0005782　08784　類叢部/叢書類/自著之屬

師鄭所著書　孫雄撰　民國石印本　一册　存一種

330000－4735－0005786　03625　類叢部/叢書類/彙編之屬

求恕齋叢書三十一種　劉承幹編　民國吳興劉氏嘉業堂刻本　四册　存一種

330000－4735－0005792　03627　史部/目録類/總録之屬/彙刻

續彙刻書目十卷閏集一卷　羅振玉撰　民國三年(1914)連平范氏雙魚室刻本　十册　缺一卷(閏集)

330000－4735－0005796　07074　子部/宗教類/道教之屬/雜著

玉準輪科輯要二十七卷　民國十四年(1925)北京天華館鉛印本　十五册

330000－4735－0005801　08793　集部/别集類

盤谷遺稿不分卷　袁壽康撰　民國八年(1919)鉛印本　一册

330000－4735－0005805　03631　史部/目録類/總録之屬/官修

臨海縣立圖書館甲種書目四卷補編目錄一卷乙種書目二卷丙種書目一卷丁種書目四卷　盧吉民編　民國三十三年(1944)臨海縣立圖書館油印本　三册　缺五卷(丙種、丁種一至四)

330000－4735－0005807　03632　史部/目録類/總録之屬/官修

臨海縣立圖書館甲種書目四卷補編目錄一卷乙種書目二卷丙種書目一卷丁種書目四卷　盧吉民編　民國三十三年(1944)臨海縣立圖

書館油印本　三冊　缺五卷(丙種、丁種一至四)

330000－4735－0005809　03633　史部/目録類/總録之屬/官修

臨海縣立圖書館甲種書目四卷補編目錄一卷乙種書目二卷丙種書目一卷丁種書目四卷　盧吉民編　民國三十三年(1944)臨海縣立圖書館油印本　二冊　存五卷(甲種三至四、補編目錄,乙種一至二)

330000－4735－0005811　03634　史部/目録類/總録之屬/官修

臨海縣立圖書館甲種書目四卷補編目錄一卷乙種書目二卷丙種書目一卷丁種書目四卷　盧吉民編　民國三十三年(1944)臨海縣立圖書館油印本　一冊　存二卷(乙種一至二)

330000－4735－0005818　08799　集部/總集類/彙編之屬

康南海梁任公文集合刻不分卷　朱振新編　民國四年(1915)上海共和編譯局石印本　二十四冊

330000－4735－0005822　07081　子部/宗教類/佛教之屬/經疏

佛說阿彌陀經要解一卷　(後秦)釋鳩摩羅什譯　(明)釋智旭撰　民國二十一年(1932)金陵刻經處刻本　一冊

330000－4735－0005823　08801　集部/别集類/清别集

娱蘭仙館詩鈔一卷生花館詞一卷　(清)徐承祿撰　民國鉛印本　一冊

330000－4735－0005825　08802　類叢部/叢書類/自著之屬

懶僧閣叢書　李履冰撰　民國鉛印本　一冊　存一種

330000－4735－0005826　07082　子部/宗教類/佛教之屬/經疏

佛說阿彌陀經疏三卷　(唐)釋窺基撰　民國四年(1915)金陵刻經處刻本　一冊

330000－4735－0005827　07083　子部/宗教類/佛教之屬

徑中徑又徑徵義三卷　(清)張師誠輯　(清)徐槐廷注　民國五年(1916)海鹽徐氏刻本　一冊

330000－4735－0005835　07088　子部/宗教類/佛教之屬/經疏

金剛般若波羅蜜經略解二卷　(後秦)釋鳩摩羅什譯　毛宗智略解　釋印光改定　**般若波羅蜜多心經略解一卷**　(唐)釋玄奘譯　毛宗智略解　釋印光改定　民國十四年(1925)刻本　一冊

330000－4735－0005844　08899　集部/總集類/選集之屬/通代

唐宋八家文讀本三十卷　(清)沈德潛評點　民國石印本　三冊　存十五卷(十六至三十)

330000－4735－0005849　07096　子部/宗教類/佛教之屬/律

在家律要廣集十三卷　(清)陳熙願廣集　民國八年(1919)金陵刻經處刻本　樗盦題記　四冊

330000－4735－0005854　03636　史部/目録類/總録之屬/私撰

郘亭知見傳本書目十六卷　(清)莫友芝撰　民國上海西泠印社鉛印本　六冊

330000－4735－0005855　07100　子部/宗教類/佛教之屬/經

虛空孕菩薩經二卷　(隋)釋闍那崛多譯　**虛空藏菩薩經一卷**　(後秦)釋佛陀耶舍譯　**虛空藏菩薩神咒經一卷**　(南朝宋)釋曇摩蜜多譯　民國八年(1919)刻本　一冊

330000－4735－0005858　03637　史部/目録類/總録之屬/官修

無錫縣立圖書館書目十六卷　嚴毓芬編　民國十五年(1926)無錫縣立圖書館鉛印本　四冊　缺四卷(四至七)

330000－4735－0005861　03638　史部/目録類/總録之屬/官修

無錫縣立圖書館善本書目二卷　秦毓鈞編

民國十八年(1929)無錫縣立圖書館鉛印本　一册

330000－4735－0005875　07109　子部/宗教類/道教之屬/經文
玄靈玉皇經一卷　民國上海明善書局鉛印本　一册

330000－4735－0005877　07110　子部/宗教類/佛教之屬
金剛經靈異紀二卷　(後秦)釋鳩摩羅什譯　萬鈞編　民國十四年(1925)無錫萬氏鉛印本　一册

330000－4735－0005879　07111　子部/宗教類/佛教之屬/經
諸品真經一卷　民國石印本　朱立松題記　一册

330000－4735－0005882　07112　子部/宗教類/佛教之屬/經咒
白衣咒金剛經心經大悲咒合刊四卷　民國無錫萬氏鉛印本　一册

330000－4735－0005883　08812　集部/總集類/選集之屬/通代
重訂古文釋義新編八卷　(清)余誠評註　民國四年(1915)上海江東書局石印本　四册

330000－4735－0005884　07113　子部/宗教類/佛教之屬
金剛般若波羅蜜經一卷　(後秦)釋鳩摩羅什譯　民國無錫萬氏鉛印本　一册

330000－4735－0005885　03644　史部/目録類/總録之屬/私撰
東海藏書樓書目不分卷　徐允中藏並編　民國九年(1920)武林印書館鉛印本　四册

330000－4735－0005887　07114　子部/宗教類/佛教之屬
金剛經直解一卷　(唐)呂嵒撰　民國上海錦章圖書局石印本　一册

330000－4735－0005888　03645　史部/目録類/總録之屬/私撰
東海藏書樓書目不分卷　徐允中藏並編　民國九年(1920)武林印書館鉛印本　三册

330000－4735－0005893　03646　史部/目録類/總録之屬/私撰
鄞范氏天一閣書目内編十卷　馮貞羣編　民國二十六年至二十九年(1937－1940)寧波重修天一閣委員會鉛印本　范鹿其題記　三册　缺三卷(八至十)

330000－4735－0005894　07115　子部/宗教類/佛教之屬/經咒
早課一卷晚課一卷　民國三十二年(1943)長行宮鉛印本　詹茂□題記　一册

330000－4735－0005897　08817　集部/總集類/選集之屬/通代
古文筆法百篇八卷　(清)李扶九編集　民國桂記書莊石印本　一册

330000－4735－0005898　03647　史部/目録類/總録之屬/官修
雲南圖書館書目初編六卷　由雲龍纂輯　何秉智參訂　民國四年(1915)鉛印本　二册

330000－4735－0005900　03648　史部/目録類/總録之屬/官修
寧波市立圖書館目錄不分卷　楊鐵夫編　民國二十年(1931)寧波市立圖書館鉛印本　一册

330000－4735－0005903　08819　集部/別集類/清別集
言文對照分類詳註雪鴻軒尺牘四卷　(清)龔萼撰　許家恩譯　民國石印本　一册　存一卷(三)

330000－4735－0005905　08820　集部/別集類/清別集
言文對照分類詳註秋水軒尺牘四卷　(清)許思湄撰　許家恩譯　民國二十三年(1934)上海羣學社書局石印本　二册　存二卷(一、四)

330000－4735－0005907　03649　史部/目録類/總録之屬/官修

山東圖書館書目九卷　袁紹昂編　民國六年(1917)山東圖書館石印本　八冊

330000－4735－0005908　08821　集部/别集類/清别集

增廣詳註言文對照秋水軒尺牘二卷　(清)許思湄著　吳駿公譯白　民國十七年(1928)上海中西書局石印本　盧文韶題記　一冊　存一卷(二)

330000－4735－0005910　08822　集部/總集類/選集之屬/通代

續玉臺新詠五卷　梧野草堂續選　民國七年(1918)上海掃葉山房石印本　二冊

330000－4735－0005913　03650　史部/目録類/總録之屬/官修

壬子文瀾閣所存書目五卷　錢恂編　民國元年(1912)浙江圖書館刻本　四冊

330000－4735－0005914　08823　集部/别集類/宋别集

四明文獻集五卷　(宋)王應麟撰　(明)鄭真輯　**深寧先生文鈔摭餘編三卷**　(宋)王應麟撰　(清)葉熊輯　**深寧先生年譜一卷**　(清)錢大昕編　**王深寧先生年譜一卷**　(清)陳僅撰　(清)張恕編　**王深寧先生年譜一卷**　(清)張大昌輯　民國五年(1916)仁和王存善鉛印本　四冊

330000－4735－0005916　07122　子部/宗教類/佛教之屬

金剛般若波羅蜜經一卷　(後秦)釋鳩摩羅什譯　民國北京法輪星記印刷局鉛印本　一冊

330000－4735－0005918　07123　子部/宗教類/佛教之屬

金剛般若波羅蜜經一卷　(後秦)釋鳩摩羅什譯　民國二十一年(1932)上海明善書局石印本　一冊

330000－4735－0005923　08825　集部/别集類

寒柯堂避寇詩草三卷　余紹宋撰　民國三十三年(1944)鉛印本　余紹宋題記　一冊　存一卷(一)

330000－4735－0005924　03653　史部/目録類

二徐書目合刻二種　王存善輯　民國四年(1915)仁和王存善鉛印本　四冊　存一種

330000－4735－0005926　03654　類叢部/叢書類/彙編之屬

求恕齋叢書三十一種　劉承幹編　民國吳興劉氏嘉業堂刻本　四冊　存一種

330000－4735－0005928　07125　子部/宗教類/佛教之屬

金剛般若波羅蜜經一卷　(後秦)釋鳩摩羅什譯　**金剛經石註一卷**　(清)石成金集註　**持誦金剛經靈感錄一卷**　釋印光撰　民國十七年(1928)上海江蘇第二監獄鉛印本　一冊

330000－4735－0005930　07126　子部/宗教類/佛教之屬/經疏

金剛般若波羅密經直解二卷般若波羅密多心經直解一卷　(清)純陽子撰　民國十四年(1925)鉛印本　一冊

330000－4735－0005931　08828　集部/總集類/選集之屬/通代

文選六十卷　(南朝梁)蕭統輯　(唐)李善注　**文選考異十卷**　(清)胡克家撰　民國石印本　二冊　存十三卷(二十九至三十六、考異一至五)

330000－4735－0005933　08829　集部/總集類/選集之屬/通代

文選六十卷　(南朝梁)蕭統輯　(唐)李善注　**文選考異十卷**　(清)胡克家撰　民國文化書局據宋淳熙鄱陽胡氏刻本影印本　一冊　存三卷(文選一至三)

330000－4735－0005935　08830　集部/總集類/選集之屬/通代

文選六十卷　(南朝梁)蕭統輯　(唐)李善注　**文選考異十卷**　(清)胡克家撰　民國上海鴻文書局石印本　一冊　存四卷(考異一至四)

330000－4735－0005937　08831　集部/總集類/選集之屬/通代

文選六十卷　(南朝梁)蕭統輯　(唐)李善注　**文選考異十卷**　(清)胡克家撰　民國上海鴻文書局石印本　五冊　存五十八卷(一至二十三、三十六至六十,考異一至十)

330000－4735－0005938　07128　子部/宗教類/佛教之屬

金剛經傳燈真解一卷　(印度)無量度世古佛撰　**佛祖般若心印經一卷**　**觀自在菩薩親著心經傳燈真解一卷**　**文昌帝君戒淫寶訓一卷**　民國十二年(1923)上海宏大善書局石印本　一冊

330000－4735－0005940　08832　集部/總集類/選集之屬/通代

文選六十卷　(南朝梁)蕭統輯　(唐)李善注　**文選考異十卷**　(清)胡克家撰　民國石印本　五冊　缺十一卷(一至十一)

330000－4735－0005941　07129　子部/宗教類/佛教之屬

金剛經石註一卷　(清)石成金撰　民國二十三年(1934)中央刻經院鉛印本　一冊

330000－4735－0005943　08833　集部/總集類/選集之屬/通代

文選六十卷　(南朝梁)蕭統輯　(唐)李善注　**文選考異十卷**　(清)胡克家撰　民國石印本　胡德名題簽　三冊　存三十五卷(二十六至六十)

330000－4735－0005944　08834　集部/總集類/選集之屬/通代

文選六十卷　(南朝梁)蕭統輯　(唐)李善注　**文選考異十卷**　(清)胡克家撰　民國石印本　曾士瀛題記　一冊　存十二卷(二十六至三十七)

330000－4735－0005946　07130　子部/宗教類/佛教之屬

金剛經石註一卷　(清)石成金撰　民國二十三年(1934)中央刻經院鉛印本　一冊

330000－4735－0005947　08835　集部/總集類/選集之屬/通代

文選六十卷　(南朝梁)蕭統輯　(唐)李善注　**文選考異十卷**　(清)胡克家撰　民國上海鴻文書局石印本　三冊　存三十二卷(一至十一、三十八至四十八,考異一至十)

330000－4735－0005948　07131　子部/宗教類/佛教之屬

金剛經一卷　民國十四年(1925)上海宏大善書局石印本　一冊

330000－4735－0005950　07132　子部/宗教類/佛教之屬

金剛經一卷　民國十四年(1925)上海宏大善書局石印本　一冊

330000－4735－0005953　07133　子部/宗教類/佛教之屬

金剛經一卷　民國十四年(1925)上海宏大善書局石印本　一冊

330000－4735－0005954　07134　子部/宗教類/佛教之屬/論

佛說大乘金剛經論一卷　民國臨海雷恒源石印本　一冊

330000－4735－0005957　07135　子部/宗教類/佛教之屬

金剛經傳燈真解一卷　(印度)無量度世古佛撰　**佛祖般若心印經一卷**　**觀自在菩薩親著心經傳燈真解一卷**　民國七年(1918)合川會善堂刻本　一冊

330000－4735－0005959　03661　史部/目録類/版本之屬/專考

宋元本行格表二卷附錄一卷補遺一卷　(清)江標輯　劉肇隅編並補　民國三年(1914)上海文瑞樓石印本　四冊

330000－4735－0005960　07136　子部/宗教類/佛教之屬

金剛般若波羅蜜經一卷　(後秦)釋鳩摩羅什譯　民國抄本　董子虎題簽　一冊

330000－4735－0005962　08839　集部/別集

類/清別集

增註秋水軒尺牘四卷 (清)許思湄撰 (清)婁世瑞注 (清)寄虹軒主人輯 **管注合刻雪鴻軒尺牘二卷** (清)龔蕚撰 (清)管斯駿重訂 民國元年(1912)廣益書局石印本 四冊

330000－4735－0005966 08840 集部/別集類/清別集

秋水軒尺牘二卷 (清)許思湄撰 **雪鴻軒尺牘二卷** (清)龔蕚撰 民國上海鴻寶齋書局石印本 一冊

330000－4735－0005968 07140 子部/宗教類/佛教之屬

金剛般若波羅蜜經一卷 (後秦)釋鳩摩羅什譯 **金剛經石註一卷** (清)石成金集註 **持誦金剛經靈感錄一卷** 釋印光撰 民國十七年(1928)上海江蘇第二監獄鉛印本 一冊

330000－4735－0005972 03664 史部/目録類/總録之屬/私撰

樂善堂精刻銅版縮印書目一卷 樂善堂主人編 民國三十四年(1945)上海樂善堂鉛印本 上海主人題簽 一冊

330000－4735－0005973 07139 子部/宗教類/佛教之屬

金剛般若波羅蜜經一卷 (後秦)釋鳩摩羅什譯 **金剛經石註一卷** (清)石成金集註 **持誦金剛經靈感錄一卷** 釋印光撰 民國十七年(1928)上海江蘇第二監獄鉛印本 王子樵題記 一冊

330000－4735－0005974 07141 子部/宗教類/其他宗教之屬/基督教

讚美詩一卷 民國十二年(1923)上海美華書館鉛印本 一冊

330000－4735－0005975 03665 史部/目録類/總録之屬/彙刻

博古齋書目第六期一卷 上海博古齋編 民國上海博古齋石印本 一冊

330000－4735－0005976 07142 子部/宗教類/佛教之屬/諸宗

淨土津要續編五種 民國十三年(1924)上海商務印書館鉛印本 一冊 存四種

330000－4735－0005977 08842 集部/總集類/彙編之屬

鐵函心史睎髮集合刊 鄭貞文輯 民國三十年(1941)永安風行印刷社鉛印本 疏英題記 一冊

330000－4735－0005979 03666 史部/目録類/總録之屬

商務印書館精印古書金石碑帖目錄一卷 商務印書館編 民國上海商務印書館鉛印本 一冊

330000－4735－0005983 03667 史部/目録類/書志之屬/提要

國學書目提要不分卷 上海醫學書局編 民國上海醫學書局鉛印本 一冊

330000－4735－0005987 03668 史部/目録類/總録之屬/私撰

書目答問五卷別錄一卷國朝箸述諸家姓名略一卷 (清)張之洞撰 民國十一年(1922)上海掃葉山房石印本 二冊

330000－4735－0005991 07145 子部/宗教類/佛教之屬/經疏

阿彌陀經直解一卷 (後秦)釋鳩摩羅什譯 王應照直講 民國二十三年(1934)上海明善書局石印本 金崇賢題記 一冊

330000－4735－0005992 03669 史部/目録類/總録之屬/私撰

中國書店臨時目錄一卷 中國書店編 民國十九年(1930)石印本 一冊

330000－4735－0005995 四部叢刊 3 類叢部/叢書類/彙編之屬

四部叢刊 張元濟等編 民國八年(1919)上海商務印書館影印本 胡步川跋 二十冊 存二種

330000－4735－0005996 03670 史部/目録類/總録之屬/私撰

千頃堂書局圖書目錄不分卷 千頃堂書局編

民國二十二年(1933)千頃堂書局石印本　一冊

330000－4735－0005997　08847　集部/別集類

芬陀利館瓿稿五卷　周大封撰　民國八年(1919)鉛印本　周萍洄題記　一冊　存二卷(一至二)

330000－4735－0006000　03671　史部/目録類/總録之屬/私撰

蟫隱廬書目第十一期一卷　蟫隱廬書莊編　民國十年(1921)上海蟫隱廬書莊石印本　一冊

330000－4735－0006003　03672　史部/目録類/總録之屬/私撰

蟫隱廬舊本書目第十九期一卷　蟫隱廬書莊編　民國十八年(1929)上海蟫隱廬書莊石印本　一冊

330000－4735－0006004　07148　子部/雜著類

壽世保元一卷　(元)八十一歲老人撰　民國抄本　一冊

330000－4735－0006010　07150　子部/宗教類/佛教之屬/總録

中觀道人集十二種十二卷　黎端甫撰　民國鉛印本　一冊

330000－4735－0006017　07153　子部/宗教類/道教之屬/戒律

陰騭文集訓□□卷　民國鉛印本　一冊　存一卷(三)

330000－4735－0006018　四部叢刊4　類叢部/叢書類/彙編之屬

四部叢刊　張元濟等編　民國八年(1919)上海商務印書館影印本　四冊　存一種

330000－4735－0006025　07155　子部/宗教類/道教之屬

太上感應篇一卷附録一卷　民國二十三年(1934)漢文正楷印書局鉛印本　一冊

330000－4735－0006042　08855　集部/總集類/選集之屬/通代

古文雅正十四卷　(清)蔡世遠輯　民國鉛印本　三冊　存十一卷(四至十四)

330000－4735－0006046　08856　集部/詞類/總集之屬

歷代名媛詞選十六卷　吳灝輯　民國五年(1916)木石居石印本　六冊

330000－4735－0006048　08858　集部/總集類/選集之屬/通代

古詩源十四卷　(清)沈德潛輯　民國上海商務印書館鉛印本　三冊　存十一卷(四至十四)

330000－4735－0006049　08859　集部/總集類/選集之屬/通代

評選古詩源四卷　(清)沈德潛輯　民國上海會文堂書局石印本　一冊　存一卷(四)

330000－4735－0006052　08861　集部/總集類/選集之屬/通代

重訂古文釋義新編八卷　(清)余誠評註　民國三年(1914)上海書局石印本　四冊　存五卷(一至二、四、六至七)

330000－4735－0006053　08862　集部/總集類/選集之屬/通代

重訂古文釋義新編八卷　(清)余誠評註　民國天南書局石印本　水雲居主人題記　一冊　存四卷(一至四)

330000－4735－0006056　08863　集部/總集類/選集之屬/通代

重訂古文釋義新編八卷　(清)余誠評註　民國天南書局石印本　一冊　存四卷(一至四)

330000－4735－0006057　08898　集部/總集類/選集之屬/通代

唐宋八家文讀本三十卷　(清)沈德潛評點　民國石印本　二冊　存十卷(六至十五)

330000－4735－0006061　03680　史部/目録類/總録之屬/私撰

中國書店臨時書目第一號一卷　中國書店編

民國上海中國書店石印本　一册

330000－4735－0006062　03681　史部/目録類/總録之屬/私撰

掃葉山房書目四卷　掃葉山房主人編　民國十年(1921)掃葉山房石印本　一册

330000－4735－0006064　03682　史部/目録類/總録之屬/私撰

抱經堂書目五卷補遺一卷　杭州抱經堂書局編　民國十四年(1925)杭州抱經堂書局石印本　一册

330000－4735－0006065　08867　集部/詩文評類/詩評之屬

北江詩話六卷　(清)洪亮吉撰　民國六年(1917)上海掃葉山房石印本　一册　存二卷(一至二)

330000－4735－0006066　03683　史部/目録類/總録之屬/私撰

同文書店書目第二期一卷　同文書店編　民國上海同文書店石印本　一册

330000－4735－0006067　08868　集部/別集類/清別集

音註小倉山房尺牘八卷　(清)袁枚撰　(清)胡光斗箋釋　民國元年(1912)上海會文堂石印本　承育題簽　一册

330000－4735－0006068　03684　史部/目録類/總録之屬/私撰

中國書店書目一卷補遺一卷　中國書店編　民國十六年(1927)上海中國書店石印本　一册

330000－4735－0006070　07160　子部/道家類

老子道德經二卷　(三國魏)王弼注　**音義一卷**　(唐)陸德明撰　**附識一卷老子校勘記一卷**　民國九年(1920)浙江圖書館刻本　一册

330000－4735－0006076　08871　集部/詞類/詞譜之屬

白香詞譜一卷　(清)舒夢蘭輯　民國元年(1912)振始堂石印本　二册

330000－4735－0006077　03685　史部/目録類/總録之屬/私撰

萃文書局書目四卷補遺一卷　萃文書局編　民國十八年(1929)石印本　□敏題記　一册

330000－4735－0006082　03686　史部/目録類/總録之屬/私撰

詒莊樓書目八卷　王修藏並撰　民國十九年(1930)長興王修鉛印本　四册

330000－4735－0006085　08872　集部/詞類/詞韻之屬

晚翠軒詞韻一卷　(清)舒夢蘭輯　民國石印本　一册

330000－4735－0006089　03687　史部/金石類/郡邑之屬/目録

鳴沙山石室祕錄一卷　羅振玉撰　民國國粹學報社鉛印本　一册

330000－4735－0006092　03688　史部/目録類/總録之屬/官修

京師圖書館善本簡明書目不分卷　京師圖書館編　民國五年(1916)京師圖書館鉛印本　四册

330000－4735－0006096　03689　史部/目録類/總録之屬/官修

江南圖書館善本書目五卷　江南圖書館編　民國南京江南圖書館鉛印本　一册

330000－4735－0006100　03690　史部/目録類/總録之屬/官修

浙江公立圖書館附設印行所書目一卷　浙江公立圖書館編　民國九年(1920)刻本　一册

330000－4735－0006103　03691　史部/目録類/總録之屬/官修

浙江公立圖書館附設印行所書目一卷續增書目一卷　浙江公立圖書館編　民國十六年(1927)刻本　一册

330000－4735－0006109　03692　史部/目録類/總録之屬/官修

浙江省立圖書館附設印行所書目一卷續增書目一卷　浙江省立圖書館編　民國十六年

(1927)刻本　一冊

330000－4735－0006113　03693　史部/目録類/總録之屬/官修
浙江公立圖書館保存類目錄四卷　浙江公立圖書館編　民國十年(1921)浙江公立圖書館石印本　二冊

330000－4735－0006115　03694　史部/目録類/總録之屬/官修
浙江公立圖書館保存類目錄四卷　浙江公立圖書館編　民國十年(1921)浙江公立圖書館石印本　二冊

330000－4735－0006117　03695　史部/目録類/總録之屬/官修
浙江公立圖書館保存類目錄四卷　浙江公立圖書館編　民國十年(1921)浙江公立圖書館石印本　一冊　存二卷(一至二)

330000－4735－0006130　08887　集部/别集類/清别集
亭林詩集五卷文集六卷餘集一卷　(清)顧炎武撰　民國八年(1919)上海掃葉山房石印本　四冊

330000－4735－0006131　03699　史部/目録類/總録之屬/地方
金陵刻經處流通經典目錄一卷附一卷　金陵刻經處編　民國二十年(1931)金陵刻經處刻本　一冊

330000－4735－0006132　08888　集部/别集類/清别集
西堂雜組一集八卷二集八卷三集八卷　尤侗撰　民國上海中華圖書館石印本　六冊

330000－4735－0006141　03702　史部/目録類/總録之屬/官修
内閣大庫書檔舊目補七卷　國立中央研究院歷史語言研究所編　民國二十五年(1936)上海商務印書館鉛印本　一冊

330000－4735－0006142　08891　集部/總集類/選集之屬/通代
賦學正鵠集釋四卷　(清)李元度輯　民國鉛印本　幼春氏題記　一冊　存一卷(四)

330000－4735－0006153　07181　子部/藝術類/遊藝之屬/聯語
西湖楹聯六卷　黄俊輯　民國九年(1920)復初齋書局石印本　一冊　存一卷(六)

330000－4735－0006154　03704　史部/金石類
湫漻齋叢書十種　陳準輯　民國瑞安陳氏刻本　一冊　存一種

330000－4735－0006155　07182　子部/儒家類/儒學之屬/禮教
新增願體集四卷　(清)史典輯　(清)李仲麟重輯　民國十三年(1924)上海善書局流通處石印本　一冊

330000－4735－0006156　03705　史部/目録類/總録之屬/私撰
中國書店臨時書目一卷　中國書店編　民國中國書店石印本　一冊

330000－4735－0006161　03706　史部/目録類/總録之屬
保文堂書局書目一卷　保文堂書局編　民國十八年(1929)南京保文堂書局石印本　一冊

330000－4735－0006162　07185　子部/雜著類
玉曆至寶鈔勸世一卷　王子達編　民國九年(1920)上海宏大善書局石印本　一冊

330000－4735－0006164　03707　史部/目録類/總録之屬/私撰
中國書店書目一卷補遺一卷再補遺一卷　中國書店編　民國十八年(1929)上海中國書店石印本　一冊

330000－4735－0006168　08901　集部/總集類/選集之屬/斷代
八家四六文註八卷　(清)吳鼒輯　(清)許貞幹補註　民國鉛印本　一冊　存一卷(八)

330000－4735－0006170　03708　史部/目録類/總録之屬/私撰

蟫隱廬新書目錄第二期一卷校刊印行書籍提要一卷碑帖目錄一卷 蟫隱廬書莊編 民國十一年(1922)上海蟫隱廬書莊石印本 一册

330000－4735－0006171 07187 子部/儒家類/儒學之屬/禮教/鑑戒

八德須知初集八卷二集八卷三集八卷四集八卷 蔡振紳編輯 民國上海明善書局石印本 一册 存一卷(初集五)

330000－4735－0006172 07188 類叢部/叢書類/自著之屬

潤德堂叢書 袁樹珊撰 民國鎮江潤德堂鉛印本 四册 存一種

330000－4735－0006188 03713 史部/目録類/總録之屬/官修

河南圖書館書目表六卷 河南圖書館編 民國六年(1917)河南商務印刷所鉛印本 六册

330000－4735－0006194 03714 史部/目録類/總録之屬/官修

無錫縣立第一高等小學校圖書館目錄甲編不分卷補遺一卷 朱正色編 民國九年(1920)鉛印本 一册

330000－4735－0006199 08908 集部/總集類/選集之屬/通代

銅琵金縷甲集二卷乙集二卷丙集二卷丁集二卷 上海進步書局編 民國上海文明書局石印本 二册 存四卷(甲集一至二、丙集一至二)

330000－4735－0006201 07194 子部/儒家類/儒學之屬/蒙學

重增繪圖幼學故事瓊林四卷 (清)程登吉撰 (清)鄒聖脈增補 蔡郕續增 民國上海會文堂書局石印本 尹學槎題記 一册 存一卷(二)

330000－4735－0006202 08909 集部/别集類/宋别集

林和靖詩集四卷拾遺一卷附錄一卷 (宋)林逋撰 民國石印本 一册 存四卷(二至四、拾遺)

330000－4735－0006204 08910 集部/總集類/選集之屬/通代

歷朝名媛詩詞十二卷 (清)陸昶輯 民國石印本 三册 存九卷(一至九)

330000－4735－0006205 07195 子部/小說家類/瑣語之屬

夜雨秋燈錄初集四卷續集四卷三集四卷 (清)宣鼎撰 民國上海文明書局石印本 一册 存四卷(初集一至四)

330000－4735－0006206 07196 子部/醫家類/婦科之屬/廣嗣

續嗣珍寶一卷 民國二十一年(1932)鉛印本 一册

330000－4735－0006207 08911 集部/詞類/詞譜之屬

攷正白香詞譜三卷附錄一卷 陳小蝶編 **增訂晚翠軒詞韻一卷** 陳祖耀校正 民國七年(1918)春草軒鉛印本暨石印本 二册 缺二卷(一至二)

330000－4735－0006209 08912 集部/詞類/詞譜之屬

白香詞譜四卷 (清)舒夢蘭輯 (清)吳莽漢箋 民國鉛印本 一册 存一卷(四)

330000－4735－0006211 08913 集部/詞類/詞譜之屬

白香詞譜箋四卷 (清)舒夢蘭輯 (清)謝朝徵箋 民國二年(1913)掃葉山房石印本 三册 存三卷(一至二、四)

330000－4735－0006214 08914 集部/詞類/詞譜之屬

白香詞譜箋四卷 (清)舒夢蘭輯 (清)謝朝徵箋 民國掃葉山房石印本 一册 存一卷(二)

330000－4735－0006216 07254 子部/叢編

子書四十八種 五鳳樓主人輯 民國九年(1920)上海五鳳樓石印本 五十六册 存四十七種

330000－4735－0006217 08915 集部/詞

類/詞譜之屬

白香詞譜箋四卷 (清)舒夢蘭輯 (清)謝朝徵箋 **學宋齋詞韻一卷** (清)吳烺等輯 民國八年(1919)上海文明書局石印本 四冊

330000－4735－0006218 08916 集部/曲類/曲選之屬

繪圖綴白裘十二集四十八卷 (清)玩花主人輯 (清)錢德蒼增輯 民國十二年(1923)上海啟新書局石印本 八冊 缺十六卷(二集一至四、四集一至四、九集一至四、十集一至四)

330000－4735－0006220 08917 集部/曲類/曲選之屬

繪圖綴白裘十二集四十八卷 (清)玩花主人輯 (清)錢德蒼增輯 民國石印本 一冊 存四卷(十集一至四)

330000－4735－0006223 08918 集部/曲類/曲選之屬

繪圖綴白裘十二集四十八卷 (清)玩花主人輯 (清)錢德蒼增輯 民國十二年(1923)上海啟新書局石印本 十二冊

330000－4735－0006225 07201 類叢部/叢書類/彙編之屬

嘉業堂叢書五十七種 劉承幹編 民國吳興劉氏嘉業堂刻本 一冊 存一種

330000－4735－0006228 07203 類叢部/叢書類/自著之屬

章氏叢書十三種 章炳麟撰 民國六年至八年(1917－1919)浙江圖書館刻本 三冊 存一種

330000－4735－0006229 08920 集部/總集類/酬唱之屬

慎社第四集文錄一卷詩錄一卷詞錄一卷 永嘉慎社編 民國十一年(1922)慎社石印本 一冊

330000－4735－0006230 08921 集部/總集類/酬唱之屬

慎社第四集文錄一卷詩錄一卷詞錄一卷 永嘉慎社編 民國十一年(1922)慎社石印本 一冊

330000－4735－0006232 07204 類叢部/叢書類/自著之屬

煙霞草堂遺書十七種 (清)劉光蕡撰 民國八年至十年(1919－1921)王典章思過齋江蘇刻本 劼成題記 六冊

330000－4735－0006233 08923 集部/總集類/尺牘之屬

國朝名人書札二卷 吳曾祺編輯 民國上海商務印書館鉛印本 一冊 存一卷(一)

330000－4735－0006235 08924 集部/別集類/唐五代別集

玉溪生詩意八卷 (唐)李商隱撰 (清)朱鶴齡注 (清)屈復意 民國六年(1917)上海會文堂書局石印本 五冊 存七卷(一至七)

330000－4735－0006236 07255 子部/叢編

子書四十八種 五鳳樓主人輯 民國九年(1920)上海五鳳樓石印本 五十九冊 存四十五種

330000－4735－0006239 08925 集部/別集類/漢魏六朝別集

陶淵明文集十卷 (晉)陶潛撰 民國二年(1913)上海著易堂書局石印本 四冊

330000－4735－0006241 08926 集部/別集類/漢魏六朝別集

陶淵明文集十卷 (晉)陶潛撰 民國六年(1917)上海著易堂書局石印本 林法題記 四冊

330000－4735－0006242 08927 集部/總集類/選集之屬/斷代

近人詩錄續編二卷 雷瑨輯 民國四年(1915)上海掃葉山房石印本 陳仲韶題記 二冊

330000－4735－0006243 10635 類叢部/叢書類/彙編之屬

說庫一百七十種 王文濡編 民國四年(1915)上海文明書局石印本 五十七冊 存

一百六十六種

330000－4735－0006245　08928　集部/總集類/選集之屬/通代

六朝文絜四卷　（清）許槤輯並評　民國據清道光五年(1825)海昌許氏享金寶石齋刻本影印本　一冊　存二卷(一至二)

330000－4735－0006249　08929　集部/詩文評類/詩評之屬

唐宋明清四朝詩話六種六卷　民國掃葉山房石印本　三冊　存四種

330000－4735－0006255　03715　史部/目録類/總録之屬/官修

常熟縣圖書館藏書目錄四卷　瞿啟甲編　民國八年(1919)常熟縣圖書館鉛印本　二冊

330000－4735－0006257　08932　集部/別集類/清別集

弢園尺牘十二卷　（清）王韜撰　民國鉛印本　一冊　存三卷(一至三)

330000－4735－0006259　03716　史部/目録類/總録之屬/官修

常熟縣立圖書續增舊書目錄不分卷　王紀玉編　民國十八年(1929)常熟縣圖書館鉛印本　一冊

330000－4735－0006260　08933　集部/詩文評類/文評之屬

文學研究法四卷　姚永樸撰　民國上海商務印書館鉛印本　二冊　存二卷(一至二)

330000－4735－0006263　08934　集部/詩文評類/文評之屬

文學研究法四卷　姚永樸撰　民國十九年(1930)上海商務印書館鉛印本　二冊　存二卷(二、四)

330000－4735－0006266　10636　子部/小說家類

筆記小說大觀二百二十二種　進步書局輯　民國上海進步書局石印本　七十一冊　存三十四種

330000－4735－0006269　08936　集部/曲類/曲選之屬

繪圖精選崑曲大全四集五十卷　張芬編輯　民國十四年(1925)上海世界書局石印本　十六冊　存三十四種

330000－4735－0006270　03718　史部/目録類/總録之屬/地方

平湖經籍志八卷　陸惟鍌纂　民國二十六年(1937)平湖陸惟鍌求是齋刻本　二冊

330000－4735－0006271　08937　集部/曲類/曲選之屬

繪圖精選崑曲大全四集五十卷　張芬編輯　民國十四年(1925)上海世界書局石印本　一冊　存二種

330000－4735－0006272　08938　集部/總集類/選集之屬/通代

模範文選二編　劉文典等編輯　民國十年(1921)國立北京大學出版部鉛印本　一冊

330000－4735－0006274　03719　史部/目録類

快閣師石山房叢書七種　（清）姚振宗撰　民國十八年至二十年(1929－1931)浙江省立圖書館鉛印本　三冊　存四種

330000－4735－0006279　03720　類叢部/叢書類/自著之屬

孫隘堪所著書四種　孫德謙撰　民國十二年至十七年(1923－1928)元和孫氏四益宧刻本　一冊　存三種

330000－4735－0006301　08940　集部/別集類/清別集

曾文正公文集三卷詩集一卷　（清）曾國藩撰　民國六年(1917)上海掃葉山房石印本　三冊　缺一卷(文集二)

330000－4735－0006303　08941　集部/總集類/選集之屬/斷代

唐詩鼓吹評註十卷　（清）錢謙益　（清）何焯評註　民國石印本　一冊　存二卷(三至四)

330000－4735－0006307　08942　集部/總集

類/彙編之屬

侯魏汪三家文合鈔四卷 進步書局編輯所編 民國上海進步書局石印本 二冊 存二卷(魏叔子文鈔、汪堯峰文鈔)

330000－4735－0006308 08943 集部/別集類/唐五代別集

李太白文集三十卷 (唐)李白撰 民國十三年(1924)上海掃葉山房石印本 一冊 存二卷(一至二)

330000－4735－0006311 10637 類叢部/叢書類/彙編之屬

香艷叢書三百二十六種 (清)蟲天子輯 民國三年(1914)國學扶輪社鉛印本 超空齋童觀款 七十五冊 存三百七種

330000－4735－0006314 08944 集部/別集類/唐五代別集

杜詩鏡銓二十卷附諸家論杜一卷杜工部年譜一卷 (清)楊倫輯 **讀書堂杜工部文集註解二卷** (清)張溍撰 民國三年(1914)著易堂書局石印本 一冊 存二卷(杜詩鏡銓一、諸家論杜)

330000－4735－0006317 08945－08130 集部/別集類/唐五代別集

杜詩鏡銓二十卷 (清)楊倫輯 民國十年(1921)榮華山房石印本 一冊 存三卷(十四至十六)

330000－4735－0006318 08946 集部/別集類/唐五代別集

杜詩鏡銓二十卷 (清)楊倫輯 民國十年(1921)榮華山房石印本 見石題記 六冊 存十六卷(一至十、十四至十九)

330000－4735－0006322 08947 集部/別集類

湘綺樓文集八卷 王闓運撰 民國上海廣益書局鉛印本 三冊 存六卷(一至六)

330000－4735－0006326 07236 子部/藝術類/遊藝之屬/聯語

寒柯堂宋詩集聯五卷 余紹宋輯 民國三十二年(1943)鉛印本 一冊

330000－4735－0006330 07237 子部/雜著類/雜纂之屬

中國學術論著集要不分卷 國立北京大學中國文學系教授會編 民國鉛印本 二冊

330000－4735－0006331 08949 集部/別集類/唐五代別集

昌黎先生集四十卷外集十卷遺文一卷 (唐)韓愈撰 (唐)李漢編 **韓集點勘四卷** (清)陳景雲撰 民國石印本 四冊 缺二十九卷(一至五、十一至二十、二十七至四十)

330000－4735－0006333 08950 集部/總集類/郡邑之屬

姚江詩錄八卷 謝寶書編 民國二十年(1931)中華書局鉛印本 三冊 存三卷(一至三)

330000－4735－0006341 08952 集部/詩文評類/文評之屬

文心雕龍十卷 (南朝梁)劉勰撰 (清)黃叔琳注 (清)紀昀評 民國石印本 一冊 存三卷(三至五)

330000－4735－0006346 08954 集部/總集類/選集之屬/斷代

普天忠憤全集十四卷 (清)孔廣德編定 (清)寶璋 (清)覃廷楨 (清)林郁鈞分校 (清)鮑文蔚 (清)程正學 (清)鄧人梓參校 民國石印本 一冊 存一卷(九)

330000－4735－0006356 03736 史部/目録類/書志之屬/提要

讀書敏求記四卷 (清)錢曾撰 民國三年(1914)上海掃葉山房石印本 四冊

330000－4735－0006359 08959 集部/曲類

任氏詞曲叢書初集二十種 任訥輯 民國上海中原書局鉛印本 一冊 存一種

330000－4735－0006360 08960 集部/別集類/唐五代別集

李長吉歌詩四卷外集一卷首一卷 (唐)李賀撰 (清)王琦彙解 民國石印本 曾士瀛題

簽　一冊　存三卷(三至四、外集)

330000－4735－0006363　08961　集部/别集類/清别集

呂晚村詩集八卷補遺一卷　(清)呂留良撰　民國石印本　二冊　存六卷(倀倀集、零星稿、東將詩、欬氣集、南前唱和詩,補遺)

330000－4735－0006365　07246　子部/雜著類/雜説之屬

嬰寧什箸　陳訓正撰　民國十八年(1929)鉛印本　一冊　存一種

330000－4735－0006369　03740　史部/目録類/總録之屬/私撰

錦文堂書目一卷補遺一卷　錦文堂書莊編　民國十五年(1926)上海鉛印本　一冊

330000－4735－0006370　08962　集部/楚辭類

離騷三種　民國二年(1913)上海文瑞樓石印本　二冊　存六卷(離騷箋一至二、離騷草木疏一至四)

330000－4735－0006371　08963　集部/總集類/選集之屬/通代

十八家詩鈔二十八卷首一卷　(清)曾國藩輯　民國上海國華書局石印本　九冊　存十五卷(三至六、九至十六、二十一至二十二、二十四)

330000－4735－0006372　03741－03653　史部/目録類

二徐書目合刻二種　王存善輯　民國四年(1915)仁和王存善鉛印本　二冊　存一種

330000－4735－0006376　07248－06898　子部/宗教類/道教之屬/道藏

道藏精華錄一百種　守一子輯　民國無錫丁氏鉛印本　一冊　存四種

330000－4735－0006378　03742　史部/目録類/總録之屬/私撰

金氏面城樓書目四卷補遺一卷　金廣泳編　民國七年(1918)文明書局鉛印本　一冊

330000－4735－0006379　08966　集部/詩文評類/文法之屬/函牘格式

分類尺牘大觀不分卷　民國上海文明書局石印本　一冊　存一冊(十)

330000－4735－0006383　08967　集部/總集類/尺牘之屬

古今名人新體廣註分類文學尺牘全書三十二卷　陳龢祥編　民國上海掃葉山房石印本　二冊　存二卷(二、十)

330000－4735－0006392　08971　集部/總集類/氏族之屬

三蘇文集四十四卷　邵希雍輯　民國元年(1912)上海會文學社石印本　書樵題簽並記　五冊　存三十六卷(嘉祐集一至十六、欒城文集一至二十)

330000－4735－0006394　08972　集部/總集類/氏族之屬

三蘇全集　(清)弓翊清等編　民國上海掃葉山房石印本　一冊　存一種

330000－4735－0006395　08973　集部/總集類/氏族之屬

詳註校正三蘇文集　(宋)蘇洵　(宋)蘇軾　(宋)蘇轍撰　民國十四年(1925)上海會文堂書局鉛印本　四冊　存一種

330000－4735－0006397　08974　集部/總集類/氏族之屬

詳註校正三蘇文集　(宋)蘇洵　(宋)蘇軾　(宋)蘇轍撰　民國十四年(1925)上海會文堂書局鉛印本　四冊　存一種

330000－4735－0006402　07262　子部/叢編

子書三十二種　育文書局編　民國四年(1915)育文書局石印本　三冊　存四種

330000－4735－0006411　03743　史部/目録類/總録之屬/私撰

蟫隱廬書目第二期三卷　蟫隱廬書莊編　民國鉛印本　一冊

330000－4735－0006412　08980　集部/總集類/選集之屬/通代

古文辭類纂十五卷　（清）姚鼐纂輯　民國鉛印本　三冊　存七卷（三至六、十一至十三）

330000－4735－0006413　07263　子部/藝術類/遊藝之屬/聯語

雜聯□□卷　民國石印本　一冊　存一卷（六）

330000－4735－0006414　07264　類叢部/類書類/專類之屬

段節文料大全八卷　張廷華編　民國上海世界書局石印本　二冊　存三卷（一、四至五）

330000－4735－0006416　03744　史部/目録類/總録之屬/私撰

中國書店書目一卷補遺一卷　中國書店編　民國十八年（1929）上海中國書店石印本　一冊

330000－4735－0006417　08982　集部/總集類/選集之屬/通代

古文辭類纂七十四卷　（清）姚鼐纂輯　**續古文辭類纂三十四卷**　王先謙輯　民國上海商務印書館鉛印本　宇清題記　三冊　存二十七卷（續古文辭類纂八至三十四）

330000－4735－0006418　03745　史部/目録類/版本之屬/書影

重印聚珍倣宋版五開大本四部備要樣本不分卷　中華書局編　民國二十三年（1934）中華書局鉛印本　一冊

330000－4735－0006419　08983　集部/總集類/選集之屬/通代

古文辭類纂七十四卷　（清）姚鼐纂輯　**續古文辭類纂三十四卷**　王先謙輯　民國上海商務印書館鉛印本　三冊　存二十七卷（二十一至三十、四十一至五十、六十一至六十七）

330000－4735－0006422　03746　史部/目録類/書志之屬/提要

山右叢書初編書目提要一卷　山西省文獻委員會輯　民國二十六年（1937）鉛印本　一冊

330000－4735－0006424　08984　集部/總集類/選集之屬/通代

續古文辭類纂十卷　王先謙輯　民國鉛印本　一冊　存一卷（六）

330000－4735－0006425　08985　集部/總集類/選集之屬/通代

精選廣註黎氏古文辭類纂不分卷　（清）黎庶昌輯　秦同培選　民國石印本　三冊　存三冊（一至三）

330000－4735－0006426　03747　子部/宗教類/佛教之屬

佛學叢書目錄一卷　民國上海醫學書局鉛印本　一冊

330000－4735－0006427　08986　集部/總集類/選集之屬/通代

評校音註續古文辭類纂三十四卷　王先謙輯　王文濡校注　民國鉛印本　一冊　存五卷（十八至二十二）

330000－4735－0006430　08987　集部/總集類/選集之屬/通代

評校音注古文辭類纂七十四卷　（清）姚鼐輯　王文濡校注　民國二十二年（1933）上海文明書局鉛印本　七冊　存三十六卷（四至十三、二十三至二十六、三十一至三十七、四十三至四十七、五十九至六十三、七十至七十四）

330000－4735－0006431　10638　類叢部/叢書類/彙編之屬

香艷叢書三百二十六種　（清）蟲天子輯　民國三年（1914）國學扶輪社鉛印本　十二冊　存一百九十一種

330000－4735－0006434　08988　集部/詩文評類/詩評之屬

雪橋詩話十二卷　楊鍾羲撰　民國二年（1913）南林劉氏求恕齋刻本　十二冊

330000－4735－0006436　03750　史部/目録類/通論之屬/義例

漢書藝文志舉例一卷　孫德謙撰　民國七年（1918）刻孫隘堪所著書本　王舟瑤題記　一冊

330000－4735－0006442　03751　史部/目録類/專録之屬

補鈔文瀾閣四庫闕簡記錄不分卷　張宗祥撰　民國十五年(1926)刻本　一冊

330000－4735－0006501　09008　集部/别集類/清别集

范伯子詩集十九卷　(清)范當世撰　民國鉛印本　三冊　存十八卷(一至十八)

330000－4735－0006512　07302　子部/儒家類/儒學之屬/經濟

民國經世文編不分卷　經世文社編譯部編輯　民國三年(1914)上海經世文社石印本　二十三冊　存二十三冊(十一、十三至二十五、三十二至四十)

330000－4735－0006516　09013　集部/别集類

木鐸千聲十六卷首一卷附錄一卷　潘守廉撰　袁紹昂續撰　民國二十三年(1934)鉛印本　項正心題記　一冊

330000－4735－0006531　10640　類叢部/叢書類/自著之屬

樊山全集　樊增祥撰　民國二年(1913)石印本　十一冊　存一種

330000－4735－0006537　10642　類叢部/叢書類/彙編之屬

别下齋叢書二十七種　(清)蔣光煦編　民國十二年(1923)上海商務印書館據清蔣氏刻本影印本　二十冊

330000－4735－0006545　07304　子部/宗教類/佛教之屬/大藏

大日本續藏經一千七百五十六種　(日本)前田慧雲編　(日本)中野達慧增輯　民國十二年至十四年(1923－1925)上海商務印書館鉛印本　七百三十九冊　存一千六百三十四種

330000－4735－0006576　09035　集部/總集類/氏族之屬

秦氏三府君集　秦毓鈞輯　民國十八年(1929)味經堂木活字印本　秦平甫題記　三冊

330000－4735－0006590　10646　類叢部/叢書類/彙編之屬

古今説部叢書二百七十二種　國學扶輪社輯　民國四年(1915)中國圖書公司和記鉛印本　三十冊　存一百八十四種

330000－4735－0006598　03786　史部/地理類/雜志之屬

施州考古錄二卷　鄭永禧撰　民國七年(1918)鉛印本　一冊

330000－4735－0006599　09045　集部/詞類/總集之屬

微雲榭詞選五卷　樊增祥輯　民國鉛印本　二冊　存二卷(三、五)

330000－4735－0006605　03789　史部/金石類

非儒非俠齋金石叢著十種　顧燮光撰　民國十七年(1928)上海科學儀器館鉛印本　一冊　存一種

330000－4735－0006619　09056　集部/詩文評類/詩評之屬

詩學淵源八卷　丁儀撰　民國鉛印本　二冊　存三卷(六至八)

330000－4735－0006620　09057　集部/詩文評類/詩評之屬

詩學淵源八卷　丁儀撰　民國鉛印本　一冊　存一卷(八)

330000－4735－0006621　03794　史部/地理類/遊記之屬/紀行

吴郡西山訪古記五卷附鎮揚遊記一卷　李根源撰　民國十五年(1926)上海泰東圖書局鉛印本　一冊

330000－4735－0006629　09060　集部/别集類/清别集

娱蘭仙館詩鈔一卷生花館詞一卷　(清)徐承禄撰　民國鉛印本　一冊

330000－4735－0006635　03798　史部/目録

類/專録之屬

參加倫敦中國藝術國際展覽會出品目錄四卷 倫敦中國藝術國際展覽會籌備委員會編 民國二十四年(1935)鉛印本 一冊

330000－4735－0006641 09067 集部/別集類/宋別集

趙清獻公集十卷目錄二卷 (宋)趙抃撰 民國八年(1919)衢縣公祠刻本 四冊

330000－4735－0006648 03803 史部/金石類

嘉業堂金石叢書五種 劉承幹輯 民國吴興劉氏刻本 二冊 存一種

330000－4735－0006658 09073 集部/別集類

花近樓詩存三編二卷 陳夔龍撰 民國八年(1919)上海刻本 崇寔題簽並記 一冊

330000－4735－0006680 09082 集部/別集類

啟秀堂文集二卷 藍光策撰 民國八年(1919)鉛印本 二冊

330000－4735－0006694 03816 史部/政書類/律令之屬/判牘

龍泉縣知事陳蔚鳴冤記一卷 民國鉛印本 一冊

330000－4735－0006697 10305 類叢部/叢書類/彙編之屬

古今文藝叢書十集 何藻編 民國二年至四年(1913－1915)上海廣益書局鉛印本 五冊 存十六種

330000－4735－0006698 03818 新學/政治法律/政治

日本國防綱領一卷 民國鉛印本 一冊

330000－4735－0006700 10306 類叢部/叢書類/彙編之屬

唐人説薈一百六十四種 (清)陳世熙(一題王文誥)輯 民國十一年(1922)上海掃葉山房石印本 八冊 存六十八種

330000－4735－0006702 03821 史部/傳記類/總傳之屬/斷代

南吴舊話錄二十四卷補遺一卷附錄一卷 (清)李延昰口授 (清)李尚絅補撰 (清)李漢徵引釋 (清)蔣烈編 民國四年(1915)鉛印本 六冊

330000－4735－0006707 09091 集部/別集類/明別集

王文成公全書三十八卷 (明)王守仁撰 民國二年(1913)上海中華圖書館影印本 胡步川題記 七冊 存二十卷(一、四至八、十至十五、十九至二十、二十六至二十九、三十七至三十八)

330000－4735－0006710 10308 類叢部/叢書類/彙編之屬

仰視千七百二十九鶴齋叢書四集三十一種 (清)趙之謙編 民國十八年(1929)紹興墨潤堂書苑據清光緒六年(1880)會稽趙氏刻本影印本 十八冊 存十九種

330000－4735－0006757 09111 集部/曲類/散曲之屬

散曲選二卷 盧前輯 民國鉛印本 一冊

330000－4735－0006764 09114 集部/總集類/選集之屬/斷代

貫華堂選批唐才子詩集七言律八卷 (清)金人瑞批 民國石印本 二冊 存二卷(四、六)

330000－4735－0006789 10314 類叢部/叢書類/郡邑之屬

金陵叢書五十四種 翁長森 蔣國榜輯 民國三年至五年(1914－1916)上元蔣氏慎修書屋鉛印本 六十四冊 存十五種

330000－4735－0006809 03832 史部/目録類/版本之屬/書影

百衲本二十四史預約樣本一卷 商務印書館編 民國十九年(1930)上海商務印書館鉛印本暨影印本 一冊

330000－4735－0006825 07309 子部/宗教

類/佛教之屬/大藏
大日本續藏經一千七百五十六種 (日本)前田慧雲編 (日本)中野達慧增輯 民國十二年至十四年(1923－1925)上海商務印書館鉛印本 一冊 存十種

330000－4735－0006845 07313 子部/宗教類/其他宗教之屬/其他
衆喜粗言五卷 (清)陳衆喜撰 民國十七年(1928)浙江黄巖普利堂刻本 一冊 存一卷(一)

330000－4735－0006855 03842 史部/傳記類/總傳之屬
浙江私立安定中學校同學録一卷 民國十三年(1924)鉛印本 一冊

330000－4735－0006856 07315 新學/理學
天演論二卷 (英國)赫胥黎撰 嚴復譯 民國鉛印本 一冊

330000－4735－0006859 07316 新學/理學
天演論二卷 (英國)赫胥黎撰 嚴復譯 民國十六年(1927)上海商務印書館鉛印本 一冊

330000－4735－0006860 07317 新學/理學
天演論二卷 (英國)赫胥黎撰 嚴復譯 民國上海商務印書館鉛印本 一冊

330000－4735－0006864 07318 新學/理學
天演論二卷 (英國)赫胥黎撰 嚴復譯 民國鉛印本 一冊 存一卷(上)

330000－4735－0006884 09150 集部/總集類/郡邑之屬
海曲詩鈔十六卷補編一卷二集六卷 (清)馮金伯編次 民國七年(1918)國光書局鉛印本 三冊 缺六卷(海曲詩鈔一至六)

330000－4735－0006891 03847 史部/傳記類/職官録之屬/總録
職員録不分卷(民國二年第一期) 印鑄局編纂處編纂 民國二年(1913)印鑄局鉛印本 一冊

330000－4735－0006893 09152 集部/別集類
蜕盦賸稿六卷 符璋撰 民國三年(1914)甌江鉛印本 二冊 存三卷(四至六)

330000－4735－0006899 10330 類叢部/叢書類/彙編之屬
山西圖書館叢書 民國山西圖書館鉛印本 一冊 存一種

330000－4735－0006902 10331 類叢部/叢書類/自著之屬
舜水遺書四種附録一卷 (明)朱之瑜撰 民國二年(1913)山陰湯壽潛鉛印本 一冊 存二種

330000－4735－0006905 09157 集部/別集類
悲華經舍詩存五卷 洪允祥撰 民國二十二年(1933)慈谿洪氏慎思軒鉛印本 一冊

330000－4735－0006906 07329 子部/儒家類/儒學之屬/禮教
青年修養録十八編 趙鉦鐸編纂 民國八年(1919)上海商務印書館鉛印本 陳壽題記 三冊 缺四編(九至十二)

330000－4735－0006908 09158 集部/總集類/酬唱之屬
六十初度酬唱集一卷 許祖謙輯 民國二十一年(1932)鉛印本 一冊

330000－4735－0006911 09159 集部/總集類/酬唱之屬
六十初度酬唱集一卷 許祖謙輯 民國二十一年(1932)鉛印本 一冊

330000－4735－0006929 03852 史部/目録類/書志之屬/提要
擬輯廣東文徵詩徵啟一卷 民國鉛印本 一冊

330000－4735－0006944 07343 新學/政治法律
日本警察法概要一卷 民國鉛印本 劉廼封題記 一冊

330000－4735－0006946　07344　新學/商務

日本募集公債意見書不分卷　民國鉛印本　一册

330000－4735－0006949　07345　新學/政治法律/政治

政治學一卷　高一函撰　民國鉛印本　一册

330000－4735－0006952　07346　集部/詩文評類

中國文學史大綱十三章　民國十三年(1924)鉛印本　一册　缺五章(一至五)

330000－4735－0006955　07347　史部/史評類/史論之屬

中國文化史不分卷　梁啓超講述　民國鉛印本　一册

330000－4735－0006965　09168　集部/別集類/清別集

澗于集二十卷　(清)張佩綸撰　民國七年至十五年(1918－1926)張氏澗于草堂刻本　二册　存三卷(奏議三、古今體詩一至二)

330000－4735－0006968　07350　新學/議論/通論

法律哲學綱要一卷　民國鉛印本　一册

330000－4735－0006969　07351　新學/史志

歐洲經濟史四卷　王建祖編　民國鉛印本　二册

330000－4735－0006971　10340　類叢部/叢書類/彙編之屬

四部精華一百二十五種　陸翔選輯　民國十二年(1923)上海世界書局石印本　二十四册　存九十六種

330000－4735－0006972　07352　新學/史志/別國史

日本近世史一卷　民國鉛印本　一册

330000－4735－0006973　07353　新學/史志/戰記

陸軍大學校第七期印發日俄戰史一卷　何崎編　民國鉛印本　一册

330000－4735－0006974　09171　史部/目録類

乙丑重編飲冰室文集樣本一卷　中華書局編　民國十四年(1925)中華書局鉛印本　一册

330000－4735－0006975　09172　集部/詞類/總集之屬

全唐詞選二卷　民國八年(1919)上海掃葉山房石印本　二册

330000－4735－0006976　07354　新學/動植物學

水產通論不分卷　民國油印本　一册

330000－4735－0006977　10341　類叢部/叢書類/彙編之屬

四部精華一百二十五種　陸翔選輯　民國十二年(1923)上海世界書局石印本　二册　存十一種

330000－4735－0006978　07355　新學/雜著/雜記

塩藏法不分卷　民國油印本　一册

330000－4735－0006980　07356　子部/雜著類

乾製不分卷　民國油印本　一册

330000－4735－0006982　07357　新學/工藝

製革一卷　民國油印本　董承育題簽並記　一册

330000－4735－0006984　09175　集部/別集類

珠巖齋文初編九卷　王宇高撰　民國二十五年(1936)鉛印本　王宇高題記　一册　存五卷(一至五)

330000－4735－0006986　07358　新學/工藝

製塩論概要一卷　民國油印本　一册

330000－4735－0006988　07359　新學/工藝

工場建築一卷　民國油印本　一册

330000－4735－0006989　07360　新學/工藝

交織物浸染法一卷　朱光燾編述　民國油印本　朱兆蝠題簽　一册

330000－4735－0006990　07361　新學/工藝
染色機械一卷　朱光燾編　民國油印本　朱兆蝠題簽並記　一册

330000－4735－0006991　07362　新學/化學/化學
色素化學一卷　金培元撰　民國油印本　朱兆蝠題簽　一册

330000－4735－0006993　07363　子部/工藝類/日用器物之屬/雕刻
中學校竹工講義一卷紐結細工一卷　邱志貞編述　民國油印本　一册

330000－4735－0006995　07364　新學/工藝/工學/塘工河工路工
道路工程學一卷　（日本）島平八郎著　張丙昌譯　民國七年（1918）西安石油分廠鉛印本　張午中題記　一册

330000－4735－0006997　07365　新學/工藝/工學
機械設計十九章不分卷　陸守忠編述　民國油印本　朱兆蝠題簽　一册

330000－4735－0006999　07366　新學/工藝
發動機一卷　民國油印本　朱兆蝠題簽　一册

330000－4735－0007000　07367　子部/農家農學類/蠶桑之屬
製絲法一卷　民國石印本　一册

330000－4735－0007002　07368　新學/工藝
染色學一卷　民國油印本　一册

330000－4735－0007004　07369　新學/工藝
捺染不分卷　民國油印本　朱兆蝠題簽並記　一册　存第五至七章

330000－4735－0007006　07370　子部/工藝類/日用器物之屬
織物整理法一卷　金培元編述　民國油印本　朱兆蝠題簽並記　一册

330000－4735－0007007　07371　新學/兵制
軍制學講義一卷　黃郛撰　民國十一年（1922）鉛印本　一册

330000－4735－0007010　07372　新學/工藝
原料五編　蔡經賢編述　民國石印本　誤廬題簽、批注　一册

330000－4735－0007011　07373　子部/雜著類
乾製不分卷　民國油印本　一册

330000－4735－0007013　07374　新學/學校
春季始業新國文教授法不分卷　民國鉛印本　一册

330000－4735－0007014　07375　新學/工藝
工藝實業製造新書八卷　（日本）中村蘆舟纂　民國五年（1916）上海才記石印局石印本　一册　存三卷（一至三）

330000－4735－0007024　07378　新學/學校
新制中華國民學校國文教科書十二卷　沈頤等編　民國八年（1919）上海中華書局石印本　四册　存四卷（五、九至十一）

330000－4735－0007027　07379　新學/學校
新制中華初等小學國文教授書十二卷　屠元禮編　民國二年（1913）上海中華書局石印本　一册　存一卷（十二）

330000－4735－0007028　09188　集部/總集類/選集之屬/通代
古唐詩合解十二卷古詩四卷　（清）王堯衢注　民國石印本　一册　存二卷（九至十）

330000－4735－0007029　07380　新學/學校
新式高等小學國文教科書六卷　呂思勉編輯　民國十一年（1922）上海中華書局鉛印本　三册　存三卷（一、三至四）

330000－4735－0007030　09189　集部/總集類/選集之屬/通代
古唐詩合解十二卷古詩四卷　（清）王堯衢注　民國石印本　一册　存二卷（古詩三至四）

330000－4735－0007031　09190　集部/總集類/選集之屬/通代
古唐詩合解十二卷古詩四卷　（清）王堯衢注

民國石印本　一冊　存二卷(古詩三至四)

330000－4735－0007033　07381　新學/學校

最新中國歷史教科書四卷　姚祖義編輯　民國上海商務印書館鉛印本　一冊　存一卷(一)

330000－4735－0007034　09191　集部/詩文評類/文法之屬/函牘格式

言文對照女子新尺牘二卷　廣文書局編輯所編輯　民國十三年(1924)上海世界書局石印本　一冊　存一卷(二)

330000－4735－0007037　09192　集部/總集類/尺牘之屬

言文對照唐著寫信必讀不分卷　舒屋山人編　民國十六年(1927)上海大北書局石印本　一冊

330000－4735－0007040　09193　集部/詩文評類/文法之屬/函牘格式

寫信必讀二卷　(清)唐芸洲撰　民國上海鑄記書局石印本　一冊　存一卷(一)

330000－4735－0007041　07383　集部/總集類/課藝之屬

學生文庫八卷　盧壽籛選輯　民國上海崇文書局鉛印本　一冊

330000－4735－0007050　07386　子部/天文曆算類/算書之屬

最新圖式小學簡明算法二卷　民國上海大觀書局石印本　一冊

330000－4735－0007052　07387　新學/學校

高等小學算術教本珠算三卷　壽孝天編纂　張廷華校訂　民國六年(1917)上海商務印書館鉛印本　曾士瀛題記　二冊　存二卷(一、三)

330000－4735－0007055　07388　新學/電學

電氣學□□卷　民國鉛印本　一冊　存二卷(九至十)

330000－4735－0007057　07389　子部/工藝類/日用器物之屬/器具

漁具論一卷　民國油印本　一冊

330000－4735－0007059　07390　新學/工藝

工藝作物學講義不分卷　民國油印本　一冊

330000－4735－0007065　07391　新學/雜著

泰西各國名人言行錄十六卷　(清)張兆蓉編　民國石印本　一冊　存三卷(三至五)

330000－4735－0007069　03869　史部/政書類/公牘檔冊之屬

西湖博覽會總報告書不分卷　西湖博覽會編纂　民國二十年(1931)西湖博覽會鉛印本　三冊　存農業館研究報告、講演錄、章程彙編、會員錄、迴想錄、初品給獎一覽

330000－4735－0007070　07393　新學/政治法律

新政真詮六卷　何啟　胡禮垣撰　民國石印本　五冊　存四卷(二至三、五至六)

330000－4735－0007072　07394　新學/政治法律

新政真詮六卷　何啟　胡禮垣撰　民國石印本　一冊　存一卷(六)

330000－4735－0007076　07395　新學/史志/諸國史

史學二卷　民國石印本　一冊　存一卷(下)

330000－4735－0007078　07396　新學/學校

教育史不分卷　商務印書館編譯所編纂　民國二年(1913)上海商務印書館鉛印本　一冊

330000－4735－0007079　09202　集部/總集類/選集之屬/通代

賦海大觀三十二卷　(清)沈祖燕編輯　民國石印本　二十五冊　存三十卷(三至三十二)

330000－4735－0007080　09203　集部/總集類/選集之屬/通代

賦海大觀三十二卷　(清)沈祖燕編輯　民國石印本　一冊　存一卷(十)

330000－4735－0007082　07397　新學/理學

新體論理學講義一卷　民國商務印書館鉛印本　一冊

330000－4735－0007084　09204　集部/總集類/選集之屬/通代

賦海大觀三十二卷　(清)沈祖燕編輯　民國石印本　二十七册

330000－4735－0007086　07399　新學/地學

地學雜誌不分卷　民國鉛印本　一册

330000－4735－0007087　03872　史部/傳記類/總傳之屬/通代

增廣廿四史尚友錄十六卷　(明)廖用賢編　(清)張伯琮補輯　(清)張亮基續編　(清)倉山主人再續編　民國十六年(1927)上海錦章圖書局石印本　十六册

330000－4735－0007088　09205　集部/總集類/選集之屬/通代

賦海大觀三十二卷　(清)沈祖燕編輯　民國石印本　三册　存五卷(三、十九至二十、二十六至二十七)

330000－4735－0007091　09206　集部/總集類/選集之屬/通代

賦海大觀三十二卷　(清)沈祖燕編輯　民國石印本　一册　存一卷(二十一)

330000－4735－0007094　07401　新學/醫學/方書

萬國藥方八卷　(美國)洪士提反譯　民國美華書館石印本　一册　存一卷(一)

330000－4735－0007105　07403　新學/理學/文學

日文教科書□□卷　(日本)伊藤賢道編　民國鉛印本　一册　存一卷(一)

330000－4735－0007108　07404　新學/理學/理學

論理學一卷哲學概論一卷　歐陽道達編　民國鉛印本　一册

330000－4735－0007112　07406　集部/詩文評類

中國中古文學史講義一卷　劉師培編　民國九年(1920)北京大學出版部鉛印本　一册

330000－4735－0007114　07407　類叢部/叢書類

競爽齋類稿　民國抄本　一册　存一種

330000－4735－0007122　09213　集部/總集類/課藝之屬

大題文府六卷　(清)退菴居士輯　民國石印本　十九册

330000－4735－0007124　07408　子部/兵家類/兵法之屬

歷代兵略一卷　民國鉛印本　一册

330000－4735－0007126　09214　集部/總集類/課藝之屬

大題文府六卷　(清)退菴居士輯　民國石印本　十三册

330000－4735－0007127　07409　新學/電學

務字本電報一卷　民國鉛印本　一册

330000－4735－0007129　07410　史部/地理類/外紀之屬

西洋史講義不分卷　民國鉛印本　一册

330000－4735－0007130　07411　新學/雜著

海產植物學一卷魚油一卷　民國油印本　一册

330000－4735－0007131　09216　集部/總集類/課藝之屬

大題文府六卷　(清)退菴居士輯　民國石印本　三册　存一卷(下孟)

330000－4735－0007136　09217　集部/總集類/課藝之屬

小題文府不分卷　民國石印本　一册

330000－4735－0007141　07414　新學/史志

普通新歷史一卷附歷代帝王總紀一卷　(清)普通學書室編　民國石印本　一册

330000－4735－0007142　09218　集部/總集類/課藝之屬

大題文府不分卷　民國石印本　六册

330000－4735－0007143　07415　新學/史志

文明叢書　民國上海文明編譯局石印本　一

冊　存一種

330000－4735－0007153　07418　經部/小學類/訓詁之屬/譯語

日文速成法不分卷　林醒凡撰　民國油印本　一冊

330000－4735－0007155　07419　經部/小學類/訓詁之屬/譯語

日文要字索引一卷　林醒凡編　民國油印本　一冊

330000－4735－0007163　07421　史部/雜史類/通代之屬

中國近百年史要□□卷　陳孟沖　陳衡哲編　民國鉛印本　一冊　存一卷(上)

330000－4735－0007164　09225　集部/總集類/課藝之屬

五經文府不分卷　民國石印本　五冊

330000－4735－0007166　07422　史部/雜史類/通代之屬

中國近世史三卷　民國鉛印本　一冊　存二卷(上、中)

330000－4735－0007173　09229　集部/别集類

履冰子吟草初編一卷二編一卷三編一卷　胡遠芬撰　民國二十一年(1932)鉛印本　二冊　存二卷(初編、三編)

330000－4735－0007177　03888　史部/傳記類/總傳之屬/通代

校正尚友錄統編二十四卷　(清)錢湖釣徒編　(清)張元聲輯　民國七年(1918)上海國學圖書局石印本　十二冊

330000－4735－0007181　07429　子部/雜著類/雜說之屬

續富國策四卷　(清)陳熾撰　民國石印本　五冊　存三卷(二至四)

330000－4735－0007188　07434　新學/雜著

五洲政藝撮要二十六卷　(清)蕭德驥編輯　民國夢孔山房石印本　六冊

330000－4735－0007190　09231　集部/詞類/類編之屬

鶯音集二種　孫德謙輯　民國七年(1918)元和孫氏四益宧鉛印本　王舟瑶題簽並記　一冊

330000－4735－0007195　07480　集部/小說類/長篇之屬

上下古今談四卷二十回　吴敬恒撰　民國十九年(1930)上海文明書局鉛印本　四冊

330000－4735－0007218　03889　史部/目録類/書志之屬/提要

讀書敏求記四卷　(清)錢曾撰　民國三年(1914)上海掃葉山房石印本　四冊

330000－4735－0007221　03890　史部/政書類/公牘檔冊之屬

漁團捐徵收法案一卷　民國鉛印本　一冊

330000－4735－0007223　07444　新學/史志/政紀

德國合盟紀事一卷　(清)徐建寅譯述　民國石印本　一冊

330000－4735－0007235　03892　史部/傳記類/總傳之屬

[劉萃英　蔣覺　項琛]哀輓錄不分卷　浙江第十一師校諸生輯　民國八年(1919)石印本　一冊

330000－4735－0007241　09246　集部/總集類/選集之屬/斷代

汪羅彭薛四家合鈔　國學扶輪社輯　民國四年(1915)中國圖書公司鉛印本　六冊

330000－4735－0007242　07450　新學/交涉/公法

公法總論一卷　(英國)羅伯村撰　(英國)傅蘭雅　汪振聲譯　民國石印本　一冊

330000－4735－0007269　03896　史部/政書類/律令之屬/律例

縣知事審理訴訟暫行章程釋義一卷　王官壽編　民國三年(1914)中華書局鉛印本　一冊

330000－4735－0007273　03897　史部/傳記類/别傳之屬

楊忠愍公傳家寶書三卷　(明)楊繼盛撰　民國九年(1920)上海宏大善書局石印本　一册

330000－4735－0007278　03898　史部/目録類/總録之屬/私撰

抱經堂書目五卷補遺一卷　杭州抱經堂書局編　民國十四年(1925)杭州抱經堂書局石印本　一册

330000－4735－0007280　03899　史部/金石類/錢幣之屬/雜著

咸豐大錢攷一卷　張絅伯編　民國上海銀行週報社鉛印本　一册

330000－4735－0007282　09257　集部/别集類

匏廬詩存九卷　郭曾炘撰　民國十六年(1927)刻本　二册　存四卷(一至四)

330000－4735－0007287　03901　史部/金石類/金之屬/圖像

西清古鑑四十卷錢録十六卷　(清)梁詩正(清)蔣溥等纂修　民國十五年(1926)上海雲華居廬石印本　六册　存十卷(二十六至三十五)

330000－4735－0007289　03902　史部/金石類/金之屬/圖像

西清古鑑四十卷錢録十六卷　(清)梁詩正(清)蔣溥等纂修　民國十五年(1926)上海雲華居廬石印本　八册　存十四卷(三至六、九至十、十四至十五、二十六至二十七、三十至三十二、四十)

330000－4735－0007295　03904　史部/政書類/律令之屬/判牘

樊山判牘續編四卷　樊增祥撰　民國元年(1912)大同書局石印本　四册

330000－4735－0007299　07462　集部/總集類/選集之屬/斷代

新輯志士文録初編二十四卷　民國石印本　三册　存十七卷(一至五、十二至二十三)

330000－4735－0007310　03906　史部/編年類/通代之屬

袁王綱鑑合編三十九卷　(明)袁黄輯　(明)王世貞編　民國石印本　一册　存二卷(二十九至三十)

330000－4735－0007314　03907　史部/編年類/通代之屬

增評加批歷史綱鑑補三十九卷首一卷　(明)王世貞　(明)袁黄纂　**御撰資治通鑑綱目三編六卷**　(清)張廷玉等撰　民國三年(1914)上海鴻寶書局石印本　十六册

330000－4735－0007315　09266　集部/詩文評類/詩評之屬

漁洋山人詩問二卷律詩定體一卷　(清)王士禛撰　**然燈記聞一卷**　(清)王士禛授　(清)何世璂録　民國元年(1912)掃葉山房石印本　一册

330000－4735－0007317　09267　集部/别集類/清别集

漁洋山人精華録箋注十二卷　(清)王士禛撰　(清)金榮箋注　(清)徐淮纂輯　民國石印本　一册　存一卷(五)

330000－4735－0007320　09268　集部/總集類/選集之屬/通代

古文析義初編六卷二編八卷　(清)林雲銘評註　民國錦章圖書局石印本　一册　存一卷(初編六)

330000－4735－0007322　03910　史部/傳記類/總傳之屬/列女

新刊古列女傳八卷　(漢)劉向撰　(明)仇英繪　民國十年(1921)上海廣雅書局石印本　一册　存二卷(一至二)

330000－4735－0007327　四部叢刊　類叢部/叢書類/彙編之屬

四部叢刊　張元濟等編　民國十八年(1929)上海商務印書館影印本　二千三十六册　存三百十一種

330000－4735－0007346　09275－08089　集

部/總集類/郡邑之屬

續甬上耆舊詩一百二十卷首一卷　(清)全祖望輯選　民國七年(1918)四明文獻社鉛印本　十二冊　存七十四卷(四十七至一百二十)

330000－4735－0007349　09276　集部/總集類/郡邑之屬

續甬上耆舊詩一百二十卷首一卷　(清)全祖望輯選　民國七年(1918)四明文獻社鉛印本　二十四冊

330000－4735－0007350　09277　集部/總集類/郡邑之屬

續甬上耆舊詩一百二十卷首一卷　(清)全祖望輯選　民國七年(1918)四明文獻社鉛印本　一冊　存六卷(首、一至五)

330000－4735－0007351　10368　類叢部/叢書類/家集之屬

錫山尤氏叢刊甲集六種　尤桐輯　民國二十四年(1935)鉛印本　一冊　存三種

330000－4735－0007352　09278　集部/總集類/郡邑之屬

續甬上耆舊詩一百二十卷首一卷　(清)全祖望輯選　民國七年(1918)四明文獻社鉛印本　二十三冊　缺五卷(五十一至五十五)

330000－4735－0007363　10369　類叢部/叢書類/自著之屬

煙霞草堂遺書十七種續刻四種附一種　(清)劉光蕡撰　民國八年至十四年(1919－1925)王典章思過齋蘇州刻本　四冊　存五種

330000－4735－0007364　07800　集部/小說類/長篇之屬

歷代神仙通鑑三集二十二卷附圖一卷　(清)徐衜述　(清)李理　(清)王太素贊　(清)程毓奇續　民國三年(1914)上海江東茂記書局石印本　二十四冊

330000－4735－0007365　07801　集部/小說類/長篇之屬

歷代神仙通鑑三集二十二卷附圖一卷　(清)徐衜述　(清)李理　(清)王太素贊　(清)程毓奇續　民國上海江東茂記書局石印本　二十二冊　缺二卷(十六至十七)

330000－4735－0007367　07802　集部/小說類/長篇之屬

歷代神仙通鑑三集二十二卷附圖一卷　(清)徐衜述　(清)李理　(清)王太素贊　(清)程毓奇續　民國上海江東茂記書局石印本　十二冊　存十二卷(六至十七)

330000－4735－0007370　07804　集部/小說類/長篇之屬

增評補像全圖金玉緣一百二十回　(清)曹霑　(清)高鶚撰　(清)王希廉　(清)張新之　(清)姚燮評　民國石印本　十冊　存九十六回(九至五十二、六十九至一百二十)

330000－4735－0007376　07805　集部/小說類/長篇之屬

增評補像全圖金玉緣一百二十回　(清)曹霑　(清)高鶚撰　(清)王希廉　(清)張新之　(清)姚燮評　民國石印本　十冊　缺十六回(四十一至五十六)

330000－4735－0007378　07807　集部/小說類/長篇之屬

增評補像全圖金玉緣十六卷首一卷一百二十回　(清)曹霑　(清)高鶚撰　(清)王希廉　(清)張新之　(清)姚燮評　民國石印本　十四冊　缺二卷(三、八)

330000－4735－0007379　07806　集部/小說類/長篇之屬

批評增像野叟曝言二十卷一百五十回　(清)夏敬渠撰　民國二十一年(1932)石印本　十冊

330000－4735－0007384　09286　集部/總集類/選集之屬/斷代

靈峰小識不分卷　富陽靈峯精舍編輯　民國浙江富陽靈峯精舍鉛印本　一冊　存第八冊

330000－4735－0007385　02517　史部/傳記類/别傳之屬/事狀

蘄水湯先生[化龍]遺念錄一卷　民國八年

(1919)鉛印本　一册

330000－4735－0007386　07808　集部/小說類/長篇之屬

增評加批金玉緣圖說一百二十卷一百二十回　(清)曹霑　(清)高鶚撰　(清)蝶薌仙史評訂　民國石印本　一册　存七卷(一百十四至一百二十)

330000－4735－0007391　07809　集部/小說類/長篇之屬

東周列國志二十七卷一百八回　(清)蔡奡評點　民國石印本　七册　存二十五卷(三至二十七)

330000－4735－0007399　09289　集部/別集類

西麓詩草甲集一卷詩鈔乙集二卷　胡介昌撰　民國二十二年(1933)美新印刷公司鉛印本　二册　缺一卷(甲集)

330000－4735－0007402　07812　集部/小說類/長篇之屬

增像全圖東周列國志二十七卷一百八回　(清)蔡奡評點　民國上海中新書局鉛印本　四册　存十二卷(四至十三、二十四至二十五)

330000－4735－0007417　07815　集部/小說類/長篇之屬

東周列國全志二十三卷一百八回　(清)蔡奡評點　民國上海錦章圖書局石印本　一册　存四卷(九至十二)

330000－4735－0007422　07816　集部/小說類/長篇之屬

東周列國志二十七卷一百八回　(清)蔡奡評點　民國上海錦章圖書局石印本　二册　存八卷(十六至二十三)

330000－4735－0007423　07817　集部/小說類/長篇之屬

增像全圖東周列國志二十七卷一百八回　(清)蔡奡評點　民國鉛印本　一册　存四卷(十五至十八)

330000－4735－0007427　07818　集部/小說類/長篇之屬

增像全圖東周列國志二十七卷首一卷一百八回　(清)蔡奡評點　民國十一年(1922)上海元昌書局石印本　李靜軒題記　一册　存五卷(首、一至四)

330000－4735－0007430　07819　集部/小說類/長篇之屬

增像全圖東周列國志二十七卷一百八回　(清)蔡奡評點　民國石印本　一册　存二卷(三至四)

330000－4735－0007431　09297　集部/詩文評類/文法之屬

中華初等尺牘一卷　章瑞蘭編輯　民國元年(1912)上海中華書局石印本　鍾伯順題記　一册

330000－4735－0007432　07820　集部/小說類/長篇之屬

增像全圖東周列國志二十七卷一百八回　(清)蔡奡評點　民國上海商務印書館石印本　二册　存七卷(十五至十八、二十二至二十四)

330000－4735－0007433　09298　集部/詩文評類/文法之屬/函牘格式

言文對照學生新尺牘二卷　廣文書局編輯所編輯　民國十三年(1924)上海世界書局石印本　一册　存一卷(二)

330000－4735－0007435　07822　集部/小說類/長篇之屬

東周列國全志八卷一百八回　(清)蔡奡評點　民國鍊石齋書局石印本　二册　存二卷(二至三)

330000－4735－0007436　09299　集部/別集類/清別集

音註小倉山房尺牘八卷　(清)袁枚撰　(清)胡光斗箋釋　民國石印本　一册　存二卷(七至八)

330000－4735－0007437　07823　集部/小說

類/長篇之屬

增像全圖東周列國志二十七卷一百八回 (清)蔡奡評點 民國鑄記書局石印本 二冊 存四卷(八至九、十二至十三)

330000－4735－0007438 09300 集部/別集類/宋別集

黃山谷書牘一卷 (宋)黃庭堅撰 民國石印本 運新題記 一冊

330000－4735－0007439 09301 集部/別集類

樊山書牘二卷 樊增祥撰 民國新中國圖書局石印本 一冊 存一卷(一)

330000－4735－0007441 09302 集部/別集類/宋別集

曾南豐尺牘一卷 (宋)曾鞏撰 民國二十四年(1935)上海商務印書館鉛印本 胡步川題記 一冊

330000－4735－0007444 09303 集部/別集類/清別集

曾文正公文集三卷 (清)曾國藩撰 民國四年(1915)鉛印本 一冊

330000－4735－0007450 10375 類叢部/叢書類/彙編之屬

宋人小說二十八種 涵芬樓編 民國上海商務印書館鉛印本 三十九冊 存二十六種

330000－4735－0007457 07830 集部/小說類/長篇之屬

增批石頭記圖詠一百二十卷 (清)曹霑 (清)高鶚撰 (清)蝶薌仙史評訂 民國石印本 三餘堂題簽 二冊 存三十二卷(九至四十)

330000－4735－0007459 03929 史部/傳記類/別傳之屬/事狀

滬軍都督陳公英士[其美]行狀一卷 邵元沖撰 民國六年(1917)鉛印本 一冊

330000－4735－0007467 10376 類叢部/叢書類/自著之屬

曾文正公四種 (清)曾國藩撰 民國上海廣益書局石印本 二冊 存一種

330000－4735－0007475 07834 集部/小說類/長篇之屬

增評加批金玉緣圖說十六卷一百二十回 (清)曹霑 (清)高鶚撰 (清)蝶薌仙史評訂 民國石印本 一冊 存四卷(五至八)

330000－4735－0007477 07835 集部/小說類/長篇之屬

增評加批金玉緣圖說十六卷一百二十回 (清)曹霑 (清)高鶚撰 (清)蝶薌仙史評訂 民國石印本 一冊 存四卷(五至八)

330000－4735－0007478 07836 集部/小說類/長篇之屬

增評加批金玉緣圖說十六卷一百二十回 (清)曹霑 (清)高鶚撰 (清)蝶薌仙史評訂 民國石印本 三冊 存十一卷(六至十六)

330000－4735－0007481 07837 集部/小說類/長篇之屬

增像全圖加批西遊記十二卷一百回 (明)吳承恩撰 (清)陳士斌詮解 民國十三年(1924)上海元昌書局石印本 傅桐題記 一冊 存一卷(一)

330000－4735－0007486 07838 集部/小說類/長篇之屬

加批繪圖增像西遊記八卷一百回 (明)吳承恩撰 (清)陳士斌詮解 民國石印本 六冊 存六卷(二至七)

330000－4735－0007489 07839 集部/小說類/長篇之屬

洞冥記十卷三十八回 (清)呂惟一輯 民國鉛印本 四冊 存八卷(三至十)

330000－4735－0007504 07848 集部/小說類/短篇之屬

詳註聊齋志異圖詠十六卷首一卷 (清)蒲松齡撰 (清)呂湛恩注 民國上海天寶書局石印本 六冊 存十三卷(首,一至四、七至十、十三至十六)

330000－4735－0007506　07850　集部/小說類/短篇之屬

詳註聊齋志異圖詠十六卷　(清)蒲松齡撰　(清)呂湛恩注　民國石印本　二冊　存四卷(七至八、十一至十二)

330000－4735－0007507　07851　集部/小說類/短篇之屬

詳註聊齋志異圖詠十六卷　(清)蒲松齡撰　(清)呂湛恩注　民國石印本　六冊　存十二卷(五至十六)

330000－4735－0007511　07855　集部/小說類/長篇之屬

圖像鏡花緣二十卷一百回　(清)李汝珍撰　民國鉛印本　一冊　存三卷(四至六)

330000－4735－0007512　07856　集部/小說類/長篇之屬

圖像鏡花緣六卷一百回　(清)李汝珍撰　民國石印本　二冊　存二卷(四至五)

330000－4735－0007514　03941　史部/政書類/公牘檔冊之屬

浙江省議會第一屆常年會議決案不分卷　浙江省議會編　民國二年(1913)鉛印本　一冊

330000－4735－0007515　07857　集部/小說類/長篇之屬

圖像鏡花緣六卷一百回　(清)李汝珍撰　民國石印本　二冊　存二卷(三、六)

330000－4735－0007517　07858　集部/小說類/長篇之屬

圖像鏡花緣全傳六卷一百回　(清)李汝珍撰　民國上海文盛堂石印本　三冊　存三卷(一至二、五)

330000－4735－0007520　10385　類叢部/叢書類/自著之屬

南園叢稿十二種二十四卷　張相文撰　**泗陽張沌谷居士年譜一卷榮哀錄一卷**　張星烺撰輯　民國十八年至二十四年(1929－1935)北平中國地學會鉛印本　二冊　存二種

330000－4735－0007521　07859　集部/小說類/長篇之屬

圖像鏡花緣六卷一百回首一卷　(清)李汝珍撰　民國上海錦章圖書局石印本　一冊　存二卷(首、一)

330000－4735－0007523　07860　集部/小說類/長篇之屬

繪圖鏡花緣六卷一百回　(清)李汝珍撰　民國石印本　四冊　存四卷(二至五)

330000－4735－0007526　07861　集部/小說類/長篇之屬

花月痕全書十六卷五十二回　(清)魏秀仁撰　(清)棲霞居士評　民國七年(1918)上海育文書局石印本　一冊　存七卷(一至七)

330000－4735－0007528　03944　史部/政書類/邦交之屬

一九二〇年二月九日在巴黎簽訂關於斯壁嵫浦條約一卷　民國十四年(1925)鉛印本　一冊

330000－4735－0007531　03945　史部/政書類/邦計之屬

浙江省民國六年度省地方歲出入預算書二卷　浙江省議會編　民國六年(1917)鉛印本　一冊

330000－4735－0007534　07862　集部/小說類/長篇之屬

第一才子書十六卷一百二十回　(明)羅本撰　(清)毛宗崗　(清)金人瑞評　民國上海文明書局石印本　四冊　存四卷(十一、十四至十六)

330000－4735－0007537　03947　史部/政書類/公牘檔冊之屬

浙江省議會臨時議決案不分卷　浙江省議會編　民國鉛印本　一冊

330000－4735－0007538　07863　集部/小說類/長篇之屬

第一才子書六十卷一百二十回　(明)羅本撰　(清)毛宗崗　(清)金人瑞評　民國石印本　三冊　存十五卷(四十一至五十五)

330000－4735－0007540　10389　類叢部/叢書類/家集之屬

武林丁氏家集十三種　丁立誠　丁立中撰　民國錢塘丁氏嘉惠堂鉛印本　一冊　存一種

330000－4735－0007542　03948　史部/政書類/公牘檔冊之屬

浙江省參議會文牘三卷　浙江省參議會編　民國鉛印本　一冊

330000－4735－0007543　10390　類叢部/叢書類/郡邑之屬

括蒼叢書第一集八種　劉燿東編　民國二十七年(1938)鉛印本　十六冊

330000－4735－0007545　03949　史部/政書類/公牘檔冊之屬

浙江省議會第二屆常年會文牘四卷　浙江省議會編　民國五年(1916)鉛印本　一冊

330000－4735－0007547　07865　集部/小說類/長篇之屬

第一才子書六十卷一百二十回　(明)羅本撰　(清)毛宗崗　(清)金人瑞評　民國石印本　一冊　存四卷(五十七至六十)

330000－4735－0007550　09326－08118　集部/總集類/郡邑之屬

四明清詩略三十二卷首三卷　(清)董沛輯　**續稿八卷**　忻江明輯　**姓氏韻編一卷**　民國十九年(1930)中華書局鉛印本　劼成題記　一冊　存二卷(首上中)

330000－4735－0007556　09328　集部/別集類/清別集

秋蟪吟館詩鈔七卷　(清)金和撰　民國五年(1916)上元金氏刻本　五冊

330000－4735－0007557　03954　史部/政書類/公牘檔冊之屬

浙江省驗契辦事細則一卷　民國鉛印本　一冊

330000－4735－0007559　07867　集部/小說類/長篇之屬

增像全圖三國演義十六卷一百二十回　(明)羅本撰　(清)毛宗崗評　民國石印本　一冊　存二卷(十三至十四)

330000－4735－0007561　07868　集部/小說類/長篇之屬

圖像三國志演義第一才子書六十卷一百二十回　(明)羅本撰　(清)毛宗崗評　民國廣百宋齋鉛印本　一冊　存五卷(五十六至六十)

330000－4735－0007566　03956　史部/政書類/邦交之屬

修正凡爾賽條約第三百九十三條及其他和約同類條款議定書一卷附刊一卷　民國十二年(1923)鉛印本　一冊

330000－4735－0007567　07870　集部/小說類/長篇之屬

增像全圖三國志演義第一才子書十六卷一百二十回　(明)羅本撰　(清)毛宗崗評　民國上海天寶書局石印本　一冊　存二卷(三至四)

330000－4735－0007569　09331　集部/總集類/選集之屬/斷代

桐城吳先生評點唐詩鼓吹十六卷　(清)吳汝綸撰　民國十四年(1925)南宮刑之襄刻本　二冊

330000－4735－0007571　07871　集部/小說類/長篇之屬

第一才子書繡像三國志演義六十卷一百二十回　(明)羅本撰　(清)毛宗崗　(清)金人瑞評　民國鉛印本　一冊　存八卷(十五至二十二)

330000－4735－0007575　07872　集部/小說類/長篇之屬

增像全圖三國演義十六卷一百二十回　(明)羅本撰　(清)毛宗崗評　民國石印本　文卿氏題簽　三冊　存六卷(三至四、七至十)

330000－4735－0007577　07873　集部/小說類/長篇之屬

繡像後三國演義東晉六卷西晉四卷　(清)陳氏尺蠖齋評釋　民國石印本　一冊　存二卷

(東晉五至六)

330000－4735－0007579　07874　集部/小說類/長篇之屬

燕山外史註釋八卷　(清)陳球撰　(清)傅聲谷輯註　民國上洋海左書局石印本　一冊　存二卷(七至八)

330000－4735－0007581　07875　集部/小說類/長篇之屬

燕山外史註釋二卷　(清)陳球撰　(清)傅聲谷輯註　民國三年(1914)上海醉經堂書莊石印本　王□星題記　一冊

330000－4735－0007590　07879　集部/小說類/長篇之屬

新刻天花藏批評平山冷燕四卷二十回　(清)荻岸散人編　民國石印本　一冊　存二卷(一、三)

330000－4735－0007595　07881　集部/小說類/長篇之屬

繪圖增像第五才子書水滸全傳八卷七十回首一卷　(元)施耐庵撰　(清)金人瑞評釋　民國九年(1920)石印本　二冊　存七卷(首,一至二、五至八)

330000－4735－0007597　07882　集部/小說類/長篇之屬

增像第五才子奇書八卷七十回　(元)施耐庵撰　(清)金人瑞評　民國石印本　一冊　存一卷(七)

330000－4735－0007607　03964　史部/目録類/版本之屬/書影

竹簡齋二十四史樣本不分卷　中華書局編　民國十一年(1922)中華書局鉛印本暨影印本　一冊

330000－4735－0007623　03968　史部/傳記類/別傳之屬/事狀

尊孔史二卷附孔子紀元對照表一卷孔子年譜一卷孔子詩歌一卷　石榮暲輯　民國十七年(1928)長春三笠町北原印刷所鉛印本　一冊

330000－4735－0007625　03969　史部/傳記類/總傳之屬

柏堂師友言行記四卷　(清)方宗誠輯　民國十五年(1926)京華印書局鉛印本　一冊

330000－4735－0007626　07890　集部/小說類/長篇之屬

新刊七真因果二卷二十九回　黄永亮編　民國十二年(1923)上海宏大善書局石印本　一冊

330000－4735－0007630　07891　集部/小說類/長篇之屬

新刊繡像評演濟公傳十二卷一百二十回　郭廣瑞撰　民國石印本　一冊　存一卷(二)

330000－4735－0007632　03971　史部/傳記類/總傳之屬/忠孝

女二十四孝圖說并詩不分卷　潘守廉編　民國二十五年(1936)上海三友實業社石印本　一冊

330000－4735－0007634　07892　集部/小說類/長篇之屬

繪像結水滸全傳八卷一百四十回　(清)俞萬春撰　(清)范辛來　(清)邵祖恩參評　民國鉛印本　二冊　存二卷(一、八)

330000－4735－0007637　07893　集部/小說類/短篇之屬

武俠小說甘鳳池演義一卷十二回　喬露青編　民國十一年(1922)上海求石齋書局石印本　一冊

330000－4735－0007638　10406　集部/別集類/清別集

遵義鄭徵君遺著二十一卷　(清)鄭珍撰　**坿屈廬詩稿四卷**　(清)鄭同知撰　民國三年至四年(1914－1915)陳夔龍花近樓刻本　一冊　存四卷(屈廬詩稿一至四)

330000－4735－0007640　07894　集部/小說類/長篇之屬

聖朝鼎盛八集七十六回　民國石印本　四冊　存六集(一至二、五至八)

330000－4735－0007644　07896　集部/小說

類/長篇之屬

繪圖繪芳錄八卷八十回 (清)西泠野樵撰 民國鉛印本 一冊 存一卷(八)

330000－4735－0007654 07901 集部/小說類/長篇之屬

繡像九續彭公案四卷 (清)葛惠撰 民國上海校經山房石印本 一冊

330000－4735－0007657 07902 集部/小說類/長篇之屬

繪圖施公奇案四卷九十八回 民國石印本 三冊 存三卷(二至四)

330000－4735－0007659 07903 集部/小說類/長篇之屬

繡像八續彭公案四卷四十回 民國石印本 一冊 存二卷(三至四)

330000－4735－0007660 10411 類叢部/叢書類/郡邑之屬

義烏先哲遺書五種 黄侗編 民國二十二年至二十四年(1933－1935)義烏黄氏鉛印本 一冊 存一種

330000－4735－0007661 07904 集部/小說類/長篇之屬

繪圖歷朝通俗演義十一種 蔡東藩輯 民國上海會文堂新記書局石印本 十一冊 存三種

330000－4735－0007664 10412 類叢部/叢書類/郡邑之屬

義烏先哲遺書五種 黄侗編 民國二十二年至二十四年(1933－1935)義烏黄氏鉛印本 五冊 缺一卷(粲花館詩鈔)

330000－4735－0007667 07906 集部/小說類/長篇之屬

清史通俗演義十卷一百回 蔡東藩撰 民國八年(1919)上海會文堂書局石印本 二冊 存二卷(八、十)

330000－4735－0007670 07907 集部/小說類/長篇之屬

增像全圖東漢演義四卷六十四回 (明)謝詔撰 民國石印本 一冊 存三卷(一至三)

330000－4735－0007672 07908 集部/小說類/長篇之屬

繡像東漢演義十卷一百二十六回 (明)謝詔撰 民國鉛印本 一冊 存五卷(六至十)

330000－4735－0007677 07910 集部/小說類/長篇之屬

大字足本七國志□□卷 民國上海大觀書局石印本 一冊 存二卷(三至四)

330000－4735－0007679 07911 集部/小說類/長篇之屬

吴三桂演義四卷四十回 民國石印本 二冊 存二卷(二至三)

330000－4735－0007681 07912 集部/小說類/長篇之屬

四雪草堂重訂通俗隋唐演義八卷一百回 (清)褚人獲撰 民國石印本 一冊 存一卷(二)

330000－4735－0007683 10414 子部/叢編

清代筆記叢刊四十一種 文明書局編 民國上海文明書局石印本 六冊 存三種

330000－4735－0007685 03977 史部/金石類

非儒非俠齋金石叢著十種 顧燮光撰 民國會稽顧氏金佳石好樓石印本暨鉛印本 一冊 存一種

330000－4735－0007690 03978 新學/交涉

日本條約改正沿革一卷 (日本)逸見晉原撰 民國影印本 一冊

330000－4735－0007691 09366 集部/別集類

繼述堂文鈔四卷文鈔續刻一卷詩鈔二卷詩鈔續刻一卷 王毓英撰 民國六年(1917)務本石印本 一冊 存二卷(文鈔續刻、詩鈔續刻)

330000－4735－0007694 09367 集部/總集類/選集之屬/通代

古今文綜不分卷　張相輯　民國上海中華書局鉛印本　十冊

330000－4735－0007701　07918　集部/戲劇類/雜劇之屬

增像第六才子書五卷　(元)王實甫　(元)關漢卿撰　(清)金人瑞評　民國石印本　鏡□氏題簽　三冊　存三卷(一、三、五)

330000－4735－0007703　09370　集部/總集類/彙編之屬

漢魏六朝百三名家集一百十八卷　(明)張溥輯　民國上海掃葉山房石印本　一冊　存三種

330000－4735－0007720　07924　集部/戲劇類/傳奇之屬

繪像第七才子琵琶記六卷　(元)高明撰　(清)毛綸評　民國文宜書局石印本　三冊

330000－4735－0007723　07925　集部/戲劇類/雜劇之屬

增像第六才子書五卷　(元)王實甫　(元)關漢卿撰　(清)金人瑞評　民國石印本　一冊　存三卷(三至五)

330000－4735－0007724　07926　集部/戲劇類/雜劇之屬

桃谿雪二卷二十齣　(清)黄燮清撰　(清)李光溥評文　民國十二年(1923)永康五彩石印局石印本　施鎮藩題記　一冊

330000－4735－0007729　09377　新學/學校

言文對照初級中學國文讀本三卷　秦同培編輯　民國十四年(1925)上海世界書局石印本　一冊　存一卷(三)

330000－4735－0007739　07931　集部/曲類/曲選之屬

繪圖綴白裘十二集四十八卷　(清)玩花主人輯　(清)錢德蒼增輯　民國石印本　一冊　存四卷(二集一至四)

330000－4735－0007746　07933　集部/戲劇類/傳奇之屬

繡像繪圖琵琶記六卷　(元)高明撰　(清)毛綸評　民國上海進步書局石印本　一冊　存三卷(一至三)

330000－4735－0007747　09384　集部/別集類/清別集

素心簃集四卷　(清)顧蓮撰　高燮輯　民國二年(1913)金山高氏寒隱草堂刻本　二冊

330000－4735－0007753　07936　集部/曲類/彈詞之屬

繪圖天雨花二十卷六十回　民國石印本　一冊　存一卷(五)

330000－4735－0007754　07937　集部/曲類/彈詞之屬

繡像六美圖中外緣八卷　民國石印本　一冊　存一卷(六)

330000－4735－0007755　07938　集部/曲類/彈詞之屬

繡像全圖足本醒世錄十二卷一百回　民國石印本　三冊　存九卷(一至三、七至十二)

330000－4735－0007764　09386　集部/別集類

蒹葭里館詩二卷　吳用威撰　民國八年(1919)鉛印本　二冊

330000－4735－0007766　07942　集部/戲劇類/傳奇之屬

繪圖燕子箋記四卷四十二齣　(明)阮大鋮撰　(清)雪韻堂批點　民國石印本　一冊

330000－4735－0007767　09387　集部/詞類/總集之屬

甌社詞鈔二卷　陳閎慧編　民國十年(1921)溫州同文印書館鉛印本　一冊

330000－4735－0007770　07944　集部/曲類/彈詞之屬

玉蜻蜓不分卷　民國抄本　一冊

330000－4735－0007782　04005　史部/史抄類

史記菁華錄六卷　(清)姚祖恩輯評　民國四年(1915)上海鴻寶齋石印本　三冊　存三卷

(一至二、六)

330000－4735－0007784　04006　史部/目録類
中華民國法規大全第一輯樣本一卷　民國三年(1914)石印本　一冊

330000－4735－0007787　04007　史部/史抄類
教科適用漢書精華八卷　中華書局編　民國上海中華書局鉛印本　八冊

330000－4735－0007799　07952　集部/曲類/曲韻曲譜曲律之屬
南曲譜十三卷　(明)沈璟撰　民國石印本　一冊

330000－4735－0007801　07953　集部/曲類/曲韻曲譜曲律之屬
崑曲粹存初集不分卷　崑山國學保存會輯　民國十八年(1929)上海校經山房成記書局石印本　二冊

330000－4735－0007803　07954　集部/戲劇類/總集之屬/傳奇
玉生香傳奇四種曲　民國八年(1919)碧梧山莊石印本　三冊　存二種

330000－4735－0007807　04012　史部/傳記類/總傳之屬/忠孝
錫山秦氏後雙孝徵文彙錄不分卷附錄秦氏後雙孝全案一卷　(清)秦中毅輯　民國九年(1920)無錫秦氏鉛印本　一冊

330000－4735－0007808　07955　集部/戲劇類/傳奇之屬
滄桑豔二卷　丁傳靖填詞　游毅之論文　石淩漢正拍　民國三年(1914)掃葉山房石印本　靈南題簽　一冊

330000－4735－0007835　07964　集部/詞類/別集之屬
歡盦詞甲乙丙丁藁四卷附詞拾一卷　夏仁虎撰　民國二年(1913)刻九年(1920)補刻本　二冊

330000－4735－0007848　07969　集部/總集類/課藝之屬
試帖詩六卷　民國石印本　一冊　存一卷(四)

330000－4735－0007850　04025　史部/政書類/律令之屬/法驗
重刊補註洗冤錄集證五卷　(宋)宋慈撰　(清)王又槐增輯　(清)李觀瀾補輯　(清)孫光烈參閱　(清)阮其新補註　(清)王又梧校訂　(清)張錫蕃重訂　民國石印本　二冊　存三卷(二至四)

330000－4735－0007861　04028　史部/傳記類/總傳之屬/通代
校正尚友錄統編二十四卷　(清)錢湖釣徒編　(清)張元聲輯　民國石印本　一冊　存九卷(十六至二十四)

330000－4735－0007877　07977　集部/總集類/課藝之屬
紹興府學堂課藝不分卷　民國石印本　一冊

330000－4735－0007890　07982　集部/總集類/選集之屬/斷代
濟陽文社文錄一卷　朱陶編　民國八年(1919)杭州又新石印書局石印本　一冊

330000－4735－0007891　04035　史部/地理類/外紀之屬
日本國志不分卷　(清)黃遵憲輯　民國抄本　一冊

330000－4735－0007906　04043　史部/史評類/史論之屬
最新史事論十二卷　雷瑨輯　民國四年(1915)上海掃葉山房石印本　郁建題簽　四冊

330000－4735－0007920　09428　集部/別集類/清別集
小倉山房往還書札全集十八卷　(清)袁枚撰　(清)朱士俊　(清)沈錦垣編　民國鉛印本　一冊　存九卷(十至十八)

330000－4735－0007943　09435　集部/別

集類

凹園詩鈔二卷附詞一卷　黄榮康撰　民國十年(1921)刻本　一册

330000－4735－0007951　09438　史部/史評類/詠史之屬

十國宫詞一百首一卷　(清)吴省蘭撰　民國掃葉山房石印本　一册

330000－4735－0007974　07476　類叢部/類書類/專類之屬

新學類纂十四卷　民國石印本　一册　存二卷(八至九)

330000－4735－0007983　07479　新學/理學

天演論二卷　(英國)赫胥黎撰　嚴復譯　民國鉛印本　二册

330000－4735－0007985　02999　史部/政書類/邦交之屬

中外新舊條約彙刻不分卷　劉樹屏等輯　咫遠社編輯　民國石印本　一册　存外交綱要,外交統系表俄、英

330000－4735－0007986　07481　集部/小説類/長篇之屬

上下古今談四卷二十回　吴敬恒撰　民國十九年(1930)上海文明書局鉛印本　四册

330000－4735－0007987　07482　子部/雜著類/雜纂之屬

左孟莊騷精華録二卷　林紓評註　民國三年(1914)上海商務印書館鉛印本　一册

330000－4735－0007994　09895　集部/別集類

中華古今百美詠一卷　繆天綽撰　民國石印本　一册

330000－4735－0007996　10449　類叢部/叢書類/彙編之屬

嘉業堂叢書五十七種　劉承幹編　民國吴興劉氏嘉業堂刻本　陳氏題簽　二册　存二種

330000－4735－0008001　07488　子部/天文曆算類/算書之屬

代數通藝録十六卷　(清)方愷撰　民國石印本　一册　存三卷(七至九)

330000－4735－0008002　10455　類叢部/叢書類/郡邑之屬

吴興叢書六十六種　劉承幹編　民國吴興劉氏嘉業堂刻本　十二册　存三種

330000－4735－0008005　07490　子部/雜著類/雜説之屬

盛世危言增訂新編十四卷　鄭觀應撰　民國鉛印本　三册　存六卷(四至五、八至九、十二至十三)

330000－4735－0008008　10451　類叢部/叢書類/彙編之屬

嘉業堂叢書五十七種　劉承幹編　民國吴興劉氏嘉業堂刻本　四册　存三種

330000－4735－0008014　07492　子部/雜著類/雜説之屬

學術不分卷　民國石印本　一册

330000－4735－0008018　07494　子部/藝術類/書畫之屬

文明正草尺牘四卷　民國四年(1915)上海海左書局石印本　金玉峯題簽　一册

330000－4735－0008019　07495　新學/學校

六百字編通俗教育讀本三卷　民國上海提藍橋大同編譯局石印本　金學熙題簽　一册

330000－4735－0008026　09894　集部/別集類

銘甫遺稿一卷附録一卷　邵銘甫撰　民國八年(1919)鉛印本　一册

330000－4735－0008028　07496　子部/宗教類/道教之屬

黄粱醒夢二集一卷　民國二十七年(1938)臨海雷恒源石印本　一册

330000－4735－0008029　07497　子部/宗教類/道教之屬

黄粱醒夢二集一卷　民國二十七年(1938)臨海雷恒源石印本　一册

330000－4735－0008031　07498　子部/宗教類/道教之屬
黃粱醒夢二集一卷　民國二十七年(1938)臨海雷恒源石印本　一冊

330000－4735－0008032　07499　子部/宗教類/道教之屬
果報類編　民國石印本　二冊

330000－4735－0008033　09461　集部/總集類/酬唱之屬
玉田唱和集一卷　項元漸輯　民國鉛印本　一冊

330000－4735－0008034　07500　子部/小說家類/異聞之屬
繪圖情史二十四卷　(清)詹詹外史評輯　民國石印本　一冊　存二卷(一至二)

330000－4735－0008036　09462　集部/別集類
臥雲東遊詩鈔十二卷　釋靜圓撰　民國十二年至十三年(1923－1924)甌郡刻本　二冊　存七卷(三至六、十至十二)

330000－4735－0008042　07503　子部/雜著類/雜說之屬
煙嶼樓讀書志十六卷筆記八卷　(清)徐時棟撰　民國十七年(1928)鄞縣徐方來蘧學齋鉛印本　二冊　存八卷(筆記一至八)

330000－4735－0008046　07505　子部/雜著類/雜考之屬
資暇集三卷附南窗紀譚一卷　(唐)李匡乂撰　民國三年(1914)南林劉氏求恕齋刻朱印本　一冊

330000－4735－0008048　10458　類叢部/叢書類/自著之屬
章氏遺書七種外編十種　(清)章學誠撰　民國十一年(1922)吳興劉氏嘉業堂刻本　二十七冊　存十種

330000－4735－0008057　07510　子部/雜著類/雜品之屬
弦雪居重訂遵生八牋十九卷　(明)高濂撰　民國抄本　一冊　存一卷(七)

330000－4735－0008059　07511　子部/小說家類/雜事之屬
新刊大宋宣和遺事四卷　民國鉛印本　二冊　存二卷(二至三)

330000－4735－0008063　07513　子部/醫家類/養生之屬
養生保命錄一卷　民國二十三年(1934)上海三友實業社石印本　一冊

330000－4735－0008064　07514　子部/小說家類/異聞之屬
續新齊諧三卷　(清)袁枚撰　民國石印本　一冊　存一卷(下)

330000－4735－0008071　09891　集部/別集類
有深味齋詩餘一卷　徐瑞徵撰　民國石印本　一冊

330000－4735－0008072　四部叢刊2　類叢部/叢書類/彙編之屬
四部叢刊　張元濟等編　民國八年(1919)上海商務印書館影印本　四十九冊　存十一種

330000－4735－0008077　09478　集部/別集類/清別集
咄咄吟二卷首一卷末一卷　(清)貝青喬撰　民國三年(1914)南林劉氏求恕齋刻朱印本　一冊

330000－4735－0008078　09479　集部/別集類/清別集
楓江草堂詩集十卷清湘瑤瑟續譜一卷　(清)朱紫貴撰　民國二年(1913)刻朱印本　一冊　缺三卷(一至三)

330000－4735－0008080　09480　集部/別集類/唐五代別集
司空表聖詩三卷附錄一卷　(唐)司空圖撰　民國三年(1914)南林劉氏求恕齋刻朱印本　一冊

330000－4735－0008082　07520　子部/雜

著類

綠天齋講義錄一卷　民國鉛印本　一冊

330000－4735－0008088　07523　新學/政治法律/刑法

刑法不分卷　民國油印本　吉八寅題簽　一冊

330000－4735－0008090　10461　類叢部/叢書類/郡邑之屬

敬鄉樓叢書三十八種　黃羣編　民國十七年至二十四年(1928－1935)永嘉黃氏鉛印本　六十九冊　缺十二卷(宋宰輔編年錄九至二十)

330000－4735－0008094　07526　子部/儒家類/儒學之屬

餘山先生遺書十卷　(清)勞史撰　(清)桑調元　(清)沈廷芳編　**附餘山先生行狀一卷**　(清)桑調元撰　民國鉛印本　一冊　缺五卷(一至五)

330000－4735－0008099　10462－03473　類叢部/叢書類/郡邑之屬

敬鄉樓叢書三十八種　黃羣編　民國十七年至二十四年(1928－1935)永嘉黃氏鉛印本　三十四冊　存第二輯五種、第三輯七種、第四輯十種

330000－4735－0008102　10463　類叢部/叢書類/郡邑之屬

敬鄉樓叢書三十八種　黃羣編　民國十七年至二十四年(1928－1935)永嘉黃氏鉛印本　一冊　存第二輯一種

330000－4735－0008103　10464　類叢部/叢書類/郡邑之屬

敬鄉樓叢書三十八種　黃羣編　民國十七年至二十四年(1928－1935)永嘉黃氏鉛印本　四冊　存第一輯三種

330000－4735－0008105　09494　集部/詞類/總集之屬

唐五代詞不分卷附校記一卷　林大椿輯　民國二十四年(1935)上海商務印書館鉛印本　胡步川題簽並記　四冊

330000－4735－0008113　07531　子部/天文曆算類/天文之屬

步天歌一卷輿地畧一卷括地畧一卷　民國石印本　一冊

330000－4735－0008115　07532　子部/醫家類/兒科之屬/痘疹

痲痘彙鈔一卷　民國抄本　朱有容題簽　一冊

330000－4735－0008120　10468　類叢部/叢書類/彙編之屬

士禮居黃氏叢書二十種　(清)黃丕烈輯　民國四年(1915)上海石竹山房據清黃氏刻本影印本　二十一冊　存十七種

330000－4735－0008123　07535　子部/醫家類/溫病之屬

時病論八卷　(清)雷豐撰　民國石印本　陳天□題簽　一冊　存四卷(五至八)

330000－4735－0008124　07536　子部/醫家類/兒科之屬/通論

教嬰兒編一卷　民國抄本　洪竹南題簽　一冊

330000－4735－0008125　07537　子部/醫家類/針灸之屬/針法灸法

痧驚合璧四卷　民國石印本　全城題簽　二冊　存三卷(二至四)

330000－4735－0008128　10469　類叢部/叢書類/彙編之屬

士禮居黃氏叢書二十種　(清)黃丕烈輯　民國四年(1915)上海石竹山房據清黃氏刻本影印本　一冊　存一種

330000－4735－0008129　07540　子部/醫家類/針灸之屬/經絡腧穴

補註銅人腧穴鍼灸圖經五卷　(清)王唯一編修　民國十三年(1924)上海世界書局石印本　一冊　存二卷(四至五)

330000－4735－0008134　07544　子部/儒家

類/儒學之屬/經濟

歷代尊孔記一卷孔教外論一卷 程淯輯 民國二十二年(1933)上海中國道德會鉛印本 一冊

330000－4735－0008138 07548 子部/宗教類/道教之屬/雜著

崇德正心錄一卷 民國上海宏大善書局石印本 一冊

330000－4735－0008139 07549 子部/宗教類/道教之屬/雜著

崇德正心錄一卷 民國上海宏大善書局石印本 一冊

330000－4735－0008141 07550 子部/雜著類

青年必讀不分卷 (清)趙石麟等撰 民國十一年(1922)上海宏大善書局石印本 一冊

330000－4735－0008142 07551 子部/雜著類

天網恢恢白話錄一卷 (清)洗心老人譯 民國上海宏大善書局石印本 一冊

330000－4735－0008158 07555 子部/藝術類/書畫之屬/法帖

曾國藩手跡不分卷 民國石印本 二冊

330000－4735－0008162 07557 新學/議論/論政

北新雜誌□□卷 民國鉛印本 六冊 存六卷(十一、二十、二十二、二十五、三十一至三十二)

330000－4735－0008163 09508 集部/總集類/選集之屬/斷代

隨園女弟子詩選六卷 (清)袁枚輯 民國九年(1920)上海掃葉山房石印本 陳杏梅題簽 一冊

330000－4735－0008164 07558 新學/雜著/叢編

華北譯箸編□□卷 民國鉛印本 十七冊 存十七卷(四至十二、十四至十八、二十五至二十六、二十八)

330000－4735－0008165 09509 集部/詩文評類/詩評之屬

隨園詩話十六卷補遺十卷 (清)袁枚撰 民國六年(1917)上海掃葉山房石印本 一冊 存四卷(隨園詩話一至四)

330000－4735－0008166 07559 新學/雜著/叢編

華北譯箸編□□卷 民國鉛印本 五冊 存五卷(九至十、十二、十五至十六)

330000－4735－0008167 07560 新學/雜著/叢編

華北譯箸編□□卷 民國鉛印本 一冊 存一卷(九)

330000－4735－0008168 09510 集部/詩文評類/詩評之屬

隨園詩話十六卷補遺十卷 (清)袁枚撰 民國十六年(1927)上海掃葉山房石印本 一冊 存四卷(隨園詩話一至四)

330000－4735－0008169 07561 新學/雜著/叢編

華北譯箸編不分卷 民國鉛印本 一冊 存日英聯盟約條、陶制軍批斥洪牧嘉與札稿、歐洲百年以來大事記、日本豐臣秀吉傳、日本東京經濟雜誌、卑士麥傳

330000－4735－0008171 09511 集部/詩文評類/詩評之屬

隨園詩話十六卷補遺十卷 (清)袁枚撰 民國六年(1917)上海掃葉山房石印本 陳德青題記 一冊 存十二卷(一至十二)

330000－4735－0008174 09512 集部/詩文評類/詩評之屬

隨園詩話十六卷 (清)袁枚撰 民國石印本 一冊 存五卷(十二至十六)

330000－4735－0008175 07563 類叢部/叢書類/彙編之屬

湘學報類編西政叢鈔 (清)養春堂主人編 民國石印本 六冊 存五種

330000－4735－0008177 09513 集部/詩文

評類/詩評之屬
隨園詩話十六卷 (清)袁枚撰 民國石印本 二冊 存十二卷(一至五、十至十六)

330000－4735－0008179 09514 集部/詩文評類/詩評之屬
隨園詩話十六卷 (清)袁枚撰 民國石印本 一冊 存七卷(十至十六)

330000－4735－0008180 07564 類叢部/叢書類/彙編之屬
湘學報類編西政叢鈔 (清)養春堂主人編 民國石印本 二冊 存二種

330000－4735－0008182 09515 集部/詩文評類/詩評之屬
隨園詩話十六卷補遺十卷 (清)袁枚撰 民國石印本 佛因題記 四冊

330000－4735－0008184 07566 新學/議論
時論不分卷 梁啓超撰 民國刻本 一冊

330000－4735－0008185 09516 集部/詩文評類/詩評之屬
隨園詩話十六卷補遺十卷 (清)袁枚撰 民國石印本 梁啓超題記 一冊 存十一卷(十至十六、補遺一至四)

330000－4735－0008186 07567 集部/總集類/選集之屬/斷代
翼社叢刊第一集 翼社輯 民國五年(1916)鉛印本 一冊

330000－4735－0008187 09517 集部/詩文評類/詩評之屬
隨園詩話十六卷補遺十卷 (清)袁枚撰 民國石印本 一冊 存二十卷(一至十六、補遺一至四)

330000－4735－0008189 07568 子部/雜著類/雜纂之屬
雜誌選錦不分卷 民國抄本 一冊

330000－4735－0008193 09518 集部/詩文評類/詩評之屬
隨園詩話十六卷補遺十卷 (清)袁枚撰 民國石印本 一冊 存十一卷(十至十六、補遺一至四)

330000－4735－0008195 09519 集部/詩文評類/詩評之屬
隨園詩話十六卷補遺十卷 (清)袁枚撰 謝瑢箋註 民國上海會文堂石印本 五冊 存十三卷(一至八、補遺一至五)

330000－4735－0008196 09520 集部/詩文評類/詩評之屬
隨園詩話十六卷補遺十卷 (清)袁枚撰 謝瑢箋註 民國上海會文堂石印本 三冊 存十卷(三至四、七至九,補遺三至四、七至九)

330000－4735－0008201 10152 類叢部/類書類/通類之屬
佚名句選不分卷 民國抄本 一冊

330000－4735－0008203 09522 集部/詩文評類/詩評之屬
隨園詩法叢話八卷 (清)袁枚輯 民國七年(1918)上海碧梧山莊石印本 一冊 存二卷(七至八)

330000－4735－0008245 09530 集部/別集類/清別集
音註隨園尺牘八卷補遺一卷 (清)袁枚撰 (清)胡光斗箋釋 民國上海廣益書局石印本 二冊

330000－4735－0008246 09531 集部/別集類/清別集
音註隨園尺牘八卷補遺一卷 (清)袁枚撰 (清)胡光斗箋釋 民國上海廣益書局石印本 一冊 存三卷(七至八、補遺)

330000－4735－0008248 09532 集部/別集類/清別集
小倉山房詩選四卷補選一卷 (清)袁枚撰 民國上海廣益書局石印本 三冊 存三卷(一至三)

330000－4735－0008250 09533 集部/別集類/清別集
小倉山房詩選四卷補選一卷 (清)袁枚撰

民國九年(1920)上海廣益書局石印本　一冊

330000－4735－0008252　09534　集部/別集類/清別集
小倉山房詩選四卷補選一卷　(清)袁枚撰　民國石印本　一冊

330000－4735－0008263　09540　集部/別集類
天嬰室叢稿第二輯十卷　陳訓正撰　民國二十年(1931)鉛印本　一冊　存五卷(塔樓集、北邁集、末麗詞、炎虎今樂府、紫茰詞)

330000－4735－0008265　09541　集部/別集類
天嬰室叢稿第一輯九卷　陳訓正撰　民國十四年(1925)鉛印本　四冊

330000－4735－0008266　09542　集部/別集類
天嬰室叢稿第一輯九卷　陳訓正撰　民國十四年(1925)鉛印本　四冊

330000－4735－0008267　09543　集部/別集類
天嬰室叢稿第一輯九卷　陳訓正撰　民國十四年(1925)鉛印本　四冊

330000－4735－0008277　09544　類叢部/叢書類/家集之屬
武林丁氏家集十三種　丁立誠　丁立中撰　民國錢塘丁氏嘉惠堂鉛印本　四冊　存四種

330000－4735－0008280　09545　集部/別集類
太白山紀遊歌一卷　于右任撰　民國鉛印本　胡步川批並跋　一冊

330000－4735－0008281　09546　集部/總集類/尺牘之屬
簡牘選粹不分卷　民國抄本　一冊

330000－4735－0008282　09547　集部/總集類/彙編之屬
詩史閣叢刊甲集六卷　孫雄輯　民國十六年(1927)鉛印本　一冊　存三卷(四至六)

330000－4735－0008284　09548　集部/別集類
詩史閣壬癸詩存六卷補遺一卷　孫雄撰　民國十三年(1924)鉛印本　一冊　存二卷(六、補遺)

330000－4735－0008291　09549　集部/別集類
西麓詩草甲集一卷詩鈔乙集二卷　胡介昌撰　民國二十二年(1933)美新印刷公司鉛印本　一冊　存一卷(甲集)

330000－4735－0008292　09550　集部/詞類/別集之屬
綠梅花龕詞二卷　黃文達撰　民國八年(1919)鉛印本　一冊

330000－4735－0008297　四庫珍本初集　類叢部/叢書類/彙編之屬
四庫全書珍本初集二百三十種　中央圖書館籌備處輯　民國二十三年至二十四年(1934－1935)上海商務印書館據文淵閣本影印本　一千一百七十冊　存一百五十種

330000－4735－0008300　07609　集部/總集類/課藝之屬
三江分類校士錄□□卷　民國石印本　一冊　存一卷(十二)

330000－4735－0008315　09559　集部/總集類/酬唱之屬
海角潮音集一卷附錄一卷　王善欽等撰　民國二十四年(1935)上海商務印書館鉛印本　一冊

330000－4735－0008321　07610　史部/政書類/律令之屬
中國習慣法論一卷　胡韞玉撰　民國九年(1920)鉛印本　一冊

330000－4735－0008322　09562　集部/別集類/清別集
鄭板橋全集六卷　(清)鄭燮撰　民國鑄記書局石印本　一冊　存一卷(板橋詩鈔一)

330000－4735－0008323　09563　集部/別集

類/清别集

鄭板橋全集六卷 (清)鄭燮撰 民國石印本 二册 存三卷(板橋詩鈔一至二、板橋家書)

330000－4735－0008337 07620 子部/宗教類/道教之屬

濟一子證道秘書十七種 (清)傅金銓輯 民國上海江左書林石印本 傅桐卿題簽 二册 存二種

330000－4735－0008348 10506 類叢部/叢書類/自著之屬

隨園四十三種 (清)袁枚撰 民國十年(1921)上海著易堂書局鉛印本 二册 存一種

330000－4735－0008353 10508 類叢部/叢書類/自著之屬

隨園三十六種 (清)袁枚撰 民國十年(1921)上海中華圖書館鉛印本 三册 存一種

330000－4735－0008355 10509－08067 類叢部/叢書類/自著之屬

隨園四十種 (清)袁枚撰 民國上海校經山房成記書局石印本 十册 存十八種

330000－4735－0008357 10510 類叢部/叢書類/自著之屬

隨園三十六種 (清)袁枚撰 民國二年(1913)上海中華圖書館鉛印本 十四册 存十八種

330000－4735－0008362 09583 集部/别集類

藝風堂文漫存辛壬槀三卷癸甲槀四卷乙丁槀五卷 繆荃孫撰 民國刻本 四册 存九卷(癸甲槀一至四、乙丁槀一至五)

330000－4735－0008367 09587 集部/小説類/長篇之屬

精訂廿四史衍義六卷四十四回 (清)吕撫撰 民國上海文寶書局石印本 六册

330000－4735－0008368 09588 集部/戲劇類/總集之屬/傳奇

玉獅堂傳奇十種 (清)陳烺撰 民國石印本 六册 存六種

330000－4735－0008369 10564 類叢部/叢書類/彙編之屬

四庫全書珍本初集二百三十種 中央圖書館籌備處輯 民國二十三年至二十四年(1934－1935)上海商務印書館據文淵閣本影印本 一百十一册 存一種

330000－4735－0008370 09589 集部/小説類/長篇之屬

東周列國志二十七卷一百八回首一卷 (清)蔡奡評點 民國上海錦章圖書局石印本 十四册

330000－4735－0008371 09590－08084 集部/詞類/類編之屬

彊村叢書一百七十八種 朱祖謀輯並撰校記 民國六年(1917)歸安朱氏刻十一年(1922)校補印本 四册 存十種

330000－4735－0008384 09596 集部/總集類/選集之屬/斷代

近代詩鈔不分卷 陳衍輯 民國十二年(1923)上海商務印書館鉛印本 二十三册

330000－4735－0008393 01201 經部/四書類/總義之屬/專著

四書人物類典串珠四十卷 (清)臧志仁編 民國鉛印本 一册 存八卷(十九至二十六)

330000－4735－0008402 10526 類叢部/叢書類/彙編之屬

食舊堂叢書(舊德堂叢書)二十一種 (清)汪大鈞編 民國十四年(1925)錢塘汪氏刻本 一册 存一種

330000－4735－0008406 04073 史部/地理類/水利之屬

湘湖一卷 浙江水利委員會編 民國五年(1916)浙江水利委員會鉛印本 一册

330000－4735－0008409 01208 經部/群經總義類/傳説之屬

五經義彙選□□卷 （清）熊其英編輯 民國石印本 一册 存一卷（五）

330000－4735－0008410 01209 經部／叢編

五經合纂大成 （清）同文書局主人輯 民國石印本 一册 存一種

330000－4735－0008418 04068 史部／史抄類

教科適用漢書精華八卷 中華書局編 民國十三年（1924）上海中華書局鉛印本 八册

330000－4735－0008420 04069 史部／目録類／書志之屬／提要

四部叢刊書録一卷 商務印書館編 民國十一年（1922）上海商務印書館鉛印本 一册

330000－4735－0008421 04070 史部／目録類／總録之屬／彙刻

四部叢刊續編預約樣本一卷 商務印書館輯 民國二十三年（1934）商務印書館鉛印本 一册

330000－4735－0008422 10532 類叢部／叢書類／彙編之屬

四部備要 中華書局編 民國二十五年（1936）上海中華書局縮印本 二册 存一種

330000－4735－0008424 04071 史部／目録類／書志之屬／提要

四部叢刊書録一卷 商務印書館編 民國十一年（1922）上海商務印書館鉛印本 一册

330000－4735－0008425 10533 類叢部／叢書類／彙編之屬

四部備要 中華書局編 民國二十五年（1936）上海中華書局縮印本 四册 存一種

330000－4735－0008427 10534 類叢部／叢書類／彙編之屬

袖珍古書讀本三十種 中華書局編 民國十九年（1930）上海中華書局鉛印本 八册 存一種

330000－4735－0008439 01221 經部／四書類／孟子之屬／傳説

增補蘇批孟子二卷 （宋）蘇洵撰 （清）趙大浣增補 民國石印本 一册 存一卷（下）

330000－4735－0008440 10537 類叢部／叢書類／自著之屬

六如居士全集四種 （明）唐寅撰 民國七年（1918）上海廣益書局石印本 舒雲題記 四册 缺二卷（六如居士全集一至二）

330000－4735－0008445 09608 集部／别集類／唐五代别集

樊諫議集附録甲集一卷補遺一卷乙集一卷補遺一卷 （唐）樊宗師撰 樊鎮輯 民國十年（1921）紹興樊氏綿絳書屋鉛印本 二册

330000－4735－0008453 09612 集部／别集類／明别集

詠懷堂詩集四卷 （明）阮大鋮撰 民國十七年（1928）國立中央大學國學圖書館鉛印本 一册

330000－4735－0008457 10539 集部／總集類／郡邑之屬

永嘉詩人祠堂叢刻十四種 冒廣生輯 民國四年（1915）如皋冒氏刻本 一册 存三種

330000－4735－0008460 09614 集部／别集類

八指頭陀詩集十卷續集八卷襍文一卷 釋敬安撰 民國八年（1919）北京法源寺刻本 一册 存五卷（續集一至五）

330000－4735－0008466 10542 集部／總集類／郡邑之屬

永嘉詩人祠堂叢刻十四種 冒廣生輯 民國四年（1915）如皋冒氏刻本 一册 存一種

330000－4735－0008471 04080 史部／詔令奏議類／奏議之屬

二二五五疏二卷 錢恂撰 民國八年（1919）上海聚珍倣宋印書局鉛印本 一册

330000－4735－0008474 09619 集部／别集類

清臣詩紀一卷續一卷 石橋撰 民國天台麗美石印社石印本 一册 存一卷（清臣詩紀）

330000－4735－0008477　03562　史部/目録類/書志之屬/提要

四部書目總錄樣本不分卷　周雲青編　民國十八年(1929)上海醫學書局鉛印本　一冊

330000－4735－0008485　10546　類叢部/叢書類/彙編之屬

國魂叢編　民國鉛印本　陳氏題簽　一冊　存一種

330000－4735－0008499　09627　集部/總集類/選集之屬/通代

經史百家簡編二卷　(清)曾國藩纂　民國上海商務印書館鉛印本　一冊　存一卷(一)

330000－4735－0008510　04081　史部/目録類/總録之屬/彙刻

復性書院擬先刻諸書簡目五卷　馬浮編　民國三十四年(1945)復性書院刻本　一冊

330000－4735－0008545　09728　類叢部/叢書類/自著之屬

樊諫議集七家注六種　(唐)樊宗師撰　樊鎮輯　民國紹興樊氏刻本　一冊　存一種

330000－4735－0008547　01258　經部/小學類/文字之屬/字書/字典

辭源十二卷檢字一卷附錄五卷　陸爾奎等編　民國鉛印本　十二冊

330000－4735－0008548　09729　類叢部/叢書類/自著之屬

樊諫議集七家注六種　(唐)樊宗師撰　樊鎮輯　民國紹興樊氏刻本　一冊　存一種

330000－4735－0008550　09730　類叢部/叢書類/自著之屬

樊諫議集七家注六種　(唐)樊宗師撰　樊鎮輯　民國紹興樊氏刻本　一冊　存一種

330000－4735－0008551　09633　集部/總集類/彙編之屬

宋詩鈔初集　(清)呂留良　(清)吳之振　(清)吳爾堯編　民國三年(1914)上海商務印書館據清康熙吳氏刻本影印本　三十八冊　存七十八種

330000－4735－0008555　09733　類叢部/叢書類/自著之屬

樊諫議集七家注五種　(唐)樊宗師撰　樊鎮輯　民國紹興樊氏刻本　二冊　存五種

330000－4735－0008558　09634　集部/總集類/彙編之屬

宋詩鈔初集　(清)呂留良　(清)吳之振　(清)吳爾堯編　民國三年(1914)上海商務印書館據清康熙吳氏刻本影印本　一冊　存一種

330000－4735－0008559　01262　經部/四書類/中庸之屬/傳説

中庸不分卷　民國石印本　一冊　存第一至二十章

330000－4735－0008560　09734　類叢部/叢書類/自著之屬

樊諫議集七家注六種　(唐)樊宗師撰　樊鎮輯　民國紹興樊氏刻本　一冊　存一種

330000－4735－0008561　09735　類叢部/叢書類/自著之屬

樊諫議集七家注六種　(唐)樊宗師撰　樊鎮輯　民國紹興樊氏刻本　一冊　存一種

330000－4735－0008562　09736　類叢部/叢書類/自著之屬

樊諫議集七家注六種　(唐)樊宗師撰　樊鎮輯　民國紹興樊氏刻本　一冊　存一種

330000－4735－0008563　01263　經部/群經總義類/傳説之屬

經義大醇詩經文初編不分卷　(清)黃彝編　民國石印本　一冊

330000－4735－0008564　01265　經部/四書類/總義之屬/傳説

四書義初編不分卷　民國石印本　一冊

330000－4735－0008565　09737　集部/別集類/唐五代別集

樊諫議集附錄丙集一卷　(唐)樊宗師撰　樊學淮輯　民國九年(1920)繇繹書屋刻本　一冊

330000－4735－0008583　09640　集部/别集類

綠天簃詩集一卷詞集一卷　張汝釗撰　民國十四年(1925)鉛印本　一冊

330000－4735－0008591　01275　經部/小學類/文字之屬/字書/字體

漢隸字源五卷碑目一卷附字一卷　(宋)婁機撰　民國十五年(1926)蘇州振新書社據恩進齋本影印本　一冊　存二卷(碑目、附字)

330000－4735－0008617　10569　類叢部/叢書類/彙編之屬

四部備要　中華書局編　民國二十五年(1936)上海中華書局鉛印本　四十一冊　存八種

330000－4735－0008618　10570　集部/别集類/金别集

元遺山詩集箋注十四卷　(金)元好問撰　(元)張德輝類次　(清)施國祁箋　**元遺山全集附錄一卷**　(明)儲瓘輯　(清)華希閔增　**元遺山全集補載一卷**　(清)施國祁輯　**元遺山全集年譜一卷**　(清)施國祁訂　民國二十五年(1936)上海中華書局鉛印四部備要本　胡步川跋　六冊

330000－4735－0008625　07634　子部/宗教類/道教之屬

敬惜字紙一卷　方鎮山編　民國二十一年(1932)石印本　一冊

330000－4735－0008633　09750　集部/别集類

亭秋館詩鈔六卷後集一卷　許禧身撰　民國鉛印本　一冊　存一卷(後集)

330000－4735－0008635　09653　集部/别集類/清别集

守愚公詩存十三卷　(清)鄭基智撰　民國十三年(1924)半樓主人鉛印本　一冊　存五卷(陌上吟首、一至四)

330000－4735－0008636　07637　子部/醫家類/方書之屬/成方藥目

北平同濟堂参茸醪醴丸散膏丹價目表一卷　北平同濟堂編　民國二十四年(1935)北平同濟堂石印本　一冊

330000－4735－0008651　09657　集部/别集類/漢魏六朝别集

曹子建詩注二卷　(三國魏)曹植撰　黄節集注　民國鉛印本　一冊　存一卷(一)

330000－4735－0008665　09659　集部/别集類/清别集

桐埜詩集四卷　(清)周起渭撰　民國七年(1918)花近樓刻本　一冊　存二卷(一至二)

330000－4735－0008666　07645　新學/政治法律/政治

政治論二卷　民國重慶廣益書局鉛印本　一冊

330000－4735－0008667　09660　集部/别集類

蒿盦類稿三十二卷續稿三卷　馮煦撰　民國刻本　曼陀題記　一冊　存三卷(續稿一至三)

330000－4735－0008668　09758　集部/别集類

長毋相忘詩詞集一卷　王陸一撰　民國三十三年(1944)鉛印本　胡步川題記並跋　一冊

330000－4735－0008670　07646　新學/算學/代數

代數備旨一卷總答一卷　(美國)狄考文選譯　(清)鄒立文　(清)生福維筆述　民國鉛印本　一冊

330000－4735－0008673　07647　新學/算學/數學

筆算數學三卷　(美國)狄考文輯　(清)鄒立文述　民國鉛印本　一冊　存一卷(下)

330000－4735－0008674　09760　集部/别集類/明别集

屈泰士遺詩一卷　(明)屈士煌撰　民國南華社鉛印本　一冊

330000－4735－0008675　07648　新學/學校

平民教育用書千字課本四卷　魏冰心等編輯　民國十四年(1925)上海世界書局石印本　一冊　存一卷(一)

330000－4735－0008676　07649　新學/學校

初等小學國文教科書不分卷　民國學部圖書局石印本　一冊

330000－4735－0008686　07651　新學/學校

共和國教科書新歷史六冊不分卷　傅運森編纂　民國上海商務印書館鉛印本　一冊　存一冊(三)

330000－4735－0008687　07652　新學/學校

共和國教科書新國文八冊不分卷　莊俞　沈頤編纂　民國上海商務印書館石印本　一冊　存一冊(八)

330000－4735－0008689　07653　子部/天文曆算類/算書之屬

一月畢業珠算指南一卷　孫志勁編輯　民國十四年(1925)上海世界書局石印本　一冊

330000－4735－0008690　07654　新學/學校

江蘇各校國文成績精華三集六卷　鄒登泰評選　民國七年(1918)上海掃葉山房、蘇州振新書社鉛印本　一冊　存二卷(五至六)

330000－4735－0008692　07655　新學/史志/諸國史

萬國通志　民國鉛印本　二冊　存一種

330000－4735－0008695　07656　新學/學校

新制單級國民學校國文教科書十二卷　范源廉　沈頤編　民國九年(1920)上海中華書局石印本　一冊　存一卷(九)

330000－4735－0008697　07657　新學/學校

新制中華初等小學國文教科書十二卷　沈頤等編　民國二年(1913)上海中華書局石印本　一冊　存一卷(九)

330000－4735－0008699　10592　類叢部/叢書類/彙編之屬

春暉叢書二種　張天錫輯　民國鉛印本　一冊　存一種

330000－4735－0008704　07662　史部/地理類/雜志之屬

浙路輶軒表不分卷　湯壽潛撰　民國鉛印本　一冊

330000－4735－0008707　07663　新學/化學

沃度不分卷　民國油印本　一冊

330000－4735－0008709　07664　新學/政治法律/政治

村政學不分卷　民國鉛印本　一冊

330000－4735－0008711　07665　史部/政書類/軍政之屬

警察學一卷　民國鉛印本　一冊

330000－4735－0008712　07666　新學/工藝/工學/塘工河工路工

森林工學一編不分卷二編不分卷　民國石印本　一冊

330000－4735－0008714　07667　新學/理學

三年級歷史不分卷　民國油印本　一冊

330000－4735－0008715　07668　集部/詩文評類

文學概論一卷　梅光迪講　張其昀記　民國油印本　一冊

330000－4735－0008720　07670　集部/詩文評類/文法之屬

中國文法之研究不分卷　民國鉛印本　一冊

330000－4735－0008723　07672　新學/理學

經濟學原理一卷　李芳編　民國十二年至十三年(1923－1924)鉛印本　一冊

330000－4735－0008726　07673　史部/史評類/史論之屬

中國文化史不分卷　曹辛漢述　民國油印本　唐敬濤題簽　一冊

330000－4735－0008733　07676　新學/商務

簿記學講義不分卷　民國油印本　一冊

330000－4735－0008734　07677　新學/學校

教育學講義一卷　韓定生講述　民國油印本　士襄題簽　一冊

330000－4735－0008737　07678　子部/術數類/陰陽五行之屬

洪潮和通書不分卷　(清)洪潮和撰　(清)洪彬淮等選　民國十九年(1930)福建泉州繼成堂石印本　□□星題簽　一冊

330000－4735－0008743　07680　子部/醫家類/醫理之屬/病源病機

病理學不分卷　民國抄本　一冊

330000－4735－0008744　07681　子部/小說家類/雜事之屬

音釋坐花誌果二卷　(清)汪道鼎撰　(清)鶩峰樵者音釋　民國上海元益善書流通處石印本　涑清波題記　二冊

330000－4735－0008748　07682　子部/醫家類/方書之屬/單方驗方

驗方新編十八卷　(清)鮑相璈等輯　民國上海廣益書局石印本　一冊　存三卷(十六至十八)

330000－4735－0008751　09675　集部/總集類/酬唱之屬

慎社第三集文錄一卷詩錄一卷詞錄一卷　永嘉慎社編　民國十年(1921)慎社石印本　一冊

330000－4735－0008753　07683　子部/醫家類/方書之屬/單方驗方

種福堂公選良方四卷　(清)葉桂撰　民國鉛印本　一冊　存二卷(一至二)

330000－4735－0008754　09676　集部/總集類/選集之屬/通代

言文對照古文筆法百篇不分卷　世界書局編輯所編輯　民國十一年(1922)上海世界書局石印本　一冊

330000－4735－0008755　09677　集部/總集類/選集之屬/通代

咏物詩選八卷　(清)俞琰輯　民國上海進化書局石印本　一冊　存一卷(八)

330000－4735－0008758　07684　子部/醫家類/醫案之屬

臨證指南醫案十卷　(清)葉桂撰　民國鉛印本　一冊　存二卷(九至十)

330000－4735－0008759　09678　集部/別集類/清別集

譚復生文鈔二卷　(清)譚嗣同撰　民國上海中華圖書館石印本　一冊

330000－4735－0008760　07685　子部/雜著類

養生鏡一卷附經驗靈藥說明書一卷　石天基撰述　楊瑞葆纂訂　民國十二年(1923)上海明德書局鉛印本　一冊

330000－4735－0008763　07686　子部/醫家類/類編之屬

張仲景醫學全書五種　(漢)張機等撰　民國十八年(1929)上海受古書店石印本　一冊　存一種

330000－4735－0008765　09680　集部/別集類

笠劍留痕不分卷附錄一卷　鄭貞文撰　民國三十年(1941)鉛印本　鄭貞文題記　一冊

330000－4735－0008768　07687　子部/藝術類/遊藝之屬/聯語

新楹聯類編八卷　上海會文堂新記書局編輯　民國二十三年(1934)上海會文堂新記書局石印本　林昌蓴題記　三冊　存六卷(一至六)

330000－4735－0008769　07688　子部/醫家類/方書之屬/成方藥目

懷拯藥目一卷　華英大藥房主人編　民國二十二年(1933)華英大藥房石印本　一冊

330000－4735－0008771　10607　類叢部/叢書類/家集之屬

重印江都汪氏叢書十三種　(清)陳乃乾(清)秦更年等編　民國十四年(1925)上海中國書店影印本　十冊　存九種

330000－4735－0008772　07689　史部/傳記

類/雜傳之屬

匈牙利愛國者噶蘇士傳一卷　梁啓超撰　民國石印本　一冊

330000－4735－0008773　07690　史部/地理類/雜志之屬

上海指南八卷附各省旅行須知一卷　商務印書館編　民國元年(1912)上海商務印書館鉛印本　一冊

330000－4735－0008776　07691　集部/詩文評類/文法之屬

中國修辭學研究法不分卷　鄭奠編　民國鉛印本　一冊

330000－4735－0008782　07694　新學/化學

理論化學講義不分卷　民國油印本　一冊

330000－4735－0008784　07695　新學/雜著

中國教育史不分卷日本教育史不分卷　民國油印本　一冊

330000－4735－0008788　10609　類叢部/叢書類/自著之屬

譚瀏陽全集六種附續編一卷　(清)譚嗣同撰　民國十二年(1923)上海文明書局鉛印本　三冊　存四種

330000－4735－0008791　09780　集部/小說類/短篇之屬

西湖佳話古今遺蹟十六卷　(清)墨浪子撰　民國石印本　一冊

330000－4735－0008797　09689　集部/別集類

樓幼靜詩詞稿　樓巍撰　民國十六年(1927)鉛印本　一冊

330000－4735－0008798　09784　集部/曲類/彈詞之屬

繡像繪圖天雨花二十卷六十回　民國上海錦章圖書局石印本　一冊　存二卷(十七至十八)

330000－4735－0008800　09786　集部/小說類/長篇之屬

增像全圖三國演義十六卷一百二十回　(明)羅本撰　(清)毛宗崗評　民國石印本　林昌彝題簽　十一冊　存十一卷(四至六、八至十二、十四至十六)

330000－4735－0008801　09785　集部/小說類/長篇之屬

明清兩國志演義四卷四十回　民國石印本　一冊　存一卷(三)

330000－4735－0008803　09787　集部/小說類/長篇之屬

清史演義初集四卷二十回二集四卷二十回　陸士諤撰　民國上海大聲圖書局鉛印本　一冊　存一卷(初集二)

330000－4735－0008805　09788　集部/小說類/長篇之屬

清史通俗演義十卷一百回　蔡東藩撰　民國上海會文堂書局石印本　一冊　存一卷(八)

330000－4735－0008806　09789　集部/戲劇類/雜劇之屬

增像第六才子書五卷首一卷　(元)王實甫(元)關漢卿撰　(清)金人瑞評　民國石印本　一冊

330000－4735－0008810　09790　集部/小說類/短篇之屬

詳註聊齋志異圖詠十六卷　(清)蒲松齡撰(清)呂湛恩注　民國上海簡青齋書局石印本　一冊　存二卷(七至八)

330000－4735－0008811　09791　集部/小說類/短篇之屬

詳註聊齋志異圖詠十六卷　(清)蒲松齡撰(清)呂湛恩注　民國石印本　三冊　存四卷(九至十、十三至十四)

330000－4735－0008813　09792　集部/小說類/短篇之屬

詳註聊齋志異圖詠十六卷　(清)蒲松齡撰(清)呂湛恩注　民國石印本　一冊　存一卷(十)

330000－4735－0008815　09794　集部/小說

類/短篇之屬

詳註聊齋志異圖詠十六卷 (清)蒲松齡撰 (清)呂湛恩注 民國石印本 九冊 存九卷(二至七、十四至十六)

330000－4735－0008816 09795 集部/小說類/短篇之屬

詳註聊齋志異圖詠十六卷首一卷 (清)蒲松齡撰 (清)呂湛恩注 民國十二年(1923)上海元昌書局石印本 十五冊 缺一卷(八)

330000－4735－0008818 10610 類叢部/叢書類/彙編之屬

國學彙編三集四十一種 國學研究社編 民國十二年至十四年(1923－1925)上海國學研究社鉛印本 四冊 存二十一種

330000－4735－0008840 10622 類叢部/叢書類/郡邑之屬

吴興叢書六十六種 劉承幹編 民國吴興劉氏嘉業堂刻本 一冊 存一種

330000－4735－0008852 02747 史部/紀傳類/正史之屬

史記論文不分卷 (清)吳見思評點 民國二十五年(1936)上海中華書局鉛印本 四冊

330000－4735－0008868 10164 類叢部/類書類/通類之屬

清初殿版銅活字印古今圖書集成樣本不分卷 中華書局編 民國二十三年(1934)中華書局鉛印本暨影印本 一冊

330000－4735－0008880 09817 集部/小說類/長篇之屬

繪圖包公奇案十卷 (清)□□輯 民國石印本 一冊 存三卷(五至七)

330000－4735－0008887 07697 子部/雜著類/雜說之屬

總理遺教二種 孫文撰 民國石印本暨鉛印本 一冊

330000－4735－0008890 09821 集部/別集類/清別集

夬齋詩集七卷 (清)張爾耆撰 民國三年(1914)刻本 一冊

330000－4735－0008892 09855 集部/總集類/課藝之屬

□大宗師新科攷卷不分卷 民國石印本 一冊 存四書經義

330000－4735－0008901 01278 集部/總集類/選集之屬/通代

新古文辭類纂六十卷首一卷 蔣瑞藻纂集 民國十五年(1926)上海中華書局石印本 四冊 存十二卷(二十九至三十一、三十四至三十九、五十八至六十)

330000－4735－0008941 09868 集部/詩文評類/文法之屬/文法

作文材料精華 王藝 施崇恩撰 民國九年(1920)上海廣益書局石印本 六冊 存六種

330000－4735－0008956 09873 集部/詩文評類/詩評之屬

隨園詩話節錄不分卷 (清)袁枚撰 民國抄本 姚盧氏題簽 一冊

330000－4735－0008958 09874 集部/別集類

梁任公文集不分卷 梁啓超撰 民國石印本 一冊

330000－4735－0008968 09903 集部/總集類/課藝之屬

詁經精舍文稿不分卷 民國抄本 一冊

330000－4735－0008978 09907 集部/別集類

敬身詩存一卷 王敬身撰 民國二十三年(1934)鉛印本 一冊

330000－4735－0008985 09924 集部/詩文評類/文法之屬/文法

盛世元音不分卷 民國抄本 煦林題簽 一冊

330000－4735－0008987 09910 集部/詞類/別集之屬

斷腸詞一卷 (宋)朱淑真撰 民國石印本

一册

330000－4735－0008988　09925　集部/總集類/課藝之屬
錦繡文章不分卷　民國抄本　銘丹氏題簽　一册

330000－4735－0008991　09911　集部/別集類
栩園近稿六卷　陳栩撰　民國漢文書局鉛印本　一册

330000－4735－0008996　04089　史部/政書類/公牘檔册之屬
建德修志局徵信録一卷　民國鉛印本　一册

330000－4735－0008998　09912　集部/曲類/曲韻曲譜曲律之屬
一笠菴北詞廣正譜十八卷　(明)徐廣卿撰　(清)鈕少雅樂句　(清)李玉更定　民國影印本(卷十二至十三、十五原缺)　二册　存二卷(一、三)

330000－4735－0009008　09913　集部/別集類/金別集
水雲集三卷　(金)譚處端撰　民國上海涵芬樓據明正統道藏本影印本　一册

330000－4735－0009010　09914　集部/別集類
栩園叢稿初編五卷二編五卷　陳栩撰　周之盛輯　民國家庭工業社香雪樓鉛印本　李振記題記　二册　存三卷(栩園曲稿、翠樓文草、翠樓曲稿)

330000－4735－0009013　09916　集部/別集類
栩園叢稿初編五卷二編四卷文稿一卷　陳栩撰　周之盛輯　民國十九年(1930)上海著易堂印書局鉛印本　一册　存三卷(栩園詩賸、天風樓詩賸、香雪樓詞)

330000－4735－0009017　09918　集部/小説類/短篇之屬
山東通俗圖書館采選短篇小説一卷　民國石印本　一册

330000－4735－0009019　09919　集部/曲類/寶卷之屬
重刻闢邪歸正消災延壽立願寶卷一卷　民國十二年(1923)黄巖同善社刻本　一册

330000－4735－0009021　09936　集部/總集類/酬唱之屬
庸庵尚書重賦鹿鳴集録不分卷　陳夔龍輯　民國二十三年(1934)上海中華書局鉛印本　三册

330000－4735－0009027　10650　類叢部/叢書類/家集之屬
重印江都汪氏叢書十三種　(清)陳乃乾　(清)秦更年等編　民國十四年(1925)上海中國書店影印本　一册　存一種

330000－4735－0009036　09948　集部/總集類/課藝之屬
敲門塼不分卷　民國抄本　蘭垒題簽　一册

330000－4735－0009058　09994　集部/別集類
蘇元五十自述詩一卷　趙履端撰　民國八年(1919)影印本　一册

330000－4735－0009062　09995　集部/總集類/課藝之屬
四書策論不分卷　民國石印本　二册

330000－4735－0009064　04084　史部/目録類/總録之屬
影印津逮祕書樣本不分卷岱南閣叢書樣本不分卷拜經樓叢書樣本不分卷守山閣叢書樣本不分卷宋本百川學海樣本不分卷　民國影印本　一册

330000－4735－0009068　04085　史部/政書類/律令之屬/法驗
重刊補註洗冤録集證五卷　(宋)宋慈撰　(清)王又槐增輯　(清)李觀瀾補輯　(清)孫光烈參閲　(清)阮其新補註　(清)王又梧校訂　(清)張錫蕃重訂　**續增洗冤録辨正三卷**　(清)瞿種溶撰　(清)李璋煜重訂　民國上海錦章圖書局石印本　一册

330000－4735－0009074　07701　經部/小學類/文字之屬/字書/字體

真草隸篆四體百家姓一卷千字文一卷三字經一卷　王昇治書　**繪圖三千字文一卷**　（清）補拙居士編輯　（清）姜岳注釋　民國石印本　一冊

330000－4735－0009075　07702　集部/總集類

討蚤檄等不分卷　尤侗等撰　民國抄本　一冊

330000－4735－0009076　04086　史部/政書類/律令之屬/律例

民刑訴狀程式大全　民國共和書局鉛印本　一冊　存二種

330000－4735－0009077　07703　子部/宗教類/道教之屬

武帝覺世寶訓一卷　民國抄本　一冊

330000－4735－0009078　04087　集部/詩文評類/文法之屬/函牘格式

分類解釋公牘菁華八編不分卷　周憨僧編纂　民國十四年(1925)上海共和書局鉛印本　吳垣題記　五冊　存五冊(二、四至六、八)

330000－4735－0009079　04088　史部/政書類/公牘檔冊之屬

建德縣育嬰清節兩堂忠義孝節兩祠徵信錄一卷　民國九年(1920)鉛印本　一冊

330000－4735－0009080　06505　子部/儒家類/儒學之屬

謹庠序之教等不分卷　民國抄本　一冊

330000－4735－0009081　04090　史部/地理類/遊記之屬/紀行

襟痕餘錄三卷　盧文杏撰　民國二年(1913)石印本暨鉛印本　一冊

330000－4735－0009085　04094　史部/傳記類/別傳之屬/事狀

黃母蘇太夫人哀思錄不分卷　黃秉義撰　民國九年(1920)影印本　一冊

330000－4735－0009087　04096　史部/地理類/專志之屬/園林

唐絳州刺史樊宗師絳守居園池記一卷附錄一卷　（唐）樊宗师撰　（明）趙師尹注　樊鎮輯　民國八年(1919)山陰樊氏綿絳書屋刻本　一冊

330000－4735－0009097　台州府志　史部/地理類/方志之屬/郡縣志

[民國]台州府志一百四十卷首一卷　喻長霖修　柯驊威等纂　民國二十五年(1936)鉛印本　三十五冊　缺六卷(一百九至一百十四)

330000－4735－0009098　臨海縣志　史部/地理類/方志之屬/郡縣志

[民國]臨海縣志稿四十二卷首一卷　孫熙鼎　張寅修　何奏簧纂　民國二十四年(1935)鉛印本　項士元批注　二十二冊

330000－4735－0009099　01282　集部/戲劇類/雜劇之屬

增像第六才子書五卷首一卷　（元）王實甫　（元）關漢卿撰　（清）金人瑞評　民國石印本　一冊

臨海市博物館

民國時期傳統裝幀書籍普查登記目録

浙江省民國時期傳統裝幀書籍普查登記目録·台州

國家圖書館出版社
National Library of China Publishing House

《臨海市博物館民國時期傳統裝幀書籍普查登記目録》

編委會

顧　問： 丁伋　徐三見

主　編： 陳引奭

副主編： 馬　欣　騰雪慧　朱　波

執行副主編： 王海波

編　委（按姓氏筆畫排序）：

王海波　王　薇　朱　波　朱柳波

吴寒婷　林　成　張巧英　鄧　峰

《臨海市博物館民國時期傳統裝幀書籍普查登記目録》

前　言

臨海市博物館所藏民國時期傳統裝幀書籍具有鮮明的台州地方特色，表現在兩個方面：其一，内容上多本土題材。臨海素來爲台州歷史文化中心，我館所藏的民國台州方志中，除了繼宋元明清方志之後的《［民國］台州府志》《［民國］臨海縣志》《海門鎮志》，還有台州其他縣市的方志如《［宣統］天台縣志稿》《［民國］路橋志略》《光緒太平續志》等，體現了濃郁的地方特色。記述地方社會文化的著作亦頗多，如《台州書畫識》《台州俗語》《台州金石録》《臨海風俗》《臨海古迹百咏》等。其二，所藏民國時期傳統裝幀書籍之作者多台州本土作家，如王舟謠、楊晨、項士元、何奏簧、喻長霖、褚傳誥等，他們具有較高的文化素養，著作涉獵多個領域。以項士元先生爲例，不但有《東湖新志稿》《巾子山志》這樣的地方文獻整理，也有《慈園論叢》《慈園時論彙存》等社會時評，可見作者既重視歷史文化，又關切現實生活；而其《台州經籍志》等文獻學成就，更使得台州的目録學研究躋身於全國前列。

在館藏的民國時期傳統裝幀書籍中，宗譜是另一大類，如《［浙江臨海］大石殿前朱氏宗譜》《［浙江臨海］東溪單氏宗譜》《［浙江臨海］蔣家山蔣氏宗譜》《［浙江臨海］涌泉馮氏宗譜》等涉及臨海各鄉鎮，爲研究民國鄉村社會提供了重要資料。此外，還有公牘檔册之屬，如《關税紀要》《黄岩場灶課實徵册》《臨海借本救灾團公啓》《各種舊法規參考》等，是研究近代台州社會生活變化的第一手史料。而如《麻疹實驗》《農用化學分析》《蠭經》《瓜譜》等科技類著作，則鮮明地顯示出“西學東漸”對臨海的影響。此外，尚有《臨海縣立圖書館書目稿》《黄岩九峰圖書館書目》《鴻遠樓所藏台州書目》等目録學著作，凡此，可以使我們對台州民國藏書具有一個整體的概觀。

由於西方現代印刷技術的傳入，臨海市博物館所藏的民國時期傳統裝幀書籍在印刷方式上也出現了新變化，越來越多地使用了更爲方便快捷的石印、油印、鉛印技術。在已登記的歷史文獻中，石印版總計 107 部，其中民國時期傳統裝幀書籍有 80 部，約占總數的 75%；油印版總計 64 部，其中民國時期傳統裝幀書籍 60 部，約占 94%；而在所藏 296 部鉛印本中，民國時期傳統裝幀書籍占比超過 92%。由此可見，新印刷技術是民國時期傳統裝幀書籍的一大時代特點。

西方文化的傳入，還深刻地影響了臨海文化的發展。在歷史文獻收藏領域，私人藏書樓逐漸向圖書館、博物館等近代公共文化機構轉變，服務對象也擴展到普通民衆。“鑒往知來”，歷史發展到近現代，東西激蕩，東南沿海首當其衝，直至今日，世界各地之文明已有百川歸海之勢。

此次所編的《臨海市博物館民國時期傳統裝幀書籍普查登記目録》，涉及民國社會生活的各領域，它不僅是瞭解台州地區民國歷史的良好途徑，也爲地方社會的現代化進程和各地的文化融合提供了更多的文獻依據。

編　者

2018 年 2 月 23 日

330000－1787－0000002　0002　史部/地理類/方志之屬/郡縣志

[光緒]杭州府志一百七十八卷首八卷　(清)陳璚等修　(清)王棻等纂　屈映光續修　陸懋勳續纂　齊耀珊重修　吳慶坻重纂　民國十一年(1922)鉛印本　八十册

330000－1787－0000004　0004　史部/地理類/山川之屬/山志

九峯山志五卷首一卷　(清)王棻撰　民國二十年(1931)黄巖王氏鉛印本　一册

330000－1787－0000005　0005　史部/政書類/公牘檔冊之屬

浙江巡記不分卷　屈映光撰　民國抄本　一册

330000－1787－0000007　0007　史部/政書類/邦交之屬

清季外交史料六種　(清)王彦威輯　王亮編　民國二十一年至二十四年(1932－1935)北平外交史料編纂處鉛印本　一百九册　存一種

330000－1787－0000008　0008　經部/易類/專著之屬

易義别識二卷　齊洪昌撰　民國十年(1921)臨海縣公立圖書館石印本　一册

330000－1787－0000011　0011　史部/地理類/方志之屬/郡縣志

[民國]定海縣志十六卷首一卷　陳訓正　馬瀛纂修　民國十三年(1924)旅滬同鄉會鉛印本　六册

330000－1787－0000015　0015　史部/傳記類/總傳之屬/通代

中國藏書家攷略不分卷　楊立誠　金步瀛編　民國十八年(1929)浙江省立圖書館鉛印本　一册

330000－1787－0000016　0016　史部/傳記類/日記之屬

越縵堂日記不分卷(清同治二年四月朔至光緒十五年七月初十)　(清)李慈銘撰　民國九年(1920)北京浙江公會影印本　三十七册

330000－1787－0000023　0023　史部/地理類/方志之屬/郡縣志

[光緒]杭州府志一百七十八卷首八卷　(清)陳璚等修　(清)王棻等纂　屈映光續修　陸懋勳續纂　齊耀珊重修　吳慶坻重纂　民國十一年(1922)鉛印本　二十六册　存五十八卷(首一至二,七十六至九十二、一百九至一百十三、一百十九至一百三十六、一百三十九至一百四十七、一百五十三至一百五十四、一百五十六至一百五十八、一百七十二至一百七十三)

330000－1787－0000027　0027　史部/地理類/山川之屬/山志

雁蕩新便覽不分卷　蔣叔南編纂　民國六年(1917)上海吳承記鉛印本　一册

330000－1787－0000028　0028　史部/地理類/山川之屬/山志

雁蕩新便覽不分卷　蔣叔南編纂　民國十一年(1922)鉛印本　一册

330000－1787－0000036　0036　史部/地理類/山川之屬/山志

雁山一覽不分卷　蔣叔南撰　民國二十三年(1934)上海西泠印社鉛印本　一册

330000－1787－0000037　0037　史部/傳記類/總傳之屬/技藝

清代畫史增編三十七卷補編一卷　盛鐘輯　民國十六年(1927)上海有正書局鉛印本　六册

330000－1787－0000038　0038　史部/傳記類/總傳之屬/技藝

清代畫史增編三十七卷補編一卷　盛鐘輯　民國十六年(1927)上海有正書局鉛印本　六册

330000－1787－0000041　0041　史部/地理類/山川之屬/山志

南雁蕩山志十三卷首一卷　周喟編　民國刻本　一册　存一卷(八)

330000－1787－0000048　0048　史部/地理類/方志之屬/郡縣志

[民國]路橋志略二卷　楊晨編　民國鉛印本　二册

330000－1787－0000049　0049　史部/地理類/方志之屬/郡縣志

[民國]路橋志略二卷　楊晨編　民國石印本　二册

330000－1787－0000050　0050　史部/地理類/方志之屬/郡縣志

[民國]路橋志略二卷　楊晨編　民國石印本　項士元題記　二册

330000－1787－0000051　0051　史部/地理類/雜志之屬

臨海要覽一卷　項士元編　民國五年(1916)杭州武林印書館鉛印本　一册

330000－1787－0000053　0053　史部/地理類/專志之屬/園林

東湖新志稿四卷　項士元輯　稿本　四册

330000－1787－0000054　0054　集部/總集類/郡邑之屬

臨海文徵録不分卷　朱湛林輯　稿本　一册

330000－1787－0000059　0059　史部/地理類/方志之屬/郡縣志

[民國]台州志餘不分卷　民國抄本　項士元跋　一册

330000－1787－0000061　0061　史部/地理類/方志之屬/郡縣志

[宣統]天台縣志稿四十卷首一卷　金城等修　褚傳誥纂　民國四年(1915)油印本　十六册

330000－1787－0000062　0062　史部/地理類/雜志之屬

甯海漫記四卷　干人俊撰　民國二十二年(1933)木活字印本　一册

330000－1787－0000063　0063　史部/地理類/雜志之屬

甯海漫記四卷　干人俊撰　民國二十二年(1933)木活字印本　一册

330000－1787－0000068　0068　史部/地理類/山川之屬/山志

九峯山志五卷首一卷　(清)王棻撰　民國二十年(1931)黄巖王氏鉛印本　一册

330000－1787－0000069　0069　史部/地理類/方志之屬/郡縣志

光緒太平續志十八卷首一卷　(清)陳汝霖　(清)鄧之鋏　(清)陳其昌主修　(清)王棻總纂　民國抄本　三册　缺十一卷(六至十六)

330000－1787－0000082　0082　史部/地理類/山川之屬/山志

天台山文化史二卷　陳鍾祺編　民國二十六年(1937)鉛印本　一册

330000－1787－0000087　0087　類叢部/叢書類/自著之屬

崇雅堂叢書十四種　楊晨撰　民國二十五年(1936)黄巖楊紹翰鉛印本　八册　存十一種

330000－1787－0000099　0099　史部/目録類/總録之屬/地方

台州經籍志四十卷　項士元編　民國四年(1915)鉛印本　王舟瑤批　十六册

330000－1787－0000100　0100　史部/目録類/總録之屬/地方

台州經籍志四十卷　項士元編　民國四年(1915)鉛印本　十六册

330000－1787－0000101　0101　史部/目録類/總録之屬/地方

台州經籍志四十卷　項士元編　民國四年(1915)鉛印本　七册　存二十卷(一至三、八至十、十四至二十五、三十九至四十)

330000－1787－0000102　0102　史部/目録類/總録之屬/地方

台州經籍志四十卷　項士元編　民國四年(1915)鉛印本　六册　存十五卷(四至七、二十六至二十七、三十至三十四、三十七至四

十）

330000－1787－0000103　0103　史部/地理類/方志之屬/郡縣志
［光緒］台州府志一百卷　（清）趙亮熙（清）郭式昌修　王舟瑤等纂　民國十五年（1926）台州旅杭同鄉會鉛印本　六十册

330000－1787－0000104　0104　史部/地理類/方志之屬/郡縣志
［光緒］台州府志一百卷　（清）趙亮熙（清）郭式昌修　王舟瑤等纂　民國十五年（1926）台州旅杭同鄉會鉛印本　五十八册　缺四卷（十二至十三、五十五至五十六）

330000－1787－0000123　0123　史部/地理類/方志之屬/郡縣志
［民國］台州府志一百四十卷首一卷　喻長霖等纂修　民國二十五年（1936）上海游民習勤所鉛印本　三十六册

330000－1787－0000124　0124　史部/地理類/方志之屬/郡縣志
［民國］台州府志一百四十卷首一卷　喻長霖等纂修　民國二十五年（1936）上海游民習勤所鉛印本　三十一册　存一百二十卷（首，一至四、九至十、十四至二十二、二十五至三十、三十七至一百八、一百十五至一百四十）

330000－1787－0000125　0125　史部/地理類/方志之屬/郡縣志
［民國］臨海縣志稿四十二卷首一卷　張熙鼎修　張寅重修　何奏簧纂　民國抄本　八册　存十一卷（四至五、八至十六）

330000－1787－0000128　0128　史部/地理類/方志之屬/郡縣志
［民國］臨海縣志四十二卷首一卷　張熙鼎修　張寅重修　何奏簧纂　民國二十四年（1935）鉛印本　二十三册

330000－1787－0000129　0129　史部/地理類/方志之屬/郡縣志
［民國］臨海縣志四十二卷首一卷　張熙鼎修　張寅重修　何奏簧纂　民國二十四年（1935）鉛印本　二十一册　缺三卷（三十三至三十五）

330000－1787－0000130　0130　史部/地理類/方志之屬/郡縣志
［民國］臨海縣志四十二卷首一卷　張熙鼎修　張寅重修　何奏簧纂　民國二十四年（1935）鉛印本　十八册　存三十七卷（首，一至二、六至三十二、三十六至四十二）

330000－1787－0000131　0131　史部/地理類/方志之屬/郡縣志
［民國］臨海縣志四十二卷首一卷　張熙鼎修　張寅重修　何奏簧纂　民國二十四年（1935）鉛印本　八册　存十八卷（首，一至二、九至十二、十七至十八、二十二至二十四、二十九至三十二、三十八至三十九）

330000－1787－0000136　0136　類叢部/叢書類/自著之屬
崇雅堂叢書十四種　楊晨撰　民國二十五年（1936）黄巖楊紹翰鉛印本　六册　存九種

330000－1787－0000156　0156　史部/地理類/雜志之屬
臨海要覽一卷　項士元編　民國五年（1916）杭州武林印書館鉛印本　一册

330000－1787－0000157　0157　史部/地理類/雜志之屬
臨海要覽一卷　項士元編　民國五年（1916）杭州武林印書館鉛印本　一册

330000－1787－0000158　0158　史部/地理類/雜志之屬
臨海要覽一卷　項士元編　民國五年（1916）杭州武林印書館鉛印本　一册

330000－1787－0000160　0160　集部/别集類/清别集
雙幘屏軒詩草四卷　（清）汪度著　項元勳輯録　民國臨海項氏抄本　二册

330000－1787－0000168　0168　集部/别集類/清别集
如不及齋詩鈔四卷環山樓詞一卷　（清）項炳

珩撰　民國三年(1914)鉛印本　二册

330000－1787－0000169　0169　集部/别集類/清别集

如不及齋詩鈔四卷環山樓詞一卷　(清)項炳珩撰　民國三年(1914)鉛印本　二册

330000－1787－0000170　0170　集部/别集類/清别集

如不及齋詩鈔四卷環山樓詞一卷　(清)項炳珩撰　民國三年(1914)鉛印本　二册

330000－1787－0000171　0171　集部/别集類/清别集

如不及齋詩鈔四卷環山樓詞一卷　(清)項炳珩撰　民國三年(1914)鉛印本　二册

330000－1787－0000172　0172　集部/别集類/清别集

如不及齋詩鈔四卷環山樓詞一卷　(清)項炳珩撰　民國三年(1914)鉛印本　二册

330000－1787－0000191　0191　史部/目録類/總録之屬/官修

臨海縣公立圖書館書目不分卷　項士元編　民國抄本　一册

330000－1787－0000192　0192　史部/地理類/遊記之屬/紀勝

五岳遊草十二卷　(明)王士性撰　(清)馮甦重輯　民國抄本　一册

330000－1787－0000195　0195　類叢部/叢書類/輯佚之屬

經典集林三十種三十二卷總目一卷　(清)洪頤煊撰録　民國十五年(1926)海寧陳乃乾慎初堂據清嘉慶問經堂叢書本影印本　二册

330000－1787－0000196　0196　類叢部/叢書類/輯佚之屬

經典集林三十種三十二卷總目一卷　(清)洪頤煊撰録　民國十五年(1926)海寧陳乃乾慎初堂據清嘉慶問經堂叢書本影印本　二册

330000－1787－0000204　0204　集部/總集類/氏族之屬

潘氏遺芳録二卷　潘頌清編　民國二十年(1931)臨海潘氏孝義堂木活字印本　一册　存一卷(下)

330000－1787－0000207　0207　類叢部/叢書類/郡邑之屬

赤城遺書彙刊十六種　金嗣獻編　民國四年(1915)太平金氏木活字印本　二册　存二種

330000－1787－0000235　0235　史部/傳記類/别傳之屬/事狀

楊烈士哲商哀悼録不分卷　民國抄本　項士元批並跋　一册

330000－1787－0000238　0238　史部/地理類/山川之屬/山志

雲棲志十卷首一卷　項士元纂　民國二十三年(1934)新光印書館鉛印本　二册

330000－1787－0000241　0241　子部/宗教類/佛教之屬

逃禪録一卷　陳源著　民國鉛印本　一册

330000－1787－0000242　0242　史部/傳記類/别傳之屬/事狀

周萍洄先生訃告不分卷　周友端等輯　民國二十二年(1933)鉛印本　一册

330000－1787－0000243　0243　史部/傳記類/别傳之屬/事狀

周子悼亡録不分卷　周郁清輯　民國平湖浙江印刷所鉛印本　一册

330000－1787－0000244　0244　史部/傳記類/别傳之屬/事狀

何見石方伯訃告不分卷　何敍澄　何敍濟　何敍泰編　民國鉛印本　一册

330000－1787－0000246　0246　集部/别集類

東遊草一卷　徐道政撰　民國八年(1919)上海新學會社鉛印本　一册

330000－1787－0000247　0247　集部/别集類

東遊草一卷　徐道政撰　民國八年(1919)上

海新學會社鉛印本　一冊

330000－1787－0000248　0248　集部/曲類/彈詞之屬

台州詞調集不分卷　民國抄本　一冊

330000－1787－0000249　0249　集部/別集類

中隱居文存一卷　陳爾常撰　民國十四年(1925)木活字印本　一冊

330000－1787－0000250　0250　集部/別集類

中隱居文存一卷　陳爾常撰　民國十四年(1925)木活字印本　一冊

330000－1787－0000251　0251　集部/別集類

中隱居文存一卷　陳爾常撰　民國十四年(1925)木活字印本　一冊

330000－1787－0000252　0252　集部/別集類

中隱居文存一卷　陳爾常撰　民國十四年(1925)木活字印本　一冊

330000－1787－0000253　0253　集部/別集類

中隱居文存一卷　陳爾常撰　民國十四年(1925)木活字印本　一冊

330000－1787－0000254　0254　集部/別集類

中隱居文存一卷　陳爾常撰　民國十四年(1925)木活字印本　一冊

330000－1787－0000257　0257　集部/別集類

屈巡按使出巡全浙文稿四卷　屈映光撰　民國鉛印本　三冊　存三卷(一至三)

330000－1787－0000258　0258　史部/傳記類/别傳之屬/事狀

屈公哀輓録一卷屈太夫人哀輓録一卷　屈映光輯　民國鉛印本　二冊

330000－1787－0000259　0259　史部/目録類/總録之屬/官修

臨海縣公立圖書館書目補編一卷保存類書目一卷　臨海縣公立圖書館編　民國抄本　一冊

330000－1787－0000263　0263　集部/别集類/清别集

紅杏軒詩鈔十六卷續一卷　(清)宋世犖撰　民國臨海項氏抄本　項士元題簽並記　一冊　存八卷(一至八)

330000－1787－0000315　0315　類叢部/叢書類/家集之屬

四休堂叢書十一種　秦枏輯　民國三十三年(1944)臨海秦氏四休堂鉛印本　五冊

330000－1787－0000316　0316　類叢部/叢書類/家集之屬

四休堂叢書十一種　秦枏輯　民國三十三年(1944)臨海秦氏四休堂鉛印本　五冊

330000－1787－0000317　0317　類叢部/叢書類/家集之屬

四休堂叢書十一種　秦枏輯　民國三十三年(1944)臨海秦氏四休堂鉛印本　五冊

330000－1787－0000318　0318　類叢部/叢書類/家集之屬

四休堂叢書十一種　秦枏輯　民國三十三年(1944)臨海秦氏四休堂鉛印本　五冊

330000－1787－0000319　0319　類叢部/叢書類/家集之屬

四休堂叢書十一種　秦枏輯　民國三十三年(1944)臨海秦氏四休堂鉛印本　三冊　存八種

330000－1787－0000322　0322　集部/别集類/唐五代别集

駱臨海集十卷附録一卷　(唐)駱賓王撰　(清)陳熙晉注　民國二十六年(1937)義烏黄氏鉛印本　駱元協題記　四冊

330000－1787－0000331　0331　集部/總集類/酬唱之屬

僧裝小像唱和集二卷首一卷　王純熙輯　民

國十五年(1926)上海書局鉛印本　一册

330000－1787－0000332　0332　集部/總集類/酬唱之屬

僧裝小像唱和集二卷首一卷　王純熙輯　民國十五年(1926)上海書局鉛印本　一册

330000－1787－0000334　0334　史部/政書類/公牘檔册之屬

整復興津義渡紀要不分卷　黄傳和撰　民國十六年(1927)石印本　一册

330000－1787－0000337　0337　集部/總集類/題詠之屬

和總揆孫公五旬晉元九介壽並出任蘇聯大使贈行詩不分卷　何奏篪撰　民國十四年(1925)北京琉璃廠刻朱印本　一册

330000－1787－0000340　0340　史部/地理類/雜志之屬

台州記遺□□卷　陳懋森著　民國抄本　一册　存一卷(二)

330000－1787－0000341　0341　史部/目録類/總録之屬/官修

臨海縣立圖書館甲種書目四卷乙種書目二卷丙種書目一卷丁種書目四卷　盧吉民編　民國三十三年(1944)臨海縣立圖書館油印本　四册　存七卷(甲種一至四、乙種一至二、丙種)

330000－1787－0000343　0343　史部/目録類/總録之屬/官修

臨海縣立圖書館甲種書目四卷乙種書目二卷丙種書目一卷丁種書目四卷　盧吉民編　民國三十三年(1944)臨海縣立圖書館油印本　三册　存六卷(甲種一至四、乙種一至二)

330000－1787－0000344　0344　集部/總集類/酬唱之屬

僧裝小像唱和集二卷首一卷　王純熙輯　民國十五年(1926)上海書局鉛印本　一册

330000－1787－0000345　0345　集部/總集類/酬唱之屬

僧裝小像唱和集二卷首一卷　王純熙輯　民國十五年(1926)上海書局鉛印本　一册

330000－1787－0000346　0346　集部/總集類/酬唱之屬

僧裝小像唱和集二卷首一卷　王純熙輯　民國十五年(1926)上海書局鉛印本　一册

330000－1787－0000347　0347　集部/總集類/酬唱之屬

僧裝小像唱和集二卷首一卷　王純熙輯　民國十五年(1926)上海書局鉛印本　一册

330000－1787－0000348　0348　集部/總集類/酬唱之屬

僧裝小像唱和集二卷首一卷　王純熙輯　民國十五年(1926)上海書局鉛印本　一册

330000－1787－0000361　0361　史部/地理類/雜志之屬

臨海要覽一卷　項士元編　民國五年(1916)杭州武林印書館鉛印本　一册

330000－1787－0000363　0363　集部/別集類/清別集

擊壤集一卷　(清)王斆著　民國臨海項氏抄本　一册

330000－1787－0000368　0368　史部/政書類/公牘檔册之屬

臨海縣借本救災團造報運米平糶收支銀洋四柱清册不分卷　林鏡銘編　民國石印本　一册

330000－1787－0000392　0392　集部/總集類/酬唱之屬

僧裝小像唱和集二卷首一卷　王純熙輯　民國十五年(1926)上海書局鉛印本　一册

330000－1787－0000399　0399　史部/地理類/方志之屬/郡縣志

臨海縣補志料不分卷　(清)宋世犖手錄　民國臨海項氏抄本　一册

330000－1787－0000400　0400　史部/傳記類/別傳之屬/年譜

齊巨山先生[周華]年譜一卷　齊中嶔編　民

國三十四年(1945)焚硯堂木活字印本　一冊

330000－1787－0000403　0403　史部/地理類/雜志之屬
臨海要覽一卷　項士元編　民國五年(1916)杭州武林印書館鉛印本　一冊

330000－1787－0000405　0405　類叢部/叢書類/自著之屬
崇雅堂叢書十四種　楊晨撰　民國二十五年(1936)黃巖楊紹翰鉛印本　一冊　存一種

330000－1787－0000406　0406　集部/別集類
默盦集十卷　王舟瑤撰　民國二年(1913)上海國光書局鉛印本　二冊　存六卷(一至二、七至十)

330000－1787－0000407　0407　集部/總集類/選集之屬/斷代
王章詩存合刻二種　劉承幹編　民國十五年(1926)吳興劉氏嘉業堂刻本　三冊　存一種

330000－1787－0000408　0408　集部/總集類/選集之屬/斷代
王章詩存合刻二種　劉承幹編　民國十五年(1926)吳興劉氏嘉業堂刻本　二冊　存一種

330000－1787－0000409　0409　集部/別集類
默盦詩存六卷　王舟瑤撰　民國十五年(1926)吳興劉氏嘉業堂刻朱印本　六冊

330000－1787－0000413　0413　史部/雜史類/斷代之屬
見聞隨筆二卷　(清)馮甦著　民國臨海項士元抄本　一冊　存一卷(二)

330000－1787－0000414　0414　集部/別集類
默盦集十卷　王舟瑤撰　民國二年(1913)上海國光書局鉛印本　三冊

330000－1787－0000416　0416　史部/傳記類/雜傳之屬
清芬集二卷首一卷　王文炳輯　民國九年(1920)鉛印本　一冊

330000－1787－0000424　0424　類叢部/叢書類/郡邑之屬
赤城遺書彙刊十六種　金嗣獻編　民國四年(1915)太平金氏木活字印本　四冊　存四種

330000－1787－0000425　0425　類叢部/叢書類/郡邑之屬
赤城遺書彙刊十六種　金嗣獻編　民國四年(1915)太平金氏木活字印本　八冊　存十三種

330000－1787－0000447　0447　集部/總集類/酬唱之屬
賁園唱和集一卷　金筠蓀撰　李贊常編訂　民國十二年(1923)石印本　一冊

330000－1787－0000498　0498　子部/儒家類/儒學之屬/性理
陽明粹言一卷　(明)王守仁撰　柯岷輯　民國十二年(1923)山西洗心總社鉛印本　一冊

330000－1787－0000520　0520　集部/總集類/郡邑之屬
台詩四錄二十九卷　王舟瑤輯　民國九年(1920)王氏後凋草堂石印本　十三冊　缺二卷(六至七)

330000－1787－0000523　0523　集部/別集類
崇雅堂詩稿一卷續稿一卷　楊晨撰　**漢皋遺什一卷**　李嘉瑛撰　民國石印本　一冊

330000－1787－0000524　0524　史部/詔令奏議類/奏議之屬
崇雅堂疏稿二卷　楊晨撰　民國石印本　一冊

330000－1787－0000525　0525　史部/詔令奏議類/奏議之屬
崇雅堂疏稿二卷　楊晨撰　民國石印本　一冊

330000－1787－0000533　0533　類叢部/叢書類/彙編之屬

枕碧樓叢書　沈家本輯　清宣統元年至民國二年(1909－1913)歸安沈氏刻本　一冊　存一種

330000－1787－0000541　0541　史部/傳記類/總傳之屬/家乘
[浙江黃巖]黃巖西橋王氏譜十二卷首一卷末一卷家集十卷　王舟瑤纂　民國六年(1917)木活字印本　五冊　存十卷(家集外編一至五、內編一至五)

330000－1787－0000542　0542　史部/傳記類/總傳之屬/家乘
[浙江黃巖]黃巖西橋王氏譜十二卷首一卷末一卷家集十卷　王舟瑤纂　民國六年(1917)木活字印本　六冊　存十一卷(三,家集外編一至五、內編一至五)

330000－1787－0000545　0545　集部/別集類/清別集
補蘿書屋詩鈔四卷　(清)李飛英撰　陳樹鈞輯　民國四年(1915)太平陳氏刻本　二冊

330000－1787－0000546　0546　集部/別集類
洋嶼集八卷年譜一卷附錄楹聯一卷　羅敏之撰　民國木活字印本　一冊　存六卷(五至八、年譜、附錄楹聯)

330000－1787－0000547　0547　集部/別集類
鼓山集三卷　張寅撰　民國十四年(1925)鉛印本　一冊

330000－1787－0000550　0550　集部/詩文評類
石橋文論一卷　褚傳誥撰　民國四年(1915)石印本　一冊

330000－1787－0000551　0551　集部/別集類
適廬詩集一卷　劉春煦撰　民國二十四年(1935)漢口武漢印書館鉛印本　一冊

330000－1787－0000552　0552　集部/別集類
天台遊草一卷　王善欽撰　民國二十三年(1934)鉛印本　一冊

330000－1787－0000555　0555　集部/別集類
天台游草一卷　王舟瑤撰　民國路橋文林齋石印本　一冊

330000－1787－0000556　0556　集部/別集類
天台游草一卷　王舟瑤撰　民國路橋文林齋石印本　一冊

330000－1787－0000557　0557　集部/別集類
天台游草一卷　王舟瑤撰　民國路橋文林齋石印本　一冊

330000－1787－0000558　0558　集部/別集類
己未游草一卷　王舟瑤撰　民國石印本　一冊

330000－1787－0000559　0559　集部/別集類
己未游草一卷　王舟瑤撰　民國石印本　一冊

330000－1787－0000560　0560　集部/別集類
己未游草一卷　王舟瑤撰　民國石印本　一冊

330000－1787－0000561　0561　史部/金石類/郡邑之屬/雜著
台州金石錄十三卷甄錄五卷闕訪錄四卷　(清)黃瑞編輯　(清)王棻校正　民國五年(1916)吳興劉氏嘉業堂刻本　王舟瑤批並跋　八冊

330000－1787－0000562　0562　史部/金石類/郡邑之屬/雜著
台州金石錄十三卷甄錄五卷闕訪錄四卷　(清)黃瑞編輯　(清)王棻校正　民國五年(1916)吳興劉氏嘉業堂刻本　八冊

330000－1787－0000566　0566　史部/目録類/總録之屬/地方

台州經籍志四十卷　項士元編　民國四年(1915)浙江省立圖書館鉛印本　項士元校　十二冊　存三十二卷(一至三十、三十五至三十六)

330000－1787－0000568　0568　類叢部/叢書類/自著之屬

玩芳艸堂叢書　(清)王棻撰　民國三年(1914)上海國光書局鉛印本　八冊　存一種

330000－1787－0000574　0574　集部/別集類

長勿勿齋詩集五卷　王葆楨著　民國五年(1916)杭垣鉛印本　二冊

330000－1787－0000579　0579　史部/傳記類/別傳之屬/年譜

默盦居士自定年譜一卷　王舟瑤撰　**默盦居士自定年譜續編一卷**　王敬禮續編　**誌銘家傳附錄一卷**　章梫撰　民國十五年(1926)黄巖王氏鉛印本　一冊

330000－1787－0000589　0589　集部/總集類/郡邑之屬

台州文徵不分卷　王舟瑤輯　稿本　一冊

330000－1787－0000590　0590　集部/總集類/酬唱之屬

虎林銷夏集一卷　沈鈞輯　民國三年(1914)杭城興業印書局鉛印本　一冊

330000－1787－0000591　0591　史部/傳記類/別傳之屬/事狀

柯太夫人哀思錄不分卷　林迪　林遒輯　民國石印本　一冊

330000－1787－0000592　0592　集部/別集類

喻長霖詩草不分卷　喻長霖撰　民國十七年至二十二年(1928－1933)稿本　二冊

330000－1787－0000593　0593　子部/藝術類/遊藝之屬/聯語

對聯便錄一卷　喻長霖輯　民國十六年(1927)稿本　一冊

330000－1787－0000594　0594　集部/別集類

喻長霖文藻一卷　喻長霖撰　民國六年(1917)稿本　一冊

330000－1787－0000595　0595　集部/總集類/酬唱之屬

戊寅重游泮水和詩一卷　喻長霖輯　民國二十七年(1938)稿本　一冊

330000－1787－0000596　0596　集部/別集類

惺諟齋詩稿不分卷　喻長霖撰　民國二十年至二十二年(1931－1933)稿本　一冊

330000－1787－0000597　0597　史部/傳記類/日記之屬

惺諟齋日記丁巳一卷　喻長霖撰　民國六年(1917)稿本　一冊

330000－1787－0000611　0611　子部/雜著類/雜編之屬

腳氣集一卷　(宋)車若水撰　民國八年(1919)上海涵芬樓鉛印本　一冊

330000－1787－0000614　0614　集部/別集類

適廬詩集一卷　劉春煦撰　民國二十四年(1935)漢口武漢印書館鉛印本　一冊

330000－1787－0000615　0615　子部/宗教類/佛教之屬/經疏

金剛般若波羅蜜經略解二卷　(後秦)釋鳩摩羅什譯　毛宗智略解　釋印光改定　**般若波羅蜜多心經略解一卷**　(唐)釋玄奘譯　毛宗智略解　釋印光改定　民國十四年(1925)刻本　一冊

330000－1787－0000621　0621　類叢部/叢書類/自著之屬

崇雅堂叢書十四種　楊晨撰　民國二十五年(1936)黄巖楊紹翰鉛印本　一冊　存一種

330000－1787－0000622　0622　集部/別

集類

崇雅堂詩稿一卷 楊晨撰 **漢皋遺什一卷** 李嘉瑛撰 民國石印本 一冊

330000－1787－0000623 0623 集部/別集類

崇雅堂詩稿一卷 楊晨撰 **漢皋遺什一卷** 李嘉瑛撰 民國石印本 一冊

330000－1787－0000624 0624 史部/地理類/雜志之屬

函雅堂辨故一卷 王詠霓撰 稿本 一冊

330000－1787－0000625 0625 類叢部/叢書類/自著之屬

玩芳艸堂叢書 （清）王棻撰 民國三年（1914）上海國光書局鉛印本 六冊 存一種

330000－1787－0000634 0634 史部/地理類/遊記之屬/紀勝

騷遊紀興一卷 羅騷著 民國三十一年（1942）鉛印本 一冊

330000－1787－0000635 0635 史部/地理類/遊記之屬/紀勝

騷遊紀興一卷 羅騷著 民國三十一年（1942）鉛印本 一冊

330000－1787－0000644 0644 類叢部/叢書類/郡邑之屬

台州叢書後集十七種 楊晨輯 民國四年（1915）黄巖楊氏刻本 一冊 存二種

330000－1787－0000647 0647 集部/總集類/郡邑之屬

故人遺什一卷 褚傳誥輯 民國抄本 一冊

330000－1787－0000648 0648 集部/總集類/酬唱之屬

豫園唱和集一卷 金傳川初稿 李讃常編訂 民國十二年（1923）黄建中、金蔚文石印本 一冊

330000－1787－0000658 0658 類叢部/叢書類/彙編之屬

嘉業堂叢書五十七種 劉承幹輯 民國吳興劉氏嘉業堂刻本 二冊 存一種

330000－1787－0000690 0690 史部/傳記類/別傳之屬/年譜

默盦居士自定年譜一卷 王舟瑶撰 **默盦居士自定年譜續編一卷** 王敬禮續編 **誌銘家傳附錄一卷** 章梫撰 民國十五年（1926）黄巖王氏鉛印本 一冊

330000－1787－0000696 0696 集部/別集類

澹甯詩稿□□卷 喻長霖撰 稿本 三冊 存五卷（一、五至八）

330000－1787－0000697 0697 集部/別集類

澹甯詩稿不分卷 喻長霖撰 稿本 四冊

330000－1787－0000698 0698 史部/傳記類/日記之屬

翁文恭公日記不分卷（清光緒元年至十年） （清）翁同龢撰 喻長霖輯 民國十八年（1929）喻長霖抄本 一冊

330000－1787－0000699 0699 史部/傳記類/日記之屬

曾文正公日記手錄不分卷 （清）曾國藩撰 喻長霖選輯 民國十六年（1927）喻長霖抄本 二冊

330000－1787－0000700 0700 史部/史評類/史論之屬

讀史隨筆不分卷 喻長霖撰 民國十八年（1929）稿本 二冊

330000－1787－0000701 0701 史部/雜史類/斷代之屬

國變大事年表不分卷 喻長霖撰 稿本 項士元題簽 十一冊

330000－1787－0000702 0702 史部/目録類/總録之屬/私撰

讀書過眼錄一卷 喻長霖輯 民國二十五年至二十六年（1936－1937）稿本 二冊

330000－1787－0000703 0703 集部/別集類

惺諟齋著艸不分卷　喻長霖撰　稿本　六冊

330000－1787－0000704　0704　集部/別集類

喻長霖詩稿一卷　喻長霖撰　民國十一年至十六年(1922－1927)稿本　一冊

330000－1787－0000705　0705　集部/別集類

喻長霖書札不分卷　喻長霖撰　民國十三年至十八年(1924－1929)稿本　九冊

330000－1787－0000706　0706　史部/傳記類/日記之屬

惺諟齋日記不分卷　喻長霖撰　稿本　項士元題簽　十冊

330000－1787－0000707　0707　集部/別集類/清別集

越縵詩文鈔不分卷　(清)李慈銘撰　喻長霖輯　民國十八年(1929)喻長霖抄本　七冊

330000－1787－0000708　0708　史部/傳記類/日記之屬

越縵堂日記不分卷　(清)李慈銘撰　民國十八年(1929)喻長霖抄本　一冊

330000－1787－0000710　0710　史部/雜史類/斷代之屬

國變記畧一卷　喻長霖撰　民國元年(1912)喻長霖稿本　一冊

330000－1787－0000714　0714　集部/別集類

戊午草稿一卷　喻長霖撰　稿本　一冊

330000－1787－0000715　0715　集部/總集類/選集之屬

報端褋詩乙丑詩畧一卷　喻長霖輯　稿本　一冊

330000－1787－0000716　0716　集部/別集類

惺諟齋文稿不分卷　喻長霖撰　稿本　項士元題記　五冊

330000－1787－0000717　0717　史部/詔令奏議類/奏議之屬

惺諟齋光緒戊戌文稿一卷　喻長霖撰　稿本　項士元題簽　一冊

330000－1787－0000718　0718　史部/詔令奏議類/奏議之屬

惺諟齋戊戌文稿一卷　喻長霖撰　稿本　一冊

330000－1787－0000719　0719　集部/別集類

惺諟齋己酉文鈔一卷　喻長霖撰　稿本　一冊

330000－1787－0000720　0720　史部/目録類/書志之屬/提要

惺諟齋讀書錄不分卷　喻長霖輯　稿本　九冊

330000－1787－0000721　0721　史部/政書類/邦計之屬/通紀

中華治平書一卷　喻長霖撰　稿本　二冊

330000－1787－0000722　0722　集部/總集類/彙編之屬

詞賦稿一卷　喻長霖輯　稿本　一冊

330000－1787－0000723　0723　集部/別集類

喻長霖褋彙稿一卷　喻長霖撰　稿本　一冊

330000－1787－0000724　0724　集部/別集類

惺諟齋學錄不分卷　喻長霖撰　稿本　六冊

330000－1787－0000725　0725　集部/別集類

惺諟齋遺稿不分卷　喻長霖撰　稿本　二冊

330000－1787－0000726　0726　史部/目録類/書志之屬/提要

惺諟齋讀書提要不分卷　喻長霖撰　稿本　八冊

330000－1787－0000727　0727　子部/雜著類

記事褋珠不分卷　喻長霖撰　稿本　五冊

330000－1787－0000728　0728　子部/雜著類/雜纂之屬
時務褋錄不分卷　喻長霖編　稿本　二冊

330000－1787－0000729　0729　子部/雜著類/雜纂之屬
時政要珠一卷　喻長霖編　稿本　一冊

330000－1787－0000730　0730　子部/雜著類/雜纂之屬
他山之石不分卷雜鈔一卷　喻長霖輯　稿本　項士元題記　三冊

330000－1787－0000732　0732　子部/儒家類/儒學之屬/性理
聖哲粹言一卷　喻長霖輯　民國喻長霖抄本　一冊

330000－1787－0000733　0733　史部/地理類/外紀之屬
卮言褋錄一卷　喻長霖編　稿本　一冊

330000－1787－0000735　0735　史部/政書類/掌故瑣記之屬
清季台州學務紀畧一卷　喻長霖撰　稿本　一冊

330000－1787－0000736　0736　子部/藝術類/書畫之屬/書法書品
碑帖雅言一卷　喻長霖輯　稿本　一冊

330000－1787－0000738　0738　集部/總集類/酬唱之屬
滬江消寒唱和詩一卷　喻長霖輯　稿本　一冊

330000－1787－0000739　0739　集部/別集類
惺諟齋詩稿不分卷　喻長霖撰　稿本　五冊

330000－1787－0000740　0740　史部/金石類/總志之屬/雜著
金石雜錄一卷　喻長霖撰　手稿本　一冊

330000－1787－0000741　0741　史部/載記類
學堂記珠一卷　喻長霖撰　稿本　一冊

330000－1787－0000742　0742　史部/目録類/通論之屬/藏書約
黃巖喻氏藏書目錄一卷　喻長霖撰　稿本　一冊

330000－1787－0000743　0743　史部/目録類/通論之屬/藏書約
惺諟齋藏書目一卷　喻長霖手錄　稿本　項士元題記　一冊

330000－1787－0000744　0744　史部/目録類
四部叢書目錄一卷　喻長霖編　民國喻長霖抄本　一冊

330000－1787－0000745　0745　集部/總集類/郡邑之屬
台州文徵敘例及内編目錄不分卷　喻長霖手錄　稿本　項士元題簽　一冊

330000－1787－0000746　0746　史部/雜史類/外紀之屬
朝野褋記時務門一卷　喻長霖撰　手稿本　一冊

330000－1787－0000747　0747　集部/別集類
惺諟齋拾遺一卷　喻長霖撰　稿本　一冊

330000－1787－0000748　0748　子部/雜著類/雜編之屬
惺諟齋褋鈔不分卷　喻長霖撰　稿本　項士元題簽　二冊

330000－1787－0000750　0750　史部/傳記類/總傳之屬/儒林
台學統一百卷　（清）王棻輯　民國七年(1918)吳興劉氏嘉業堂刻本　四十冊

330000－1787－0000751　0751　史部/傳記類/總傳之屬/儒林
台學統一百卷　（清）王棻輯　民國七年(1918)吳興劉氏嘉業堂刻本　四十冊

330000－1787－0000752　0752　史部/傳記類/總傳之屬/儒林

台學統一百卷　(清)王棻輯　民國七年(1918)吳興劉氏嘉業堂刻本　三十一册　缺二十一卷(九至十、三十八至四十五、五十一、五十四至五十六、六十九至七十二、九十至九十二)

330000－1787－0000753　0753　集部/別集類

惺諟齋書札一卷　喻長霖撰　稿本　項士元題簽　一册

330000－1787－0000754　0754　子部/雜著類/雜編之屬

瑣要彙訂一卷　喻長霖輯　稿本　一册

330000－1787－0000755　0755　子部/雜著類

六學瑣鈔一卷　喻長霖撰　手稿本　一册

330000－1787－0000777　0777　集部/總集類/郡邑之屬

三台酬唱集一卷　民國二年(1913)石印本　一册

330000－1787－0000784　0784　集部/總集類/郡邑之屬

三台酬唱集一卷　民國二年(1913)石印本　一册

330000－1787－0000786　0786　類叢部/叢書類/郡邑之屬

赤城遺書彙刊十六種　金嗣獻編　民國四年(1915)太平金氏木活字印本　十一册

330000－1787－0000788　0788　史部/目録類/總録之屬/地方

鴻遠樓所藏台州書目四卷附録一卷　金嗣獻編　民國三年(1914)太平金氏鴻遠樓木活字印本　二册

330000－1787－0000789　0789　集部/別集類/明別集

寒玉集十一卷　(明)陳函輝著　民國九峰圖書館抄本　四册

330000－1787－0000794　0794　史部/地理類/雜志之屬

台州大事略五卷攷異五卷　王舟瑤纂　民國十年(1921)竹波石印本　四册

330000－1787－0000795　0795　集部/總集類/郡邑之屬

台詩四録二十九卷　王舟瑤輯　民國九年(1920)王氏後凋草堂石印本　十四册

330000－1787－0000796　0796　類叢部/叢書類/彙編之屬

嘉業堂叢書五十七種　劉承幹輯　民國吳興劉氏嘉業堂刻本　八册　存一種

330000－1787－0000797　0797　子部/雜著類/雜説之屬

密齋筆記五卷續筆記一卷　(宋)謝采伯撰　民國黃巖九峰圖書館抄本　一册

330000－1787－0000798　0798　子部/雜著類/雜纂之屬

林下偶談四卷　(宋)吳子良撰　民國黃巖九峰圖書館抄本　一册

330000－1787－0000799　0799　集部/別集類/宋別集

委羽居士集一卷　(宋)左緯著　(清)王棻重輯　**委羽集附録一卷**　(清)王棻輯　民國黃巖九峰圖書館抄本　一册

330000－1787－0000800　0800　史部/地理類/遊記之屬/紀勝

游志續編二卷　(元)陶宗儀撰　民國黃巖九峰圖書館抄本　王舟瑤批校　二册

330000－1787－0000801　0801　集部/別集類/元別集

滄浪櫂歌一卷　(元)陶宗儀著　(明)唐錦選　民國黃巖九峰圖書館抄本　一册

330000－1787－0000802　0802　集部/別集類/明別集

定軒存稿十七卷　(明)黃孔昭撰　民國黃巖九峰圖書館抄本　王舟瑤批校　二册

330000－1787－0000803　0803　集部/別集

類/明別集

逸老堂淨稿十九卷 （明）謝省撰　民國黄巖九峰圖書館抄本　一冊　存十卷（一至十）

330000－1787－0000804　0804　集部/總集類/郡邑之屬

赤城詩集六卷 （明）謝鐸　（明）黄孔昭輯　民國黄巖九峰圖書館抄本　一冊

330000－1787－0000805　0805　集部/別集類/明別集

知我軒近説二卷正志稿六卷 （明）林貴兆著　民國黄巖九峰圖書館抄本　王舟瑶批校　四冊　缺一卷（正志稿六）

330000－1787－0000806　0806　史部/政書類/考工之屬/營造

作室解一卷附朝制考一卷 （清）金應揚撰　民國黄巖九峰圖書館抄本　一冊

330000－1787－0000807　0807　集部/別集類/明別集

抱犢園集五卷 （明）王承翰著　（明）蔡宗明校　民國黄巖九峰圖書館抄本　王舟瑶、項士元題記　一冊

330000－1787－0000808　0808　集部/別集類/明別集

北窗閒咏六卷 （明）馬謙撰　民國黄巖九峰圖書館抄本　一冊　存四卷（一至四）

330000－1787－0000809　0809　史部/雜史類/斷代之屬

甯海將軍固山貝子功績錄一卷貝子戰績紀畧一卷貝子撫嵊功績事實一卷　平閩功績見聞錄一卷 （清）金泳記　民國黄巖九峰圖書館抄本　一冊

330000－1787－0000810　0810　史部/傳記類/別傳之屬/事狀

巡憲楊公保台實績錄一卷 （清）章安紳士輯　民國黄巖九峰圖書館抄本　一冊

330000－1787－0000811　0811　子部/雜著類/雜纂之屬

枝談集一卷 （清）李清苑撰　民國黄巖九峰圖書館抄本　一冊

330000－1787－0000812　0812　集部/別集類/清別集

綠天亭集三卷 （清）林之松撰　民國黄巖九峰圖書館抄本　王舟瑶批校　一冊

330000－1787－0000813　0813　集部/別集類/清別集

樸學堂詩文鈔二十一卷 （清）黄河清撰　民國黄巖九峰圖書館抄本　王舟瑶批校　一冊　存四卷（詩鈔一至四）

330000－1787－0000814　0814　集部/別集類/清別集

啖蔗集二卷 （清）應瑀撰　民國黄巖九峰圖書館抄本　王舟瑶批校　一冊

330000－1787－0000815　0815　集部/別集類/清別集

補蘿書屋詩鈔三卷 （清）李飛英撰　民國黄巖九峰圖書館抄本　一冊

330000－1787－0000816　0816　類叢部/叢書類/郡邑之屬

台州先哲遺書　王舟瑶輯　民國九峰圖書館抄本　王舟瑶題記　四十六冊　存三十三種

330000－1787－0000823　0823　類叢部/叢書類/家集之屬

三代殘編三種　袁之球輯　民國六年（1917）鉛印本　一冊

330000－1787－0000824　0824　類叢部/叢書類/家集之屬

三代殘編三種　袁之球輯　民國六年（1917）鉛印本　一冊

330000－1787－0000825　0825　類叢部/叢書類/家集之屬

三代殘編三種　袁之球輯　民國六年（1917）鉛印本　一冊

330000－1787－0000826　0826　類叢部/叢書類/家集之屬

三代殘編三種　袁之球輯　民國六年（1917）

鉛印本　一册

330000－1787－0000827　0827　集部/别集類

䲲宕普陀天台游草三卷　繆宏仁撰　民國黄巖友成局鉛印本　一册

330000－1787－0000846　0846　史部/傳記類/總傳之屬/技藝

台州書畫識十卷　（清）黄瑞輯　民國臨海縣公立圖書館抄本　項士元批校　一册　存五卷（六至十）

330000－1787－0000854　0854　新學/兵制/營壘

臨海防空壕開鑿巖穴長闊高低深淺容量概況表一卷　蔣鑑卿編　民國二十八年（1939）抄本　一册

330000－1787－0000855　0855　史部/政書類/公牘檔册之屬

臨海縣經濟調查一卷　臨海縣脩志館編　稿本　一册

330000－1787－0000858　0858　集部/總集類/選集之屬

浙江臨海縣益濟社海鄉分社文稿彙刊一卷　金鎮　項道河彙修　民國抄本　一册

330000－1787－0000859　0859　史部/雜史類

台郡識小錄續編一卷　林西恭輯　稿本　一册

330000－1787－0000860　0860　子部/雜著類

岐海瑣談集十六卷勘誤表一卷　（明）姜準撰輯　民國二十五年（1936）永嘉區徵輯鄉先哲遺著委員會鉛印本　四册

330000－1787－0000861　0861　集部/别集類

惺諟齋學錄（壬辰初艸）一卷　喻長霖撰　稿本　一册

330000－1787－0000862　0862　史部/傳記類/科舉録之屬/總録

清朝學案初稿一卷　喻長霖撰　稿本　一册

330000－1787－0000863　0863　子部/雜著類/雜編之屬

惺諟齋襍鈔（己酉宣統元年）一卷　喻長霖輯　稿本　一册

330000－1787－0000864　0864　子部/雜著類/雜編之屬

惺諟齋文鈔一卷　喻長霖輯　稿本　一册

330000－1787－0000865　0865　子部/雜著類/雜編之屬

惺諟齋文鈔一卷　喻長霖編　稿本　一册

330000－1787－0000868　0868　史部/目録類/總録之屬/官修

黄巖九峰圖書館書目五卷　黄巖九峰圖書館編　民國七年（1918）黄巖九峰圖書館石印本　二册

330000－1787－0000870　0870　史部/目録類/總録之屬/官修

黄巖九峯圖書館書目五卷續編四卷三編五卷　黄巖九峯圖書館編　民國十九年（1930）黄巖九峯圖書館鉛印本　一册　存九卷（續編一至四、三編一至五）

330000－1787－0000874　0874　類叢部/叢書類/郡邑之屬

台州叢書後集十七種　楊晨輯　民國四年（1915）黄巖楊氏刻本　王舟瑶批校　五册　存五種

330000－1787－0000878　0878　史部/政書類/公牘檔册之屬

黄巖縣議會中華民國十二年第一次臨時會第二次通常會議案不分卷　黄巖縣議會輯　民國石印本　一册

330000－1787－0000879　0879　史部/政書類/公牘檔册之屬

臨海縣議會民國十二年通常會議決案一卷附臨海縣議會選舉議事辦事規則一卷　臨海縣議會編　民國石印本　一册

330000－1787－0000880　0880　集部/總集類/選集之屬/斷代

月河詩鐘社吟草五卷　任重編　民國二十三年至二十六年(1934－1937)石印本　一冊　存一卷(二)

330000－1787－0000887　0887　集部/別集類/清別集

蒿菴文集一卷　(清)馮甦撰　民國項士元抄本　項士元題記　一冊

330000－1787－0000888　0888　史部/目録類/專録之屬

寒枝集選目錄一卷　(明)陳函輝撰　**易律通解目錄一卷**　(清)沈光邦著　**名山藏初集副本目錄一卷**　(清)齊周華著　民國七年(1918)臨海許忍為抄本　一冊

330000－1787－0000891　0891　集部/別集類/明別集

一所金先生集六卷　(明)金賁亨撰　民國臨海縣公立圖書館抄本　一冊　存三卷(一至三)

330000－1787－0000892　0892　類叢部/叢書類/郡邑之屬

台州叢書己集十二種　楊晨輯　民國八年(1919)黃巖楊氏石印本　一冊　存一種

330000－1787－0000893　0893　新學/政治法律/政治

浙東政事不分卷　杜偉等撰　**台學源流述要不分卷**　萬德懿著　諸奇良輯　**浙江台屬各縣肅清煙苗總報告不分卷**　陳凌雲編印　民國鉛印本　一冊

330000－1787－0000894　0894　新學/化學/化學

農用化學分析一卷　陳敬衡述　民國鉛印本　一冊

330000－1787－0000895　0895　類叢部/叢書類/彙編之屬

寶顏堂祕笈二百二十八種　(明)陳繼儒編　民國十一年(1922)上海文明書局石印本　一冊　存二種

330000－1787－0000897　0897　史部/地理類/專志之屬/寺觀

黃巖縣城隍廟志一卷　城隍廟管理委員會編　民國十六年(1927)鉛印本　一冊

330000－1787－0000899　0899　集部/別集類

蕙友詩文集一卷　蔣蕙友撰　民國鉛印本　一冊

330000－1787－0000910　0910　集部/別集類

管潔自遺集七卷　管潔撰　管彭輯　民國七年(1918)石印本　一冊

330000－1787－0000911　0911　史部/政書類/公牘檔冊之屬

黃巖清理田賦常識四卷　民國石印本　一冊

330000－1787－0000912　0912　史部/傳記類/別傳之屬/事狀

於梅五哀輓錄一卷　於拱一編　民國黃巖三友印務局鉛印本　一冊

330000－1787－0000913　0913　史部/傳記類/別傳之屬/事狀

伯父輔殷公[之清]志哀錄一卷　柯進明　柯進修編　民國鉛印本　一冊

330000－1787－0000915　0915　史部/傳記類/別傳之屬/事狀

楊母陳太孺人八秩壽言一卷　王松渠等輯　民國鉛印本　一冊

330000－1787－0000916　0916　史部/傳記類/別傳之屬/事狀

劉恩度先生哀輓錄一卷　劉祖舜編　民國鉛印本　一冊

330000－1787－0000917　0917　史部/傳記類/別傳之屬/事狀

王煦亭先生哀輓錄一卷　王松如輯　民國鉛印本　一冊

330000－1787－0000918　0918　集部/別集

類/明別集

寒玉集十一卷　(明)陳函輝著　民國抄本　一冊　存二卷(一至二)

330000－1787－0000936　0936　史部/目録類/總録之屬/地方

鴻遠樓所藏台州書目四卷附録一卷　金嗣獻編　民國三年(1914)太平金氏鴻遠樓木活字印本　一冊　缺二卷(一至二)

330000－1787－0000939　0939　史部/傳記類/别傳之屬/事狀

金雨梧大令同哀録一卷　金學任等輯　民國石印本　一冊

330000－1787－0000945　0945　史部/傳記類/别傳之屬/事狀

金观察[葆廉]傳文不分卷　何奏篪撰　民國四年(1915)石印本　一冊

330000－1787－0000963　0963　集部/總集類/酬唱之屬

幼幼集一卷　狄望雲編　民國二十七年(1938)黄巖友成局鉛印本　一冊

330000－1787－0000966　0966　集部/别集類/清别集

果園詩鈔一卷　(清)陳一星著　民國二年(1913)鉛印本　一冊

330000－1787－0000976　0976　集部/總集類/酬唱之屬

幼幼集一卷　狄望雲編　民國二十七年(1938)黄巖友成局鉛印本　一冊

330000－1787－0000985　0985　集部/總集類/題詠之屬

思危樓詩文彙鈔初集一卷　徐慎齋輯　民國二十一年(1932)鉛印本　一冊

330000－1787－0000986　0986　集部/總集類/酬唱之屬

思危樓存稿初集(思危樓倡和集)一卷　徐慎齋輯　民國八年(1919)鉛印本　一冊

330000－1787－0000996　0996　類叢部/叢書類

天台謝氏世德樓叢書　民國天台謝氏世德樓木活字印本　四冊　存一種

330000－1787－0000997　0997　類叢部/叢書類

天台謝氏世德樓叢書　民國天台謝氏世德樓木活字印本　四冊　存一種

330000－1787－0001002　1002　子部/雜著類/雜説之屬

石橋潛書四卷　褚傳誥撰　民國八年(1919)鉛印本　一冊

330000－1787－0001003　1003　子部/雜著類/雜説之屬

石橋潛書四卷　褚傳誥撰　民國八年(1919)鉛印本　一冊

330000－1787－0001004　1004　子部/雜著類/雜説之屬

石橋潛書四卷　褚傳誥撰　民國油印本　一冊

330000－1787－0001005　1005　子部/雜著類/雜説之屬

石橋潛書四卷　褚傳誥撰　民國油印本　一冊

330000－1787－0001008　1008　集部/别集類

白石山房詩鈔三卷補遺一卷　張宗江撰　民國八年(1919)鉛印本　一冊

330000－1787－0001009　1009　集部/别集類

白石山房詩鈔三卷補遺一卷　張宗江撰　民國八年(1919)鉛印本　一冊

330000－1787－0001010　1010　子部/雜著類/雜編之屬

退築編二卷附録一卷　王寶珩輯　**蛻盦文寄一卷音書類編一卷**　王文炳著　民國二十三年(1934)鉛印本　一冊

330000－1787－0001011　1011　子部/雜著

類/雜編之屬
退築編二卷附錄一卷 王竇珩輯 **蛻盦文寄一卷音書類編一卷** 王文炳著 民國二十三年(1934)鉛印本 一冊

330000－1787－0001016 1016 類叢部/叢書類/郡邑之屬
台州叢書後集十七種 楊晨輯 民國四年(1915)黃巖楊氏刻本 二冊 存三種

330000－1787－0001017 1017 集部/別集類
步月山房消閒詩集一卷 潘頌清撰 民國十九年(1930)木活字印本 一冊

330000－1787－0001022 1022 集部/總集類/郡邑之屬
天台詩選六卷補遺一卷續補遺一卷 (明)許鳴遠輯 民國元年(1912)木活字印本 二冊

330000－1787－0001031 1031 史部/地理類/遊記之屬/紀勝
天台山行記一卷後記一卷 范鑄撰 民國四年(1915)刻本 一冊

330000－1787－0001033 1033 集部/別集類
天台游草一卷 王舟瑤撰 民國路橋文林齋石印本 一冊

330000－1787－0001034 1034 集部/別集類
冬青軒詩稿一卷 曹文昭撰 民國抄本 一冊

330000－1787－0001036 1036 集部/別集類/清別集
袁太史詩文遺鈔一卷 (清)袁鵬圖撰 民國鉛印本 一冊

330000－1787－0001037 1037 集部/別集類/清別集
感物吟五卷 (清)張亨梧撰 民國八年(1919)天台張爕木活字印本 一冊

330000－1787－0001040 1040 集部/別集類/清別集
袁太史詩文遺鈔一卷 (清)袁鵬圖撰 民國鉛印本 一冊

330000－1787－0001041 1041 集部/別集類/清別集
袁太史詩文遺鈔一卷 (清)袁鵬圖撰 民國鉛印本 一冊

330000－1787－0001042 1042 集部/別集類
天台游草一卷 王舟瑤撰 民國路橋文林齋石印本 一冊

330000－1787－0001045 1045 集部/總集類/郡邑之屬
天台詩選六卷補遺一卷續補遺一卷 (明)許鳴遠輯 民國元年(1912)木活字印本 二冊

330000－1787－0001047 1047 史部/傳記類/雜傳之屬
清芬集二卷首一卷 王文炳輯 民國九年(1920)鉛印本 一冊

330000－1787－0001048 1048 史部/傳記類/雜傳之屬
清芬集二卷首一卷 王文炳輯 民國九年(1920)鉛印本 一冊

330000－1787－0001049 1049 集部/別集類/清別集
瓊臺詩集二卷 (清)齊召南著 民國九年(1920)廣益書局石印本 二冊

330000－1787－0001050 1050 集部/別集類/清別集
瓊臺詩集二卷 (清)齊召南著 民國九年(1920)廣益書局石印本 二冊

330000－1787－0001051 1051 集部/總集類/酬唱之屬
齊太史移居倡酬集四卷首一卷尾一卷 (清)齊毓川輯 民國三年(1914)上海國學扶輪社石印本 一冊

330000－1787－0001056 1056 集部/別集

類/清別集

名山藏副本初集二卷贈言集一卷　(清)齊周華撰　民國九年(1920)杭州武林印書館鉛印本　二冊

330000－1787－0001057　1057　集部/別集類/清別集

名山藏副本初集二卷贈言集一卷　(清)齊周華撰　民國九年(1920)杭州武林印書館鉛印本　一冊

330000－1787－0001058　1058　集部/別集類/清別集

名山藏副本初集二卷贈言集一卷　(清)齊周華撰　民國九年(1920)杭州武林印書館鉛印本　二冊

330000－1787－0001064　1064　集部/別集類/清別集

繁露書帷文集二卷　(清)陳省欽撰　民國八年(1919)陳鍾祺鉛印本　一冊

330000－1787－0001065　1065　集部/別集類

農禪詩鈔三卷　釋農禪著　民國三十七年(1948)刻本　一冊

330000－1787－0001066　1066　集部/別集類

槩志詩草二卷　齊毓愷撰　民國二年(1913)槩志齋木活字印本　一冊

330000－1787－0001080　1080　集部/別集類

天台遊草一卷　王善欽撰　民國二十三年(1934)鉛印本　一冊

330000－1787－0001082　1082　集部/別集類/清別集

繁露書帷文集二卷　(清)陳省欽撰　民國八年(1919)陳鍾祺鉛印本　一冊

330000－1787－0001084　1084　經部/讖緯類/春秋緯之屬

春秋緯史集傳四十卷　(清)陳省欽撰　民國十三年(1924)鉛印本　四冊

330000－1787－0001088　1088　經部/讖緯類/春秋緯之屬

春秋緯史集傳四十卷　(清)陳省欽撰　民國刻本　一冊　存五卷(一至五)

330000－1787－0001089　1089　子部/雜著類/雜纂之屬

小兒戲三卷　陳立樹撰　民國十年(1921)迎瑞堂木活字印本　一冊

330000－1787－0001093　1093　集部/別集類

青驄文彙七卷首一卷　陳立樹撰　民國二十二年(1933)鉛印本　一冊

330000－1787－0001094　1094　集部/別集類/清別集

萬八山房詩鈔八卷　(清)孫春澤撰　民國二十五年(1936)曹氏鉛印本　一冊

330000－1787－0001096　1096　集部/總集類/氏族之屬

袁氏閨鈔一卷　袁之球輯　民國七年(1918)鉛印本　一冊

330000－1787－0001097　1097　經部/易類/專著之屬

易義別識二卷　齊洪昌撰　民國十年(1921)臨海縣公立圖書館石印本　一冊

330000－1787－0001100　1100　史部/傳記類/別傳之屬/事狀

黄母蘇太夫人輓詞不分卷　黄秉義輯　民國九年(1920)石印本　一冊

330000－1787－0001103　1103　史部/目録類/總録之屬/氏族

天台妙山陳氏書目一卷　陳立樹編　民國十八年(1929)天官第鉛印本　一冊

330000－1787－0001110　1110　集部/別集類

清臣詩紀一卷續一卷　石橋撰　民國天台麗美石印社石印本　二冊

330000－1787－0001117　1117　史部/地理

類/山川之屬/山志

天台山方外志三十卷 (明)釋傳燈撰 民國十一年(1922)上海集雲軒鉛印本 六冊 存二十四卷(一至六、九至十六、二十一至三十)

330000－1787－0001136 1136 新學/史志

文學蜜史八卷 褚傳誥輯著 民國八年(1919)鉛印本 四冊

330000－1787－0001137 1137 新學/史志

文學蜜史八卷 褚傳誥輯著 民國八年(1919)鉛印本 四冊

330000－1787－0001138 1138 新學/史志

文學蜜史八卷 褚傳誥輯著 民國八年(1919)鉛印本 四冊

330000－1787－0001139 1139 新學/史志

文學蜜史八卷 褚傳誥輯著 民國八年(1919)鉛印本 四冊

330000－1787－0001140 1140 新學/史志

文學蜜史八卷 褚傳誥輯著 民國八年(1919)鉛印本 四冊

330000－1787－0001141 1141 新學/史志

文學蜜史八卷 褚傳誥輯著 民國八年(1919)鉛印本 四冊

330000－1787－0001145 1145 集部/別集類/清別集

萬八山房詩鈔八卷 (清)孫春澤撰 民國二十五年(1936)曹氏鉛印本 一冊

330000－1787－0001146 1146 集部/別集類/清別集

萬八山房詩鈔八卷 (清)孫春澤撰 民國二十五年(1936)曹氏鉛印本 一冊

330000－1787－0001147 1147 集部/別集類/清別集

萬八山房詩鈔八卷 (清)孫春澤撰 民國二十五年(1936)曹氏鉛印本 一冊

330000－1787－0001148 1148 集部/別集類/清別集

萬八山房詩鈔八卷 (清)孫春澤撰 民國二十五年(1936)曹氏鉛印本 一冊

330000－1787－0001149 1149 集部/別集類/清別集

萬八山房詩鈔八卷 (清)孫春澤撰 民國二十五年(1936)曹氏鉛印本 一冊

330000－1787－0001150 1150 集部/別集類/清別集

萬八山房詩鈔八卷 (清)孫春澤撰 民國二十五年(1936)曹氏鉛印本 一冊

330000－1787－0001151 1151 集部/別集類/清別集

萬八山房詩鈔八卷 (清)孫春澤撰 民國二十五年(1936)曹氏鉛印本 一冊

330000－1787－0001152 1152 集部/別集類/清別集

萬八山房詩鈔八卷 (清)孫春澤撰 民國二十五年(1936)曹氏鉛印本 一冊

330000－1787－0001153 1153 集部/別集類/清別集

萬八山房詩鈔八卷 (清)孫春澤撰 民國二十五年(1936)曹氏鉛印本 一冊

330000－1787－0001154 1154 集部/別集類/清別集

萬八山房詩鈔八卷 (清)孫春澤撰 民國二十五年(1936)曹氏鉛印本 一冊

330000－1787－0001155 1155 集部/別集類/清別集

萬八山房詩鈔八卷 (清)孫春澤撰 民國二十五年(1936)曹氏鉛印本 一冊

330000－1787－0001156 1156 集部/別集類/清別集

萬八山房詩鈔八卷 (清)孫春澤撰 民國二十五年(1936)曹氏鉛印本 一冊

330000－1787－0001157 1157 集部/別集類/清別集

萬八山房詩鈔八卷 (清)孫春澤撰 民國二十五年(1936)曹氏鉛印本 一冊

330000－1787－0001158　1158　集部/别集類/清别集

萬八山房詩鈔八卷　(清)孫春澤撰　民國二十五年(1936)曹氏鉛印本　一册

330000－1787－0001159　1159　集部/别集類/清别集

萬八山房詩鈔八卷　(清)孫春澤撰　民國二十五年(1936)曹氏鉛印本　一册

330000－1787－0001160　1160　集部/别集類/清别集

萬八山房詩鈔八卷　(清)孫春澤撰　民國二十五年(1936)曹氏鉛印本　一册

330000－1787－0001161　1161　集部/别集類/清别集

萬八山房詩鈔八卷　(清)孫春澤撰　民國二十五年(1936)曹氏鉛印本　一册

330000－1787－0001162　1162　集部/别集類/清别集

萬八山房詩鈔八卷　(清)孫春澤撰　民國二十五年(1936)曹氏鉛印本　一册

330000－1787－0001163　1163　集部/别集類/清别集

萬八山房詩鈔八卷　(清)孫春澤撰　民國二十五年(1936)曹氏鉛印本　一册

330000－1787－0001164　1164　集部/别集類/清别集

萬八山房詩鈔八卷　(清)孫春澤撰　民國二十五年(1936)曹氏鉛印本　一册

330000－1787－0001165　1165　集部/别集類/清别集

萬八山房詩鈔八卷　(清)孫春澤撰　民國二十五年(1936)曹氏鉛印本　一册

330000－1787－0001166　1166　集部/别集類/清别集

萬八山房詩鈔八卷　(清)孫春澤撰　民國二十五年(1936)曹氏鉛印本　一册

330000－1787－0001167　1167　集部/别集類/清别集

萬八山房詩鈔八卷　(清)孫春澤撰　民國二十五年(1936)曹氏鉛印本　一册

330000－1787－0001168　1168　集部/别集類/清别集

萬八山房詩鈔八卷　(清)孫春澤撰　民國二十五年(1936)曹氏鉛印本　一册

330000－1787－0001169　1169　集部/别集類/清别集

萬八山房詩鈔八卷　(清)孫春澤撰　民國二十五年(1936)曹氏鉛印本　一册

330000－1787－0001170　1170　集部/别集類/清别集

萬八山房詩鈔八卷　(清)孫春澤撰　民國二十五年(1936)曹氏鉛印本　一册

330000－1787－0001171　1171　集部/别集類/清别集

萬八山房詩鈔八卷　(清)孫春澤撰　民國二十五年(1936)曹氏鉛印本　一册

330000－1787－0001172　1172　集部/别集類/清别集

萬八山房詩鈔八卷　(清)孫春澤撰　民國二十五年(1936)曹氏鉛印本　一册

330000－1787－0001173　1173　集部/别集類/清别集

萬八山房詩鈔八卷　(清)孫春澤撰　民國二十五年(1936)曹氏鉛印本　一册

330000－1787－0001174　1174　集部/别集類/清别集

萬八山房詩鈔八卷　(清)孫春澤撰　民國二十五年(1936)曹氏鉛印本　一册

330000－1787－0001175　1175　集部/别集類/清别集

萬八山房詩鈔八卷　(清)孫春澤撰　民國二十五年(1936)曹氏鉛印本　一册

330000－1787－0001176　1176　集部/别集類/清别集

萬八山房詩鈔八卷　(清)孫春澤撰　民國二十五年(1936)曹氏鉛印本　一册

330000－1787－0001177　1177　集部/别集類/清别集
萬八山房詩鈔八卷　(清)孫春澤撰　民國二十五年(1936)曹氏鉛印本　一册

330000－1787－0001178　1178　集部/别集類/清别集
萬八山房詩鈔八卷　(清)孫春澤撰　民國二十五年(1936)曹氏鉛印本　一册

330000－1787－0001179　1179　集部/别集類/清别集
萬八山房詩鈔八卷　(清)孫春澤撰　民國二十五年(1936)曹氏鉛印本　一册

330000－1787－0001180　1180　集部/别集類/清别集
萬八山房詩鈔八卷　(清)孫春澤撰　民國二十五年(1936)曹氏鉛印本　一册

330000－1787－0001181　1181　集部/别集類/清别集
萬八山房詩鈔八卷　(清)孫春澤撰　民國二十五年(1936)曹氏鉛印本　一册

330000－1787－0001182　1182　集部/别集類/清别集
萬八山房詩鈔八卷　(清)孫春澤撰　民國二十五年(1936)曹氏鉛印本　一册

330000－1787－0001183　1183　集部/别集類/清别集
萬八山房詩鈔八卷　(清)孫春澤撰　民國二十五年(1936)曹氏鉛印本　一册

330000－1787－0001185　1185　子部/雜著類/雜纂之屬
小兒戲三卷　陳立樹撰　民國十年(1921)迎瑞堂木活字印本　一册

330000－1787－0001188　1188　子部/雜著類/雜纂之屬
小兒戲三卷　陳立樹撰　民國十年(1921)迎瑞堂木活字印本　一册

330000－1787－0001189　1189　集部/總集類/氏族之屬
袁氏閨鈔一卷　袁之球輯　民國七年(1918)鉛印本　一册

330000－1787－0001190　1190　集部/總集類/氏族之屬
袁氏閨鈔一卷　袁之球輯　民國七年(1918)鉛印本　一册

330000－1787－0001191　1191　集部/總集類/氏族之屬
袁氏閨鈔一卷　袁之球輯　民國七年(1918)鉛印本　一册

330000－1787－0001192　1192　集部/總集類/氏族之屬
袁氏閨鈔一卷　袁之球輯　民國七年(1918)鉛印本　一册

330000－1787－0001193　1193　子部/儒家類/儒學之屬/禮教/鑑戒
人道實行録十卷首一卷　金潛撰　民國八年(1919)鉛印本　二册

330000－1787－0001194　1194　子部/儒家類/儒學之屬/禮教/鑑戒
人道實行録十卷首一卷　金潛撰　民國八年(1919)鉛印本　二册

330000－1787－0001195　1195　子部/儒家類/儒學之屬/禮教/鑑戒
人道實行録十卷首一卷　金潛撰　民國八年(1919)鉛印本　二册

330000－1787－0001196　1196　集部/總集類/氏族之屬
雙璧賡燕貽集内編一卷外編一卷　張逢鑣編　民國八年(1919)杭州鉛印本　一册

330000－1787－0001197　1197　集部/總集類/氏族之屬
雙璧賡燕貽集内編一卷外編一卷　張逢鑣編　民國八年(1919)杭州鉛印本　一册

330000－1787－0001198　1198　集部/總集類/氏族之屬

雙璧賡燕貽集内編一卷外編一卷　張逢鑣編　民國八年(1919)杭州鉛印本　一冊

330000－1787－0001199　1199　集部/總集類/氏族之屬

雙璧賡燕貽集内編一卷外編一卷　張逢鑣編　民國八年(1919)杭州鉛印本　一冊

330000－1787－0001200　1200　集部/總集類/氏族之屬

雙璧賡燕貽集内編一卷外編一卷　張逢鑣編　民國八年(1919)杭州鉛印本　一冊

330000－1787－0001201　1201　集部/總集類/氏族之屬

雙璧賡燕貽集内編一卷外編一卷　張逢鑣編　民國八年(1919)杭州鉛印本　一冊

330000－1787－0001211　1211　史部/地理類/雜志之屬

天台縣風俗志二卷　陳鍾祺編　民國二十九年(1940)鉛印本　一冊

330000－1787－0001218　1218　史部/地理類/山川之屬/山志

天台山方外志三十卷　(明)釋傳燈撰　民國十一年(1922)上海集雲軒鉛印本　八冊

330000－1787－0001219　1219　集部/總集類/酬唱之屬

滄海贈言集一卷　袁之球輯　民國鉛印本　一冊

330000－1787－0001220　1220　集部/總集類/酬唱之屬

滄海贈言集一卷　袁之球輯　民國鉛印本　一冊

330000－1787－0001221　1221　集部/總集類/酬唱之屬

滄海贈言集一卷　袁之球輯　民國鉛印本　一冊

330000－1787－0001222　1222　集部/總集類/酬唱之屬

滄海贈言集一卷　袁之球輯　民國鉛印本　一冊

330000－1787－0001223　1223　集部/總集類/酬唱之屬

滄海贈言集一卷　袁之球輯　民國鉛印本　一冊

330000－1787－0001225　1225　子部/宗教類/佛教之屬

隋天台智者大師別傳一卷　(隋)釋灌頂撰　**輯註四卷**　(宋)釋曇照註　釋興慈輯　民國二十五年(1936)上海法藏寺鉛印本　一冊

330000－1787－0001233　1233　集部/總集類/氏族之屬

度予亭三逸遺集三卷首一卷外編一卷　(明)張文郁　(明)張元聲　(明)張亨梧著　張燮編次　民國二十八年(1939)鉛印本　一冊

330000－1787－0001235　1235　集部/別集類

妙山續集台山吟稿一卷　陳鍾祺撰　民國二十三年(1934)鉛印本　一冊

330000－1787－0001242　1242　史部/雜史類/斷代之屬

南明野史三卷首一卷附錄一卷　(清)南沙三餘氏撰　民國十九年(1930)上海商務印書館鉛印本　三冊

330000－1787－0001245　1245　集部/別集類

一山文存十二卷　章梫撰　民國七年(1918)吴興劉承幹嘉業堂刻本　四冊

330000－1787－0001246　1246　集部/別集類

一山文存十二卷　章梫撰　民國七年(1918)吴興劉承幹嘉業堂刻本　四冊

330000－1787－0001247　1247　集部/別集類

一山文存十二卷　章梫撰　民國七年(1918)吴興劉承幹嘉業堂刻本　四冊

330000－1787－0001251　1251　集部/别集類
一山詩存十一卷　章梫撰　民國刻朱印本　五册

330000－1787－0001252　1252　集部/總集類/選集之屬/斷代
王章詩存合刻　劉承幹編　民國十五年(1926)吳興劉氏嘉業堂刻本　三册　存一種

330000－1787－0001253　1253　集部/總集類/選集之屬/斷代
王章詩存合刻　劉承幹編　民國十五年(1926)吳興劉氏嘉業堂刻本　三册　存一種

330000－1787－0001254　1254　集部/别集類
一山文存(駢體)一卷　章梫撰　民國鉛印本　一册

330000－1787－0001255　1255　集部/别集類
一山文存(駢體)一卷　章梫撰　民國鉛印本　一册

330000－1787－0001256　1256　史部/政書類/儀制之屬
兄弟相及宗廟異昭穆同昭穆考一卷　章梫著　民國鉛印本　一册

330000－1787－0001257　1257　子部/雜著類/雜纂之屬
見聞隨録八卷　王守愚著　民國十三年(1924)鉛印本　二册

330000－1787－0001258　1258　類叢部/叢書類/彙編之屬
嘉業堂叢書五十七種　劉承幹輯　民國吳興劉氏嘉業堂刻本　一册　存一種

330000－1787－0001262　1262　史部/傳記類/别傳之屬/年譜
王愧齋先生[崇教]年譜一卷附江夏王氏藝文一卷　(明)王洙撰　項士元補　民國抄本　一册

330000－1787－0001263　1263　類叢部/叢書類/家集之屬
錫山尤氏叢刊甲集六種　尤桐輯　民國二十四年(1935)鉛印本　一册

330000－1787－0001264　1264　史部/政書類/律令之屬/律例
各種舊法規參考不分卷　臨海縣縣立三台民眾教育館編　民國油印本　一册

330000－1787－0001278　1278　集部/詩文評類/文評之屬
四六談塵一卷　(宋)謝伋撰　**深雪偶談一卷**　(宋)方岳撰　民國抄本　一册

330000－1787－0001281　1281　集部/别集類
笠履吟草二卷　干人俊撰　民國石印本　一册

330000－1787－0001283　1283　類叢部/叢書類/郡邑之屬
仙居叢書第一集十二種　李鏡渠編　民國二十四年(1935)鉛印本　十七册　存十一種

330000－1787－0001287　1287　類叢部/叢書類/郡邑之屬
台州叢書己集十二種　楊晨輯　民國八年(1919)黄巖楊氏石印本　二册　存一種

330000－1787－0001288　1288　類叢部/叢書類/郡邑之屬
台州叢書己集十二種　楊晨輯　民國八年(1919)黄巖楊氏石印本　二册　存一種

330000－1787－0001292　1292　史部/傳記類/總傳之屬/家乘
項氏源流攷不分卷　項士元編　民國油印本　一册

330000－1787－0001293　1293　史部/傳記類/總傳之屬/家乘
項氏源流攷不分卷　項士元編　民國油印本　一册

330000－1787－0001294　1294　史部/傳記

類/總傳之屬/家乘
項氏源流攷不分卷 項士元編 民國油印本 一冊

330000－1787－0001296 1296 集部/别集類/元别集
丹丘生稿一卷 (元)柯九思撰 民國臨海項氏抄本 一冊

330000－1787－0001298 1298 史部/目録類/專録之屬
藏逸經書標目一卷 (明)釋道開撰 民國七年(1918)北京刻經處刻本 一冊

330000－1787－0001299 1299 史部/目録類/專録之屬
續藏經目錄不分卷 (日本)中野達慧輯 民國十一年(1922)商務印書館鉛印本 一冊

330000－1787－0001305 1305 經部/小學類/訓詁之屬/方言
台州方言考初稿不分卷續稿不分卷 項士元撰 民國二十三年(1934)稿本 五冊

330000－1787－0001336 1336 史部/傳記類/日記之屬
王育伊日記不分卷 王育伊撰 稿本 項士元題記 一冊

330000－1787－0001339 1339 子部/雜著類/雜編之屬
民初報刊諷刺文章匯抄不分卷 民國抄本 三冊

330000－1787－0001344 1344 集部/别集類
鷗踪集文稿一卷詞鈔一卷 黄繒撰 民國十二年(1923)黄體元摘抄本 二冊

330000－1787－0001351 1351 集部/别集類
吴漁濱文稿一卷 吴漁濱撰 稿本 項士元題記 一冊

330000－1787－0001352 1352 集部/别集類
秦雅聲文稿一卷 秦雅聲撰 稿本 項士元題記 一冊

330000－1787－0001356 1356 集部/别集類/明别集
王敬所先生詩畧一卷 (明)王宗沐撰 許兼善輯 民國抄本 一冊

330000－1787－0001360 1360 集部/别集類
蒲洲吟草一卷 稿本 項士元題記 一冊

330000－1787－0001365 1365 經部/書類/分篇之屬
餐桐室經説一卷 李瀚虚著 稿本 一冊

330000－1787－0001366 1366 集部/别集類
曹立夫函稿一卷 曹立夫撰 稿本 一冊

330000－1787－0001368 1368 集部/别集類
觀悟軒吟草八卷 倪澤著 陳誦芬 翟飛校 民國抄本 一冊

330000－1787－0001375 1375 子部/宗教類/道教之屬/雜著
生生數一卷 稿本 項士元題記 一冊

330000－1787－0001376 1376 集部/别集類
管見集寄愁草一卷 張寅撰 民國抄本 一冊

330000－1787－0001379 1379 集部/總集類/酬唱之屬
惠和破產興學同壎集一卷 范耀常等著 民國抄本 一冊

330000－1787－0001386 1386 子部/雜著類/雜纂之屬
景山樓雜錄二卷 陳楷亭撰 稿本 一冊

330000－1787－0001398 1398 集部/别集類
蕙友詩文集四卷 蔣蕙友著 民國二十五年(1936)油印本 一冊

330000－1787－0001402　1402　集部/别集類

賡廷氏稿一卷　陳賡廷著　陳思錄　陳鍾祺補錄　稿本　一冊

330000－1787－0001405　1405　集部/别集類

朱芝青文稿一卷　朱芝青撰　稿本　一冊

330000－1787－0001407　1407　集部/别集類/清别集

白鸛鴿齋詩鈔三卷　（清）王克恭著　王屏藩輯　民國二十五年（1936）稿本　一冊

330000－1787－0001409　1409　子部/雜著類/雜編之屬

太平鄉談雜字一卷　稿本　一冊

330000－1787－0001410　1410　集部/别集類

臨海古蹟百詠一卷　邵燧著　民國抄本　一冊

330000－1787－0001414　1414　子部/雜著類/雜纂之屬

省魯齋雜文隨鈔一卷　姚吾岡著　稿本　一冊

330000－1787－0001418　1418　子部/雜著類/雜編之屬

台識小識一卷　朱湛林編　民國二十五年（1936）抄本　一冊

330000－1787－0001424　1424　集部/别集類

何煊夫遺稿一卷　何奏簡著　稿本　一冊

330000－1787－0001428　1428　子部/雜著類/雜編之屬

丙辰以後在台雜訂不分卷　何奏篪著　稿本　二冊

330000－1787－0001431　1431　史部/政書類/公牘檔冊之屬

放差雲南雜存不分卷　何奏篪著　稿本　一冊

330000－1787－0001432　1432　子部/雜著類/雜編之屬

台京雜存一卷　何奏篪著　稿本　一冊

330000－1787－0001433　1433　子部/雜著類/雜編之屬

甘旋雜訂一卷　何奏篪著　稿本　一冊

330000－1787－0001436　1436　史部/傳記類/總傳之屬/家乘

［浙江臨海］柵浦何氏宗譜舊目一卷　何奏篪輯　稿本　一冊

330000－1787－0001444　1444　史部/政書類/公牘檔冊之屬

赴甘並在甘文件不分卷　何奏篪輯　稿本　一冊

330000－1787－0001445　1445　集部/别集類

北山祭文全鈔附東河祭文一卷　何奏篪撰　民國十三年（1924）稿本　一冊

330000－1787－0001446　1446　集部/别集類

白雲隱吏文稿不分卷　何奏篪撰　稿本　五冊

330000－1787－0001447　1447　史部/政書類/公牘檔冊之屬

北山建祠贖山種樹東鄉義冢郡東濬河各原案一卷　何奏篪撰　民國八年（1919）稿本　一冊

330000－1787－0001449　1449　史部/政書類/掌故瑣記之屬

臨海何氏私產錄不分卷　何奏篪編　稿本　一冊

330000－1787－0001458　1458　集部/别集類

妙山集二十卷　陳鍾祺撰　民國抄本　一冊　存十卷（一至十）

330000－1787－0001459　1459　集部/别集類

妙山集詩錄一卷　陳鍾祺撰　民國抄本　一冊

330000－1787－0001460　1460　集部/別集類
妙山集乙亥年稿一卷　陳鍾祺撰　稿本　一冊

330000－1787－0001461　1461　子部/雜著類/雜纂之屬
讀書札記一卷　稿本　一冊

330000－1787－0001464　1464　集部/別集類/清別集
金帚軒詩鈔一卷　（清）楊鸞著　民國五年(1916)袁裴抄本　一冊

330000－1787－0001481　1481　集部/詩文評類/詩評之屬
瓶粟齋詩話餘瀋□□卷　沈其光著　民國油印本　一冊　存一卷(三)

330000－1787－0001488　1488　子部/雜著類
思九堂序傳彙鈔一卷　屈映光等著　民國抄本　一冊

330000－1787－0001489　1489　集部/別集類
秋江稿一卷　陳授元著　稿本　項士元題記　一冊

330000－1787－0001495　1495　集部/別集類
夏鏡湖遺稿一卷　夏永清著　民國抄本　一冊

330000－1787－0001497　1497　史部/地理類/方志之屬/郡縣志
[民國]台州府志一百四十卷首一卷　喻長霖等纂修　民國二十五年(1936)上海游民習勤所鉛印本　三十四冊　缺五卷(九至十三)

330000－1787－0001498　1498　集部/別集類
綠華吟榭詩草一卷　段馴淑著　稿本　一冊

330000－1787－0001499　1499　集部/別集類
夢春草堂詩稿一卷　謝德蔭著　民國九年(1920)抄本　一冊

330000－1787－0001500　1500　集部/別集類/清別集
彝經堂文續鈔壬午稾一卷　（清）王維翰著　民國抄本　一冊

330000－1787－0001505　1505　史部/史評類/詠史之屬
玉京外史文話一卷　張逢鑣輯　民國抄本　一冊

330000－1787－0001512　1512　集部/總集類/酬唱之屬
哀思集不分卷　民國陳崇實抄本　一冊

330000－1787－0001513　1513　子部/雜著類/雜纂之屬
病餘隨錄一卷　孫一影著　稿本　一冊

330000－1787－0001514　1514　子部/儒家類/儒學之屬/蒙學
蒙求三字韻言一卷　（宋）王應麟撰　王屏藩增輯　民國二十六年(1937)稿本　一冊

330000－1787－0001516　1516　子部/農家農學類/水產之屬
蓋經正編一卷附編一卷　（清）王克恭撰　王屏藩輯　民國二十六年(1937)抄本　一冊

330000－1787－0001517　1517　子部/藝術類/遊藝之屬/聯語
省魯軒聯錄一卷附詩文一卷　趙璋輯　稿本　一冊

330000－1787－0001519　1519　集部/總集類/氏族之屬
天台妙山陳氏藝文外編不分卷　陳立樹編　稿本　一冊

330000－1787－0001526　1526　子部/雜著類/雜纂之屬
省魯齋雜鈔一卷　趙璋著　稿本　一冊

330000－1787－0001536　1536　史部/傳記類/總傳之屬/文苑

作家傳畧一卷　稿本　一冊

330000－1787－0001541　1541　子部/儒家類/儒學之屬/蒙學

幼學辭句韻編一卷　黄之根著　黄屏藩編　民國抄本　一冊

330000－1787－0001543　1543　集部/詩文評類/詩評之屬

參華室詩話一卷　孫一影著　稿本　一冊

330000－1787－0001546　1546　集部/別集類

紅素山房詩鈔一卷　民國石印本　一冊

330000－1787－0001551　1551　集部/別集類

意雲盦稿一卷　徐夢丹撰　民國抄本　一冊

330000－1787－0001557　1557　集部/別集類/清別集

鎔經室補遺一卷　（清）張濬撰　民國抄本　一冊

330000－1787－0001559　1559　集部/別集類

古今一影廬詩一卷　一影上人著　稿本　一冊

330000－1787－0001572　1572　經部/小學類/文字之屬

字學寶鑑一卷　民國抄本　一冊

330000－1787－0001574　1574　集部/別集類

王賓谷詩稿一卷　王賓谷著　稿本　一冊

330000－1787－0001576　1576　集部/別集類

鷗踪集詩稿一卷　黄縉撰　稿本　一冊

330000－1787－0001577　1577　史部/傳記類/別傳之屬

王中煦輓聯集一卷　褚傳誥等著　民國石印本　一冊

330000－1787－0001578　1578　子部/雜著類/雜編之屬

澹甯詩草一卷　（清）許家錦輯　稿本　一冊

330000－1787－0001579　1579　集部/別集類/清別集

李薌國詩稿一卷　（清）李蘭著　民國抄本　項士元題簽　一冊

330000－1787－0001583　1583　集部/別集類

妙山集不分卷　陳鍾祺撰　稿本　十一冊

330000－1787－0001598　1598　集部/總集類/氏族之屬

天台妙山陳氏藝文一卷　陳立樹編　稿本　二冊

330000－1787－0001602　1602　集部/別集類/清別集

驥尾集一卷　（清）齊其勉著　民國十一年(1922)齊毓照抄本　一冊

330000－1787－0001606　1606　集部/別集類/清別集

輒囊叢稾詩選二十卷　（清）葛詠裳著　民國朱秀夫抄本　四冊　缺五卷（一至五）

330000－1787－0001608　1608　史部/目録類/通論之屬/藏書約

葛居俟堂刦後書目一卷　盧吉民編　稿本　項士元題記　一冊

330000－1787－0001612　1612　類叢部/叢書類/彙編之屬

説郛一百卷　（元）陶宗儀編　張宗祥重校　民國十六年(1927)上海商務印書館鉛印本　四十冊

330000－1787－0001639　1639　子部/藝術類/音樂之屬/樂譜

消夏解悶録一卷　王壽蘭輯　民國抄本　一冊

330000－1787－0001649　1649　子部/雜著類/雜纂之屬

□□記遺一卷　陳懋森著　稿本　一冊

330000－1787－0001650　1650　史部/地理類/方志之屬/郡縣志

天台縣志重修例言一卷　陳鍾祺撰　民國鉛印本　一冊

330000－1787－0001653　1563　史部/史抄類

浙江教育史料一卷　項士元輯　稿本　一冊

330000－1787－0001654　1654　史部/政書類/公牘檔冊之屬

關税紀要(浙海關江下埠口)一卷　民國抄本　一冊

330000－1787－0001655　1655　史部/政書類/公牘檔冊之屬

新收關冊一卷　稿本　二冊

330000－1787－0001657　1657　集部/別集類

陳省幾函稿一卷　陳省幾撰　稿本　一冊

330000－1787－0001659　1659　子部/雜著類/雜編之屬

湧章鎮採訪冊一卷　馮銳輯　稿本　一冊

330000－1787－0001660　1660　史部/政書類/公牘檔冊之屬

楚門復興總厫十六年度決算書一卷　稿本　一冊

330000－1787－0001664　1664　史部/政書類/公牘檔冊之屬

黄巖場灶課實徵冊一卷　潘鼎懿　郭南屏編　民國二十九年(1940)稿本　一冊

330000－1787－0001665　1665　史部/地理類/方志之屬/郡縣志

黄巖鄉土資料不分卷　稿本　一冊

330000－1787－0001666　1666　史部/地理類/雜志之屬

天台要覽一卷　稿本　一冊

330000－1787－0001668　1668　史部/政書類/公牘檔冊之屬

中華民國二年度浙江省歲出歲入預案算不分卷　民國鉛印本　一冊

330000－1787－0001669　1669　新學/兵制/海軍

浙江省外海水上警察局沿革暨大事記一卷　民國三十四年(1945)油印本　一冊

330000－1787－0001672　1672　史部/地理類/方志之屬/郡縣志

閒齋赤城筆記六卷　(清)蔡錫崑著　民國抄本　一冊　存一卷(一)

330000－1787－0001673　1673　集部/總集類/課藝之屬

學生游藝錄一卷　陳凱等著　民國石印本　一冊

330000－1787－0001674　1674　新學/聲學/音學

歌謠集一卷　稿本　一冊

330000－1787－0001675　1675　史部/目録類/總録之屬/地方

浙江省通志館資料目錄一卷　民國油印本　一冊

330000－1787－0001676　1676　史部/地理類/方志之屬/郡縣志

浙江方志簡錄一卷　洪煥椿著　民國抄本　一冊

330000－1787－0001679　1679　新學/學校

赤城法政學校同學錄一卷　民國鉛印本　一冊

330000－1787－0001680　1680　新學/學校

舊台屬六縣聯立女子簡易師範學校暑期服務工作報告表一卷　民國油印本　項士元題記　一冊

330000－1787－0001682　1682　史部/地理類/方志之屬/郡縣志

光緒太平續志十八卷首一卷　(清)陳汝霖　(清)鄧之鍈　(清)陳其昌主修　(清)王棻總纂　民國抄本　一冊　存三卷(八至十)

330000 - 1787 - 0001687　1687　史部/政書類/公牘檔冊之屬
民國九年黄巖縣災況調查表一卷　民國九年(1920)油印本　一册

330000 - 1787 - 0001689　1689　史部/傳記類/别傳之屬/事狀
房子建訃告彙存不分卷　民國石印本　一册

330000 - 1787 - 0001690　1690　史部/傳記類/别傳之屬
趙明止先生訃告一卷　趙桂潮等撰　民國鉛印本　一册

330000 - 1787 - 0001691　1691　史部/編年類/通代之屬
中國歷史大事年表一卷　民國朱湛林抄本　一册

330000 - 1787 - 0001692　1692　史部/政書類/公牘檔冊之屬
民國初浙江省統捐各種章程一卷　民國抄本　一册

330000 - 1787 - 0001695　1695　集部/别集類
惺諟齋雜文(文物録)一卷　喻長霖撰　稿本　一册

330000 - 1787 - 0001696　1696　集部/别集類
澹甯詩稿□□卷　喻長霖撰　稿本　一册　存一卷(三)

330000 - 1787 - 0001698　1698　史部/地理類/方志之屬/郡縣志
臨海縣志稿六十五卷　陳懋森撰　稿本　五十七册　缺一卷(四十九)

330000 - 1787 - 0001699　1699　史部/地理類/方志之屬/郡縣志
臨海縣志稿六十五卷　陳懋森撰　稿本　五册　存十三卷(二至五、八、四十四至四十七、六十一至六十四)

330000 - 1787 - 0001700　1700　史部/地理類/方志之屬/郡縣志
民國臨海縣志資料不分卷　臨海縣脩志館輯　民國三十七年(1948)稿本　四十九册

330000 - 1787 - 0001703　1703　史部/傳記類/日記之屬
篆青閣日記一卷　陳學亮撰　稿本　二册

330000 - 1787 - 0001706　1706　子部/藝術類/遊藝之屬/聯語
輓聯選鈔一卷　陳舟泉等著　民國抄本　一册

330000 - 1787 - 0001707　1707　史部/政書類/公牘檔冊之屬
發起萬國協和會函稿附章例一卷　黄縉著　稿本　項士元題記　一册

330000 - 1787 - 0001709　1709　子部/雜著類/雜纂之屬
書屏要語一卷　黄鑒述　黄體元　黄致元校　民國抄本　一册

330000 - 1787 - 0001712　1712　子部/雜著類/雜纂之屬
雜録一卷　鄭宗翰輯　民國抄本　一册

330000 - 1787 - 0001717　1717　新學/理學/理學
中國哲學史筆録二卷　朱之章輯　民國抄本　二册

330000 - 1787 - 0001725　1725　經部/小學類/音韻之屬/韻書
音義彙要四卷　(清)邱沛生著　民國二年(1913)抄本　三册　缺一卷(二)

330000 - 1787 - 0001729　1729　經部/書類/傳説之屬
尚書札記一卷　朱芝青著　民國抄本　一册

330000 - 1787 - 0001734　1734　經部/春秋左傳類/專著之屬
春秋左氏傳大義述二卷　民國油印本　一册　存一卷(下)

330000 - 1787 - 0001744　1744　集部/别

集類

月課文鈔一卷　凌鴻圖撰　民國油印本　一册

330000－1787－0001751　1751　集部/别集類/唐五代别集

昌黎文一卷　(唐)韓愈撰　民國褚傳誥抄本　一册

330000－1787－0001752　1752　集部/總集類/彙編之屬

三國文詩彙編一卷　(清)十八子輯　民國五年(1916)抄本　一册

330000－1787－0001754　1754　子部/術數類/陰陽五行之屬

臨海風水一卷　謝仙著　民國抄本　一册

330000－1787－0001759　1759　集部/别集類

陳銘生詩稿附雜文一卷　陳懋生撰　稿本　一册

330000－1787－0001775　1775　集部/别集類

月痕留影録一卷　朱佛心著　民國抄本　一册

330000－1787－0001776　1776　子部/藝術類/遊藝之屬/聯語

省魯齋雜鈔□□卷　趙璋著　稿本　一册　存一卷(上)

330000－1787－0001777　1777　集部/總集類/選集之屬/斷代

月河詩鐘社吟稾不分卷　徐兆章等著　稿本　七册

330000－1787－0001778　1778　集部/别集類

蕉陰補讀廬詩草十卷　林丙恭著　民國十五年(1926)抄本　二册

330000－1787－0001779　1779　子部/雜著類/雜編之屬

東湖叢録不分卷　陳及夫著　稿本　三册

330000－1787－0001784　1784　史部/傳記類/日記之屬

項士元日記不分卷　項士元著　稿本　一百三十册

330000－1787－0001785　1785　集部/總集類/氏族之屬

項氏世德集十卷　項士元輯　稿本　六册

330000－1787－0001786　1786　史部/傳記類/總傳之屬/家乘

項氏源流攷不分卷　項士元編　民國油印本　一册

330000－1787－0001787　1787　集部/總集類/選集之屬/斷代

辛亥詩鈔二卷　項士元録　稿本　二册

330000－1787－0001788　1788　史部/傳記類/别傳之屬/年譜

王六潭先生[詠霓]年譜不分卷　項士元撰　稿本　六册

330000－1787－0001789　1789　子部/雜著類/雜纂之屬

括蒼見聞録五卷　項士元著　稿本　二册　存二卷(四至五)

330000－1787－0001790　1790　子部/雜著類/雜説之屬

慈園論叢不分卷　項士元著　稿本　五册

330000－1787－0001791　1791　集部/總集類/郡邑之屬

台州詩叢不分卷　項士元編　稿本　四册

330000－1787－0001792　1792　集部/總集類/郡邑之屬

台州詩繫外編不分卷　項士元編　稿本　七册

330000－1787－0001793　1793　子部/雜著類/雜編之屬

慈園零拾不分卷　項士元輯　稿本　十册

330000－1787－0001794　1794　經部/春秋總義類/文字音義之屬

春秋述凡一卷　項士元撰　民國抄本　一冊

330000－1787－0001795　1795　子部/雜著類/雜編之屬

滿洲之民歌一卷　項士元編　稿本　一冊

330000－1787－0001796　1796　史部/地理類/遊記之屬/紀勝

普陀遊草一卷　項士元撰　民國油印本　一冊

330000－1787－0001797　1797　集部/總集類/尺牘之屬

慈園往還尺牘一卷　項士元輯　稿本　二冊

330000－1787－0001798　1798　子部/雜著類/雜編之屬

琳瑯集一卷　項士元輯　民國剪貼本　一冊

330000－1787－0001799　1799　史部/金石類/璽印之屬/目録

印譜總錄一卷　項士元著　民國抄本　一冊

330000－1787－0001800　1800　史部/史評類/史論之屬

中國婚姻史初稿十一節　項士元撰　稿本　項士元題記　一冊

330000－1787－0001801　1801　史部/史評類/史論之屬

中國婚姻史初稿十一節　項士元撰　民國抄本　一冊　存三節(一至三)

330000－1787－0001802　1802　史部/目録類/通論之屬/掌故瑣記

秋籟閣寄存臨海圖書館書目摘要一卷　項士元著　稿本　一冊

330000－1787－0001803　1803　子部/雜著類/雜纂之屬

台山爪印初稿一卷　項士元撰　稿本　一冊

330000－1787－0001804　1804　子部/雜著類/雜纂之屬

台山爪印一卷　項士元撰　稿本　一冊

330000－1787－0001805　1805　史部/史表類/斷代之屬

春秋大事表敘詳註一卷　項士元撰　民國油印本　一冊

330000－1787－0001806　1806　子部/雜著類/雜纂之屬

臨海集詩人姓氏錄初稿一卷　項士元著　稿本　一冊

330000－1787－0001807　1807　子部/雜著類/雜纂之屬

臨海集詩外編姓名目錄一卷　項士元著　稿本　一冊

330000－1787－0001808　1808　史部/地理類/遊記之屬/紀行

太湖流域一周記一卷　項士元著　民國鉛印本　一冊

330000－1787－0001810　1810　子部/雜著類/雜編之屬

書林瑣錄一卷　項士元輯　稿本　一冊

330000－1787－0001811　1811　集部/總集類/酬唱之屬

倦舫老人往還尺牘一卷　項士元輯　稿本　一冊

330000－1787－0001812　1812　史部/雜史類/斷代之屬

甬軍獨立始末記一卷　項士元撰　稿本　一冊

330000－1787－0001813　1813　史部/傳記類/總傳之屬/儒林

浙江舉貢別錄一卷　項士元編　稿本　一冊

330000－1787－0001814　1814　史部/傳記類/別傳之屬/年譜

王太玄年譜一卷　王瀛宰撰　項士元補訂　稿本　一冊

330000－1787－0001815　1815　子部/藝術類/篆刻之屬/印論

印學綜錄一卷　項士元輯錄　稿本　一冊

330000－1787－0001816　1816　子部/雜著類/雜編之屬

慈園時論彙存一卷　項士元輯　稿本　一冊

330000－1787－0001817　1817　史部/目録類/總録之屬/私撰

精一堂書目一卷　屈映光鑒藏　項士元編　民國抄本　一冊

330000－1787－0001818　1818　子部/雜著類/雜纂之屬

台山爪印一卷　項士元撰　民國油印本　一冊

330000－1787－0001819　1819　史部/史評類/史論之屬

中國家族制度初稿不分卷　項士元撰　稿本　項士元題記　一冊

330000－1787－0001820　1820　史部/史評類/史論之屬

中國家族制度殘稿不分卷　項士元撰　稿本　一冊

330000－1787－0001821　1821　史部/目録類/總録之屬/史志

氏族志初稿不分卷　項士元著　稿本　二冊

330000－1787－0001822　1822　子部/宗教類/佛教之屬/總録

浙江佛教小史不分卷　項士元撰　稿本　二冊

330000－1787－0001823　1823　經部/小學類/訓詁之屬/方言

台州方言不分卷　項士元輯　稿本　四冊

330000－1787－0001824　1824　新學/船政/行船事宜

台海漁業須知一卷　項士元輯　民國抄本　一冊

330000－1787－0001825　1825　史部/雜史類/斷代之屬

日寇續竄台區紀畧一卷浙江歷代之海外交通(續補)一卷　項士元著　民國抄本　一冊

330000－1787－0001826　1826　子部/農家農學類/農藝之屬/作物種植

瓜之研究一卷　(清)王克恭撰　項士元編　民國抄本　一冊

330000－1787－0001827　1827　集部/總集類/郡邑之屬

台州文獻叢記不分卷　項士元輯　稿本　項士元題記　八冊

330000－1787－0001828　1828　子部/雜著類/雜編之屬

寒石草堂文稿不分卷　項士元編　稿本　六冊

330000－1787－0001829　1829　子部/農家農學類/農藝之屬/作物種植

瓜之研究一卷　(清)王克恭撰　項士元編　民國抄本　一冊

330000－1787－0001830　1830　史部/地理類/專志之屬/園林

東湖新志稿初稿不分卷　項士元輯　稿本　二冊

330000－1787－0001831　1831　子部/雜著類/雜編之屬

慈園叢載不分卷　項士元編　稿本　二冊

330000－1787－0001832　1832　史部/地理類/山川之屬/山志

巾子山志八卷　項士元著　稿本　二冊

330000－1787－0001833　1833　子部/雜著類/雜編之屬

慈園碎珍拾存不分卷　項士元輯　稿本　二冊

330000－1787－0001834　1834　史部/目録類/總録之屬/地方

台州經籍志補遺不分卷　項士元輯　稿本　四冊

330000－1787－0001835　1835　集部/總集類/尺牘之屬

寒石草堂詞翰集一卷　項士元輯　稿本　一冊

330000－1787－0001836　1836　子部/雜著

類/雜編之屬

寒石草堂雜錄一卷　項士元編　稿本　二册

330000－1787－0001837　1837　子部/雜著類/雜纂之屬

浙江藏書家攷略一卷　項士元撰　**兩浙藏書家印章考一卷**　蔣復璁撰　民國鉛印本　一册

330000－1787－0001838　1838　史部/目録類/書志之屬/提要

太平天國書目志一卷　項士元著　稿本　一册

330000－1787－0001839　1839　新學/動植物學/動物學

鴿之研究一卷　項士元編　民國鉛印本　一册

330000－1787－0001840　1840　史部/目録類/總録之屬/官修

皇朝續文獻通考補遺初槀一卷　項士元編　稿本　一册

330000－1787－0001841　1841　集部/別集類

慈園課藝一卷　項士元著　稿本　一册

330000－1787－0001842　1842　史部/傳記類/總傳之屬/郡邑

浙江通志人物傳稿一卷　項士元編　稿本　一册

330000－1787－0001843　1843　子部/雜著類/雜編之屬

零練碎璧一卷　項士元輯　民國剪貼本　一册

330000－1787－0001844　1844　集部/總集類/尺牘之屬

寒石草堂外集一卷　項士元輯　稿本　二册

330000－1787－0001845　1845　集部/別集類

慈園雜著不分卷　項士元著　稿本　二册

330000－1787－0001846　1846　集部/總集類/郡邑之屬

台州詩文聚一卷　項士元編　稿本　一册

330000－1787－0001847　1847　集部/總集類/郡邑之屬

台詩近錄一卷　項士元輯　稿本　一册

330000－1787－0001848　1848　集部/總集類/郡邑之屬

台州文獻彙存一卷　項士元輯　稿本　一册

330000－1787－0001849　1849　子部/雜著類

庚戌雜記一卷　項士元著　稿本　一册

330000－1787－0001850　1850　集部/總集類/郡邑之屬

台州文叢不分卷　（明）陳函輝等著　民國抄本　二册

330000－1787－0001851　1851　集部/別集類

雁山雜詠一卷　項士元撰　民國油印本　一册

330000－1787－0001854　1854　史部/傳記類/日記之屬

徐兆章日記不分卷　徐兆章撰　稿本　八册

330000－1787－0001855　1855　子部/雜著類/雜編之屬

竹廬叢鈔不分卷　徐兆章輯　民國抄本　十册

330000－1787－0001856　1856　史部/雜史類/斷代之屬

清代詩史七卷　徐兆章輯　民國抄本　三册

330000－1787－0001857　1857　集部/別集類

竹廬詩草一卷　徐兆章撰　稿本　三册

330000－1787－0001858　1858　子部/雜著類/雜編之屬

竹坡叢鈔不分卷　徐兆章輯　民國抄本　四册

330000－1787－0001859　1859　史部/目録

類/總録之屬/私撰

竹筠書屋書目一卷 徐兆章撰 稿本 一冊

330000－1787－0001860 1860 經部/小學類/文字之屬/說文/專著

說文俗語考正四卷 任重著 稿本 四冊

330000－1787－0001862 1862 經部/小學類/文字之屬/字書/字典

俗語字典十二卷 任重著 稿本 十二冊

330000－1787－0001864 1864 史部/地理類/雜志之屬

渤海疆域考二卷 （清）徐相雨輯 民國抄本 一冊

330000－1787－0001865 1865 史部/地理類/方志之屬/郡縣志

海門鎮志十二卷 項士元著 稿本 五冊

330000－1787－0001866 1866 集部/總集類/題詠之屬

靈江竹枝詞一卷 （清）王鏡澄等著 項士元選錄 稿本 一冊

330000－1787－0001867 1867 新學/船政/行船事宜

台海漁業須知一卷 項士元輯 稿本 一冊

330000－1787－0001868 1868 史部/地理類/遊記之屬/紀行

仙都記游初稿一卷 項士元著 稿本 一冊

330000－1787－0001869 1869 史部/地理類/遊記之屬/紀行

仙都記游一卷 項士元著 民國油印本 一冊

330000－1787－0001870 1870 史部/政書類/公牘檔冊之屬

回浦學校大事記一卷 項士元著 稿本 一冊

330000－1787－0001871 1871 集部/別集類

寒石草堂詩續鈔一卷 項士元撰 稿本 二冊

330000－1787－0001872 1872 史部/傳記類/別傳之屬/年譜

項慈園自訂年譜一卷 項士元著 稿本 二冊

330000－1787－0001873 1873 史部/雜史類/斷代之屬

日寇續竄台區紀畧一卷 項士元著 稿本 一冊

330000－1787－0001874 1874 史部/雜史類/斷代之屬

敵機侵擾浙江紀略稿一卷 項士元著 稿本 一冊

330000－1787－0001875 1875 史部/政書類/公牘檔冊之屬

民國黨會志資料稿一卷 項士元著 稿本 一冊

330000－1787－0001876 1876 史部/目錄類/通論之屬/考訂

中國薄錄攷十七卷 項士元編 稿本 八冊

330000－1787－0001877 1877 集部/別集類

寒石草堂詩稿十卷附錄二卷 項士元著 稿本 八冊 缺三卷（一、四至五）

330000－1787－0001878 1878 經部/小學類/訓詁之屬/方言

方言與諺語一卷補遺一卷 項士元輯 稿本 二冊

330000－1787－0001879 1879 經部/小學類/訓詁之屬/方言

諺語補遺一卷 項士元輯 稿本 一冊

330000－1787－0001880 1880 經部/小學類/訓詁之屬/方言

台州諺語一卷續輯一卷 項士元輯 稿本 二冊

330000－1787－0001881 1881 經部/小學類/訓詁之屬/方言

台州俗語一卷 項士元輯 稿本 一冊

330000－1787－0001882　1882　經部/小學類/訓詁之屬/方言
台州方言攷四卷　項士元輯　稿本　一冊　存一卷(一)

330000－1787－0001883　1883　經部/小學類/訓詁之屬/方言
方言初稿一卷　項士元輯　稿本　一冊

330000－1787－0001884　1884　經部/小學類/訓詁之屬/方言
台州方言攷補遺一卷俗語攷補遺一卷　項士元輯　稿本　一冊

330000－1787－0001885　1885　史部/目録類/總録之屬/地方
浙人著述經眼錄續編一卷　項士元輯　稿本　一冊

330000－1787－0001886　1886　子部/農家農學類/農藝之屬/農曆農諺
浙江農諺一卷　項士元輯　稿本　一冊

330000－1787－0001887　1887　子部/雜著類/雜編之屬
浙江歌謠一卷　項士元編　稿本　一冊

330000－1787－0001888　1888　經部/小學類/訓詁之屬/方言
浙江謠諺考畧一卷　項士元編　稿本　一冊

330000－1787－0001910　1910　子部/天文曆算類/天文之屬
笠寫新編一卷　黄綬著　黄卓元輯　民國抄本　一冊

330000－1787－0001930　1930　集部/別集類/清別集
黄溪漁隱詩稿一卷　(清)黄瓚著　民國十四年(1925)黄體元抄本　黄體元題記　一冊

330000－1787－0001931　1931　集部/別集類
鷗踪集詩草一卷文稿一卷詞一卷　黄緡撰　民國抄本　黄體元題記　三冊

330000－1787－0001932　1932　經部/易類/專著之屬
周易尚象三才撮取一卷　黄緡撰　民國抄本　項士元題記　一冊

330000－1787－0001933　1933　子部/雜著類/雜纂之屬
窺測集一卷　黄緡著　民國抄本　一冊

330000－1787－0001935　1935　子部/雜著類/雜纂之屬
秋籟閣序一卷　黄綬撰　民國抄本　一冊

330000－1787－0001942　1942　集部/總集類/選集之屬/通代
古文選抄一卷　金振聲輯　民國抄本　一冊

330000－1787－0001944　1944　史部/地理類/山川之屬/山志
台南洞林志二卷　(清)馮賡雪撰　**校補一卷續一卷又續一卷**　(清)葉書撰　民國十三年(1924)張沛松抄本　一冊

330000－1787－0001945　1945　新學/史志
臨海文化史不分卷　項士元著　稿本　一冊

330000－1787－0001946　1946　子部/雜著類/雜纂之屬
塗鴉集一卷　陳序東著　稿本　項士元題記　一冊

330000－1787－0001948　1948　類叢部/叢書類/郡邑之屬
台州叢書三編　項士元編　民國抄本　一冊　存目録

330000－1787－0001971　1971　集部/別集類
管樂文稿不分卷　管樂著　民國抄本　一冊

330000－1787－0001973　1973　集部/別集類
盤山文抄不分卷　盧伯炎著　民國抄本　一冊

330000－1787－0001974　1974　經部/易類/專著之屬
易義別識二卷　齊洪昌撰　民國八年(1919)

抄本　二冊

330000－1787－0001987　1987　子部/雜著類/雜編之屬

詩文楹聯雜鈔不分卷　民國抄本　一冊

330000－1787－0001993　1993　集部/别集類

呻吟集不分卷　孫一影著　民國抄本　一冊

330000－1787－0001994　1994　集部/别集類

出色處排句適不分卷　陳潤芳著　民國抄本　一冊

330000－1787－0002007　2007　集部/總集類/選集之屬/斷代

吟稿偶錄不分卷　許佩蓀等輯　民國抄本　一冊

330000－1787－0002016　2016　子部/儒家類/儒學之屬/性理

宋學講義二卷　民國朱之章抄本　二冊

330000－1787－0002020　2020　集部/别集類

松竹山房詩詞草□□卷　徐壽農著　民國抄本　一冊　存一卷(上)

330000－1787－0002029　2029　集部/總集類/尺牘之屬

書牘錄存不分卷　孫寶琦等撰　民國抄本　一冊

330000－1787－0002031　2031　集部/别集類

東鱗西爪不分卷　傅藍客著　稿本　一冊

330000－1787－0002038　2038　史部/金石類/郡邑之屬/目録

臨海金石志一卷　項士元考訂　民國抄本　一冊

330000－1787－0002047　2047　史部/傳記類/别傳之屬/事狀

章一山先生父母行述不分卷　章梫撰　民國抄本　一冊

330000－1787－0002048　2048　集部/别集類/明别集

王文通遺文一卷　(明)王一宇撰　民國項士元抄本　一冊

330000－1787－0002050　2050　史部/史評類/考訂之屬

德清縣新志評議一卷　(清)朱炤鑒定　民國抄本　一冊

330000－1787－0002051　2051　史部/政書類/公牘檔冊之屬

甘肅布政使司公牘副稿不分卷　甘肅布政使司撰　民國二年(1913)抄本　一冊

330000－1787－0002057　2057　集部/别集類

次盦詩詞手稿不分卷　包定著　稿本　一冊

330000－1787－0002059　2059　集部/别集類/明别集

掬清稿四卷附錄一卷　(明)張羽著　金嗣獻編　民國抄本　一冊

330000－1787－0002062　2062　集部/别集類

意雲盦稿一卷　徐夢丹撰　民國八年(1919)抄本　一冊

330000－1787－0002065　2065　集部/總集類/酬唱之屬

西湖唱和集□□卷　項士元編　民國油印本　一冊　存三卷(二至四)

330000－1787－0002067　2067　集部/别集類/明别集

觀樂生詩集六卷　(明)許士修著　民國抄本　二冊　存四卷(一至二、四至五)

330000－1787－0002068　2068　史部/金石類/陶之屬/文字

運甓錄□□卷　(清)陳春暉輯　民國項士元抄本　一冊　存一卷(一)

330000－1787－0002069　2069　集部/總集類/酬唱之屬

和道人唱和集一卷　邵啟棠等著　民國十四年(1925)抄本　一册

330000－1787－0002070　2070　集部/别集類

和道人記事稿不分卷　邵啟棠著　民國抄本　一册

330000－1787－0002081　2081　集部/别集類

導我先路一卷　陳熤生著　民國抄本　一册

330000－1787－0002082　2082　集部/别集類

讀書樓吟稿不分卷　任重著　民國抄本　一册

330000－1787－0002093　2093　集部/别集類

易简齋詩存不分卷　胡子謨撰　民國抄本　二册

330000－1787－0002094　2094　集部/别集類

刼罅朗吟集一卷　胡大猷著　民國抄本　一册

330000－1787－0002097　2097　集部/别集類

椒江雜詠一卷　孫冰著　稿本　一册

330000－1787－0002098　2098　集部/總集類/選集之屬/斷代

近代詩文選鈔不分卷　民國抄本　一册

330000－1787－0002100　2100　集部/别集類

佚名文集一卷　民國抄本　一册

330000－1787－0002105　2105　子部/農家農學類/水產之屬

鮝經一卷附編一卷　(清)王克恭撰　王屏藩輯　民國二十年(1931)稿本　一册

330000－1787－0002111　2111　子部/農家農學類/農藝之屬/作物種植

瓜譜二卷　(清)王克恭撰　民國抄本　一册

330000－1787－0002272　2272　子部/醫家類/綜合之屬/雜著

袖珍醫衡不分卷　葉春在識　民國抄本　一册

330000－1787－0002291　2291　新學/化學/化學

化學實驗不分卷　項士襄撰　稿本　一册

330000－1787－0002308　2308　子部/工藝類/日用器物之屬/香料

松脂採集法不分卷　項澤恒撰　民國油印本　一册

330000－1787－0002312　2312　子部/農家農學類/園藝之屬/花卉

種花指南不分卷　民國十四年(1925)哲臣抄本　一册

330000－1787－0002319　2319　子部/醫家類/婦科之屬/產科

初誕救護不分卷　民國抄本　一册

330000－1787－0002320　2320　子部/醫家類/婦科之屬/產科

保產論不分卷　朱昌文编　民國抄本　一册

330000－1787－0002323　2323　子部/醫家類/方書之屬/成方藥目

國藥飲片丸散堂簿不分卷　王松渠撰　民國抄本　一册

330000－1787－0002324　2324　子部/醫家類/兒科之屬/痘疹

麻科指掌不分卷　朱昌文撰　民國抄本　一册

330000－1787－0002325　2325　子部/醫家類/兒科之屬/痘疹

痘科指掌不分卷　朱昌文撰　民國抄本　一册

330000－1787－0002326　2326　子部/醫家類/婦科之屬/通論

婦科指掌不分卷　朱昌文撰　民國抄本　一册

330000－1787－0002328　2328　子部/醫家類/兒科之屬/痘疹
麻疹實驗十四章　謝天心撰　民國抄本　一冊

330000－1787－0002330　2330　子部/醫家類/兒科之屬/通論
小兒時疫證治不分卷　朱昌文編　民國抄本　一冊

330000－1787－0002331　2331　子部/醫家類/傷寒金匱之屬/綜合
傷寒兼症不分卷　朱昌文編　稿本　一冊

330000－1787－0002332　2332　子部/醫家類/傷寒金匱之屬/傷寒論
傷寒心悟不分卷　朱昌文編　稿本　一冊

330000－1787－0002333　2333　子部/醫家類/綜合之屬/雜著
痢症心悟不分卷　朱昌文編　民國抄本　一冊

330000－1787－0002340　2340　子部/醫家類/醫話醫論之屬
醫藥問答不分卷　昌文謹編撰　民國抄本　一冊

330000－1787－0002342　2342　子部/醫家類/本草之屬/本草雜著
本草精義不分卷　朱昌文撰　民國三十六年(1947)抄本　一冊

330000－1787－0002351　2351　子部/醫家類/方書之屬/成方藥目
丸散簿不分卷　民國三十四年(1945)毛連明抄本　一冊

330000－1787－0002357　2357　新學/動植物學/植物學
植物講義不分卷　陳虎卿撰　民國抄本　一冊

330000－1787－0002367　2367　子部/醫家類/内科之屬/其他内科病證
反胃噎塞不分卷　民國抄本　一冊

330000－1787－0002376　2376　子部/醫家類/方書之屬/單方驗方
藥劑解不分卷　管昌文編　民國抄本　一冊

330000－1787－0002377　2377　新學/醫學
新科學法析論天花不分卷　朱昌文撰　民國抄本　一冊

330000－1787－0002383　2383　集部/別集類
白雲隱吏遺稿不分卷　何奏篪撰　民國抄本　一冊

330000－1787－0002384　2384　集部/別集類
白雲隱吏尺牘不分卷　何奏篪撰　民國抄本　三冊

330000－1787－0002385　2385　集部/別集類
白雲隱吏尺牘不分卷　何奏篪撰　民國抄本　一冊

330000－1787－0002386　2386　集部/別集類
白雲山園尺牘不分卷　何奏篪撰　民國抄本　三冊

330000－1787－0002387　2387　集部/別集類
白雲隱吏尺牘不分卷　何奏篪撰　民國抄本　一冊

330000－1787－0002388　2388　集部/別集類
白雲山園家信稿不分卷　何奏篪撰　民國抄本　一冊

330000－1787－0002389　2389　集部/別集類
白雲隱吏書牘不分卷　何奏篪撰　稿本　五冊

330000－1787－0002390　2390　集部/別集類
庚申年在都函稿不分卷　何奏篪撰　民國抄

本　一冊

330000－1787－0002391　2391　集部/總集類/尺牘之屬
辛酉年在都全年函稿不分卷　何奏篪撰　民國抄本　一冊

330000－1787－0002392　2392　集部/別集類
庚申年在都函稿不分卷　何奏篪撰　民國抄本　一冊

330000－1787－0002407　2407　集部/總集類/彙編之屬
綠堂文鈔不分卷　何奏篪輯　民國抄本　一冊

330000－1787－0002415　2415　集部/總集類/氏族之屬
祭禮儀注並新舊祭文稿不分卷　何奏篪等撰　民國八年(1919)抄本　一冊

330000－1787－0002419　2419　史部/傳記類/別傳之屬/事狀
祭洪孺人文不分卷　何奏篪撰　民國抄本　一冊

330000－1787－0002421　2421　子部/雜著類/雜編之屬
台京雜鈔不分卷　何奏篪撰　民國八年(1919)抄本　一冊

330000－1787－0002422　2422　子部/雜著類/雜纂之屬
在都叢抄不分卷　何奏篪等撰　民國八年(1919)抄本　二冊

330000－1787－0002423　2423　集部/總集類/氏族之屬
旋台叢訂不分卷　何奏篪等撰　民國抄本　一冊

330000－1787－0002436　2436　子部/雜著類/雜編之屬
自由談銘不分卷　瘦蝶撰　民國抄本　一冊

330000－1787－0002438　2438　史部/目録類/專録之屬
歷代帝王姓氏錄不分卷　民國抄本　一冊

330000－1787－0002442　2442　集部/別集類
頑石吟債不分卷　葉調甫著　民國抄本　一冊

330000－1787－0002443　2443　集部/總集類/郡邑之屬
臨海耆獻偶鈔不分卷　洪昌拜等撰　民國抄本　一冊

330000－1787－0002445　2445　集部/別集類
詩賸不分卷　金殿掄改作　民國抄本　一冊

330000－1787－0002446　2446　集部/總集類/氏族之屬
同根草不分卷　屈蕙纕　屈茝纕撰　民國抄本　一冊

330000－1787－0002448　2448　集部/別集類
詒燕堂詩草不分卷　季紹梁撰　民國抄本　一冊

330000－1787－0002450　2450　集部/別集類
李瑾侯詩稿不分卷　李瑾侯撰　民國抄本　一冊

330000－1787－0002452　2452　集部/別集類
壯游草□□集　盧伯炎撰　民國抄本　一冊　存二集(二至三)

330000－1787－0002453　2453　集部/總集類/課藝之屬
月課文選不分卷　民國抄本　一冊

330000－1787－0002454　2454　集部/別集類
齊毓照詩文稿不分卷　齊毓照撰　稿本　一冊

330000－1787－0002456　2456　集部/別

集類

許竹汀吟稿不分卷 民國抄本 一冊

330000－1787－0002459 2459 史部/傳記類/别傳之屬/事狀

哀挽彙錄不分卷 民國抄本 一冊

330000－1787－0002461 2461 史部/傳記類/别傳之屬/年譜

陶曉峰自訂年譜不分卷 陶甄元撰 民國抄本 一冊

330000－1787－0002463 2463 集部/别集類

管見集二卷 張寅撰 民國抄本 二冊

330000－1787－0002464 2464 集部/總集類/選集之屬

文章選錄不分卷 （晉）陶潛等撰 民國抄本 一冊

330000－1787－0002465 2465 集部/别集類

留湖艸堂稾不分卷 蔡之韶撰 稿本 一冊

330000－1787－0002476 2476 集部/别集類

梅樵詩草不分卷 陳逸撰 民國抄本 一冊

330000－1787－0002477 2477 集部/總集類/郡邑之屬

三台制義拾存不分卷 民國抄本 二冊

330000－1787－0002478 2478 集部/總集類/選集之屬

德蓀外集不分卷 施雨生等撰 民國元年(1912)抄本 一冊

330000－1787－0002479 2479 史部/史抄類

公餘彙覽不分卷 洪宇孫輯 民國抄本 一冊

330000－1787－0002481 2481 子部/雜著類/雜纂之屬

雜抄不分卷 民國抄本 一冊

330000－1787－0002483 2483 集部/别集類

憑麓吟草不分卷 釋恒慚撰 稿本 一冊

330000－1787－0002486 2486 集部/别集類

風月榭吟草不分卷 王弢撰 民國抄本 一冊

330000－1787－0002496 2496 集部/總集類/酬唱之屬

西湖月會第二集 民國油印本 一冊

330000－1787－0002497 2497 集部/别集類

觀山文稿節抄不分卷 章乃羹撰 民國油印本 一冊

330000－1787－0002498 2498 子部/農家農學類/水產之屬

熬波圖□□卷 （元）陳椿撰 民國抄本 一冊 存一卷(上)

330000－1787－0002500 2500 集部/别集類

秦雅聲文稿不分卷 秦雅聲撰 民國抄本 二冊

330000－1787－0002502 2502 集部/别集類

知止書巢稿不分卷 朱湛林撰 民國抄本 一冊

330000－1787－0002508 2508 集部/别集類

餐桐室詩稿不分卷 李元焘撰 民國抄本 一冊

330000－1787－0002521 2521 新學/雜著/叢編

古書今釋不分卷 秀夫輯 民國十六年(1927)抄本 一冊

330000－1787－0002532 2532 史部/地理類/水利之屬

澮河舊稿不分卷 何奏篪撰 民國抄本 一冊

330000－1787－0002533　2533　集部/詞類/別集之屬

石曲詞十卷　(清)蔡綦撰　民國抄本　二冊

330000－1787－0002534　2534　新學/史志/政記

治台平議不分卷　朱絣撰　民國抄本　一冊

330000－1787－0002540　2540　子部/術數類/命書相書之屬

命理與血統不分卷　胡子謩著　民國三十四年(1945)抄本　一冊

330000－1787－0002542　2542　集部/別集類

參華庵繫緣錄不分卷　項士元撰　民國抄本　一冊

330000－1787－0002543　2543　集部/總集類/選集之屬/斷代

月河詩鐘社吟草不分卷　民國三十二年(1943)抄本　一冊

330000－1787－0002544　2544　集部/別集類/清別集

十石山房文稿不分卷　(清)王克恭著　民國抄本　一冊

330000－1787－0002552　2552　集部/別集類

享敝帚軒吟稿不分卷　褚傳誥撰　民國抄本　一冊

330000－1787－0002553　2553　集部/別集類/清別集

知還堂稿不分卷　(清)馮甦撰　民國二十六年(1937)抄本　一冊

330000－1787－0002555　2555　經部/易類/專著之屬

周易尚象不分卷　(清)忻如山撰　民國抄本　一冊

330000－1787－0002557　2557　集部/總集類/酬唱之屬

海上唱和錄不分卷　樗園主人等撰　民國十八年(1929)抄本　一冊

330000－1787－0002558　2558　集部/總集類/彙編之屬

赤城詩社初集不分卷　符璋等撰　民國抄本　一冊

330000－1787－0002566　2566　集部/別集類

一山詩存□□卷　章梫撰　民國抄本　一冊　存五卷(八至十二)

330000－1787－0002572　2572　集部/總集類/選集之屬

囿山四子吟稿不分卷　李雄等撰　民國十一年(1922)抄本　一冊

330000－1787－0002577　2577　集部/別集類/清別集

郭鳳林女士詩稿不分卷　(清)郭鳳林撰　民國抄本　一冊

330000－1787－0002580　2580　子部/術數類/數學之屬

星平集驗不分卷　(清)胡大猷撰　稿本　一冊

330000－1787－0002585　2585　集部/別集類

知止書巢遺稿不分卷　朱湛林撰　民國抄本　一冊

330000－1787－0002587　2587　集部/別集類

知止書巢遺稿不分卷　朱湛林撰　民國抄本　一冊

330000－1787－0002601　2601　集部/總集類/彙編之屬

胡日瓘鮑謙兩先生遺稿不分卷　胡日瓘　鮑謙撰　民國抄本　一冊

330000－1787－0002604　2604　集部/別集類

餐桐室詩鈔不分卷　李元焘撰　民國抄本　一冊

330000－1787－0002607　2607　集部/總集類/課藝之屬
同樹文社□□課　王燮石輯　民國抄本　二冊　存二課(五、七)

330000－1787－0002608　2608　集部/總集類/彙編之屬
齊周華等詩文不分卷　(清)齊周華　(清)陳汝欽等撰　民國抄本　一冊

330000－1787－0002625　2625　集部/別集類
戇庵遺集選不分卷　葉遇春著　民國抄本　一冊

330000－1787－0002645　2645　集部/別集類
敦本楼詩艸不分卷　褚聖恩撰　民國抄本　一冊

330000－1787－0002658　2658　史部/地理類/遊記之屬
金陵游草不分卷　(清)陳德淵撰　民國二十四年(1935)抄本　一冊

330000－1787－0002664　2664　集部/別集類
剛盦隨筆不分卷　朱劫成撰　民國抄本　一冊

330000－1787－0002679　2679　集部/別集類/清別集
凝翠樓詩鈔七卷　(清)裴詩藏撰　(清)裴牧齋編訂　民國十五年(1926)石印本　項士元題記　一冊　存三卷(五絕、七絕、詩餘)

330000－1787－0002688　2688　經部/小學類/音韻之屬/注音
四聲字學寶鑑□□卷　林春瀚編　民國抄本　一冊　存一卷(上)

330000－1787－0002690　2690　史部/史評類/史論之屬
中國風俗史不分卷　張亮編　民國十六年(1927)抄本　一冊

330000－1787－0002697　2697　集部/別集類
黔游詩草不分卷梓華詞不分卷　王梓華撰　稿本　一冊

330000－1787－0002705　2705　子部/雜著類/雜編之屬
雞牕襍錄不分卷　銘丹氏纂　民國十五年(1926)抄本　一冊

330000－1787－0002706　2706　史部/地理類/水利之屬
卓志遠遺墨不分卷　卓葦撰　民國抄本　一冊

330000－1787－0002708　2708　子部/儒家類/儒學之屬/禮教/鑑戒
人道大義錄不分卷　夏震武撰　民國十八年(1929)抄本　一冊

330000－1787－0002718　2718　集部/別集類
吾亦為之不分卷　褚傳誥撰　民國十八年(1929)稿本　一冊

330000－1787－0002725　2725　集部/總集類/彙編之屬
詩抄不分卷　黃敏夫訂　民國二十五年(1936)抄本　一冊

330000－1787－0002726　2726　集部/別集類
朱德園遺稿不分卷　朱德園著　民國抄本　項士元題記　一冊

330000－1787－0002732　2732　史部/地理類/遊記之屬/紀行
天台紀游不分卷　徐道政著　民國油印本　一冊

330000－1787－0002733　2733　集部/別集類
京華雜稿不分卷　伯琴撰　民國十年(1921)抄本　一冊

330000－1787－0002734　2734　集部/別

集類

覓句齋詩集不分卷　陳華仁記　民國九年(1920)抄本　一冊

330000－1787－0002737　2737　集部/別集類

拜素齋初稿不分卷　朱量誠撰　民國抄本　一冊

330000－1787－0002738　2738　集部/別集類

臨海客游草不分卷　施召愚撰　民國抄本　一冊

330000－1787－0002739　2739　集部/總集類/選集之屬

仙居山景集不分卷　杜天縻輯　民國油印本　一冊

330000－1787－0002742　2742　新學/雜著/雜記

生命的波浪不分卷　馬丁君撰　民國抄本　一冊

330000－1787－0002743　2743　集部/別集類

嚴又陵書札不分卷　嚴復撰　民國抄本　一冊

330000－1787－0002746　2746　集部/別集類

景山樓詩抄不分卷　陳崇實撰　民國抄本　一冊

330000－1787－0002791　2791　子部/雜著類/雜纂之屬

雜抄不分卷　王舟瑤輯　民國抄本　一冊

330000－1787－0002816　2816　集部/別集類

巖居吟草不分卷　何兼居撰　民國抄本　一冊

330000－1787－0002818　2818　集部/別集類

趙子卿遺稿不分卷　趙子卿撰　民國抄本　一冊

330000－1787－0002820　2820　集部/別集類

綠牋密記不分卷　趙子卿撰　民國抄本　一冊

330000－1787－0002822　2822　集部/別集類

綠牋密記二卷　趙子卿撰　民國抄本　二冊

330000－1787－0002827　2827　史部/傳記類/別傳之屬/事狀

金观察[葆廉]傳文不分卷　何奏篪撰　民國抄本　一冊

330000－1787－0002835　2835　集部/總集類/郡邑之屬

臨海集輯稿不分卷　陳銘生輯　民國抄本　一冊

330000－1787－0002844　2844　集部/總集類/彙編之屬

彩雲簇錦□□卷　趙子卿輯　民國十九年(1930)抄本　一冊　存一卷(五)

330000－1787－0002858　2858　子部/雜著類/雜編之屬

周錫瓚詩文叢抄十七卷　周錫瓚輯　民國抄本　三十四冊

330000－1787－0002859　2859　子部/藝術類/遊藝之屬/聯語

省魯齋聯錄□□卷　趙璋輯　民國抄本　一冊　存一卷(下)

330000－1787－0002861　2861　集部/別集類

漫郎札記續篇二卷　趙璋輯　民國抄本　二冊

330000－1787－0002862　2862　子部/雜著類/雜纂之屬

省魯齋雜稿二卷　趙璋輯　民國抄本　二冊

330000－1787－0002863　2863　子部/藝術類/遊藝之屬/聯語

聯語漫錄不分卷　趙璋輯　民國抄本　一册

330000－1787－0002864　2864　集部/别集類

漫郎札記四卷　趙璋輯　民國抄本　四册

330000－1787－0002865　2865　子部/雜著類/雜纂之屬

雜稿□□卷　民國抄本　一册　存一卷(十一)

330000－1787－0003046　3046　集部/總集類/郡邑之屬

台州文獻隨見錄不分卷　王舟瑤撰　民國抄本　二十九册

330000－1787－0003065　3065　史部/雜史類/斷代之屬

中興實錄一卷　(明)馮夢龍輯　民國十八年(1929)王敬禮抄弘光本　一册

330000－1787－0003085　3085　史部/傳記類/日記之屬

王舟瑶民國十年日記不分卷　王舟瑶撰　民國十年(1921)稿本　一册

330000－1787－0003089　3089　史部/傳記類/總傳之屬/家乘

清芬錄不分卷　王舟瑶撰　民國抄本　一册

330000－1787－0003090　3090　集部/總集類/選集之屬/斷代

當代詩抄不分卷　王舟瑶輯　民國王舟瑶抄本　一册

330000－1787－0003095　3095　集部/别集類

墨盦詩存□□卷　王舟瑶撰　民國十二年(1923)抄本　五册　存七卷(一至四、六至八)

330000－1787－0003110　3110　集部/總集類/氏族之屬

西橋王氏家集内編五卷外編五卷　王舟瑶輯　民國抄本　二册　存二卷(内編三至四)

330000－1787－0003115　3115　史部/傳記類/别傳之屬

王默盦哀輓錄一卷　王松渠等撰　民國抄本　一册

330000－1787－0003116　3116　史部/目録類/專録之屬

墨盦藏書總目一卷　王舟瑶輯　稿本　一册

330000－1787－0003121　3121　集部/别集類

保歲寒𡨥詩稿三卷　王舟瑶撰　民國元年至四年(1912－1915)、七年(1918)稿本　三册

330000－1787－0003131　3131　史部/目録類/專録之屬

乙未續購書書目不分卷　王舟瑶撰　民國八年(1919)抄本　一册

330000－1787－0003133　3133　史部/地理類/遊記之屬/紀行

淞遊日記一卷　王舟瑶撰　民國七年(1918)稿本　一册

330000－1787－0003135　3135　史部/傳記類/别傳之屬/年譜

默盦居士自定年譜不分卷　王舟瑶撰　民國後凋草堂抄本　一册

330000－1787－0003140　3140　集部/别集類

後凋艸堂詩稿不分卷　王舟瑶撰　民國五年(1916)稿本　一册

330000－1787－0003141　3141　子部/雜著類/雜纂之屬

雜抄不分卷　王舟瑶輯　民國抄本　一册

330000－1787－0003150　3150　集部/别集類/清别集

黄巖王玫伯先生文集不分卷　王舟瑶撰　民國八年(1919)秀夫抄本　一册

330000－1787－0003151　3151　集部/别集類

墨盦文續集□□卷　王舟瑶撰　民國抄本　四册　存四卷(一至四)

330000－1787－0003154　3154　子部/雜著類/雜纂之屬
墨龕隨筆不分卷　王舟瑤撰　稿本　一冊

330000－1787－0003156　3156　集部/別集類
墨龕詩存四卷　王舟瑤撰　民國六年(1917)抄本　一冊

330000－1787－0003157　3157　集部/別集類
褚傳誥家信不分卷　褚傳誥撰　稿本　一冊

330000－1787－0003158　3158　集部/總集類/尺牘之屬
九雲先生往來書信不分卷　褚傳誥撰　稿本　一冊

330000－1787－0003160　3160　集部/別集類
石橋文存不分卷　褚傳誥撰　稿本　二十一冊

330000－1787－0003161　3161　史部/地理類/遊記之屬/紀行
西行紀事一卷　褚傳誥撰　稿本　一冊

330000－1787－0003162　3162　集部/別集類
石橋詩存三十六卷　褚傳誥撰　民國抄本　四冊

330000－1787－0003163　3163　集部/別集類
南行草一卷　褚傳誥撰　民國油印本　一冊

330000－1787－0003164　3164　集部/別集類
南行草一卷　褚傳誥撰　民國抄本　一冊

330000－1787－0003166　3166　史部/傳記類/總傳之屬/忠孝
歷朝才忠錄不分卷　褚傳誥輯　民國油印本　一冊

330000－1787－0003167　3167　集部/別集類
褚傳誥課稿不分卷　褚傳誥撰　民國抄本　一冊

330000－1787－0003168　3168　新學/雜著
國文四卷　褚傳誥撰　民國油印本　一冊

330000－1787－0003169　3169　史部/目録類/專録之屬
忠烈名臣列傳目錄一卷　褚傳誥輯　民國抄本　一冊

330000－1787－0003170　3170　集部/別集類
課餘隨筆不分卷　褚傳誥撰　民國抄本　一冊

330000－1787－0003171　3171　集部/別集類
拙存稿不分卷　褚傳誥撰　民國六年(1917)油印本　一冊

330000－1787－0003173　3173　集部/別集類
石橋詩存不分卷　褚傳誥撰　稿本　二冊

330000－1787－0003174　3174　新學/史志
文學密史初稿(課餘隨筆)不分卷　褚傳誥輯著　民國抄本　一冊

330000－1787－0003175　3175　史部/傳記類/別傳之屬/事狀
元哲傳不分卷　褚傳誥撰　民國油印本　一冊

330000－1787－0003176　3176　史部/地理類/方志之屬/郡縣志
天台採訪冊不分卷　朱國華　金文田　褚傳誥輯　民國抄本　一冊

330000－1787－0003177　3177　集部/別集類
石橋聯語不分卷　褚傳誥撰　民國抄本　一冊

330000－1787－0003178　3178　史部/地理類/方志之屬/郡縣志
台州府志資料不分卷　褚傳誥撰　民國抄本

一册

330000－1787－0003179　3179　集部/别集類

石橋文論不分卷　褚傳誥撰　民國抄本　一册

330000－1787－0003180　3180　集部/總集類/郡邑之屬

三台倡和集不分卷　褚傳誥輯　稿本　一册

330000－1787－0003181　3181　史部/目録類/專録之屬

褚氏謨觴樓藏書不分卷　褚傳誥輯　民國抄本　一册

330000－1787－0003182　3182　集部/别集類

石橋集不分卷　褚傳誥撰　民國抄本　一册

330000－1787－0003183　3183　集部/别集類

石橋叢稿三十卷　褚傳誥撰　稿本　三十册

330000－1787－0003184　3184　史部/地理類/雜志之屬

台州記遺一卷　陳懋森撰　稿本　一册

330000－1787－0003185　3185　子部/天文曆算類/天文之屬

葩經類編一卷　陳懋森撰　稿本　一册

330000－1787－0003191　3191　集部/别集類

焚餘雜贅不分卷　壺道人著　民國抄本　一册

330000－1787－0003198　3198　類叢部/類書類/專類之屬

譯物編□□卷　陳懋森撰　民國六年(1917)抄本　七册　存九卷(一至三、五至七、九至十、十二)

330000－1787－0003206　3206　史部/傳記類/别傳之屬/事狀

先大父給諫公行狀(楊定孚先生行狀)一卷　楊紹翰撰　民國十二年(1923)抄本　一册

330000－1787－0003207　3207　史部/傳記類/别傳之屬/年譜

楊定夫[晨]給諫年譜一卷　徐兆章撰　稿本　一册

330000－1787－0003211　3211　史部/史評類/考訂之屬

三國志札記二卷　楊晨撰　民國二十五年(1936)抄本　二册

330000－1787－0003213　3213　史部/地理類/方志之屬/郡縣志

光緒金華縣志十六卷首一卷　(清)鄧鍾玉等纂　民國二十三年(1934)鉛印本　四册　存十卷(首,一至三、七至八、十至十一、十四至十五)

330000－1787－0003219　3219　史部/地理類/方志之屬/郡縣志

道光東陽縣志二十七卷首一卷　(清)党金衡修　(清)王恩注纂　民國三年(1914)東陽商務石印公司石印本　七册　存十五卷(十至十一、十三至二十五)

330000－1787－0003220　3220　史部/地理類/方志之屬/郡縣志

道光東陽縣志二十七卷首一卷　(清)党金衡修　(清)王恩注纂　民國三年(1914)東陽商務石印公司石印本　二册　存二卷(二十二至二十三)

330000－1787－0003224　3224　史部/地理類/方志之屬/郡縣志

[光緒]杭州府志一百七十八卷首八卷　(清)陳璚等修　(清)王棻等纂　屈映光續修　陸懋勳續纂　齊耀珊重修　吳慶坻重纂　民國十一年(1922)鉛印本　二十三册　存五十三卷(首三至八,一至二十五、二十八至四十三、四十八至五十、六十七至六十九)

330000－1787－0003228　3228　類叢部/叢書類/郡邑之屬

括蒼叢書第一集八種　劉耀東編　民國二十七年至二十八年(1938－1939)鉛印本　十六册

330000－1787－0003242　3242　史部/地理類/方志之屬/郡縣志
[民國]定海縣志十六卷首一卷　陳訓正　馬瀛纂修　民國十三年(1924)旅滬同鄉會鉛印本　六册

330000－1787－0003243　3243　史部/地理類/方志之屬/郡縣志
[民國]定海縣志十六卷首一卷　陳訓正　馬瀛纂修　民國十三年(1924)旅滬同鄉會鉛印本　六册

330000－1787－0003244　3244　史部/地理類/方志之屬/郡縣志
[民國]定海縣志十六卷首一卷　陳訓正　馬瀛纂修　民國十三年(1924)旅滬同鄉會鉛印本　五册　存十六卷(一至十六)

330000－1787－0003246　3246　史部/地理類/方志之屬/郡縣志
[民國]湯溪縣志二十卷首一卷　丁燮等修　戴鴻熙纂　民國鉛印本　五册　存八卷(四至八、十、十七至十八)

330000－1787－0003253　3253　史部/地理類/方志之屬/郡縣志
[康熙]德清縣誌十卷　(清)侯元棐等修　(清)王振孫等纂　民國元年(1912)德清縣續修縣志事務所石印本　二册　存五卷(一至五)

330000－1787－0003254　3254　史部/地理類/方志之屬/郡縣志
[康熙]德清縣誌十卷　(清)侯元棐等修　(清)王振孫等纂　民國元年(1912)德清縣續修縣志事務所石印本　一册　存三卷(一至三)

330000－1787－0003255　3255　史部/地理類/方志之屬/郡縣志
[嘉慶]德清縣續志十卷　(清)周紹濂修　(清)許宗彦　(清)徐養原纂　民國元年(1912)石印本　一册　存六卷(一至六)

330000－1787－0003256　3256　史部/地理類/方志之屬/郡縣志
[嘉慶]德清縣續志十卷　(清)周紹濂修　(清)許宗彦　(清)徐養原纂　民國元年(1912)石印本　一册　存六卷(一至六)

330000－1787－0003257　3257　史部/地理類/方志之屬/郡縣志
[嘉慶]德清縣續志十卷　(清)周紹濂修　(清)許宗彦　(清)徐養原纂　民國元年(1912)石印本　三册　存七卷(四至十)

330000－1787－0003258　3258　史部/地理類/方志之屬/郡縣志
[嘉慶]德清縣續志十卷　(清)周紹濂修　(清)許宗彦　(清)徐養原纂　民國元年(1912)石印本　一册　存七卷(四至十)

330000－1787－0003259　3259　史部/地理類/山川之屬/山志
重修南海普陀山志二十卷首一卷　(清)秦耀曾輯　民國普陀山佛經流通處刻本　三册　存十八卷(首、一至十七)

330000－1787－0003262　3262　史部/地理類/方志之屬/郡縣志
[民國]新昌縣志二十卷　金城修　陳畬纂　民國八年(1919)鉛印本　九册

330000－1787－0003263　3263　史部/地理類/方志之屬/郡縣志
[民國]新昌縣志二十卷附新昌農事調查一卷　金城修　陳畬纂　**沃州詩存一卷**　(宋)潘音撰　**沃州文存一卷**　(宋)徐霖撰　民國八年(1919)鉛印本　一册　存一卷(新昌農事調查)

330000－1787－0003265　3265　史部/地理類/方志之屬/郡縣志
瑞安鄉土史志二編　民國油印本　一册

330000－1787－0003269　3269　史部/目録類/總録之屬/地方
溫州經籍志三十三卷首一卷外編二卷辨誤一卷　(清)孫詒讓撰　民國十年(1921)浙江公立圖書館刻本　十六册

330000－1787－0003270　3270　史部/地理類/方志之屬/郡縣志

光緒台州府志一百卷　(清)趙亮熙　(清)郭式昌修　王舟瑤等纂　民國十五年(1926)台州旅杭同鄉會鉛印本　一册　存一卷(二十八)

330000－1787－0003273　3273　類叢部/叢書類/郡邑之屬

台州叢書己集十二種　楊晨輯　民國八年(1919)黄巖楊氏刻本　六册　存十一種

330000－1787－0003291　3291　史部/地理類/方志之屬/郡縣志

[民國]南田縣志三十五卷首一卷　吕耀鈐　厲家禎修　吕芝延　施仁緯纂　民國十九年(1930)鉛印本　一册　存二十卷(首、七至二十五)

330000－1787－0003293　3293　史部/地理類/山川之屬/水志

西湖新志十四卷　胡祥翰輯　民國十年(1921)鉛印本　一册　存五卷(五至九)

330000－1787－0003302　3302　經部/易類/專著之屬

易義别識二卷　齊洪昌撰　民國十年(1921)臨海縣公立圖書館石印本　一册

330000－1787－0003309　3309　史部/地理類/方志之屬/郡縣志

[民國]重修浙江通志初稿不分卷　浙江通志館修　余紹宋等纂　民國三十七年(1948)鉛印本　四册　存二章(首、第十七編之二)

330000－1787－0003311　3311　史部/地理類/方志之屬/通志

[宣統]山東通志二百卷首九卷附録一卷補遺一卷　(清)楊士驤等修　(清)孫葆田等纂　民國四年(1915)山東通志刊印局鉛印本　一百二十八册

330000－1787－0003314　3314　史部/地理類/方志之屬/郡縣志

[光緒]重修於潛縣志二十卷首一卷　(清)程兼善纂修　謝青翰增纂　民國二年(1913)謝青翰石印本　一册　存二卷(首、一)

330000－1787－0003326　3326　史部/地理類/方志之屬/郡縣志

[民國]臨海縣志四十二卷首一卷　張熙鼎修　張寅重修　何奏簧纂　民國二十四年(1935)鉛印本　二十一册　缺二卷(十三至十四)

330000－1787－0003331　3331　類叢部/叢書類/彙編之屬

四庫全書珍本初集二百三十種　中央圖書館籌備處輯　民國二十三年至二十四年(1934－1935)上海商務印書館據文淵閣本影印本　十二册　存一種

330000－1787－0003332　3332　史部/傳記類/别傳之屬/年譜

蔣徑三先生[榮]年譜一卷　蔣徑詡　蔣品真撰　民國鉛印本　一册

330000－1787－0003338　3338　集部/别集類/清别集

名山藏副本初集二卷贈言集一卷　(清)齊周華撰　民國九年(1920)杭州武林印書館鉛印本　二册　存二卷(上、下)

330000－1787－0003346　3346　經部/群經總義類

有那居經説六卷　羅藻新撰　民國八年(1919)木活字印本　三册

330000－1787－0003351　3351　集部/總集類/題詠之屬

思危樓詩文彙鈔初集一卷　徐慎齋輯　民國二十一年(1932)鉛印本　一册

330000－1787－0003352　3352　集部/别集類/清别集

凝翠樓詩鈔七卷　(清)裴詩藏撰　(清)裴牧齋編訂　民國十五年(1926)石印本　一册　存四卷(五古、七古、五律、七律)

330000－1787－0003357　3357　類叢部/叢書類/彙編之屬

四部叢刊　張元濟等編　民國上海商務印書館影印本　十二册　存一種

330000－1787－0003358　3358　史部/傳記類/日記之屬

記事珠不分卷　胡步川撰　民國六年(1917)至一九六六年稿本　一百八十五册

330000－1787－0003361　3361　集部/總集類/選集之屬/斷代

天台三聖二和詩集一卷　(唐)釋寒山　(唐)釋豐干　(唐)釋拾得撰　(明)釋梵琦　(明)釋濟岳和　民國二十七年(1938)國光印書局鉛印本　一册

330000－1787－0003362　3362　集部/總集類/郡邑之屬

臨海集不分卷　項士元輯　稿本　一百十二册

330000－1787－0003363　3363　史部/傳記類/日記之屬

許雪樵日記不分卷　許雪樵撰　民國十三年(1924)至一九五〇年稿本　七十九册

330000－1787－0003364　3364　集部/總集類/選集之屬/斷代

天台三聖二和詩集一卷　(唐)釋寒山　(唐)釋豐干　(唐)釋拾得撰　(明)釋梵琦　(明)釋濟岳和　民國二十七年(1938)國光印書局鉛印本　一册

330000－1787－0003366　3366　史部/傳記類/别傳之屬/事狀

林處士楊烈婦哀輓合録一卷　柯驊威撰　民國弘文印刷公司鉛印本　一册

330000－1787－0003368　3368　史部/傳記類/總傳之屬/家乘

[浙江黄巖]黄巖柯氏宗譜八卷家集五卷　柯玫主修　柯驊威編纂　民國九年(1920)木活字印本　一册　存一卷(家集二)

330000－1787－0003371　3371　史部/政書類/公牘檔册之屬

虎頭山左手山置買山地契據不分卷　何奏篪撰　民國抄本　一册

330000－1787－0003376　3376　史部/傳記類/别傳之屬/事狀

德凝堂壽言不分卷　張載揚等撰　民國十年(1921)鉛印本　一册

330000－1787－0003378　3378　集部/别集類

詒燕堂詩草不分卷　季紹梁撰　民國鉛印本　一册

330000－1787－0003384　3384　史部/傳記類/别傳之屬/事狀

豐玉堂壽言不分卷　何豐林等撰　民國九年(1920)杭州武林印書館鉛印本　一册

330000－1787－0003393　3393　史部/地理類/遊記之屬/紀行

天台方巖遊記不分卷　錢文選撰　民國二十四年(1935)鉛印本　一册

330000－1787－0003396　3396　子部/術數類

劉基與讖緯之學不分卷　李鏡渠撰　民國油印本　一册

330000－1787－0003398　3398　史部/目録類/總録之屬/地方

台書存目錄不分卷　(清)陳樹鈞撰　民國油印本　一册

330000－1787－0003409　3409　史部/目録類/總録之屬/官修

黄巖九峰圖書館書目五卷　黄巖九峰圖書館編　民國七年(1918)黄巖九峰圖書館石印本　一册　存二卷(一至二)

330000－1787－0003415　3415　集部/别集類/清别集

鎔經室集四卷　(清)張濬撰　民國六年(1917)鉛印本　一册　存一卷(一)

330000－1787－0003427　3427　新學/學校

天台縣中小學堂合辦章程不分卷　金文田訂　民國鉛印本　一册

330000－1787－0003428　3428　史部/地理類/雜志之屬

臨海要覽一卷　項士元編　民國五年(1916)杭州武林印書館鉛印本　一冊

330000－1787－0003440　3440　史部/傳記類/別傳之屬/事狀

屈太夫人哀輓錄一卷　屈映光輯　民國鉛印本　一冊

330000－1787－0003441　3441　史部/目録類/總録之屬/官修

黃巖九峯圖書館書目續編一卷　黃巖九峯圖書館編　稿本　一冊

330000－1787－0003442　3442　新學/政治法律/政治

三門年鑑不分卷　民國三十二年(1943)鉛印本　一冊

330000－1787－0003446　3446　史部/政書類/公牘檔冊之屬

臨海縣議會壬子年第一次常會議決案一卷　民國元年(1912)鉛印本　一冊

330000－1787－0003449　3449　集部/別集類

浣花集四卷　羅華撰　民國二十一年(1932)鉛印本　一冊

330000－1787－0003450　3450　史部/傳記類/別傳之屬/事狀

楊母陳太孺人八秩壽言一卷　王松渠等輯　民國鉛印本　一冊

330000－1787－0003451　3451　集部/總集類/選集之屬/斷代

月河詩鐘社吟草五卷　任重編　民國二十三年至二十六年(1934－1937)石印本　二冊　存二卷(二至三)

330000－1787－0003459　3459　集部/別集類/清別集

萬八山房詩鈔八卷　(清)孫春澤撰　民國二十五年(1936)曹氏鉛印本　一冊

330000－1787－0003470　3470　類叢部/類書類/通類之屬

欽定古今圖書集成一萬卷目錄四十卷　(清)蔣廷錫　(清)陳夢雷等輯　**古今圖書集成考證二十四卷**　民國二十三年(1934)中華書局影印本　六百五冊　缺二千四百四十一卷(方與彙編山川典五十七至一百三十三、一百五十九至二百八,明倫彙編官常典四百十一至五百十五,博物彙編藝術典七百九十七至八百十、神異典二百九十四至三百六,禮學彙編經籍典四百五十七至四百八十,理學彙編文學典一至二百六十、字学典一至一百六十,經濟彙編選舉典一至一百三十六、銓衡典一至一百二十、食貨典一至三百六十、禮儀典一至三百四十八、樂律典一至一百三十六、戎政典一至三百、祥刑典一至一百八十、考工典一至一百五十二,考證十九至二十四)

330000－1787－0003471　3471　史部/傳記類/日記之屬

王毅侯日記不分卷　王毅侯撰　稿本　一冊

330000－1787－0003472　3472　史部/傳記類/日記之屬

靜觀室日記不分卷　黃方慶撰　稿本　一冊

330000－1787－0003473　3473　集部/別集類

小題不分卷　章襄輯　稿本　一冊

330000－1787－0003476　3476　集部/別集類

碧峰山房隨筆六十一卷續四卷　章襄撰　民國抄本　六十四冊　存六十四卷(一至三十六、三十八至六十一,續一至四)

330000－1787－0003485　3485　史部/傳記類/日記之屬

陳再陶日記不分卷　陈再陶撰　稿本　一冊

330000－1787－0003486　3486　新學/史志

中國外交失敗史不分卷歐戰以後新興國不分卷　章襄纂　民國抄本　一冊

330000－1787－0003489　3489　史部/傳記

類/日記之屬

馮貴常日記不分卷 馮貴常撰 民國十七年(1928)稿本 二冊

330000－1787－0003492 3492 史部/傳記類/日記之屬

入都日記不分卷 冰夫撰 民國二十六年(1937)抄本 一冊

330000－1787－0003493 3493 新學/農政/農務

臨海農林場日記殘稿不分卷 稿本 一冊

330000－1787－0003495 3495 新學/史志

民國史略不分卷 章襄撰 民國十六年(1927)抄本 二冊

330000－1787－0003496 3496 史部/傳記類/總傳之屬

古今同名錄不分卷 章襄撰 民國十七年(1928)抄本 四冊

330000－1787－0003498 3498 新學/史志

國學述史不分卷 尤墨君編 民國二十二年(1933)抄本 一冊

330000－1787－0003499 3499 史部/史評類/史論之屬

中國革命史不分卷 章襄撰 民國二十一年(1932)抄本 一冊

330000－1787－0003500 3500 新學/地學/地理學

張资平編自然人文地理學不分卷 章襄撰 民國十五年(1926)抄本 一冊

330000－1787－0003501 3501 集部/別集類

浣花集四卷 羅華撰 民國抄本 一冊

330000－1787－0003502 3502 集部/總集類/尺牘之屬

勝流集不分卷 王松渠編 民國輯貼本 二十冊

330000－1787－0003503 3503 集部/詩文評類

中國文學史不分卷 章襄撰 民國十五年(1926)抄本 一冊

330000－1787－0003504 3504 史部/傳記類/日記之屬

入秦隨筆不分卷 醒盦撰 民國二十五年(1936)抄本 一冊

330000－1787－0003505 3505 史部/地理類/遊記之屬/紀行

客程日記□□卷 松濤撰 民國抄本 一冊 存二卷(二至三)

330000－1787－0003506 3506 史部/傳記類/日記之屬

曾滌笙日記摘鈔不分卷 民國十六年(1927)喻志韶抄本 一冊

330000－1787－0003507 3507 新學/史志

本國史提要三卷 章襄撰 民國抄本 二冊

330000－1787－0003508 3508 史部/地理類/山川之屬/山志

天台山文化史不分卷 陳鍾祺編 民國抄本 一冊

330000－1787－0003509 3509 史部/傳記類/日記之屬

陳少竹日記(旅京日記)不分卷 陳少竹撰 民國抄本 一冊

330000－1787－0003511 3511 新學/地學/地理學

地震一卷 翁文灝著 **火山一卷** 章鴻釗著 **岩石一卷** 周則岳譯 民國十五年(1926)抄本 一冊

330000－1787－0003512 3512 史部/傳記類/日記之屬

孫心楚日記不分卷 孫心楚撰 民國二十六年(1937)稿本 一冊

330000－1787－0003513 3513 史部/傳記類/別傳之屬/年譜

蔡孑民先生[元培]年譜不分卷 林世堂述 民國三十五年(1946)抄本 一冊

330000－1787－0003514　3514　新學/史志/臣民傳記

歐美古今同名錄不分卷　章襄輯　民國十八年(1929)抄本　一冊

330000－1787－0003515　3515　史部/傳記類/日記之屬

硯池日記不分卷　林迪撰　民國抄本　一冊

330000－1787－0003516　3516　集部/別集類

碧峰山房詩鈔不分卷　章襄撰　民國抄本　一冊

330000－1787－0003517　3517　史部/傳記類/日記之屬

望雲閣日記不分卷望雲閣詩稿不分卷　郎仁圃撰　民國抄本　一冊

330000－1787－0003518　3518　史部/傳記類/日記之屬

成子牲日記不分卷　成子牲撰　民國抄本　一冊

330000－1787－0003520　3520　史部/傳記類/日記之屬

貴常日記不分卷　馮貴常撰　民國十八年(1929)稿本　一冊

330000－1787－0003521　3521　集部/別集類

戊秦紀程不分卷　蔡人麟撰　**百美集蘇膡稿一卷**　戚學標撰　**吟香阁残草一卷**　謝愛蓮撰　王詠霓輯　民國抄本　一冊

330000－1787－0003522　3522　史部/傳記類/總傳之屬

人物傳摘不分卷　章襄輯　民國抄本　一冊

330000－1787－0003523　3523　史部/傳記類/日記之屬

朱光守日記稿不分卷　朱光守撰　稿本　一冊

330000－1787－0003524　3524　史部/傳記類/別傳之屬/事狀

碧峰山房身世談彙錄不分卷　章襄輯　民國元年(1912)抄本　一冊

330000－1787－0003526　3526　集部/總集類/尺牘之屬

曹愷家函不分卷　民國十六年至二十年(1927－1931)抄本　一冊

330000－1787－0003527　3527　史部/傳記類/日記之屬

京滬日記殘本不分卷　民國抄本　一冊

330000－1787－0003528　3528　新學/雜著/雜記

天主教士日記不分卷　民國二十四年至二十七年(1935－1938)抄本　一冊

330000－1787－0003529　3529　史部/傳記類/日記之屬

商橫日記不分卷　稿本　一冊

330000－1787－0003530　3530　史部/傳記類/日記之屬

何喬媛日記不分卷　何喬媛撰　稿本　一冊

330000－1787－0003532　3532　史部/傳記類/別傳之屬/年譜

王希隱自訂年譜不分卷　王希隱撰　民國三十六年(1947)抄本　一冊

330000－1787－0003534　3534　子部/雜著類/雜纂之屬

李天隱先生筆記不分卷　李天隱撰　民國抄本　項士元題記　一冊

330000－1787－0003535　3535　集部/總集類/尺牘之屬

德園朱氏往還手札不分卷　民國抄本　一冊

330000－1787－0003536　3536　史部/傳記類/日記之屬

勁夫日記不分卷　勁夫撰　稿本　一冊

330000－1787－0003538　3538　史部/傳記類/別傳之屬/事狀

何世勳事畧不分卷　稿本　一冊

330000－1787－0003547　3547　史部/目録

類/專録之屬

鐵如意館手抄書目錄不分卷 張宗祥撰 民國油印本 一冊

330000－1787－0003550 3550 史部/目録類/總録之屬/私撰

九峰名山閣藏書總目不分卷 民國抄本 一冊

330000－1787－0003553 3553 史部/目録類/總録之屬/私撰

精一堂藏書目錄□□卷 方杏榮撰 民國精一堂抄本 一冊 存一卷(上)

330000－1787－0003555 3555 史部/目録類/總録之屬/地方

臨海縣立三台民教館圖書部圖書目錄不分卷 三台民教館圖書部撰 民國三台民教館圖書部抄本 一冊

330000－1787－0003558 3558 史部/目録類

振綺堂藏書集部總目不分卷 民國抄本 一冊

330000－1787－0003559 3559 史部/目録類/總録之屬/徵訪

台州府志局徵借書目不分卷 台州府志局撰 民國抄本 一冊

330000－1787－0003564 3564 史部/目録類/專録之屬

精一堂所藏書畫錄附古玩不分卷 方杏榮撰 民國抄本 一冊

330000－1787－0003565 3565 史部/目録類/專録之屬

精一堂字畫碑帖目錄不分卷 方杏榮撰 民國三十年(1941)抄本 一冊

330000－1787－0003570 3570 史部/政書類/公牘檔冊之屬

黃岩縣立圖書館卷宗不分卷 民國抄本 一冊

330000－1787－0003574 3574 子部/雜著類

鄉土教科書不分卷 章襄撰 民國十一年(1922)稿本 一冊

330000－1787－0003579 3579 新學/農政/農務

椒江水產志不分卷 阮兆元撰 稿本 一冊

330000－1787－0003581 3581 史部/目録類/總録之屬/私撰

中國書目畧七卷 項士元著 許良其節錄 民國抄本 一冊

330000－1787－0003582 3582 史部/目録類/總録之屬/官修

九峯圖書館書目不分卷 民國石印本 一冊

330000－1787－0003583 3583 史部/地理類/方志之屬/郡縣志

黃岩縣志料不分卷 民國抄本 一冊

330000－1787－0003584 3584 史部/地理類/方志之屬/郡縣志

台州志畧不分卷 民國抄本 一冊

330000－1787－0003585 3585 史部/目録類/總録之屬/官修

臨海縣立圖書館書目稿□□卷 臨海縣立圖書館撰 民國抄本 五冊 存五卷(甲種二至四、乙種一至二)

330000－1787－0003591 3591 史部/目録類/專録之屬

篆青閣書畫金石存目不分卷 陳允武撰 稿本 一冊

330000－1787－0003592 3592 史部/傳記類/總傳之屬

臨師同學錄不分卷 民國三十六年(1947)鉛印本 一冊

330000－1787－0003603 3603 史部/政書類/公牘檔冊之屬

柴婆渡渡船會捐簿不分卷 民國十七年(1928)台郡赤霞印館石印本 一冊

330000－1787－0003604 3604 史部/傳記

類/總傳之屬

臨海縣義務教育人員小學教職員暑期集中訓練班同學錄不分卷 臨海縣政府撰 民國二十八年(1939)鉛印本 一冊

330000－1787－0003605 3605 史部/政書類/公牘檔冊之屬

臨海縣議會壬子年第一次常會議決案一卷 民國元年(1912)鉛印本 一冊

330000－1787－0003607 3607 子部/雜著類

臨海風俗不分卷 民國抄本 一冊

330000－1787－0003608 3608 史部/傳記類/總傳之屬

臨海縣私立建成初級中學同學錄三十一年不分卷三十三年不分卷三十四年不分卷三十七年不分卷 臨海縣私立建成初級中學編 民國三十二年至三十五年(1943－1946)、三十八年(1949)鉛印本 四冊

330000－1787－0003610 3610 史部/政書類/公牘檔冊之屬

臨海縣議會民國十一年十二年通常臨時會議決案不分卷 臨海縣議會編 民國十二年(1923)石印本 一冊

330000－1787－0003611 3611 新學/學校

浙江省臨海縣地方行政幹部訓練所第二十三期鄉鎮長班職教員通訊錄不分卷 民國三十四年(1945)鉛印本 一冊

330000－1787－0003612 3612 史部/政書類/公牘檔冊之屬

臨海農情經濟部中央農業實驗所報告表不分卷 臨海縣農情報告員撰 民國二十七年至三十二年(1938－1943)、三十五年至三十七年(1946－1948)抄本 九冊

330000－1787－0003613 3613 史部/政書類/公牘檔冊之屬

整復興津義渡紀要不分卷 黃傳和撰 民國十六年(1927)石印本 一冊

330000－1787－0003614 3614 新學/史志

民國初期史料不分卷 民國抄本 一冊

330000－1787－0003615 3615 史部/政書類/公牘檔冊之屬

臨海縣政府及所屬機關職員錄不分卷 臨海縣政府編 民國三十五年(1946)鉛印本 一冊

330000－1787－0003616 3616 史部/政書類/公牘檔冊之屬

臨海借本救災團公啟不分卷 民國石印本 一冊

330000－1787－0003617 3617 史部/政書類/公牘檔冊之屬

臨海借本救災團公啟不分卷 民國石印本 一冊

330000－1787－0003618 3618 史部/政書類/公牘檔冊之屬

臨海借本救災團公啟不分卷 民國石印本 一冊

330000－1787－0003619 3619 新學/學校

青松學會會員錄不分卷 青松學會聯絡部撰 民國三十五年(1946)油印本 一冊

330000－1787－0003620 3620 史部/政書類/公牘檔冊之屬

浙江省民政廳訴願決定書不分卷 浙江省民政廳撰 民國鉛印本 一冊

330000－1787－0003621 3621 史部/政書類/公牘檔冊之屬

浙江省民政廳訴願決定書不分卷 浙江省民政廳撰 民國鉛印本 一冊

330000－1787－0003622 3622 史部/傳記類/別傳之屬/事狀

沈鏡河先生八秩紀念冊不分卷 民國三十七年(1948)油印本 一冊

330000－1787－0003623 3623 史部/政書類/公牘檔冊之屬

旅滬台屬水災急振會報告書不分卷 旅滬台屬水災急振會編 民國鉛印本 二冊

330000－1787－0003624　3624　新學/政治法律/制度

勞乃宣正續共和解駁議不分卷　曾士瀛著　民國四年(1915)鉛印本　一冊

330000－1787－0003625　3625　史部/政書類/邦計之屬/鹽法

安徽鹽務辦事處三十五年度年報不分卷　安徽鹽務辦事處撰　民國三十七年(1948)油印本　一冊

330000－1787－0003626　3626　史部/政書類/公牘檔冊之屬

中華民國十四年關稅特別會議開幕執政歡迎詞不分卷　民國十四年(1925)石印本　一冊

330000－1787－0003627　3627　子部/宗教類/佛教之屬/經疏

金剛般若波羅蜜經略解二卷　(後秦)釋鳩摩羅什譯　毛宗智略解　釋印光改定　**般若波羅蜜多心經略解一卷**　(唐)釋玄奘譯　毛宗智略解　釋印光改定　民國十四年(1925)刻本　一冊

330000－1787－0003628　3628　子部/宗教類/佛教之屬/經疏

金剛般若波羅蜜經略解二卷　(後秦)釋鳩摩羅什譯　毛宗智略解　釋印光改定　**般若波羅蜜多心經略解一卷**　(唐)釋玄奘譯　毛宗智略解　釋印光改定　民國十四年(1925)刻本　一冊

330000－1787－0003629　3629　子部/宗教類/佛教之屬/經疏

金剛般若波羅蜜經略解二卷　(後秦)釋鳩摩羅什譯　毛宗智略解　釋印光改定　**般若波羅蜜多心經略解一卷**　(唐)釋玄奘譯　毛宗智略解　釋印光改定　民國十四年(1925)刻本　一冊

330000－1787－0003630　3630　史部/傳記類/總傳之屬/忠孝

臨海縣紳民忠義錄不分卷　省會同善堂編　民國十三年(1924)油印本　一冊

330000－1787－0003631　3631　新學/學校

浙江省第二屆台州區運動會報告不分卷　民國三十四年(1945)油印本　一冊

330000－1787－0003634　3634　史部/政書類/公牘檔冊之屬

臨海城區選舉舞弊呈電批稟詳札彙錄不分卷　洪達河等撰　民國油印本　一冊

330000－1787－0003635　3635　子部/雜著類/雜抄之屬

備忘錄不分卷　章逸中撰　民國三十五年(1946)抄本　一冊

330000－1787－0003636　3636　史部/政書類/公牘檔冊之屬

臨海壬戌水災電啟擬稿不分卷　民國十一年(1922)抄本　一冊

330000－1787－0003638　3638　史部/目録類/總録之屬/私撰

九峰圖書目錄稿不分卷　民國剪貼本　一冊

330000－1787－0003639　3639　史部/政書類/公牘檔冊之屬

福建省南平縣土地陳報章程不分卷　章逸中撰　民國二十九年(1940)抄本　一冊

330000－1787－0003644　3644　史部/地理類/雜志之屬

柵浦沙塗沿革不分卷　民國抄本　一冊

330000－1787－0003647　3647　新學/農政/農務

粵西場務概要六章　民國油印本　一冊

330000－1787－0003648　3648　史部/政書類/公牘檔冊之屬

天台縣戶地編查處外業程序不分卷　章逸中識　民國抄本　一冊

330000－1787－0003651　3651　新學/農政/農務

粵西區推行食鹽官專賣概況不分卷　民國油印本　一冊

330000－1787－0003652　3652　史部/政書

類/公牘檔冊之屬

土地清丈規則不分卷 民國抄本 一册

330000－1787－0003653 3653 史部/地理類/方志之屬/郡縣志

台州府志采訪稿不分卷 民國抄本 一册

330000－1787－0003656 3656 史部/地理類/雜志之屬

台灣區鹽務分志不分卷 民國油印本 一册

330000－1787－0003659 3659 史部/傳記類/總傳之屬/家乘

[浙江臨海]峙岩周氏諡抄不分卷 民國抄本 一册

330000－1787－0003667 3667 史部/傳記類/總傳之屬/家乘

[浙江臨海]臨海何氏譜稿不分卷 稿本 一册

330000－1787－0003668 3668 史部/傳記類/總傳之屬/家乘

[浙江臨海]臨海嶺頭陳氏宗譜不分卷 稿本 一册

330000－1787－0003671 3671 史部/傳記類/總傳之屬/家乘

[浙江臨海]臨海陳氏家譜不分卷 民國抄本 一册

330000－1787－0003672 3672 史部/傳記類/總傳之屬/家乘

錢氏家乘不分卷 錢文選撰 民國十四年(1925)鉛印本 一册

330000－1787－0003675 3675 史部/傳記類/總傳之屬/家乘

[浙江臨海]臨海戴氏宗譜不分卷 民國抄本 一册

330000－1787－0003676 3676 史部/傳記類/總傳之屬/家乘

[浙江臨海]臨海百巖周氏宗譜□□卷 民國二十七年(1938)木活字印本 一册 存一卷(一)

330000－1787－0003677 3677 史部/傳記類/總傳之屬/家乘

[浙江臨海]臨海長沙陳氏世系圖攷譜氏不分卷 民國抄本 一册

330000－1787－0003680 3680 史部/傳記類/總傳之屬/家乘

[浙江臨海]莊頭□氏譜不分卷 民國抄本 一册

330000－1787－0003681 3681 史部/傳記類/總傳之屬/家乘

[浙江臨海]臨海北澗王氏世系不分卷 民國抄本 一册

330000－1787－0003684 3684 史部/傳記類/別傳之屬/事狀

何太君洪安人傳不分卷 齊洪昌撰 民國十八年(1929)油印本 一册

330000－1787－0003685 3685 史部/傳記類/別傳之屬/事狀

何太君洪安人傳不分卷 齊洪昌撰 民國十八年(1929)油印本 一册

330000－1787－0003686 3686 史部/傳記類/別傳之屬/事狀

何太君洪安人傳不分卷 齊洪昌撰 民國十八年(1929)油印本 一册

330000－1787－0003687 3687 史部/傳記類/別傳之屬/事狀

何太君洪安人傳不分卷 齊洪昌撰 民國十八年(1929)油印本 一册

330000－1787－0003688 3688 史部/傳記類/別傳之屬/事狀

何太君洪安人傳不分卷 齊洪昌撰 民國十八年(1929)油印本 一册

330000－1787－0003689 3689 史部/傳記類/別傳之屬/事狀

何太君洪安人傳不分卷 齊洪昌撰 民國十八年(1929)油印本 一册

330000－1787－0003690 3690 史部/傳記

類/别傳之屬/事狀

何太君洪安人傳不分卷 齊洪昌撰 民國十八年(1929)油印本 一册

330000－1787－0003691 3691 史部/傳記類/别傳之屬/事狀

何太君洪安人傳不分卷 齊洪昌撰 民國十八年(1929)油印本 一册

330000－1787－0003692 3692 史部/傳記類/别傳之屬/事狀

何太君洪安人傳不分卷 齊洪昌撰 民國十八年(1929)油印本 一册

330000－1787－0003693 3693 史部/傳記類/别傳之屬/事狀

何太君洪安人傳不分卷 齊洪昌撰 民國十八年(1929)油印本 一册

330000－1787－0003694 3694 史部/傳記類/别傳之屬/事狀

何太君洪安人傳不分卷 齊洪昌撰 民國十八年(1929)油印本 一册

330000－1787－0003696 3696 史部/傳記類/總傳之屬/家乘

[浙江臨海]臨海西溪王氏宗譜□□卷 民國三十三年(1944)刻本 二册 存二卷(十七至十八)

330000－1787－0003698 3698 史部/傳記類/總傳之屬/家乘

[浙江臨海]臨海大石殿前朱氏譜不分卷 朱湛林編 民國二年(1913)稿本 一册

330000－1787－0003699 3699 史部/傳記類/總傳之屬/家乘

[浙江臨海]臨海大石殿前朱氏支譜十四卷首一卷 朱湛林編 民國十八年(1929)石印本 一册

330000－1787－0003700 3700 史部/傳記類/總傳之屬/家乘

[浙江臨海]大石殿前朱氏宗譜十四卷首一卷 朱秀甫編 民國十二年(1923)稿本 一册

330000－1787－0003701 3701 史部/傳記類/總傳之屬/家乘

[浙江臨海]臨海墊廛朱氏宗譜□□卷 民國八年(1919)木活字印本 一册 存三卷(三、六、十)

330000－1787－0003703 3703 史部/傳記類/總傳之屬/家乘

[浙江臨海]埠頭朱氏宗譜□□卷 民國八年(1919)木活字印本 一册 存一卷(一)

330000－1787－0003705 3705 史部/傳記類/總傳之屬/家乘

[浙江臨海]臨海大石殿前朱氏支譜十四卷首一卷 朱湛林編 民國十八年(1929)石印本 一册

330000－1787－0003706 3706 史部/傳記類/總傳之屬/家乘

[浙江臨海]臨海大石殿前朱氏支譜十四卷首一卷 朱湛林編 民國十八年(1929)石印本 一册

330000－1787－0003707 3707 史部/傳記類/總傳之屬/家乘

[浙江臨海]臨海大石殿前朱氏支譜十四卷首一卷 朱湛林編 民國十八年(1929)石印本 一册

330000－1787－0003708 3708 史部/傳記類/總傳之屬/家乘

[浙江臨海]臨海夏舘侯氏宗譜十二卷 李定編纂 民國三十六年(1947)木活字印本 七册 存七卷(一、三、六至十)

330000－1787－0003709 3709 史部/傳記類/總傳之屬/家乘

[浙江臨海]台臨貝樹江氏宗譜□□卷 民國十八年(1929)木活字印本 一册 存四卷(一至四)

330000－1787－0003710 3710 史部/傳記類/總傳之屬/家乘

[浙江臨海]洋渡盧氏宗譜十卷首一卷 盧幼姚編纂 民國二十年(1931)木活字印本 二

冊　存三卷(首,一、十)

330000－1787－0003715　3715　史部/傳記類/總傳之屬/家乘

[浙江臨海]灘頭柳氏宗譜□□卷　鍾寶綎纂修　民國五年(1916)木活字印本　三冊　存三卷(一至三)

330000－1787－0003719　3719　史部/傳記類/總傳之屬/家乘

[浙江臨海]彩煙梁氏宗譜四十八卷　彩煙梁氏宗族編　民國三十六年(1947)木活字印本　一冊　存二卷(一至二)

330000－1787－0003728　3728　史部/傳記類/總傳之屬/家乘

[浙江臨海]臨海周氏宗譜□□卷　民國九年(1920)木活字印本　三冊　存四卷(二至三、五至六)

330000－1787－0003730　3730　史部/傳記類/總傳之屬/家乘

[浙江臨海]東溪單氏宗譜六卷　單道坦編纂　民國十七年(1928)木活字印本　一冊　存二卷(一至二)

330000－1787－0003731　3731　史部/傳記類/總傳之屬/家乘

[浙江臨海]台臨曹氏宗譜□□卷　民國二十七年(1938)木活字印本　二冊　存二卷(二、四)

330000－1787－0003733　3733　史部/傳記類/總傳之屬/家乘

[浙江臨海]臨海東塍周氏宗譜□□卷　周琮修　民國十六年(1927)木活字印本　八冊　存六卷(一至二、四、六至八)

330000－1787－0003739　3739　集部/總集類/氏族之屬

冠芳文集不分卷　民國三十七年(1948)木活字印本　一冊

330000－1787－0003740　3740　集部/總集類/氏族之屬

冠芳文集不分卷　民國三十七年(1948)木活字印本　一冊

330000－1787－0003741　3741　集部/總集類/氏族之屬

冠芳文集不分卷　民國三十七年(1948)木活字印本　一冊

330000－1787－0003742　3742　集部/總集類/氏族之屬

冠芳文集不分卷　民國三十七年(1948)木活字印本　一冊

330000－1787－0003743　3743　集部/總集類/氏族之屬

冠芳公文集不分卷　民國三十六年(1947)木活字印本　一冊

330000－1787－0003744　3744　史部/傳記類/總傳之屬/家乘

[浙江臨海]台郡清河嫡派炭行張氏宗譜不分卷　張鏡潭等編纂　民國二十七年(1938)木活字印本　一冊

330000－1787－0003754　3754　史部/傳記類/總傳之屬/家乘

[浙江臨海]大屋黃氏宗譜四卷　黃祖衡編纂　民國二十六年(1937)木活字印本　一冊

330000－1787－0003759　3759　史部/傳記類/總傳之屬/家乘

[浙江臨海]臨海梘橋謝氏宗譜十三卷　齊毓愷編纂　民國七年(1918)木活字印本　一冊　存四卷(八至十一)

330000－1787－0003760　3760　史部/傳記類/總傳之屬/家乘

[浙江臨海]臨海梘橋謝氏宗譜十三卷　齊毓愷編纂　民國七年(1918)木活字印本　六冊

330000－1787－0003761　3761　史部/傳記類/總傳之屬/家乘

[浙江臨海]臨海黃溪李氏宗譜二十卷末一卷　李衡士編纂　民國三十二年(1943)木活字印本　十二冊　存十二卷(一至二、四、六至八、十三至十六、十八、二十)

330000－1787－0003767　3767　史部/傳記類/總傳之屬/家乘
[浙江臨海]東塍潘氏宗譜□□卷　葉獻廷編纂　民國二十四年(1935)木活字印本　一册　存三卷(一至三)

330000－1787－0003774　3774　史部/傳記類/總傳之屬/家乘
[浙江臨海]臨海大石緣山葉氏宗譜□□卷　民國十五年(1926)木活字印本　八册　存二十一卷(八至九、十二至十三、十六至二十二、二十六至三十五)

330000－1787－0003777　3777　史部/傳記類/總傳之屬/家乘
[浙江臨海]湧泉馮氏族譜□□卷　馮傑編纂　民國三年(1914)木活字印本　一册　存一卷(三)

330000－1787－0003779　3779　史部/傳記類/總傳之屬/家乘
[浙江臨海]湧泉馮氏族譜□□卷　馮傑編纂　民國三年(1914)木活字印本　四册　存四卷(三至六)

330000－1787－0003780　3780　史部/傳記類/總傳之屬/家乘
[浙江臨海]湧泉馮氏族譜□□卷　馮傑編纂　民國三年(1914)木活字印本　七册　存九卷(一至九)

330000－1787－0003781　3781　史部/傳記類/總傳之屬/家乘
[浙江臨海]臨海莊頭馮氏家乘四卷　馮賓侯編纂　民國二十六年(1937)木活字印本　一册　存二卷(一至二)

330000－1787－0003782　3782　史部/傳記類/總傳之屬/家乘
[浙江臨海]臨海莊頭馮氏家乘四卷　馮賓侯編纂　民國二十六年(1937)木活字印本　一册　存二卷(一至二)

330000－1787－0003783　3783　史部/傳記類/總傳之屬/家乘
[浙江臨海]臨海莊頭馮氏家乘四卷　馮賓侯編纂　民國二十六年(1937)木活字印本　二册

330000－1787－0003786　3786　史部/傳記類/總傳之屬/家乘
[浙江臨海]臨海陳氏宗譜五卷　陳遠盛編纂　民國六年(1917)木活字印本　一册　存四卷(一至三、五)

330000－1787－0003790　3790　史部/傳記類/總傳之屬/家乘
[浙江臨海]台臨趙氏宗譜四卷　趙嵩望編纂　民國十四年(1925)木活字印本　三册

330000－1787－0003791　3791　史部/傳記類/總傳之屬/家乘
[浙江臨海]臨海逆溪趙氏宗譜五卷首一卷　趙鶴琴編纂　民國二十年(1931)木活字印本　五册　存五卷(首、二至五)

330000－1787－0003792　3792　史部/傳記類/總傳之屬/家乘
[浙江臨海]蔣家山蔣氏宗譜三卷　許啟元纂輯　民國六年(1917)木活字印本　二册

330000－1787－0003794　3794　史部/傳記類/總傳之屬/家乘
[浙江臨海]蓋竹山蔣氏宗譜九卷　蔣奎寅編纂　民國二十七年(1938)木活字印本　六册

330000－1787－0003795　3795　史部/傳記類/總傳之屬/家乘
[浙江臨海]蔣家山蔣氏宗譜三卷　蔣土法編纂　民國六年(1917)木活字印本　一册　存一卷(一)

330000－1787－0003798　3798　史部/傳記類/總傳之屬/家乘
[浙江臨海]長沙陳氏宗譜□□卷　陳友蘭編纂　民國三十一年(1942)木活字印本　二册　存二卷(八、十三)

330000－1787－0003806　3806　史部/傳記類/總傳之屬/家乘
[浙江臨海]臨海嶺下金氏譜井頭下派分譜不

分卷 民國二十年(1931)木活字印本 一冊

330000－1787－0003807 3807 史部/傳記類/總傳之屬/家乘
[浙江臨海]台臨嶺下金氏宗譜□□卷 陳達熾編纂 民國二十年(1931)木活字印本 十二冊 存九卷(一至九)

330000－1787－0003811 3811 史部/傳記類/總傳之屬/家乘
[浙江臨海]台臨笏橋李氏宗譜□□卷 民國十八年(1929)木活字印本 一冊 存二卷(九至十)

330000－1787－0003813 3813 史部/傳記類/總傳之屬/家乘
[浙江臨海]臨海縣城李氏重修宗譜不分卷 李維賢編 民國二十一年(1932)抄本 一冊

330000－1787－0003815 3815 史部/傳記類/總傳之屬/家乘
[浙江臨海]湧泉馮氏族譜□□卷 馮傑編 民國三年(1914)木活字印本 一冊 存一卷(內集遺詩一)

330000－1787－0003816 3816 史部/傳記類/總傳之屬/家乘
[浙江臨海]洪氏大營譜□□卷 民國十年(1921)鉛印本 一冊 存一卷(二)

330000－1787－0003825 3825 史部/傳記類/總傳之屬/家乘
[浙江臨海]芙蓉黃氏宗譜□□卷 民國三年(1914)木活字印本 一冊 存一卷(十)

330000－1787－0003826 3826 史部/傳記類/總傳之屬/家乘
[浙江臨海]秀溪黃氏宗譜□□卷 民國四年(1915)木活字印本 一冊 存一卷(八)

330000－1787－0003829 3829 史部/傳記類/總傳之屬/家乘
[浙江臨海]臨海黃沙張氏宗譜□□卷 民國三十三年(1944)木活字印本 一冊 存一卷(三)

330000－1787－0003830 3830 史部/傳記類/總傳之屬/家乘
[浙江臨海]台臨夏門張氏宗譜一卷 台臨夏門張氏宗族編 民國六年(1917)木活字印本 一冊

330000－1787－0003831 3831 史部/傳記類/總傳之屬/家乘
[浙江臨海]台臨夏門張氏宗譜一卷 台臨夏門張氏宗族編 民國六年(1917)木活字印本 一冊

330000－1787－0003832 3832 史部/傳記類/總傳之屬/家乘
[浙江臨海]臨海黃沙張氏宗譜四卷 許雪坡編纂 民國六年(1917)木活字印本 三冊

330000－1787－0003836 3836 史部/傳記類/總傳之屬/家乘
[浙江臨海]臨海大石殿前朱氏譜十二卷首一卷 朱湛林編 民國八年(1919)稿本 一冊

330000－1787－0003842 3842 史部/雜史類/斷代之屬
蜀辛二卷 秦枏撰 民國三年(1914)鉛印本 一冊

330000－1787－0003843 3843 史部/雜史類/斷代之屬
蜀辛二卷 秦枏撰 民國三年(1914)鉛印本 一冊

330000－1787－0003845 3845 史部/地理類/山川之屬/山志
飛龍山志六卷 干人俊輯 民國三十四年(1945)木活字印本 一冊

330000－1787－0003846 3846 史部/地理類/雜志之屬
臨海要覽一卷 項士元編 民國五年(1916)杭州武林印書館鉛印本 一冊

330000－1787－0003847 3847 集部/別集類
天台游草五卷 干人俊撰 民國二十三年(1934)木活字印本 一冊

330000－1787－0003848　3848　集部/別集類

鴈宕普陀天台游草三卷　繆宏仁撰　民國黃巖友成局鉛印本　一冊

330000－1787－0003849　3849　集部/別集類/漢魏六朝別集

謝康樂詩注四卷　(南朝宋)謝靈運撰　黃節注　民國鉛印本　一冊

330000－1787－0003853　3853　史部/目録類/總録之屬/地方

鴻遠樓所藏台州書目四卷附錄一卷　金嗣獻編　民國三年(1914)太平金氏鴻遠樓木活字印本　一冊　存二卷(一至二)

330000－1787－0003854　3854　史部/目録類/總録之屬/私撰

黃巖九峯名山閣藏書目三編續編四編　(清)九峯名山閣撰　民國黃巖企成印務館鉛印本　一冊

330000－1787－0003859　3859　集部/總集類/郡邑之屬

台州文徵敍例一卷　王舟瑤纂　民國鉛印本　一冊

330000－1787－0003860　3860　集部/總集類/郡邑之屬

台州文徵敍例一卷　王舟瑤纂　民國鉛印本　一冊

330000－1787－0003862　3862　史部/目録類/總録之屬/官修

臨海縣立圖書館甲種書目四卷乙種書目二卷丙種書目一卷丁種書目四卷　盧吉民編　民國三十三年(1944)臨海縣立圖書館油印本　二冊　存四卷(甲種一至四)

330000－1787－0003863　3863　史部/目録類/總録之屬/官修

臨海縣立圖書館甲種書目四卷乙種書目二卷丙種書目一卷丁種書目四卷　盧吉民編　民國三十三年(1944)臨海縣立圖書館油印本　一冊　存二卷(乙種一至二)

330000－1787－0003869　3869　史部/紀事本末類/斷代之屬

浙軍金陵戰紀本末六卷　朱瑞輯　民國元年(1912)鉛印本　一冊

330000－1787－0003870　3870　史部/地理類/遊記之屬/紀勝

蔣叔南游記第一集不分卷　蔣希召撰　民國十年(1921)鉛印本　一冊

330000－1787－0003873　3873　集部/別集類

己未游草不分卷　王舟瑤撰　民國石印本　一冊

330000－1787－0003874　3874　集部/別集類

天台游草五卷　干人俊撰　民國二十三年(1934)木活字印本　一冊

330000－1787－0003875　3875　集部/別集類

天台游草五卷　干人俊撰　民國二十三年(1934)木活字印本　一冊

330000－1787－0003876　3876　史部/地理類/山川之屬/水志

浙江水陸道里記不分卷　(清)宗源翰等纂　民國石印本　五冊

330000－1787－0003877　3877　史部/地理類/水利之屬

黃巖縣興修水利報告書四章　張鏡堂纂輯　民國三十五年(1946)鉛印本　一冊　存二卷(三至四)

330000－1787－0003879　3879　史部/地理類/水利之屬

治河說略十卷　屈映光著　民國鉛印本　一冊　存五卷(一至五)

330000－1787－0003880　3880　史部/傳記類/總傳之屬/釋道

國清高僧傳一卷附寒山子詩一卷　釋蘊光編　民國二十五年(1936)國清寺鉛印本　一冊

330000－1787－0003889　3889　集部/别集類

南行草一卷　褚傳誥撰　民國油印本　一册

330000－1787－0003893　3893　新學/游記

菲律賓考察記不分卷　鄔翰芳編　民國二十八年(1939)鉛印本　一册

330000－1787－0003900　3900　類叢部/叢書類/彙編之屬

嘉業堂叢書五十七種　劉承幹輯　民國吳興劉氏嘉業堂刻本　二册　存一種

330000－1787－0003905　3905　類叢部/叢書類/郡邑之屬

吳興叢書六十六種　劉承幹編　民國吳興劉氏嘉業堂刻本　二十四册　存十一種

330000－1787－0003906　3906　類叢部/叢書類/彙編之屬

嘉業堂叢書五十七種　劉承幹輯　民國吳興劉氏嘉業堂刻本　二十五册　存七種

330000－1787－0003909　3909　史部/目録類/總録之屬/彙刻

叢書書目彙編不分卷　沈乾一編纂　民國十七年(1928)上海醫學書局鉛印本　四册

330000－1787－0003926　3926　史部/地理類/山川之屬/山志

花山志九卷　趙佩茳纂　民國二十九年(1940)鉛印本　一册　存三卷(七至九)

330000－1787－0003927　3927　經部/春秋左傳類/專著之屬

春秋左氏傳大義述不分卷　曾士瀛撰　民國油印本　一册

330000－1787－0003932　3932　史部/史評類/考訂之屬

三國會要二十二卷首一卷　楊晨纂　民國鉛印本　三册　存十五卷(八至二十二)

330000－1787－0003943　3943　集部/别集類/唐五代别集

樊子一卷　(唐)樊宗師撰　(元)胡世安輯註　民國九年至十年(1920－1921)紹興樊鎮繇絳書屋刻本　一册

330000－1787－0003944　3944　史部/目録類/專録之屬

琴書存目六卷别錄二卷　周慶雲編　民國三年(1914)烏程周氏夢坡室刻本　四册

天台縣圖書館
民國時期傳統裝幀書籍普查登記目録

浙江省民國時期傳統裝幀書籍普查登記目録・台州

國家圖書館出版社
National Library of China Publishing House

《天台縣圖書館民國時期傳統裝幀書籍普查登記目録》

編委會

主　編：王水球

編　委：陳慧斐　夏哲堯

《天台縣圖書館民國時期傳統裝幀書籍普查登記目録》

前　言

天台縣圖書館館藏的民國傳統裝幀書籍來源於 20 世紀 80 年代初天台縣文管會。接管的這些歷史文獻中有的被加了封面重新裝訂,有的將原來的多册裝訂成一册,如《醫宗説約》(索書號 0107)原 4 册現裝訂成 1 册,也有同題名不同版本的古籍合訂成 1 册,如《鼎鍥幼幼集成》(索書號 0177 與 0178)被合訂成 1 册。到了 90 年代,這些歷史文獻從老館搬到新館,進行了重新登記,登記過程中加蓋了館藏章和流水號。目前由於館舍的限制,與地方文獻同放一室,祇能采取一些簡單的保護措施如專櫃存放、放樟腦丸等。在新館建設中將設計一個標準的古籍庫房,專門存放這些歷史文獻。

2014 年根據浙江省古籍保護中心的要求,我館派出工作人員參加了省古籍保護中心的古籍普查培訓,安排專項經費,於 2015 年開始對館藏歷史文獻進行了普查。此次普查中,天台縣圖書館有民國傳統裝幀書籍數據 71 條共 370 册,雖然數量不多,但經、史、子、集各大類均有涉及。

本次的古籍普查工作開始由王水球和陳慧斐二人進行,後由於王水球館内事務繁忙,普查工作進展不够快,台州市圖書館領導爲保證普查工作進度而重新調整任務分配。本次普查,得到了台州學院圖書館大力支持,我館館藏大多數書目數據也是由台州學院圖書館夏哲堯老師完成,在此特别感謝台州學院圖書館王秀萍館長、夏哲堯老師的幫助與支持!

普查工作雖已完成,但由於編者水平有限,難免會存在錯漏之處,請省古籍保護中心和各兄弟館的專家同仁批評指正。

天台縣圖書館
2018 年 6 月

330000－4726－0000012　0012　集部/總集類/氏族之屬

雙璧賡燕貽集内編一卷外編一卷　張逢鑣編　民國八年(1919)杭州鉛印本　二冊

330000－4726－0000029　0029　子部/醫家類

醫院立案冊不分卷　湯聘三記　稿本　一冊

330000－4726－0000030　0030　史部/地理類/山川之屬/山志

[康熙]天台山全志十八卷　(清)張聯元輯　民國刻本　六冊

330000－4726－0000031　0031　史部/地理類/方志之屬/郡縣志

[民國]台州府志一百四十卷首一卷　喻長霖修　柯驊威等纂　民國二十五年(1936)鉛印本　三十六冊

330000－4726－0000042　0042　類叢部/叢書類/彙編之屬

四部精華一百二十五種　陸翔選輯　民國十二年(1923)上海世界書局石印本　三十六冊

330000－4726－0000045　0045　子部/雜家類

呂氏春秋二十六卷首一卷末一卷　(漢)高誘注　民國十三年(1924)隆文書局石印本　二冊

330000－4726－0000048　0048　子部/醫家類/本草之屬/歷代綜合本草

本草萬方鍼線八卷　(清)蔡烈先輯　民國六年(1917)上海鴻寶齋書局石印　一冊

330000－4726－0000050　0050　子部/醫家類/本草之屬/歷代綜合本草

本草綱目五十二卷　(明)李時珍撰　民國石印本　八冊

330000－4726－0000051　0051　子部/醫家類/本草之屬/歷代綜合本草

本草綱目拾遺十卷　(清)趙學敏輯　民國六年(1917)上海鴻寶齋石印本　一冊

330000－4726－0000053　0053　子部/醫家類/傷寒金匱之屬/傷寒論

傷寒論彙註精華九卷首一卷　汪蓮石編　民國九年(1920)上海掃葉山房石印本　六冊

330000－4726－0000055　0055　經部/小學類/訓詁之屬/爾雅

爾雅三卷　(晉)郭璞注　(唐)陸德明音釋　民國刻本　三冊

330000－4726－0000059　0059　集部/别集類/明别集

宋文憲公全集八十三卷　(明)宋濂撰　(清)朱興悌　(清)戴殿江纂　(清)孫鏘增輯　民國五年(1916)刻本　十九冊　缺二十一卷(一至三、九至十一、十五至二十六、四十至四十二)

330000－4726－0000064　0064　經部/小學類/文字之屬/字書/字典

中華大字典十二卷　徐誥等編輯　民國五年(1916)中華書局鉛印本　十二冊

330000－4726－0000065　0065　集部/詞類/詞譜之屬

白香詞譜一卷晚翠軒詞韻一卷　(清)舒夢蘭輯　民國元年(1912)振始堂石印本　三冊

330000－4726－0000092　0092　史部/編年類/通代之屬

袁王加批綱鑑彙纂三十九卷首一卷　(宋)司馬光通鑑　(宋)朱熹綱目　(明)袁黄　(明)王世貞編纂　**資治明紀綱目二十卷附明紀綱目三編一卷**　(清)張廷玉等撰　民國上海掃葉山房石印本　八冊　存二十六卷(二至四、九至十四、三十六至三十九,資治明紀綱目一至十三)

330000－4726－0000098　0098　子部/醫家類/溫病之屬/瘟疫

溫疫論補註二卷　(明)吳有性撰　(清)鄭重光補註　民國上海大中國印書館石印本　一冊

330000－4726－0000099　0099　子部/小說

家類/諧謔之屬

改良繪圖解人頤廣集二卷　（清）胡澹庵撰　（清）錢德蒼增訂　民國石印本　一冊　存一卷（上）

330000－4726－0000100　0100　子部/小說家類/異聞之屬

繪圖情史二十四卷　（清）詹詹外史評輯　民國元年（1912）上海書局石印本　五冊　存二十一卷（一至十七、二十一至二十四）

330000－4726－0000103　0103　史部/紀傳類/正史之屬

史記一百三十卷　（漢）司馬遷撰　（明）歸有光等評點　**方望溪平點史記四卷**　（清）方苞撰　民國十四年（1925）掃葉山房石印本　八冊　存八十九卷（四十二至一百三十）

330000－4726－0000105　0105　子部/叢編

子書三十六種　民國上海育文書局石印本　一冊　存一種

330000－4726－0000106　0106　史部/地理類/山川之屬/山志

雲棲志十卷首一卷　項士元纂　民國二十三年（1934）新光印書館鉛印本　二冊

330000－4726－0000107　0107　子部/醫家類/綜合之屬/通論

醫宗說約六卷　（清）蔣示吉撰　民國四年（1915）上海萃英書局石印本　四冊

330000－4726－0000116　0116　史部/目録類/總録之屬/私撰

東海藏書樓書目不分卷　徐允中藏並編　民國十三年（1924）武林鉛印本　一冊

330000－4726－0000117　0117　子部/雜著類/雜說之屬

菜根譚前集一卷後集一卷　（明）洪應明撰　民國十三年（1924）合川慈善會會善堂刻本　一冊

330000－4726－0000119　0119　子部/醫家類/眼科之屬

傅氏眼科審視瑶函六卷首一卷　（明）傅仁宇纂輯　（明）林长生校補　（清）傅維藩編集　民國石印本　五冊　存五卷（二至六）

330000－4726－0000120　0120　集部/別集類/清別集

夢香草抄本三卷　（清）魏蘭汀撰　民國七年（1918）捉明氏抄本　捉明氏評點　二冊

330000－4726－0000121　0121　子部/醫家類/本草之屬/本草藥性

珍珠囊指掌補遺藥性賦四卷　（金）李杲編輯　（清）王子接重訂　**雷公炮製藥性解六卷**　（明）李中梓編輯　（清）王子接重訂　民國上海錦章圖書局石印本　二冊

330000－4726－0000122　0122　子部/醫家類/本草之屬/本草藥性

珍珠囊指掌補遺藥性賦四卷　（金）李杲編輯　（清）王子接重訂　**雷公炮製藥性解六卷**　（明）李中梓編輯　（清）王子接重訂　民國鑄記書局石印本　二冊

330000－4726－0000123　0123　子部/醫家類/傷寒金匱之屬/傷寒論

傷寒集註六卷本義一卷　（清）張志聰註　高世栻輯　民國三年（1914）國粹書局石印本　六冊

330000－4726－0000124　0124　子部/醫家類/兒科之屬/通論

葉天士幼科醫案一卷　（清）葉桂撰　陸士諤編輯　民國十二年（1923）上海世界書局石印本　一冊

330000－4726－0000125　0125　子部/醫家類/婦科之屬/產科

葉氏女科證治四卷　（清）葉桂撰　民國石印本　一冊

330000－4726－0000126　0126　子部/醫家類/婦科之屬/產科

產科心法二卷　（清）汪喆撰　民國七年（1918）溫州雲鮮印書館石印本　一冊

330000－4726－0000127　0127　子部/醫家類/針灸之屬/通論

增補繪圖鍼灸大成十二卷 (明)楊繼洲撰 (清)章廷珪重修 民國十九年(1930)上海昌文書局石印本 一冊

330000－4726－0000128 0128 子部/醫家類/兒科之屬

幼科三種十卷 民國二十五年(1936)校經山房鉛印本 一冊

330000－4726－0000129 0129 子部/醫家類/兒科之屬/通論

兒科輯要四卷婦女回生丹一卷 姚濟蒼編 **經驗良方一卷** 鍾明理述 民國十八年(1929)北京天華館鉛印本 一冊

330000－4726－0000131 0131 子部/醫家類/方書之屬/成方藥目

湯頭歌訣一卷附經絡歌訣一卷 (清)汪昂撰 民國商務印書館鉛印本 二冊

330000－4726－0000132 0132 子部/醫家類/方書之屬/單方驗方

重校舊本湯頭歌訣一卷附經絡歌訣一卷 (清)汪昂編輯 民國石印本 一冊

330000－4726－0000133 0133 子部/醫家類/外科之屬/癰疽、疔瘡

治疔要書一卷 民國十六年(1927)上海宏大善書局石印本 一冊

330000－4726－0000135 0135 子部/醫家類/溫病之屬/瘟疫

溫疫論補註二卷 (明)吳有性撰 (清)鄭重光補註 民國元年(1912)上海江東書局石印本 一冊

330000－4726－0000136 0136 子部/醫家類/類編之屬

王氏潛齋醫書五種 (清)王士雄撰 民國十五年(1926)上海萃英書局石印本 四冊 存一種

330000－4726－0000140 0140 子部/醫家類/方書之屬/單方驗方

增評醫方集解二十三卷增補本草備要八卷重校舊本湯頭歌訣一卷 (清)汪昂著輯 民國三年(1914)上海共和書局石印本 四冊 存二十三卷(一至二十三)

330000－4726－0000154 0154 子部/術數類/命書相書之屬

立命真度表五卷 蕭仁壽撰 民國十六年(1927)鉛印本 一冊 存二卷(三至四)

330000－4726－0000157 0157 子部/醫家類/傷寒金匱之屬/傷寒論

注解傷寒論十卷 (漢)張機述 (漢)王叔和撰次 (金)成無己注解 **傷寒明理論四卷** (金)成無己撰 民國元年(1912)上海江東書局石印本 三冊

330000－4726－0000158 0158 子部/醫家類/方書之屬/單方驗方

重訂驗方新編十八卷 (清)鮑相璈等輯 上海天寶書局編 民國十年(1921)上海天寶書局石印本 六冊

330000－4726－0000159 0159 子部/醫家類/溫病之屬

時病論八卷附論一卷 (清)雷豐撰 民國上海文瑞樓石印本 一冊

330000－4726－0000161 0161 子部/醫家類/溫病之屬/痧症

痧症全書三卷 (清)王凱輯 民國石印本 一冊

330000－4726－0000162 0162 子部/醫家類/外科之屬/通論

瘍醫大全四十卷 (清)顧世澄纂輯 民國鑄記書局石印本 十三冊 存三十一卷(一至二十三、二十九至三十六)

330000－4726－0000167 0167 史部/雜史類

明清交替紀事六卷 (清)顧炎武撰 民國思昔社石印本 二冊

330000－4726－0000177 0177 子部/醫家類/兒科之屬/通論

鼎鍥幼幼集成六卷 (清)陳復正輯 民國石印本 二冊 存二卷(二至三)

330000－4726－0000179　0179　子部/叢編

子書三十六種　籛園主人編次　民國十三年(1924)上海隆文書局石印本　四冊　存二種

330000－4726－0000180　0180　集部/別集類/清別集

望溪先生文集十八卷集外文十卷集外文補遺二卷　(清)方苞撰　**方望溪先生年譜一卷附錄一卷**　(清)蘇惇元輯　民國上海中華圖書館石印本　八冊

330000－4726－0000182　0182　子部/雜著類/雜纂之屬

兩般秋雨盦隨筆八卷　(清)梁紹壬撰　民國三年(1914)上海掃葉山房石印本　四冊

330000－4726－0000185　0185　經部/小學類/文字之屬/字書/字典

康熙字典十二集三十六卷總目一卷檢字一卷辨似一卷等韻一卷備考一卷補遺一卷　(清)張玉書等纂修　民國石印本　一冊　存五卷(亥集上中下、備考、補遺)

330000－4726－0000186　0186　經部/小學類/文字之屬/字書/字體

隸字彙十卷　(清)項懷述編錄　民國八年(1919)上海掃葉山房石印本　四冊

330000－4726－0000187　0187　子部/小說家類/異聞之屬

勸戒錄類編評註□□卷　(清)梁恭辰撰　丁福保編　(清)王有宗評註　民國鉛印本　一冊　存二卷(三至四)

330000－4726－0000188　0188　史部/雜史類/斷代之屬

戰國策詳註三十三卷　郭希汾輯註　民國十九年(1930)上海文明書局鉛印本　六冊

330000－4726－0000189　0189　史部/編年類/通代之屬

御批歷代通鑑輯覽一百二十卷　(清)傅恒等撰　民國上海商務印書館鉛印本　四十冊

330000－4726－0000190　0190　子部/叢編

百子全書　(清)崇文書局編　民國八年(1919)上海掃葉山房石印本　五冊　存五種

330000－4726－0000192　0192　經部/四書類/孟子之屬/傳說

增補蘇批孟子二卷　(宋)蘇洵撰　(清)趙大浣增補　**孟子年譜一卷**　民國三年(1914)上海會文堂書局石印本　二冊

330000－4726－0000193　0193　集部/別集類/唐五代別集

山曉閣選唐大家柳柳州全集四卷　(唐)柳宗元撰　(清)孫琮評　民國上海廣益書局石印本　四冊

330000－4726－0000194　0194　集部/別集類/清別集

西堂雜組一集八卷二集八卷三集八卷　尤侗撰　民國上海中華圖書館石印本　五冊　缺四卷(三集五至八)

330000－4726－0000200　0200　集部/別集類/明別集

遜志齋集三十卷拾遺十卷續拾遺一卷附錄一卷　(明)方孝孺撰　民國十七年(1928)寧海胡氏味善居刻本　十冊　存二十二卷(一、四至九、十六至三十)

330000－4726－0000213　0213　類叢部/類書類/專類之屬

詩韻合璧五卷　(清)湯文潞輯　**虛字韻藪一卷**　(清)潘維城輯　民國四年(1915)上海文盛書局石印本　二冊　缺三卷(三至五)

330000－4726－0000217　0217　子部/術數類/相宅相墓之屬

陽宅三要四卷　(清)趙廷棟撰　民國上海錦章圖書局石印本　一冊

330000－4726－0000219　0219　子部/雜著類/雜考之屬

讀書雜志八十二卷餘編二卷　(清)王念孫撰　民國上海文瑞樓石印本　十一冊　存三十八卷(墨子一至三,荀子一至八、補遺,淮南子内篇一至二十二、補遺,漢隸拾遺一;餘編一至二)

330000－4726－0000224　0224　集部/別集類/清別集

壯悔堂文集十卷遺稿一卷四憶堂詩集六卷遺稿一卷　(清)侯方域撰　(清)賈開宗等評點　**年譜一卷**　(清)侯洵輯　民國上海掃葉山房石印本　六冊

330000－4726－0000225　0225　史部/傳記類/總傳之屬/儒林

學案小識十四卷首一卷末一卷　(清)唐鑑撰　民國上海文瑞樓石印本　六冊

330000－4726－0000226　0226　史部/政書類/律令之屬/判牘

樊山判牘四卷　樊增祥撰　民國法政講習所石印本　四冊

330000－4726－0000227　0227　史部/政書類/律令之屬/判牘

樊山判牘續編四卷　樊增祥撰　民國元年(1912)大同書局石印本　四冊

330000－4726－0000228　0228　史部/政書類/公牘檔冊之屬

樊山公牘四卷　樊增祥撰　民國石印本　四冊

330000－4726－0000231　0231　子部/小說家類/異聞之屬

酉陽雜俎二十卷續集十卷　(唐)段成式撰　民國上海文瑞樓石印本　五冊

仙居縣圖書館
民國時期傳統裝幀書籍普查登記目録

浙江省民國時期傳統裝幀書籍普查登記目録·台州

國家圖書館出版社
National Library of China Publishing House

《仙居縣圖書館民國時期傳統裝幀書籍普查登記目録》

編委會

主　編： 蔣恩智

編　委： 范忠民　郭柳佩　吴革偉　余晶晶

《仙居縣圖書館民國時期傳統裝幀書籍普查登記目録》

前　言

仙居縣圖書館館藏歷史文獻來源於縣文廣新局，大部分藏書是由圖書館第一任館長王施教捐助，後由於館舍簡陋，人員配備不到位，没有專人整理保存，這批書一直被束之高閣，受潮、蟲蛀、鼠咬，保存狀况堪憂。爲配合全國古籍普查工作，我館於 2012 年 9 月制訂了古籍普查計劃并全面實施古籍普查工作，在浙江省古籍保護工作的關心支持和普查工作人員的共同努力下，歷時兩年，於 2014 年 8 月圓滿完成本館普查任務，摸清了館藏歷史文獻的基本情况。

經全面整理，館藏共有 63 條民國數據計 183 册。從版本類型來看，主要爲木活字印本、鉛印本、刻本、石印本，數量分別爲 3 部 40 册（21.86%，括注为册數所占比例，下同）、31 部 67 册（36.61%）、4 部 29 册（15.85%）和 21 部 44 册（24.04%）。其中木活字印本均爲家譜。另外還有部分鉛印本暨影印本、油印本。從分類而言，主要以史部为主，有 27 部 109 册，占册數總量的 59.56%，類叢部、經部、子部、集部、和新學部分別有 12 部 24 册（13.11%）、4 部 8 册（4.37%）、9 部 23 册（12.57%）、9 部 17 册（9.29%）和 2 部 2 册（1.09%）。從裝幀來講均爲綫裝。

此次古籍普查工作的順利完成，首先要感謝浙江省古籍保護中心的悉心指導，其次與本館工作人員兩年來的辛勤勞動密不可分。普查工作難度大、專業性强、要求高，限於我們的學識水平，疏漏之處在所難免，敬請專家批評指正，以便我们完善下一步工作。

仙居縣圖書館
2018 年 6 月

330000－1721－0000003　文物 0001　類叢部/叢書類/彙編之屬
蘭雪堂叢書　民國二十二年(1933)浙江印刷公司鉛印本　二冊　存一種

330000－1721－0000008　文物 0006　類叢部/叢書類/彙編之屬
蘭雪堂叢書　民國二十二年(1933)浙江印刷公司鉛印本　二冊　存一種

330000－1721－0000009　文物 0007　類叢部/叢書類/彙編之屬
蘭雪堂叢書　民國二十二年(1933)浙江印刷公司鉛印本　二冊　存一種

330000－1721－0000010　文物 0008　類叢部/叢書類/彙編之屬
蘭雪堂叢書　民國二十二年(1933)浙江印刷公司鉛印本　一冊　存一種

330000－1721－0000011　文物 0009　類叢部/叢書類/彙編之屬
蘭雪堂叢書　民國二十二年(1933)浙江印刷公司鉛印本　章炳麟批校　一冊　存一種

330000－1721－0000013　文物 0011　經部/讖緯類/春秋緯之屬
春秋緯史集傳四十卷　(清)陳省欽撰　民國十三年(1924)陳鍾祺鉛印本　三冊　存三十卷(一至十、二十一至四十)

330000－1721－0000015　文物 0013　經部/讖緯類/春秋緯之屬
春秋緯史集傳四十卷　(清)陳省欽撰　民國十三年(1924)陳鍾祺鉛印本　三冊　存三十卷(一至十、二十一至四十)

330000－1721－0000033　文物 0110　史部/傳記類/別傳之屬/事狀
魏文節公事略一卷　魏頌唐輯　民國二十五年(1936)鉛印本　一冊

330000－1721－0000034　文物 0111　子部/雜著類/雜纂之屬
身世準繩二卷　(清)李迪光輯　民國七年(1918)蘇州上藝齋刻本　二冊

330000－1721－0000037　文物 0114　史部/地理類/雜志之屬
臨海要覽一卷　項士元編　民國五年(1916)杭州武林印書館鉛印本　一冊

330000－1721－0000038　文物 0115　史部/地理類/雜志之屬
臨海要覽一卷　項士元編　民國五年(1916)杭州武林印書館鉛印本　一冊

330000－1721－0000042　文物 0119　史部/史評類/史論之屬
讀通鑑論三十卷　(清)王夫之撰　民國上海漢讀樓書莊石印本　五冊　存二十五卷(一至二十五)

330000－1721－0000061　文物 0134　史部/政書類/邦計之屬
魏頌唐偶存稿三卷　魏頌唐撰　民國十六年(1927)鉛印本　一冊

330000－1721－0000066　文物 0027　史部/雜史類/斷代之屬
明太祖革命武功記十八卷導言一卷　方覺慧纂　民國二十九年(1940)重慶國學書局刻本　八冊

330000－1721－0000070　文物 0029　子部/宗教類/佛教之屬
佛學大辭典不分卷通檢一卷疇隱居士自訂年譜一卷　丁福保撰　民國十四年(1925)上海醫學書局鉛印本　十四冊

330000－1721－0000086　文物 0146　史部/地理類/方志之屬/郡縣志
[隆慶]樂清縣志七卷圖一卷　(明)胡用賓修　(明)侯一元纂　民國七年(1918)樂清張侯佐石印本　四冊

330000－1721－0000091　文物 0150　史部/傳記類/別傳之屬/事狀
陳英士先生紀念全集九卷　何仲簫編　民國十九年(1930)鉛印本　一冊　存四卷(一至四)

330000－1721－0000092　文物 0039　史部/

雜史類/斷代之屬

嘯亭雜録十卷　（清）昭槤撰　民國上海進步書局石印本　二冊　缺三卷（八至十）

330000－1721－0000093　文物 0151　史部/傳記類/别傳之屬/事狀

先曾祖妣廖太夫人清芬録四卷　郭兆霖輯　民國十六年（1927）鉛印本　四冊

330000－1721－0000095　文物 0153　類叢部/叢書類/彙編之屬

涵芬樓祕笈五十一種　孫毓修等編　民國五年至十五年（1916－1926）上海商務印書館影印本暨鉛印本　四冊　存一種

330000－1721－0000096　文物 0154　史部/地理類/方志之屬/郡縣志

［民國］平陽縣志九十八卷首一卷　王理孚修　符璋　劉紹寬纂　民國十四年至十五年（1925－1926）刻本　十八冊　存五十八卷（首，一至二、九至十八、二十二至二十四、二十八至四十四、四十八至五十四、五十八至五十九、六十三至六十五、八十一至八十六、九十二至九十八）

330000－1721－0000097　文物 0155　集部/别集類/清别集

新體廣註小倉山房尺牘八卷　（清）袁枚撰　（清）胡光斗箋釋　（清）徐楨增註　民國七年（1918）上海廣文書局石印本　三冊　存六卷（一至六）

330000－1721－0000103　文物 0161　史部/地理類/方志之屬/郡縣志

［嘉慶］瑞安縣志十卷首一卷　（清）張德標修　（清）王殿金　（清）黄徵乂纂　民國六年（1917）溫州務本公司石印本　六冊　缺二卷（六至七）

330000－1721－0000106　文物 0164　史部/地理類/方志之屬/郡縣志

［民國］景寧縣續志十七卷首一卷　吴呂熙修　柳景元纂　民國二十二年（1933）刻本　一冊　存二卷（十六至十七）

330000－1721－0000109　文物 0167　史部/地理類/方志之屬/郡縣志

光緒台州府志一百卷　（清）趙亮熙　（清）郭式昌修　王舟瑤等纂　民國十五年（1926）台州旅杭同鄉會鉛印本　一冊　存二卷（一至二）

330000－1721－0000110　文物 0168　史部/地理類/方志之屬/郡縣志

［民國］臨海縣志稿四十二卷首一卷　孫熙鼎　張寅修　何奏簧纂　民國二十四年（1935）鉛印本　一冊　存一卷（三）

330000－1721－0000114　文物 0172　史部/地理類/方志之屬/郡縣志

［民國］德清縣新誌十四卷　吴翯皋　王任化修　程森纂　民國二十一年（1932）鉛印本　二冊　存七卷（四至六、十一至十四）

330000－1721－0000115　文物 0173　史部/地理類/山川之屬/山志

南田山志十四卷首一卷　劉燿東撰　民國二十四年（1935）啓後亭鉛印本　二冊　存八卷（首，一至五、十三至十四）

330000－1721－0000116　文物 0174　史部/地理類/遊記之屬/紀勝

天目山遊記一卷詩一卷　錢文選撰　民國二十三年（1934）鉛印本　一冊

330000－1721－0000117　文物 0175　史部/地理類/專志之屬/寺觀

七塔寺志八卷　陳寥士纂　民國二十六年（1937）鉛印本　一冊

330000－1721－0000120　文物 0178　史部/目録類/總録之屬/地方

台州經籍志四十卷　項士元編　民國四年（1915）鉛印本　四冊　存九卷（一至三、三十三至三十六、三十九至四十）

330000－1721－0000125　文物 0183　子部/宗教類/佛教之屬

佛學叢書　丁福保輯　民國上海醫學書局鉛印本暨影印本　一冊　存一種

330000－1721－0000134　文物 0045　集部/別集類/唐五代別集

唐女郎魚玄機詩一卷　（唐）魚玄機撰　**魚集考異一卷**　（清）黄丕烈撰　民國四年（1915）上海掃葉山房石印本　一冊

330000－1721－0000136　文物 0188　經部/春秋左傳類/傳說之屬

批評東萊博議四卷增補虛字註釋總目一卷　（宋）呂祖謙撰　民國二年（1913）上海鑄記書局石印本　一冊

330000－1721－0000137　文物 0189　類叢部/叢書類/自著之屬

太一遺書七種續刊五種　甯調元撰　民國四年（1915）鉛印本　一冊　存三種

330000－1721－0000138　文物 0046　集部/總集類/郡邑之屬

縉雲文徵二十卷補編一卷　（清）湯成烈輯　民國二十七年（1938）文華閣鉛印本　一冊　存六卷（十六至二十，補編）

330000－1721－0000141　文物 0049　子部/術數類/陰陽五行之屬

欽定協紀辨方書三十六卷　（清）允祿　（清）張照等纂修　民國五年（1916）上海茂記書莊石印本　一冊　存三卷（一至三）

330000－1721－0000143　文物 0051　子部/小說家類/諧謔之屬

改良繪圖解人頤廣集二卷　（清）胡澹庵撰　（清）錢德蒼增訂　民國三年（1914）上洋海左書局石印本　一冊　存一卷（上）

330000－1721－0000146　文物 0054　集部/小說類/長篇之屬

繡像神州光復志演義十五卷一百二十回　王雪菴編　民國七年（1918）上海民强書局石印本　七冊　存六卷（二、八、十一至十三、十五）

330000－1721－0000153　文物 0194　史部/地理類/方志之屬/郡縣志

［光緒］新疆建置志四卷　宋伯魯纂　民國二年（1913）海棠仙館鉛印本　一冊　存一卷（三）

330000－1721－0000155　文物 0196　史部/傳記類/總傳之屬/通代

各國名人事畧□□卷　雷瑨編輯　民國石印本　一冊　存四卷（七至十）

330000－1721－0000158　文物 0198　集部/別集類

景雲瓦室叢稿四卷　鄧燿撰　民國二十四年（1935）鉛印本　一冊

330000－1721－0000166　文物 0093　子部/儒家類/儒學之屬/蒙學

新增繪圖幼學故事瓊林四卷首一卷　（清）程登吉撰　（清）鄒聖脈增補　民國四年（1915）上海鴻寶齋石印本　三冊　存三卷（首、一至二）

330000－1721－0000168　文物 0092　集部/總集類/選集之屬/通代

國文講義不分卷　徐道政編　民國石印本　一冊

330000－1721－0000170　文物 0090　經部/小學類/文字之屬/字書/訓蒙

新增繪圖六千字文不分卷　民國文盛書局石印本　一冊

330000－1721－0000177　文物 0084　史部/地理類/山川之屬/山志

天台山志二十四卷　陳鍾祺撰　民國二十六年（1937）鉛印本　一冊　存一卷（一）

330000－1721－0000182　文物 0079　集部/詩文評類/文法之屬/公文程式

公文書程式分類詳解不分卷　杜洌泉編輯　民國二年（1913）上海會文堂書局石印本　一冊

330000－1721－0000190　文物 0072　子部/醫家類/本草之屬/歷代綜合本草

本草萬方鍼線八卷　（清）蔡烈先輯　民國五年（1916）上海鴻寶齋書局石印本　一冊

330000－1721－0000202　文物 0062　集部/别集類

崇雅堂詩稿一卷續稿一卷　楊晨撰　**漢皋遺什一卷**　李嘉瑛撰　民國石印本　一冊

330000－1721－0000203　文物 0209　子部/醫家類/眼科之屬

銀海精微二卷　（唐）孫思邈原輯　（明）龔雲林編定　民國三年（1914）上海廣益書局石印本　一冊

330000－1721－0000206　文物 0212　子部/醫家類/溫病之屬/瘟疫

加批時病論八卷　（清）雷豐撰　陳秉鈞批　民國十二年（1923）上海廣益書局石印本　一冊

330000－1721－0000210　文物 0063　史部/詔令奏議類/奏議之屬

崇雅堂疏稿四卷補遺一卷　楊晨撰　民國石印本　一冊

330000－1721－0000219　文物 0067　史部/傳記類/總傳之屬/忠孝

浙江台屬仙居縣忠義錄名冊不分卷　程良馭撰　民國省會同善堂油印本　一冊

330000－1721－0000227　文物 0228　集部/别集類/清别集

袁太史詩文遺鈔一卷　（清）袁鵬圖撰　民國鉛印本　一冊

330000－1721－0000228　文物 0229　子部/藝術類/書畫之屬/法帖

一心書詞一卷　童式規書　民國十八年（1929）上海商務印書館影印本　一冊

330000－1721－0000232　文物 0232　史部/政書類/公牘檔冊之屬

國民政府公文程式全書十卷　掃葉山房編輯部輯　民國上海掃葉山房石印本　一冊　存二卷（九至十）

330000－1721－0000234　文物 0069　類叢部/叢書類/彙編之屬

四部備要　中華書局編　民國二十五年（1936）上海中華書局鉛印本　二冊　存一種

330000－1721－0000236　文物 0070　類叢部/叢書類/彙編之屬

四部備要　中華書局編　民國二十五年（1936）上海中華書局鉛印本　一冊　存一種

330000－1721－0000242　文物 0241　類叢部/叢書類/自著之屬

崇雅堂叢書十四種　楊晨撰　民國二十五年（1936）黄巖楊紹翰鉛印本　一冊　存二種

330000－1721－0000243　文物 0240　類叢部/叢書類/自著之屬

崇雅堂叢書十四種　楊晨撰　民國二十五年（1936）黄巖楊紹翰鉛印本　四冊　存三種

330000－1721－0000252　善 0006　史部/傳記類/總傳之屬/家乘

［浙江仙居］項氏宗譜十六卷首一卷　項治河修　項世煥纂　民國八年（1919）木活字印本　十九冊

330000－1721－0000253　善 0007　史部/傳記類/總傳之屬/家乘

［浙江仙居］項氏宗譜十六卷首一卷　項治河修　項世煥纂　民國八年（1919）木活字印本　七冊　存九卷（首，一至四、七至八、十一、十六）

330000－1721－0000254　善 0008　史部/傳記類/總傳之屬/家乘

［浙江仙居］項氏宗譜十六卷首一卷　項治河修　項世煥纂　民國八年（1919）木活字印本　十四冊　缺三卷（六至八）

《台州學院圖書館民國時期傳統裝幀書籍普查登記目録》

書名筆畫字頭索引

一畫

三畫

四畫

五畫

六畫

七畫

八畫

九畫

十畫

十一畫

十二畫

十三畫

十四畫

十五畫

十六畫

十七畫

十九畫

二十一畫

二十二畫

二十四畫

《台州學院圖書館民國時期傳統裝幀書籍普查登記目録》

書名筆畫索引

一畫

三畫

四畫

五畫

六畫

七畫

八畫

十五畫

十六畫

十七畫

十九畫

二十一畫

二十二畫

二十四畫

《台州市黄岩區圖書館民國時期傳統裝幀書籍普查登記目録》
書名筆畫字頭索引

一畫

二畫

三畫

四畫

五畫

六畫

七畫

八畫

九畫

十畫

十一畫

十二畫

十三畫

十四畫

十五畫

十六畫

十七畫

十八畫

十九畫

二十畫

二十一畫

二十二畫

二十四畫

二十七畫

其他

《台州市黄岩區圖書館民國時期傳統裝幀書籍普查登記目録》
書名筆畫索引

一畫

二畫

三畫

四畫

五畫

六畫

七畫

八畫

九畫

十畫

十一畫

十二畫

十三畫

十四畫

十五畫

十六畫

十七畫

十八畫

十九畫

二十畫

二十一畫

二十二畫

二十四畫

二十七畫

其他

《温嶺市圖書館民國時期傳統裝幀書籍普查登記目録》

書名筆畫字頭索引

二畫

三畫

四畫

五畫

六畫

七畫

八畫

九畫

十畫

十一畫

十二畫

十三畫

十四畫

十五畫

十六畫

十七畫

十八畫

十九畫

二十一畫

二十二畫

二十四畫

《温嶺市圖書館民國時期傳統裝幀書籍普查登記目録》
書名筆畫索引

二畫

三畫

四畫

五畫

六畫

七畫

八畫

九畫

十畫

十一畫

十二畫

十三畫

十四畫

十五畫

十六畫

十七畫

十八畫

十九畫

二十一畫

二十二畫

二十四畫

《浙江省温嶺中學民國時期傳統裝幀書籍普查登记目録》

書名筆畫字頭索引

三畫

四畫

五畫

六畫

七畫

八畫

九畫

十畫

十一畫

十二畫

十三畫

十六畫

十七畫

《浙江省温嶺中學民國時期傳統裝幀書籍普查登记目録》
書名筆畫索引

三畫

四畫

五畫

六畫

七畫

八畫

九畫

十畫

十一畫

十二畫

十三畫

十六畫

十七畫

《臨海市圖書館民國時期傳統裝幀書籍普查登記目録》
書名筆畫字頭索引

一畫

二畫

三畫

四畫

五畫

六畫

七畫

八畫

九畫

十畫

十一畫

十二畫

十三畫

十四畫

十五畫

十六畫

十七畫

十八畫

十九畫

二十畫

二十一畫

二十二畫

二十三畫

二十四畫

二十五畫

二十六畫

其他

《臨海市圖書館民國時期傳統裝幀書籍普查登記目録》
書名筆畫索引

一畫

二畫

三畫

四畫

五畫

六畫

七畫

八畫

九畫

十畫

十一畫

十二畫

十三畫

十四畫

十五畫

十六畫

十七畫

十八畫

十九畫

二十畫

二十一畫

二十二畫

二十三畫

二十四畫

二十五畫

二十六畫

其他

《臨海市博物館民國時期傳統裝幀書籍普查登記目録》
書名筆畫字頭索引

一畫

二畫

三畫

四畫

五畫

六畫

七畫

八畫

九畫

十畫

十一畫

十二畫

十三畫

十四畫

十五畫

十六畫

十七畫

十八畫

十九畫

二十畫

二十一畫

二十二畫

二十四畫

二十五畫

二十六畫

其他

《臨海市博物館民國時期傳統裝幀書籍普查登記目録》

書名筆畫索引

一畫

二畫

三畫

四畫

五畫

六畫

七畫

八畫

九畫

十畫

十一畫

十二畫

十三畫

十四畫

十五畫

十六畫

十七畫

十八畫

十九畫

二十畫

二十一畫

二十二畫

二十四畫

二十五畫

二十六畫

其他

《天台縣圖書館民國時期傳統裝幀書籍普查登記目録》
書名筆畫字頭索引

三畫

四畫

五畫

六畫

七畫

八畫

九畫

十畫

十一畫

十二畫

十三畫

十四畫

十五畫

十六畫

十七畫

十八畫

十九畫

二十二畫

《天台縣圖書館民國時期傳統裝幀書籍普查登記目録》

書名筆畫索引

三畫

四畫

五畫

六畫

七畫

八畫

九畫

十畫

十一畫

十二畫

十三畫

十四畫

十五畫

十六畫

十七畫

十八畫

十九畫

二十二畫

《仙居縣圖書館民國時期傳統裝幀書籍普查登記目録》

書名筆畫字頭索引

一畫

二畫

四畫

五畫

六畫

七畫

八畫

九畫

十畫

十一畫

十二畫

十三畫

十四畫

十五畫

十六畫

十七畫

十九畫

二十畫

二十二畫

《仙居縣圖書館民國時期傳統裝幀書籍普查登記目録》
書名筆畫索引

一畫

二畫

四畫

五畫

六畫

七畫

八畫

九畫

十畫

十一畫

十二畫

十三畫

十四畫

十五畫

十六畫

十七畫

十九畫

二十畫

二十二畫